中国证券期货电子商务年鉴

2003

中国电子商务年鉴编辑部 编

中国书籍出版社

图书在版编目（CIP）数据

中国证券期货电子商务年鉴.2003/中国电子商务年鉴编辑部 编.—北京：中国书籍出版社，2003.6

ISBN 7-5068-1130-8/Z.10

Ⅰ.中… Ⅱ.中… Ⅲ.因特网—应用—证券交易：期货交易-中国-2003-年鉴 Ⅳ.F832.51-54

中国版本图书馆CIP数据核字（2003）第046246号

书　　名/中国证券期货电子商务年鉴（2003）
书　　号/ ISBN 7-5068-1130-8/Z.10
责任编辑/海　心
责任印刷/王大军　刘颖丽
封面设计/蒋宏工作室
出版发行/中国书籍出版社
地　　址/北京市丰台区太平桥西里38号（邮编：100073）
电　　话/（010）63455164（总编室）（010）63454858（发行部）
经　　销/全国新华书店
印　　刷/北京神剑印刷厂
开　　本/185毫米×260毫米　1/16　21印张　726千字
版　　次/2003年6月第1版　2003年6月第1次印刷
印　　数/0001-2000册
定　　价/98.00元（册）

《中国证券期货电子商务年鉴》（2003）

支持单位： 中国证券监督管理委员会信息中心

编撰机构： 中国电子商务年鉴编辑部

策　　划： 北京纳思慧科技发展有限公司

协办单位： 中国银河证券有限责任公司

华泰证券有限责任公司

长江证券有限责任公司

华夏证券有限公司

招商证券有限责任公司

中国青年金融证券培训中心

鸣谢单位： 申银万国证券股份有限公司

西部证券有限责任公司

泰阳证券有限责任公司

联合证券有限责任公司

山西证券有限责任公司

东方证券有限责任公司

上海铭源数码股份有限公司

编 辑 说 明

一、《中国证券期货电子商务年鉴》2003卷是全面介绍中国证券业、期货业电子商务及网上交易发展情况的工具书。其宗旨是全面、系统、准确地反映中国证券、期货业电子商务及网上交易相关理念、法规、技术、标准、应用方面的重大进展，总结网上交易的经验教训，为广大证券、期货企业提供决策参考，为相关从业者提供系统、准确、广泛的信息，为推动中国证券、期货业电子商务及网上交易的健康发展服务。

二、编辑委员会由中国证券监督管理委员会领导，网上交易倡导者及广泛的证券企业从业者组成。在编辑委员会领导下，由中国电子商务年鉴编辑部负责组织编辑、出版、发行等工作。

三、《中国证券期货电子商务年鉴》2003为创刊卷。收录资料时限：以记述2001～2002年中国电子商务发展情况为主，最新资料及统计数字截至2003年，并适当追述中国证券、期货业电子商务及网上交易的发展历程。今后逐年编辑、连续出版。

四、《中国证券期货电子商务年鉴》2003卷按内容分类编排，设部类、栏目、类目、分目、条目五个层次。年鉴表述方式以条目为主，用黑体字加【】符号表示；另有文章、调研报告、图、表等多种表述形式，图文并茂。

五、《中国证券期货电子商务年鉴》由概况篇、环境篇、应用篇、研究探讨篇、统计篇、附录六个部类组成。

概况篇：设专文、大事记、综述3个栏目，专文主要摘编证监会领导就中国证券、期货业电子商务及网上交易发展状况的论述；大事记，主要记述2002年中国证券、期货业电子商务及网上交易发展中的大事；综述，主要记述2001～2002年，证券、期货业电子商务及网上交易发展环境、应用环境等情况。

环境篇：记载证券、期货业电子商务及网上交易一系列相关的法律法规和中国电子商务及互联网整体发展状况。

应用篇：主要记录70余家证券企业、10余家期货企业、证券、期货交易所电子商务及网上交易的应用和发展状况。包括：应用范围和规模、数据统计、特点以及存在的问题等。同时，也记述了部分技术服务、咨询企业所提供的产品及服务。这部分内容将成为今后各期的重点。

研究探讨篇：通过有关论文记述了中国证券、期货业企业采用电子商务技术，应用网上交易的历程，所面临的问题以及未来的前景和发展方向。

统计篇：包括2001～2002年中国证券、期货业市场交易相关数据统计。

附　录：包括核准网上委托交易资格企业名录，相关论文索引。

本刊中图表顺序均以栏目单独列序；所涉及的统计数字，均由政府相关部门及相关领域权威机构提供。

六、《中国证券期货电子商务年鉴》为正16开平装本，全书726千字。于2003年6月国内外公开发行。网址为：http://www.chinaannual.com。

序　言

电子商务、作为20世纪末兴起并对人类社会经济生活产生重大影响的事件，经历了从躁动、惊呼、起飞、泡沫、调整到日趋成熟这样的一个历史发展的过程。2000年，为了全面、系统、科学地记载这一重要的、即将和必将改变人类生产、生活的历史过程，新闻出版署批准以期刊的形式出版《中国电子商务年鉴》，2001年中国电子商务年鉴编辑部组建成立，由原国家计委、原国家经贸委、科技部作为支持，参与编撰的政府相关部门有22家，于2002年元月出版了我国首部记载电子商务发展的大型工具书《中国电子商务年鉴》2002卷，2003年在出版《中国电子商务年鉴》2003卷的同时，出版《中国证券期货电子商务年鉴》2003卷，初步形成一种母卷带分卷的形式。

两年来，随着我国电子商务发展的大环境、认知水平、网络安全、网络基础设施建设、社会信用意识、法律环境、网络支付等诸多方面的不断完善，电子商务与互联网技术在我国迅速植根于证券、保险、银行、石化、教育等行业，网上委托交易、网上银行、远程教育等概念扑面而来。2002年12月当月，我国网上证券委托交易量为428.06亿元，占沪、深证券交易所12月份股票(A、B股)、基金总交易量3561.30亿元(双边计算)的12.02%，网上委托的客户开户数达到508.10万户，占沪、深交易所开户总数一半(3442万户)的14.78%。截止2003年6月，已经有89家证券公司获得了网上交易资格，占目前我国券商总数124家的72%。2002年，中国期货业协会正式颁布了《期货经纪公司电子化交易指引》，对期货经纪公司开展期货电子化交易应遵循的原则、基本业务管理规范和基本技术管理规范作了较详细的规定，为今后期货业的网上交易指明了方向。

为了及时记载证券、期货行业在电子商务及网上交易的发展，中国电子商务年鉴编辑部在中国证券监督管理委员会信息中心的支持下，对我国已取得网上委托交易资格的70余家证券公司及部分期货公司展开征稿、调查工作，并先后在京召开两次证券业电子商务应用研讨会，对证券公司电子商务及网上交易发展进行了理论探讨，对出版《中国证券期货电子商务年鉴》2003卷提出了意见及建议。

本期年鉴较多地介绍证券、期货业企业电子商务及网上交易方面的应用情况、以及相关厂商技术及产品的创新，而且时间上也会上溯到前若干年（时间越远，收录事件数量越少，按指数曲线衰减）。而今后各期，将会以上一年度技术发展和应用状况为主。

本年鉴是我国证券、期货业电子商务发展状况和历史进程的实录，力求客观地收录和记载在电子商务发展及网上交易应用过程中那些具有代表性和影响力的事件。由于中国证券期货电子商务年鉴涉及面很广，一年多来进行了大量的协调工作，同时也获得了政府部门和社会各界的大力支持和帮助。希望此年鉴能成为客观记录中国证券期货电子商务发展历史进程的史册，能够为读者真实地把握中国证券期货电子商务发展的脉络，全面了解中国证券期货电子商务应用状况提供帮助。我们力求做到客观、真实、全面，在编撰过程中，难免出现疏漏、部分交叉重复或不一致之处，恳请广大读者和同仁不吝赐教，为共同促进中国证券期货电子商务事业的发展贡献力量。

中国电子商务年鉴编辑部

2003年6月

编　委　会

组　委　会

主　　任： 徐雅萍
副 主 任： 初　壮

主任委员：

朱　利　中国银河证券有限责任公司总裁
汤世生　中国银河证券有限责任公司副总裁
卫筱慧　国信证券有限责任公司执行副总经理
许均华　南方证券股份有限公司副总裁
吴岳翰　平安证券有限责任公司首席运营官
王建业　海通证券股份有限公司总经理助理
叶秋彬　福建省华福证券公司副总裁
侯　巍　山西证券有限责任公司副总裁
余　杰　北京证券有限责任公司副总经理
陈　敏　申银万国证券股份有限公司副总裁
王君恩　兴业证券股份有限公司副总裁
牛新华　新疆证券有限责任公司总经理助理
沈同忠　华泰证券有限公司经纪业务总监
凌新源　华夏证券有限公司副总裁
薛瑞锋　联合证券有限责任公司财务总监
高洪星　江门证券有限责任公司董事长
舒　宏　东方证券有限责任公司总裁助理
梅　键　长江证券有限责任公司副总裁
周琪璋　华龙证券有限责任公司副总裁
段文清　汉唐证券有限责任公司副总裁
步国旬　南京证券有限责任公司副总经理
安保和　西部证券股份有限公司总经理
斑耀波　万通证券有限公司副总经理
蒙金伟　国海证券有限责任公司总裁助理
巴　天　齐鲁证券经纪有限公司副总经理
刘　东　宏源证券股份有限公司副总经理
罗　文　赛迪顾问公司总经理
谢亦冰　IDC 中国公司总经理
白　硕　上海证券交易所总工程师
赵小平　上海证券交易所信息中心主任
黄华国　Nasdaq 中国首席代表
左　峰　国泰君安证券股份有限公司技术总监
王一军　招商证券股份有限公司副总裁
张佑君　中信证券股份有限公司总经理
刘向民　广州证券有限责任公司总裁助理
魏庆华　闽发证券有限责任公司副总裁
陈光伟　辽宁证券有限责任公司副总裁
史致金　光大证券有限责任公司副总裁
马家顺　民生证券有限责任公司副总裁
马昭明　华泰证券有限责任公司副总裁
周志钢　华夏证券有限公司总工程师
徐　峰　华安证券有限责任公司副总经理
龚德雄　上海证券有限责任公司副总经理
谢岸实　湘财证券有限责任公司 IT 总监
李延如　巨田证券有限责任公司网上交易部
刘　郎　泰阳证券有限责任公司总裁
孙李铭　青海证券有限责任公司副总经理
武铁锁　河北证券有限责任公司
纪　斌　大同证券经纪有限责任公司总助
王裕华　天一证券有限责任公司副总裁
张子良　国元证券有限责任公司副总裁
张和平　川财证券经纪有限公司总裁
王宏雷　惠州证券有限责任公司副总经理
王　斌　铭源数码股份有限公司总经理
黎　江　IBM 思想领导部经理

《中国证券期货电子商务年鉴》(2003)
编辑工作人员

《中国证券期货电子商务年鉴》2003年刊目录

概况篇

环境篇

应用篇

证券企业电子商务应用

交易所

研究探讨篇

网上证券交易

非现场交易的定位研究

纳斯达克与上市的中国公司

统计篇

附 录

证券公司名录

概况篇

◈专文

◈大事记

◈综述

积极推进资本市场改革开放和稳定发展

中国证券监督管理委员会主席　尚福林

中国证监会主席尚福林2003年4月21日出席"中国金融改革与发展高级论坛"时指出，当前中国证券市场的发展面临良好的机遇和条件，如何在更大程度上发挥市场在资源配置中的基础性作用，更好地服务于全面建设小康社会的战略目标，应当是研究和探讨资本市场发展问题的基本出发点和落脚点。

据悉，这是尚福林担任证监会主席以来对外界的首次公开讲演。

党的第十六次全国代表大会，做出了全面建设小康社会的战略部署，这是一项涉及社会各个方面和各个领域的庞大系统工程。因此，如何在更大程度上发挥市场在资源配置中的基础性作用，更好地服务于全面建设小康社会的战略目标，应当是我们研究和探讨资本市场发展问题的基本出发点和落脚点。

随着中国社会主义市场经济的不断发展，证券市场在中国经济中的作用正在日益增强。截至2003年2月底，境内上市公司总数为1232家，上市公司总股本5930亿股，其中流通股本2056亿股；总市值42975亿元，其中流通市值13964亿元。现有证券公司128家，总资产约5700亿元，基金管理公司22家，发行证券投资基金71只，基金规模1212亿元。证券期货市场的法律框架初步建立，形成了以《公司法》、《证券法》、《期货交易管理暂行条例》为核心，行政法规、部门规章和业务规则相配套的多层次证券期货法规体系，涵盖证券、期货、证券投资基金等各个方面。上市公司治理结构有所改进，信息披露标准显著提高，市场准入和退出机制不断完善。证券公司等中介机构和自律组织的内部管理得到初步规范，功能和作用逐渐发挥。中国证券市场的功能作用不断增强，证券市场建立以来，为企业发展筹集了大量资金。截至2003年2月底，上市公司通过境内外市场累计筹资12345亿元。不仅增加了改造传统产业的资金来源，而且有效改善了企业的资产负债结构，提高了经济效益水平，有力支持了经济的发展。

党的十六大提出要推进资本市场改革开放和稳定发展。当前，中国证券市场的发展面临着良好的机遇和条件：

一是全面建设小康社会需要资金投入，居民储蓄的大幅增长以及社会保障体系的建立和完善必然伴生投资需求，这两方面的需求为中国资本市场提供了巨大的发展空间。

二是中国是正处于转轨阶段的发展中国家，优化结构和提高效益是中国经济发展的重要内容，集中统一的证券市场对于打破要素市场分割，实现资源的跨行业、跨地区、跨产业优化配置具有特殊作用。

三是中国的投融资体制目前仍以间接融资为主导，金融体系中直接融资比例的增加，有利于优化金融资源配置，分散金融体系的风险，提高金融体系对国民经济的服务效率。

四是国有企业改革继续深化，需要证券市场进一步发挥培育和规范上市公司等市场主体的功能，并对国有企业改革起到发挥示范和带动作用。

五是积极的财政政策要带动民间投资，稳健的货币政策需要关注证券资产价格和证券市场的流动性需求，证券市场对宏观政策的作用机制和效果具有重要的影响。

1990年证券交易所建立以来，在党中央、国务院的正确领导下，按照“法制、监管、自律、规范”的八字方针，中国证券市场的发展取得了举世瞩目的成就，市场发展规模迅速扩大，规范化程度逐步提高，市场功能和作用日益显现，已经成为社会主义市场经济的重要组成部分。但是，作为体制转轨时期的新兴市场，中国证券市场的发展中还存在一些亟待解决的矛盾和问题。比如，市场主体的治理结构尚不规范，影响市场透明度和规范化运作水平；市场的结构和功能还不健全，影响了资源配置效率；一些历史遗留问题尚未解决，影响投资者的预期。这些问题有些是市场发展初期遗留下来并在市场规范化进程中暴露出来的；有些是在体制转轨时期改革不配套、制度不衔接、观念调整不到位造成的，必须在进一步推进证券市场改革和发展中逐步加以解决。

当前和今后一个时期，推动资本市场改革开放和稳定发展要着重解决好以下四个问题：

一是进一步统一认识、坚定信心。

中国证券市场发展至今，每一次突破认识上的误区，都会带来证券市场新的发展机遇。面对新形势下推动资本市场改革开放和稳定发展的艰巨任务，我们要以十六大的精神统一思想认识，要正确认识社会主义市场经济体系中发展证券市场的客观必然性；正确认识当前积极推进资本市场改革开放和稳定发展对促进经济持续健康发展，实现全面建设小康社会宏伟目标的重要意义；正确认识在社会主义分配原则下资本参与分配的合理性，认识资本对财富增长的贡献，认识证券市场投资者对经济发展的贡献，真正将保护投资者利益落到实处，让一切创造社会财富的源泉充分涌流；正确认识中国现阶段证券市场的发展状况和存在问题的性质；进一步坚定发展证券市场的信心。

二是强化市场建设的基础工作。

完善资本市场法律法规体系，大力推进诚信建设，提高市场主体的内控机制和规范化运作水平，努力营造“公开、公平、公正”的市场环境。

三是积极推动证券市场改革开放。

大力发展机构投资力量，沟通货币市场与资本市场的对接渠道，完善证券市场的层次结构和品种结构，适应市场参与者的不同需求，增强证券市场的资源配置能力。

四是坚持推进资本市场的稳定发展，妥善化解历史问题和风险隐患。

要按照“既不割断历史，又不迷失方向，既不落后于时代，又不超越阶段”的要求，正确处理改革、发展、稳定的关系，把改革的力度、发展的速度和市场可承受的程度统一起来。

大 事 记

中国证券网上交易2002年大事记

2002年1月7日，中国证监会公布《证券公司管理办法》，其中对专门从事网上证券经纪业务的证券公司的设立条件作出规定，证券公司或经营规范、信誉良好的信息技术公司进入网上证券经纪公司的准入门槛是出资不得低于注册资本的20%。该办法自2002年3月1日起施行。

2002年2月8日，全国证券期货监管工作会议在京召开，提出2002年证券期货市场监管工作要提升证券市场的透明度和公信力，增加程序性保证，推行高透明度的监管工作，对出台的各项重大政策，广泛听取意见，增强政策法规的科学性、可预见性和可操作性；加快发展机构投资者，切实保护中小投资者权益；积极稳妥地推动解决证券市场深层次结构性矛盾和历史遗留问题；探索建立多层次的市场体系，积极推动制度创新和金融产品创新，促进统一债券市场的形成，稳步推进期货市场的发展。

2002年2月25日，沪深证券交易所完成对《股票上市规则》原第十章的修订，并经中国证监会批准同意发布实施。

2002年2月26日，《深圳证券交易所大宗交易实施细则》发布并正式实施。3月19日证券市场首笔大宗交易产生，1980万股罗牛山买卖方为上海金证投资和银河证券。

2002年2月28日，中国证监会发布《证券公司年度报告内容与格式准则（修订）》，规定证券公司的董事会报告中应披露网上交易的金额及所占公司交易额的比重。

2002年3月，中关村证券北京营业部、汉唐证券北京裕民路营业部等相继开业，都采用杭州核新软件公司的互联网营业部（UNI-NET）方案。在大户室和中户室里，由Windows无盘工作站替代传统DOS无盘站，并将互联网接入营业部中，使营业部的投资者可以上网浏览网上财经资讯。该方案还可以使证券公司的网上交易与营业部柜台交易的界面统一。此前闽发证券已率先进行将互联网接入营业部的试验。

2002年3月4日，和讯、海融宣布合并。和讯公司是国内最具影响的提供财经资讯服务和基于互联网的金融服务综合平台的专业机构。和讯公司创办并运营的和讯网是中国著名的财经证券网站。海融公司是中国最早进入金融证券电子信息咨询服务的专业咨询公司。

2002年3月17日，新股发行将按市值配售，相关技术准备工作正在紧张进行。

2002年3月22日至24日，国内“国际网上银行及网上金融理财服务展览会”在上海开幕，同台亮相的还有“第二届上海国际证券网络服务展”和“第四届上海国际证券业及证券电子技术设备展”。香港的大福证券、嘉洛证券、时富证券及内地的华夏证券、东方证券等众多券商和工商银行等多家银行参展。

2002年4月2日，天同证券在广州推广网上交易，引发佣金价格战，被紧急叫停。

2002年4月4日，中国证监会、国家计委、国家税务总局发布关于调整证券交易佣金收取标准的通知，决定从5月1日起，A股、B股、证券投资基金的交易佣金实行最高上限向下浮动制度。浮动佣金制度将有利于推动网上证券交易的发展。

2002年4月11日，“中国第六届证券及保险信息技术博览会”同期举办了“入世后中国金融业的应对措施高峰论坛”。会议邀请银行、证券、保险主管部门领导和证券公司、保险公司相关负责人，针对中国金融行业的政策法规、应对措施、业务发展和网络金融安全等议题，与参会代表进行深入交流和探讨。

2002年4月12日，中国人民银行网上银行发展与监管工作组在京成立。

2002年4月18日，中国证监会信息中心承担“十五”国家科技攻关课题，与中国人民银行科技司签订“证券信息化标准体系研究”的合同书。同时，证监会信息中心与人行科技司还与青海证券等3个课题承担单位签订了“网络证券应用示范系统”课题的攻关合同书。由此，标志着券商新一轮技术革命的开始。

2002年4月22日，人民银行发布《关于落实＜商业银行中间业务暂行规定＞有关问题的通知》，明确规定，商业银行不能代理股票买卖，中间业务开展情况须逐季报送。

2002年4月26日，证券交易所不再为暂停上市公司的股票提供特别转让服务。“PT”制走入历史。

2002年4月29日，中国证券登记结算有限责任公司发布《中国证券登记结算有限责任公司证券账户管理规则》。

2002年4月30日，国信证券与在港上市的志鸿科技签约，志鸿科技将为国信证券提供新一代的证券交易处理系统。

2002年5月16日，证券时报社和新浪网发起主办了第三届最受股（网）民喜爱的“中国优秀证券网站”评选活动。国泰君安证券、华泰证券、国通证券、东吴证券、天一证券、天和证券等公司网站获奖。

2002年5月20日，申银万国证券公司交易网站神网sw2000.com.cn二期完工并投入使用，神网二期首家应用网页式安全管理模块，突破交易网站只能使用个人数字证书的局限，其容量达到在同一时点可有一万人在线委托。二期工程的及时投产，使申银万国顺利通过6月24日突发交易高峰的考验。

2002年5月21日，中国证监会发出《关于向二级市场投资者配售新股有关问题的补充通知》，决定恢复向二级市场投资者配售新股的发行方式。按照此通知，向二级市场投资者配售新股的基本原则是优先满足市值申购部分，在此前提下，配售比例在50%至100%之间确定。5月22日，上海证券交易所、深圳证券交易所、中国证券登记结算有限责任公司联名颁发了《新股发行市值配售实施细则》及3个附件。5月29日经中国证监会核准，武汉精伦电子股份有限公司发行的3100万股A股100%向二级市场投资者定价配售，从而成为市值配售发行方式恢复以来，第一家采用这种方式发行的公司。

2002年6月3日，中国证监会发布《外资参股证券公司设立规则》、《外资参股基金管理公司设立规则》。这两项《规则》定于7月1日起施行。7月1日湘财证券和法国里昂证券正式向中国证监会递交了设立合资证券公司的相关申请材料。这是《外资参股证券公司设立规则》生效后申请设立合资证券公司的第一起案例。

2002年6月19日，赢时通北京公司关闭，标志着该公司退出市场。2000年赢时通曾经被CNNIC评比为财经类网站第一名，是国内一家大型专业财经网站；2001年8月23日，联想以总值3537万美元的有形资产入股赢时通，占40%的股份。

2002年6月20日，上海证券交易所表示，将于7月1日起正式对外发布上证180指数，以取代原来的上证30指数。中国石化、宝钢股份、华能国际等大盘股及飞乐音响等交投活跃的股票入选。

2002年6月24日，青海证券开发建设网上集中交易系统，该系统具有大容量接入（100Mb)、超并行处理能力、交易通道快捷稳定的优点，为行情和交易提供了强有力的保障；该系统成功经受住历史天量的考验，当日网上交易金额达1.4亿元。

2002年6月26日，上证所发布《关于上市公司股东大会会议资料上网披露事宜的通知》，要求上市公司在召开股东大会前，即将全部会议资料的电子文件登载于上证所的网站上，供投资者查阅，以更好地保护全体中小股东公平的知情权。

2002年7月，华夏证券开通800全国免费咨询电话，为网上交易的用户随时提供在线咨询。

2002年7月2～3日，中国证券业协会第三次会员大会在京开幕。证券业协会进行大规模改组，强化自律组织职能，发挥其在行业自律和市场发展中的作用，大会审议通过《中国证券业协会章程》。

2002年7月12日，上海证券交易所开发完成“国债远程招标系统”，表明筹划已久的交易所市场国债远程招标模式改革行将启动。

2002年7月15日，华泰证券推出最新版华泰证券网(www.htsc.com.cn)。从资讯信息容量、网上交易功能、个性化服务、社区交流功能等多方面提升服务质量和服务功能。

2002年7月22日，大鹏证券在深圳华侨城推出面积只有300平方米的微型证券营业部，取消传统的大厅和客户室，营业部角色转型为一个营销中心。该营业部依赖电话委托、网上交易、远程终端、银证炒股四种交易方式，实质是个以非现场交易为基础的“虚拟化”营业部，佣金仅为1‰水平。占据有限营业场地的是FC（投资顾问）团队，主要由投资顾问和销售代表组成，核心业务是出售研究报告、投资组合产品及间接推销保险银行等金融产品，营销模式将借鉴保险行业的方法，激励机制是市场化的底薪加高提成。

2002年8月26日，国联证券与搜狐网斥资5000万成立的搜财网正式开通，该网站搜狐拥有51%的股份，国联证券占有49%的股份，是国内第一家由门户网站和传统证券公司共同投资兴建的证券交易网站。

2002年9月23日，和讯与相关媒体共同主办“中国优秀券商网站评选”活动。评出了最佳优秀券商网站、最佳页面的网站、最佳财经资讯的网站、最佳投资资讯的网站、最佳投资理财顾问的网站、最佳行情系统的网站、最佳论坛的网站等七类奖项。其中海通、国泰君安、中信、平安、光大、华夏、国通、闵发、民生、青海获最佳优秀券商网站；中信、海通、青海获最佳页面网站；中信、光大、民生、国通、平安获最佳财经资讯网站；海通、光大、华夏、民生、天一获最佳投资资讯网站；国泰君安、中信、海通、平安、华夏获最佳投资理财顾问网站；国泰君安、平安、海通、中信、光大获最佳行情系统网站；华夏、闽发、平安获最佳论坛网站。

2002年9月29日，华夏证券与美国艾克国际科技有限公司正式签约，导入由艾克国际研发的针对证券营业部客户关系管理解决方案——e-Brokerage证券经纪人系统。这项全新概念的客户经营系统在中关村营业部成功运行了几个月，表明该系统在企业资源的高效利用、强化客户关系上有很强的针对性作用。公司将在全国各主要大型营业部安装推广，并最终推向全国，以增强在国内经纪业务领域的核心竞争力。

2002年10月中旬，中国证监会、中国证券业协会集合各家券商，召开名为"证券公司网上交易及远程技术服务站的规范与管理"的研讨会。会议的中心议题是讨论技术服务站的法律界定与管理模式。

2002年10月29日，招商证券推出"网上营业厅"，首次实现了将证券网上交易与证券营业部功能整合在一起。投资者在一个界面可全面了解证券公司提供的所有服务项目和产品，既可查询有关资讯，也可实现其在证券营业部现场办理的资金划转、行情交易业务，以及同其他投资者的交流心得。

2002年11月3日，华为公司高端网络设备首次大规模应用于银河证券公司全国广域网络系统。打破了长期以来证券网络核心设备供给、骨干网络组建的业务均由国外为数不多的几家大公司垄断的局面。

2002年11月8日，中国证监会和中国人民银行联合发布《合格境外机构投资者境内证券投资管理暂行办法》。

2002年11月13日，银河证券建成全国广域网络系统。银河证券的全国广域网络系统按三级网络结构建设，其中北京为网络系统核心，下面连接了8个区域中心、24个省会中心以及10个连接在总中心的营业部，最底层则是分布在各个城市的三级营业部，分别连接到不同的二级中心。银河证券还将中经开原14家营业部接入到银河证券现有全国广域网络系统中。该网络将成为一个高性能、高可靠性、可管理和可扩展的多业务传输平台，承载银河证券系统A股、B股、财务、清算和网上交易等关键核心业务，办公系统、内部信息服务和电子邮件等办公业务，以及Internet统一出口、IP语音和IP视频等增值业务。

2002年11月19日，大鹏证券公司新一代集中交易系统顺利上线，并在上海曲阳路营业部、天钥桥营业部实现数据迁移和正式投入使用。大鹏证券采用的是根网科公司开发的"根网证券集中交易系统"。该系统采用了面向对象的分析、设计、开发方式和JAVA语言，功能和性能上具有强大的扩展性。新系统可使大鹏证券实现集中的交易、管理和风险控制，并体现了"客户为中心"的理念，大鹏认为新系统成功上线将极大地提升了公司的创新能力和服务能力。

2002年11月20日，中国电信大客户部邀请国内主要银行、保险公司、及30多家证券公司，在海南三亚研讨4008统一特服号的需求及技术方案。4008全国统一特服号的开通将改变证券公司现行的以营业部为中心分散的电话委托系统，利于证券公司快速扩展网点，组织统一的市场营销策略，因此得到证券公司的高度关注。已有十几家证券公司在此次会议上表示将申请使用中国电信的4008特服号及技术方案。

2002年11月21日，宁波市证券业协会与浙江电信宁波分公司以发展网上证券交易、推广电信宽带业务为目标，达成长期战略合作共识，推出"股市直通车"业务，为投资者提供宽带接入服务，资费比普通用户下降近30%。在宁波市证券业协会各会员单位开户股民将从此业务中享受到网上交易的经济与便利。

2002年12月17日，上市公司信息披露监管国际研讨会举行。

2002年12月19日，上海证券交易所新网站正式启用(www.sse.com.cn)，庆贺上海证券交易所成立12周年。新网站的正式启用，是上证所继卫星地球站之后，在技术基础设施建设上取得的又一重大成果。新网站作为新时期上证所技术创新发展战略规划的三大技术项目之一，是上证所实施英特网战略的基础平台，与新一代交易系统、新一代信息系统共同成为上证所构筑信息时代核心竞争力的重要部分。

2002年12月24日，华夏证券在充分研究老年投资者需求的基础上，首家推出了专为老年投资者设计的行情软件《华夏飞天银发版》。作为面向老年投资者的产品，华夏飞天银发版行情软件将行情分析与网站信息、网上交易以及针对老年人的个性化服务结合在一起。同时，华夏证券网专门开设了专为老年投资者设计的网上社区"老年之家"，可以让老年投资者足不出户就能享受到华夏证券的各项交易服务和网上经纪人的咨询服务。

2002年12月28日，九届全国人大常委会任命周小川为中国人民银行行长，中组部宣布尚福林任中国证监会主席、党委书记。

2002年12月底，国内10多家开展网上证券交易的券商及证券软件开发商赴韩国进行了为期5天的考察。访问了韩国最大的3家网上证券交易商——大信、大宇和三星证券公司。通过听取介绍、现场观摩和面对面交流，对韩国证券市场的发展过程、当前状况，尤其是网上交易的发展状况有了一个更深入、更全面、更直观的了解和认识，获得了诸多有益的启示。

2002年是中国加入WTO第一年，中国期货部分品种在国际上的影响日益提高。铜、铝、大豆和小麦的期货价格成为行业指导价格，并影响国际同类产品价格走势。

中国期货网上交易2002年大事记

2001年1月17日，中国证监会发布了《期货交易所、期货经营机构信息技术管理规范》，使期货交易所、期货经营机构信息技术管理走上规范化道路。

2002年2月4日，中国证监会重新修订并发布了《期货经纪公司高级管理人员任职资格管理办法》与《期货从业人员资格管理办法》。并由期货业协会开发相应的网论平台。

2002年3月5日，中国期货业协会启用中国期货业协会团体会员和从业人员信息管理数据库系统，该系统通过对期货业协会团体会员和期货从业人员信息资料的收集、整理和分析，实现行业信息共享，提高行业管理水平和效率，促进行业自律，提升行业竞争力，从而推进行业的稳步健康发展。该数据库由团体会员信息管理数据库和从业人员信息管理数据库两个子库构成，由协会负责开发、设计和管理，期货交易所、期货经纪公司、期货交易厅、期货交易所的非期货经纪公司会员、持有《境外期货业务许可证》的企业、期货投资咨询机构、中国证监会及协会认可的其他机构可以使用该数据库。

2002年4月18日-20日，在中国证监会、中国证券业协会的指导下，中国证券业协会信息技术应用委员会于日前成功召开了"中国证券信息技术论坛2002"。论坛期间，来自国内外24组共44家国内外知名IT企业包括联想、华为、惠普、Sun、Intel、微软、康柏、IBM等展示了证券期货业信息技术的最新产品。此次论坛为证券公司转变经营理念和模式、降低交易成本提供了有效的技术支持。证监会秘书长屠光绍、证券业协会秘书长马庆泉、IT委员会理事长徐雅萍、证监会稽查二局局长李鸣、战略规划委员胡本立等出席会议并讲话。来自全国5个证券期货交易所、90多家证券公司和基金管理公司、24个证监会派出机构、FIX标准委员会的专家和61家知名证券期货公司和IT企业共600余人参加了本次论坛。

2002年6月1日，中国证监会主席周小川宣布新的《期货交易所管理办法》和《期货经纪公司管理办法》自2002年7月1日开始实施。规定期货"投资者可以通过书面、电话、计算机、网上委托等方式下达交易指令"，正式确认网上期货交易的合法地位。

2002年6月，证监会批复在浙江开展期货电子化交易。通过试点，汇总电子化交易开展过程中碰到的问题，提出解决方案，制定技术标准和管理规范的草案，为电子化交易在全国的推广提供经验。

2000年6月29日～7月2日，中国期货业协会在上海举办2002年度第三期后续职业培训班。在4天培训中，中国证监会、上海期货交易所、中期公司、上海财经大学、香港大学商学院等中外知名专家就新"办法"、期货从业人员管理、信息技术与网上交易、市场经营、WTO与金融期货、金融工程与共同基金管理等课程和知识进行了较系统的讲解。来自全国各地的100多名期货经纪公司业务骨干参加了此次培训。

2002年07月16日，为加快期货市场技术创新步伐，经中国证监会批准，期货信息系统建设工作小组日前正式成立，并将组织对期货经营机构进行书面问卷调研，及对部分地区期货经营机构进行实地抽样调研。此次书面问卷调研旨在全面了解期货交易所和期货经纪公司在信息技术管理规范方面的实施情况及期货相关机构信息化工作现状，为下一步修改《期货交易所、期货经营机构信息技术管理规范（试行）》做好准备。调查问卷主要对各期货交易所、期货经营机构在管理制度、硬件网络通信设施、软件管理和数据管理四个方面进行了调查。问卷还就是否增加、修改或删除2000年发布的《期货交易所、期货经营机构信息技术管理规范（试行）》内容进行了意见征寻。

2002年9月14日，证监会杭州特派办联合浙江证券期货业协会举办期货电脑技术人员培训班。证监会期货信息系统建设工作小组和三家期货交易所的专家为培训班授课。

2002年9月15日，中国证监会杭州特派办在杭州召开辖区期货电子化交易试点协调小组会议，讨论在电子化交易试点中碰到的问题，并与有关部门交流沟通，总结经验，探讨解决办法。证监会期货信息系统建设工作小组、三家期货交易所、部分期货交易系统开发商派代表参加了会议。

2002年10月10日，中国期货业协会的《期货从业人员执业行为准则》征求意见稿出台。

2002年12月13日，中国期货业协会发布《中国期货业协会团体会员、从业人员信息管理数据库管理暂行规定》。

2002年12月30日，中国期货业协会正式颁布了《期货经纪公司电子化交易指引》，对期货经纪公司开展期货电子化交易应遵循的原则、基本业务管理规范和基本技术管理规范作了较详细的规定。

（初壮）

中国证券电子商务2001年到2002年综述

【2001～2002 年中国证券电子商务总体趋势】 2001-2002年，是加入WTO第一年，我国国民经济持续向好，在全球经济中一枝独秀。但是全球资本市场极度低迷，对我们资本市场有一定的影响。另外，经过十多年的持续高速发展，我们证券市场正处于WTO后的深度转型阶段，经受着转型期的阵痛，股票市价普遍下跌，交易量萎缩，证券公司面临经营困难，乃至全行业亏损。从市场统计数据来看，这一点非常明显：2001年上市公司有上市公司AB股合计1160家，流通股本2410亿，流通市值14463亿人民币。市场交易量315228.76亿元。到2002年底，AB股合计1224家，股票市值38329亿，比上年同期市值下降了12%以上。2002年交易量从上一年的38305亿元下降到27790亿元，比最高年份2000年的60826亿元，下降幅度为54%。（见表1、图1）

表1 1992-2002年股票市场统计数据

年 份	1992	1993	1994	1995	1996	1997	1998	1999	2000	2001	2002
投资者开户数(万户)	217	778	1059	1242	2307	3333	3911	4481	5801	6650	6884
境内上市公司数(A、B股)	53	183	291	323	530	745	851	949	1088	1160	1224
股票总发行股本(亿股)	69	388	685	848	1220	1943	2527	3089	3792	5218	5875
股票市价总值(亿元)	1048	3541	3691	3474	9842	17529	19506	26471	48090	43522	38329
其中：流通市值(亿元)	-	862	969	938	2867	5204	5746	8214	16087	14463	12485
股票成交金额(亿元)	681	3667	8127	4036	21332	30721	23544	31319	60826	38305	27990

图1 1992-2002年股票市场统计数据

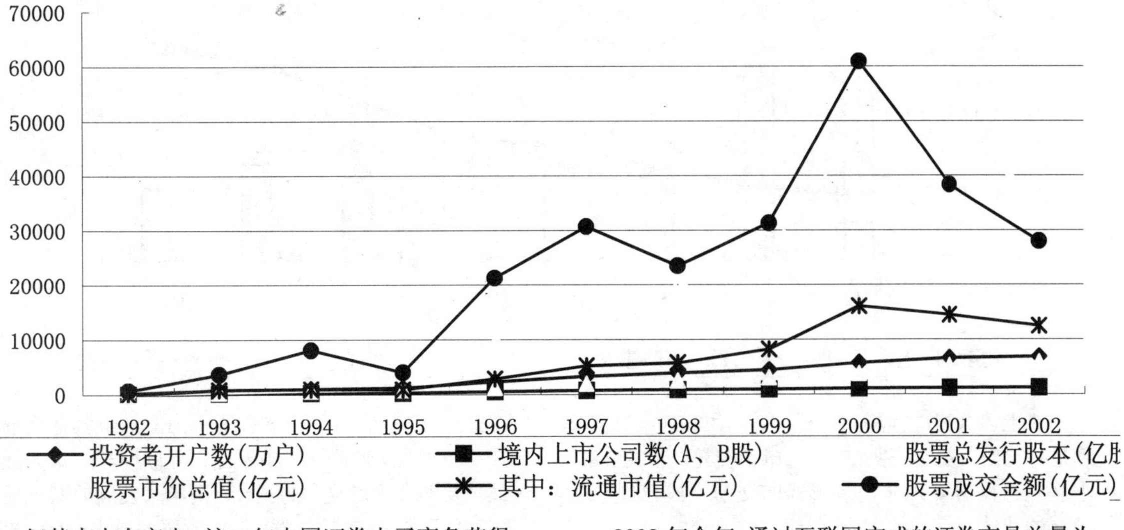

但其中也有亮点，这一年中国证券电子商务获得突破性进展，市场交易量呈指数化增长态势，与周边行业相比，证券电子商务处在相对领先地位。

2002年全年，通过互联网完成的证券交易总量为5230亿元，相对于2001年的3578亿元，增长了46%，值得注意的是2002年的交易量是在2001年的只有

71%的基础上取得的。再看比例，整个市场交易总量，网上交易所占比例从 2001 年的 4.38%，上升为 2002 年 8.99%，其中按月统计显示的比率更高，例如 2002 年 12 月网上交易量为证券公司网上委托交易量约为 428.06 亿元，占沪、深证券交易所 12 月份股票(A、B 股)、基金总交易量 3561.30 亿元(双边计算)的 12.02%，比 2001 年 12 月同期上升了 5.43%(见表 2)。

尽管从绝对数量上看，网上交易总量在整个市场交易中所占份额还不是很大，不到 9%，但是从发展趋势上分析，在过去两年内，网上证券交易获得了持续稳定的增长，且始终保持增长趋势。(见表 3、图 2)

表 2　2001 年、2002 年统计比较

年　度	网上交易量	沪深总交易量	网上交易量占比	网上交易开户数
2001	3578 亿元	81715 亿元	4.38%	332 万户
2002	5230 亿元	58191 亿元	8.99%	508.1 万户

注：表中"沪深总交易量"是指沪、深证券交易所年度股票(A、B 股)、基金总交易量(双边计算)。

表 3　2001.1～2002.12 网上证券交易按季度统计

日　期	2001 年度				2002 年度			
	Q1	Q2	Q3	Q4	Q1	Q2	Q3	Q4
网上委托交易量(亿元)	719	1193	770	812	1097	1580	1412	1141
沪、深股票、基金总交易量(亿元)	21082	30418	15984	13156	16642	18665	13265	9741
所占比例	3.41	3.92	4.82	6.17	6.59	8.47	10.65	11.72
本月新增开户数(万户)	55.6	38	39	22	175.8	42.4	26.2	30.9
累计开户数(万户)	233.2	271	310	332	408.8	451.2	477.2	508.1

图 2　2001.1-2002.12 网上证券交易按季度统计

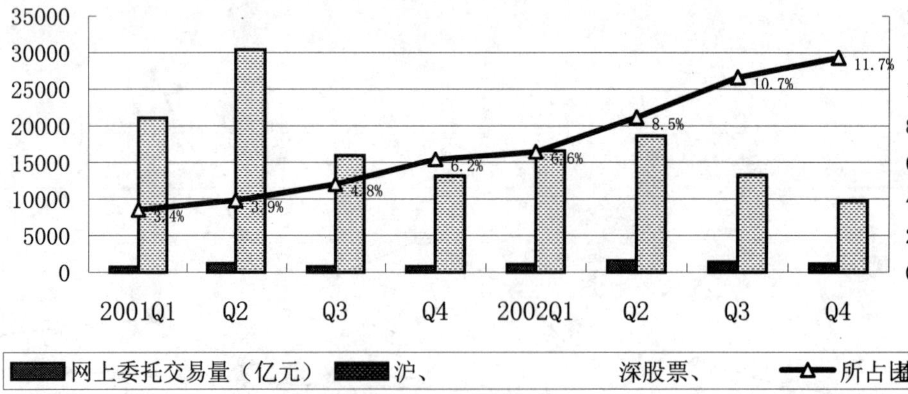

对上述数据进行深入分析，并与 2001 年第一季度进行比对，发现：网上交易、电话委托、无线移动、小区宽带网等多种非现场形式的交易手段已经取得稳定的业绩。

根据 73 家已核准开展网上委托的证券公司上报的数据，通过网上交易完成的交易量占这些公司交易总额(非整个市场交易量)的 13.87%，其他交易方式分布见表 4。从该表中看出，互联网与电话委托是最重要的非现场交易方式，近两年来发展的银证通业务已经取得 3.5%的份额，但比预想的要小，而手机应用潜力尚没有充分发挥出来，其中短信要比 WAP 上网好些。

表4　其他交易方式

交易方式	2001年3月	2002年12月
互联网	4.37%	13.781%
电话委托	20.79%	19.259%
其他远程宽带委托	3.00%	2.065%
手机短信息	0.03%	0.046%
WAP	0.01%	0.003%
营业部	71.80%	61.317%
银证通	(未统计)	3.529%

与2001年初的数字对比，变化最大的是传统营业部的交易量，由72%下降到61%。考虑到营业部中机构投资者的贡献很大，普通投资者使用远程交易手段的情况可能要更多一些。

【证券电子商务用户分析】　从开户人数分析，2001年沪、深交易所开户总量合计为6650万，2002年增加到6884万，其中由于两个交易所有重复计算的因素，实际按一半计算，有效开户数是2001年为3325万，2202年为3442万，因此在一年内新增投资者117万。网上交易开户数从2001年的332万，增长到2002年的508万，实际增加了176万。不但超过了2001年新增网上交易客户数的157万，甚至超过了本年度新增全部投资者数量，这说明有相当大数量的投资者从传统的交易方式转变为网上交易数量。同时也说明新增加的投资者中，选择网上交易的已经成为主流。(见图3)

分析网上交易客户数占全部投资者数量的比例，2000年底为6%，2001年底为10%，2002年底为14.76%。

图3 网上交易情况

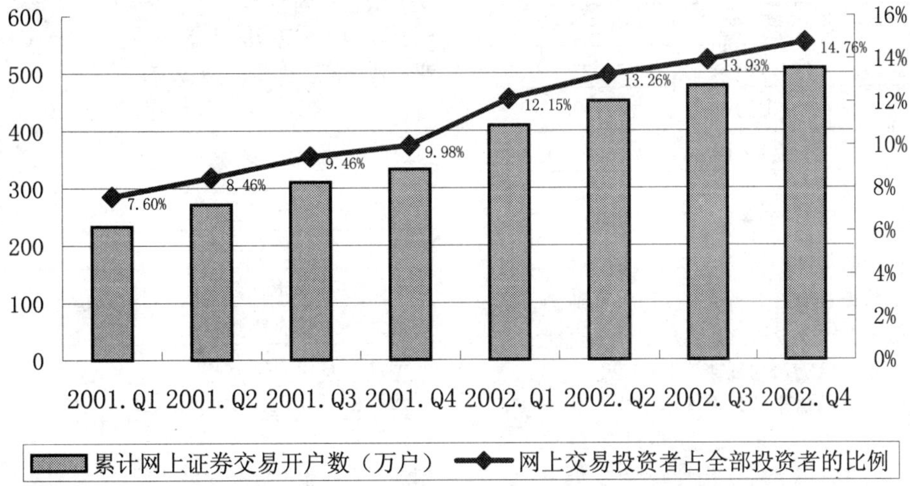

与我国互联网用户数量的发展进行对比，可以发现，2001年及2002年两年间，尽管国际上互联网的发展处于低潮，但根据CNNIC的统计，我国互联网用户数仍然获得大幅增长，从2001年初的2250万户，到2003年初的5910万户，实现了翻番。与此同时，我国证券市场开户数实际增长趋缓，两年时间仅增长了541万。再分析网络用户的年龄结构，新增网络用户主要是年龄小于25岁的年轻人，近两年网络用户的平均年龄趋于下降，多不具备股票投资条件，这部分网络用户基本上不会进入证券市场。这也说明，网上证券投资的客户数占全部网络用户数量的比例近年以来呈下降趋势。但从长远看，这一代人在网络环境中逐渐成长成为社会主流时，证券投资的基本方式将以互联网为主。据联合国贸易及开发会议的报告显示，2002年底全球网民约为6.55亿，按已公布的各国数据，中国的网络用户在世界排名第二，仅次于美国，考虑到我国有将近13亿的总人口，互联网络用户在总人口中仅占4.6%，因此，尽管我国的互联网用户总数很大，但互联网络的普及程度还很低，未来的发展空间极大。(见表5)

表5 中国互联网用户数量的发展

年 份	2001.1	2001.7	2002.1	2002.7	2003.1
上网用户总数(万户)	2250	2650	3370	4580	5910
沪、深交易所开户总数(万户)	5801	6404	6650	6804	6884
网上交易开户数(万户)	177.6	271	332	451.2	508.1
网上交易开户数与股民的比例	6.12%	8.46%	9.98%	13.26%	14.76%
网上交易开户数与网民的比例	7.89%	10.23%	9.85%	9.85%	8.60%

下表按交易手段对开户情况进行分类。统计数据表明营业部、电话委托方式的用户比例基本保持不变，而网上交易增长近一倍。需说明的是，投资者往往需要多种方式交易，有关监管法规中也要求证券公司为投资者提供替代的交易方式，因此这个表中存在重复计算的情况。(见表6)

表6 交易手段的分类分析

交易方式	2001年3月	2002年12月
互联网	8.61%	15.35%
电话委托	68.67%	66.27%
其他远程宽带委	8.66%	13.86%
手机短信息	3.07%	4.57%
WAP	0.21%	0.19%
营业部	73.89%	71.79%
银证通	(未统计)	8.00%

表中银证通的客户数占投资者总人数的8%左右，但是完成的交易量只有3.5%，说明采用银证通的投资者多数为零散、小规模投资，其客户规模上可能还有上升的空间。而手机的潜力还未发挥出来。

宽带网的用户日益增长，上面两表中，证券电子商务的宽带网用户占13.86%，交易量只有2%，这并不表明宽带网对证券电子商务贡献变小，实际上，因为宽带网基本上都是采用互联网技术体系，因此网上交易总量中已经反映了小区宽带的贡献，但是本表中的宽带是指采用非INTENET技术体系的，证券公司自己组建的远程交易的专网，随着互联网的深入发展，各种非INTERNET体系的宽带专用网络正在走向消亡。

【证券公司开展网上证券业务状况分析】 从2001年3月证监会核准大鹏证券等23家证券公司开展网上证券委托业务以来，截至到2002年底，分五批共有73家证券公司正式推出各自的网上交易业务。还有部分证券公司提出申请，并为开通网上证券委托业务正在作技术或组织上的准备。

在2001～2002两年的时间里，网上证券交易已发展成为证券行业一种基本交易形式，所有获得证券经纪业务资格的公司，都不会放弃网上业务。从监管层的理念上，没有限制开展网上交易公司家数，或其他限制性规定，而是通过核准程序促使证券公司规范运营。基本上可以把证券公司的网上委托资格看作一个特殊的营业部，而纳入传统的监管框架中。

2001年，地区性证券公司在开展网上业务方面较积极，2002年，全国性大型证券公司加大网上业务实施力度，特别是交易佣金下调后，各家证券公司都把发展网上业务作为降低交易成本的必由之路。用网上交易量占公司股票交易总量的比例来衡量公司网络化程度。中小型地区性证券经纪公司比较容易将传统业务转向网上交易。(见表7)

表7 公司网络化程度前20名

公 司 名 称	网上交易量占总交易量的比例(%)
青海证券有限责任公司	51.58
泰阳证券有限责任公司	34.98
华泰证券有限责任公司	31.50
中富证券经纪有限责任公司	31.12
河南证券有限责任公司	27.31
江西江南信托投资股份有限公司	24.32
常州证券有限责任公司	23.70
国通证券股份有限公司	21.91
黄河证券有限责任公司	21.42
平安证券有限责任公司	21.35
苏州证券有限责任公司	21.01
福建省华福证券公司	20.81
福建省闽发证券有限公司	20.57
富友证券经纪有限责任公司	20.12
恒远证券经纪有限公司	17.21
广发证券股份有限公司	16.88
江门证券有限责任公司	16.85
汉唐证券有限责任公司	16.71
湘财证券有限责任公司	15.95
中关村证券股份有限公司	15.82

如果按网上交易总量来排序，则全国性大券商占据主要地位。其中网上交易量超过100亿的证券公司名单见表8。

表8 网上交易量超过100亿的证券公司名单

公司名称	本年度网上累计成交量(亿元)
国泰君安证券股份有限公司	450
中国银河证券有限责任公司	400
华泰证券有限责任公司	300
海通证券有限公司	280
国通证券股份有限公司	250
华夏证券有限公司	240
泰阳证券有限责任公司	210
广发证券股份有限公司	210
中信证券股份有限公司	210
南方证券股份有限公司	150
申银万国证券股份有限公司	150
福建省闽发证券有限公司	120
湘财证券有限责任公司	110
平安证券有限责任公司	110
广东证券股份有限公司	100

对比上面两表，华泰证券、泰阳证券、国通证券、广发证券、闽发证券、平安证券等两项指标都较突出。2001年，华泰、泰阳等证券公司已实现了网上交易的高速增长，但上表中显示，在2002年，全国性大型证券公司，例如国泰君安、银河证券、华夏证券、南方、申银万国等开展网上交易方面，都取得显著成果。总之，2002年我国证券电子商务的发展，在市场低迷的情况下取得了稳定的增长，为今后的进一步发展奠定了坚实的基础。初步分析，有以下几个特点：

一是我国互联网的发展和周边基础设施日趋成熟，是证券电子商务取得快速增长的前提，另一方面，证券电子商务的发展，也促进了一些地区的互联网用户的增长，特别是南京、长沙等区域经济中心地区。不论是网络用户、网页点击、通信流量等，证券电子商务的应用占有突出的地位。

二是证券市场面临深度转型，各家证券公司在商业模式、技术架构上，正在探索低成本扩张的途径。而经过前几年的摸索，证券电子商务的技术体系和业务模式日趋成熟，因此成为证券公司业务转型的首选。另外，一些中型地区券商(华泰、泰阳、东吴证券等)在证券电子商务方面的成功给行业带来一定的示范作用。内外多方面的因素，促使证券公司纷纷探索发展各自的电子商务模式。表现为2002年大型全国性券商在电子商务上大量的投入和不菲的收益，例如国泰君安、银河、华夏等公司。

三是监管框架初步建立起来。自2000年3月证监会在全国各行业中率先发布《网上证券委托暂行管理办法》并陆续核准73家证券公司开展网上业务，已经初步确立了可行的监管框架。

【证券电子商务引领证券技术进步浪潮】

1. *网上交易平台的开发升级占据证券公司IT投资的首位。*目前，大多数证券公司已经建立起网上交易平台，规模从几十万到两三千万不等。随着网上交易量的增加、新业务的增多，证券公司的网上交易系统需要不断的升级和增加新的功能模块，预计今后网上交易平台的开发投入依然较高。在2002年网上交易系统建设方面，一个显著的特点是证券公司普遍注重实用、可靠、低成本的IT技术。

2. *证券电子商务推动证券公司实施集中交易系统。*证券公司开展网上交易，由于因特网技术固有的特点，使得证券公司首选集中网上交易模式。相比传统营业部采用的分散业务模式，两种模式在证券公司内部资源配备、管理考核等方面必然会发生冲突。通过探讨其解决方案的过程，越来越多的证券公司开始实施集中交易系统，同时集中交易实现企业转型。证券公司集中交易模式分大集中和区域集中两种模式。

3. *证券电子商务推动呼叫中心的建设。*为改善对网上客户的服务，一些证券公司建立了以呼叫中心为主要手段的客户服务体系。随着电信体制改革及电信基础设施的完善，证券公司建设呼叫中心的技术系统日趋完善，不仅满足网上客户服务的要求，也逐渐将传统营业部的客户服务纳入呼叫中心的服务体系中。由于刚刚起步，证券公司一般选择建设区域性的客户服务中心，全国性的客户中心还没有成型。2002年地区性证券公司在建设呼叫中心处于领先位置。

4. *电话委托走向集中。*随着证券公司陆续建设各自的呼叫中心，迫切需要将分布的各个营业部的电话委托系统集中起来。2002年，中国电信首先提出了2008特服号的技术方案，引起证券公司的兴趣，包括大鹏、银河、华夏等证券公司开始探索通过中国电信的2008特服号建设各自的集中电话委托系统。此外，中国网通也推出了类似的2006特服平台。

5. *传统证券营业部的IT系统更新换代。*随着互联网的广泛应用，越来越多的证券营业部开始将互联网的技术体系引入到证券营业部内部，对其原有的客户平台进行改造。已经有近1/3的证券营业部内为其客户提供了互联网接入服务，通过营业部内部的互联网，投资者可以获得全面及时的投资资讯。证券公司也通过互联网为传统的客户提供客户服务、投资者教育、投资咨询等业务。

预计2003年证券IT建设的重点仍然在上述领域展开。

【证券电子商务推动制度创新】

1. *证券公司内部进行组织创新*。开展证券电子商务，需要将IT、经纪业务等多个部门紧密配合起来。同时，还要处理集中的网上交易与分散的传统经纪业务体制之间的差异。因此为了推动网上业务的发展，有的公司内部成立了相应的部门，由公司主要负责人牵头在业务、技术、市场之间进行协调；有的证券公司成立了专门促进电子商务的部门，统一负责网上证券交易的技术、网站、信息、业务推广、咨询；有的公司将网上交易与传统的营业部整合起来；还有的公司在将电子商务部门独立运行一段时间后，再并于证券经纪业务总部中。一般情况是，全国性的大证券公司往往采用独立的电子商务部。而区域性中小证券公司则将电子商务业务并入经纪业务部门，或只负责技术开发或网页维护，市场营销、客户服务则由原来的经纪业务部门负责。总之，证券公司根据各自的条件、公司内部的资源，不断探索发展自身电子商务的有效方式。证券公司发展电子商务，有力地推动了证券公司走向集中管理的业务体制。

2. *经纪业务网点的小型化*。证券电子商务的发展，促使证券公司探索低成本经营的新型式，对证券网点的分布、资源配备，都有了新的理解，纷纷提出技术服务站的网点模式，这将从根本上改变我国证券经纪业务的市场形态。所谓技术服务站是证券公司为开展网上交易而设立的推广演示、开户、咨询、应急等有形的场所。与传统营业部的区别在于技术服务站不提供交易、资金交收等业务，避免风险。技术服务站有利于解决网上交易的开户、营销和客户面对面服务等难题。技术服务站是证券公司2002年关注和探索的一个热点问题，但是有关管理制度法规上尚有一些难点，例如工商登记、税务、银行开户等，现有的管理办法都是基于实体营业场所的，对于电子商务领域的虚拟网点、非经营性客户服务网点的管理，没有配套的管理办法。

3. *网上经纪公司呼之欲出*。2002年大家比较关注的还有网上证券经纪公司的探索，有关网上经纪公司的设立条件、审批规则及监管办法等是市场各方比较关注的焦点。部分证券公司尝试单独开设经纪业务子公司、或与网络服务公司合资成立开展网上证券交易的网络服务公司，例如西南证券与飞虎网络合作、搜狐与无锡国联合资成立的搜财网等。

4. *证券电子商务促进经纪佣金下调*。由于网上证券交易较传统证券营业部相比，有显著的成本优势，网上证券交易成本是传统营业部50%到30%左右。证券公司为推动网上交易的发展，迫切希望能够充分利用这种成本优势开拓市场。2002年4月5日，经国家计委、国税总局批准，证监会发文将交易佣金下调。网上证券交易推动新佣金政策出台，新的佣金下调政策大大推动2002年证券电子商务的发展。

【存在的问题】

1. *互联网的可靠性和安全性制约着证券电子商务的发展*。源自互联网的信息安全问题比较突出，这些会不同程度地威胁着网上交易的发展，例如网络陷阱、网络病毒等表明互联网的可靠性尚满足不了证券电子商务进一步发展的需要。

2. *网上证券交易技术平台有待更新*。随着业务创新和客户的不断增加，原有的交易系统难以适应。2002年6月24日行情爆发，证券交易量突增平时的3倍，一些证券公司的网站有拥塞现象，个别证券公司网上交易系统宕机，使客户不能及时交易。此后证券公司针对这种情况作了升级扩容等技术措施。

3. *电子商务立法滞后，监管规则需要补充完善，局部环节还有监管真空*。

4. *网上交易基础设施有待完善*。特别是PKI体系，尽管取得了显著成绩，但是尚不能满足证券交易对效率和安全性的要求。

(初壮)

2002～2003年中国期货电子商务发展综述

·期货市场发展·

【2002年期货市场基本情况】

1. *期货市场比较活跃*。2002年期货市场面临的外部环境发生了明显变化。社会对期货市场的需求较快增长，在期货业拓展市场的努力下，期货市场较活跃，呈现许多新的发展特点。

⑴期货交易量稳步增长。2002年全年成交各类期

货合约 13943.26 万手，比上年增长 15.75%；成交金额 39481.4 亿元，比上年增长 30.93%(见图 1)。期货市场在品种不变的情况下，呈现出交易量、持仓量和交割量同时增长的活跃局面。

⑵主要交易品种同时活跃。2002 年只有六个期货品种上市交易，但在期货业积极活跃老品种的努力下，期货市场改变只有大豆一个品种“独大”现象，上海期货交易所的铜、铝和天然胶，大连商品交易所的大豆和豆粕，郑州商品交易所的小麦等品种，纷纷放量上涨，形成多个品种共创繁荣的局面(见表 1)。2002 年发生明显变化的是上年交易规模较小的品种，2003 年，上海期货交易所天然胶全年交易量和交易金额分别比上年增长 5393.77%和 7494.11%，占有市场份额由上年最末位一跃上升至第三位；大连商品交易所豆粕、郑州商品交易所小麦合约和上海期货交易所铝合约交易规模也都有较大增长，现有六个正在交易的品种全面呈现活跃局面。

⑶交易行情较火暴，市场平稳运行。2002 年，全球所有资源性商品价格都有不同程度上涨；国内经济继续走强，需求较旺，一些商品市场供求状况发生变化。2002 年期货市场许多商品价格出现波动，较大幅度上涨。其中大连 S0301 大豆合约期货价格从 4 月份的 1950 元/吨左右上涨到 12 月份的 2573 元/吨，涨幅 30%多；上海期货交易所 2002 年铜价格较上年每吨上涨 2000 多元，最高振幅达 900 多点。天然胶价格较上年上涨近一倍；郑州小麦 WT301 年内涨幅达 12%以上。市场没有大的风险事件发生。尤其是大豆 S0205 合约交割量达到 76 万多吨，没有出现违约现象，说明期货市场风险管理水平在提高，规范程度在加强，投资者行为趋于理性，中国期货市场逐渐走向成熟。

图 1 1993～2002 年全国商品期货交易规模变化趋势

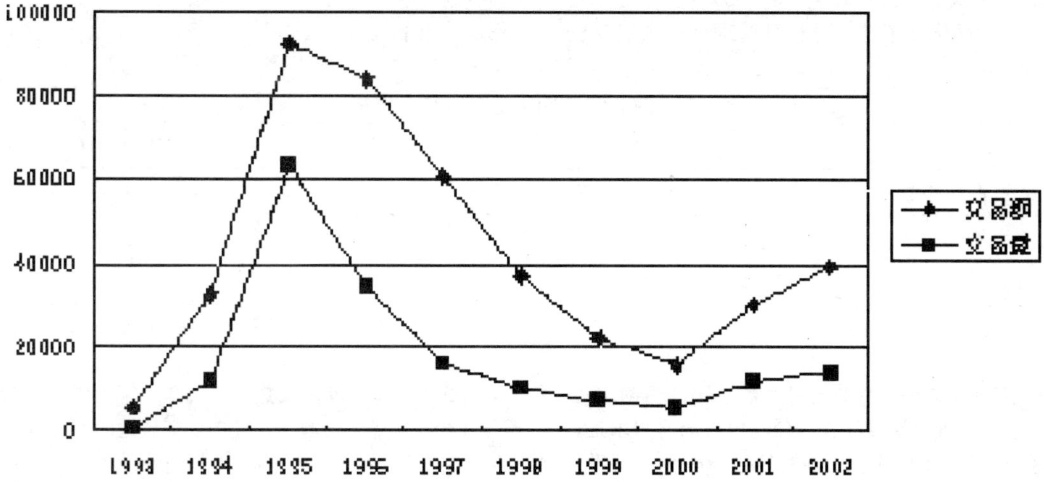

（资料来源：《中国证券期货市场统计年鉴》）

表 1 2002 年商品期货分品种交易情况

品种名称	总成交量(万手)	交易金额(亿元)	市场份额(%)
大豆	8800.65	19254.67	48.77
铜	1159.26	9187.77	23.27
天然橡胶	804.20	4016.88	10.17
铝	471.16	3192.23	8.09
小麦	1827.16	2252.44	5.71
豆粕	880.83	1577.4	4.0
合计	13943.26	39481.40	100.00

（资料来源：《中国证券期货市场统计年鉴》）

⑷投资者信心恢复，入市数量增加，结构发生变化。中国经济的持续发展扩大了对期货市场的需求，

中国期货市场的规范运行，增强了投资者进入期货市场的信心。2002年期货市场的投资者数量增加，流入期货市场的资金不断增长。2002年大商所的客户增加了2.2万户，三家交易所的保证金已经达80亿元，比2001年翻了一番。增加的期货投资者主要来自两方面：一是套期保值者增加。为了分散和回避相关产品价格波动风险，更多的生产、加工、经营的企业和个人利用期货市场套期保值。据统计，2002年有色金属行业在上海期货交易所套期保值量达到71.2万吨，其中铜套保量相当于中国铜年产量的50%；大连商品交易所43%的会员客户是粮食、油脂、饲料生产、加工、销售企业和个人，其主要目的是利用期货市场指导生产经营和回避市场风险。二是投资者增加。2002年期货市场行情火暴的同时，股市低迷，市值缩水，一部分投资资金撤出股市，进入到期货投资行列。大连商品交易所的会员客户中，进行套利交易的占30%，交易量占总交易量的60%。

2. *期货交易所继续稳步前进*。2002年三家期货交易所继续深化改革和加强内部管理，探索制度创新、技术创新和研究开发新品种，调整期货品种交易规则和合约设计，为投资者创造更好的交易条件，在推进市场交易、活跃老品种(见表2)和市场功能发挥等方面获得较大成效，促进期货市场持续发展。

2002年大商所适应现货市场变化和需求，不断进行品种创新，调整品种结构，推出非转基因大豆合约，使大连市场发展成为全球最大的非转基因大豆期市，并推动着中国非转基因大豆品牌的形成，提升了国产大豆的国际竞争力。上海期货交易所改进现有期货合约，加强对相关企业的引导和培训，根据品种特性推动市场交易，改变了一个交易所只有一个品种活跃的历史，铜、铝、天然胶全面启动，进一步扩大了期货市场的功能和作用，在全球的影响力明显增强。郑州商品交易所小麦期货价格较好地反映了国内小麦供求状况，并与国际市场小麦联动性增强，对现货价格起到引导和预期作用，市场功能得到初步发挥。

各交易所对玉米、棉花、石油、食糖及股指、国债等新品种的研究开发工作正在进行，有些品种已经作好上市的准备。

表2 2002年各期货交易所交易情况

交易所	交易金额(亿元)	比上年增长(%)	市场份额(%)
大连商品交易所	20832.07	5.42	52.76
上海期货交易所	16396.88	91.59	41.53
郑州商品交易所	2252.45	22.74	5.71

(资料来源：《中国证券期货市场统计年鉴》)

3. *期货经纪公司加快自身发展*。2002年期货市场活跃、交易规模持续放大，使经纪公司客户增加，资金增长。第三季度末全国期货经纪公司客户保证金余额为66.9亿元，比二季度末增加6.87%，同比增长38%。全年期货经纪业代理总额3.86亿元，比上年增长31.74%。大多数公司采取多种方式，加快发展步伐。一是新一轮增资扩股开始，一些上市公司和金融投资公司，看好期货市场，向期货经纪业投资或增加注册资本，准备向大型综合类经纪公司发展。2002年30多个亿的资金注入到经纪公司的资本金中，增强了经纪公司的实力和抗风险能力。二是经纪公司纷纷增加投入，希望在期货市场发展中占有更大的市场份额。据统计，2002年营业部数量比上年增加近一倍(2001年营业部数量257家)。三是各经纪公司开展网上交易，使用银期转账等新技术，为客户交易提供方便。四是一些大的期货经纪公司，正在进行重组和调整，包括资本结构的调整，组织结构的调整，业务结构的调整，为发展成为综合类期货公司做准备。

【期货市场存在问题及成因】 2002年中国期货市场虽然继续保持平稳增长，但一些实质性的问题并没有得到根本解决，限制了期货市场更快地发展和市场功能的进一步发挥。

1. *当前期货市场面临的主要问题*。

(1)期货市场不能满足经济发展的需求。期货市场建立的十几年来，中国国民经济得到飞速发展，GDP增长近两倍。首先，入世后对外开放的扩大和国内外市场的对接，使中国经营主体面临市场风险越来越大。一是承受风险的主体范围扩大，包括生产者、消费者和经营者(国内经营和国际经营)。二是风险的对象扩大，包括农产品、矿产资源及加工品，也包括金融产品。三是风险的强度加大，由于国际恐怖事件的发生、政治局势的动荡等方面的影响，不确定因素增加，市场价格波动的幅度加大，使经营主体回避风险的愿望和需求增加。其次，中国在国际市场的地位不断提高，在许多商品领域已经成为生产大国和消费大国。但由于中国许多商品没有期货市场，不能形成有国际影响的期货价格，不能利用自己的经济实力影响国际市场，还不能成为经济强国。第三，中国经济的发展，民间资金丰富，一些机构和个人要求开辟更多的投资渠道，也需要更广阔的期货市场为之服务。

⑵出现非规范的期货交易和替代期货交易的倾向。由于中国期货市场不能满足投资者的要求，出现了许多替代套期保值的途径和方式。一是一些企业擅自利用国际期货市场进行套期保值。这种方式，企业缺少参与国际期货的专业知识，没有合法代理途径，投资者合法权益得不到有效保证。二是国内一些批发市场提供短期(一般是一周或1～3个月)的合约交易。此种交易具有一些期货交易机制的特征，在某种程度上可以代替期货进行短期的套期保值操作。食糖行业、丝绸行业等行业的一些企业，在没有回避市场风险工具的情况下，选择了这些市场进行套期保值替代。这些交易方式，虽然经国家质检总局认定，通过《大宗商品电子交易规范》，但作为套期保值工具与规范的期货交易方式对比，分散和回避市场风险的效率很难提高。三是有些银行机构在柜台探索性的推出类似外汇期权的交易方式，但缺乏有效的服务和指导，中国居民很难有效使用这种保值工具。

⑶期货经纪业仍然经营困难。2002 年虽然期货交易量有较大幅度的增长，但对于期货经纪公司来讲，则是“增产不增收”。上半年，全国 185 家期货经纪公司，总资产 138 亿元，净资产 67 亿元，客户保证金 63 亿元，均比上年同期有所增长，但期货经纪行业全行业却亏损 5000 万元，期货公司亏损面达 70%。下半年随着市场交易规模的持续增长，虽然经营状况有所好转，但经纪业整体经营状况仍不乐观，第三季度经纪业亏损已达 6327 万元。

2. *期货市场存在问题的深层次原因*。当前中国期货市场存在问题的主要根源是创新能力不足，市场的发展滞后于经济发展的需求。

⑴期货市场政策的制定过于谨慎。⑵法律法规创新滞后于市场的发展需要。⑶新生事物不能及时得到法规制度的规范和保障。

【2003 年期货市场展望】

⑴全面建设小康社会的发展目标为期货市场提供了广阔的发展前景。党的十六大提出了全面建设小康社会的发展目标，到 2020 年 GDP 翻两番，基本实现工业化，建成完善的社会主义市场经济体制和更具活力的经济体系。期货市场作为市场体系的重要组成部分，其特有的风险管理和价格发现功能使中国经济随着市场化、国际化程度越来越高对其依赖性越来越强，期货市场的地位将越来越重要。2003 年是开始全面建设小康社会的第一年，认真贯彻十六大的精神，深化改革、发展经济的新目标和新任务的实现将为期货市场创造更多的发展机遇。

⑵外部环境的改善支持期货市场新一轮的发展。2003 年，在期货市场逐渐规范与成熟的同时，期货市场运行的外部环境得到了明显改善。主要体现在：社会快速发展、经济持续较高速度增长、国际地位不断提高、扩大了对期货市场的需求；社会主义市场经济体制不断完善，市场化的范围扩大、程度加深，期货市场赖以生存的现货市场不断规范、发展；企业制度改革进一步深入，社会财富持续增长，企业自主经营的权利和能力提高，社会投资者的实力增强、行为更加理智，期货市场投资者主体逐渐发育与成熟；金融体制的深化改革和金融机构的网络资金划转技术的使用，在期货资金的汇兑、调拨上提供了更加方便、快捷的服务，加强了期货市场对价格激烈波动时风险的控制能力。另外，期货监管部门也在逐步转变监管思路，积极推动期货市场的发展。应该说，期货市场已经具备了健康发展的条件，正处在即将起飞的临界点，一旦制约消除，期货市场将进入新的发展阶段。

(见《期货日报》2003 年 3 月 20 日　作者：廖英敏)

·网上期货交易发展·

【网上期货交易现状】 中国期货网上交易最早产生于 1996 年，当时的期货交易成交量处于巅峰状态，交易所为解决因场地不足而造成的发展限制推出了异地同步交易系统，收到良好效果，同时改善异地交易只能通过电话下单的局面。但由于当时通讯、网络技术、交易费用等因素限制网上交易发展。近年来互联网技术迅速提高，通讯手段也得到了很大改善，上网费用大幅下降，期货经纪公司制作自己网站，开始进行网上交易，使中国网上期货交易得到迅速发展。

国内期货业向网上交易客户提供的服务仍然侧重于交易，具体体现在以下几方面：

1. 期货经纪公司向网上交易客户提供交易服务。包括向客户提供实时行情和网上自助下单的交易方式，客户从网上可以使用期货经纪公司提供的实时行情接收和分析系统；同时，期货经纪公司提供的交易软件可供投资者自助下单。

2. 期货经纪公司向网上交易客户提供各种在线和线下服务。期货经纪公司通过各自的网站向网上交易客户提供信息咨询和开户预约服务，有的公司还向网上交易客户提供个性化的投资咨询服务。为了提高网上交易的方便性，期货经纪公司向网上交易客户提供上门开户和银期转账等线下服务。

3. 期货经纪公司采用各种手段保护网上交易客户的利益。为了保护网上交易客户的利益，期货经纪公司应通过安全管理系统、备份系统和应急计划等一系列措施来确保网上交易系统的安全可靠；有的公司要求网上交易客户签署《网上期货交易风险揭示书》和《网上期货交易协议书》以明确网上期货交易可能存在的风险，保护网上交易客户的合法权益。中国证监会也正在考虑出台《期货电子化交易技术规范》、《期货电子化交易业务规范》、《电子化交易合同指引》以及《电子化交易风险揭示书指引》等相关文件对网上期货交易行为进行规范。

【期货网站发展情况】

1.开通日期。最早开通网站是在1997年；1998年开通的约占21%，1999年开通的约占32%，2000年开通的约占44%；开通日期集中于1999年和2000年。

2.投资额。对网站投资额最大的为123万元(包括软、硬件两部分)。其中投资额在10万元以下的占37.5%，投资额在10万～20万元的占25%，投资额在20万～50万元的占25%。

3.开发方式。绝大多数期货公司都是自主开发公司网站，只有个别是同专业公司合作开发。

4.网站服务。多数期货公司的网站侧重于公司形象宣传，网站功能较简单；少数期货公司的网站功能相对完善，可以给客户提供较多的资讯及信息服务。

5.网站访问率。期货公司网站点击率每日超过1000的只占12.5%；大多数期货公司网站的点击率在每日300～400之间。

6.网站安全。绝大多数期货公司网站表示目前尚未遇到安全问题，极少数期货网站遭到黑客袭击。

7.网站前景。63%的期货经纪公司对网站前景看好，有25%的期货公司对网站前景表示乐观，少数期货公司表示前景不明朗。

以上的调查结果充分体现出期货经纪公司在网上交易的状况，一方面经过长期的整顿和交易品种的减少，交易量逐年下降，资金和人才大量流失，经纪公司出现大面积亏损；另一方面，网上交易虽可降低经营成本、扩大客户资源，但苦于资金问题不能大量投资，造成网上交易至今无法形成规模，连带影响相关配套设施比如相关软件的发展。

【经营模式】 从经营模式来看，中国网上期货交易可以大致分为两种：一是IT公司主导模式。即期货经纪公司委托IT公司开设网站，为客户提供行情接收系统和建立交易通道，而期货公司以营业部的身份在后台为客户提供网上期货交易的通道。初期开展网上期货交易的期货公司基本采用了此种模式。二是期货公司主导模式。中国一些大期货公司纷纷设立自己的网站，并开通了本公司的网上交易系统。客户委托可直接通过这个网络进入期货公司的交易系统，而不再经过IT公司。这种模式比较科学，也便于期货公司自主地在网站上开发各种服务，利用品牌进行市场竞争，这是期货公司开展网上期货交易的方向。

【网上期货交易存在的问题】

1.相关法律法规不健全，制约了期货公司网上期货交易业务的开展。

2.技术条件的限制。

3.投资者不成熟。期货经纪公司的网上交易基本上还处于市场开发期，对网上交易的投资是对未来的投资，需要不断投入以维持正常运营。能否在亏损的情况下，继续加大对网上交易的投资，对中国的期货经纪公司来说是一个巨大的考验。

4.上网速度和稳定性较差。网上交易被称为流动大户室，网络运行的稳定性成为重要课题。受技术限制，网站还没有应付此类事件的能力。当突发事件造成交易数量超出容量设计时，也会使网络交通堵塞。

5.期货交易成本高。

【发展中国网上期货交易的建议】

1.加强网上期货交易技术的开发、研究工作。期货市场只有不断加快技术进步的速度，才能有效提高竞争能力，适应金融市场对外开放的需要。

2.对交易平台的开发进行控制。网上交易系统作为开放的网上交易平台，其安全性在整个系统中占有举足轻重的地位，完整的网上交易安全设施应该保证网络安全、通讯安全和应用安全。

3.建立有效的责任分担制度。交易员操作失误和交易系统出现故障是引起网上交易风险的两大因素，当网上交易出现利益纠纷时，责任如何分担成为一个现实问题。

4.加强政府监管。

(1)建立一个分工明确的监管体系。(2)建立一套精干高效的专业监管队伍。(3)建立一个专业性的课题小组。(4)与有关部门合作，减少发展网上交易的障碍。

5.建立健全网上交易的法制体系。网上交易是个新生事物，中国目前尚未对期货的网上交易形成统一的行业标准，只对协议书、资金划拨以及单笔委托、最大交易限量等问题作了规定，因此，应该尽快建立网上交易的法律法规，加强对网上交易的监管，确保网上交易有序健康的开展。

(见《期货日报》2002年9月3日　作者：李强)

环境篇

◈行业法规

◈行业标准化

◈网络和技术支持

行业法规环境

中国证券监督管理委员会令　第3号

现发布《客户交易结算资金管理办法》，自2002年1月1日起施行。

主席　周小川

二〇〇一年五月十六日

第一章　总则

第一条　为规范证券交易结算资金的管理，保护投资者利益，根据《中华人民共和国证券法》（以下简称《证券法》），制定本办法。

第二条　客户交易结算资金必须全额存入具有从事证券交易结算资金存管业务资格的商业银行，单独立户管理。严禁挪用客户交易结算资金。

第三条　从事证券交易结算资金存管业务的商业银行、证券登记结算公司（以下简称结算公司）依照本办法对客户交易结算资金、清算备付金的定向划转实行监督。

第四条　中国证券监督管理委员会（以下简称证监会）依照本办法对证券公司、结算公司和商业银行的证券交易结算资金存管业务活动进行监督管理。

第二章　账户管理

第五条　证券公司及其证券营业部必须将客户交易结算资金全额存放于客户交易结算资金专用存款账户和清算备付金账户。

结算公司必须将证券公司存入的清算备付金全额存入清算备付金专用存款账户。

第六条　证券公司根据业务需要可在多家存管银行存放客户交易结算资金，但必须确定一家存管银行为主办存管银行。

第七条　证券公司应当在存管银行开立客户交易结算资金专用存款账户，在主办存管银行开立自有资金专用存款账户。

证券公司下属证券营业部应当在证券公司所确定的存管银行设在当地的分支机构开立客户交易结算资金专用存款账户。

结算公司应当在结算银行开立清算备付金专用存款账户、自有资金专用存款账户、验资专户。

第八条　证券公司在同一家存管银行只能开立一个客户交易结算资金专用存款账户，在主办存管银行只能开立一个自有资金专用存款账户。

一个证券营业部只能在同一家存管银行设在当地的分支机构开立一个客户交易结算资金专用存款账户。

结算公司在同一家结算银行只能开立一个清算备付金专用存款账户和一个自有资金专用存款账户，一个验资专户。

第九条　证券公司及其证券营业部开立的客户交易结算资金专用存款账户，证券公司开立的自有资金专用存款账户，结算公司开立的清算备付金专用存款账户、自有资金专用存款账户、验资专户，应在开立后三个工作日内向证监会报备，在获得账户备案回执之前，不得使用。

第十条　证券公司获得证监会的账户备案回执后，应当通知其存管银行及结算公司。

结算公司在获得证监会账户备案回执后，应当通知结算银行及证券公司。

第十一条　证券公司不再使用的客户交易结算资金专用存款账户，应当在向证监会报备后注销，并同时通知有关存管银行、结算公司。

结算公司不再使用的清算备付金专用存款账户、验资专户，应当在向证监会报备后注销，并同时通知有关证券公司、存管银行。

证券公司、结算公司不再使用自有资金专用存款账户，应在向证监会报备后注销。其中证券公司注销自有资金专用存款账户的，应通知结算公司；结算公司注销自有资金专用存款账户的，应通知结算银行。

第十二条　证券公司、证券营业部出现迁址、终止营业等情形，应当及时注销不再使用的客户交易结算资金专用存款账户、自有资金专用存款账户。

第十三条　客户交易结算资金专用存款账户、清算备付金专用存款账户、自有资金专用存款账户发生变更的，视同注销旧户，开设新户。

第三章　资金划拨与监督

第十四条　综合类证券公司必须将客户交易结算资金和其证券自营资金分开办理，其业务人员、财务账户均应分开，不得混合操作。

第十五条 存管银行、结算公司在确认证券公司申请划款的账户已经在证监会备案，自有资金专用存款账户的使用符合本办法要求后，方可将资金划入该账户。

结算银行在确认结算公司申请划款的账户已经在证监会备案、自有资金专用存款账户的使用符合本法规定后，方可将资金划入该账户。

第十六条 客户交易结算资金只能在客户交易结算资金专用存款账户和清算备付金账户之间划转，但客户提款、证券公司将收取客户的费用转入自有资金专用存款账户等业务除外。

第十七条 综合类证券公司向客户收取佣金等费用、以自有资金补充清算备付金，应当集中通过清算备付金账户和自有资金专用存款账户划拨。

经纪类证券公司向客户收取佣金等费用，应当从一个固定的客户交易结算资金专用存款账户集中向证券公司自有资金账户划拨。

结算公司向证券公司收取手续费等费用，应当从清算备付金专用存款账户向结算公司自有资金专用存款账户划拨。

第十八条 通过证券交易所发行有价证券时，验资专户里的申购资金必须通过清算备付金账户进行划拨。

证券公司承销非上市证券从客户处所筹集的资金，应当通过证券公司在主办存管银行的客户交易结算资金专用存款账户划拨给发行人。

第十九条 证券公司自营证券账户应当向证监会和结算公司备案，结算公司应当根据证券公司备案的自营证券账户、经纪证券账户的净交收额及资金存取变动情况，定期计算每个交易日清算备付金账户中每家证券公司自营资金、经纪资金的余额，并保留有关记录。

结算公司如果发现证券公司有大量挪用客户交易结算资金情况，要及时向证监会报告。

第二十条 证券公司应当按月向证监会报告客户交易结算资金账面余额。同时，抄送结算公司。

结算公司应当按月向证监会报告各证券公司清算备付金中的经纪资金、自营资金及所收到证券公司清算备付金以及验资专户申购资金的账面余额。

存管银行应当按月向证监会报告所辖客户交易结算资金专用存款账户余额。

结算银行应当按月向证监会报告所辖清算备付金专用存款账户、验资专户余额。

证监会根据监管需要，可以调整上述报告周期。

第二十一条 证券公司、结算公司、存管银行、结算银行根据证监会要求或遇到客户交易结算资金专用存款账户、清算备付金专用存款账户、验资专户出现重大异常情况时，应当及时向证监会报告。

第二十二条 证券公司应当对客户交易结算资金集中统一管理。

证券公司下属证券营业部收到的客户交易结算资金，除留足日常备付的部分外，应当交由证券公司管理。

第二十三条 客户交易结算资金只能用于客户的证券交易结算和客户提款。

证券公司和结算公司不得以客户交易结算资金、清算备付金为他人提供担保。

第二十四条 存管银行、结算银行、结算公司及其工作人员应当对证券交易结算资金的情况保密。

存管银行、结算银行和结算公司有权拒绝任何单位或个人的查询，但法律、法规另有规定以及证监会、开户证券公司和结算公司根据预定的程序所作的查询除外。

第四章 从事客户交易结算资金存管业务的商业银行

第二十五条 从事客户交易结算资金存管业务的商业银行应当符合下列条件：

(一)经中国人民银行认定具有足够的抗风险能力和良好的经营业绩的商业银行；

(二)具有及时、安全、高效的资金汇划系统，能够保证本行系统内证券交易结算资金汇划在两小时内到账；

(三)有健全的证券交易结算资金存管业务操作办法和规程，有相应的业务部门和人员；

(四)能够按证监会规定的格式和时间报送证券交易结算资金账户的有关资料；

(五)符合证监会认定的其他条件。

第二十六条 符合前款规定的商业银行，可以向证监会申请从事客户交易结算资金存管业务资格，经证监会核准后，领取《从事证券交易结算资金存管业务资格证书》，并报中国人民银行备案。

第二十七条 从事客户交易结算资金存管业务的商业银行，按业务对象分为存管银行和结算银行。

第二十八条 证券公司与其确定的存管银行、主办存管银行，结算公司与其确定的结算银行应当签定有关资金存管及代理结算业务的合同，明确双方的权利和义务，并报证监会备案。

第二十九条 存管银行、结算银行应当为证券交易结算资金清算提供快捷、安全、准确的结算服务。

第五章 罚则

第三十条 证券公司、证券营业部有下列行为之一的，责令限期改正，给予通报批评、公开批评，单处或者并处警告、三万元以下罚款：

（一）未按本办法制定客户交易结算资金操作办法和规程；

（二）违规开立客户交易结算资金专用存款账户、自有资金专用存款账户；

（三）未在规定时间内向证监会报备存管银行、客户交易结算资金专用存款账户、自有资金专用存款账户；

（四）未及时注销不再使用的客户交易结算资金专用存款账户、自有资金专用存款账户；

（五）未按期向证监会报告客户交易结算资金账面余额；

（六）其他违反本办法的行为。

对有前款规定行为的有关责任人员，给予通报批评、公开批评，单处或者并处警告、三万元以下罚款。

第三十一条 证券公司、证券营业部有下列行为之一的，责令限期改正，给予通报批评、公开批评，单处或者并处警告、三万元以下罚款，情节严重的，按照《证券法》第一百九十三条处罚：

（一）以伪造、变造证监会账户备案回执等欺骗手段，取得存管银行或者结算公司资金划拨许可；

（二）违反本办法，在客户交易结算资金专用存款账户、清算备付金账户之外存放客户交易结算资金；

（三）以客户交易结算资金为他人提供担保；

（四）其他违反本办法的行为。

对有前款规定行为的有关责任人员，给予通报批评、公开批评，单处或者并处警告、三万元以下罚款，情节严重的，按照《证券法》第一百九十三条处罚。

第三十二条 结算公司有下列行为之一的，责令限期改正，给予通报批评、公开批评，单处或者并处警告、三万元以下罚款：

（一）违反本办法，未能对客户交易结算资金划拨进行有效监督；

（二）违规开立清算备付金专用存款账户或者自有资金专用存款账户；

（三）未在规定时间内向证监会报备结算银行、清算备付金专用存款账户、自有资金专用存款账户、验资专户；

（四）未及时注销不再使用的清算专户、自有资金专用存款账户；

（五）未按期向证监会报告有关清算备付金账户及验资专户的账面余额；

（六）其他违反本办法的行为。

对有前款规定行为的有关责任人员，给予通报批评、公开批评，单处或者并处警告、三万元以下罚款。

第三十三条 结算公司有下列行为之一的，责令限期改正，给予通报批评、公开批评，单处或者并处警告、三万元以下罚款，情节严重的，按照《证券法》第一百九十三条处罚：

（一）违反本办法，在清算备付金专用存款账户外存放清算备付金；

（二）以清算备付金为他人提供担保；

（三）违反本办法第十八条第一款的规定；

（四）其他违反本办法的行为。

对有前款规定行为的有关责任人员，给予通报批评、公开批评，单处或者并处警告、三万元以下罚款，情节严重的，按照《证券法》第一百九十三条处罚。

第三十四条 存管银行或其分支机构、结算银行有下列行为之一的，责令限期改正，给予通报批评、公开批评，单处或者并处警告、三万元以下罚款，情节严重的，取消从事证券交易结算资金存管业务资格。

（一）违反本办法，未能对客户交易结算资金划拨进行有效监督；

（二）未按照本办法规定，向证监会报送客户交易结算资金专用存款账户、清算备付金专用存款账户和验资专户的有关资料；

（三）其他违反本办法的行为。

对有前款规定行为的有关责任人员，给予通报批评、公开批评，单处或者并处警告、三万元以下罚款。

第三十五条 证券公司、结算公司、存管银行、结算银行违反本办法第二十一条规定，不向证监会及时报告的，予以通报批评、公开批评，单处或者并处警告、三万元以下罚款。

第三十六条 存管银行、结算公司工作人员泄露证券交易结算资金秘密的，按有关法律、法规、规章进行处罚。

第六章 附则

第三十七条 释义：

（一）证券交易结算资金，是客户交易结算资金、证券公司自营资金、其他用于证券交易资金的统称。

（二）客户交易结算资金，包括客户为保证足额交收而存入的资金，出售有价证券所得到的所有款项（减去经纪佣金和其他正当费用），持有证券所获得的股息、现金股利、债券利息，上述资金获得的利息，以及证监会认定的其他资金。

（三）从事客户交易结算资金存管业务的商业银行，指符合本办法规定并经证监会批准，办理证券交易结算资金存取、划转并履行监督职能的商业银行。

（四）存管银行，指证券公司在具有证券交易结算资金存管业务资格的商业银行中确定的，存放其客户交易结算资金的商业银行。

（五）主办存管银行，指证券公司在存管银行范围内确定的，通过其办理证券交易法人结算业务的商业银行。

（六）结算银行，指结算公司在具有证券交易结算资金存管业务资格的商业银行中确定的，办理证券交易结算资金结算业务的商业银行。

（七）客户交易结算资金专用存款账户，指证券公司及其证券营业部在存管银行开立的，用于存放客户交易结算资金及办理结算划款的专用账户。

（八）清算备付金专用存款账户，指结算公司在结算银行开立，用于存放证券公司清算备付金的账户。

（九）证券公司的自有资金专用存款账户，指证券公司开立的，按照本办法规定划拨其自有资金或者接受从客户交易结算资金专用存款账户所收取款项的账户。

（十）结算公司的自有资金专用存款账户，指结算公司开立的，按照本办法规定划拨其自有资金或者接受从清算备付金专用存款账户所收取款项的账户。

（十一）验资专户，指结算公司设立的用于新股发行时申购资金验资的专用存款账户。

第三十八条 证券公司应当按照本办法制定客户交易结算资金操作办法和规程，报证监会备案。

第三十九条 证券公司开展资产管理业务接受客户存入的委托资金，在本办法中视同客户交易结算资金进行管理。

第四十条 信托投资公司证券业务客户交易结算资金的管理参照本办法执行。

第四十一条 境内上市外资股客户交易结算资金管理办法，另行制定。

第四十二条 本办法自2002年1月1日起施行。

关于执行《客户交易结算资金管理办法》若干意见的通知
证监发[2001]121号

各证券监管办公室、办事处、特派员办事处，中国登记结算公司，上海、深圳证券交易所，各证券公司，各商业银行：

为切实执行《客户交易结算资金管理办法》（以下简称《管理办法》），现就有关问题通知如下，请遵照执行：

一、商业银行客户交易结算资金存管业务资格

（一）客户交易结算资金存管银行类别

《管理办法》中的“存管银行”按业务对象进一步分为证券公司营业部存管银行、证券公司法人存管银行、结算银行和证券公司主办存管银行。

证券公司营业部存管银行是指证券公司的营业分支机构存放其客户交易结算资金的存管银行。

证券公司法人存管银行是指证券公司法人可以在其存放客户交易结算资金的存管银行。

结算银行是指结算公司通过其办理证券交易资金结算划拨业务的存管银行。

证券公司主办存管银行是指证券公司在其开立自有资金专用存款账户的存管银行。

（二）各类存管银行的条件：

1、证券公司营业部存管银行应符合《管理办法》第二十五条有关条款的要求。

2、商业银行向证监会申请证券公司法人存管银行业务资格时，除符合《管理办法》第二十五条有关条款的要求，还应达到下列条件：

（1）净资产在10亿元人民币以上，总资产在150亿元人民币以上，分支机构个数在50以上；

（2）具有全国范围内实时汇划系统，或与具有全国范围内实时汇划系统的商业银行签定了代理资金汇划协议，能保证证券公司法人和其分支机构之间的资金划转达到《管理办法》第二十五条第二款的要求。

证券公司法人存管银行当然获得营业部存管银行的业务资格。

3、商业银行向证监会申请结算银行业务资格时，除符合《管理办法》第二十五条有关条款的要求，还应达到下列条件：

（1）净资产在30亿元人民币以上，总资产在600亿元人民币以上，分支机构个数在100以上；

（2）具有全国范围内实时汇划系统，或与具有全国范围内实时汇划系统的商业银行签定了代理资金汇划协议，能保证证券公司法人和其分支机构之间的资金划转达到《管理办法》第二十五条第二款的要求。

（3）在北京、上海、深圳三个城市中均各有一家可以办理资金结算业务的分支机构；

（4）能达到结算业务需要的其他条件。

结算银行当然获得法人存管银行的业务资格。

4、取得结算银行资格的商业银行，可以向证监会申报证券公司主办存管银行资格。

（三）存管银行业务资格的申报和审批程序

1、商业银行按照《管理办法》及本通知向证监会申请证券交易结算资金存管业务资格，应报送以下文件：

（1）商业银行客户交易结算资金存管业务资格申请表（申请表附后）。

（2）支持本业务的资金汇划系统和专户数据报备系统的基本情况，主要包括系统运行状况、时效性、集中度和安全性程度。

(3)与具有全国范围内实时汇划系统的商业银行签定的代理资金汇划协议(在申请银行无全国范围内资金实时汇划系统的情况下)。

(4)证券交易结算资金存管业务管理办法和操作规程。

(5)有关业务部门的设置和人员情况。

(6)上一年度经审计年报。

(7)证监会要求的其他文件。

2、证监会收到商业银行申请文件后，对文件内容进行审核，并对专户数据报备系统进行验收。

证监会对商业银行的申请文件进行审核的工作时间原则上不超过 20 个工作日。作出批复后向社会公布获得各类存管业务资格的存管银行名单。

存管银行向中国人民银行备案后，即可开办相应的证券交易结算资金存管业务。

3、存管银行因违反《管理办法》以及本通知的有关规定，或经中国人民银行认定不再具有足够的抗风险能力和良好的经营业绩，或不再符合营业部存管银行、法人存管银行、结算银行、主办存管银行的相应条件的，证监会可依法取消其相应的业务资格，并向社会公布；前述银行在被调查期间，不得再增加新的存管及结算业务。

二、专用存款账户的报备与管理

(一)证券公司法人应通过证券公司法人存管银行的营业分支机构，向证监会提出客户交易结算资金专用存款账户的报备申请；同时，通过证券公司主办存管银行的营业分支机构，向证监会提出自有资金专用存款账户的报备申请。

证券公司报备的客户交易结算资金专用存款账户和自有资金专用存款账户可以是现有银行账户，也可以是新开立的银行账户。

(二)证券公司营业分支机构开立客户交易结算资金专用存款账户，应在经证券公司法人同意后，通过存管银行的营业分支机构，向证监会提出客户交易结算资金专用存款账户的报备申请。

(三)存管银行总行汇总其分支机构受理的证券公司及其营业分支机构专用存款账户报备申请后，应及时向证监会报备，并将报备结果通知证券公司。在证监会未接受备案前，该账户不得启用。

通过存管银行向证监会报备后，证券公司无需按《管理办法》第九条的规定再向证监会报备。

(四)证券公司应在存管银行资格认定后一个月内将客户交易结算资金转入已报备的客户交易结算资金专用存款账户。转账完毕后，原有的非报备银行账户，不得再用于存放客户交易结算资金，但可用于存放公司的其他资金。

(五)证券公司变更或撤消报备专用账户，应向原开户的存管银行营业分支机构提出申请，存管银行应及时向证监会报备。

通过存管银行向证监会报备后，证券公司无需按《管理办法》第十一条第一款、第三款规定再向证监会报备。

(六)证券公司开立的客户交易结算资金专用存款账户、自有资金专用存款账户，如果作为法人结算指定收款账户，应依照结算公司的业务规定办理相关手续。

证券公司应将在证监会报备的自有资金专用存款账户作为预留在结算公司的自有资金指定收款账户。

(七)结算公司在结算银行开立、变更或注销自有资金专用存款账户、清算备付金专用存款账户和验资专户，应通过结算银行向证监会报备。在证监会未接受备案前，该账户不得启用或擅自注销。

通过结算银行向证监会报备后，结算公司无需按《管理办法》第十条第二款以及第十一条第二款、第三款规定再向证监会报备。

(八)证券公司、结算公司因业务需要在商业银行开立的非专用自有资金账户不需要报备。

(九)证券公司的自有资金与客户交易结算资金之间的往来结算事项，只能通过证券公司在结算公司开立的清算备付金账户进行中转和处理。

严禁证券公司在公司自有资金账户和客户交易结算资金专用存款账户之间直接划转资金。

(十)证券公司营业分支机构开立的客户交易结算资金专用存款账户可用于客户的转账和提现；证券公司法人开立的客户交易结算资金专用存款账户可用于客户的转账，但不可用于客户的提现。其转账和提现办法应遵守中国人民银行的有关规定。

证券公司的营业分支机构按客户要求向银行发出客户交易结算资金转账指令，应向银行提供该划款确为按客户要求办理的文件。

(十一)证券公司根据《管理办法》第六条和第八条规定确定主办存管银行并开立自有资金专用存款账户，并只能通过该账户完成与清算备付金账户之间的自有资金划拨事项。

(十二)证券公司可按照《管理办法》第六条规定的原则，选择多家证券公司法人存管银行用于存放证券公司法人的客户交易结算资金。

(十三)证券公司可依据结算公司的业务规定，选择结算银行完成与证券交易资金结算有关的资金划拨业务。

(十四)证券公司变更其主办存管银行，应提前一个月向证监会提出书面报告，说明变更原因。证监会表示无异议后，由其新选择的主办存管银行向证监会提出自有资金专用存款账户报备申请。经证监会确认后，原主办存管银行应配合证券公司将其自有资金转入新报备的自有资金专用存款账户。

(十五)存管银行和结算银行应于每月 5 日前(逢节假日顺延)向证监会报告专用存款账户的上月末资金余额，证券公司应在每月 5 日(逢节假日顺延)前报送上月末的代买卖证券款、受托资金、受托资产余额。

(十六)结算公司应将证券交易结算资金分别按证券公司自有资金和客户资金进行统计。

(十七)结算公司应统计每日各证券公司清算备付金中的证券公司自有资金和客户资金的账面余额、各证券公司清算备付金账面余额和结算公司验资专户账面余额，并在每月 5 日前(逢节假日顺延)向证监会报送上月末资金余额统计结果。

(十八)证监会可根据监管需要随时要求存管银行、结算银行、结算公司和证券公司报送上述有关数据。

(十九)证券公司、结算公司因业务需要在商业银行开立的非专用自有资金账户不需要报备。

(二十)证券公司办理证券经纪业务如果与银行合作，委托银行办理客户资金的冻结或转账，可以在存管银行开立过渡性账户，用于存放客户当日买卖证券的资金。该账户的资金限于在证券公司内部账户之间划拨或与结算公司直接划拨，不得用于客户提现，不必向证监会报备，清算资金在资金交收日应清零。

三、结算公司、证券公司和结算银行的业务约定

(一)证券公司按本通知规定向结算公司划入清算备付金时，必须注明该笔资金性质，未注明的视为客户资金。若划入的是自营资金，汇款账户必须是其自有资金专用存款账户，结算银行必须将该信息报送结算公司用于统计。证券公司划出清算备付金时，结算公司根据证券公司在结算公司预留的银行收款账号性质进行统计。

(二)结算公司对于可统计到证券账户的清算资金，按照备案证券账户性质分别计入证券公司的自有资金和客户资金。

(三)结算公司依照备案证券账户性质分别统计证券公司自有资金和客户资金的业务包括：买卖差、经手费、证券监管费用、过户费、印花税、权证认购、派息、国债发行、新股发行、可转债回售赎回等。

(四)结算公司将以下资金往来全部作为证券公司自有资金统计：风险基金、开户费、席位年费、通讯费、证券监管费用、登记费、权证认购手续费、印花税返款(证券公司退税)、数据服务费、转托管费、买空罚款(交收透支罚款)、卖空冻结、卖空冻结利息、卖空罚款等。

(五)结算公司对于实物债券、国债回购业务的清算资金，按照成交记录中证券账户的性质分别计入证券公司的自有资金和客户资金，未列示证券账户的，计入客户资金。

(六)证券公司向客户收取佣金、受托投资管理收入等费用，或归还所挪用的客户交易结算资金、计付利息可以随时进行账务处理，但应于每月 5 日(逢节假日顺延)向结算公司报送上月此类业务的数额，结算公司按此数额调整证券公司清算备付金中的自有资金和客户资金。

证券公司应保证在前款规定的资金性质变更后，其清算备付金账户中的客户资金余额大于零。

(七)《管理办法》实施当日，结算公司将证券公司清算备付金中的自有资金视为零，并以此作为自有资金统计的期初余额。

四、证券公司挪用客户交易结算资金的判断公式

(一)证券公司挪用客户交易结算资金的判断公式是：

挪用金额=(代买卖证券款＋受托资金)－(客户资金银行存款＋客户清算备付金存款＋交易保证金+受托资产)

公式中所指客户包括经纪业务客户和受托投资管理客户。

当公式计算值≤0 时，表明证券公司未挪用客户交易结算资金。

当公式计算值>0 时，表明证券公司已挪用客户交易结算资金，其挪用金额为公式的计算值。

(二)证券公司所属分支机构挪用客户交易结算资金的判断公式是：

挪用金额=(分支机构代买卖证券款+受托资金+公司其他部门存入的客户资金)－(客户资金银行存款+受托资产+上存公司总部的客户资金)

公式中所指客户包括经纪业务客户和受托投资管理客户。

当公司计算值≤0 时，表明证券公司所属分支机构未挪用客户交易结算资金。

当公式计算值>0 时，表明证券公司所属分支机构已挪用客户交易结算资金，其挪用金额为公式的计算值。

五、其他事宜

(一)证券公司应在《管理办法》实施前一个月向证监会和结算公司备案用于自营业务的证券账户。

(二)证券公司新增、注销或变更用于自营业务的证券账户，应及时向证监会和结算公司备案。

(三)存管银行应在每年 1 月末前向证监会报送其上一年度的存管业务报告，在 6 月末前报送其上一年度经审计的年度报告。

(四)证券公司及其分支机构在存管银行存入客户交易结算资金前，可向该存管银行的当地人民银行监管行提出了解其抗风险能力和经营业绩的请求。

(五)证监会将逐步加大对客户交易结算资金账户的监管力度，适时推出更为严格的监管措施。

附件：1、存管银行资格申请表。 2、客户交易结算资金监控系统数据接口规范。

二〇〇一年十月八日

中国证券监督管理委员会令（第5号）

现公布《证券公司管理办法》，自2002年3月1日起施行。

主席　周小川

二〇〇一年十二月二十八日

证券公司管理办法

第一章　总　则

第一条　为加强对证券公司的监督管理，规范证券公司行为，根据证券法和公司法的有关规定，制定本办法。

第二条　本办法适用于在中国境内注册的证券公司。

第三条　中国证券监督管理委员会(以下简称中国证监会)统一负责证券公司设立、变更、终止事项的审批，依法履行对证券公司的监督管理职责。

第二章　证券公司的设立、变更和终止

第四条　经纪类证券公司可以从事下列业务：

(一)证券的代理买卖；

(二)代理证券的还本付息、分红派息；

(三)证券代保管、鉴证；

(四)代理登记开户。

第五条　综合类证券公司除可以从事第四条所列各项业务外，还可以从事下列业务：

(一)证券的自营买卖；

(二)证券的承销；

(三)证券投资咨询(含财务顾问)；

(四)受托投资管理；

(五)中国证监会批准的其他业务。

证券公司不得从事B股的自营买卖，中国证监会另有规定的除外。

第六条　设立经纪类证券公司，除应当具备证券法规定的条件外，还应当符合以下要求：

(一)具备证券从业资格的从业人员不少于十五人，并有相应的会计、法律、计算机专业人员；

(二)有符合中国证监会规定的计算机信息系统、业务资料报送系统；

(三)中国证监会规定的其他条件。

第七条　设立专门从事网上证券经纪业务的证券公司，除应当具备第六条规定的条件外，还应当符合以下要求：

(一)证券公司或经营规范、信誉良好的信息技术公司出资不得低于拟设立的网上证券经纪公司注册资本的百分之二十；

(二)有符合中国证监会要求的网络交易硬件设备和软件系统；

(三)有十名以上计算机专业技术人员并能确保硬件设备和软件系统安全、稳定运行；

(四)高级管理人员中至少有一名计算机专业技术人员。

第八条　设立综合类证券公司除应当具备证券法规定的条件外，还应当符合以下要求：

(一)有规范的业务分开管理制度，确保各类业务在人员、机构、信息和账户等方面有效隔离；

(二)具备相应证券从业资格的从业人员不少于五十人，并有相应的会计、法律、计算机专业人员；

(三)有符合中国证监会规定的计算机信息系统、业务资料报送系统；

(四)中国证监会规定的其他条件。

第九条　证券公司的股东资格应当符合法律法规和中国证监会规定的条件。直接或间接持有证券公司5%及以上股份的股东，其持股资格应当经中国证监会认定。有下列情形之一的，不得成为证券公司持股5%及以上的股东：

(一)申请前三年内因重大违法、违规经营而受到处罚的；

(二)累计亏损达到注册资本百分之五十的；

(三)资不抵债或不能清偿到期债务的；

(四)或有负债总额达到净资产百分之五十的；

(五)中国证监会规定的其他情形。

第十条　经纪类证券公司达到第八条规定条件的，可向中国证监会申请变更为综合类证券公司。

第十一条　证券公司可以根据公司法、证券法和中国证监会的有关规定申请设立分公司、证券营业部、证券服务部等分支机构。

第十二条　综合类证券公司需要设立专门从事某一证券业务的子公司的，应当在中国证监会核定的业务范围内提出申请。

设立子公司必须符合公司法及有关法律法规的规定，并经中国证监会批准。

综合类证券公司持有子公司股份不得低于百分之五十一，不得从事与控股子公司相同的业务，中国证监会另有规定的除外。

第十三条 设立受托投资管理业务的子公司必须具备下列条件：

(一)注册资本不少于人民币五亿元；

(二)具备相应类别证券从业资格的从业人员不少于十人；

(三)符合综合类证券公司的相关条件。

第十四条 设立从事证券承销、上市推荐、财务顾问等业务的投资银行类子公司必须具备下列条件：

(一)注册资本不少于人民币五亿元；

(二)具备投资银行类证券从业资格的从业人员不少于十人；

(三)符合综合类证券公司的相关条件。

第十五条 境内证券公司申请设立或参股、收购境外证券公司，应当经中国证监会批准。

第十六条 境外机构可以在中国境内设立中外合营证券公司。

中外合营证券公司的业务范围以及外方股东的持股比例应当符合中国有关法律法规和中国证监会的规定。

第十七条 证券公司变更下列事项，应当经中国证监会批准：

(一)撤销或转让分支机构；

(二)变更业务范围；

(三)增加或者减少注册资本；

(四)证券营业部异地迁址；

(五)修改公司章程；

(六)合并、分立、变更公司形式以及解散或向人民法院申请破产；

(七)中国证监会认定的其他事项。

第十八条 证券公司变更下列事项，应当在五个工作日内向中国证监会备案：

(一)变更公司名称

(二)变更总公司、分公司的住所；

(三)证券营业部和证券服务部的同城迁址；

(四)中国证监会认定的其他事项。

第十九条 证券公司债权人依法向法院申请证券公司破产的，证券公司必须在得知该事实之日起一个工作日内报告中国证监会。

第三章 证券从业人员管理

第二十条 证券公司从业人员从事证券业务必须取得相应的证券从业资格。

中国证监会按照规定对证券公司高级管理人员实行任职资格管理。

第二十一条 申请证券从业资格应当具备下列条件：

(一)年满18周岁且具有完全的民事行为能力；

(二)品行良好、正直诚实，具有良好的职业道德，无不良行为记录；

(三)具有大学专科以上学历，或高中毕业并有二年以上工作经历；

(四)通过中国证监会或其认可机构组织的资格考试；

(五)法律、法规和中国证监会规定的其他条件。

第二十二条 有下列情形之一的，不能取得证券从业资格：

(一)有公司法第五十七条和证券法第一百二十六条规定的情形；

(二)在申请证券从业资格前一年受过与金融业务有关的行政处罚的；

(三)被中国证监会认定为证券市场禁入者，尚在禁入期内的；

(四)中国证监会认定的不适合从事证券业务的其他情形。

第二十三条 证券公司高级管理人员任职应当具备以下条件：

(一)取得一种证券从业资格，并从事证券工作3年以上。

未取得证券从业资格证书的，应从事证券或证券相关工作5年、或金融工作8年或经济工作10年以上；

(二)遵守法律法规和中国证监会的有关规定，诚实信用，勤勉尽责，具有良好的职业道德，无不良行为记录；

(三)熟悉有关证券法律、法规，具有履行高级管理人员职责所必备的经营管理知识和组织协调能力；

(四)法律、法规和中国证监会规定的其他条件。

第二十四条 有下列情形之一的，不得担任证券公司的高级管理人员：

(一)公司法第五十七条和证券法第一百二十五条规定的情形；

(二) 因从事非法经营活动受到行政处罚未逾3年的；

(三) 因涉嫌违法、违规行为处于接受调查期间的；

(四) 个人或家庭负有较大的债务且到期未清偿的；

(五) 对被证监会认定为证券市场禁入者，尚在禁入期内的；

（六）中国证监会规定的不宜担任高级管理人员的其他情形。

第二十五条 中国证监会或其授权机构负责对证券公司从业人员进行注册及日常监督管理。

第四章 内部控制与风险管理

第二十六条 证券公司应当按照现代企业制度的要求，建立并健全符合公司法规定的治理结构。

第二十七条 证券公司应当建立独立董事制度。证券公司有下列情况之一时，独立董事人数不得少于董事人数的四分之一：

（一）董事长和总经理由同一人担任时；

（二）内部董事占董事人数五分之一以上时；

（三）证券公司主管部门、股东（大）会或中国证监会认为必要时。

前款所称独立董事是指不在公司担任除董事外的其他职务，并与公司及公司主要股东不存在可能妨碍其独立性关系的董事。

第二十八条 证券公司应当加强内部管理，按照中国证监会的要求，建立严格的内部控制制度。

第二十九条 证券公司应当建立有关隔离制度，做到投资银行业务、经纪业务、自营业务、受托投资管理业务、证券研究和证券投资咨询业务等在人员、信息、账户上严格分开管理，以防止利益冲突。

第三十条 综合类证券公司应当设立独立于业务部门的合规审查机构，证券经纪公司应当设立合规审查岗位，负责对公司经营的合法合规性进行检查监督。主要合规审查人员应当在中国证监会备案。

第三十一条 证券公司应当要求内部稽核部门对公司内部控制进行定期评审并聘请会计师事务所对公司内部控制进行年度评审，及时发现和改进存在的问题，防范和化解风险。

第三十二条 证券公司不得兴办实业，不得购置非自用不动产。

本办法颁布之前证券公司已有的非证券类资产应当依照有关法律法规和中国证监会的规定进行清理。

第三十三条 证券公司必须遵守下列财务风险监管指标：

（一）综合类证券公司的净资本不得低于两亿元。经纪类证券公司的净资本不得低于两千万元。

净资本是指证券公司净资产中具有高流动性的部分，有关净资本的计算规则由中国证监会另行制定。

（二）证券公司净资本不得低于其对外负债的百分之八。

（三）证券公司流动资产余额不得低于流动负债余额（不包括客户存放的交易结算资金和受托投资管理的资金）。

（四）综合类证券公司的对外负债（不包括客户存放的交易结算资金和受托投资管理的资金）不得超过其净资产额的九倍。

（五）经纪类证券公司的对外负债（不包括客户存放的交易结算资金）不得超过其净资产额的三倍。

第三十四条 证券公司出现下列情况，必须在三个工作日内报告中国证监会，并说明原因和对策：

（一）净资本低于中国证监会规定金额的百分之一百二十，或者比上月下降百分之二十的；

（二）净资本低于证券公司对外负债的百分之十的；

（三）综合类证券公司流动资产余额低于流动负债余额的百分之一百二十的；

（四）综合类证券公司对外负债超过净资产八倍的；

（五）经纪类证券公司对外负债超过净资产二倍的。

第三十五条 证券公司因突发事件无法达到第三十三条规定的要求时，应在一个工作日内报告中国证监会，并说明原因和对策。中国证监会可以根据不同情况，暂停其部分证券业务直至责令其停业整顿。

第三十六条 证券公司应按有关规定提取一般风险准备金，用于弥补证券交易等损失。

第五章 日常监管

第三十七条 证券公司及其分公司、证券营业部应当将《经营证券业务许可证》或者《证券经营机构营业许可证》正本放置在公司住所或者营业场所的显著位置，并妥善保管许可证副本。

证券公司及其分公司、证券营业部不得伪造、变造、出租、出借、转让许可证。

除中国证监会依照本规定注销许可证外，任何单位不得扣押或者收缴许可证。

第三十八条 证券公司应当每年至少一次在公众媒体上公布其合法分支机构名称、地址、电话及主要负责人的姓名。

第三十九条 证券公司从事证券业务应当遵循公平竞争的原则，其收费标准不得违反国家有关部门的规定。

第四十条 证券公司必须依照法律、法规和国家财政主管部门制定的财务、会计制度，建立健全的财务、会计管理办法，不得在法定会计账册外设立账册。

第四十一条 证券公司必须按照中国证监会的规定，聘请具有证券相关业务资格的会计师事务所对其财务报告进行审计。

证券公司必须将所聘请的具有证券相关业务资格的会计师事务所名单报中国证监会备案；证券公司更换聘请的具有证券相关业务资格的会计师事务所，必须在更换后的三个工作日内向中国证监会报告并说明原因。

中国证监会可以要求证券公司更换会计师事务所。

第四十二条 证券公司应当按照中国证监会的要求报送财务报表、业务报表和年度报告。

第四十三条 中国证监会对证券公司高级管理人员实行谈话提醒制度。中国证监会对证券公司在经营管理中出现的问题，可以质询证券公司的高级管理人员，并责令其限期纠正。

第四十四条 中国证监会可以对证券公司进行检查和调查，并可以要求证券公司提供、复制或者封存有关文件、账册、报表、凭证和其他资料。

证券公司及有关人员对中国证监会的检查和调查，不得以任何理由拒绝或者拖延提供有关资料，或者提供不真实、不准确、不完整的资料。

第四十五条 证券公司必须按照中国证监会的规定，制定安全保密措施，妥善保存客户开户记录、交易记录等资料，防止资料与数据丢失、泄密或者被篡改。

第四十六条 中国证监会可要求证券公司聘请具有证券相关业务资格的会计师事务所，对证券公司进行专项审计或稽核，有关费用由证券公司支付；中国证监会也可以聘请具有证券相关业务资格的会计师事务所，对证券公司进行专项审计或稽核，有关费用由中国证监会支付。

第六章 附 则

第四十七条 本办法自 2002 年 3 月 1 日起施行。

网上证券委托暂行管理办法

第一章 总 则

第一条 为切实保护投资者利益，防范风险，加强网上证券委托(以下简称“网上委托”)的管理，保证我国证券市场健康发展，制定本办法。

第二条 网上委托是指证券公司通过互联网，向在本机构开户的投资者提供用于下达证券交易指令、获取成交结果的一种服务方式。

第三条 本办法中的互联网是指因特网或其他类似技术形式的通用性公共计算机通信网络，不包括证券公司租用公共通信设施建设的专门用于委托业务的电话拨号网或其他形式的计算机网络。

第四条 网上委托的证券为上海证券交易所、深圳证券交易所挂牌的证券。

第五条 网上委托应遵循公开、公平、公正和诚实信用、安全高效的原则。

第二章 业务规范

第六条 在证券公司合法营业场所依法开户的投资者，经本人申请办理相关手续后，方能进行网上委托。

证券公司在为投资者办理网上委托相关手续时，应要求投资者提供身份证明原件，并向投资者提供证实证券公司身份、资格的证明材料。禁止代理办理网上委托相关手续。

第七条 证券公司应制定专门的业务工作程序，规范网上委托，并与客户本人签订专门的书面协议，协议应明确双方的法律责任，并以《风险揭示书》的形式，向投资者解释相关风险。

第八条 开展网上委托的证券公司，必须为网上委托客户提供必要的替代交易方式。

第九条 证券公司应定期向进行网上委托的投资者提供书面对账单。

第十条 开展网上委托业务的证券公司禁止直接向客户提供计算机网络及电话形式的资金转账服务。禁止开展网上证券转托管业务。

第三章 技术规范

第十一条 证券公司必须自主决策网上委托系统的建设、管理和维护。有关投资者资金账户、股票账户、身份识别等数据的程序或系统不得托管在证券公司的合法营业场所之外。

第十二条 证券公司应采取严格、完善的技术措施，确保网上委托系统和其他业务系统在技术上隔离。禁止通过网上委托系统直接访问任何证券公司的内部业务系统。

第十三条 证券公司必须将未申请网上委托的投资者的所有资料与网上委托系统进行技术隔离。

第十四条 网上委托系统应有完善的系统安全、数据备份和故障恢复手段。在技术和管理上要确保客户交易数据的安全、完整与准确。客户交易指令数据至少应保存 15 年(允许使用能长期保存的、一次性写入的电子介质)。

第十五条 证券公司应安排本单位专业人员负责管理、监督网上委托系统的运行，并建立完善的技术管理制度和内部制约制度。

第十六条 网上委托系统应包含实时监控和防

范非法访问的功能或设施；应妥善存储网上委托系统的关键软件(如网络操作系统、数据库管理系统、网络监控系统)的日志文件、审计记录。

第十七条 在互联网上传输的过程中，必须对网上委托的客户信息、交易指令及其他敏感信息进行可靠的加密。

第十八条 证券公司应采用可靠的技术或管理措施，正确识别网上投资者的身份，防止仿冒客户身份或证券公司身份；必须有防止事后否认的技术或措施。

第十九条 证券公司应根据本公司的具体情况，采取技术和管理措施，限制每位投资者通过网上委托的单笔委托最大金额、单个交易日最大成交总金额。

第二十条 网上委托系统中有关数据传输安全、身份识别等关键技术产品应通过国家权威机构的安全性测评；网上委托系统及维护管理制度应通过国家权威机构的安全性认证；涉及系统安全及核心业务的软件应由第三方公证机构(或双方认可的机构)托管程序源代码及必要的编译环境。

第四章 信息披露

第二十一条 证券公司应提供一个固定的互联网站点，作为网上委托的入口网站。

第二十二条 证券公司应在入口网站和客户终端软件上进行风险揭示。揭示的风险至少应包括：

因在互联网上传输原因，交易指令可能会出现中断、停顿、延迟、数据错误等情况；机构或投资者的身份可能会被仿冒；行情信息及其他证券信息，有可能出现错误或误导；证券监管机关认为需要披露的其他风险。

第二十三条 证券公司开展网上委托业务的同时，如向客户提供证券交易的行情信息，应标识行情的发布时间或滞后时间；如向客户提供证券信息，应说明信息来源。并应提示投资者对行情信息及证券信息等进行核实。

第五章 资格申请

第二十四条 获得中国证监会颁发的《经营证券业务许可证》的证券公司，可向中国证监会申请开展网上委托业务。未经中国证监会批准，任何机构不得开展网上委托业务。

第二十五条 获得网上委托业务资格的证券公司可在其达到《证券经营机构营业部信息系统技术管理规范》要求的证券营业部开展网上委托业务。

第二十六条 证券公司以外的其他机构，不得开展或变相开展网上委托业务。证券公司不得以支付或变相支付交易手续费的方式与提供技术服务或信息服务的非证券公司合作开展网上委托业务。

第二十七条 证券公司申请开展网上委托业务，需具备以下条件：

1、建立了规范的内部业务与信息系统管理制度；

2、具有一定的公司级的技术风险控制能力；

3、建立了一支稳定的、高素质的技术管理队伍；

4、在过去两年内未发生重大技术事故。

第二十八条 证券公司申请网上委托业务，应向中国证监会提交下列材料：

1、开展网上委托业务的申请书(需加盖公章)；

2、《经营证券业务许可证》复印件；

3、(公司级)分管技术的负责人的简历；

4、网上委托系统专职管理维护人员名单及简历；

5、执行《证券经营机构营业部信息系统技术管理规范》的情况汇报；

6、网上委托业务的管理制度；

7、计划开展网上委托业务的分支机构名单，内容主要包括通信地址、负责人姓名、联系方式、在证券交易所的会员代码及开展网上委托业务的席位(分支席位)代码等；

8、与客户签订网上委托协议范本、《风险揭示书》范本及向客户提供的其他有关网上委托的所有资料；

9、网上委托系统的简要系统分析报告和系统设计报告，内容包括：网络结构、实时监控、身份识别、传输加密、数字签名、网络隔离、风险防范等方面遵循的技术标准及技术实现策略、网络通信方式及网络接入方式等，并提供简要的网络结构和功能图；

10、系统测试报告，包括系统峰值容量、响应与延迟指标、容错能力、可靠性及有关系统配置的重要数据等；

11、系统故障时的应急方案，包括信息传播及转移委托方式、数据及系统恢复措施等；

12、国家权威机构提供的系统、有关产品、管理维护制度的安全性测评认证证书或其他有关质量监督部门的证书(复印件)；

13、公司开展网上委托业务互联网入口站点地址；

14、公司开展网上委托业务的风险控制方案，包括控制网上委托有关风险的技术、管理、业务等方面的措施，如公司自定的网上单笔委托限额及单个交易日成交限额等；

15、网络接入提供商、系统集成商、硬件和软件提供商名单及其他关联企业名单；

16、网上委托系统中主要硬件及软件的规格型号及版本；

上述材料一式三份报送中国证监会。

第二十九条 中国证监会自受理申报材料之日

起最长三个月内作出决定。

第三十条 获准开展网上委托业务资格的证券公司，采用相同的技术系统和业务规则，在原未开展网上委托业务的分支机构增加此业务时，应由证券公司总部将上述材料中与该分支机构有关的部分报送中国证监会备案。

第三十一条 获准开展网上委托业务的证券公司，对正在运行的网上委托技术系统进行重大升级或对业务管理制度作出重大修订时，应将上述材料中有关变化的部分报送中国证监会备案。

第六章 附 则

第三十二条 获准开展网上委托业务的证券公司，应于每年一月底前向中国证监会报送本公司开展网上委托业务的工作总结。

第三十三条 证券公司违反本办法有关规定的，中国证监会将视情节轻重，处以警告、没收违法所得、罚款、暂停网上委托业务等处罚，情节严重的，吊销网上委托业务许可。

第三十四条 证券公司执行本办法的有关情况纳入证监会对证券公司的年检范围。

第三十五条 本办法自发布之日起施行。

期货经纪公司电子化交易指引

（期货业协会）

第一章 总 则

第一条 为加强对期货经纪公司电子化交易的管理，防范风险，保护投资者合法权益，保障期货经纪公司电子化交易的健康发展，根据《期货交易管理暂行条例》、《期货经纪公司管理办法》和《期货交易所、期货经营机构信息技术管理规范(试行)》，结合中国期货经纪公司电子化交易的实际情况，制定本指引。

第二条 本指引所指期货经纪公司电子化交易是指期货经纪公司及其营业部利用现代通讯和计算机网络技术开展的期货经纪业务及其相关服务，包括期货经纪公司提供的计算机自助委托交易、网上自助委托交易和语音电话自助委托交易。

第三条 本指引所指计算机自助委托交易是指投资者使用期货经纪公司计算机自助交易终端进行的期货交易；网上自助委托交易是指投资者通过互联网与期货经纪公司计算机交易系统联接进行的期货交易；语音电话自助委托交易是指投资者通过拨打语音电话密码信箱系统进行的期货交易。

第四条 期货经纪公司在开展期货电子化交易时，应遵循以下原则：

(一)安全性原则。期货经纪公司在电子化交易运行和维护的各个环节、在硬件、软件、网络通讯、数据、管理制度等各方面，都必须贯彻安全性原则。应当把安全措施落实到电子化交易技术管理的每个环节、每个方面，应当使从业人员牢固树立技术风险的防范意识。

(二)实用性原则。期货经纪公司应当加强电子化交易技术管理，注重采用先进成熟技术。但在保障系统安全的前提下，应避免不切实际地提高系统安全级别而造成投资浪费；应避免因引用任何未经消化吸收的境外安全保密技术和设备而对电子化交易技术管理造成消极影响。

(三)可操作性原则。期货经纪公司应根据本指引细化与完善其电子化交易管理制度，力求简单明确，便于操作和对照检查。

第二章 基本业务管理规范

第五条 期货经纪公司应在开展期货电子化交易前，为采用电子化交易方式的投资者制作专门的期货电子化交易协议，或在原《期货经纪合同》中增加针对期货电子化交易的专门的条款。期货经纪公司与投资者签署期货电子化交易协议或经修改的合同后，才能为投资者提供电子化交易服务。

第六条 期货电子化交易协议与采用电子化交易的投资者签订的经纪合同中至少包括但不限于以下内容：

(一)双方的权力、义务；

(二)双方约定的电子化交易的具体方式和备份交易方式；

(三)交易结算报告、追加保证金通知和强行平仓通知的准备、查询和确认方式。

(四)期货经纪公司的免责条款；

第七条 期货经纪公司应制定并在开户时向投资者提供《期货电子化交易风险说明书》。《期货电子化交易风险说明书》作为《期货交易风险说明书》的补充说明，应进一步详细揭示电子化交易的风险。

第八条 《期货电子化交易风险说明书》中应该至少包括但不仅限于以下的风险揭示内容：

(一)投资者密码泄露或投资者的身份被仿冒的可能性；

(二)行情及交易指令出现中断、停顿、延迟和错误的可能性；

(三)行情信息及其相关期货信息出现错误或误导的可能性；

(四)遭遇第三方恶意攻击的可能性。

第九条 期货经纪公司应向从事电子化交易的投

资者提供交易行情和电子信息服务。信息提供系统应保证信息披露的合法、完整、准确。应标明行情的发布时间，并向投资者说明信息来源，应提示投资者对行情信息及期货信息进行核实。

第十条 期货经纪公司利用国际互联网发布及转发信息时，要遵守相关行业的转发规定。

第十一条 期货经纪公司除了应与采用电子化交易的投资者约定电子化交易结算报告的提供和确认方式以外，还应该根据合同约定的时间和方式定期提供纸质交易结算报告，以备投资者查询。投资者不得以不签署纸质交易结算报告为理由，拒绝承认和接受以约定方式提供的电子化交易结算报告。

第十二条 开展期货电子化交易的期货经纪公司，其机构设置、人员管理、技术资料管理、安全管理、事故防范和处理应符合《期货交易所、期货经纪机构信息技术管理规范（试行）》（证监期货字[2000]38 号）的规定。

第三章 基本技术管理规范

第十三条 期货经纪公司应自主决策建设电子化交易系统，应有健全的制度和专门的人员负责监督电子化交易系统的管理、维护和风险监控工作。

第十四条 期货经纪公司应根据投资者编码和投资者密码分属管理的原则设计电子化交易系统。

第十五条 使用网上自助委托交易的投资者，其开设的投资者编码和交易密码必须是投资者亲自办理的有效授权委托，与书面委托具有同等法律效力。

第十六条 电子化交易系统应当有完整的交易日志，交易系统应该能自动生成使用系统的任何活动的记录。

第十七条 期货经纪公司应根据本公司具体情况，设置电子化交易系统控制参数。系统控制参数应能对投资者的保证金比例、最大持仓数和单笔最大单量进行限制，并可以在交易过程中进行实时调整。

第十八条 电子化交易系统应能实时显示投资者的风险状况，有完善的投资者风险即时监控和报警体系，自动禁止保证金不足的投资者进行新开仓交易。

第十九条 期货经纪公司的电子化交易系统应包含实时监督和防范非法访问的功能和设施，对互联网上传输的投资者交易信息、交易指令以及其他信息进行可靠的加密。

第二十条 网上交易系统中有关数据传输安全、身份识别等关键部件应尽可能使用通过国家质量监督总局认可的信息安全测评认证机构安全性测评的技术产品。

第二十一条 期货电子化交易系统应妥善存储电子化交易系统的关键软件（如网络交易操作系统、数据管理系统、网络监督系统）、日志文件、审计记录。交易数据和结算资料应定期、真实、准确地转移到不可更改的介质上，保存五年以上；但对有争议且争议期间超过五年的，应保持到争议消除为止。

第二十二条 期货经纪公司应确保电子化交易系统和其他业务系统在技术上的隔离性。禁止通过网上自助交易系统直接访问期货经纪公司的内部业务系统。

第二十三条 期货经纪公司应坚持电子交易系统开发、维护与使用分离的安全操作原则。计算机、通讯技术人员不得担任结算员或从事结算工作。

第二十四条 期货经纪公司的电子化交易系统软件必应具备安全性、可靠性、稳定性和健壮性，应该具备对数据的交换、传输、存储的安全保护功能，便于应用系统建立访问用户系统的审计记录的安全审计功能以及支持对操作员和管理员权限分离与相互制约的分权制约功能。

第二十五条 期货经纪公司应建立和完善电子化交易系统的技术监测系统，定期进行系统的安全性、稳定性、可靠性和异常操作等方面的监测；定期进行独立的对账，核对交易、结算数据，保证这些数据与会计数据的一致性和连续性。

第二十六条 期货经纪公司用于电子化交易的服务器一般不使用托管方式，并应具有一定的容错特性，在数据保存上尽可能使用先进的容错技术。

第二十七条 期货经纪公司应建立完善的服务器安全保护机制。不同重要程度的应用在不同的服务器上实现。应设置相应的控制访问和身份验证等安全措施。为了升级和便于维护，服务器的安全措施尽量和应用无关。

第二十八条 开展电子化交易的期货经纪公司必须建立两种以上互为替代的通信链路以保证电子化交易系统的稳定可靠。

第二十九条 系统数据（包括数据文件、权限设置、存贮分配、网络地址、硬件配置及其他系统配置参数）应有安全保密和验证措施，防止系统数据的非法生成、变更、泄漏、丢失与破坏。

第三十条 期货经纪公司应加强与电子交易系统有关的技术文件、图表、程序和数据、网络软件、安全技术方案、源代码、源配置参数、技术数据及相关技术资料的管理与保存。重要技术变量应有副本复制并且异地有效。

第三十一条 期货经纪公司应制定详细的应急计划，从制度和技术上保证电子化交易系统在发生不可预见的故障时具备一定的恢复能力和手段。

中国证券监督管理委员会令 第7号

现发布《期货经纪公司管理办法》，自2002年7月1日起施行。

主 席 周小川

二〇〇二年五月十七日

第一章 总 则

第一条 为加强对期货经纪公司的监督管理，保护期货投资者的合法权益，促进期货市场健康发展，根据《期货交易管理暂行条例》，制定本办法。

第二条 在中华人民共和国境内注册的期货经纪公司，适用本办法。

第三条 中国证券监督管理委员会（以下简称“中国证监会”）依法对期货经纪公司进行监督管理。

中国证监会派驻各地的证券监管办公室、办事处、特派员办事处（以下简称“中国证监会派出机构”）依照本办法和中国证监会的授权对期货经纪公司及其分支机构进行监督管理。

第四条 期货经纪公司应加入中国期货业协会。

中国期货业协会依照本办法和中国证监会的授权对期货经纪公司进行自律性管理。

第二章 设立、变更与终止

第五条 设立期货经纪公司，除应当符合《期货交易管理暂行条例》规定的条件外，还应当符合以下要求：

（一）有具备任职资格的高级管理人员；

（二）有符合现代企业制度的法人治理结构；

（三）中国证监会规定的其他条件。

第六条 期货经纪公司可以申请经营下列期货业务：

（一）期货经纪业务；

（二）期货咨询、培训业务；

（三）经中国证监会批准的其他业务。

第七条 期货经纪公司根据业务需要可以申请设立营业部、分公司以及中国证监会许可的其他分支机构。

期货经纪公司申请设营业部，应具备下列条件：

（一）申请人前一年度没有重大违法违规记录；

（二）拟设营业部的负责人及从业人员具备任职资格；

（三）期货经纪公司对拟设营业部有完备的管理制度；

（四）拟设营业部有符合经纪业务需要的经营场所和设施；

（五）中国证监会根据审慎监管原则要求的其他条件。

期货经纪公司分公司等其他分支机构的管理办法，由中国证监会另行规定。

第八条 期货经纪公司不得以“代表处”、“办事处”等名义变相设立营业部；不得以合资、合作、联营方式设立营业部；不得承包、出租营业部。

第九条 期货经纪公司的设立、合并与分立，由中国证监会派出机构初审，报中国证监会审批。

期货经纪公司营业部的设立，由营业部拟设立地中国证监会派出机构核准，报中国证监会备案。

第十条 期货经纪公司有《期货交易管理暂行条例》第二十六条第（一）、（二）、（四）、（五）、（六）项变更事项，以及变更持有期货经纪公司10%以上股权或者拥有实际控制权的股东的，由中国证监会派出机构核准，报中国证监会备案。但变更持有期货经纪公司10%以上股权或者拥有实际控制权的股东，该股东资格应当事先经中国证监会核准。

第十一条 期货经纪公司有下列变更事项之一的，在变更发生后10个工作日内应当向中国证监会派出机构备案：

（一）修改章程；

（二）变更10%以下股权；

（三）中国证监会规定的其他变更事项。

对于上述变更有不符合法律、法规、规章、政策规定的情形，中国证监会派出机构有权要求期货经纪公司纠正。

第十二条 期货经纪公司解散的，应当依法成立清算组，进行清算。清算组在清算期间负责制定清算方案，清理财产，编制资产负债表和财产清单，处理债权债务，清结纳税事宜以及处置剩余财产。

中国证监会派出机构应当监督清算组处理投资者持仓和保证金。

第三章 期货经纪业务的基本规则

第十三条 期货经纪公司应当遵循诚实信用原则，以适当的技能、小心谨慎和勤勉尽责的态度执行投资者的委托，维护投资者合法权益。

第十四条 期货经纪公司应当自觉避免与投资者的利益冲突，当无法避免时，应当确保投资者得到公平对待。

第十五条 期货经纪公司应当向投资者说明期货交易的风险，并在营业场所备置期货交易相关法规、期货交易所交易规则、经纪业务规则及其细则供投资者查阅。

第十六条 除中国证监会另有规定外，投资者开立账户，必须持有中国公民身份证明或者具有中国法人资格或者其他经济组织资格的合法证件。

第十七条 期货经纪公司在为投资者开立账户前，应当向投资者出示《期货交易风险说明书》，由投资者签字确认已了解《期货交易风险说明书》的内容，并签订期货经纪合同。期货经纪公司不得为未签订书面《期货经纪合同》的投资者开立账户。

《期货交易风险说明书》的格式和内容由中国证监会统一制定。

第十八条 投资者应当在期货经纪合同中明确为其办理下达指令、调拨资金等有关事项的受托人，约定联络方式、指令下达方式并预留受托人签字。

第十九条 当发生下列情形之一时，期货经纪公司可以解除与投资者的期货经纪合同，对投资者账户进行清算并予以销户：

(一)自然人投资者死亡、丧失民事行为能力或者法人投资者终止的；

(二)投资者被人民法院宣告进入破产程序的；

(三)期货经纪公司与投资者约定的并且不违反有关法律法规的情形；

(四)中国证监会认定的其他情形。

第二十条 投资者可以通过撤销账户的方式，终止与期货经纪公司的委托关系。投资者销户应当办理相关的销户手续。

第二十一条 除《期货交易管理暂行条例》第三十条规定情形，下列单位和个人不得从事期货交易：

(一)无民事行为能力或者限制民事行为能力的自然人；

(二)中国期货业协会、期货交易所、期货经纪公司的工作人员及其配偶。

第二十二条 期货经纪公司开展期货业务的人员应当具备期货从业人员资格。

期货经纪公司对外发布的广告宣传材料，应当报中国证监会派出机构备案。

第二十三条 期货经纪公司应当按照期货交易所规定的编码规则为投资者分配交易编码，并向期货交易所备案；期货经纪公司注销交易编码，应当向期货交易所备案。

第二十四条 期货经纪公司应建立投资者开户资料档案，除依法接受检查外，应当保密；期货经纪公司应当建立错单记录，用以记录处理错单的情况。

第二十五条 期货经纪公司应建立、健全投资者投诉处理制度，并将投资者的投诉及处理结果存档。

第二十六条 期货经纪公司可以在期货经纪合同中约定交易风险控制条件及处置措施。

第二十七条 期货经纪公司应当在期货交易所指定结算银行开立投资者保证金账户专门存放投资者保证金，与自有资金分户存放。

期货经纪公司划转投资者保证金，必须符合下列条件：

(一)依照投资者的指示支付保证金余额；

(二)为投资者向期货交易所交存保证金或者结算差额；

(三)投资者应当向期货经纪公司支付的交易手续费、税款及其他费用；

(四)双方约定的且不违反法律法规规定的条件；

(五)中国证监会认可的其他条件。

第二十八条 投资者可以通过书面、电话、计算机、网上委托等方式下达交易指令。

以书面方式下达交易指令的，投资者应当填写书面交易指令单；以电话方式下达交易指令的，期货经纪公司必须同步录音；以计算机、网上委托以及其他方式下达交易指令的，期货经纪公司应当保存能够证明交易指令内容的记录。

网上委托指期货经纪公司通过互联网，向在本公司开户的投资者提供的用于下达期货交易指令的委托方式。

第二十九条 期货经纪公司为投资者提供网上委托服务的，应当建立网上交易风险管理制度，并对投资者进行网上交易风险的特别提示。

第三十条 期货经纪公司应当按照时间优先的原则传递投资者指令。

第三十一条 期货经纪公司在每日交易闭市后应当为投资者准备交易结算报告。投资者有权按照期货经纪合同约定的时间和方式知悉交易结算报告的内容。

第三十二条 投资者对交易结算报告的内容有异议的，应当在期货经纪合同约定的时间内向期货经纪公司提出书面异议；投资者对交易结算报告的内容无异议的，应当按照期货经纪合同约定的方式确认。投资者既未对交易结算报告的内容确认，也未提出异议的，视为对交易结算报告内容的确认。

投资者有异议的，期货经纪公司应当根据原始指令记录和交易记录在期货经纪合同约定的时间内予以核实。

投资者未在约定的异议期间内提出异议的，不得再提出异议。

第三十三条 期货经纪公司之间或者期货经纪公司与投资者之间发生期货业务纠纷的，可以提请中国期货业协会调解处理。

第三十四条 交易结果不符合投资者交易指令，或者强行平仓不符合法定或者约定条件，期货经纪公司有过错的，应当在期货经纪合同约定的时间内重新执行投资者交易指令或者恢复被强行平仓的头寸，并赔偿由此产生的直接损失。

第三十五条 期货经纪公司应当将投资者的指令记录和交易结算记录按月汇编成月报。

第三十六条 开户资料、指令记录、交易结算记录以及其他业务记录应当至少保存5年。

第四章 日常监管

第三十七条 《期货经纪业务许可证》和《营业部经营许可证》由中国证监会统一设计和印制。

禁止伪造、涂改、出租、出借、转让、买卖《期货经纪业务许可证》和《营业部经营许可证》。

第三十八条 许可证正本或者副本遗失或者严重破损的，期货经纪公司应当在发现之日起30日内在中国证监会认可的报刊上声明作废，并持登载声明向中国证监会重新申领。

第三十九条 期货经纪公司或者期货经纪公司营业部的营业执照与许可证的相关内容必须一致。

第四十条 期货经纪公司不得以中国证监会的营业许可，作为其营业能力及财务健全的宣传或者保证。

第四十一条 期货经纪公司应当每年至少一次在公众媒体上公布其合法分支机构名称、地址、电话及主要负责人的姓名。

第四十二条 期货经纪公司应当设立风险管理部门或者风险管理岗位，建立并严格执行风险管理制度。

第四十三条 期货经纪公司应当设立合规审查部门或者合规审查岗位，定期或者不定期审核公司的财务、业务状况以及执行国家相关法律、法规、规章、政策和公司章程、业务规则的情况，制作合规审查报告书。

第四十四条 期货经纪公司应当按照中国证监会的规定建立、健全财务安全评估和管理体系，并按照中国证监会的要求报送有关资料。

期货经纪公司的财务会计工作和结算工作必须分设部门进行。

第四十五条 期货经纪公司向中国证监会及其派出机构提交的申请材料或者备案材料，必须真实、准确、完整。

第四十六条 期货经纪公司应当每年度聘请有相应资格的会计师事务所对期货经纪公司的经营财务情况进行审计，出具审计报告。

期货经纪公司必须将所聘请的具有相应资格的会计师事务所名单报中国证监会派出机构备案；期货经纪公司更换聘请的具有相应资格的会计师事务所，必须在更换后的三个工作日内向中国证监会派出机构报告并说明原因。

第四十七条 期货经纪公司不得对外提供担保或者成为承担无限责任的投资人。

第四十八条 中国证监会制定监管报表体系，对期货经纪公司的财务安全性进行监管。

第四十九条 中国证监会及其派出机构随时可以对期货经纪公司及其营业部进行检查。

第五十条 中国证监会派出机构可以要求期货经纪公司或直接聘请具有相应资格的会计师事务所，对期货经纪公司进行专项审计或稽核。审计或稽核的有关费用由期货经纪公司支付，由中国证监会派出机构聘请所发生的费用由中国证监会支付。

第五十一条 中国证监会派出机构根据中国证监会的部署负责本辖区内期货经纪公司、期货经纪公司营业部年检。

中国证监会可以根据监管需要，规定每年度年检的条件、形式、范围和重点，并对年检进行检查。

年检报告书格式、年检标识样式和年检戳记样式由中国证监会统一制定。

第五十二条 期货经纪公司或者期货经纪公司营业部年检合格，由中国证监会在其《期货经纪业务许可证》或者《营业部经营许可证》上加贴年检标识或者加盖年检戳记。

对不符合年检条件的期货经纪公司或者期货经纪公司营业部，由中国证监会责令停业整顿或者注销其《期货经纪业务许可证》、《营业部经营许可证》。

第五十三条 期货经纪公司涉嫌严重违法违规，在被调查期间，中国证监会可以暂停其部分期货业务，并根据调查结论作出相应处理。

第五十四条 中国证监会可以根据需要设立专项期货投资者保障基金，用于在期货经纪公司出现保证金退付危机时补偿投资者的保证金损失。

期货投资者保障基金的来源、管理和使用办法，由中国证监会另行制定。

第五章 保证金退付危机的特别处理程序

第五十五条 期货经纪公司已经或者可能出现投资者保证金退付危机，严重影响投资者利益时，中国证监会有权决定对该公司进行特别处理。

中国证监会的特别处理决定应当载明下列内容：

（一）被特别处理的期货经纪公司名称；

（二）特别处理理由；

（三）特别处理期限。

第五十六条 期货经纪公司进入特别处理程序，应当由期货经纪公司股东单位组织特别处理工作组。必要时，中国证监会派出机构可以派代表或者委托中介机构参加特别处理工作组。

特别处理工作应当接受中国证监会派出机构的监督。

第五十七条 特别处理工作组可以根据情况采取下列措施：

(一)清查投资者持仓、投资者保证金余额以及出现保证金退付危机的原因；

(二)处置期货经纪公司的资产、回收到期债权；

(三)追回被挪用的投资者保证金；

(四)决定投资者持仓和保证金处理方案；

(五)制定并实施期货经纪公司的清理整顿方案；

(六)其他特别处理工作组认为必要的措施。

第五十八条 特别处理期间，特别处理工作组认为需要对期货经纪公司进行清算的，经股东会同意后，报中国证监会批准。

第五十九条 有下列情形之一，特别处理终止：

(一)特别处理决定规定期限届满或者延期届满；

(二)特别处理决定期限届满前，期货经纪公司已恢复正常经营能力；

(三)特别处理期限届满前，期货经纪公司被合并或者被依法宣告破产。

第六章　罚　则

第六十条 期货经纪公司违反本办法规定，有下列行为之一的，根据《期货交易管理暂行条例》第五十九条处罚：

(一)接受未办理开户手续的投资者委托进行期货交易的；

(二)通过虚假宣传诱使投资者进行期货交易的；

(三)未按照规定履行报告或者备案义务的；

(四)违反中国证监会财务管理规定，经限期改正，仍未达到标准的；

(五)申报材料有虚假记载或者重大遗漏的；

(六)以合资、合作、联营方式设立期货经纪公司营业部的；

(七)将期货经纪公司营业部承包、出租给他人的。

第七章　附　则

第六十一条 本办法自2002年7月1日起施行，1999年8月31日发布的《期货经纪公司管理办法》同时废止。

中国证券经营机构营业部信息系统技术管理规范(试行)

第一章　总　则

第一节 目标

1.1.1 最大程度地防范技术操作风险，保护投资者利益，维护证券经营机构的合法权益，促进证券市场健康发展。

1.1.2 充分吸收国外先进经验和国内计算机信息技术应用成果，推动信息系统建设与技术管理水平的协调发展，提高证券行业的整体技术水平。

1.1.3 指导证券经营机构下属证券营业部(以下简称营业部)加强计算机信息系统的优化建设和安全管理，加强计算机信息技术人员的管理，防止数据遗失、损坏、篡改、泄漏，提高系统运行的安全性、可靠性与稳定性。

第二节 原则

1.2.1 安全性原则。营业部在信息系统的设计、开发、运行、维护各环节和硬件、软件、网络通讯、数据、管理制度各方面，都必须贯彻安全性原则。应当把安全措施落实到信息技术管理的每个环节、每个方面；应当使从业人员牢固树立技术风险防范意识。

1.2.2 实用性原则。营业部应当加强信息技术管理，注重采用先进成熟技术。在保障系统安全的前提下，力求避免因不切实际地提高系统安全级别而造成投资浪费；避免因引用任何未经消化吸收的境外安全保密技术和设备而对信息技术管理造成消极影响。

1.2.3 可操作性原则。信息技术管理规范必须具有可操作性。营业部根据本规范细化与完善其信息技术管理制度时，也应当力求简单明确，便于对照检查，便于操作。

第三节 制定与实施

1.3.1 根据《中华人民共和国计算机信息系统安全保护条例》及有关规定，结合我国证券业具体情况，制定本规范。

1.3.2 本规范由中国证券监督管理委员会发布和监督实施。

1.3.3 本规范原则上每两年修订一次。

1.3.4 本规范由中国证券监督管理委员会负责解释。

第二章　管理体系

第一节 组织结构

2.1.1 各证券经营机构计算机信息技术工作必

须实行统一归口管理，建立健全组织机构。证券经营机构应设立计算机信息系统管理部门(以下称电脑中心)，营业部相应设立计算机工作管理部门(以下称电脑部)。

2.1.2 电脑中心是证券经营机构信息系统规划、建设、管理的主管部门。电脑中心内部应建立职责明确、相互制约的分工体系，可设置运行、开发、管理等工作部门。电脑中心的主要职能是：

(1)负责制定与信息系统相关的规章制度；

(2)负责信息系统建设的总体规划并组织实施；

(3)根据证券经营机构业务目标与计划制定计算机工作计划并组织实施；

(4)审核营业部电脑负责人的任职资格；

(5)负责信息技术人员的培训与考核；

(6)负责计算机硬件与软件的选型；

(7)审核计算机硬件设备的购置、报损、报废；

(8)负责计算机软件的开发与购买；

(9)保障信息系统安全运行，为营业部提供技术支持；

(10)负责交易业务数据及其他重要数据的备份管理；

(11)负责技术资料的管理；

(12)负责对营业部的信息系统进行定期或不定期的专项检查；

(13)指导和监督电脑部工作；

(14)跟踪研究信息技术的发展；

(15)公司授权的其他管理职能。

2.1.3 电脑部负责本营业部信息系统日常的运行、管理与维护。电脑部在技术上接受电脑中心的管理、指导和考核。电脑部主要职能是：

(1)负责本营业部信息系统的安全运行，开市之前做好系统的运行准备工作，开市期间实时监控系统的运行状况，收市以后配合清算员完成日结清算等盘后工作；

(2)及时处理证券交易所及有关部门播发的涉及信息系统运行的数据与文件；

(3)负责对本营业部业务人员进行计算机操作指导，协助电脑中心对有关业务人员进行技术培训；

(4)完整、准确地记录信息系统的运行日志，详细记载发生异常时的现象、时间、处理方式等内容并妥善保存有关原始资料，发生技术事故及时报告；

(5)负责计算机硬件设备的管理和维护，保持系统处于良好的运行状态；

(6)负责交易业务数据及其他重要数据的备份；

(7)根据营业部业务发展的要求，提交软件需求报告及硬件采购计划；

(8)编制营业部计算机设备的维修、报损、报废计划，报电脑中心审核；

(9)处理经电脑中心核准的其他事务。

第二节 人员管理

2.2.1 为保障信息系统的开发与运行管理质量，证券经营机构营业部信息技术人员编制应不少于总人数的百分之十。

2.2.2 信息技术人员应具备大专以上学历，具有计算机基础理论知识和专业技术经验、较强的业务工作能力和再学习能力、良好的职业道德和服务意识，富有敬业精神和团队合作精神。

2.2.3 禁止录用有犯罪或其他严重违法行为记录的人员从事证券行业计算机工作。

2.2.4 关键技术岗位必须经过严格考核，合格后方可上岗。

2.2.5 电脑中心应配合人事部门定期对信息技术人员进行考核。

2.2.6 定期对信息技术人员进行业务培训和技术培训，不合格或未参加培训者严禁上岗。

2.2.7 营业部电脑负责人之间应定期或不定期轮换。

2.2.8 离岗人员必须严格办理离岗手续，明确其离岗后的保密义务，退还全部技术资料。信息系统的口令必须立即更换。

第三节 安全管理

2.3.1 建立计算机安全管理组织，证券经营机构要指定一职能部门负责公司及所属营业部的计算机安全管理。由公司总经理(总裁)主管计算机安全工作，营业部负责人为营业部计算机安全工作责任人。

2.3.2 计算机安全管理组织主要任务：制定计算机安全管理制度，开展计算机安全教育，定期或不定期进行计算机安全检查，保证计算机系统安全运行。

2.3.3 计算机安全管理的主要内容包括安全防范设施和安全保障机制，以有效降低系统风险和操作风险，预防不法分子利用计算机作案。

2.3.4 建立计算机机房安全管理制度

(1)建立完整的计算机运行日志、操作记录及其他与安全有关的资料；

(2)交易时间内机房必须有当班值班人员；

(3)定期检查安全保障设备，确保其处于正常工作状态；

(4)建立并严格执行机房进出管理制度，无关人员未经安全责任人批准严禁进出机房；

(5)严禁易燃易爆和强磁物品及其他与机房工作无关的物品进入机房。

2.3.5 建立操作安全管理制度

(1)采取严密安全措施防止无关用户进入系统；

(2)数据库管理系统的口令必须由电脑中心专人

掌管，并要求定期更换。禁止同一人掌管操作系统口令和数据库管理系统口令；

(3)操作人员应有互不相同的用户名，定期更换操作口令。严禁操作人员泄露自己的操作口令；

(4)必须启用系统软件提供安全审计留痕功能；

(5)各岗位操作权限要严格按岗位职责设置。应定期检查操作员的权限；

(6)重要岗位登录过程应增加必要的限制措施；

(7)营业部计算机信息技术人员不得担任清算员从事结算记账工作；

(8)建立和完善技术监管系统，定期进行独立的对账，核对交易数据、清算数据、保证金数据、证券托管数据以及会计数据的一致性和连续性。

(9) 对数据备份和审核记录建立定期查验制度。

2.3.6 建立计算机病毒防范制度

(1)电脑中心应指定专人负责计算机病毒防范工作。电脑部应定期进行病毒检测，发现病毒立即处理并报告；

(2)新系统安装前应进行病毒例行检测；

(3)经远程通信传送的程序或数据，必须经过检测确认无病毒后方可使用；

(4)禁止运行未经电脑中心审核批准的软件；

(5)应采用国家许可的正版防病毒软件并及时更新软件版本。

第四节 技术资料管理

2.4.1 技术资料是指与信息系统有关的技术文件、图表、程序与数据， 包括信息系统建设规划、网络设计方案、软件设计方案、安全设计方案、源代码、系统配置参数、技术数据及相关技术资料。

2.4.2 各级管理机构应制定技术资料的管理制度，明确执行管理制度的责任人。

2.4.3 借阅、复制技术资料应履行必要的手续。

2.4.4 重要技术资料应有副本并异地存放。

2.4.5 技术资料应实施密期管理办法。

2.4.6 报废技术资料应有严格销毁和监销制度。

第三章 硬件设施

第一节 计算机机房

3.1.1 计算机机房建设应符合国标 GB2887—89《计算机场地技术条件》和GB9361—88《计算站场地安全要求》。

3.1.2 供电系统

(1)机房应有单独的配电柜，计算机系统要设有独立于一般照明电的专用的供配电线路，其容量应有一定的余量，建议采用双路供电；

(2)机房应配备不间断电源设备，其容量应保证机房设备和关键交易设备在断电情况下维持到后备电源供电。无备用发电机时，不间断电源设备应能够持续供电4小时以上。

3.1.3 接地与防雷系统

(1)机房应采用独立的工作地和防雷保护地。工作地和防雷保护地之间的距离应大于10米；

(2)工作地的接地电阻应小于4欧姆，防雷保护地的接地电阻应小于10欧姆；

(3)各类通信线路和设备宜增加相应防雷设施。

3.1.4 机房环境

(1)机房的使用面积(不包括不间断电源放置面积)不得小于30平方米；

(2)机房的操作间与设备间应作分隔，布局应有良好的人机工作环境，保障工作人员安全与健康；

(3)机房宜安装独立空调设备；

(4)机房应有防火、防潮、防尘、防盗、防磁、防鼠等设施；

(5)机房应配置备用应急照明装置。

第二节 远程通信

3.2.1 证券经营机构与所属营业部之间必须建立可靠的通信线路联接。

3.2.2 营业部与交易所通信联接必须安全可靠。

3.2.3 重要通信线路必须建立后备线路。

3.2.4 通信线路接口部分应采取防止非法进入的安全措施。

3.2.5 通信设备应具有防干扰、防截取能力，具有加密传输功能。

3.2.6 通信设备应建立设备备份。

第三节 计算机设备

3.3.1 服务器

(1) 服务器应具有充分的可靠性和充足的容量；

(2)服务器应具有一定的容错特性，宜采用镜像、阵列、双机、群集等容错技术；

(3)服务器应有备品备件。

3.3.2 工作站

(1)工作站应具有良好的性能及可靠性；

(2)除计算机机房外，一律使用无软驱或光驱等可卸存储装置的网络工作站；

(3)重要工作站应有冗余备份。

3.3.3 数据存储设备

(1)应配备安全可靠的数据备份设备；

(2)交易业务数据存储用只读式数据记录设备。

第四节 局域网络

3.4.1 布线系统设计可参照CECS72：97《建筑与建筑群综合布线系统工程设计规范》。在现行技术条件下，不宜继续使用同轴细缆。

3.4.2 网络结构应合理可靠。

3.4.3 网络设备应兼具技术先进和产品成熟性。

3.4.4 网络设备应有冗余备份。

3.4.5 通信速率应保证正常业务开展的需要。

第五节 电子交易设备

3.5.1 营业部配备的电子交易系统必须达到一定的安全级别。

3.5.2 客户操作电子交易设备应有严格的身份识别机制。

3.5.3 应采取适当措施，保证设备完好率不低于百分之九十。

3.5.4 各种形式的远程交易系统必须采取严格的安全措施。

3.5.5 营业部交易场所应配备行情揭示设备，完整、准确、及时地显示行情信息。

第六节 设备管理

3.6.1 电脑中心统一管理证券经营机构及下属营业部的计算机设备。

3.6.2 计算机设备的选型、购置、登记、保养、维修、报废等必须严格按规定手续办理，重大设备应建立维护档案。

3.6.3 选用的计算机设备必须经过技术论证，符合国家有关标准的规定，满足可靠性与兼容性要求。

3.6.4 新购置的设备应经过测试，测试合格后方能投入使用。

3.6.5 须定期对计算机设备进行专业维护保养。

3.6.6 未经电脑中心或电脑部许可，不得擅自开拆设备或调换设备配件。

第四章 软件环境

第一节 系统软件

4.1.1 营业部使用的系统软件主要包括操作系统软件和数据库管理软件。系统软件的选用应充分考虑软件的安全性、可靠性、稳定性和健壮性。

4.1.2 应使用正版软件。

4.1.3 系统软件应具备如下功能：(1)身份验证功能，防止非法用户随意进入系统；

(2)访问控制功能，防止系统中出现越权访问；

(3)故障恢复功能，能自动或在人工干预从故障状态恢复到正常状态不致造成系统混乱和数据丢失；

(4)安全保护功能，对信息的交换、传输、存储提供安全保护；

(5)安全审计功能，便于应用系统建立访问用户资源的审计记录；

(6)分权制约功能，支持对操作员和管理员的权限分离与相互制约。

4.1.4 必须启用系统软件提供的安全审计留痕功能。

4.1.5 系统软件达到C2级以上(含C2级)安全级别。

4.1.6 数据库管理软件除上述功能要求，还应具有数据库的安全性、完整性、一致性及可恢复性保障机制。

第二节 应用软件

4.2.1 营业部应用软件有营业部证券交易业务处理系统、信息揭示与分析系统及其他业务处理系统等。

4.2.2 营业部交易业务处理系统必须具有如下特性：(1)自动记录全部操作过程；

(2)关键数据不得以明码存放；

(3)无法绕过应用界面直接查看或操作数据库；

(4)系统管理与业务操作权限严格分开；

(5)防止异常中断后非法进入系统；

(6)提供超时键盘锁定功能；

(7)交易业务数据在通信网络上加密方式传输；

(8)应存储一年以上完整的系统运行记录与交易清算记录；

(9)提供系统运行状态监控模块；

(10)提供数据接口，满足稽核、审计及技术监控的要求；

(11)其他有助于控制业务操作风险功能特性。

4.2.3 信息揭示与分析系统必须保证信息揭示的完整、准确、及时。

第三节 软件管理

4.3.1 应用软件在开发或购买之前应正式立项，成立由技术人员、业务人员和管理人员共同组成的项目小组并建立软件质量保证体系。

4.3.2 根据应用系统对安全的要求，同步进行安全保密设计。

4.3.3 软件开发过程应符合GB/T8566—1995《信息技术软件生存其过程》。

4.3.4 开发维护人员与操作人员必须实行岗位分离，开发环境和现场必须与生产环境和现场隔离。软件设计方案、数据结构、加密算法、源代码等技术资料严禁流入生产现场、散失和外泄。

4.3.5 应用软件在正式投入使用前必须经过内部评审，确认系统功能、测试结果和试运行结果均满足设计要求，技术文档齐全，并经证券经营机构分管领导批准。

4.3.6 应规定软件的使用范围和使用权限。

4.3.7 软件使用人员应经过适当的操作培训和安全教育。

4.3.8 建立应用软件的文档管理制度、版本管理制度及软件分发制度，防止软件的盗用、误用、流失及越权使用。

4.3.9 证券经营机构下属营业部应使用统一的

系统软件和应用软件。

4.3.10 营业部信息技术人员不得擅自进行软件维护和系统参数调整。

4.3.11 采取有效措施防止对应用软件非法修改。

第五章 数据管理

第一节 交易业务数据

5.1.1 交易业务数据主要包括交易数据、清算数据及其他相关数据。

5.1.2 应建立交易业务数据管理制度，对交易业务数据实施严格的安全保密管理。

5.1.3 电脑中心设置数据库管理员岗位，对交易业务数据实行专人管理。营业部信息技术人员不得拥有数据库管理员操作口令。

5.1.4 营业部信息系统内应保存一年以上的交易业务数据。

5.1.5 电脑中心应建立营业部交易业务数据映象并定期和不定期与营业部交易业务数据进行核对，防止使用过程中产生误操作或被非法篡改。

5.1.6 数据备份：

(1)每个工作日结束后必须制作数据的备份并异地存放，保证系统发生故障时能够快速恢复；

(2)交易业务数据必须定期、完整、真实、准确地转储到不可更改的介质上，并要求集中和异地保存，保存期限至少20年；

(3)备份的数据必须指定专人负责保管，由营业部计算机信息技术人员按规定的方法同数据保管员进行数据的交接。交接后的备份数据应在指定的数据保管室或指定的场所保管；

(4)数据保管员必须对备份数据进行规范的登记管理；

(5)备份数据不得更改；

(6)备份数据保管地点应有防火、防热、防潮、防尘、防磁、防盗设施。

5.1.7 数据保密：

(1)数据不得泄露，禁止外借；

(2)数据应仅用于明确规定的目的，未经批准不得它用；

(3)无正当理由和有关批准手续，不得查阅客户资料。经正式批件查阅数据时必须登记，并由查阅人签字；

(4)保密数据不得以明码形式存储和传输；

(5)根据数据的保密规定和用途，确定数据使用人员的存取权限、存取方式和审批手续。

5.1.8 交易业务数据不得随意更改。

第二节 系统数据

5.2.1 系统数据主要包括数据字典、权限设置、存贮分配、网络地址、硬件配置及其他系统配置参数。

5.2.2 应制定系统数据管理制度，对系统数据实施严格的安全与保密管理，防止系统数据的非法生成、变更、泄漏、丢失与破坏。

5.2.3 设系统管理员岗位，系统数据实行专人管理。

5.2.4 系统数据不得泄露。

5.2.5 电脑中心应保存营业部的系统数据，并定期进行核对。

第六章 技术事故的防范与处理

第一节 技术事故及其防范

6.1.1 技术事故指由于硬件故障、软件故障和操作失误等原因引起系统无法运行，经启动备用系统仍未恢复正常，导致交易中断并造成经济损失的事件。

6.1.2 技术事故的防范原则是：预防为主、处理及时，力争把事故的损失降低到最小程度。

6.1.3 建立健全技术事故防范对策，严格按本规范要求建设、管理信息系统硬件设施和软件环境，定期进行事故防范演习，针对薄弱环节不断改进完善。

6.1.4 制定技术事故发生时的应急计划：

(1)应急计划必须形成文字；

(2)应急计划应针对可能发生的故障制定紧急处理程序；

(3)紧急处理程序应张贴在规定的地方；

(4)对执行应急计划的全体人员进行专项培训，定期进行演习；

(5)根据演习结果不断完善应急计划。

第二节 技术事故的处理

6.2.1 下列情况营业部免责：

(1)因不可抗力引发的技术事故；

(2)因软硬件故障导致的技术事故，经技术专家论证，确认营业部信息系统建设和管理符合本规范要求，确属小概率或偶发性事件；

(3)因证券交易所原因导致的交易中断。

6.2.2 因通信线路故障导致的技术事故，应会同通信部门共同调查，界定责任。

6.2.3 因营业部操作失误导致的技术事故，经调查核实后，营业部负相关责任。

6.2.4 技术事故的事后处理：

(1)证券经营机构安全管理组织应立即进行事故调查，提出书面调查报告，必要时可组织有关专家鉴定，确定事故的原因和责任；

(2)对调查中发现技术薄弱环节，应限期整改。

行业标准化环境

·证券业标准化·

【概况】 标准化是推动技术进步、产业升级、提高产品质量，促进经济结构战略性调整，加速我国产业化发展，完成工业化建设，向信息化社会迈进的重要技术基础。

我国证券市场近两年来的超常规发展，使行业信息技术标准化成为行业的当务之急。全球资本市场一体化以及加入WTO的现实，使我国的资本市场处在一个历史的转折点。无论是国家的大环境还是证券行业的小环境，都需要修订现行的标准并提高标准水平，推进采用行业标准、国家标准和国际标准，增强我国金融产品的国际竞争力。

《中华人民共和国标准化法实施条例》第三章第十一条规定：对于互换配合、通用技术语言要求，对于保障人体健康和人身财产安全的技术要求，对于基本原料、燃料、材料的技术要求，对于通用基础的技术要求，对于通用的试验检验方法，对于通用的管理技术的要求，对于工程建设的重要技术要求，对于国家需要控制的其他重要产品的技术要求等应当制定国家标准(含标准样品的制定)。对没有国家标准而又需要在全国某个行业范围内统一的技术要求，可以制定行业标准(含标准样品的制作)。

在证券行业内部推进标准化工作。可以使复杂的过程简单化、清晰化、产业化，使工作具有更强的可操作性；标准化可以避免行业内大规模的重复建设引发的风险，实现技术与管理的跨越式发展，以低于其他市场的交易成本和集约式规模经济参与国际竞争；标准化也将推动证券业以信息化改造为核心的技术创新，充分发挥出后发优势，实现行业的可持续发展。

实现标准化是相当长的过程。在标准化进程中，标准与效率成本之间存在着辩证动态关系。从局部利益与短期效率看，制定与实施标准必然导致成本的提高和工作繁琐度增加，但从全局利益和长远工作效率看，其效率必然大大地提高，成本必然显著地下降。

【证券业对标准化的需求】 证券业在技术、管理、业务和安全等方面都需要标准化。

证券业务发展引发技术创新与进步，技术进步实现和促进业务发展，并引发新一轮的业务需求和发展趋势。技术是基础，证券业的发展历史，每一次市场风波都会跟进一场技术改造，每一轮新的系统升级都预示着一场新的市场突破。在证券期货业，“IT”的意义正趋近“命脉”。没有计算机通信技术，就没有中国证券业。证券业从整体上看，系统的整合与改造刚刚开始，证券市场技术架构仍缺乏整体规划，其系统结构、数据标准、交易平台和通信接口都在继续沿用交易所成立之初的标准结构，与WTO后与国际化接轨的要求还相差甚远。

1. *管理是关键*。标准化管理是一种有效的科学管理方法。作为交易所、登记结算公司、证券公司、基金公司、期货公司等整个证券市场而言，管理的标准化势在必行。标准化的管理，其最大的优势就是把复杂的过程分解，使其简单化、量化、具有可操作性。标准化管理的第二个重大优势是减弱个人人为因素的影响，使团队与制约机体形成。

证券市场信息系统是一个庞大复杂的有机体，交易所、清算公司、结算公司、证券公司，证券营业部，无论哪方出了问题，都会影响整个系统。信息中心1999年《证券经营机构营业部信息系统管理规范(试行)》的发布，规范了券商的组织结构，改变技术管理的模式，对控制证券公司营业部的技术风险起了重要的作用。

2. *业务是根本*。业务方面包括行业分类、统计指标、数据分类等体系。只有建立科学化、标准化、国际化的分类体系，增加信息披露的透明度和科学性，让公信回到市场，才能最大限度地保证投资者的利益。2001年4月3日公布的《上市公司行业分类指引》，对上市公司行业进行了重新整合分类。“指引”的发布对于规范和提高上市公司信息披露质量、市场参与者对公司股票进行定价、投资者进行投资决策都有着重大的影响。

3. *安全是保证*。防范技术事故、化解技术风险是行业技术监管的最直接的目标。依据中国证监会2001年证券信息系统安全检查总结，行业信息系统安全状况有明显改进，但发展不平衡，认识和投入均有差距。安全问题涉及投资者根本利益，安全要求是强制要求。采用标准化的手段，以量化的具有较强可操作性的安全标准进行设计、建设、衡量和评估，强化安全意识，加强系统安全性，是积极、有效、易行的方法。中国证券业协会信息技术委员会将依据国际信息安全通用准则(CC)、国际标准化委员会安全技术标准ISO17799、国家标准《信息安全等级划分准则》等国际国内标准，将研究制定出适合证券业应用的《证券业信息系统安全指标体系》、《证券信息系统安全建设指南》；在安全策略方面，急需一套切实可行的《证券业信息安全管理条例》。

【证券标准化的现状】 我国证券行业的标准化工作才刚刚起步，两家证券交易所、三家期货交易所的数据交换模式不统一，编码方式不统一，接口不统一，重要数据过程流程也不统一；各交易所之间不能统一交换数据，给统一清算和结算造成了很大的障碍；从系统开发到数据接口、通信接口，各家交易系统软件供应商封闭独立，产品各不兼容，阻碍了新技术的推广，也成为证券市场纵深发展的障碍。

行业非标准化的现状使许多应用和业务上的简单升级变得相当繁复，许多新应用要通过加载应用系统的补丁程序或以牺牲系统的应用性能为代价来实现。遇到新增业务(如新股配售、B股交易、创业版)，往往牵一发而动全身。造成交易系统的适应性差，效率低下，交易成本上升，交易风险增加，给国家造成了大量的既成事实的经济损失。仅就最近两年系统改造与建设统计，仅由于深、沪两地区交易所在数据通信协议上的不统一，就造成约6000万人民币的投资浪费。银行和证券在清算和资金转账上的经济损失更是高达上亿元人民币。

许多证券业务的创新从业务调整和改造的角度看难度并不大，可用IT技术实现之却非常困难。信息标准化的问题不解决，创新业务的实现将变得极其困难。

证券公司、交易所、登记结算公司以及一些软件厂商已经逐步认识到了行业标准化的意义，开始形成局域性的联盟，如在银证转账上，几家公司共同遵循某一个由商业推动而形成的标准，也有公司对一些国际标准如FIX进行了深入的研究、并推向了实际应用。

存在两个现实问题：第一，市场机制尚不成熟，完全的商业化标准制定与推广机制并不健全，环境尚需培养；第二，机会只对有准备的人，技术专利与产权在开放的市场等于控制权和利益，要有自己的成体系的东西。制定有效的技术标准，是企业及行业协会组织积极提倡，政府努力推进、督促的过程。必须在尽可能短的时间里推动行业标准化工作，与国际接轨，并获取主动性及必要的自主知识产权。

2001年10月11日，作为国务院授权履行行政管理职能、统一管理全国标准化工作的主管机构，中国国家标准化管理委员会宣告成立，这标志着我国的标准化工作进入了一个新的发展阶段。

2002年，上海交易所新一代系统、深圳交易所二期工程开始；2001年3月底成立的中国登记结算公司正在推进结算制度的改革，三大代码急需统一标准；同时，配合着从以营业部为主体的分散经营模式逐步转变为以公司总部为核心的集权化管理模式的转变，各家证券公司也纷纷开始做系统平台的大规模整合，欲在更大范围内和更深程度上参与经济全球化进程。

【证券行业标准化工作框架】

1. 工作原则。遵循国际化的原则：加大采用国际标准和国外先进标准工作的力度，分析研究国际标准和国外先进标准，同时扩大国际标准化交流，对于那些适合我国国情的国际标准，要坚决地采用。同时，制定标准时在内容、覆盖范围和审定程序等方面也要符合国际通行做法。

遵循市场化的原则：建立面向市场、反应快速的运行机制；形成以交易所、证券期货公司、基金公司等证券市场参与者以及技术厂商、信息厂商、技术服务厂商为主、社会广泛参与公开透明的开放式工作模式。任何团体与个人都可以提出和建议起草标准。标准是动态的，它应该随着应用环境的变化不断发展。标准制定的周期不能太长、修订要及时，要满足产品更新和升级的需要。

遵循依法自律与监管的原则：依法监管和依法自律是行业技术监管的基本原则，也是行业标准化应当遵循的重要原则。应该在国际标准化组织、国家标准化管理委员会的统一作法和业务指导下完成行业标准化工作。应当制定“证券行业标准化工作管理暂行办法”引导行业有序完成标准的制定、审核、推行、实施工作。

2. 建议工作框架。证券标准化机制与环境建设。中华人民共和国标准化法第三章第十四条规定：行业标准由国务院有关行政主管部门编制计划、组织草拟，统一审批、编号、发布，并报国务院标准化行政主管部门备案。行业标准在相应的国家标准实施后，自行废止。第十七条规定：企业生产的产品没有国家标准、行业标准、地方标准的，应当制定相应的企业标准，作为组织生产的依据。对已有国家标准、行业标准或者地方标准的，鼓励企业制定严于国家标准、行业标准或地方标准要求的企业标准，在企业内部适用。第十九条规定：制定标准应当发挥行业协会、科学技术研究机构和学术团体的作用。制定国家标准、行业标准和地方标准的部门应当组织由用户、生产单位、行业协会、科学技术研究机构、学术团体及有关部门的专家组成的标准化技术委员会，负责标准的草拟和参加标准草案的技术审查工作。未组成标准化技术委员会的，可以由标准化技术归口单位负责标准草拟和参加标准草案的技术审查工作。制定企业标准应当充分听取使用单位、科学技术研究机构的意见。依据以上法律规定，“证券业标准化委员会”（证标委）应当尽快成立，从而承担起组织协调、起草、修订行业技术标准，以及参与审批行业标准草案的职能，推动行业标准化进程。中国证券业协会信息技术委员会应当加大其现有职能，充分发挥行业自律组织的作用，研究行业标准化的整体结构与发展规划，组织具体技术标准的草拟工作、报批工作、推广监督工作及技术标准的日常维护与修订工作。建立行业标准化的机制与环境，既解决归口颁布、协调、管理等“通道”问题，又可避免行政指令干预市场行为的出现，是以市场化原则发展与推动证券标准化工作的基础。

行业标准的起草制定、推广实施程序。行业标准的起草发起应有两种不同的方式：其一，由下至上，鼓励和引导计算机厂商、信息提供厂商、证券期货公司、基金公司、交易所、登记结算公司等根据市场化的要求，形成标准雏形，提交标准化委员会审批。其二，由上至下，由行业自律组织、行业标准化委员会依据行业整体需求，组织力量，成立相应标准起草工作小组，根据市场的要求提出和起草具体技术标准。

行业标准草案提出后，由证标委或标准化技术归口单位负责组织对所提出的标准草案进行讨论、征求意见、修改、审批并向国家标准化委员会报审、备案、授予编号，以及批准后的推广、实施、监督、管理等工作。

（中国证券业协会信息技术委员会秘书长 杨书琴）

·FIX协议研究及应用·

【FIX协议】 FIX:FINANCIAL INFORMATION EXCHANGE PROTOCOL，金融信息交换，一种为了使与证券交易相关的电子信息交换更加简单化，而开发的信息标准。它适用于任何希望自动连接的交易双方。

FIX协议已在中国大陆的证券市场上引起了广泛关注。作为业内广泛应用的完善协议，FIX协议使中国证券市场的证券交易得以实现标准化和具备可行性并为这种交易提供了方法论。

从技术角度上讲，中国大陆的证券市场依照中国证券法规的要求建立了一套集中登记和集中选配体系。每一笔买单和卖单都经由经纪人的计算机网络直接进入到上海证券交易所或深圳证券交易所的计算机交易系统当中，形成了颇为典型的直通处理(STP)系统。各地的证券机构都拥有与上海证券交易所和深圳证券交易所的计算机系统直接连通的计算机网络。从1990年的中国大陆证券交易所开业以来的十多年里，一直都使用着这种基础设施。

由于采用了集中交易处理系统，经纪人之间的数据交换非常有限。如果假定所有证券公司都对证券交易所、票据交换所乃至银行提出更高水平上的数据处理要求，那么实现标准化就势在必行了。

中国的证券机构、证券交易所和中国证券监督管理委员会已经对中国的FIX协议进行了将近两年的研究，并仍在继续与香港的FIX亚太委员会进行合作。中国证券产业信息技术协会(SIITA)专门下设一个工作组，重点关注FIX及其在中国的适用性。工作组就选择了FIX协议(4.0版)并将其汉化。之后，该工作组将国内外不同的交易程序加以比较，分析了协议的使用方法以及协议使用环境：该工作组已经开始注意FIX协议如何才能够在中国证券交易的标准化过程中发挥作用。

中国证券产业信息技术协会的研究结果表明，对于FIX协议的最佳利用目前主要存在两种意见。

第一种意见认为，中国的证券机构应当全面接受FIX协议，从而在中国加入世界贸易组织之后，使中国向国际投资界开放其市场。

第二种意见则认为，由于中国的交易程序与国外大不相同，中国应当采用FIX协议的方法论和内容，但需根据中国证券市场的实际情况加以增删。这将使得该项协议既能成为一项标准又能为中国证券市场服务。

对于怎样才能使中国取得最佳的发展，无论作出何种决策，实现业内各方面数据传递的标准化才是重中之重。这一要求是中国大陆的一项首要任务。

无论大陆证券市场如何实施FIX协议，FIX协议都指明了发展趋势，展示了中国金融资讯未来实现标准化的可能性。

现在将更多地关注技术设计改善以保证市场更有效率、更加开放。重要的是研究和接受完善的标准(如FIX协议)、从其实际应用经验中吸取经验教训。

协会正在同FIX亚洲委员会展开商谈，讨论双方如何最好地合作、如何最好地吸收其他市场的经验。

【基于FIX集中交易系统性能要求】

1. 稳健、安全、高效的操作系统平台的选择。采用UNIX操作系统，在大型数据库平台系统中，UNIX在系统的稳定和处理速度上要优于WINNT或WIN2000，并且在事务的并发处理上做得更好，64位的UNIX在运行集中式数据库操作时速度明显优于MSWINDOWS系统。

2. 大型的关系数据库系统的选择。后台数据库采用大型的关系数据库ORACLE或DB2等，由于交易系统采用集中方式，各营业部的交易数据统一存放在总部的交易数据库，数据量大，ORACLE在数据的安全性、完整性方面也做得更好，而且ORACLE所提供的并行查询、并行加载和并行DML，充分发挥了多处理器的功能。

3. 必须采用稳定、安全、标准的通讯协议。通讯协议采用FIX，FIX是为使与证券交易相关电子信息交换更加简单化，而开发的一种信息标准，适用于任何希望自动连接交易双方，FIX支持数据传输的加密，并且在确认传输前，要先做登录，这样就保证数据传输的安全性，心跳检测、信息重发以及对信息长度和字符简单校验和检验，保证数据的完整性和稳定性。

【FIX集中交易框架设计】

1. FIX集中交易分为广义上的三层结构。最上层是客户端，从用户的角度来看，他们所面对的仅仅是客户端操作界面，用户不需要知道操作的具体实现以及数据在网络上的传输，他们填充操作所需信息，并提交请求，客户端对客户的信息做简单判断后，若正确则发送操作信息包，客户端从实现功能上来看应该是瘦客户端，和具体业务规则无关。FIX通信层块，可采用的一种模式：首先FIX引擎处理从客户端发送的操作信息包，把它转换成规范的FIX包，根据请求级别插入到用户请求包队列；然后FIX网关扫描用户请求包队列，如果有新的请求，则取出FIX包，根据FIX包的内容决定，转发该FIX包到异地FIX网关或是FIX服务器。FIX服务器可以看作是业务中间层，它包含所有业务功能模块，当收到FIX请求包时，根据请求包的内容，调用不同的业务功能模块，访问数据库。核心数据库块，包含所有后台数据表、触发器、存储过程、扩展存储过程，放置在数据库服务器上，对数据库的所有操作最终都是通过核心数据块进行。

2. 采取面向FIX域的表结构设计。集中交易基于FIX，为提高FIX通讯层和FIX服务器的效率，在表的设计上，可考虑适应FIX规范，字段命名可以按照FIX包的域定义，存储过程的定义也可以向FIX规范看齐，存储过程的参数可以和FIX操作包的域一致，另外在查询时可以考虑让结果集便于转换成FIX包。

3. 遵循集中的数据处理。FIX服务器实现了交易的集中处理，它应该包括业务系统、监管系统和网管系统的集中，FIX服务器的处理能力直接关系到集中交易系统的性能，在实现上可考虑由多台服务器承担，自动实现负载平衡。

4. 能对多客户端平台的支持。客户端到FIX通讯层之间的交互基于通讯协议层，客户端采用什么平台没有关系，只要客户端能把客户操作请求通过该协议发送到FIX引擎，FIX通讯层就可以把它转换成标准FIX包，并对它进行处理，因此客户端平台可以采用WIN、DOS或WEB。

【FIX集中交易对传统交易的变化】

1. 从交易平台来看，传统交易系统基于SQL+NT，FIX交易系统基于ORACLE+UNIX，系统性能更加稳定、安全。

2. 从交易方式来看，传统交易采用营业部分布交易，FIX交易系统采用会员公司集中交易，有利于总部对各营业部的管理和监控，总部集中是交易系统的必然趋势。

3. 从通讯层来看，传统交易采用NT/MTS网关，FIX交易系统采用FIX网关/FIX引擎，FIX通讯层容易扩展，而且安全、稳定。

4. 从通讯规范来看，传统交易系统基于文件交换或通信包交换，而FIX交易系统采用标准的FIX金融信息交换协议包，FIX协议是金融信息交换的一种标准。

5. 从网络布局来看，传统交易系统是主干局域网系统，FIX交易系统是主干广域网系统。

6. 从数据备份和事前监督来看，传统交易系统采用面向数据的采集备份，FIX交易系统采用面向操作的操作流备份，在数据备份的完整性和实时性上，操作流式的备份、事前监督上都有着很大的优越性。

7. 从交易系统来看，传统交易系统是多柜台系统管理，各营业部所采用的柜台系统差别很大，不利于管理，而FIX交易系统实现多柜台基于FIX的统一，柜台系统只要符合FIX规范，就可以加入FIX交易系统，对系统的扩展非常便利。

【基于FIX集中交易系统实现目标】

1. 实现所有数据的集中

2. 实现业务的事前监督

3. 实现集中交易分析/集中监控/集中稽核/集中业务管理/集中网络管理。

4. 实现会员级系统的数据备份/接管/容错/交易技术风险防范。

5. 实现所有业务向操作方便的WEB移植，支持internet/intranet的交易、查询、统计分析、业务管理、甚至系统的维护和清算。

【基于FIX集中交易系统的实施】

1. 分布交易到集中交易的过渡。从分布交易不可能一步切换到集中交易，中间必然有一个过程，营业部柜台系统改造成满足FIX规范的柜台系统，业务和技术上需要复杂的调整，在这个过程中应允许两种方式存在，不满足FIX规范的柜台系统走集中备份方式，满足FIX规范的柜台系统走集中交易方式，最终将只有集中交易方式。

2. FIX 集中交易的业务新解决方法。委托交易可以采用基于经纪人的 GTD/GTC 定单委托处理流程，网络管理可以采用基于 SNMP 的网络管理，清算可以采用基于 ISITC 的集中清算。

【传统集中交易系统通讯问题】

1. 标准化的支撑所有交易的通信协议问题，各种交易采用的通讯协议可能千差万别，所以处理好各种通讯协议的统一，将是集中交易的关键。

2. 交易多元化、延伸交易扩展问题。

3. 银行证券等金融系统资源数据交换问题。

4. 安全问题，由于集中交易系统处于广域网上，所以数据更容易受到攻击，安全问题就显得很重要，集中交易系统必须对敏感数据进行加密传输，还应该验证用户权限，是否有权限获取敏感数据。

5. 数据无损备份、数据完整性问题。

6. 交易系统应急解决方案问题，集中交易系统在系统出现软件或硬件的故障时，应该具有一定的容错性，不应该出现交易的长时间中断，应该在短时间内可以恢复到出错前的状态，进行正常交易。

【集中交易系统通讯平台的特点】

1.通讯协议采用基于国际通用的FIX标准的通信协议。

2.操作平台采用基于稳定高效的UNIX操作平台。

3.建立面向多柜台系统的统一接口。

4.能良好支持数据流的传送和路由，实现完整的备份、实时监管。

5.支持总部业务分发通信(互联网业务)。

6.支持营业部业务转发通信(通存通兑)。

7.通过 FIX 网关群实现业务级负载均衡。

(中国证券业协会信息技术委员会秘书长 杨书琴
网擎科技 吴韶平)

·无线局域网标准·

为了让 WLAN 技术能够被广为接受和使用，必须要建立一种业界标准，以确保各厂商生产的设备都能具有兼容性与稳定性。于是 IEEE(电机电子工程师协会，The Institute of Electrical and Electronics Engineers)开始着手指定 WLAN 标准。

这些业界标准定义了无线通讯的物理层(physical/PHY layer)以及媒介存取控制层(Media Access Control/MAC layer)。在这里所谓的“层(layer)”简单来说就是一些相关功能的集合，这些功能与其他各自相关的功能有区别。

【IEEE802.11】 IEEE802.11 是 IEEE 在 1997 年提出的第一个无线局域网标准，因传输速率最高只能达到 2Mbps,所以主要被用于数据的存取。鉴于 IEEE802.11 在速率和传输距离都不能满足人们需要，图片、声音和电影资料是无法在这样低速的环境下传输的！因此，IEEE 小组又相继推出了 IEEE802.11b、IEEE802.11a 和 IEEE802.11g 三个新标准。

【IEEE802.11b】 IEEE802.11b 工作于 2.4GHz 频带，物理层支持 5.5 Mbps 和 11 Mbps 两个新速率。它的传输速率可因环境干扰或传输距离而变化，在 11 Mbps、5.5 Mbps、2 Mbps、1 Mbps 之间切换，而且在 2 Mbps、1 Mbps 速率时与 IEEE802.11 兼容。

【IEEE802.11a】 IEEE802.11a 工作于更高的频带，物理层速率可达 54Mbps,这就基本满足了我们现行局域网绝大多数应用的速度要求。而且，对数据加密方面，采用了更为严密的算法。但是，IEEE802.11a 芯片价格昂贵、空中接力不好、点对点连接很不经济。空中接力就是较远距离点对点的传输。需要注意的是，IEEE802.11b 和工作在 5GHz 频带上的 IEEE802.11a 标准不兼容。

【IEEE802.11g】 2002 年 11 月 15 日，IEEE 试验性地批准一种新技术 IEEE802.11g，使无线网络传输速率可达 54Mbps，比现在通用的 IEEE802.11b 要快出 5 倍，但工作频带和 IEEE802.11b 相同，这就保证了与 IEEE802.11b 完全兼容。不过，由于 IEEE802.11g 标准刚刚推出，所以，目前真正的产品较少见。

【IEEE802.11b+】 IEEE802.11b+是一个非正式的标准，称为增强型 IEEE802.11b。它跟 IEEE802.11b 完全兼容，只是采用了特殊的数据调制技术，所以，能够实现高达 22Mbps 的通讯速率，这要比原来的老标准快上一倍。

此外，D-Link 等一些公司还推出了同时兼容 IEEE802.11b 和 IEEE802.11a 的接入点产品和网卡产品，提供双频无线接入，从而支持 IEEE802.11a、IEEE802.11b 或者是同时支持两种方式。

做个不太恰当的比喻：如果说 IEEE802.11 好比郊区的乡间小道，IEEE802.11b 就是城市中的快速路，而 IEEE802.11b＋就是双车道的快速路，至于 IEEE802.11a 和 IEEE802.11g 是全封闭的高速公路。

(摘自：中国证券业协会信息技术应用委员会网站)

网络和技术支持环境

·中国互联网的总体发展状况·

随着中国互联网络的发展，互联网络对人们生活的影响已经不仅仅体现在工作和学习方面，给现代生活带来更多的选择和活力。从中国互联网络信息中心(CNNIC)历次调查数据看出，中国互联网络的发展十分迅速。

一、中国互联网发展迅速

表1 我国上网计算机数的增长情 单位：(万台)

	上网计算机数	专线上网计算机数	拨号上网计算机数	其他方式上网计算机数
1997.10	29.9	4.9	25	-----
1998.7	54.2	8.2	46	-----
1999.1	74.7	11.7	63	-----
1999.7	146	25	121	-----
2000.1	350	41	309	-----
2000.7	650	101	549	-----
2001.1	892	141	751	-----
2001.7	1002	163	839	-----
2002.1	1254	234	1020	-----
2002.7	1613	307	1200	106
2003.1	2083	403	1480	200

表2 我国上网用户人数的增长情况 单位：(万人)

	上网用户	专线上网用户	拨号上网用户	同时使用专线与拨号的用户
1997.10	62	15.5	46.5	---
1998.7	117.5	32.5	85	---
1999.1	210	40	149	21
1999.7	400	76	256	68
2000.1	890	109	666	115
2000.7	1690	258	1176	256
2001.1	2250	364	1543	343
2001.7	2650	454	1793	403
2002.1	3370	672	2133	565
2002.7	4580	1606	3342	---
2003.1	5910	2023	4080	ISDN\宽带上网 432 万、660 万

表3 我国国际出口带宽增长情况 单位：(M)

	1997.1	1998.7	1999.1	1999.7	2000.1	2000.7	2001.1	2001.7	2002.1	2002.7	2003.1
带宽总数	25.408	84.64	143.25	241	351	1234	2799	3257	7597.5	10576.5	9380

表4 我国域名增长情况 单位：（万）

	AC	COM	EDU	GOV	NET	ORG	行政区域名	合 计
1997.10	259	2131	325	323	370	99	559	4066
1998.7	363	6559	414	561	657	229	632	9415
1999.1	432	13913	531	982	1223	409	906	18396
1999.7	502	22220	615	1663	2221	649	1175	29045
2000.1	500	38776	731	2479	3753	940	1516	48695
2000.7	624	78878	812	3665	10719	1912	3124	99734
2001.1	682	96221	1127	4615	13291	2596	3567	122099
2001.7	667	99922	1239	5181	15055	2864	3434	128362
2002.1	673	99123	1354	5864	14045	2943	3317	127319
2002.7	692	98835	1482	6686	12248	3031	3172	126146
2003.1	425	291323	略	6148	54156	17831	1717	371600

二、 上网用户结构发展变化状况

表5 用户性别变化趋势

	1997.10	1998.7	1999.1	1999.7	2000.1	2000.7	2001.1	2001.7	2002.1	2002.7	2003.1
男性	87.7%	92.8%	86%	85%	79%	74.68%	69.56%	61.3%	60%	60.9%	59.3%
女性	12.3%	7.2%	14%	15%	21%	25.32%	30.44%	38.7%	40%	39.1%	40.7%

表6 用户年龄变化趋势

	1997.1	1998.7	1999.1	1999.7	2000.1	2000.7	2001.1	2001.7	2002.1	2002.7	2003.1
35岁及以下	84.1%	91.1%	89.8%	88.9%	88.2%	87.63%	83.8%	79.8%	79.9%	82%	82.1%
35岁以上	15.9%	8.9%	10.2%	11.1%	11.8%	12.37%	16.2%	20.2%	20.1%	18%	17.9%

表7 用户学历变化趋势

年 份	高中(中专)以下	大、中专	大学本科	硕士及以上
1998.7	6.9%	34.2%	49.6%	9.3%
1999.7	2%	39%	48%	11%
2000.1	3.0%	45.0%	45.0%	7.0%
2000.7	2.5%	45.6%	45.9%	5.9%
2001.1	6.4%	52.4%	38.8%	2.3%
2001.7	8.7%	55.5%	33.6%	2.2%
2002.1	10.2%	56.9%	30.4%	2.5%
2002.7	11.5%	56.8%	29.2%	2.5%
2003.1	12.9%	56.7%	27.6%	2.8%

表 8　用户地域分布变化趋势

	华　北	东　北	华　东	华　南	西　南	西　北
1997.10	41.0%	5.2%	27.1%	20.5%	4.3%	1.9%
1998.7	31.6%	9.6%	29.3%	22.6%	4.2%	2.7%
1999.1	28.68%	6.79%	24.06%	30.52%	5.97%	3.98%
1999.7	26.74%	6.65%	32.07%	21.28%	7.92%	4.69%
2000.1	28.05%	7.43%	31.62%	23.64%	6.02%	3.24%
2000.7	25.11%	6.41%	35.01%	22.91%	6.28%	4.28%
2001.1	19.94%	9.53%	34.44%	21.84%	9.35%	4.90%
2002.1	17.7%	8.4%	36.0%	24.3%	9.0%	4.6%

三、 用户行为意识发展变化情况

表 9　上网费用变化情况

	公　费	自　费	两者均有
1998.7	35%	44%	21%
1999.1	26%	45%	29%
1999.7	28%	46%	26%
2000.1	21%	59%	20%
2000.7	17.50%	56.37%	26.13%
2001.1	14.15%	63.37%	22.48%
2001.7	12.6%	70.4%	17.0%
2002.1	10.7%	73.7%	15.6%
2002.7	10.1%	77.1%	12.8%
2003.1	---	---	---

表 10　用户认为目前网上交易存在的最大问题

	安全性得不到保障	付款不方便	产品质量、售后服务及厂商信用得不到保障	送货耗时渠道不畅	价格不够诱人	网上提供的信息不可靠	其他
1999.7	30%	22%	34%	6%	8%	----	----
2000.1	36.54%	17.68%	27.64%	9.26%	7.78%	----	1.10%
2000.7	31.76%	13.34%	28.33%	10.14%	7.74%	7.28%	1.41%
2001.1	31.20%	12.59%	32.03%	9.86%	7.39%	5.91%	1.02%
2001.7	33.4%	11.5%	33.0%	8.7%	6.6%	6.0%	0.8%
2002.1	31.0%	11.8%	30.2%	13.9%	6.3%	6.3%	0.5%
2002.7	22.1%	13.0%	36.9%	10.2%	11.1%	5.9%	0.8%
2003.1	23.4%	10.8%	39.3%	8.6%	10.8%	6.4%	0.7%

表 11　用户通过网络商店购买过商品或服务的情况

	2000.1	2000.7	2001.1	2001.7	2002.1	2002.7	2003.1
是	8.79%	16.28%	31.67%	31.9%	31.6%	31.2%	33.8%
否	91.21%	83.72%	68.33%	68.1%	68.4%	68.8%	66.2%

·2002 年网络的应用现状·

【概况】　2002 年是中国互联网络获得较快发展的一年，同时也是中国的互联网产业开始形成转折的一年。从宏观的角度看，网民数、上网计算机数、CN 下注册的域名数、网站数等都继续保持较高的增长速度，分别达到了 5910 万、2083 万、17.9 万、37.1 万，和 2002 年 6 月的统计数字相比增长率均超过 20%。国际出口带宽总数和 2001 年 12 月相比增长 1782.5M，达到 9380M，和 2002 年 6 月的统计数字相比减少了 1196.5M。多元化的上网方式继续得到发展，宽带(ADSL、CABLE MODEM 等)上网用户数达 660 万。

网民特征结构方面，男性、未婚、25 岁以下、大专及以下、月收入在 2000 元以下(含无收入)网民的比例分别在网民各特征数据中占据相对主要地位，所占比例分别为 59.3%、57.8%、54.9%、69.6%、84.5%，其中男性、未婚的比例和以往相比有所下降，但 25 岁以下、大专及以下、收入为 500 元以下(含无收入)以及 2000 元以上的网民所占比例和以往相比呈上升趋势；在用户地域方面，北京、上海之外的尤其是沿海省份的网民数有了较大的增长，其中广东、江苏、上海、北京、山东网民数占全国网民数的比例分别为 9.5%、8.1%、7.1%、6.6%、6.5%，居全国前五位；职业方面，学生、专业技术人员仍然是网民主体，比例分别为 28%、15.7%，另外国家机关、党群组织工作人员、企事业单位管理人员、生产和运输设备操作人员的比例和以往相比都有所增长，分别达到 8.0%、8.9%、6.2%；行业方面，公共管理和社会组织、IT 业、批发和零售业、教育、制造业是网民的主要分布行业，比例分别达到 12.5%、10.3%、11.8%、10.6%、11.1%，其他行业的网民数也都有不同的增长，网民的结构特征进一步宽泛。在网民的上网行为习惯方面，家中仍然是网民上网的主要地点，比例达 62.6%；网民一天中上网的第一个峰值时间段为早晨 9：00、10：00，比例分别为 15.2%、16.1%，到晚上 20：00、21：00、22：00 达到一天中的最高峰，比例分别为 41.5%、40.3%、32.3%；而网民每周的上网时间分别为 9.8 小时和 3.4 天；绝大部分网民每月实际花费上网费用在 100 元以内，比例值达 70.1%，该比例和以往相比有所下降；网民平均拥有电子邮箱账号数呈递减状态，电子邮箱总数和免费邮箱数分别为 1.5 和 1.2；用户每周收发邮件数和 2002 年 6 月统计数据相比呈增加状态，分别达到 7.7 和 5.5；网民上网目的主要是获取信息和休闲娱乐，比例值分别为 53.1%和 24.6%。

从非网民的状况看，其不上网的最主要原因是“不懂电脑/网络”，比例值为 40.8%，其次是“没有上网设备”，比例值为 27.7%，第三个主要原因是“没有时间”，比例值为 18.7%；在未来是否可能上网的问题上，6.4%的非网民表示一年内有可能上网，这些数据在一定程度上预示着未来我国网民可能的变化。东部的华东地区和西部的西北地区网民状况有着相对明显的差别。总体而言，华东地区网民的特征结构要比西北地区网民的特征结构相对合理，而华东地区网民对互联网的使用相对西北地区网民而言也显得更频繁、更日常化。展望未来，在综合考虑宏观政策、经济发展、互联网产业自身等因素的基础上，预计 2003 年年底网民总数达 8630 万，网民对互联网的使用程度和依赖性将更强，网民的特征结构也将继续向合理化方向发展。

【网民特征结构】　从半年前的 4580 万网民，到目前的 5910 万网民，互联网络用户就增长了 1330 万。随着互联网络的普及，越来越多人加入网民的行列，有力地推动了互联网产业的发展。

1. *用户性别*。男性网民占 59.3%，女性网民占 40.7%。男性依然占据网民主体。

2. *用户婚姻状况*。未婚网民占 57.8%，已婚网民占 42.2%。未婚者在目前仍然是我国网民的主体。从普及率的角度看，未婚网民占我国未婚人口总数的 7.2%，已婚网民占我国已婚人口总数的 3.1%，互联网在未婚者中的普及程度仍然高于已婚者。

3. *用户年龄*。18～24 岁占比最高，达 37.3%，18 岁以下(17.6%)和 25～30 岁(17.0%)，30 岁以上网民占比相应减少。35 岁以下网民占 82.1%，35 岁以上网民占 17.9%。(见图 1)。

图 1　网民年龄分布

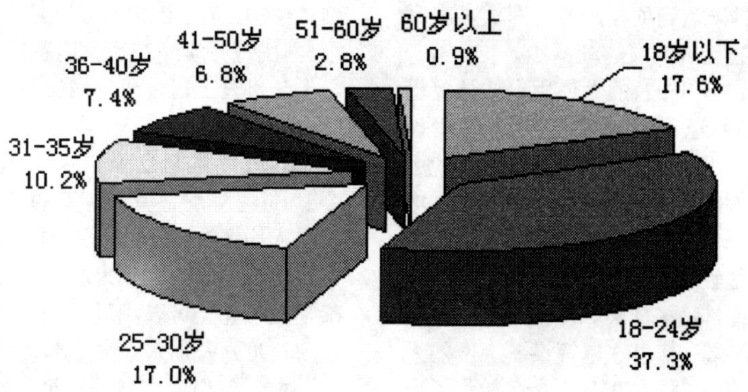

4. *用户受教育程度*。网民中受教育程度为高中(中专)的比例最高，占到 30.6%，其次是本科(27.6%)和大专(26.1%)。本科及以上受教育程度的网民为 30.4%，本科以下受教育程度的网民达到了 69.6%。本科以下受教育程度的网民占绝大多数。

5. *用户个人月收入*。个人月收入在 500 元以下(包括无收入)的网民所占比例最高，达到 40%，其次是 501－1000 元(20.9%)和 1001－1500 元(15.4%)，只有 15.5%的网民个人月收入在 2000 元以上(如图 2 所示)，低收入网民仍然占据主体。

图 2　网民个人月收入分布(%)

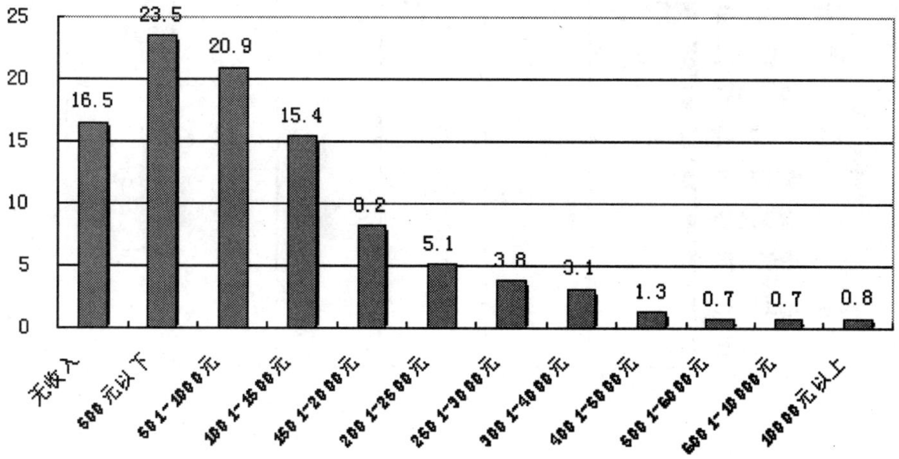

6. *用户职业*。网民中学生所占比例最多，达到了 28%，其次是专业技术人员，占总数的 15.7%，排在第三位的是办事员等协助人员和商业、服务业人员，各占 10.3%。农林牧渔工作人员和军人所占比例最少，分别只有 1%和 0.9%。

7. *用户行业*。网民中从事公共管理和社会组织的人最多，占 12.5%，其次是批发和零售业，占 11.8%，排在第三的是制造业，为 11.1%。从网民职业、行业分布上看，网民逐渐趋于多元化。

【网民上网行为习惯】 互联网正变成普通网民用以工作学习、获取信息、通信交流、休闲娱乐的手段和工具，人们对互联网的使用也发生相应的变化。

1. *用户上网地点*。62.6%的网民在家里上网，42.5%的网民在单位上网，其次是学校(20.2%)、网吧、网校、网络咖啡厅(19.4%)，同时有 0.6%的网民在公共图书馆上网，0.5%的网民移动上网，地点不固定。家里仍然是网民上网最主要的地点。

2. *用户使用互联网的时间*。网民一天中使用互联网的时间波动非常大：凌晨 1 点至早上 7 点钟是网民最少上网的时间，上午8点钟开始上网的人逐渐增多，在中午11、12点有小幅度回落，从13点开始继续爬升，傍晚17、18点稍有回落，随后19点人数激增，到晚上20、21点的时候达到顶峰，各有四成左右网民在这一时间上网，之后人数又逐渐减少。

3.用户上网设备。有95.2%的人使用台式计算机上网，10.1%的人使用笔记本电脑上网，用户上网设备仍然以台式计算机占据主流。与半年前相比，使用台式计算机的网民比例减少了2.2%，而使用笔记本电脑的网民比例增加了5.6%。也有少量网民在使用计算机上网的同时使用其他设备(移动终端、信息家电等)上网。网民的上网设备日趋多样化。在使用计算机上网的同时，使用移动终端、信息家电等设备上网的人在逐渐增多，从2000年1月的20万已经增加到了现在的153万，与半年前相比增加了24万。新的上网设备正在逐渐被网民所接受。

4.用户每月实际花费的上网费用。每月实际花费上网费用低于50元网民最多达到39.5%;其次是花费在51～100元网民，占30.6%;21.9%网民每月花费上网费用在101－200元；每月花费超过200元网民很少。网民每月实际花费上网费用集中在100元及以下。

5.用户上网时间。网民每周上网3.4天，9.8个小时。

6.用户拥有E-mail账号数。网民人均拥有1.5个E-mail账号，其中免费的E-mail账号为1.2个。网民人均拥有E-mail账号的数目继续递减。网民在电子邮箱的使用上越来越趋于理性，常用的1、2个邮箱已经完全可以满足用户对外通信联络的需要。

7.用户每周收发电子邮件数。网民平均每周收到7.7封电子邮件(不包括垃圾邮件)，收到垃圾邮件8.3封，每周发出邮件5.5封。说明网民对电子邮箱使用更频繁，人们对外通信联络中作用越来越大。

图3 网民上网最主要的目的(%)

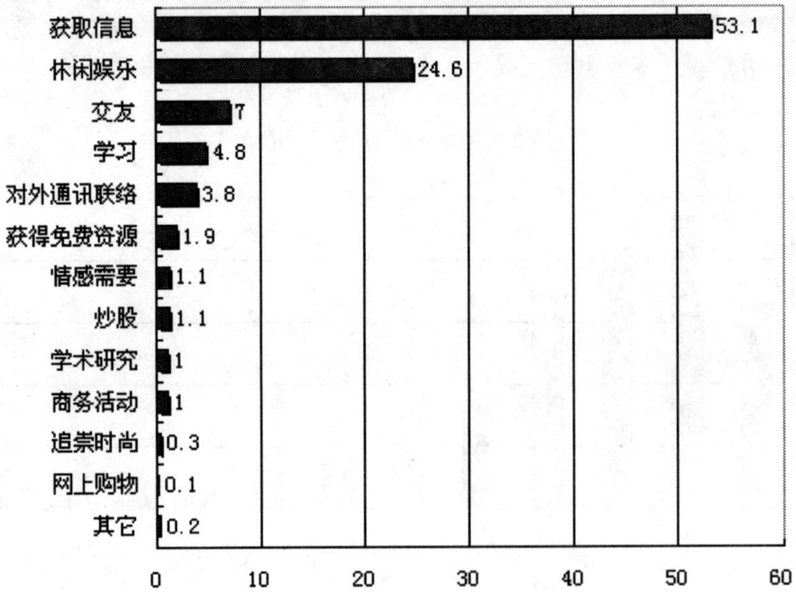

8.用户上网目的。获取信息第一位的占53.1%，其次是休闲娱乐(24.6%)，交友排在第三位(7%)。(见图3)获取信息是网民上网最主要的目的。

【非网民状况】 调查结果显示，与半年前相比，我国网民从4580万人增长到5910万人，增长量为1330万。然而网民占我国人口的比例仅从半年前的3.6%增长为4.6%，绝大部分人口依旧没有上网。因此，对2002年年末仍未上网人群(我们称之为非网民)不上网的原因、预期上网的时间和预期可能上网的非网民特征进行分析，将为政府、企业和社会各界更好地了解我国非网民状况、制定相关政策提供一些参考。

1.非网民不上网的原因与预期上网的时间。

(1)非网民不上网的原因。主要有：不懂电脑/网络，40.8%的非网民选择；没有上网设备，27.7%的非网民选择；没有时间，18.7%的非网民选择；年龄太大/太小，10.0%的非网民选择。不感兴趣、觉得上网没用/不需要和上网费用贵也是妨碍非网民上网的原因，分别有7.4%、7.3%和5.9%的非网民选择(见图6)。不懂电脑/网络、没有上网设备等客观原因是非网民未上网的主要原因。

图4　非网民不上网原因

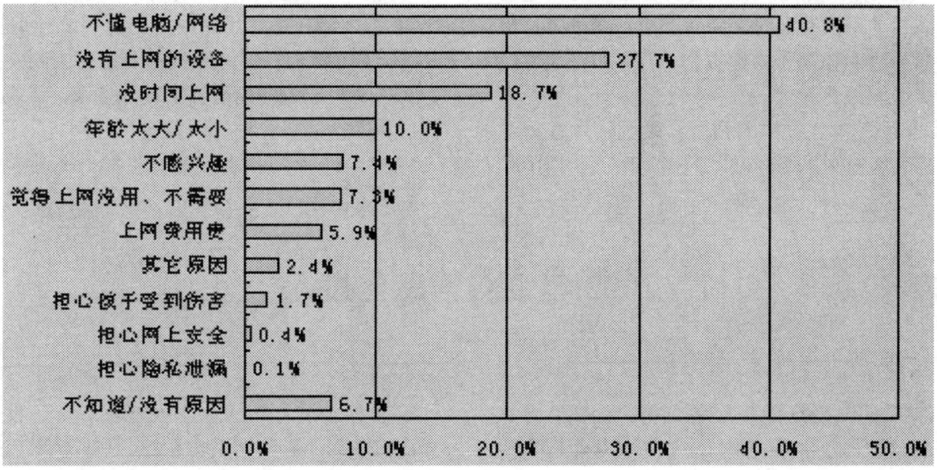

(2)非网民预期上网的时间。我国1.7%的非网民预期1个月内可能上网，2.0%的非网民预期1-3个月内可能上网，0.9%非网民预期3-6个月内可能上网，1.8%非网民预期6个月-1年内可能上网，8.1%非网民预期一年后才可能上网；另有41.9%非网民不打算上网，43.6%非网民不知道自己是否上网也无法预计上网时间。预期一年内可能上网的非网民比例为6.4%。

2.预期可能上网的非网民部分特征。

(1)性别。预期可能上网非网民中男性占60.0%，女性占40.0%。而网民中男性占59.3%，女性占40.7%，预期可能上网的非网民与网民的性别结构极其相似。

(2)年龄。预期可能上网非网民中，年龄低于18岁人占17.5%，年龄在18-24岁之间人占10.2%，年龄在25-30岁、31-35岁、36-40岁、41-50岁之间人分别占14.9%、16.5%、14.4%、16.7%，年龄超过50岁的人亦有9.8%。预期可能上网非网民在各年龄段上分布较为均衡，将促进网民年龄分布更加均衡。

(3)婚姻状况。预期上网的非网民中已婚比例为78.5%，未婚比例为21.5%，我国网民里已婚比例为42.2%，未婚比例为57.8%。预期上网的非网民和网民的婚姻状况不太一样，预示着未来我国网民中已婚网民的比例将有所增长。

【2003年网民状况预测】　经过生产导向、产品导向、用户导向的发展过程，用户作为产业价值链上的一环，对于一个产业的发展显得越来越重要。网民作为互联网络的终极用户，同样在很大程度上影响着互联网产业的发展方向、速度等。

我国已将“信息化带动工业化”作为重要的战略来实施。在此战略推动下，我国现已形成重点推动政务信息化，以政务信息化带动企业信息化等社会各方面信息化的工作思路。由于WTO等因素的影响，全国已形成政府、企业、城市信息化热潮。经济发展方面，据国家统计局等多家机构预测，未来几年中GDP增长速度将继续不低于7%，将给互联网、信息产业发展提供有力的经济基础。在互联网产业方面，自2001年开始，经过调整互联网产业变得务实、理性，关注盈利，关注用户需求和发展状况。部分互联网企业已开始盈利，整个产业也开始更健康、良性发展。2003年互联网产业仍存在不确定因素(比如好转幅度大小、投资者信心等)，信息化本身是复杂、长期的过程，其中复杂性可能会影响产业的发展进程等问题。

预计2003年互联网产业和传统产业的结合程度、互联网的渗透程度将增强，网民数将达到8630万，增长率为46%。

2003年网民的特征结构在现在基础上将进一步合理化，表现在互联网的渗透层次、渗透面更广泛和深入。网民将仍以男性、年轻人(25岁以下)、低收入(2000元以下)、未婚、低学历(大专及以下)用户为主体，但男性、未婚特征的网民比例将会有降低的趋势，而25岁以下、大专及以下、收入为500元以下(包括无收入者)以及2000元以上特征的网民所占比例将有继续上升趋势。在职业分布方面，学生仍将是一个继续增加的网民群体，但同时国家机关、党群组织工作人员、企事业单位管理人员、教师、生产运输设备操作人员等职业中将会有更多的人成为网民，部分网民所占比例将有增长的趋势。在网民的行业分布中，公共管理和社会组织、IT业、制造业、教育等行业的网民比例将继续增长和将成为网民分布的重点行业，但同时其他行业尤其是服务行业网民的绝对数字将有继续增长。地域分布方面，2003 年将有更多尤其是沿海一带的省份的网民数超过北京、上海，网民增长幅度上沿海省份将明显高于内地省份，沿海和内地省份之间的网民数差距将拉大。

2003 年网民对互联网的利用程度及依赖性将进一步加强。表现在网民对互联网的使用时间、使用频度、上网费用、收发邮件的数目等将进一步增长，同时上网时间的分布将和工作时间、休闲时间具有更强的一致性，早晨 9：00-10：00 和晚上 20；00-22：00 仍将是一天中使用互联网的第一个峰值时间段和最高峰时间段，网民对互联网的利用目的将在以获取信息、休闲娱乐为主的前提下更加宽泛，将通过互联网完成更多的事务，对互联网使用将渐趋日常化。

(摘自 CNNIC 第十一次调查 2003.1)

2002 年证券信息化投入

【IT 技术支撑证券业务】 证券公司仍处在以营业部为中心的分散式柜台系统模式中，随着营业部陆续推出各项新业务，如：网上交易、Call Center、经纪人等和国内证券市场即将发生的各种变化，国内证券公司正处在一个急剧变化的竞争环境中。证券公司从相对分散的以营业部为主体的经营模式将逐步转变为以公司总部集中化的管理模式。

证券公司总部综合业务管理系统一般包括三部分：营业部业务数据采集系统、平行清算、对账和实时风险监控系统以及稽核分析系统。(见图 1)

为实现证券公司集中化管理，券商总部具备总部监控、稽核管理系统。主要包括：网络系统、服务器系统、操作系统、数据库管理系统、Web 管理系统和其他软件系统。(见图 2)

图 1 证券公司总部综合业务管理系统

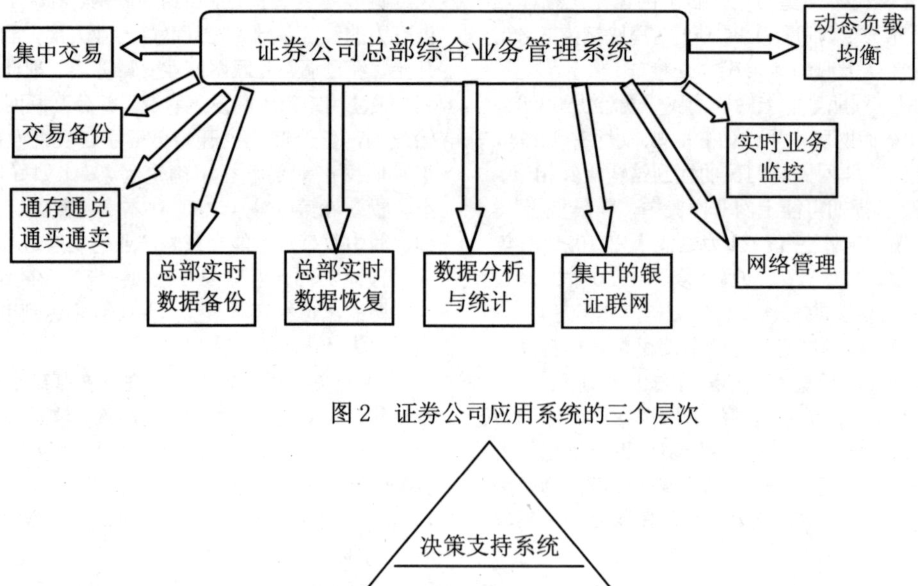

图 2 证券公司应用系统的三个层次

数据来源：CCW Research 2002.12

总部综合业务管理系统在整个证券公司的软件系统中起着承上启下的作用。决策层通过决策支持系统获得由管理系统中统计分析子系统提供的数据，管理系统中的监控系统从业务支持系统的柜面系统中采集数据，再由非现场稽核系统对业务系统中的数据进行加工处理。证券公司将全部业务数据、服务成果与所有经营信息通过总部管理系统科学聚合起来并加工处理以后，再借助数据仓库技术和BI工具进行综合分析，加强其风险管理和控制能力。总部管理系统的好坏，直接关系到公司决策的准确和及时，影响证券公司在竞争中的地位。

【2002年证券业信息化投入】 2002年证券行业总体IT投资为25.3亿元，其中，证券公司总部IT投资占37.5%，证券营业部IT投资占57.3%，基金公司IT投资占5.1%。证券行业IT投资分布见图3。

图3 2002年证券行业IT投资分布

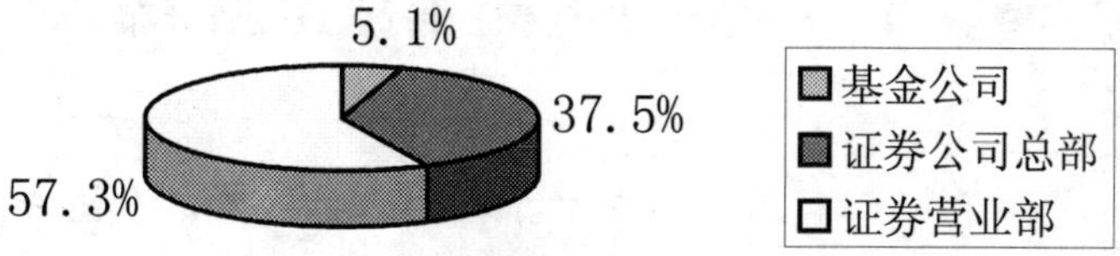

中国证券公司数目已达124家，注册资本金总额超过1040亿元，营业部总数为2800多家。据统计，注册资本金超过10亿元的券商有45家，其中银河证券以45亿元的注册资本金位居第一。124家券商中综合类有18家，经纪类27家，未规范的25家，处于过渡期的54家。从地区分布来看，注册地在深圳的券商数目最多，有17家，其次是上海，有14家。2002年，40%的证券公司IT投入出现萎缩，投资出现明显萎缩的占28.0%，略有萎缩的占12.0%，基本持平的占16.0%，略有增加的占32.0%，大幅增加的占12.0%。计世资讯调查的28家证券公司总部IT投资共2.2亿元。预计全国124家证券公司总部投资额为9.5亿元。2002年证券公司总部IT投入情况(见图4)。

由于股市低迷，2002年证券公司营业部IT投入也出现了明显萎缩，调查的110家营业部IT投资共0.5亿元。预计全国2800个证券营业部投资额为14.5亿元。

【2003年证券业发展趋势】 网上交易呈加速发展态势：网上交易的投资为传统营业部50%～30%，正常月营运费用是传统营业部的25%～20%。

服务质量成为决定价格的重要因素：实现佣金自由化之后，不同证券公司的佣金差价将使服务水平价格化，体现服务质量的差异。对于客户而言，吸引他们的不单是佣金的高低，还有由证券公司提供的各种服务，特别是信息资源服务的质量水平。

传统的营业部经营方式正在发生变化：现有的由营业网点的多寡和地区布局所决定的券商经纪业务竞争格局将发生重大变化，传统的营业部经营方式可能发生变化，经纪业务的种类和范围将不断扩大，提高经纪业务的核心竞争力成为当务之急。

券商朝着提供特色服务的方向发展：证券经纪业务的创新与券商的市场营销正在逐渐结合，券商通过提供独具特色的证券经纪业务模式，借助媒体的力量，可以迅速扩大券商的知名度，因此，券商必须具有自己的特色，确定自己独特的市场定位。

不断拓展新的委托方式：券商要通过存折炒股、手机炒股、电话交易等新兴委托方式突破时空、地域的限制，广泛拓展客户，此外，限价委托、市价委托、止损指令委托、全权委托等多种委托方式也将在市场中逐渐地成熟起来。

【2003年IT投资预测】 计世资讯预测：基金公司和证券公司总部IT采购量将增加，2003年我国证券行业总体IT投资为27.1亿元，比2002年增长7.0%。其中，证券公司总部IT投资占37.1%，证券营业部IT投资占54.3%，基金公司IT投资占8.6%。2003年证券行业IT投资分布。(见图5)

图4 2002年证券公司总部IT投入情况

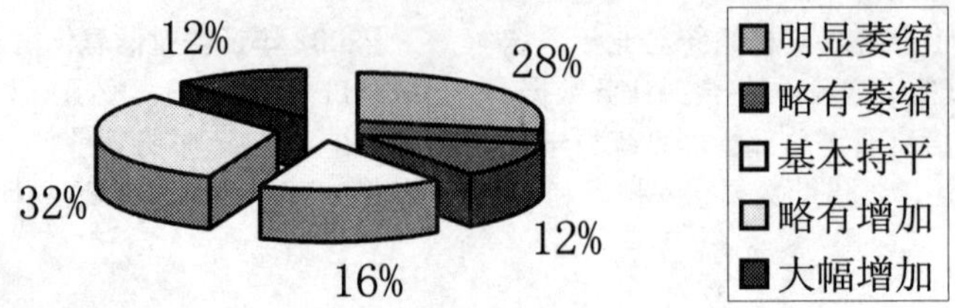

图5 2003年证券行业IT投资分布

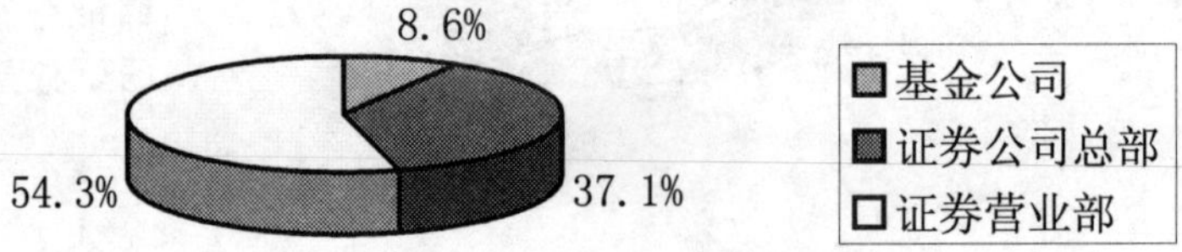

由于证券公司总部、证券营业部和基金公司在IT应用上的差别，分析按照证券公司总部、证券营业部和基金公司进行分类分析。

1. *证券公司总部预计 IT 投入情况。* 调查的28家证券公司总部预计2003年IT投资共2.5亿元，比2002年略有增加。预测2003年全国124家证券公司总部投资额为10.1亿元。

2003年，预计31.8%证券公司IT投入出现萎缩，其中，投资出现明显萎缩占13.6%，略有萎缩占18.2%，基本持平占13.6%，略有增加的占13.6%，大幅增加的占22.7%，其他不确定的占18.2%。2003年证券公司总部IT投入情况。(见图6)

2. *证券公司总部 IT 投入主要方向。* 为网上交易系统(20.3%)、办公自动化系统(15.4%)、数据存储中心(12.8%)、客户管理系统(11.4%)、资源整合建立综合业务分析系统(10.9%)和集中交易系统(10.3%)等。总部IT投入方向。(见图7)

图6 2003年证券公司总部IT投入情况

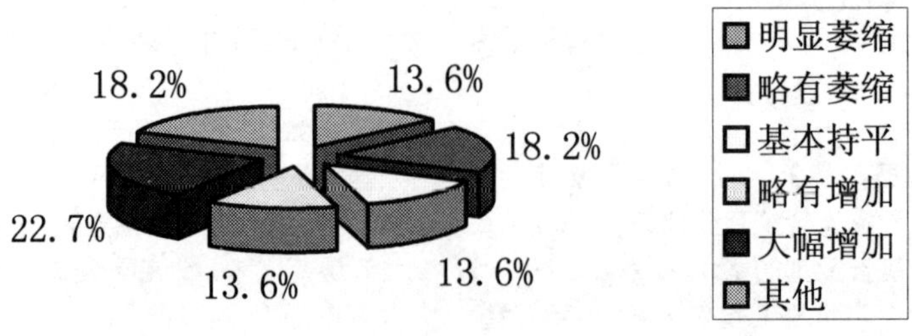

图7 2003年证券公司总部IT投入主要方向

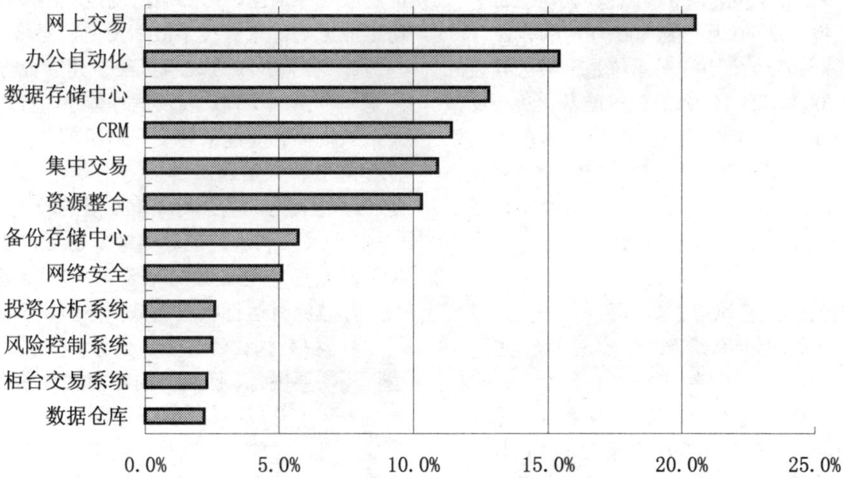

图8 2003年证券营业部IT投入情况

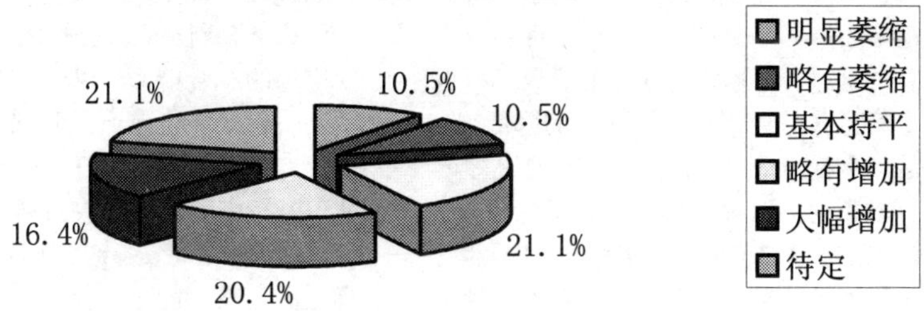

3. *证券营业部预计 IT 投入情况*。调查 110 家证券营业部预计 2003 年 IT 投资共 0.6 亿元。2003 年全国 2800 家证券营业部投资额为 14.7 亿元。2003 年，21.0%的证券营业部 IT 投入出现萎缩，投资出现明显萎缩占 10.5%，略有萎缩占 10.5%，基本持平占 21.1%，略有增加占 20.4%，大幅增加占 16.4%，其他不确定占 21.1%。(见图 8)

4. *基金公司 IT 投入情况*。到 2002 年 8 月，基金数量达到 62 只，其中封闭式基金 53 只，开放式基金 9 只，基金公司 IT 建设投入达 1.3 亿元。2003 年，开放式基金数量将增加到 20 只。建立稳定 IT 系统，是获得开放式基金经营资格基本要素。2003 年基金公司 IT 建设投入将达 2.3 亿元。基金公司初始 IT 建设投资需 2000 万元，硬件投入主要在 Unix 服务器等高端产品方面，基金公司软件投入主要在交易管理系统、开放式基金业务系统和办公自动化系统等方面。

2003 年我国证券行业信息化建设的热点主要有：

1. *基金公司交易系统和开放式基金销售系统*：

基金公司将积极增加开放式基金，建立相应的交易系统；在证券营业部和银行分支机构掀起建立开放式基金销售系统新一轮高潮，2003 年进入开放式基金销售系统高速发展阶段。预计 2003 年在基金公司交易系统和开放式基金销售系统方面投资为 2.1～2.6 亿元，在该领域企业将面对巨大机遇。

2. *网上证券交易系统*：在证券公司总部和营业部 2003 重点 IT 投资项目中，网上交易系统都排在第一位。2003 年网上交易系统投入达到 1.2～1.6 亿元，2003 年证券公司总部网上交易系统投入从 20 万元到 1000 万元不等。

3. *数据存储管理系统和灾难备份系统*：证券公司注重数据安全性和数据有效利用，数据存储中心和灾难备份系统成为公司发展重点之一。2003 年有 12.8% 公司准备建数据存储中心，预计 2003 年在数据存储管理系统和灾难备份系统方面投入为 0.8～1.2 亿元，总部数据存储系统投入从 100 万元到 2000 万元不等。

4. 客户关系管理系统(CRM): 客户关系管理系统是证券公司发展重点之一。2003 年客户关系管理系统方面投入为 0.3～0.5 亿元，2003 年证券公司总部客户关系管理系统投入从 50 万元到 300 万元不等。

5. 集中交易系统: 集中交易系统是证券公司发展的重点之一，2003 年有 10.9%的公司准备上集中交易系统。预计 2003 年在集中交易系统方面投入为 0.7～1.3 亿元，2003 年证券公司总部集中交易系统投入从 50 万元到 2000 万元不等。(文中数据如不注明均来自《计世资讯》(CCW Research))

【证券集中交易的意义及风险】 券商搞集中交易的目标：降低扩张成本、控制经营风险、实施金融创新、提升服务水平。

1. 有利于降低券商交易代理成本，提高技术系统的运行与维护效率，促进证券公司向集约化、规模化方向发展。进行证券集中交易，可使证券营业部从有形化过渡到无形化，直接减少与交易所接入费用，实现通过无形市场扩大业务规模同时，经营成本能得到大幅度降低。建立证券集中交易系统后，运行和维护工作都集中在总部端进行，系统运行和维护效率可得到较大提高，也就意味着运行和维护成本的降低。

2. 有利于总部加强监管，防范风险。建立高效的集中交易系统可以帮助券商稽核部门做到事先稽查，监控异常交易、异常账户，提前采取措施来化解风险。

3. 有利于优化证券公司营业部的组织结构，转变业务职能。证券集中交易淡化营业部通道职能，市场趋于无形化，对营业部组织结构进行优化，使业务职能从以代理交易通道为主转变为以核心客户专业服务和公司各项业务的市场营销为主。以“客户为中心”通过“服务”来拓展客户、争取客户、保有客户，向“服务”要效益。互联网技术的发展，更加拉近券商与客户之间的距离。

4. 有利于扩展券商的产品与服务，提供业务模式创新的基础平台。2002 年 4 月，推出浮动佣金制度；2002 年底，QFII 制度开始实施。金融创新包括理念创新、制度创新、业务创新、产品创新、服务创新、技术创新等。技术创新则是所有其他金融创新(尤其是产品创新)原动力和支撑力。券商推出新的业务品种和服务方式是自身持续经营发展的需要。依托证券集中交易平台，券商可制定公司级的营销和服务战略，调整组织结构和组织职能，打造全新的工作流、信息流和业务流，推出符合客户需求及市场特点的业务产品和服务措施。

5. 有利于证券公司数据资源的共享，为公司管理层总揽全局、科学决策提供可靠的分析依据。集中交易必然导致数据大集中，数据集中很容易实现共享。

实施证券集中交易存在着四大风险：

1. 技术风险。实施集中交易后，多点分散风险汇集成集中风险，总部端出现技术故障，将会对全公司造成影响，重大技术故障发生后果将是灾难性的。

2. 实施和推进过程风险。建立证券集中交易系统是一个系统工程，涉及运行体系、管理模式以及相关组织机构和职能的转变。对机构调整、权利分配、流程再造和人员精减等多方变革带来的冲击能否承受和顺利消化，是公司经营发展的较大风险。

3. 政策风险。证券集中交易后，证券公司将通过一两个通道与证券通讯公司、证券交易所联网接入，打破原有运行状态，减少一些机构的既得利益。

4. 相关机构的配合。证券集中交易系统的顺利运行还需要银行、保险机构等相关金融机构系统及其数据大集中的成熟与完善来保证。

【证券公司转型】 证券公司在转型求变，“3I”概念应运而生，即业务创新(Innovation)、资源整合(Integration)和 IT 支持(IT Infrastructure)。

业务创新：证券公司需具备快速开发新产品并推向市场的综合能力，以适应需要。证券公司在广度上需要提供多种金融产品和服务，在深度上实现独具特色的专项金融服务，打破时空限制，扩大客户服务区域，提高市场份额和收益率，使投资者体会到包括行情、交易、信息、咨询、顾问等一系列新型服务模式，享受更高质量的多元化服务。

资源整合：证券公司对以营业部为主的经营模式进行改革，对各种资源进行整合。首先对系统资源进行整合，将营业部交易系统整合到总部；其次对数据资源整合，包括交易数据从营业部向总部整合和总部其他业务数据(包括投行数据、资产管理数据等)和财务数据等的整合，建立公司级数据中心，为建立数据仓库打下基础；最后对管理资源整合，对分散在营业部人、财、物等资源，借助信息技术进行重新优化组合，以提高管理效率，降低管理成本，提高效益。

IT 支持：证券公司业务创新和资源整合需要强大 IT 系统支持，在技术支持下的证券公司的管理会发生一定变化。首先是交易系统的集中，这是新交易模式的核心。集中交易系统(CTS)位于证券公司总部，营业部所有委托均通过 CTS 处理后再进入交易所，所有客户数据均保存在 CTS。相对应的营业部端系统则以信息提供和查询终端为主，只是提供行情、信息服务、资金存取、代理开户等业务的客户端系统。系统数据的惟一来源就是总部的集中交易系统。营业部即一个金融超市、综合业务渠道和客户服务窗口。

(CCID)

应用篇

- 证券企业电子商务
- 期货公司
- 证券咨询企业
- 技术服务企业
- 交易所
- 行业合作

证券企业电子商务应用

·中国银河证券有限责任公司·

【网上交易推动】 中国银河证券有限责任公司(简称中国银河证券)作为国内规模最大的综合类券商，一贯对网上交易业务很重视，发展网上交易业务。

1. 安全、快速、方便的网上交易系统。中国银河网上交易系统的建设本着“坚固、简单、快速、方便”的方针，“坚固”是指有很好的安全性和可靠性；“简单”是指使用方法简单；“快速”是指使用速度快；“方便”是指使用方便，包括个人认证证书的领取、登录认证、行情交易等。银河网上交易系统在软、硬件设计上遵循了多层结构设计的原则，采用了国际流行技术，其中交易系统达到了 B1 级的安全标准，在国内首屈一指。安全、快速、方便的网上交易系统极大地推动了公司网上交易业务的发展。

2. 内容丰富的信息门户网站。中国银河证券网(www.chinastock.com.cn) 结构庞大、咨询有效、资讯丰富，并突出个性化的特点，重点建设了一批富有特色的精品栏目，如：“最新银河研究”、“在线经纪人”、“今日财经报道”、“银河周刊”等。这些栏目紧贴市场热点，详实全面，在用户心目中形成了良好的品牌形象。部分栏目如 “点黑马”、“猜指数”等，因其独特创新的样式在业界引起了广泛的关注，被其他网站竞相仿效，取得了较好的社会影响。

3. 个性化的服务体系。公司以客户为中心，并结合中国的实际情况，探索具有银河特色的服务体系，注重信息、咨询、社区和交易的全面互动 ：⑴ 以个性化服务设置为中心， 结合文字资讯、研究报告、经纪人、股民专家、社区论坛及理财顾问等多种服务途径，为客户提供个性化的投资参考 。⑵ 以投资组合为中心，通过公司强大的研发力量，根据客户的个性化需求，为其提供丰富多样的投资组合产品。⑶ 以多渠道客户联系为纽带，通过页面弹出框、留言板、E-mail、ICQ、短信息等多种形式为客户提供及时的理财服务。⑷ 实现了交易与信息门户的全面互动。

4. 丰富的行业经验。1997 年公司前身之一华融信托下属湛江、中山、汕头等营业部在国内率先开展了网上交易业务地区性探索推广。根据不同发展时期不同的市场环境和需求，公司先后建设发展了多种不同类型的网上交易服务系统，逐渐积累了较为丰富的网上交易推广行业经验，为公司网上交易业务的发展奠定了良好的基础。

5. 多元化的跨行业合作。在新时期新环境条件下，行业中的竞争正逐步演变为一条价值链与另一条价值链之间的竞争。中国银河证券把握时机，抓住机遇，先后同银行、电信、网络公司、IT 公司等国内外行业巨头建立了紧密的合作关系。与中国工商银行总行合作推出了“网上银证通”业务，利用其在全国的网点进行网上交易业务拓展。与中国移动、MOTOROLA 公司合作推出了全球第一家支持GPRS和GSM网络的无线炒股系统，真正实现了随时随地、证券交易的梦想；同中国电信、中国网通以及新浪、TOM 等知名门户网站都建立了紧密的合作伙伴关系。

【特色服务】 2001 年 7 月，中国银河证券与摩托罗拉公司携手推出了全球第一套“移动证券服务系统”。该系统利用摩托罗拉公司推出的基于 KJAVA 技术的、可同时支持 GSM 和 GPRS 网络的 A6288 及 M388 手机，借助中国移动的 GPRS 数据通信平台，将移动通信工具与证券交易工具融合一体，为广大消费者提供具有“无线证券交易”、“即时行情查询”、“新闻咨询浏览”等功能的、最接近营业部现场的“移动证券服务系统”。这个服务系统充分考虑了广大股民的使用习惯，并且能够提供走势图形显示功能和自选股设定等个性化功能，真正实现“随时随地、证券交易”的移动商务理念，为广大消费者提供了安全、高效、方便、快捷的证券交易手段。这不但是中国银河证券利用高新技术手段，把电子商务与中国证券业相结合的一个重要尝试，而且这个合作是中国证券服务迅速向多元化、网络化方向发展的一个重要的里程碑。

【网上交易情况】 2001 年在市场走向低谷情况下，公司网上交易开户数为 32538 户，交易额达 581648.06 万元。2002 年随着公司新版网上交易系统逐步稳定成熟及推广力度加大，网上交易业务表现出可喜的增长势头，截止到 11 月底，公司累计开户数为 90564 户，交易量达到 3155168.71 万元。(见表 1)

公司 2002 年度累计交易量：52，203，906.92 元，年度网上累计成交量：4，036，205.41 元，网上交易量占总交易量的比例：7.73%。

表1 2002年中国银河证券有限责任公司网上交易量比例

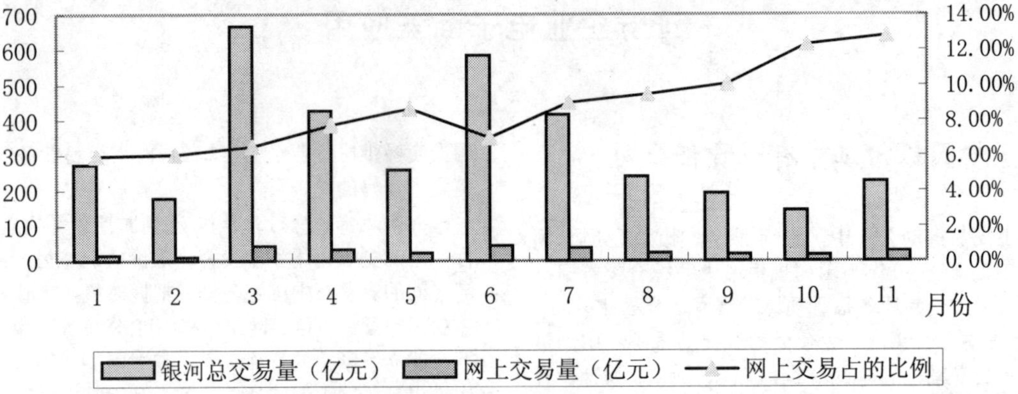

【电子商务发展规划】 随着证监会佣金下调等一系列政策的出台，网上交易正在逐渐成为国内券商争夺市场的重要手段。中国银河证券将在保持现有服务优势的基础上，逐步实施客户行为分析技术、数据仓库和数据挖掘技术，建立客户关系管理(CRM)战略，为客户提供具有银河特色的个性化服务。

（中国银河证券有限责任公司
网上交易中心副经理 张炜）

·国信证券有限责任公司·

【公司概况】 国信证券有限责任公司(简称国信证券)为全国性大型综合类证券公司，注册地在深圳，注册资本20亿元人民币。截止到2001年底，公司员工900余人，证券营业部22家，总资产132.53亿元，净资产33.81亿元，当年实现营业净收入13.63亿元、净利润7.74亿元。

国信证券是中国证券市场拓荒者之一。公司前身是1989年9月成立的深圳国际信托投资公司证券业务部，是中国改革开放后最早设立的券商之一。1994年10月，为适应证券经营机构分业管理和自身业务发展的要求，正式成立深圳国投证券有限公司，注册资本为1亿元，成为全国信托投资公司中首家分业设立的证券公司。1997年7月，公司完成第一次增资扩股工作，注册资本增至8亿元，同年12月正式更名为“国信证券有限责任公司”。1999年11月，公司完成第二次增资扩股工作，注册资本增至20亿元。公司股东由深圳国际信托投资公司、深圳市投资管理公司、深圳市机场股份有限公司、云南红塔实业有限责任公司、中国第一汽车集团公司和北京城建股份有限公司6家公司组成，全部为极具实力的大型企业。

公司自成立以来，先后承担了160多家企业股票的主承销和上市推荐工作，参与了历次国债发行的承销，为促进中国国企改革和资源优化配置发挥了积极的作用。公司坚持服务至上的宗旨和稳健经营的方针，管理严格，运作规范，在证券市场中赢得良好声誉的同时，取得了显著的经济效益。公司资产质量、人均创利、净资产报酬率等各项指标名列全国证券业前茅，自1996年以来，连续6年实现利润超过4亿元，连续5年缴纳税收名列深圳证券业第一，从而成为全国具有良好发展前景的大券商之一。

2001年2月，经中国证监会核准，国信证券成为全国首批获得网上证券委托业务资格的证券公司之一。2001年5月，国信证券被中国证券业协会评为信誉主承销商第一名。1999年起，国信证券单个营业部的平均成交量连续3年名列全国第一。2000年10月，推出了国内第一张具有证券投资功能的银行卡——“牡丹国信证券灵通卡”和“券银自动转账系统”。

【网上交易业务的发展】 国信证券的电子商务建立在国信证券鑫网证券交易平台上，突破传统交易方式的限制，开创证券电子商务和网上经纪业务新局面。

1. 鑫网栏目特色突出。国信证券鑫网在国内率先推出了证券理财一站通服务，为投资者提供了从公告信息、投资策略、网上交易到理财工具的一站式证券交易服务，投资者在鑫网上可以用最短的时间获得最需要的信息。研究频道收集了国信证券研究策划中心多位资深研究员的最新研究成果，为投资者提供了大量的行业分析、宏观研究、市场分析和公司研究方面的精彩报告和文章。投资者还可以通过新闻频道、个股频道、基金频道和数据频道等栏目，及时了解到当日重要财经资讯、个股信息、全国著名证券研究机构的研究报告与市场评述、证券投资基金的投资理念和证券市场的整体概况。“我的鑫网”则在全国首次提出个性化的资讯服务理念，为不同投资者量身定制个人理财方案和投资计划。

2. *鑫网先进的技术保障*。国信证券一直致力于网上交易的安全和快捷，在国内券商中首家采用了世界最先进的三重资格认证和 CA 证书加密体系；25M 的大容量带宽和深圳、上海、北京三地服务器托管确保了网上交易的安全快捷。国信证券 2000 年首批通过了中国证监会的网上交易安全资格认证，2001 年成为首批经中国证监会核准的具有网上证券交易委托资格的 23 家证券公司之一。

3. *鑫网构建网上交易新模式*。2000 年国信证券在鑫网的基础上构造了全新的国信证券鑫网证券交易平台。突破传统的证券交易模式的限制，充分利用网络安全、快捷的特点，将普通电话、互联网、移动电话、机顶盒、双向寻呼机等多种接入方式有机地融入了国信证券鑫网证券交易平台，满足了不同类型投资者的需要，使投资者的交易方式更加灵活自由。

4. *积极开发鑫网新产品*。国信证券积极与商业银行在电子商务方面开展战略性合作，充分发挥银行与证券公司各自的优势，于 2000 年 10 月成功推出了国内第一张具有证券投资功能的银行卡——“牡丹国信证券灵通卡”和“券银自动转账系统”。与传统的证券投资工具相比，牡丹国信证券灵通卡和券银自动转账系统具有以下优势：⑴银行储蓄系统与证券交易系统相连接，一个存折账户储蓄、炒股两用，安全方便。⑵可以通过国信证券鑫网证券交易平台提供的多种接入方式进行委托交易。⑶实现了专家理财和个性化服务。⑷方便客户办理证券投资手续。使用牡丹国信证券灵通卡和券银自动转账系统不仅手续快、上网快，而且交易快、信息快，有国信证券与银行一流的技术系统互为支撑、互为备用，为投资者提供了双重的信用保证和技术保证。

5. *强大的客户服务支持*。国信证券于 2000 年 10 月设立了客户服务中心，率先推出了全国统一的免费咨询电话——8008108868，以人工服务的方式为客户提供贴身、周到的人性化、个性化深度服务。

国信证券客户服务中心按照国信证券五星级服务的经营管理理念，实行标准化、规范化和制度化管理，可向投资者提供如下服务：⑴业务咨询。国信证券网上经纪业务介绍及开户流程、交易需知，各营业部特色服务介绍。⑵交易查询。当日及历史委托、成交查询以及交易中出现的任何问题。⑶证券查询。当日证券市场的信息公告及上市公司的分红派息、配股缴款、基本资料等。⑷投资咨询。专家实时解盘、个股研究报告、财经热点透视、热门股点评、投资建议和市场分析等。⑸技术支持。客户登录国信证券鑫网时所遇到的各种技术上的问题。

【技术方案】

1. *网站系统架构*。国信证券网站系统采用 Windows 2000 DNA 架构，基于北京融汇兴业公司开发的 ECSN 网上证券业务平台，向互联网客户提供网上证券经纪服务和信息服务。国信证券网站应用结构包括前端 WEB 服务器、SQL 服务器和 AD COM+服务器，通过交易网关服务器和中间件交易处理机与公司各营业部交易服务器通信，完成委托交易处理。

国信证券网上交易系统设计目标是针对互联网的大规模应用，系统设计并发用户为 5000 个。网站以深圳为中心，采用两条速率分别为 25M 和 10M 的光纤线路与互联网相连，还采用 1M 吉通微波专线作为备份。目前在北京和上海建立了托管网站，向北方和华东地区的客户提供快速的访问途径。多个互联网入口都安装网站流量负载均衡设备，充分利用多条接入线路的带宽利用率，同时增加了网站的冗余性。在安全性方面，国信网站采用多级防火墙架构，在每个互联网入口都安装了防火墙和入侵检测系统，在公司内部广域网也采用了多级防火墙结构，确保网站整体安全。网站通过公司广域网连接各地营业部。营业部网络包括交易网关和用户数字证书发放服务器，总共有 22 家营业部分布在全国各地，营业部网络通过 TCP/IP 协议经由数据专线和帧中继线路和公司总部相连。

2. *网上交易系统模块结构*。国信网上委托系统采用 Client/Server 的系统体系结构，其中交易网关软件作为一个典型的 Internet 应用服务器，运行在 Windows NT 环境下，而用户前端软件作为客户端，运行在 Win95/98/NT 下。

客户端和服务器之间的通讯采用标准的 TCP/IP 的 socket 连接方式进行，作为服务器，交易网关通过一个惟一的 TCP 监听端口来响应来自客户端的连接请求，并创建一个子线程处理这个用户的操作请求，这样服务器可以同时处理多个用户的并发访问。客户端软件提供可视化的用户操作界面，通过 TCP Socket 连接到交易网关服务器，根据用户的操作发送交易请求并将接收到的结果提示给用户。

公司总部交易网关服务器通过中间件处理机来完成与营业部交易网关服务器的数据交换，中间件处理机在总部和营业部的网络之间起到安全隔离的作用。中间件处理机安装两块网卡，不启用 TCP/IP 路由功能。营业部交易网关服务器通过一个可替换的动态连接库(DLL)来实际完成与柜台交易系统的数据交换，该 DLL 根据柜台系统提供的访问接口进行工作，并且只由交易网关的服务程序进行调用。

安全子系统用来保证客户端和服务器之间的数据通讯不会被窃听和篡改，保证客户端和服务器的身份不被假冒。通过内外两级网络防火墙保证交易网关服务及其所在的 Windows NT 系统环境不会遭受其他形式的恶意攻击。

3. *身份认证及加密处理方式*。在整个交易系统数据流程中，涉密信息主要包括客户资料信息和委托成交、账户查询等交易信息，涉及到的操作界面为以上列出的各项交易功能。互联网用户通过交易网关完成交易登录操作才能发送和读取其委托成交和账户信息。交易网关将用户登录口令交由营业部 SQL 交易服务器进行确认核实。所有涉密信息采用对称密钥算法和公开密钥算法进行加密，其中关键数据如用户交易密码由公开密钥算法加密。

WEB 服务器、交易网关和互联网用户的身份确认采用数字签名和数字证书机制。整个交易系统包含自身的发证机关，对交易网关软件和用户端交易软件签发数字证书。WEB 服务器数字证书由 VERISIGN 提供，用户访问 WEB 服务器时可通过 VERISIGN 证书确认所访问网站的身份并进行 SSL 通信。今后若国内建立了权威的 CA 认证中心，可以转为使用新的 CA 认证服务。

4. *审计监控*。网上交易系统安全审计包括对防火墙系统日志、网络操作系统日志、网络入侵检测系统日志和网上委托系统日志的审计和监控。通过对日志检查，发现系统的安全隐患，采取相应的改进措施。

交易网关软件会自动将所有的用户操作记录在营业部内的一张计账表里，并将来自用户的原始请求数据作为副本保存。所有的发送数据都包含发送方用自己的私有密钥做的数字签名，并且都已经被接收者用发送方的公开密钥做过验证。数据是不可能被其他人伪造或篡改的，甚至营业部的系统管理员也不能。这样的计账表可以用来进行审计，当用户对自己交易结果产生质疑时，可以用自己的公开密钥对原始数据请求进行验证，判断已计账的操作是否真正发生过。

5. *网上交易系统安全与隔离措施*。在网络流量安全控制方面，整个网上交易系统采用 TCP/IP 中间件处理机及两级防火墙结构。互联网防火墙过滤来自互联网的信息，针对网上交易软件的定义开放有限的 TCP/IP 端口，同时将恶意和非法的攻击信息记录在日志中，以便采取相应措施。内部防火墙把 WEB 前端服务器与后端交易网关和营业部 SQL 交易服务器进行隔离，只允许符合要求的前端请求发送到后端交易网关，从而保护后端机密数据的安全。而中心交易网关又通过中间件处理机与营业部交易网关连接，通过营业部交易网关访问 SQL 交易服务器，进一步提高了安全性。中间件处理机安装两块网卡，转发和处理特定的 TCP/IP 通信包，不启用路由功能。在互联网入口处安装网络入侵检测系统，侦测非法用户的攻击，使系统管理员第一时间发现非法入侵，以采取措施阻断非法攻击。

【网上交易情况】 1999 年 7 月，公司正式推出了国信证券鑫网网上交易系统。1999 年公司网上股票交易量占公司股票交易总量的 0.5%。2000 年公司网上股票交易量占公司股票交易总量的 5%。2001 年公司网上股票交易量占公司股票交易总量的 13%，成交量比 2000 年增长 54%，占成交总量的份额比 2000 年增长 160%。2002 年 1 月至 6 月网上股票交易量占公司股票交易总量的 25%，成交量比 2001 年同期增长 38%，占成交总量份额比 2000 年同期增长 92%。2002 年截止到 6 月底，网站注册人数已经达到 7 万多人，平均日访问人数达到 3 万人，网上交易业务非常活跃。网上证券交易业务的发展大大促进了公司经纪业务的发展，国信鑫网为公司的品牌建设奠定了坚实的基础，树立了公司在证券行业内的良好形象，确定了公司在行业内的领先地位，在公司营业部相对较少的情况下，市场份额不断增加，在 2002 年上半年沪深券商股票基金交易排行榜上名列第十。

公司 2002 年度累计交易量：15，627，568.63 元，年度网上累计成交量：757，006.82 元，网上交易量占总交易量的比例：4.84%。

【国信鑫网发展规划】 随着互联网的发展和证券市场形式的变化，证券网上交易业务替代传统经纪业务成为经纪业务的发展趋势，证券网上交易业务将成为各大券商竞争的焦点。为了在未来经纪业务的激烈竞争中保持领先优势，必须全力推进公司网上交易业务的发展，通过逐步完善国信鑫网服务平台来实现网上交易业务的超常规发展。

1. *功能*。将国信鑫网建设成统一的网上交易服务平台，在为客户提供高速稳定的网上行情和交易服务的基础上，为客户提供资讯、专家咨询、专家理财、投资辅助决策等客户可定制的个性化服务。

2. *技术*。不断优化系统架构，提高系统的稳定性和强壮性，采用数据仓库和挖掘技术，实施客户行为分析和 CRM 技术，为实现客户投资辅助决策和资讯服务等个性化服务提供技术上的保障。

3. *部署*。在全国范围内网上交易业务活跃地区或互联网核心节点部署鑫网系统，并且在业务量较大的营业部部署网上交易接入系统。

【网上交易发展纪事】

1999 年 7 月，国信鑫网网上交易系统全面开通。

2000 年 7 月，国信证券首批通过了中国证监会的网上交易安全资格认证。

2000年9月，国信鑫网北京和上海站点开通。

2000年10月，率先开通银证通业务，推出了国内第一张具有证券投资功能的银行卡——“牡丹国信证券灵通卡”和“券银自动转账系统”。

2001年2月，经中国证监会核准国信证券成为全国首批获得网上证券委托业务资格的证券公司之一。

2002年6月，公司网上股票交易量达到公司股票交易总量的25%。

（国信证券有限责任公司
经纪管理总部业务管理部 谢庆伟）

·南方证券股份有限公司·

【公司概况】 南方证券股份有限公司前身为南方证券有限公司。2002年1月19日，公司增资扩股并改制获得中国证监会批准，注册资本金从10亿元增加到34.58亿元，包括深圳市投资管理公司、首创股份、上海汽车等国内著名上市公司在内的56家实力雄厚的企业成为公司的股东。公司在全国设有6个大区管理总部、2个分公司和74家证券营业部，现有员工2700余人。到2001年底，公司资产总额为322.76亿元。

九年来，公司坚持“立足南方，面向全国，走向世界”的发展战略，遵循“安全性、创造性、效益性”的经营方针，发扬“竭诚服务，客户至上，团结友爱，开拓进取”的企业精神，规范经营，强化管理，积极开拓各项证券业务，取得了良好的经营业绩。公司累计实现利润29.7亿元，累计实现各种有价证券交易额26512.27亿元，累计完成A、B股主承销187家，为企业筹集资金801.79亿元。

九年里，公司两度被美国权威杂志《机构投资者》评选为中国最有前途的10家机构投资者之一；在同行业经营实力、经营业绩和主要业务指标排行榜中，多次获得多项第一；在中国证券市场发展史上，创造了一系列新的纪录。

未来几年，公司将以集团化管理、专业化经营、规范化运作作为指导思想，建立现代企业制度和健全企业法人治理结构，按照国际标准和国际惯例规范公司的业务流程和管理，努力培育核心竞争力，成为真正的现代投资银行。

【网上证券业务发展规划】

1. 建立覆盖全国的以多手段、一体化的网上交易系统为核心，以提供专业化信息、个性化服务网站为基础的电子商务平台体系。

2. 以证券营业部为主体，通过技术服务点延伸，建立以多层次网上交易营销网络和经纪人为核心的营销队伍为架构的电子商务营销体系。

3. 以公司证券营业部网络为基础，充分利用IT新技术，实现服务手段多样化，采用主动配发、网上推送、信息定制相结合的方式，建立以在线经纪人个性化服务为核心，以智能搜股工具、交易通道、专业化咨询、投资理财、多媒体等功能服务区为支撑的服务体系，并以股民流动学校和搜股网校为投资者培训基地，发展潜在客户，培育网上交易新兴市场。

【电子商务发展推动措施】

1. *重视业务发展，整合集中公司资源。* 为大力推进网上交易业务，由公司领导亲自主持成立公司网上证券业务工作组，有效整合内部资源。集中力量，通过互联网技术全面开展电子商务业务。抓好系统平台建设、电子商务专业队伍建设和管理制度、服务体系建设。以发展市场、赢得效益为主，将效益和收益挂钩，利用激励机制推动公司电子商务业务发展。

2. *加快系统平台建设，加强网站特色服务。* 注重与公司业务结合、注重客户服务和新技术应用。开通了“营销人员内部交流平台”和“咨询内部交流平台”两个平台；新增了手机短信息服务、网上预约开户服务和最新网上交易（信息地雷）行情软件系统——超强版3.70。同时，运用互联网最新技术，结合公司业务的需要，对公司网站电子实时股评、个人主页、南方网上视频频道、南方咨询、南方投资指南、研究所等特色栏目，从内容和形式上都进行了全面升级，加强信息咨询服务。目前正在建设在线经纪人系统平台，构建个性化客户服务体系；改建网上投资者教育基地，全心服务股民。

3. *建立和完善网上交易营销体系，加大营销力度。* 在公司系统内外采取多样措施抓好市场营销工作，积极拓展网上证券业务。引入有效激励机制，建设一支优秀的市场营销队伍；构建技术服务点拓展网上交易营销服务辐射区域；开展不同阶段、不同层次、不同类别客户的营销活动；加大网上交易和公司网站的宣传、培训和推广。

【电子商务平台技术】 中国搜股网网站平台整体架构设计充分考虑系统的可扩展性和冗余备份，公网出口主干线路为电信高速城域网，另有第三方ISP公司提供交易和行情备份线路，从线路备份和带宽两方面保证网络畅通。整个系统采用多台四层交换机对多台cisco防火墙做负载均衡，在保证内部系统网络安全的前提下，提供大并发用户数支持，保证交易、行情、web服务具有良好的可扩展性，并且避免交换机和防火墙的单点故障。

网站采用 linux+apache 基本架构，web 服务由多台 linux 负载均衡共同提供，后台数据库为 SUN Solaris(sparc)+Oracle8i，保证访问数据资料安全快速可靠，网站页面部分采用 jsp+javabean。

南方证券网上交易系统运用先进高效的多层结构处理模式，系统在稳定性、安全性、准确性、高可用性、扩展性和并发处理能力等方面较其他系统更具优势：采用多级负载均衡的网络构架技术，与 Internet 接口采用 25M 专线连接和 4M 线路互为备份，交易、行情、网站等证券综合服务平台采用全局负载均衡技术，确保网上交易系统平台 7×24 小时网络畅通无阻。CA 证书从网上直接申请，交易快速、方便、可靠，具有超过万笔大并发容量的处理能力。

采用 128 位高强度的 SSL 端到端数据加密技术、1024 位 CA 身份认证和数字签名技术，确保网上交易的安全性、数据传输的完整性、交易双方身份认证的权威性和交易操作的不可否认性。系统平台为用户提供有多种行情分析和交易软件。

南方证券超强版行情系统为用户提供了强大的实时看盘、股票预警，行情分析、筹码分布，五彩 K 线交易指示，精确除权，自编公式，智能选股，信息地雷等功能。所有行情服务器采用高速四层交换负载均衡设备，保证系统具有良好的扩展性，系统服务能力可随用户数的增加而增加，不存在一般网站因用户访问量大而无法连接的问题，目前行情系统的设计支持 2 万并发用户数。

【安全措施】 南方证券电子商务网络安全主要从线路、设备、访问控制等方面采取措施。网络采用双线路接入：网络接入安全控制采用两台 PIX525 防火墙(无限制连接)，实现内外网隔离保护和流量及服务负载均衡，实现所有电子商务网络设备和互联网线路冗余热备份；电子商务接入网络单独划分成一个 VLAN，接入网络内部访问控制采用主干交换机的第三层交换模块实现，并设置 VLAN 之间的访问控制，只有授权的网段才能访问电子商务接入 VLAN。将来拟采用第二防火墙来进一步加强电子商务接入网段和公司内部网安全；网络入口实现实时入侵检测监控(7×24 小时)和网络设备以及主机实时监控(7×24 小时)，并定期分析监控报告；定期对电子商务接入网络和内部网进行安全扫描、分析和修补漏洞。采用 NORTON 网络防病毒软件并启用实时病毒防护功能对接入网络实时防病毒防护。网络设备和主机安全控制上严格按照制定的密码策略对网络设备和主机的密码进行管理，只开放指定的服务和应用程序。

【特色服务】 南方证券中国搜股网的总体特色是：功能化、专业化、互动化、多媒体化。网站设有搜股超市和电子实时股评，为投资者提供证券市场个股人机互动实时分析工具；使用具备“信息地雷”、公式管理器、实时预警、智能理财管理器、数据挖掘等特色功能的超强版证券分析系统交易通道，高速在线，与公司网站资源相结合，使用网上预约开户、PDA 无线交易、IC 公用电话上网和手机短信息等技术手段为投资者提供多样化交易服务，确保网上交易客户得到方便快捷的服务；将证券市场信息细化，从新闻、公告及公司动态、投资品种、专题、咨询、研究等各个专业侧面深刻剖析，依托南方证券研究所为主的 260 名专家群体队伍，提供全面及时的投资决策参谋和信息咨询服务；使用流媒体技术开播公司推介、电视股评、专题报道、网上路演等在线直播和录像回放的南方视频节目，为股民提供多媒体视像服务；开通了营销交流平台和咨询交流两个互动平台供公司全系统经纪、咨询和客户服务人员交流共享。另外，正在建设的网上经纪人将为股民提供更系统、专业、贴身的个性化经纪服务和投资理财服务，搜股网校将提供投资者互联网在线培训教育服务。

【网上交易情况】 2001 年，公司网上证券业务交易量继续保持良好势头，首次突破 100 亿元，达 122.25 亿元，客户数达到 137919 户，为 2002 年发展打下坚实的基础。2002 年 1～6 月，虽然市场状况相对不景气，但在总公司大力推动下，网上证券业务交易量仍达到了 116.95 亿元，占公司经纪业务总量的 9.28%，基本达到全国网上证券交易的平均水平，为公司二级市场的开拓注入了活力。事实证明，网上证券业务从开通至今一直保持较快的增长势头，对促进提高公司品牌、改变经纪业务营销方式、建设业务服务体系等方面都有着明显而深远的影响。(见图 1、表 1)

公司 2002 年度累计交易量：16，582，095.00 元，年度网上累计成交量：1，569，698.00 元，网上交易量占总交易量的比例：9.47%。

【电子商务发展纪事】

2001 年，全面开通公司系统 74 家营业部的网上交易委托业务，并向客户全面提供 4 套行情分析软件和 2 套交易软件。

2001 年 7 月 19 日，中国搜股网二期新版建成，并参加了第二届中国国际互联网展览会，新版实行分类用户管理界面、社区化、工具化、超市化、知识化，以全新的面貌、最新的资讯回报广大的搜股网用户。

2001 年 11 月，公司成立网上证券业务工作组，由公司领导亲自主持，积极拓展市场，推进网上交易，开展电子商务业务。

2001年12月～2002年2月，在公司全系统进行了推广网上交易、发展电子商务宣传推广活动。

2002年1月，启动分支机构网上证券业务营销培训活动。

2002年4月25日，与南方电讯联手共同推出代号“红箭行动”服务，利用南方电讯“掌上电子报”，为投资者提供专业化投资理财和一对一个性化服务。

2002年5月24日，中国搜股网站全新改版升级，改版后的网站更加注重与公司业务结合、注重客户服务和互联网新技术应用，做到“一个改版、两个平、三个新增、四个升级”。

2002年6月24日，网上交易系统经受巨量交易考验。当天，沪深两市交易量达944.46亿元，创历史新高。南方证券网上交易系统保持畅通无阻，实施委托笔数达16000余笔，仅A股委托量就达6.4亿元。

图1　南方证券网上委托占交易总额的百分比

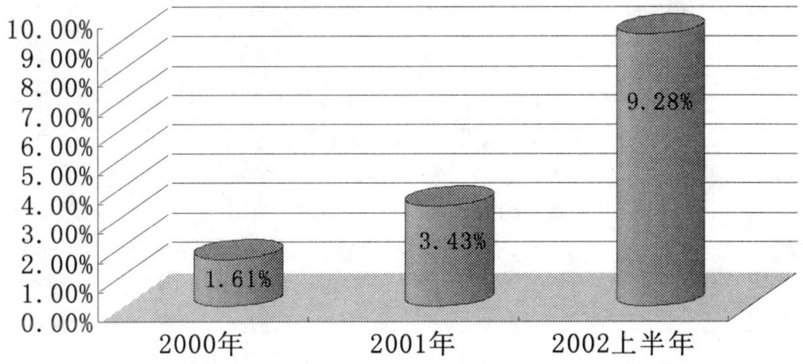

表1　南方证券2002年1～6月网上委托情况一览表　　　　单位：亿元

月　份	网上委托	总　量	比例(%)
1	10.675	150.35	7.10
2	8.432	95.17	8.86
3	27.632	356.54	7.75
4	20.392	226.83	8.99
5	16.807	131	12.83
6	33.009	300.36	10.99
合　计	116.947	1260.25	9.28

（南方证券股份有限公司部门经理　高戈）

·国泰君安证券股份有限公司·

【公司概况】　国泰君安证券股份有限公司（简称国泰君安证券）是目前国内规模大、经营范围宽、机构分布广的证券公司之一。公司以客户为中心，为客户提供综合性证券业务服务，全方位满足客户的需求。经营范围包括：证券的代理买卖，代理证券的还本付息和分红派息，证券的代保管、鉴证，代理证券登记开户，证券的自营买卖，证券的承销和上市推荐，证券投资咨询，资产委托管理，发起设立证券投资基金和基金管理公司，中国证监会批准的其他业务。

【发展业绩】　截止到2002年6月底，国泰君安证券所有的营业部均已开通网上交易业务，在全国50多座大中城市架设了行情和交易服务器，网上交易开户数目达到36.87万户，占公司总开户数221.35万户的16.66%。2002年前6个月网上交易累计实现240亿元，占全体营业部同期总交易额的12.67%，占公司同期总交易额的11.55%。（见图1）

图1 网上交易比例

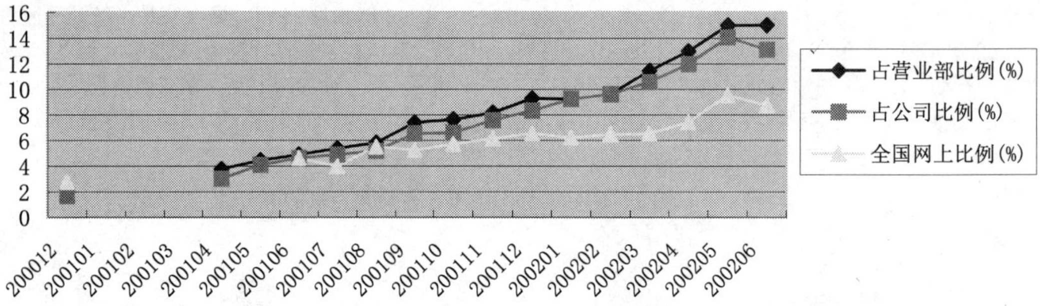

公司愿望：让最好的企业成为公司的客户，让公司的客户成为最好的企业。经营宗旨：创建一流投资银行，促进中国资本市场发展。经营理念：诚信、亲和、专业、创新。经营方针：以管理求效益 以服务树品牌 以创新图发展。

【网上交易】 1998年9月，在国内率先开通网上证券交易www.gtja.com，系统采用Windows NT + IIS + Asp + SQL Server。交易方面提供了Web界面下的买卖股票、委托查询、成交查询、余额查询、资金对账、证券对账等功能。行情方面提供了静态(HTML)和图片(GIF)两种形式。安全方面，网上交易服务器由美国VeriSign公司提供国际通用的第三方安全认证授权(CA)，并采用国际通用的安全套接层(SSL)技术。

2000年2月，升级网上证券交易第二版，系统采用Linux + Apache + FastCGI + Sybase，在原有的基础上增加了交易历史委托、成交和资金变动查询，委托界面经过重新设计，提供更多的提示信息。行情方面同时提供动态(JAVA)和静态(HTML)两种形式，新增自选股功能。新系统在并发访问能力、系统稳定性方面有了大幅度的提高。网站使用Verisign公司提供的“全球站点证书”(Global Server ID)，客户只要使用IE和Netscape4.0以上版本的浏览器，就可以获得128位的高强度加密。

2000年5月，开通了WAP手机证券交易，国泰君安WAP网站提供基于手机的财经咨询及证券交易。主要栏目有行情报价、信息发布、证券交易。用户既可以通过网址wap.gtja.com访问网站，也可以通过广东移动梦网的商务特区的财经证券栏目链接到网站。

2000年6月，开通了专用客户端网上证券交易。仿钱龙界面，是带有很强技术分析功能的网上专业版动态行情分析系统。具备智能选股、股票图形分析、个股资料查询、自动下载数据以及网上实时交易委托等功能。该系统支持网上CA安全认证。现已在全国50多座城市建立了行情、交易服务器，股民可以就近快速查看行情和委托交易，避免了网络状况不良或交易火爆等情况下的堵单现象。

2001年1月，开通国泰君安证券PDA掌上电脑证券交易，用户只要拥有一部WinCE掌上电脑，即可登录pda.gtja.com网站，该系统提供全面丰富的股市行情，包括深、沪两市所有的股票走势和大盘走势。提供全面的专业指标，包括K线、VOL、RSI、KD和MACD等22种技术指标。及时迅速的行情更新，简单方便的股市行情检索，快捷的交易功能，在手掌上实现了买卖股票、委托查询、成交查询、余额查询、资金对账、证券对账、银行转账等大户室才具备的功能。

2001年3月开通了手机短消息推送服务，短消息应用系统为用户提供行情预警、交易回报、通知发送、定制服务等功能。

2001年5月25日正式推出全新的综合网站。新网站着眼未来，是一套全新的大型证券电子商务系统，它以网上交易为中心，为客户提供全面的咨询和信息服务。国泰君安证券网站是国内证券行业第一个架构在IBM企业级群集服务器上的电子商务系统，具有明显的技术优势与突出的技术特点。首先，系统采用先进的四层矩阵式结构和双机热备，具有结点负载均衡的合理性以及分布处理应用的高效性等特点，支持系统7×24小时不间断提供网上证券服务。其次，系统采用IBM整套先进的电子商务解决方案，硬件全部采用IBM企业级群集UNIX服务器系统，软件平台采用IBM应用服务器产品WebSphere以及IBM数据库服务器产品DB2，该系统运行高效、可靠性高、吞吐量大，可适应大业务量的需要。网站通过高速独享的带宽接入骨干网，提供了流畅快捷的访问通道。最后，系统采用先进的“静态页面生成器”技术，保证动态页面灵活性的同时，又可大大提高页面的访问速度。

2002年5月，开通繁体版(big5.gtja.com)和英文版(etrade.gtja.com)网上交易。

公司2002年度累计交易量：30，819，179.00元，年度网上累计成交量：4，581，442.00元，网上交易量占总交易量的比例：14.87%。

【未来的发展规划】 在现阶段条件下，网上交易的根本就是提高券商服务质量的重要手段，实质上是使投资者(特别是非现场交易者)有一个较好的投资顾问，并快速便利地以相对低廉的交易成本完成完整的交易。搞好客户服务管理将成为券商竞争的重要手段，现阶段的证券行业已进入一个服务竞争的新阶段。国泰君安证券将通过电子商务整合各种资源，包括人才方面、信息方面的资源，也包括通讯设施方面的资源，大力扩展业务，占领更广阔的市场，力争在交易量上有更大的飞跃。

公司为客户提供的网上交易服务，将从重视量的增加过渡到质的提高，将在注重功能、速度、安全等方面，进一步发展，在稳定性、可靠性、完善服务等方面为客户提供更优质的服务。

(国泰君安证券股份有限公司　丛韧)

·平安证券有限责任公司·

【公司概况】 平安证券有限责任公司(简称平安证券)凭借平安的良好品牌和背景优势，从区域性证券机构成长为全国性综合类券商，坚持将“诚以待人，信以立身”作为公司长期经营基点，为客户提供全面和个性化服务来体现其服务宗旨。截止到2001年12月底，公司总资产达92.2亿元，净资产11.2亿元。

2001年，公司顺利完成了资本金从1.5亿元到10亿元的扩充。公司A、B股综合市场占有率较上年增长32%，市场排名上升两位；经纪业务价值量在行业内列第四位；公司在配股和增发主承销商家数排名中列第八名；在深圳证券交易所公布的2001年度年会员单位股票、基金交易金额排名中，平安证券在B股交易排名第四。公司2001年全年证券交易在全国102家券商中名列第十八位。

平安证券在立足效益原则增设物理网点的同时，致力于开发远程交易手段。2000年8月PA18网站推出，公司构建了以营业部柜台网点为支撑，以网上交易(PA18网站)、电话委托、银证通、电话中心(95511)、技术服务站、服务部等多种服务手段为辅助的多渠道立体销售网络，突破了传统的时间和空间的限制，满足客户个性化服务的需求。公司在全国15个重点城市设立了22家营业部，拥有10个技术服务站和6个技术服务部，网上交易比例超过20%。

2000年4月PA18网站被《新财经》评选为十大最有价值财经网站；2001年9月被和讯网评为“中国优秀券商网站”和“最佳理财资讯网站”。

【信息化建设】 2000年8月，内容涵盖证券、保险、银行、个人理财等金融服务的平安理财新概念PA18.COM网站推出，作为首批获证监会核准开展网上证券委托业务的券商之一，平安证券的网上交易平台www.PA18.com网上证券委托系统早在2000年7月就通过了国家信息安全测评认证中心的测评认证。

2000年10月，完成证券MIS系统开发及全面推广使用。该系统为数据分析人员提供准确易用的数据和丰富的分析手段，为公司重大决策提供有力支持。

2001年2月，开通第一家银行银证通业务，2002年已开通中行、农行、工商行、建行、交行、广发行共计17家银行网点的银证通业务。

2001年6月，完成Oracle财务系统推广。

2001年6月，在全面改造营业部机房和网络布线的基础上，完成营业部网络、服务器升级改造，关键设备全面实现冗余备份。

2001年7月，公司OA系统正式开通，全面实现电子化办公。

2001年8月，完成总部与营业部广域网升级改造。提高了总部与营业部通信的可靠性和可用性。

公司2002年度累计交易量：5，375，693.56元，年度网上累计成交量：1，147，760.05元，网上交易量占总交易量的比例：21.35%。

【网上交易发展规划】 随着网络知识的普及和网络相关技术的发展，网上证券交易方式必将被越来越多的人所接受。平安证券PA18网站将进一步加大技术与资金的投入，优化网站交易系统，完善各项服务功能，以全面的资讯、个性化的服务、系列化的产品、多渠道的3A(Anytime，Anywhere，Anyway)服务，打造中国网上证券业的知名品牌，成为网上证券交易的市场领先者和技术革命的先锋。

【电子商务发展措施】

1. 技术服务站经营模式的探索。2000年8月18日，在上海，首推个人理财综合门店，开始了对金融服务门店的最初探索。2000年网上交易量8.2亿元。2001年，为控制成本，增加效益，公司开始设立小门店，充分利用平安集团保险资源，拓展交叉销售，为证券客户提供培训、咨询服务。2001年网上交易量105.5亿元。2001年10月，在中国证监会下发的《证券营业部审批规则》(征求意见稿)的指导下，公司上下形成共识，确定了以技术服务站低成本扩张经纪业务的模式。截止到2002年6月底，网上交易开户数61205人，网上交易量82亿元、网上交易占比20%。

2. 强大的资讯服务。平安证券与八大研究咨询机构建立了密切的合作关系，为客户提供多层次，多角度的宏观行业、上市公司及市场分析报告、丰富的财经资讯、全面的公司资料，所有客户都可以通过PA18网络快递免费获取自己需要的资讯。平安证券研究所的专家每天通过“平安快递”为客户提供最新最快的投资咨询及指导。

3. 积极推介网上交易。通过广场活动、社区活动、股评会、股民培训等多种形式宣传网上交易，加强对客户服务与培训，让客户尽快掌握网上交易的使用方法，并及时为客户解决使用中各种问题。公司还通过内外部各种渠道，对网上交易进行宣传和推广。

【PA18 扩容提速】 PA18 在硬件建设上力求达到国内最高水平。网站的服务器硬件、操作系统采用了世界上先进、稳定的Sun 服务器和UNIX操作系统，数据库系统采用了可靠的 Oracle 系统，使系统的安全可靠性达到最优程度。

2001 年 5 月份开始，PA18 在业内著名数据中心的帮助下，实现扩容和提速，提高了网站的服务质量。

【特色服务】 平安证券重视对客户个性化需求的满足。对不同的客户提供不同的行情及分析系统，分别有PA18网上赢家专业版、机构版、ADSL版和办公室版。自主开发的手机短信服务，具有成交回报、行情预警、新股申购提示、重大信息公告等多项功能，并能通过专属的系统用手机短信随时与客户进行沟通。

【电子商务发展纪事】

2001 年 9 月，在和讯网与新浪网主办的“2001年中国优秀券商网站”评选活动中，PA18网站荣获十佳及“最佳投资理财顾问奖”和“最佳财经资讯奖”。

2001 年 10 月推出全面个性化 sms 客户服务系统的券商。

2002 年 2 月推出全面个性化邮件客服系统券商。

2002 年 6 月，推出 ADSL 版交易系统；银证通“网上赢家”专业版成功上线。

(平安证券有限责任公司　熊艳萍)

·招商证券股份有限公司·

【公司概况】 招商证券股份有限公司是中国大型综合类券商，2001 年，公司为上市进行了股份制改造，更名为国通证券股份有限公司。2002 年 7 月 11 日，为实施国际化战略的需要，更为现名。

招商证券是中国成立最早的券商之一，目前拥有证券经纪、证券发行承销、资产受托管理、自营等资格。成立 10 余年来，招商证券承销各类有价证券近220家，完成交易量1万亿余元，实现利润30多亿元，综合实力进入国内十强。多年来，招商证券凝练出了“诚信、稳健、服务、创新”的经营理念，树立起了规范运作的市场形象；坚持技术创新、服务创新，先后推出了牛卡、牛网、E 号通等服务产品，信息化建设处于国内同业领先水平。

【信息化建设】 招商证券信息化建设起步早、起点高，创新电子化产品层出不穷，奠定公司竞争优势。

1995 年，招商证券独立开发基于客户号思想柜台系统；1997 年，在国内率先推出了保证金自动转账系统。1999 年，招商证券推出了中国证券市场的第一张多功能卡“招商证券牛卡”，实现全部营业部通买通卖、24 小时委托，招商证券电子商务初具雏形。2000年 2 月，招商证券开通“牛网”(www.newone.com.cn)，开始了基于 internet 技术的网上交易；同年 7 月，网上交易系统通过国家信息安全测评认证中心的评审。2001 年 2 月，招商证券被中国证监会首批核准为网上交易券商，电子商务进入一个快速发展的时期。2001 年 7 月，招商证券推出了“证券 E 号通”，融合了传统的柜台交易系统、电话委托系统和网络系统，为电子商务营造了一个现实的服务平台。2002 年，中国证券市场发生了根本性变革，券商经营环境由垄断竞争进入市场竞争阶段。招商证券审时度势，实施公司转型战略，将电子商务作为“低成本扩张”的重要手段，进一步确立了电子商务的战略地位。招商证券牛网完善了服务体系，强化了服务内容，在信息的时效性、咨询的指导性和系统的安全性上加大力度，使招商证券电子商务进入一个蓬勃发展的时期。截至2002 年 6 月底，招商证券经纪业务市场占有率由年初的 1.888%提高到 1.991%；网上交易月度占比由年初的 14%提高到 26%，提高 5 个百分点；经纪业务总量由年初的第 9 位升至第 8 位。成为业内 10 大券商中惟一一家市场排名和市场占有率双上升的券商。

【公司在电子商务上的推动】 在电子商务发展的初始阶段，招商证券设立了电子商务部，将电子商务作为一个独立部门运作，效益指标单独考核，基本不与有形市场挂钩。电子商务部独立发展非现场交易客户，独立进行产品营销，并开展了与银行及电信运营商、网吧、小区的合作。同时，公司研发中心、信息技术中心提供内容和技术支持。

2002 年，招商证券在强化研发、技术两大力量支持的同时，加强了资源整合力度，使公司优势资源向网上交易倾斜。公司将营业部作为产品的营销终端，实施有形市场和无形市场的共同推进、协调发展策略。公司把握证券市场交易佣金下调趋势，制定了分渠道的价格服务体系，为核心客户提供个性化服务，对零售客户提供标准化服务，使不同价格偏好的客户都可以找到适合自己的价格服务产品。其中，招商证券推出的网上交易价格具有极强的市场竞争能力，推动了新客户的增长和现场客户向非现场客户的转化。围绕网上交易，公司调整了组织架构，建立起了完整的网络运营管理、同业合作、营销以及内容提供、信息传递、客户服务渠道。

招商证券整合了公司研发中心及营业部咨询人员，通过“专家在线”为客户提供每周一至周五每天14.5小时的网上咨询业务，并将咨询人员值班日期上网公布，方便投资者选择适合自己的投资顾问。招商证券推出了“卓越理财计划”，为客户提供“阳光通道”、“个性空间”、“第二秘书”等6项个性化服务，通过VIP邮箱为客户第一时间向核心客户提供资产配置、投资策略报告、最新市场资讯和研究报告，不定期举办“核心客户沙龙”，邀请证券投资基金、战略投资者、核心客户和公司研发人员进行面对面交流。招商证券集研发中心、营业部市场研究人员智慧，推出着眼于市场短期走势的咨询产品，通过牛网向一般客户传播；通过牛网邮箱以及“证券E号通”接受客户的投诉与建议，形成了高效的市场反馈机制。

有形市场与无形市场共同推进、协调发展的战略，使网上交易的营销和服务落到实处，促成了有形无形市场的共生共荣，也带动了网络自身的发展。2002年上半年，牛网日点击量日均保持在400万次左右，高峰时期突破800万次；日均访问人数接近10万，“专家在线”日均回答客户问题500个左右，高峰时期近1000个。

【网站结构】

1. 硬件：防火墙， Sun服务器，均衡器，数据库服务器。

2. 软件：⑴中间件 Bea公司的Web Logic。⑵ 数据库Oracle。⑶操作系统 Solaris。⑷业务层软件。纯 Java 开发，具有较高的平台扩展性和较高集成度的信息关联。

3. 未来目标：将全面采取 MVC 模式，使系统的扩展性和对业务的支持能力大大提高。

【电子商务交易平台特点】

1. 专业版：行情动态均衡，技术含量高，系统稳定性强，并发量大。挂接最新的行情分析和资讯，整合能力强。未来的目标是支持在线升级和用户自定义，局域网内部用户可以使用。

2. 页面版：无需下载，任何在线用户均可使用。SSL-128加密，为交易用户集成了资讯、定制、咨询、实时行情等各种服务。未来的目标是提供多种版本和提高系统并发性。

【特色服务】

1. 网上营业厅。该栏目改变了网站以信息性质进行分类和组织内容的传统模式，完全模拟现场客户的交易环境，以证券交易流程的各个环节作为内容组织的标准，整合各种功能，使网上交易客户方便、快捷、熟练地运用网上交易。该系统集中了证券交易中的开户、资金划转、交易、咨询、交流所有功能，使证券交易的各个环节都能通过网络轻松完成。

2. Web版行情交易。该系统实现了网上交易与信息、咨询的高度整合，最大特点是不需要下载交易软件，适用于不使用专用电脑的交易客户。

3. VIP邮箱。是招商证券为核心客户提供的专业投资理财邮箱。招商证券为30万以上的客户提供了分级的VIP邮箱，不定期为客户提供资产配置计划、投资组合建议、投资咨询参考及最新研究报告，使客户随时掌握行情发展的最新动向。

4. 专家在线。是招商证券针对一般客户推出的在线咨询栏目。该栏目以公司研发中心、营业部60多名实战经验丰富、责任心强的市场咨询人员担岗，为客户提供每周五天，每天14.5小时的在线咨询服务，并将值班专家名单提前一周在网上公布，方便客户选择自己的投资顾问。招商证券向客户承诺：交易客户提出的问题，5分钟内必须给予回复，非交易客户提出的问题，10分钟内给予回复。

5. E号通。该系统采用先进的CTI技术，整合了传统营业部的所有功能，客户可采用电话、电脑、传真等通讯手段接受该系统的人工语音、自助语音以及图文服务。该系统具有强大的后台支持系统，为客户提供完全个性化服务。目前已经开通了主动呼叫、短信提示等13项增值服务，并可以通过牛网完成信息定制。其中，新股中签短信提示、客户投诉快速处理等服务均受到客户的热烈欢迎。

【网上交易情况】 2000年2月25日，招商证券牛网网上交易开通。当年完成交易量98.5亿元(股票基金成交量，下同)，网上交易占比由年初0.3%上升到年末的10.7%。2001年，招商证券网上交易量达到210亿元，比上年增长113.2%，网上交易占比提高到14%。

2002年上半年，招商证券推出了促进网上交易发展的一系列措施，对牛网合网上交易专业版实行了升级，推出了网上交易0.1%的公司指导价，网上交易呈现快速增长势头。其中，5、6月份网上交易占比提高到26%。目前，招商证券场外市场(含网上交易、电话委托、银证合作)成交量已占公司全部交易量的60%，为招商证券实施低成本扩张战略提供了有力武器。同时，招商证券牛网也得到了长足的发展，2002年5～9月，牛网页面访问量达到3.2亿次，最高日点击量达到800万次，专家在线回答客户问题近5万个，日最大回复数近1000个，在第三届“最受股(网)民欢迎的中国优秀网站”评选中获得“最佳券商网站”以及“最佳投资顾问”、“最佳个性化服务”、“最佳证券论坛”4项称号。

【网上交易占比及成交量】 公司2002年度累计交易量：11，520，802.00元，年度网上累计成交量：2，523，908.00元，网上交易量占总交易量的比例：21.91%。(见图1、2)

图1 网上交易占比（2001年6月～2002年6月）

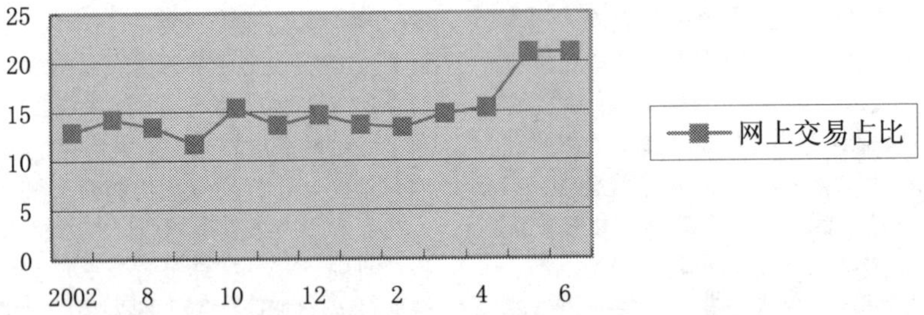

图2 网上交易成交量（2001年6月～2002年6月）

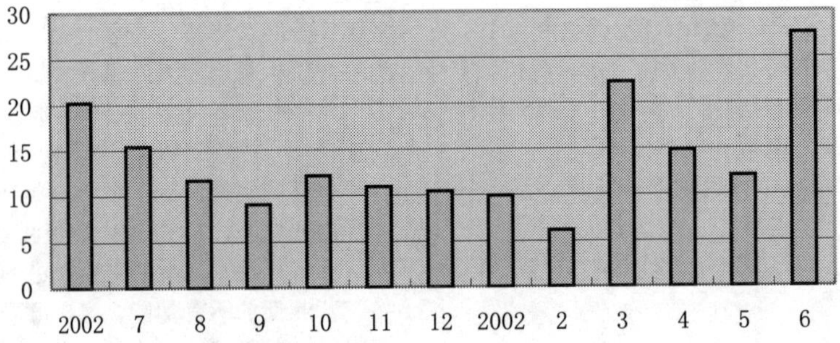

【电子商务发展规划】 公司将发展电子商务作为增强自身核心竞争能力重要因素来抓，其主要目标是：

1. 通过业务拓展，使无形市场的交易占比提高到70%，初步形成以网上交易为主要渠道、有形网点分布合理、互为依托的新型券商，进一步强化成本优势，提高招商证券经纪业务的市场竞争能力，促使公司全面转型。

2. 通过营业部布局调整和小型营业部、技术服务站的建设，建立强大的营销、服务体系，增强公司经纪业务的渗透能力，形成对电子商务的强大支持。

3. 加强招商证券牛网建设，为无形市场提供一个安全、稳定、高效的支撑平台，在不损害现有系统高并发终端和效率的前提下，实施网上交易专业版的升级改版，使之与营业部交易界面趋同，方便投资者使用，提高Web版的并发终端数，扩大招商证券电子商务的覆盖范围。

4. 紧跟国内外网站建设的发展趋势，加强牛网的内容和服务体系的建设，培养一支高水平的研发、咨询队伍，为客户提供针对性、指导性高的投资参考意见，做好投资者的参谋和助手。

5. 加强客户关系管理，继续实施技术创新和服务创新，拓展对无形市场客户的服务渠道，深化服务内容，使客户真正享受到招商证券电子商务发展给客户带来的便利。

（招商证券股份有限公司 熊志文）

·海通证券股份有限公司·

【公司概况】 海通证券股份有限公司的前身是上海海通证券公司。1994年改制为有限责任公司，并发展成全国性的证券公司——海通证券有限公司，注册资本为人民币10亿元(含1500万美元)。2000年，经中国证监会批准，公司资本金增至 37.46 亿元。2001 年底，经中国证监会批准，公司整体改制为股份有限公司。同时，中国证监会核准公司注册资本为 40.06 亿元。2002 年，经中国证监会批准，公司资本金增至 87.34 亿元，成为国内第一大券商。

2001 年公司创利 10.27 亿元，资产总额达 319 亿元，净资产额达 49.41 亿元。1999 年至 2001 年连续三年拔得券商创利头筹；二级市场交易总量市场占有率连续三年排名全国第一。发展成为中国国内资本规模最大、整体竞争实力最强综合性证券公司之一。

在长期的证券市场运作中形成了一套科学、规范、严密的经营管理体系和风险监控体系，形成了稳健开拓的经营风格，在中国证券市场上创立了独特的公司品牌，始终保持着良好的公司信誉和较高的服务水准，企业形象稳步提高。现正在积极争取上市，并致力于走国际化的金融控股集团的发展道路。

【网站技术平台特点及安全措施】 海通证券网站于 2002 年 1 月份成功进行了第三次改版，重点在功能设置、整体布局和技术结构上做了较大调整。

1. *网站结构*。网站主要由 Web 服务器层、应用中间件层、数据库层三层组成，Web 服务器层负责与用户的通讯，应用中间件层负责处理来自 Web 服务器的业务请求并将结果返回给 Web 服务器，数据库层负责各种数据的存储。

采用的架构方案：⑴ Web 层安装了多台服务器构成集群，通过前端的四层交换机进行负载均衡，以提供高速可靠的用户接入。⑵中间件层安装了两台 SUN4500 小型机互作备份，提供高效稳定的业务处理。⑶数据库层使用了两台 SUN_4500 小型机和两台 SUN_T3 的存储设备构成数据库集群，并在存储层采用了 SAN 的方案以提供高速稳定的数据存储。⑷在各分中心采用了 cache 技术和基于 iDNS 的全局负载均衡技术以提供更好的用户体验。

采用软件系统：⑴Web 服务器主要采用 Solaris+iPlanet Web Server，页面用 JSP 和 HTML 混合编程。⑵应用中间件层采用个性化服务的领导厂商 BROADVISION 公司的 1TO1 企业级服务器和金融服务组件，既能很好地提供个性化服务，又能很好同业界标准相符合。⑶数据库系统由 Solaris＋ORACLE8i 构成。⑷检索服务、模拟炒股、智能选股等服务由 LINUX＋APACHE＋MYSQL 构成。⑸其他一些辅助服务采用 WIN2000 ADVANCED SERVER＋IIS5 构成。

2. *网站的安全措施*。网站在设计、开发、安装及运行等各阶段，分别从网络、主机、软件(系统软件和应用软件)、数据和内容等方面制定全面安全规范。在与公网连接的最外层采用了硬件防火墙，实施了严格的安全策略，并委托专业公司进行漏洞扫描、入侵检测，从技术上和体制上保证了网站系统和内容的安全性和可用性。与公司内网之间的连接采用了物理隔离，保证交易系统的安全。针对网上证券交易的特点，采用了 CA 证书保证交易的安全，有效实现身份鉴别、数据保密、数据完整和防止否认的安全机制。

【网上交易情况】 公司 2000 年 7 月推出网上交易，当年网上交易量约 100 亿元，占公司交易总量的 3.65%。2001 年网上交易量约 214 亿元，占公司交易总量的 6.5%；网上交易开户数 18.5 万户。2002 年 1～6 月份，网上交易开户数 24.5 万户；网上交易量达 142 亿元，占公司总交易量的 12%左右。网上交易继续保持快速的发展态势。

公司 2002 年度累计交易量：24，114，629.00 元，年度网上累计成交量：2，860，891.00 元，网上交易量占总交易量的比例：11.86%。

海通证券网以One-to-One个性化服务著称，其热点直击、个股导航、专家在线、市场分析、研究报告等栏目已经成为品牌栏目和特色服务，深受投资者喜爱。海通证券网在2001年获得由《证券时报》主办最受股(网)民喜爱的“中国优秀证券网站”评选第三名。2001、2002连续两年获得由和讯网和新浪网联合组办的“中国优秀券商网站评选”第一名。(见表1、图1)

表 1　2000～2002 年海通证券网上交易对照

时期 \ 网上交易	2000 年	2001 年	2002 年 1 月～10 月
网上交易客户(万人)	11	18.5	25.4
网上交易客户占比(%)	7.3	11	17.8
网上交易量(亿元)	100	203	238
网上交易量占比(%)	3.1	6.5	13

图 1　海通证券网上交易量和网上交易客户占比

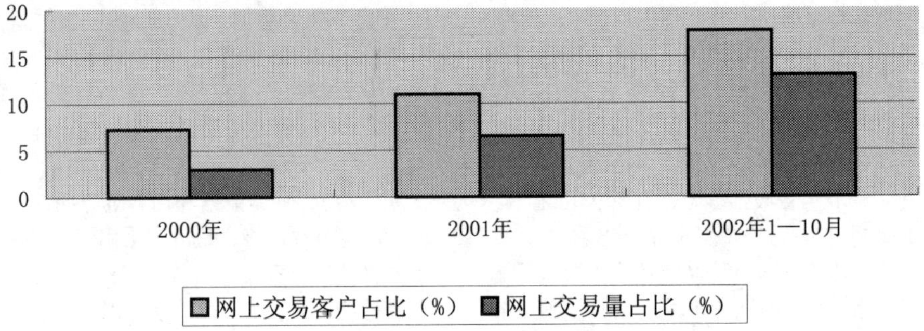

【网站服务特色】 券商网站是一个证券公司研究开发能力、经营理念、经营品牌、工作效率、服务质量等综合竞争实力的一个载体。海通证券网依托海通证券的服务品牌、人才优势、技术优势和管理优势，已经发展成为一个集研究咨询、信息产品、投资策划、网上交易和个人理财等多种功能于一体的大型综合性的金融证券网站。在海通对投资者的服务中以其便捷的交易通道、强大的信息资讯服务和出色的个性化服务具备不可替代的地位。

海通利用证券电子商务平台，实现真正个性化服务的目标是：投资者最需要的资讯，在投资者最需要的时候，以投资者最方便的形式，专业专心地个别提供，从而让投资者认识网站、记住网站，接受到最需要的服务。海通证券网的专业信息服务，是海通实施电子商务最核心的竞争力，海通网站的建设一直以个性化服务作为主导方针，提出了“认识你，记住你，给你最需要的”的个性化服务口号，并以此为核心，配合先进的网络技术平台和整体营销策略，发展海通证券的电子商务服务。

1. *多层次全方位资讯信息服务*。海通资讯信息集各大名家之长，融宏观、行业、个股等各个类别，内容精致、丰富。具体包括公告信息、新股中心、B股中心、大势分析、个股导航、财经信息、机构论市、焦点关注、证券统计等。时下，各种各样的证券网站不断地为股民提供大量股票消息，证券资讯。但是超大的信息量极易给股民造成“信息量过大，无法理清头绪”的感觉，同时，网络营造的是虚拟世界，怎样做到“人性化”？海通网的“语音股评”把基于视觉的网络和传统的语音媒体功能有机地结合起来，使股民充分地利用各种感觉器官立体地、“耳闻目睹”地轻松获取相关信息。

2. *出色的个性化服务*。个性化服务是海通企业文化和经营理念的内涵，个性化服务是海通网站的品牌。在 IDC 中国公司 2001 年向全球发布的中国 CRM 三大成功案例中，海通网站以“认识你，记住你，给你最需要的”One-to-One 个性化服务被列入其中。网站将用户分成不同群体，根据他们的投资经验和水平、投资理念和行为、投资决策模型、职业状况、地域分布等不同情况，为他们提供不同的产品、内容和服务方式。每个用户都可以拥有“我的主页”，用户所看到的所有栏目和服务都围绕着他的具体需求而定。他可以设定持有股票的警戒价位，计算个人损益，设定自己的关注股，那么网站就会及时推送他关注的信息，还有专家即时权威的操作建议。网站将客户分为浏览客户、注册客户、海通客户、机构客户等不同级别，为了发挥网站的聚合放大功能，充分利用海通研究所产生的许多极具价值的研究报告，向不同级别的客户推送不同级别的报告，真正做到“将最有价值的服务提供给最有价值的客户”。

3. *一支富有实战经验的专业理财服务队伍*。海通投资理财服务依托公司一支博士(后)、硕士为主体的专业研究开发队伍。他们遵循“专业理财，稳健增值”的投资理念，通过海通网站实现全方位服务；打破传统地域、时空限制，实现个性化、人性化服务；采用最先进、最理性的理财手段，根据投资者的资金规模、个人偏好与风险承受力，在时间和空间上优化资金，使投资者的财富不断增长，钱不断生钱。网站的专家在线、实盘操作和专家主页等栏目都是专家直接服务于客户的第一线。

【网站及未来发展方向】 在未来的服务竞争中，海通证券网在对海通客户的服务中将继续发挥不可替代的作用，为此，海通证券网未来的发展方向是：

1. *进一步完善网上交易系统功能*。对现有的交易和行情系统进行升级改造，建立支持无证书、无线、WEB、手机等多种交易方式的“网上交易中心”。

2. 集中化。进一步开拓思路，综合公司内部乃至外部其他各种资源，建成一个多功能、多视点的“信息咨询中心”。

3. 智能化。根据客户的访问轨迹来推测客户的需求并提供其可能需要的信息，通过分析工具主动对用户的行为和买卖趋势进行统计和预测。

4. 市场化。时刻和市场需求保持着动态的联系。根据市场的变化、客户的需求深入拓展网站的个性化服务特色，并结合 Call-center 中心的设立，建成一个基于高新技术为手段的、提供人性化服务的“客户服务中心”。

(海通证券电子商务部信息部　余有红)

海通大庆营业部

【概况】　1998 年 7 月，海通大庆营业部为股民推出一项新的交易方式——INTERNET 网上交易，这在大庆证券行业尚属第一家。当时网上炒股在全国才刚刚起步，股民们并未普遍接受。开通之初 3 个月，使用者寥寥无几，每天的交易量只有几万元。

海通大庆营业部网上委托已发展成为与电话委托、自助委托并驾齐驱三大交易手段之一，网上平均每天的委托量占到了全部委托数量的 46%，交易量占总交易量的比例达 47%，创出日最高交易量 4841 万元的纪录。网上交易不仅扩大竞争优势，而且为经纪业务的发展开辟了新的空间。两年多时间，网上开户股民已发展到 3.78 万户，占总开户数的 72.7%，累计实现交易量 46.32 亿元，创出佣金收入 1610 万元。

【网上交易情况】

1. 加大对外宣传和指导力度。

网上交易开通早期，股民们对这一新鲜事物还不普遍认同。营业部开展繁华街道作现场宣传和咨询服务，散发宣传单，讲解网上交易优势等行动；营业部还与电信部门联系，在电信局多媒体大厅设立网上交易宣传处，并请电信人员来营业部分期为股民作网上交易知识讲座；利用与交行的业务联动关系，在当地交行的部分网点也设立长期演示柜台，在两个营业网点的大厅内设立现场演示处，指导和鼓励客户大胆使用网上交易。1998 年年底，营业部的上网股民就上升到了 2300 户，占到全市网民总数的 51%。网上交易初步打开局面。从 1999 年起，重点在宣传上突破，与有线电视台做专题宣传；与《大庆晚报》社联办的股市专栏中开辟网上交易知识园地，常年刊登网址及上网办理手续等相关内容；在营业部内配备咨询热线，为股民解决上网交易中遇到的问题和困难。电话里能够解决的，当场予以答复解决。电话里解决不了的，就派人上门处理，开展跟踪服务，直至客户对上网交易会用、用好。这一做法一直延续至今，仅 2001 年，为客户上门装机、协助下载软件、进行操作指导 60 余次。增强客户对海通的信任度。把自己的服务特色和优势打出去后，海通在大庆的影响力也得到了扩大。如今，在股民队伍中，只要提起上网炒股，大家就想到了海通证券。这种品牌形象的树立，网上交易发挥的轰动效应功不可没。

2. 针对运行速度较慢的问题，随时进行软硬件设施的升级完善。

从 1998 年 7 月开通以来，海通大庆营业部先后近 10 次对网上交易软硬件进行升级，对部分配套系统进行完善。尤其是从 1999 年下半年，省证券、光大证券也纷纷涉足网上交易，为保持领先，营业部拿出 20 多万元，对网上交易进行专项优化，并对专线带宽的扩大下功夫。通过不断升级完善，拓宽运行空间，增加了客户上网交易的承载量，解决了原来因专线宽带狭窄而出现的股民上网拥挤现象。

3. 解决网络安全问题。

Internet 网络风险给上网交易增加了不安全因素。为了规避风险，营业部通过与电信部门协商，将行情服务器设到了电信机房内，由营业部每天通过 DDN 专线将行情发送到电信部门。股民接收行情不经过营业部的网络，而是直接登录到电信部门的服务器上，以此来获取行情信息，进行操作。这样，就远离了营业部的交易网络，提高了安全性和行情访问速度。另外，营业部采用了专用防火墙。股民委托交易时，先经过防火墙过滤后，才登录到委托服务器上，为网上交易增加了一道安全门，大大降低了交易风险。几年来，营业部未发生任何影响正常交易的问题。

4. 解决远程客户的使用指导和信息需求问题。

加入上网炒股行列的客户一般都离营业部比较远，这些远程客户需要的信息，券商能不能及时提供，客户遇到的问题能不能马上得到解决，是网上交易得以生存的又一个关键因素。几年来营业部以无记名调查表的形式，做了 3 次大型的问卷调查。针对客户的意见，推出三项措施：

第一推行“第一责任人”负责制，能给客户一次解决的问题，坚决不让来第二次。为了跟上网上交易的发展需要，对员工的业务素质高标准、严要求，不但要求负责网上交易的员工熟练掌握这项业务，而且通过多次培训，让所有员工都具备为客户解答上网交易日常问题的能力。客户遇到问题时，谁先接待的，谁就是第一责任人，必须负责到底，直到股民的问题解决为止，明令要求不能拖延滞后，更不能扯皮推诿。

第二推行上网交易“一条龙”服务，方便客户及时入市。针对股民提出的要求，经过与证券登记公司、电信部门、交行沟通争取，在营业大厅设立了为股民代办股东账户卡、太平洋借记卡，上网账号、上网交易现场演示和指导等“一条龙”服务窗口。

第三开通“客户呼叫中心” 服务系统，为客户集中提供咨询指导。2000 年 10 月份，营业开通了“客户呼叫中心”服务系统，为客户提供了委托、语音查询、资料传真、人工坐席、专家在线等 12 项服务功能。营业部调配业务骨干，成立客户呼叫中心服务工作室，专门处理客户来电、电函，或通过 E-mail 发来的各种问题咨询和信息需求，推行全天 8 小时热线服务和上门跟踪服务。股民只要拨打统一呼叫中心号码，即可及时得到回复，需上门解决的，马上派人上门服务。另外，可转入专家在线栏目，与专家进行直接交流。这一新手段的推出，使咨询服务走向了集中化、个性化，特别是对网上远程客户信息服务得到了细化和加强，较好地满足上网客户的在线服务需求。

【网上交易经验】

服务创新是券商立足的根本。只有敢于创新，不断发展新的交易手段，开发出新的交易品种，为投资者提供更加完善、便利的服务，做到“人无我有，人有我新，人新我优”，才能使券商在竞争中处于更加有利的地位。两年多前，当别家券商尚在观望之际，海通大庆营业部就捷足先登，率先开通了网上交易。如今，网上交易已成为营业部业务发展上的一个亮点和主打产品，不仅较好地占领了市场(目前，网上交易在当地的市场占比达 95%)，而且为海通品牌在大庆的树立和发展起到了不可低估的作用。

业务创新要因地制宜，立足于根本，着眼于未来。大庆现有 5 个区、4 个县，总人口 230 多万，城区布局非常分散，最远的一个区离市中心 70 多公里。而几家券商主要集中在萨尔图区，不少股民因路途远和往返时间长等因素，感到来营业部交易非常不便，特别适宜开展远程交易。1998 年互联网在大庆并不普及，国外证券网上交易的成功给了营业部很大的启发和鼓舞。这几年，海通大庆营业部对网上交易累计投入有 80 多万元，创出 1610 万的佣金收入。事实证明，这种提早投资，抢先行动，果断决策，是非常正确的。

增加科技含量，建立多层次的证券交易综合服务体系，是提高券商综合竞争能力的有效途径。面对现代证券业的竞争，券商不单单要把股民接纳到自己的交易大厅来，更需要观念上的转变，技术上的创新，讲求产品配套服务、多元化服务，形成自己的优势和特色，以此来扩大市场优势和业务占有率。海通大庆营业部网上交易的开通，突破现有场所的地域限制，依托网络媒介，延伸覆盖面和业务触角，也带动使用银证转账股民的增加。股民一旦选择上网交易，来营业部的时间就少了许多，面临的最大问题就是资金的存取。如果配套的资金划转跟不上，就会制约网上交易的发展。因此，营业部配合交行累计向客户免费发放太平洋卡 3.6 万张，并与交行的电话转账实现了联网。股民足不出户，拨打专用号码，就能快速完成信用卡账户与股票户的资金划转。因此，银证联网的实现，在一定程度上支持了网上交易的发展，而网上交易的成长，又推动了银证业务的壮大。仅 2001 年，通过太平洋卡实现的资金划转就达 6.2 亿元。网上交易与电话委托、自助委托、客户呼叫中心系统等相互配合，优势互补，使各自的优势和其功能也得到了有效释放和扩大，真正形成了“多层次、立体式”的证券交易综合服务体系。这个体系是券商占领市场的基础，也是扩大市场的手段。依靠先进的网络技术，无形中就把业务延伸了出去，虽然有不少股民不再来营业部，但已被纳入了券商自己的服务体系内，这就促进了客户规模和交易量的扩大。科技的发展，使券商的业务，从固有的场所延伸到网上，从有形的市场升级到无形的市场上，这就实实在在地体现了网上交易强大的生命力和市场前景。

(大庆营业部)

海通新余营业部

【网上交易经验】 钢城新余是江西最小的一个省辖市，辖一区一县，全市人口仅 100 多万，其中城区人口不足 30 万人，因钢铁工业较为发达而号称“钢城”。海通新余营业部就在这座小城中经营着，发展着。

1. 竞争，催生 INTERNET 网上交易。

新余市民的证券投资意识相对不低，证券业发展的环境也相对宽松。继海通证券营业部设立之后，大连证券和江西证券营业部也相继设立，“只有业务创新，服务创新，营业部才有发展的生命。”营业部正式改制成总公司一员之前，为了抢占分宜县证券市场，于 1997 年元旦率先和恒生电子公司合作在新余开通了电话委托、查询业务，同年 3 月份，为解决客户人工报单堵塞问题，又联系深圳证券卫星公司开通双向卫星系统，成为新余第一家开通此系统的营业部。1997 年 8 月改制后，根据总公司提出的经营思路营业部又果断地提出：要把抢占市场的重点放到开发新的交易手段上，以解决客户来源相对狭窄问题。经过广泛的市场调研和比较、筛选后，最终摆在营业部办公会议上的是两种意见：可视图文电视委托和 INTERNET 网上委托这两种远程交易方式。而当时在新余，可视图文电视系统由于价格低廉吸引了不少用户，但总经理室从交易的安全性、便捷性、行情传输速度、信息覆盖量和发展前景出发，结合 INTERNET 用户迅速发展的趋势，力排众议，选中杭州核新公司的“天网网上交易分析系统”。经过软件商、电信局和营业部三方半个月的共同努力，1998 年 4 月海通新余营业部和新余信息港联手正式推出海通新余天网证券交易分析系统，在新余创造了“最先推出 INTERNET 网上交易”这个第一。

2. 天网证交分析系统优势。

天网证券交易分析系统基于 WINDOWS 界面，采用全鼠标操作，由于它是仿钱龙的证券分析系统，所以快捷键的操作都与钱龙相同，使原先习惯于使用钱龙的老股民在使用上能很快熟悉而没有陌生感。操作上更简单、更方便、更快捷。它的强大技术分析和资料查询功能，明显 INITERNET 无地域限制优势，极大满足了股民的各种需要。考虑到众多股民股市交流的心声，天网还在系统工具里专门增设“聊天室”，股民们可以边炒股边聊天，就像大家在一个大户室。对于大家最为关心的安全保障问题，核新公司采取委托数据在互联网上 RSA、DES、MDS 3 种方式结合加密，局域网和英特网物理上采用串口隔离、双网卡隔离方式，以确保数据万无一失。

3. 推介，赢得客户的广泛认同。

营业部与电信局联系，在电信局定期举办的 INTERNET 基础知识培训班上增设证券分析基础知识和天网操作使用培训课程，派营业部业务骨干前去授课。培训客户，又增加潜在客户群，也进一步宣传了“海通”品牌；精心印制了 5000 套《天网交易宣传操作指南》，利用业余时间深入到分宜县、江西钢厂、江西二化等附近县城和厂矿企业，散发相关资料，同时利用投影仪现场演示，取得了良好的宣传效果；注重新闻媒体、灯箱路牌等广告宣传效应，经常有选择性地在新余的几家影响较大、受众面广的报纸、广告、电视上开办一些网上交易相关栏目和刊登相关广告，在市区繁华路段竖起醒目的灯箱广告，使“天网”与“海通”的名字一样，深深扎根于新余人民的心中，尤其是广大股民的心中。就连附近县市，“海通”的品牌也是众人知晓。据电信局的不完全统计，新余地区三家证券营业部的网上交易用户，海通新余营业部目前已占到 60%以上。特别值得自豪的是 1998 年 10 月份，经江西省电信局推荐，江西卫视《社会传真》栏目组在拍摄《英特网知识》系列节目时，有关“网上炒股”一节的素材完全取自于海通新余营业部。

4. 服务，朝着个性化方向努力。

用户的网上交易维护与咨询等各类需求也不断增加，提高服务水平，提供优质服务成为营业部工作重点，各部门分工负责、通力合作，满足客户的要求并努力提供个性化的服务。

主要从以下几方面着手：一是开设营业部英特网交易培训班，每双周在营业大厅进行业务培训，同时结合投资咨询业务，对客户进行大势研判和个股解答；二是抽调专人负责英特网维护工作，根据客户意愿尽量对网上交易客户安装 PCANYWHERE 远程维护软件，同时通过多种形式让网民记住网上委托维护热线号码，以便发现问题及时报告及时解决，尽量将客户可能出现的损失降为零；三是对资金和交易量较大的重点客户坚持定期回访，加深营业部与客户间的情感纽带，对巩固和发展客户起到良好的促进作用；四是及时收集客户对天网分析软件的意见，保持与软件开发商经常联系，使软件更好地为客户提供个性化的服务；五是加强与网吧及银行间的合作，通过网吧和广泛的银行网点来宣传网上交易，吸引投资者进行网上交易，也有利于客户在任意网点都能了解此项业务。

三年来，营业部 INTERNET 用户人数由发展之初的不足百人，猛增到现在的 1843 人，交易量也由 1998 年的几百万元增加到 2001 年的 3.34 亿元。网上交易量占到了营业部日均交易量的 10.9%。

5. 拓展网上交易的空间。

发展 INTERNET 网上交易业务，一要起点高，二要服务好，三要不断拓展业务和服务范围。海通新余营业部网上交易业务开展并不是太早，但由于软件选型起点高，行情传输快，安全性能好，各部门有技术业务骨干专人负责，同时加强了与电信数据分局及软件开发商的合作，使得营业部的交易系统深受证券投资者的信赖。在新余上网客户中大部分电脑知识水平不高，电脑操作与应急处理能力不强，既想上网交易，又怕上网交易，强有力的技术支持服务和细致的操作培训服务就显得十分必要，只有这样根据当地的特点提供相应的服务，网上交易手段才不至于同客户产生心理距离。网上交易业务能较好地降低营业部的营运成本，跨地域拓展客户群，不管是客户来源还是客户数量，网上交易客户都存在较大的拓展空间。随着市、县网民的迅速增加，新余地方经济的持续回暖，现代化区域中心城市建设步伐的加快，加上总公司“海通网站”的开通与推广，客户的拓展空间还会进一步增大，尽管目前海通新余营业部在当地的业务发展一直是名列前茅，但仍需戒骄戒躁，稳健经营，大胆开拓。

(新余营业部)

海通成都营业部

【网上交易经验】

1. 做好基础工作，打造海通网上交易品牌。

在推广网上交易之初，海通成都营业部的领导和业务部人员详细研究了当前证券网上交易的形势，制定了营业部网上交易推广的方针和原则。营业部认为，虽然当前证券市场大规模地使用网上交易的时机并未成熟，但应该把握住先机，扎扎实实做好各项基础工作，逐步打造出海通的网上交易品牌，用实实在在的工作吸引网上交易股民。

股民、券商最关心的是安全和速度问题，网上交易系统的软件和硬件是否过关。营业部谨慎地选择核心天网网上交易系统及其 SSL128 位安全代理；硬件方面营业部加大投入，购置了最新的惠普服务器和相关的附属设备，与电信局接洽共同制定最优化的网络接入方案。在系统前期试运行期间，营业部详细测试系统的运行情况，调整技术参数，保证系统的万无一失和高速运行。

为配合网上交易的宣传并利用海通现有的各方面的优势，为客户提供良好的证券咨询服务，展示海通的实力和风采，进一步扩大在成都地区乃至四川的影响力，营业部决定制作成都本地区第一家券商网站——www.ht6699.com。该网站的硬件基础设施没有额外投入一分钱，而是完全利用了现成的已高规格建立好的网上交易系统；在网站的软件设计开发过程中营业部并没有随便将这个项目承包给某家公司了事，而是精心选择了电子科技大学的相关研究力量合作开发，在开发技术方面采用了当前较新的 ASP 网站开发技术，配以电子科技大学严谨的学院作风，使得网站的稳定运行有了可靠的保证。营业部的业务人员深入到网站制作的每一个环节，与开发技术人员交流、把关，在短短不到一个月的时间便推出了自己的网站，使上网交易的客户足不出户便能方便地享受到海通的咨询服务，在浩瀚的互联网世界中也有了海通成都营业部的声音和形象。现在该网站在成都地区已是小有名气，访问的客户已遍布全国，有的甚至远在美国。

2. 把网上交易的推广落实到日常工作中。

在网上交易的推广中，营业部认识到作为一项全新的委托方式，其推广不是靠一两个广告就能收到效果，也不是靠短时间的突击宣传，必须靠长期地坚持，将网上交易的推广落实到平常的工作中去。

为使客户尽快熟悉和使用网上交易，营业部在交易大厅特别设立了网上交易咨询演示柜，配有专职人员进行讲解、示范和辅导；柜台人员对新开户的客户都要主动宣传网上交易；在成都市区最繁华的中心广场制作巨幅广告；在对外广告宣传时都不会忘记加上对海通网站、海通网上交易的相关内容。

3. 深入到网络社区宣传推广。

在网上交易的推广过程中，营业部除了广泛宣传外，有意识地将推广重心放在离市区较远，周边没有证券营业部，而自身又拥有高收入群体和较完备的小区网络设施的高档社区。营业部和这些小区的物管部门联系，得到积极配合，并联手推出社区网上证券交易。具体做法是：由于小区上网费用较直接拨号上网费用低，营业部根据小区内愿意上网交易客户的资金量承担相应的上网费用；另一方面，营业部又和小区物管部门签订协议，为小区客户再争取优惠的上网费用，并配合不定期地进行上门讲解安装宣传，收到了较好的推广效果。

这种模式不仅利用社区现成的网络设施，方便了小区进行证券投资的住户，而且有效降低了上网交易费用，增加了社区网络的服务项目，使营业部和社区物管部门都能从中获利。

4. 进军教育网。

成都的九大高校已实现教育网互联，而且各大高校都在有条不紊地实施教育网进户工程，在不久后所有的在校老师、学生都能在自己的住家和宿舍方便高速地访问教育网。而高校老师进行证券投资的比例较高，其中不乏资金大户；高校的在校学生现在普遍也具有证券投资意识，也是未来潜在的客户。对此，营业部立刻做出部署，进军教育网，抢占成都高校市场。

系统技术方案方面，营业部分析后认为，虽然教育网有较大潜力，但短期内还有一个培育期，因此对系统的要求相对较低；尽量利用现有系统，降低投入。经过调查研究，采用了利用现有系统作中转的教育网网上交易系统方案，整个软硬件投入不到 5 万元。

在技术方案解决后，营业部员工分头到各高校联系上门宣传事宜。采用和学校相关的院系及学生会合作的方式得到了上门宣传的机会。在去年底到今年初的两个多月时间里，营业部员工坚持不懈地平均每周 3～4 次深入到高校宣传，并配专车供高校的老师同学办理转户手续。最终，优质服务和近距离的交流，使许多高校老师和同学认识了网上交易、喜欢上了网上交易，同时也认同了海通。（成都营业部）

海通郑州营业部

【网上交易经验】 海通郑州营业部于 1999 年 10 月开始向客户提供网上交易方式。由于网上交易不受地域、时空的限制，利用发达的互联网吸引全省客户是营业部扩大河南市场份额的重要方式。营业部把网上交易业务作为经纪业务发展重点进行拓展。

全省范围内发展网上交易有以下几个有利因素：

1. 1999 年底，中国证监会对远程交易网点进行清理，异地很多股民没有交易场所，传统的远程委托效率低，而网上委托快捷方便，具有很大竞争优势。

2. 河南各地对家庭上网实行包月制，郑州 100 元/月，其他地方 60 元/月，免信息费，而通过互联网不仅可以进行股票交易，还可以浏览各种信息，在上网交易费用低廉的条件下股民选择网上交易成为可能。

3. 河南其他地市一般仅有一家营业部，由于缺乏竞争，服务水平、服务质量比较低，各种费用名目较多，交易成本较大。而郑州营业部除交易所规定的收费外，其他费用全免，并且提供的服务优良，因而吸引了大批客户加入网上交易。

4. 郑州市内有大小营业部二三十家，现场交易竞争激烈。网上交易不需到现场来，不用考虑证券公司远近，可极大地方便上班族炒股。另外郑州家庭电脑普及率已超过了50%，也是发展中、大户进行网上交易的有利因素。

利用以上的有利条件，营业部积极开展网上交易的宣传。初期，印制《网上交易推介书》，市内通过寄送的方式派发给潜在客户群，外地通过经纪人散发；在网上交易具有规模后，在省内发行量较大的报纸《河南日报》、《大河报》进行广告宣传，介绍海通网上交易特点，同时印刷《网上交易指南》，详细介绍网上交易，对客户进行全面指导。营业部还积极进行服务创新，突出个性化服务。

1. 郑州券商中，其他都使用128K数据专线，而郑州营业部直接上到512K，行情及时、委托迅速、查询流畅，客户比较后感觉使用效果就是好。

2. 外地依靠经纪人，与当地电信签订协议，股民包月再优惠；与当地电脑公司联合，对股民实行先行使用，逐月还款的办法；依靠经纪人力量发展客户。

3. 定期到各地轮流进行股评报告、网上交易推介活动。通过股评吸引众多股民到场，再向股民进行网上交易的宣传，达到事半功倍的效果。

4. 充分发挥经纪人的积极性，支持经纪人自办免费网站，吸引当地股民在网上聚会，相互发表个人见解，增进交流。

5. 通过E-mail信箱，及时解答网上交易客户各种疑难问题；市内客户问题，技术人员当天上门服务。

6. 与北京东方亿融技术咨询公司强强联合，引入市场开发机制，优势互补，拓展全省客户市场。

7. 开通全省各地银证转账服务平台，实现客户资金免费实时划转；各地指定一家银行代理开资金户、股东户；员工在各自负责的区域实行上门服务，让客户感到在海通进行异地交易比在当地券商处交易还方便，服务还好。

(郑州营业部)

·首创证券经纪有限责任公司·

【公司概况】 首创证券经纪有限责任公司是自《证券法》颁布实施以来经中国证监会批准于新千年开业的第一家规范化经纪类证券公司，公司注册资本2.3亿元人民币，是以实力雄厚的北京首创集团为发起人，联合其他六家股东共同出资设立的，目前主要从事证券经纪业务。

2001年6月份，首创证券公司获得了中国证监会增资扩股的批文，资本金将增至15亿元并转为综合类证券公司，具备证券经纪、承销、自营、资产管理、投资咨询业务资格的综合类证券公司。

公司成立以来，在董事会和社会各方的大力支持下，通过全体员工的努力奋斗，各项工作都取得了可喜成绩，成功实现了第一阶段的创业目标，经营业绩迅速提升，展示了一个新兴证券公司的后发优势，也充分证明了公司经营团队的敬业精神和出色的专业素质与能力。

【网上交易情况】 公司2002年度累计交易量：1,369,975.00元，年度网上累计成交量：142,353.00元，网上交易量占总交易量的比例：10.39%。

【发展规划】 短短两年多的时间里公司由1家营业部迅速扩展到13家营业部和4家证券服务部，先后在北京、深圳、上海、成都、苏州、无锡、济南和石家庄等区域经济中心城市设立和收购了一批营业网点，业务品种和客户数量都有了很大扩展。2001年2月5日公司获证监会批准，成为首批取得开展网上证券委托业务资格的证券公司之一。公司依据《证券法》建立了规范的法人治理结构，健全了各项规章制度和内部监管体系，保证规范化经营的同时有效地防范各种经营风险。

首创证券将立足北京，依托首创，面向国内外，秉承诚实信用原则，遵循专业化、规模化的经营方针，积极引进先进的投资理念，不断地推行业务创新和机制创新，以优质、高效的专业化服务协助广大投资者获取更大的投资回报。首创证券的发展目标是在五年内，公司成功上市，使净资产规模和利润总额进入全国证券公司前10名的行列，在国内证券市场具有较大竞争优势和较高知名度。在10年内，通过与国内外券商的竞争与合作，全面提升净资产规模、赢利能力及综合实力，并成为在全球资本市场具备一定市场竞争能力的国际化证券公司。

(《中国电子商务年鉴》编辑部搜集整理)

·中信证券股份有限公司·

【公司概况】 中信证券股份有限公司的前身系中信证券有限责任公司，于1995年10月25日在北京成立。1999年10月27日经中国证监会批准，同年12月29日经国家工商局变更注册，增资改制为中信证券股份有限公司，注册资本为20.815亿元人民币，注册地为深圳市。

公司成立以来，规范经营，稳步发展。公司成为国内首批综合类证券公司之一，各项业务在同行业中名列前茅。在中国证券业协会公布的2000年中国券商业绩排名中，中信证券获得利润总额第2名、净资产第3名；在2001年的业绩排名中，中信证券获得利润总额第2名，净资本第1名。

公司2001年末净资产达到37.84亿元。在北京、上海、深圳、天津、宁波、南京、青岛、重庆、大连、武汉、杭州、沈阳、烟台、西安、徐州、如皋、苏州、福州、淄博、成都、合肥、昆明、广州、常州、南通等地，拥有近40家分支机构，并设立了上海、山东、南京管理总部。

2000年5月12日，"中信证券网"正式对外发布，同年7月全面开通网上交易。2001年2月5日，获得中国证监会核准的首批网上证券委托资格的23家券商之一。在2001年和讯网、新浪网、《证券市场周刊》和《财经时报》联合举办的"2001年中国优秀券商网站评选"中荣获第2名，并同时获得"最佳优秀券商网站奖"、"最佳行情系统奖"、"最佳财经资讯奖"和"最佳页面设计奖"等4个奖项。

中信证券公司研制的中信系列指数已通过中央电视台、《中国证券报》和《上海证券报》向社会发布，并通过上海证券信息公司的天汇卫星系统向全国非会员单位发送中信指数实时行情，这是国内除交易所之外惟一的指数行情发布。另外，中信证券也在金融数据库产品、指数化投资交易系统等金融创新方面取得了一定的成果。

【技术方案】 中信证券网上交易系统有效结合各种接入手段，实现统一接口，具有扩展性和可迁移性。系统具备高度安全性，并考虑与集中交易系统连接，其前置机处理能力能满足集中交易模式下的业务量。

基于客户的操作习惯，中信证券可提供专用客户端版、浏览器版的网上交易，并通过网站为客户提供更多的互动式、主动推送等服务。可提供Internet委托、手机(WAP/STK)委托、远程(可视电话/远程客户服务部)委托、声讯电话委托等多种交易手段。

1. *高度的安全性*。系统的数据安全采用的是基于CA和SSL安全通道的先进的安全机制，国产化的QC算法加密技术。总部及区域总部交易网与Internet互联网络采用安全隔离技术从硬件上实现网络间的安全隔离。采用时间戳校验技术，防止恶意重发交易数据包。采用总部交易客户监管系统对网上交易进行实时监控系统和日常管理。

2. *系统模块较好的独立性和易维护性*。本系统前台采用的是自定义的接口规范，与具体的柜台接口无关，由一转换程序根据配置文件转到相应的柜台系统。不同的柜台系统，只是配置文件不同，无需修改程序，真正做到了程序与柜台系统相分离。另外，系统各功能模块相互独立，可以轻松按照配置来添加删除功能和进行维护。

3. *系统的灵活性*。支持总部转发、单营业部和网吧方式，具有多种客户端访问模式(机顶盒，通用浏览器，专用客户端软件)。

4. *使用多级的负载均衡技术保证交易的快速性*。由于交易接入服务器的处理速度是400～500次请求/秒，交易事务处理机的处理速度是200～300次请求/秒，而柜台转换机由于要访问数据库它的处理速度是40～50次请求/秒，由此可见交易的速度瓶颈在柜台转换机上，但交易事务处理机和交易接入服务器的性能还没有达到极限，为此利用了负载均衡技术。负载均衡技术是基于IP的，它支持TCP和UDP协议，它的原理是把多台机器捆绑在一起，使其对外只有一个IP地址，所有发到这个IP地址的请求包，都能自动查找出多台机器中最空闲的一台机器来处理此请求。利用此技术，把交易接入服务器和柜台转换机做负载均衡，这样就充分利用了交易系统中各个环节的处理效率。这里要注意的一点是柜台转换机是要访问柜台数据库的，如果柜台数据库无法改善效率，仍可能是瓶颈，公司的作法是在交易事务处理机上的柜台接口程序里配置成可向多个柜台转换机发请求来实现的。

5. *提供更高效、功能更齐全的交易监管，并支持总部的交易监管*。除了密码尝试次数、单笔委托金额、单日成交金额和累计成交总金额的监控和各营业部成交汇总的统计以外，还提供了更丰富的统计功能，如：统计客户查询次数、时间段内客户委托数据、时间段内客户撤单情况，并且提供的访问量统计分析，具备了一定的CRM(客户关系管理)功能。当然的增加交易监管可能会使交易系统的处理速度下降，为了解决这个问题公司使用了分类监管模式，即把交易请求分类，像登录、委托等请求需要监控的就必须等待从数据库中返回结果才允许继续处理，而像查询等请求则可以在向数据库写记录的同时马上把控制权返回交易事务处理机，让请求继续发往下一环节，这就保证了交易监管的高效性。在实现总部交易监管中由于数据在到达营业部之前都是加密的，同时因为用户的数据放在营业部，所以无法在总部查看数据，使用的方法是在各个营业部提供交易监管的网络接口，总部的交易监管程序能够自动统计各营业部的成交汇总，用户可以无须知道数据分布的物理性。

【新系统规划】 公司自2001年开始调研筹建新的网上交易系统和网站系统，到2002年10月将推出新系统。新系统将建设在UNIX平台上，采用一些较高级的开发工具和软件产品，对比原系统，将在性能、功能、互动性、稳定性和安全性等方面有较大的提高。

【网上交易发展纪事】

1998年，中信证券开始与IT厂商洽谈开发网上交易系统，但当时缺乏法规指引，因此中信证券对此业务保持观望。

1999年，在公司内部进行技术系统测试。

2000年初，中信证券公司成立了互联网业务小组，正式着手开展各项网上业务。

2000年5月12日，“中信证券网”(www.citics.com)在中信证券公司迁址深圳揭牌仪式上正式发布。同年7月，网上交易系统全面开通。

2001年2月5日，中国证监会公布了首批获得网上证券委托资格的23家券商名单，中信证券公司为其中之一。

2000年至现在，经过多次升级、完善，目前网上交易版本为3.9.4，其功能、方便性等已达到同业先进水平，得到了客户的普遍认可。

2001年，在和讯网、新浪网、《证券市场周刊》和《财经时报》联合举办的“2001年中国优秀券商网站评选”中荣获第2名，并同时获得“最佳优秀券商网站奖”、“最佳行情系统奖”、“最佳财经资讯奖”和“最佳页面设计奖”等4个奖项。下半年，为进一步提高系统性能和稳定性，促进网上经纪业务的开展，开始筹建新的网上交易系统和网站系统。

2002年3月，新网站正式启动。7月，新网上交易系统项目正式启动。

【网上交易数据】 公司自2000年7月起，全面开展网上交易业务。截止到2000年底，网上委托交易量为8.1亿元，其中股票基金合计交易量为8.1亿，占股票基金交易总量的0.22%。2001年全年网上交易量达到78亿元，其中股票基金合计交易量为69亿元，占股票基金交易总量的5.1%。2002年截至11月30日，中信证券网上交易量突破182亿元，其中股票基金为116亿元，占股票基金交易总量的13.5%。2002年前11个月的网上交易总量比去年同期增长了168%，股票基金网上交易量比去年同期增长了84%，网上交易比重提高了8.4个百分点(见图1)。

公司2002年度累计交易量：36，111，050.82元，年度网上累计成交量：2，134，285.11元，网上交易量占总交易量的比例：5.91%。

图1 中信证券股票基金网上交易情况

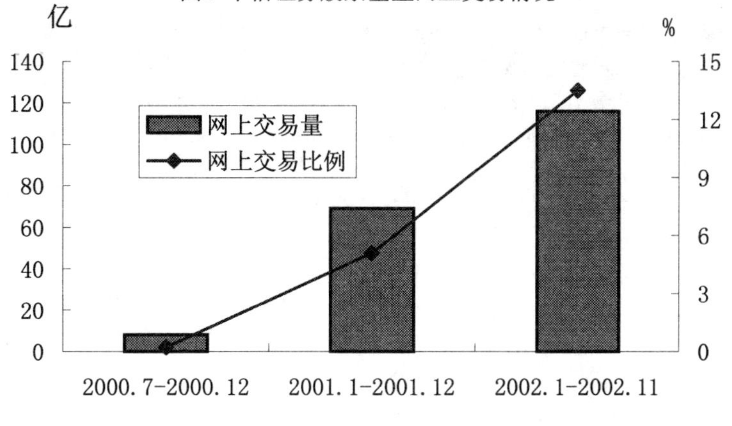

(中信证券股份有限公司项目主管　王雪)

·华福证券有限责任公司·

【公司概况】 福建省华福证券公司(简称华福证券)是1988年5月23日经中国人民银行批准成立的全国首批专业证券公司之一。经过10年的发展，公司实收资本2.05亿元人民币，属于中国专业性证券公司之一。2001年，经中国证监会批准，公司获准增资改制。公司本着稳健经营、规范管理的经营思想，全面开展各项金融证券业务，主要业务范围包括发行和代理发行各种有价证券，自营和代理买卖各种有价证券，有价证券的代保管、鉴证和过户，代理还本付息、分红派息等权益分派业务，证券抵押融资业务，企业重组、收购与兼并业务，投资咨询、财务顾问等等。公司相继在福州、上海、深圳、厦门、泉州、福清、永安、龙岩、涵江等地设立11家营业部以及9家服务部。华福证券成立10年来，利润连续翻番，1994年,公司在“中国500家最大服务业企业及行业评价”中荣列证券业第29名，在“全国证券商经营业绩排行榜”上利润总额名列第15名；1995年，公司在“全国证券商经营业绩排行榜”上利润总额名列第16名，证券交易额名列第20名，净资产额名列第19名。2000年实现利润1.47亿元。2001年底资产总额44.24亿元，2002年6月底资产总额32.19亿元。华福证券公司网上交易系统于2000年2月份正式开通，2000年7月份通过了国家信息安全认证，2001年2月份全国首批通过中国证监会批准开展网上委托业务。

【信息化建设】 华福证券公司从设立伊始从未放松过信息化建设。1994年通过双向卫星实现了与深圳证券交易所的联网。1996年通过DDN与上海证券交易所联网，并在年底实现了下属各个营业部的DDN联网，将营业部的报盘委托系统从传统的电话报盘发展到了快捷、准确的无型席位报盘。从1997年开始，大力发展远程交易系统，公司与建设银行开通了银证转账，简化股民的资金存取；还开通电话委托系统与远程可视电话委托系统，并在社会上大力推广。公司加紧了信息化的进程，1999年对网上委托业务立项，对市场进行考察，走访多家网上交易系统开发商，建立华福证券公司网上证券交易系统及华福金鼎资讯网。2000年7月份华福证券网上交易系统整体解决方案通过国家信息安全中心的安全审订。同年，推出金鼎卡通买通卖业务，率先在全省实现营业部间通买通卖功能，推出省内首家客户服务中心(0591-3333000)，为投资者提供买卖委托、股评信息、专家咨询、资料传输等全方位的服务。2001年9月份网站全面改版，逐渐由资讯网站向经纪服务网站转变。2002年7月份网站再次升级改版，进一步提升信息服务。

【网上交易发展规划】 华福证券力争到2003年实现把网站建成国内知名经纪服务网站，网上经纪业务效益与管理指标列居全国前列。措施是：(1)技术方面。优化现有网络技术架构，以为客户提供高效、便捷、全方位、人性化的服务为宗旨，努力打造具有公司特色的服务平台。(2)服务方面。对公司网站进一步优化，由原先的资讯网站向经纪服务网站转型，培养高素质的经纪人队伍，搭建具有华福特色的真正个性化、人性化的服务平台。(3)宣传方面。加强业务宣传推广，提高公司与网站知名度，开拓业务渠道，扩大客户群体。

【网上交易的推动】 (1)实施宣传营销策略，推广网上经纪业务。通过多种媒体相结合的全方位综合宣传，如组织新闻发布会、证券投资讲座等大型公关活动，利用报刊、杂志、电台、电视台等传统网络媒体进行广泛宣传，在提高公司知名度的同时，使“网上交易”的概念深入人心。(2)完善配套服务项目，做好售后服务工作。公司为了保证服务效率和服务质量，跟进并不断完善各项配套服务：对员工进行网上交易培训，提高员工素质，以提高服务质量；在营业部为客户免费举办网上交易讲座；利用客户服务中心(Call center)、公司网站、oicq在线服务等多种方式及时为客户提供帮助，解决问题。(3)合纵连横，全方位发展。公司推出网上交易业务的过程中，先后与铁路部门、教育系统合作创建了“华福证券铁路网”、“华福证券教育网”；与电信部门合作推广华福金鼎上网卡和宽带大户；与银行合作，利用银行网点实现代理开户等等。为开发潜在客户资源奠定了良好的基础，推动公司业务发展。(4)自主开发网站，不冒进、不落伍，踏踏实实地走。公司网站创建至今，其架构完全由公司自主开发，不仅为客户提供丰富财经资讯和实时行情，还根据广大客户的需求设计真正个性化的服务。(5)加强内部监管以防范风险，制定管理制度以促进发展。公司各部门认真学习并严格遵守《网上证券委托暂行管理办法》规定，按照规定开展网上业务，不断完善管理制度，提高技术水平，确保网上交易的安全、高效和快捷。

【交易平台特点及安全保障措施】

1. 交易平台特点。网上交易平台于2000年2月份正式投入运行，平台采用总部集中分发方式，平台在2000年12月与2001年5月进行了升级，扩充了硬件系统，增加了访问带宽，并建设了厦门与上海的网上委托备份中心，大大提高了网上交易系统的容量与安全保障。网站系统完全自主进行设计开发，采用mswin2000+mssql技术解决方案，具体特点：支持新闻分类、专题热点新闻，可以任意添加、修改、删除；支持图片新闻，新闻内容可包括图片在内；个股在线查询（时间类查询，“与，或”关系条件查询）；最新文章显示，新闻分类文章显示，历史新闻按分页功能显示；图片信息快速上传；提供信息讨论功能；提供信息E-mail发送功能；WEB方式在线管理和维护各功能块后台，添加后实时显示；用户管理使用密码登录，操作员机制，运用灵活；自成体系前后台WEB界面。

2. 安全保障措施。“金鼎在线”采用目前国际通用的网站建设技术标准，ASP+MS SQL SEVER 7.0，同时辅以JAVA，XML技术的应用，为网站建设提供了国际标准的兼容性和扩展性。网络安全方面，采用了通过国家信息安全中心认证的“天融信网络防火墙”，将网站服务器放在“DMZ”区中，严格限制了互联网、DMZ区、内部网络之间的互访，并辅以入侵检测与漏洞扫描系统，有效防止互联网黑客的攻击。(见图1)

图1 网上交易系统网络拓扑

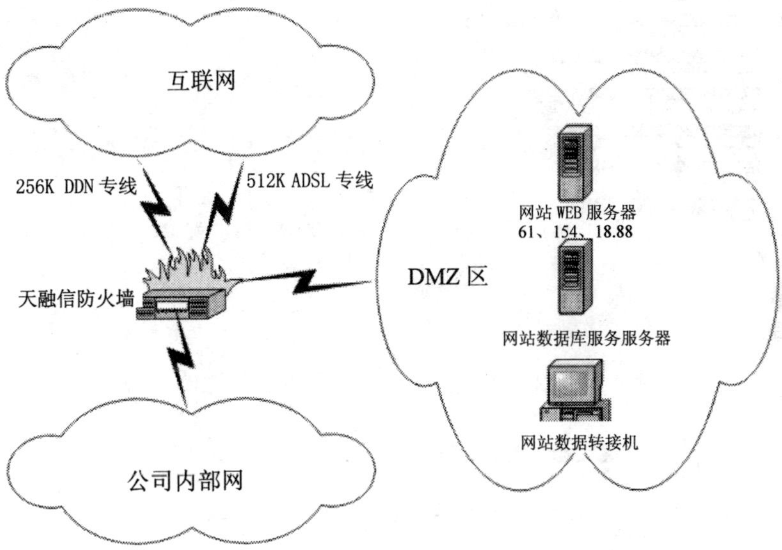

【特色服务】

1.个性化、人性化的服务平台。

2.强大的“在线行情”、“在线下单”功能。

3.及时的“实时解盘”，专家专职紧盯盘面变化，第一时间解读盘局。

4.丰富的“板块荟萃”，专职工作员全力搜索市场人士对热点的各种点评，百家观点一网打尽。

5.专职的“在线经纪人”，高水平的专家队伍提供优质、及时的咨询服务。

【网上交易数据统计】 2000年实现网上交易量6.7亿，累计网上交易开户数7490人。2001年实现网上交易量23亿，累计网上交易开户数17143人。2002年1～6月实现网上交易量27亿。累计网上交易开户数32000人。(见图2、3)

公司2002年度累计交易量：2，186，266.69元，年度网上累计成交量：454，986.19元，网上交易量占总交易量的比例：20.81%。

【网上交易发展纪事】

1996年，在省内率先推出电话委托系统。

1997年，省内率先推出家庭可视电话委托系统。

1997年，率先与各个商业银行合作，开通银证转账业务，公司的营业部先后与中、农、工、建、兴业等银行开通银证转账，为投资者提供了方便。

2000年2月，正式开通了网上委托业务，同期开通了华福证券金鼎在线(www.hfzq.com.cn)。

2000年，组建了华福铁路证券交易网和华福证券网上交易系统教育网分站(hfzq.fzu.edu.cn)，将网上交易系统推广到铁路系统和省内各大院校内部。

2000年7月，华福证券网上交易系统整体解决方案通过了国家信息安全中心的安全审定。

2001年2月，华福证券成为全国首批23家中国证监会核准开展网上交易的券商。

图2　2002年公司网上交易占总量比例（%）

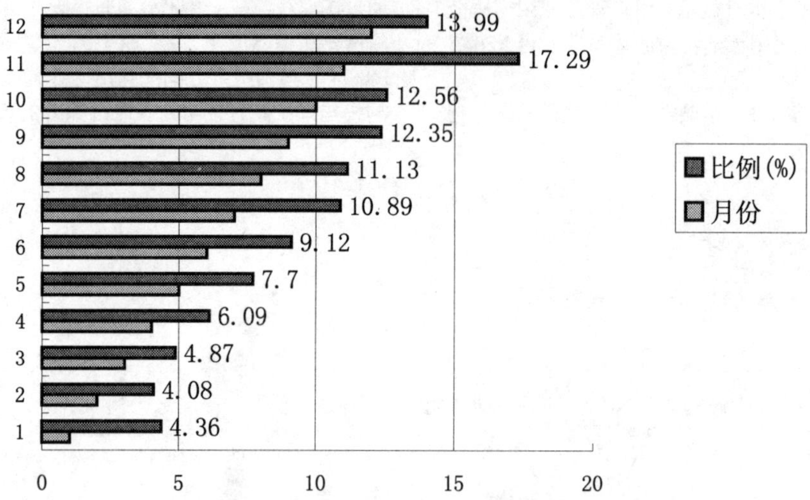

图3　2002上半年公司网上交易占总量比例（%）

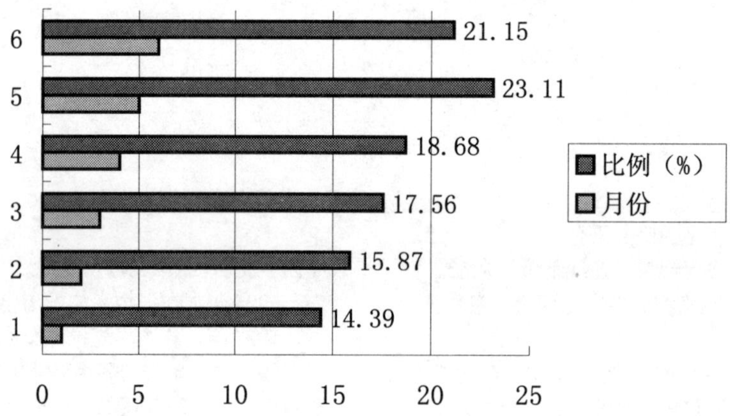

（福建省华福证券公司　刘峰）

·广州证券有限责任公司·

【公司概况】　广州证券有限责任公司前身为广州证券公司。公司于 1988 年 3 月经中国人民银行批准成立，是全国最早成立的证券公司之一，1997 年 11 月经中国人民银行批准增资改制为广州证券有限责任公司。2001 年 2 月 24 日经中国证监会批准增资扩股，公司注册资本由原来 1.5 亿元增加至 8.17 亿元。经营范围包括：证券的代理买卖；代理还本付息和分红派息；证券代保管、鉴证；代理登记开户；证券自营买卖；证券的承销和上市推荐；证券投资咨询和财务顾问业务；资产管理；发起设立证券投资基金和基金管理公司。

公司严格依据《公司法》和《证券法》建立经营决策机制，建立符合股份制要求内部管理体制，公司决策系统、业务操作系统、激励系统、监控系统均已形成并有效运作。公司战略发展目标是将广州证券建设成为国内一流的综合类证券公司。

【网上交易情况】　公司 2002 年度累计交易量：2,688,456.66 元，年度网上累计成交量：121,585.34

元，网上交易量占总交易量的比例：4.52%。

【广州证券电子商务部简介】 电子商务部是广州证券为了大力发展电子商务业务，而设立的证券电子商务业务的管理部门。其业务主要包括广州证券银证通交易系统、广州证券兴君网以及广州证券客户服务中心三大电子系统模块。

1．银证通业务。银证通是在严格遵循“分业经营”前提下广州证券同商业银行合作的金融产品。客户选择广州证券银证通，即可享有四大优势服务：第一，券商佣金费率低，其0.888‰的佣金费率可以堪称“全国最低”。第二，网点覆盖率高。银证通是一项在银行办理开通的业务，广证与工行的合作，以及即将开通的与农行和中行的合作，使得广大客户可以在广州地区任何一个角落开通广证银证通业务。第三，多种接入方式进行交易。客户可任意选择进入(href="http://www.gzs.com.cn">http://www.gzs.com.cn) 即广州证券兴君网进行交易；进入广州证券客户服务系统(83963933)、广州证券银证通电话委托系统(87698666)、工商银行电话银行系统(95588)进行交易，系统有充足的线路同时接入，充分顾及客户的需要。第四，广证客户服务中心提供专业化服务。

2．广州证券兴君网。兴君网是专业类证券网站，其具有浏览快速，功能齐全等特色。特色一：信息容量大。客户可以通过兴君网查看各种各样的最新信息，经济新闻、行业动态、公司信息、政策研究、市场分析、个股资料等等一“网”打尽。特色二：互动式的多元化交流方式。我们的BBS为各位提供一个谈股论金，各抒已见的场所。对于熟习于网上交易的客户，“专家在线”栏目可以随时和专家进行探讨。特色三：贴身设计的个性化版面。只要您注册成为兴君网会员，您就可以自助定制个性化主页面，获取最优的信息配置。特色四：小巧别致的免费邮箱让您深切体味电子商务的光彩，同时还可享受广州证券为您免费提供的资询服务。请点击广州证券兴君网站。

3．广州证券客户服务中心(GZS Customer Service Center)。客服中心是广州证券为开拓电子商务广阔领域，充分运用现代化的网络优势及先进的信息技术平台，构建的新型证券服务体系。接通广州证券客户服务中心电话(83963933)，您即拥有了一个强大、先进的，集交易、信息、咨询服务一体化的证券咨询服务平台。它可助您安全快捷地完成各种交易委托和资金划转指令。

客户服务中心的优势：第一，预约功能：如贴身理财顾问一般，助您及时掌握市场先机和动向。客户只要在预约模块中设置自己的预约内容，就能及时获知多种信息回报(包括：行情预警、成交回报、新股上市、配股、配号、中签通知)。第二，查询和传真功能：利用强大的查询和传真功能，及时、全面、清晰地掌握投资状况。第三，股市短讯及咨询服务：客服中心将广证各类资询产品通过手机和广证免费邮箱及时传递给投资者。第四，“人工服务”：通过人工服务，您可以实现对交易情况进行查询，咨询在投资中遇到的问题。而专家坐席更可即时为投资者排忧解难，提供个性化的投资策略。客户服务中心充分运用现代化通讯手段为各类型客户提供点对点的信息服务，营造一个流动的大户室环境。为所有广州证券客户提供全方位的支持，使您充分享受广州证券强大的咨询分析能力。

广州证券电子商务部(GZS E —commercial Sector)通过整合电子商务的所有交易手段，随时随地为投资者提供各类交易消息，无时空限制地给予个性化服务，为广大客户提供最具优势的解决方案。

（《中国电子商务年鉴》编辑部搜集整理）

·山西证券有限责任公司·

【公司概况】 山西证券有限责任公司的前身为山西证券公司，成立于1988年7月，是经中国人民银行批准的山西省惟一省级证券专营机构。1998年12月经中国证监会批准，公司成功改制为有限责任公司，注册资本金2亿元。公司具有中国证监会核发的经纪、承销、自营、投资咨询、资产管理等资格，是中国证券业协会25家理事单位之一，是全国首批获得网上证券委托交易资格的券商之一，是经中国证监会认定的43家资产质量较好、经营管理规范、经营业绩良好的无股民透资、无挪用股民保证金的证券公司。2000年，公司被山西省人民政府评为“优秀中介机构”。2000年下半年，按照国家实施信托证券分业经营、证券公司分类管理的精神，根据中国证监会证监机构字[1999]13、14号文件，山西省6家证券经营机构的证券类经营资产进行了资产重组，重组后的山西证券有限责任公司注册资本金10.25亿元。公司拥有28家营业部，分布在北京、上海、深圳、西安、太原及山西各地市。员工近800人。

【信息化建设】 山西证券始终清醒地认识到：公司信息化建设是迅速提高公司综合实力的关键，是公司实现跨越式发展的技术基础。只有加大力度开发、利用公司内外信息资源，促进信息资源快速转化为竞争力，才能正确把握电子商务的总体发展方向，从而稳步推进电子商务应用。

1994年1月，太原迎泽大街营业部全面实施综合布线，基本符合中国证监会1993年3月制定的《证券经营机构营业部信息系统管理规范》的要求。1996年统一了柜台系统，启用电话委托、可视电话委托、自助交割；1998年开通银证转账、POS机系统服务、总部集中监控；1999年3月试行网上交易。2000年6月，投资2000万元筹建i618网站，在业内率先使用SUN服务器，WEBERIC、ORACLE软件等，自行开发了行情、咨询、安全认证等软件。截止到2002年8月，公司用于信息化建设的投资约8000万元。

【电子商务交易平台特点】 网站的开发采用了国内最先进的技术。

1. *采用多层防火墙、并口隔离技术来保证系统安全*。为了保证股民在网上进行股票交易的安全，网站采用了128位SSL加密在互联网上传送交易信息的技术和CA证书认证技术，股民的交易信息在网站不落地，直接由网站系统发到证券营业部柜台系统进行处理的工作方式。CA认证采用的是中国人民银行中国金融安全认证中心(CFCA)的第三方认证技术。自主开发山西证券RA系统是CFCA批准山西第一家RA系统。

2. *采用服务器集群、数据库磁盘阵列和数据流磁带机备份来保证系统不间断运行和迅速恢复*。服务器硬件平台为SUN250、SUN450和SUN3500服务器。主力服务器操作系统为Solarias7.0，Web服务器为NETSCAPE，应用服务器为Web Logic Server，数据库服务器为Oracle 8i；电子邮件服务器为QMACIL。软件开发采用三层应用模式、Web Logic应用服务器平台和Oracle大型数据库平台，Java编程，开发符合EJBEAN和J2EE规范，网上信息的动态发布采用了ACTIVEX、JAVAAPPLET、SERVLET、JSP和JAVABEAN和JDBC数据库连接缓冲池来提高访问速度。

3. *采用了流量平衡和负载均衡技术来保证系统的可扩充性*。在开发中，以Servlet作为容器，用EJB来实现应用逻辑，充分利用Servlet和EJB规范本身有动态负载均衡，可缓冲排队(POOL)，使得开发的平台具有良好的可靠性、容错性性能。

在开发过程中，充分利用Web logic Application在Servlet引擎、EJB容器、重定向器、EJB动态负载均衡系统(WLM)，使得平台系统性能极优，有很好的稳定性、融错性、吞吐性和可扩充性，便于管理维护。

采用行情缓冲区，提高了系统的访问速度、保障了数据库的安全性，同时又极大地降低了数据库系统的访问资源。

所有对数据库的访问均通过连接缓冲池进行，由于连接共享，大大提高了访问效率，同时节省了大量的系统资源。

用户界面采用XML处理子模块自动生成，业务规则包含其中。

使用XML开发的通用网关接口实现不同企业接入，如银行接入、保险公司接入、证券公司接入等不同接口业务规则和需求功能。

【电子商务推动的具体措施】

1. *组织创新*。公司对网络交易部采取内部公司化的运作方式：建立了规范的公司制度体系运营模式，建立了合理的用人制度和薪酬制度，建立了全新的营销模式和服务体系，同时赋予网络交易部整合全公司经纪、技术、研发、营业部资源的职能。

2. *服务创新*。建立个性化的服务技术平台，包括客户信息分析系统、推拉式信息服务平台、客户呼叫中心。提高网站的咨询信息服务质量，开辟专家在线、投资工作室、技术答疑等栏目，及时解决客户的各种疑难问题。整合研究、咨询、客户服务的人力资源，组成一个以研究部为后盾，网站投资服务部为核心，营业部、服务部、技术服务站、股民学校为阵地，客服人员与客户一对一的客服网络体系，提高投资者的风险意识和驾驭市场的能力。

3. *管理创新*。公司根据业务的发展和管理的需要，在认真研究网上证券交易要素的基础上，为充分调动网络交易部与营业部双方的积极性，创建了“双重管理，双重考核”，以营业部为前台，以网络交易部为后台，借助银行网点低成本扩张的网上交易经营模式，同时积极促进营业部功能转型。网络交易部负责公司网上经纪业务的营销策划、人员培训、非现场咨询服务、技术支持、量化考核等；营业部负责网点管理、客户开发与培训、现场咨询等；银行代理客户开户，资金划转与支付。

4. *技术创新*。经过充分的比较分析，运用了unix软件平台和sun250/450/3500服务器，使整个系统满足现在需求，在今后较长的一段时间内仍有余地。

依据专业整合，建立了多种接入方式(中国电信、中国教育研究网、广电网、中国联通、中国移动)、多种发起方式(浏览器、客户端、电话、银证通、手机)，满足了不同投资者的需要。

统一咨询平台和客户服务平台，实施推拉式信息资源服务，已完成二次改版。目前网站实施的信息实用针对性强，专家在线、咨询、互动交流功能增强。个性化、专家化、专业化的服务，初具倪端。

【发展规划】

1. 进一步优化系统，不断应用合适的新技术，提高交易响应速度及并发量，完善信息服务、客户服务、多种接入方式和发起方式等功能，逐步承担起公司集中交易、监管、客服的功能。将高平台的高效性、稳定性、安全性等优势充分发挥出来，三年追加投入2000万元。

2. 促进公司经纪业务的功能转型、继续整合挖掘内部的各种资源，发挥信息技术人才、研究咨询、营销策划、客户服务等专业人才优势。采取行之有效方式，做好人才的配置和培训，专项拨款100万元。

3. 建立山西证券网上交易的市场形象，构健全新的经纪营销与服务体系，网点扩张到100个 。借助于山西证券研究、咨询服务品牌，金典证券网将融合金融和服务创新品种成为国内一流的证券网站，到2003年底，在保持整个公司经纪业务量逐步达到全国经纪业务交易量的2%的基础上，网上经纪业务的交易量争取达到全公司经纪业务交易总量的15%。

4. 公司管理及组织创新力度。坚持管理市场化动作，自主经营、自负盈亏、自我约束、自我发展，逐步整合全公司证券经纪业务资源，适时组建经纪有限公司。

【网上证券交易】

1. *开户股民注册用户*。开始时间为2000年8月18日。总开户数，截止到2000年底为1000人，截止到2001年底为3000人，截止到2002年6月30日为6800人。

2. *网上委托开户*。开始时间为2000年8月18日。网上委托开户数，截止到2000年底为500人，截止到2001年底，为2230 人；截止到2002年6月30日，网上委托开户数为3917人。(见图1)

图1　网上开户股民数量与网上委托开户数

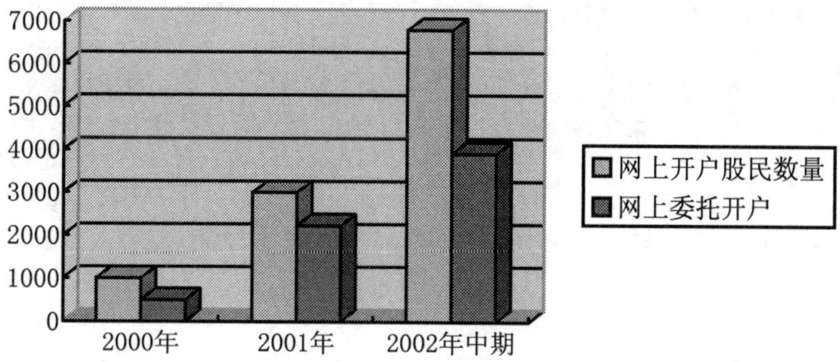

3. *网上交易量*。开始时间为2000 年8月。截止到2000年底，网上委托交易量达到1.47 亿元，网上交易量占交易总量的 0.3675%，其中沪深交易所(AB股、基金交易总量)为400亿元。截止到2001年底，网上委托交易量达到 1.88 亿元，网上交易量占交易总量的0.456%，其中沪深交易所(AB股、基金交易总量)为 412.43 亿元。截止到2002年6月30日，网上委托交易量达到2.5亿元，网上交易量占交易总量的 1.28% ，其中沪深交易所(AB股、基金交易总量)为175.56亿元。2000年全年网上交易19880笔；2001年全年网上交易 13718 笔； 2002 年上半年网上交易21200笔。(见图2、3)

公司 2002 年度累计交易量：3，322，035.67元，年度网上累计成交量：127，115.41元，网上交易量占总交易量的比例：3.83%。

图2　山西证券网上交易量

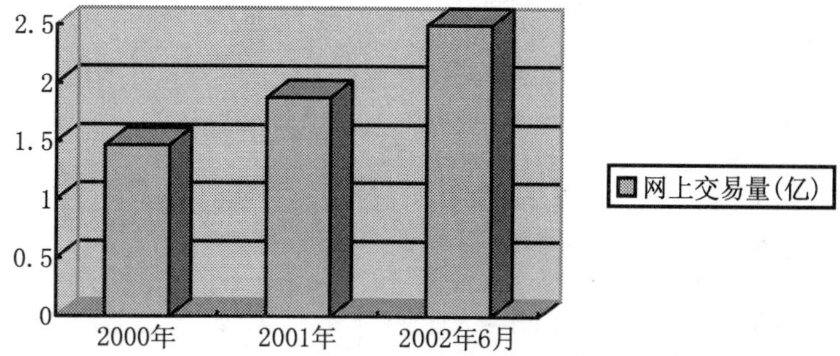

图3　网上交易量占公司交易量的比例

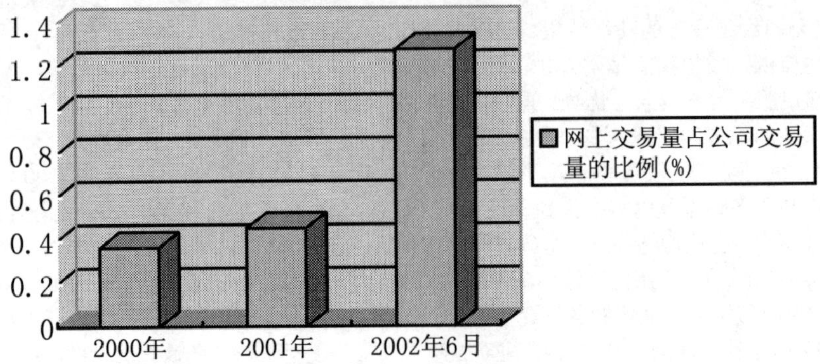

【网上交易发展纪事】

1999年3月，五一路证券营业部与太原电信局合作，进行网上交易的试点。

2000年6月，开始筹建i618金典证券网并自主开发交易行情、咨询等软件。

同年8月11日，山西证券网上交易系统通过公安部计算机信息系统安全产品质量监督检验中心的安全认证。

同年8月18日，i618金典证券网正式上线运行。

同年12月，同中国人民银行下属的安全认证机构CFCA建立合作关系，开发了CFCA——山西证券RA，为用户提供交易安全认证。

2001年3月，首批获得中国证监会网上证券委托业务资格。

2002年5月，网上交易系统增加了恒生网上交易系统，与原系统并行。

2002年8月，金典证券网全新改版，实用性、针对性、互动性增强。

（山西证券有限责任公司研发部副总经理　翟太煌）

·广东证券股份有限公司·

【公司概况】“广东证券股份有限公司”前身是“广东证券公司”，经中国人民银行批准于1989年6月正式成立，组建时注册资本金为3000万元人民币，是广东省成立最早的专业证券公司之一。1998年11月，经中国证监会批准，公司改制为“广东证券股份有限公司”，注册资本金增至8亿元人民币，资产总额近68亿元，净资产10多亿元。经过10年的发展，公司已发展成为集证券发行与承销、证券经纪、证券投资咨询、财务顾问、证券投资基金与资产管理等业务于一体的大型专业证券公司；公司拥有一大批博士、硕士以及有着丰富实践经验的管理人才；设有以华南为中心、辐射全国的48个证券营业网点。公司自成立以来，经济效益逐年提高，至目前为止公司总资产已达140多亿元，净资产达12多亿元，公司各项业务排名均在全国券商的20名以内。公司1995年至1999年连续5年位居全国券商深沪股票交易量排行榜前十名；先后承销和推荐了73家公司股票上市，主承销企业家数连续3年进入全国十强；公司还曾发起设立并管理了“广证基金”和“广证受益”两家基金，参与了大成基金管理公司的设立和管理，同时，国债、理财、证券自营等业务也得以迅速发展。

强调“以人为本”的人才发展战略，重视知识、尊重人才，发掘人才、培养人才，公司拥有博士毕业生20多名、硕士毕业生近100名，已培养出一支在企业财务顾问、经纪业务、行业研究、信息技术等方面的高素质专业队伍。

【网上交易统计数据】　公司2002年度累计交易量：8，952，621.81元，年度网上累计成交量：1，065，824.23元，网上交易量占总交易量比例：11.91%。

【信息化建设】　信息产业革命决定了技术创新的发展战略，广东证券适应传统产业信息化、经营方式网络化的当今世界经济发展趋势，高度重视信息网络的建设，通过收购盛润stock 2000财经网站并更名为“广东证券中天网”，发展自己具有强大信息化、智能化、个性化、社区化、知识化和安全快速的电子商务平台和证券分析软件——stock 2000，把公司传统业务与新技术结合起来，朝着“虚”“实”结合的管理模式和经营模式逐步迈进。

（《中国电子商务年鉴》编辑部搜集整理）

·广发证券股份有限公司·

【公司概况】　广发证券股份有限公司是国内首批综

合类券商之一，是一家与中国资本市场一同成长起来的新型投资银行，公司以“知识图强、求实奉献”为核心价值观，以使命感、事业心和专业追求致力于为客户提供创造性的服务，现注册资本为 20 亿元人民币，在全国各地拥有 71 家证券营业部、16 家证券服务部，另托管了 10 家证券营业部，公司总部位于广州市天河北路 183 号大都会广场 36、38、41、42 楼。

广发证券现有员工总数 1945 人，平均年龄 31 岁，其中博士、博士后及在读博士 56 人，硕士 385 人，公司以集中的人才优势享有中国证券行业“博士军团”的美誉，是中国金融行业首批获得国家人事部批准设立博士后流动站的企业。

2001 年 7 月 18 日，由广发证券控股的锦州证券增资扩股为 1 个亿， 并更名为广发北方证券经纪有限公司。这标志着公司向金融集团化迈出了关键的一步。广发北方证券经纪有限责任公司是中国第一家由券商控股的证券子公司，是具有独立法人资格的经纪类证券经营机构。现注册资本为 1 亿元人民币，目前有 9 家营业部和 4 家证券服务部， 分别位于上海、天津、沈阳、大连、锦州及辽阳等地，员工二百余人。公司注册地位于锦州，在大连和锦州设管理总部。

【经营特色】 “稳健经营，规范管理，在管理方式上稳健与开拓并重”是广发证券的总体发展战略思想，公司高度重视健全内部管理体制和完善风险防范机制，已制定出各类规章制度 300 余项，初步形成了一套具有自身特色的、合乎证券业规范运作要求的制度化管理体系。

有效的管理措施保证了公司的规范运作，使公司不仅获得了国家主管部门和评估机构的肯定，还获得国际金融组织的认可。近年来，公司先后被推选为上海证券交易所会员理事单位、中国企业家协会常务理事单位、中国证券业协会副理事长单位，并成为世界时代金融研究所亚洲首家会员单位。

2001 年，广发证券启动企业资源计划系统项目，进一步整合公司资源，建立现代化的管理流程体系。

【服务特色】 广发证券公司在全国首创了“全额预缴、比例配售、余额即退”、“免费预约、限量申购、抽签分配”等被广泛使用的发行方法和“A 股推介路演”这一全新方式，2000 年又在闽东电力的发行过程中首次在国内采用“荷兰式招标法”。在二级市场上，公司推出的“理性投资北京行、深沪行”等系列活动开创了中国券商组织客户走访上市公司、倡导客户理性投资的先河。2001 年，广发证券又先后在业界率先推出“广发 E 对壹服务”和“VIP 客户增值服务系统”，使不同的客户享受到真正的个性化服务。

广发证券正按照与国际接轨、符合上市规范的要求，积极调整和规范企业内部管理体制和运作机制，以建立现代化的企业资源管理流程系统，不断提升公司的管理水平，实现公司“成为国内优秀的、具有专业特色的跨国投资银行”的战略目标，争取为中国资本市场的发展做出更大贡献。

【统计数据】 根据中国证券业协会的排名，自 1994 年开始，广发证券已连续 8 年进入全国十大券商行列。2001 年广发证券主承销新股 5 只，主承销配股 5 只，推荐上市股票 5 只，在国内券商中的排名分别为第 4、第 4、第 5 位；证券交易总额为 3168.58 亿元，在深圳证券交易所排名全国同业第四位，在上海证券交易所排名全国第八位，其中 B 股交易量在深交所排名全国第二位，在上交所排名第五位。

广发证券成立近十年来，总资产增长了近 200 倍，由 1992 年的 1.2 亿元增至 2001 年的 215.96 亿元；净资产增长了近 250 倍，由 1992 年的 0.1 亿元增至 2001 年的 23.77 亿元，利润总额由 1993 年的 0.1 亿元增至 2001 年的 7.40 亿元。由于管理规范及对发展战略有正确的把握，广发证券没有涉足国债回购、国债期货、违规代客理财等业内重大风波及房地产实业投资热潮。

公司 2002 年度累计交易量：12，677，036.39 元，年度网上累计成交量：2，139，798.37，网上交易量占总交易量的比例：16.88%。

（《中国电子商务年鉴》编辑部搜集整理）

·闽发证券有限公司·

【公司概况】 闽发证券有限责任公司(简称闽发证券)前身是成立于 1988 年 5 月的福建省闽发证券有限公司。作为福建省最早成立的证券公司和全国首批专业证券经营机构之一，公司始终秉承“稳健经营、规范发展、开拓创新”的经营方针和“用一流人才，创一流业绩，做一流券商”的经营理念，经过十余年的锐意进取，发展成为商誉良好、业务品种齐全、市场范围遍及全国的综合类券商，注册资本 8 亿元人民币。

截止到 2002 年 6 月，公司资产总额达 57.61 亿元，净资产达 10 多亿元。拥有北京、上海、泉州、三明 4 个管理总部以及遍布全国的 40 多个证券营业网点，并在上海设立了投资银行总部，全面开展证券经纪、自营、承销、资产管理、投资咨询以及其他投资银行创新业务。

公司一贯奉行“以人为本”的管理思想，重视人力资源的开发和建设。截止到 2002 年 6 月，在职员工 828 人，大学以上学历人员约占 81%，绝大部分员工取得了证券业从业资格，并有相当部分员工获得了各类中、高级专业技术职称和注册会计师、审计师、律师等从业资格。

在长期的业务实践中，闽发证券在经纪业务上积累了丰富的经验，形成了独特的品牌优势，一直保持着福建省首位的市场占有率，并跻身全国券商前列。公司已开通A股、B股、基金等业务，还是全国首批获准开展特别股份代办转让业务的6家券商之一。

为了适应市场发展趋势，提高公司的核心竞争力，公司确定了“管理信息化、决策透明化、业务国际化、服务品牌化”的战略目标，着手筹划新一轮的增资扩股，并积极引进国内外合作伙伴，进一步优化公司资本结构，提升公司管理水平和业务创新能力，实现从资本实力、技术手段到业务与制度创新的全方位跨越性发展。

【信息化建设】 闽发证券历来重视公司的信息化规划与建设，注重运用网络化手段对证券业务资源进行整合，为客户提供网络增值服务。2001年起，公司开始着手建设以数据集中为基础的网上综合业务平台，使公司客户服务实现从运作模式到运行效率的全面升级和转型。根据实际情况，将技术系统的建设、与IT企业的合作及多种形式的接入手段相结合，拓宽系统信息处理能力。

1. *搭建集中交易模式。*随着经纪业务大环境的变化，客观上要求证券公司必须整合资源、降低成本。公司突破分散式技术系统的局限性，将所有客户的数据进行统一集中管理、统一报盘处理，以集中交易的方式实现高度的数据集中处理和风险集中监控。透过以集中交易系统为基础的闽发证券网上综合业务平台，既方便了客户操作，又可有效控制风险，为公司低成本扩展及进一步的金融创新奠定基础。公司首期已实现福建省内2个区域集中交易中心的建立，在不断总结经验的基础上，逐步实现全国的大集中交易。

2. *构建CRM与客户服务系统，为客户提供针对性服务。*CRM系统的建成可实现全公司的业务统计、报表生成和数据查询，是公司管理层及经纪代表挖掘客户数据的平台。它使针对性的个性化服务和定向营销成为现实可能，有助于提高客户服务水平，建立多层次赢利渠道，提高公司的核心竞争力。与之相配套的还有客户服务系统，它是客户服务的有力武器，通过呼入呼出、信息主动推送、短信点播等手段，为公司客户提供个性化服务。闽发证券的CRM与客户服务系统计划于2003年正式投产。

3. *实现内外网联通。*2000年，集通知公告、收发文管理、信息发布、员工考评、报表管理等多功能为一体的内部自动化办公系统建成后，极大地提升了工作效率。2001年底，公司结合实际情况，将总部和营业部网络划分为相互隔离、互不影响的交易网和办公网，交易数据、财务数据和重要的业务数据通过DDN传送，办公数据在办公网(通过互联网建立虚拟专用网)中流动，只要具备上网条件，随时随地均可办公。且办公网中的电脑同时又可访问英特网，既最大限度地保证了交易安全，又满足了适度访问互联网的需求，在确保网络安全的前提下实现了公司办公网与英特网(Internet)有限度的互联，大大提高了效率，节省了资源，为公司进一步开展电子商务打下基础。

【网上交易发展规划】 ⑴继续完善行情与交易系统，满足客户不断增长的对系统功能的需求。为了增强系统稳定性，加强系统功能，公司除强化原3.X版交易软件的故障自动切换功能，加强该系统的高可用性外，还计划同时启用功能强大的核新天网2002版和通达信.net两种网上交易软件。三种行情软件与交易软件同时并行，供客户自行选用。在公司改造网上交易系统的整个过程中，始终以客户需求为导向，采取均衡负载、简化操作等手段，令客户在投资分析方面更加得心应手。⑵以客户关系管理信息平台的建设为契机，优化闽发在线网站信息架构，使其内容更贴近客户的需求。优化时侧重于界面的用户化、业务的流程化、信息的个性化，形成直接面向现有客户及潜在客户的定向营销和快速反应。2002年底将实现的第三次改版正在采取分步分块的方式进行，新版闽发在线将突出主动性、即时性、专门性和个性化，强调“商业、内容、社区”三者的结合，目标是成为真正的企业级门户网站。⑶整合内部资源，为客户提供有针对性的增值服务。通过将有形营业部和网上交易的组织结构、资源、功能、业务流程和信息系统进行整合，借助CALLCENTER这一技术前台来向客户提供个性化的客户服务，以突出网络优势，满足客户需求。⑷从公司层面上加强与国内、国际有关机构的战略合作，实现上游、下游、平行市场的战略合作，致力于提高服务的全面性、系统性、及时性、可靠性，提高服务的深度与广度，最终成为具有闽发品牌的金融超市。

【电子商务发展措施】 ⑴领导重视。公司领导一直非常重视网上交易的发展，从1997年首次推广网上交易到全公司全面推广网上交易的各个阶段，公司领导起着不断推动和协调各种资源的重要作用。⑵考核严格。公司将营业部网上交易业务开展情况纳入考核体系，网上交易开展的好坏直接与各部及每个员工的奖罚挂钩，充分调动各个部门的积极性，巩固网上交易业务的推广成果，推动了公司网上交易的全面发展。⑶多渠道营销。通过电视、广播、报刊、网络、路牌、传单等广告媒介，向广大投资者宣传公司网上交易的优势，组织专人到居民小区、网吧和街道开展现场咨询活动，并通过上门开户、安装软件和指导操作等多项服务，使得公司电子商务的推广工作得以顺利展开并卓有成效。(4)加强横向合作、创造多赢的商业模式。加强与电信、宽带营运商、银行等单位合作，在技术、业务与客户资源等方面互补优势，为客户提供更为全面的金融服务，实现多赢。“闽发在线”发展成为集研究咨询、信息产品、投资策划、网上交易、个人理财等功能于一体的大型综合性金融证券网站。

【交易平台的特点、交易安全措施】 (1)技术保障。公司在网上交易发展过程中，始终将安全稳定作为首要原则。公司以加密技术和动态密码技术保证数据在广域网安全，以异构隔离和防火墙保证系统与EXTRANET和INTERNET连接安全，以并口隔断保证公司内部网络安全，以主机安全设置、漏洞修补、检测和应用系统安全设置保证操作系统和应用系统安全。在系统运行的近6年时间里，系统运行稳定，响应快速，未发生任何大的事故。(2)业务控制。风险防范能力从业务流程设计和电脑技术应用两方面同时入手。在业务方面，公司特别强调开户、协议签订、撤销指定交易、转托管、大额取款、大笔受托等几个重要环节。同时，通过完善的组织管理体系强化风险防范，确保风险控制方案全面落实。(3)多主站均衡负载，确保系统稳定。在安全的基础上，公司构建以总部为中心的高效快速、极具扩展性的系统平台，在福州、上海、深圳等地建立了5个独立的委托交易系统，以及多个主站相互备份，同时采用均衡负载机制，根据数据流量变化，灵活地分配通讯和运算处理负荷，确保全系统在高并发状态下的高效运行。(4)个性化软件与服务。经多次升级改版的行情软件目前已实现将实现数据转换、信息地雷、精确除权、区间统计、个人理财、智能检索、预警系统、选股系统、图形叠加及个性化行情页面等数十项功能。较之以前的行情系统，具有界面友好、操作简便、传输更快、灵活自由的特点，充分体现投资分析与信息服务的个性化。

【特色服务】 (1)智能化的数据服务。目前闽发在线数据频道包含区间行情统计、股东人数、席位资料、每笔股数、基金、中报、年报等多种数据及JAVA图表，支持多种排序、搜索及强弱分析，已成为数据分析爱好者的乐园。(2)互动式的网上社区。网上社区中的论坛、股市沙龙、模拟操盘是三大主要栏目。其中论坛又按不同需求分为多个子论坛与个人专栏。随着论坛的发展，在投资分析的方法、理念及水准方面，闽发论坛渐领国内风气之先，远超国内各大证券论坛之上。与此同时，因用户数的激增，论坛管理方面也在实践中不断地摸索出一套经验，并自成体系。已举行三次模拟操盘大赛，注册用户踊跃参加，效果不同凡响。(3)专业化的咨询服务。除网站时时更新的强大资讯外，公司将总部信息研究中心、上海研发中心、北京研发中心和各营业部等不同层次的研究力量通过网站整合在一起，通过发送研究报告、股市沙龙等方式，提供给不同级别的客户，以满足不同层次客户的需求，营造远程交易的大户室氛围。(4)三套行情软件并用、多个主站并行，充分保障了系统的稳定运行。公司将同时并用闽发3.50版、核新2002版与通达信.net三套行情软件，在全国范围内实现多个行情与委托主站均衡负载，交易用户可自主选择使用。系统还支持自动化升级，不但操作简便而且更具稳定性。

【网上交易统计数据】

1. *网上交易统计数据*。至2002年6月底公司网上交易用户数已超过10万人，较2000年底增加近7万人。2002年上半年网上交易金额占经纪业务交易总额的比例近20%。较上年同期增加6%。行情系统日均并发人数保持在5000至8000人左右。各项指标均呈现强劲的增长势头。

公司2002年度累计交易量：5，948，003.91元，年度网上累计成交量：1，223，323.48元，网上交易量占总交易量的比例：20.57%。

2. *闽发在线网站统计数据*。至2002年6月，网站除开户用户外还有注册用户4.2万人。平均日访问人数50万人次，日点击率890万，页面访问量最高达500万次。所有数字均创历史新高。(见图1、2)

图1中，以三角形为标识的深色曲线代表交易金额，以千万为单位；以正方形为标识的浅色曲线代表开户数，以户为单位。深色曲线斜率明显大于浅色曲线，表明闽发证券交易金额增长率大于开户数增长率，账户交投活跃。

图2中，长条形柱体表示闽发证券网上股票交易量占公司股票交易总量的比例，从左到右总体趋升，表明2001年1月至2002年6月期间，闽发证券网上股票交易量稳中有升，发展态势良好。

图1　闽发证券开户数(户)与累计交易金额(千万)

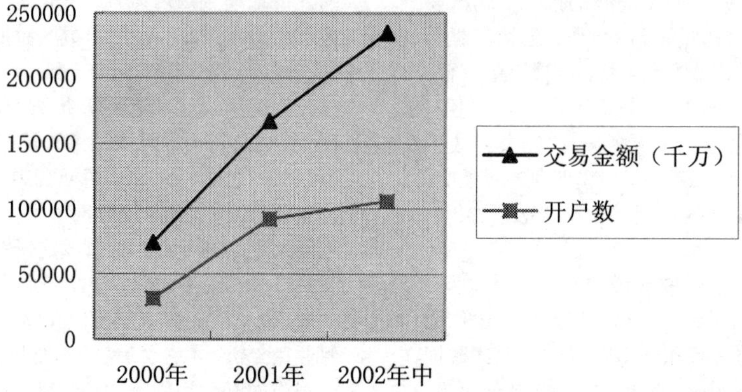

图2　闽发证券网上股票交易量占公司股票交易总量的比例(%)

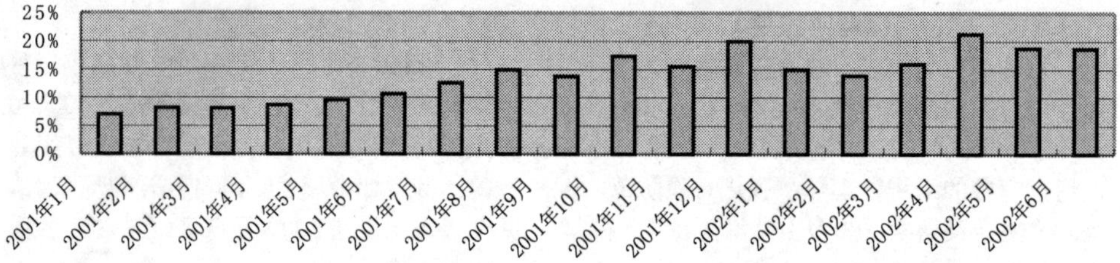

【电子商务发展纪事】

2001年9月，在由新浪网、和讯网和证券周刊主办的“中国优秀券商网站”评选活动中，“闽发在线”网站荣获“全国十大最佳优秀券商网站”第四名。

2001年底，闽发证券新成立的北京营业部、武汉营业部开通网上交易业务。2002年3月，网上交易总用户数突破10万户。

2002年9月，在由和讯网、海融网、《证券市场》周刊、《财经时报》周刊等单位主办的第二届“中国券商优秀网站”评选活动中，“闽发在线”网站荣获“中国券商十大优秀网站”第八名，闽发在线论坛荣获“最佳优秀论坛奖”第二名。

2002年11月，公司同时并用闽发3.50版、核新2002版与通达信.net三套行情软件和交易软件；闽发在线网站酝酿第三次改版。

（闽发证券有限公司网上证券部　黄英）

·西南证券有限责任公司·

【公司概况】　西南证券有限责任公司成立于1999年12月28日，是在重庆市原四家证券经营机构基础上经资产重组和增资扩股组建而成的全国性大型证券公司。公司注册地在重庆市，注册资本金11.28亿元，股东21家。2002年11月经中国证监会批准，公司注册资本金增加至16.3亿元，现有股东25家。

公司现有员工782人，平均年龄29岁，其中具有硕士、博士学位的员工161人，占员工总数的21%；具有本科学历的员工366人，占员工总数的47%。

经营范围：证券代理买卖；代理还本付息、分红派息；证券代保管、鉴证；代理登记开户；证券自营买卖；证券的承销和上市推荐；资产管理；发起设立证券投资基金和基金管理公司。

西南证券具有较为健全的公司治理结构，由股东会、董事会、监事会组成，董事会下设战略发展委员会、风险管理委员会、投资决策委员会等决策参谋机构。公司实行董事会领导下的总裁负责制。

公司设有投资银行总部、经纪业务管理部、证券投资部、投资理财部四个业务部门；设有证券研究发展中心、电脑中心两个业务、技术支持部门；设有行政办公室、人力资源部、计划财务部、北京办事处等九个职能部门。在全国主要经济中心城市设有25家证券营业部及6家证券服务部；投资银行总部在北京、上海、深圳设有投资银行业务部，在重庆、长沙、兰州设有投资银行办事处(代表处)。

【统计数据】 西南证券各项业务发展迅速，经营业绩稳步提高。2000年公司投行业务主承销金额名列全国第9位，家数名列全国第10位，主承销信誉积分名列全国第7位；2001年，主承销家数名列全国第8位，市场份额由2000年的3.4%增至2001年的4.8%；截止2002年10月，主承销家数及金额均名列全国第7位；证监会发行项目实行通道制后，公司拥有8个通道。经纪业务市场份额由2000年1%上升至2001年1.44%，市场占有率由1999年的29位上升到2000年的24位，2001年又上升至16位，在券商网点运作效率(市场份额/网点比重)上排名11位。

公司2002年度累计交易量：8，089，339.06元，年度网上累计成交量：602，178.50元，网上交易量占总交易量的比例：7.44%。

(《中国电子商务年鉴》编辑部搜集整理)

·北京证券有限责任公司·

【公司概况】 北京证券有限责任公司是经中国证监会批准成立的全国性综合类证券公司，于1997年底由北京证券有限公司和北京财政证券公司合并而成。1999年末，北京证券经过增资扩股，注册资本金增至15.15亿元。自1997年重组以来，经主管部门批准先后取得国债一级自营商资格、股票主承销商资格、股票质押贷款融资资格、进入全国银行间同业拆借市场融资资格、网上证券委托业务资格、综合类证券公司资格、经营外汇业务资格和经营外资股业务资格，是全国少数几家同时具有以上几项业务资格的证券公司之一，并被推选为中国证券业协会副理事长单位。公司自1997年重组以来，经过四年建设和业务开发，进入快速发展时期。截至2001年12月31日，共主承销及参与承销股票80余只。1999年，承销新股数量达到全国第六位，参加和筹备兴华证券投资基金等4只证券投资基金设立、发行以及大量企业债券发行工作，经纪业务和自营业务不断扩大。2001年2月被中国证监会正式核准取得网上证券委托业务资格。

【网站特色和网上交易推动】 公司成立网上服务部，负责网站、网上交易平台建设和网上交易推广。北京证券理财网(www.bjzq.com.cn)定位是为投资者提供投资、理财、信息增值服务。网站依靠自身力量，2002年5月实现改版。有北证天地、网上学苑、研究报告、理财顾问、股市行情、网上交易等6个主要频道。其中以“理财顾问”为核心，由聘请公司内外专家和注册客户在线交流。开通一月内，已发展注册客户500余人，理财顾问回答各类问题1500余个，显现出个性化、专业化服务的生命力，在年内完善网站内的财经资讯、财经新闻系统、基于浏览器公司级的网上交易系统等，使投资者在北证理财网获得一站式服务。在加强网站建设的同时，网上服务部积极开展网上交易推广活动，开发潜在网上证券客户。各营业部和居民小区进行定期不定期网上交易宣传、培训，各营业部和居民小区合作建设行情站和办理现场开户。

【技术方案】

1. *网上交易技术现状*。股民用客户端程序和设置在各个营业部网上交易服务器直接连接，实现网上交易，通过专用客户端与设置在北京互为备份的3台行情服务器查看行情，北证网站内通过浏览器查看ActiveX版行情。整个系统由行情服务器(全公司共用)、各营业部端防火墙、各营业部端委托服务器构成：(1)行情服务器。托管在电信公司数据中心机房，接受客户对即时行情、历史行情、证券信息请求访问，并返回相应数据；WWW行情浏览和资讯服务(营业部利用公司行情服务器)。(2)证券公司端防火墙。将外部网和证券公司网络相互隔离，保证证券公司内部网安全。对网上交易数据包进行识别，对客户进行第一道身份确认。(3)证券公司端委托服务器。接受交易请求数据并传递给柜台系统，返回柜台系统处理结果。

2. *系统的业务流程*。(1)用户本地安全代理客户端截获通过浏览器或专用客户端发出的请求。(2)安全代理客户端与证券公司委托服务器上安全代理服务器建立安全通道，进行安全数据传输。(3)安全代理服务器将解密后的数据提交给本机的web server。

3. *系统的特点*。(1)高度安全性。系统数据安全采用是基于CA和SSL安全通道先进安全机制，国产化QC-1算法加密技术；增加时间戳处理，防止重复数据；采用客户管理系统对网上交易进行实时监控系统。(2)系统模块较好的独立性和易维护性。系统前台采用自定义的接口规范，与具体柜台接口无关，由一转换程序根据配置文件转到相应的柜台系统。不同柜台系统，只是配置文件不同，无需修改程序，做到程序与柜台系统相分离。系统各功能模块相互独立，可以按照配置来添加删除功能和进行维护。(3)

功能丰富性。系统查询股票时有相应市值和盈亏统计，委托买卖时有股票最新行情。(4)交易快速性。网上交易每笔耗时约 1～2 秒，操作者没有延时等待感觉。

4. *系统的安全策略*。(1)系统加密措施。网上交易系统中，采用 2048 位 RSA 公开密钥加密算法体系和 128 位 QC-1 秘密密钥加密算法相结合方式实现传递信息安全加密。QC-1 加密算法由中科院信息安全技术工程研究中心与恒生公司联合研制专用于网上交易安全的加密算法，最大密钥长度可达 256 位，加密强度超过国外同类算法。QC-1 算法密钥在每次交易时随机生成，由 RSA 算法加密传递，形成客户和服务器之间“会话密钥”，由会话密钥加密传递交易信息。(2)安全隔离机。技术利用中科院信息安全技术工程研究中心开发的“网上交易专用安全隔离机”，系统基于 DOS 操作系统环境，通过两块网卡实现内外网络隔离，安全隔离机采用 DOS 操作系统，具有防火墙包过滤功能，将大部分来自互联网的基于 WINDOWS 应用过滤掉。还具有包转发功能，能对收到的信息进行分析，根据需要将其转发到后台委托服务器上，后台委托服务器在互联网上是不可见，用户只能 PING 到安全隔离机(利用该特点可以建立总部模式的网上交易系统)。两块网卡之间数据传输是由专用通讯程序控制，且在数据传输前要校验是否有特定数据标识，保护内部网络安全。(3)网络路由阻断。通过对路由器设置可实现网络信息单向传送，证券公司向站点发送行情数据的传输通道上即可限制从站点端到证券公司端的数据通道，确保通道“只出不进”，加强内部网络安全性。

5. *数据备份和恢复*。网上交易系统中，网上交易系统本身没有涉密数据，仅有日志文件生成。但仍需要对委托服务器进行备份。备份采用双机冷备份，每日交易结束时备份网上交易审计数据，以备查询。

6. *病毒防范*。网上交易系统，采用网络反病毒技术，在委托服务器上安装防病毒软件，对服务器中的文件进行定时扫描和监测。

【网上交易情况】 截至 2002 年 6 月底，北京证券共有 22 个营业部开通网上交易业务，网上交易开户数超过 18 万户。2001 年公司网上交易量超过 36 亿元，占公司股票交易总量的 5.2%。2002 年 1 月至 6 月份实现网上 A、B 股委托成交金额 24.7 亿元，占公司股票代理成交金额的 5.8%，比 2001 年同期增长近 50%。网上交易额占公司股票代理成交金额的比重为 5.8%，比 2001 年同期增长近 50%。(见图 1、2)

公司 2002 年度累计交易量：7，018，485.96 元，年度网上累计成交量：509，084.43 元，网上交易量占总交易量的比例：7.25%。

图1 北证网上交易月度交易量（万元）

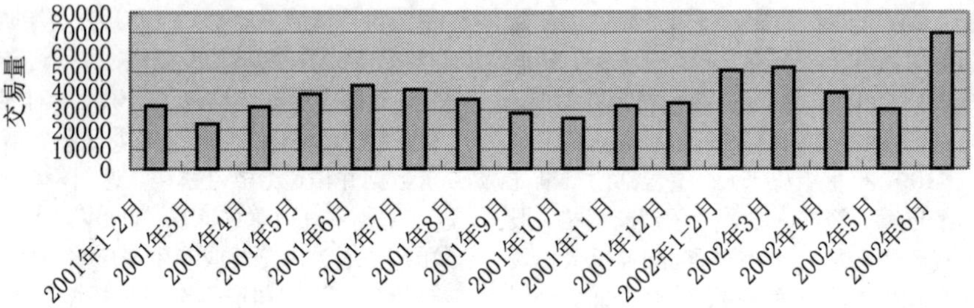

图2 北证网上股票交易量占公司股票交易量的比例

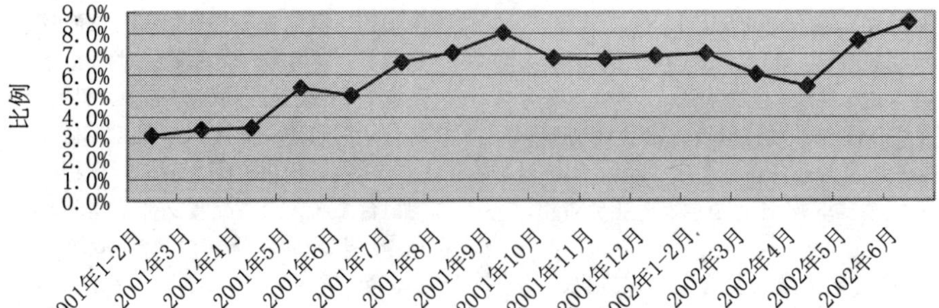

【理财网发展规划】

1. 进一步加大技术、资金的投入，对北京证券理财网和网上证券交易系统进行升级和扩容，确保网上交易的安全、快捷。

2. 全力打造“北证理财工作室”，为客户提供全方位的、优质的投资咨询服务。

3. 加大宣传力度，扩大网站知名度；增强营销手段，拓展网上证券客户，扩大市场份额。

【网上交易发展纪事】

2000 年 12 月，北京证券网上服务部成立。

2001 年 2 月，获得网上证券委托业务经营资格。

2001 年，网上股票交易量占公司股票交易量比例为 5.2%。

2002 年 5 月，推出新版“北证理财网”。

2002 年 7 月，“北证理财工作室”开通。

（北京证券有限责任公司网上服务部经理　詹晓艳）

·辽宁证券有限责任公司·

【公司概况】　辽宁证券有限责任公司的前身为辽宁省证券公司，是经中国人民银行批准成立最早的证券专营机构之一，设立于 1988 年。1997 年，在合并本溪、丹东、营口、阜新、辽阳、铁岭、朝阳、盘锦、葫芦岛等 9 家市级证券公司的基础上，吸收法人出资，增资改制为现名。总部设在沈阳。

公司的宗旨：遵守国家有关法律、法规及各项金融方针政策，运用市场机制引导资金流向，扩展融资渠道，开拓证券市场业务，发展和完善金融市场，保护投资者合法权益。

公司在业务开拓、网点建设、人才储备等方面取得了长足进展，资本实力雄厚。公司拥有 2 个总部、3 个分公司、22 个证券营业部、20 个证券服务部，遍布辽宁各地及上海、天津、深圳、等大城市。

【独特的业务风格】　在“规范经营、创新发展”的经营管理思想指导下，公司在激烈的市场竞争中逐步形成了自己独特的业务风格。

1. *以服务地方经济为己任——投资银行业务*。针对辽宁国有大中型企业众多的特点，作为地方性券商的辽宁证券公司从 1993 年起为省内近百户企业提供了股份制改组、上市辅导、企业并购等方面的业务咨询及报告，这其中已有近 20 余户企业成为上市公司，占辽宁上市公司的 1/3 强，承销及推荐上市公司股票 24 只，累计承销各类证券 50 余亿元。

公司担任了省属锦州市、葫芦岛市、盘锦市、阜新市、辽中县、本溪国有资产经营公司的财务顾问，编辑《现代金融概论》、《资本经营与运作实务》、《辽宁上市公司研究》等书籍，制作了 20 集《企业重组与并购》电视讲座片，为政府及企业举办多次证券相关业务培训班，配合政府国有企业的战略重组工作。

2. *以技术领先、网点众多、创新交易为特色——经纪业务*：⑴ 技术领先。经纪业务是公司最重要的基础业务，自成立以来，公司不断创新技术手段，用技术领先引导公司经纪业务的发展，在全国和东北地区创造了数项第一：第一个使用钱龙信息软件，第一批采用卫星数据通信，第一个采用电话委托，第一个实行统一清算和广域网监控系统，第一个开展网上交易，第一个建立专业证券财经网站。以上先进技术的采用为各项业务的开展提供了强有力的保证。⑵ 网点众多。公司在强化技术领先的同时大力加强营业网点建设，相继在辽宁、上海、深圳、天津等发达省市建立了 22 个证券营业部，并以辽宁为中心建立了 20 个证券服务部，使得公司营业网点数量达到 42 个，在区域性证券公司中名列前茅，居全国上游水平。⑶ 创新交易。1998 年，公司率先在东北地区开展了网上交易；1999 年实现了所属 22 家营业部的通买通卖；2000 年，公司在全国较早建立了自己的专业证券财经网站——中国龙投资网；2001 年初，经中国证监会批准公司成为全国首批开展网上证券委托业务的证券公司，标志着公司在创新交易方面走在了全国同行的前列。同时公司承担了中国证券业协会 2001 年重点课题的研究，《网上证券交易研究》被协会收录列为重点课题之一，该研究成果获奖。中国龙投资网在由《证券时报》主办的第一届最受网(股)民喜爱的证券网站评比活动中获“最佳页面设计奖”。

在上述前提下，公司努力提高服务质量，使公司经纪业务规模不断扩大，市场占有率稳步提高。1998 年实现市场占有率 0.5%，1999 年为 0.57%；2000 年为 0.65%，2001 年为 0.77%，2002 年上半年为 0.9%。

3. *全国首创——代办股份转让服务业务*。在搞好传统业务的同时，公司更加注重创新业务的研究与开发。股份转让服务业务便是创新研究成果的代表。2001 年 6 月，经中国证券业协会批准公司成为全国开展代办股份转让服务业务的 6 家证券公司之一，是长江以北惟一一家。在全国首批成功主办了沈阳长白计算机股份有限公司的股份转让服务业务，并为其他挂牌交易的公司提供转让服务。股份转让市场是国家证券市场向多层次发展和不断完善的重要体现，它将为众多的中小企业提供直接融资和交易渠道，而公司将在提供服务的同时觅得良机，极大地促进公司自营、投行等相关业务的开展，给公司未来的发展带来积极、重大和深远的影响。

【公司战略规划】 辽证的决策层描绘公司未来的发展即力争在二年内完成资产与业务整合，主要业务规模与综合能力进入国内上游，初步构建金融控股集团架构。在公司股东和社会各界支持下，把公司建设成为资本雄厚、管理规范、业务全面、智力资本充足、经济效益良好的全国一流券商。

【网上交易推动】 网上交易业务代表了经纪业务发展的方向，公司一直高度重视，把它放在营业部经营模式转型、提升经纪业务核心竞争力的高度来看待。

1. 坚实、先进的技术保障。公司贯彻"业务拓展，科技先行"的指导思想，保证公司网上交易系统更方便快捷地为公司广大客户服务。公司网上交易系统在全国第一批通过中国国家信息安全测评认证中心安全认证。经中国证监会批准，公司成为全国首批获得开展网上委托业务资格。公司先后对网上交易系统进行了 10 多次升级，并根据营业部实际需求设置服务器，使公司网上交易系统始终保持全国领先水平，有效地保证股民浏览行情和下单交易的快捷畅通。

2. 个性化、专业化的信息咨询服务。公司"客户咨询中心"先后对"中国龙投资网"进行了几次改版，使"中国龙投资网"信息及时、丰富、针对性强，咨询质量极高，受到了广大投资者的一致好评。目前，中国龙投资网日访问量达到 5 万次以上，成为东北地区开展电子商务的龙头。客户咨询中心还针对网上交易客户推出辽证"理财秘书"、"理财专家"服务，利用电话、传真、电子邮件、手机短信为广大网上交易客户提供"一对一"的信息咨询服务，不仅使客户得到准确及时、全面细致的咨询信息，而且还针对客户的具体要求为客户提供定制信息的增值服务。

3. 切合实际的推广营销。公司利用报纸、电视台、广播电台等多种媒体对中国龙投资网及公司网上交易业务进行整体形象宣传，并给各分支机构印发宣传品，举办大型的市场营销活动树立公司网上交易业务品牌。各营业部网上交易部(组)结合各自特点和本地区实际情况，做好各自地区的宣传推广。同时，各营业部网上交易部(组)还加强了对营业部网上交易客户的售前、售中、售后的一对一服务，基本上做到客户有问题及时到场解决。

【技术方案】

1. 采用防火墙系统保证站点的安全性。⑴在链路层，采用防火墙等技术，防止非法客户的入侵。⑵在通信层，采用 SSL(128 位)加密技术，防止数据被非法截取。⑶在应用层，采用数字签名(1024 位)技术，确保交易数据的不可篡改性和不可否认性。

2. 局域网络安全策略。⑴实现内部网络和 Internet 网络的硬件隔离，彻底解决黑客侵袭问题。为了保证内部网络安全，避免来自互联网上的攻击，在公司的网上交易方案中采用了串口隔离技术，将内部网络和互联网络彻底隔离。委托服务器和前端服务器不安装 Windows NT 串口通讯模块，而是各运行一个串口通讯程序，该程序采用 Windows API 低层编程技术直接对串口进行操作，有交易数据合法性检查功能(数据包的标识和校验)，如此即可避免来自互联网络的命令和非交易数据进入委托服务器，从而避免网上黑客对交易网络的攻击。⑵通过委托转换机的保护，将 NT Server 与柜台数据库进行隔离，确保对数据库的合法、正确的操作。⑶Windows NT 和 Novell 双重安全体制的保障。在硬件隔离和数据包检验的保护下，再击破 NT 和 Novell 安全体系可能性几乎为零。

3. 人员管理的安全保障策略。为了防止工作人员恶意破坏，凡是在磁盘上保存的网上交易数据(临时或永久性数据)均要经过加密保存，工作人员即便获取数据也因不知股民密钥而无法篡改。

4. 通过中国国家信息安全测评认证中心对公司信息系统(网络)安全认证。审字[2000 年第 16 号]。

【中国龙投资网发展规划】 公司将在加强网上交易技术保障的基础上，加强网上交易个性化服务，以营业部为中心推动业务开展。

1. 保持技术领先的优势。技术保障是开展网上交易业务的基础，也一直是公司的优势所在。公司将密切关注国内外网上交易技术的最新动态，加大投入，保持住技术优势，更好地为广大投资者服务。

2. 深化信息咨询服务。通过深化对网上交易客户的个性化、专业化咨询服务，与广大客户建立起全新的亲情化的客户管理关系，培养客户的忠诚度，推动网上交易业务向更深层次发展。

3. 探索网上经纪公司运作模式。公司将密切关注技术服务站及网上经纪公司的相关政策，做好成立网上证券经纪公司的准备。在没有成立网上证券经纪公司之前，公司将在回避政策风险的前提下，选择重点城市进行调查研究，在有条件的地区建设网上委托服务站，试点开展网上交易。

【网上交易情况】 2000 年公司实现网上交易量 16.76 亿，占股票基金交易量的比例为 2.03%；2001 年公司实现网上交易量 53.96 亿，占 A 股和基金的总份额的 9.32%；2002 年上半年公司实现网上交易量 46.82 亿，占 A 股和基金的份额的百分比为 14.78%。2002 年 1 月份到 2002 年 11 月份每个月的网上交易量占股票基金交易量的百分比如图 1 所示。(公司网上交易量占股票和基金交易总量的百分比为2001年：1月为7.61%，2月为8.04%，3月为8.09%，4月为8.54%，5月为8.41%，6月为8.89%，7月为10.75%，8月为9.10%，9月为8.33%，10月为8.83%，11月为10.67%，12月为16.51%；2002年：1月为11.99%，2月为10.19%，3月为13.05%，4月为17.98%，5月为21.37%，6月为13.72%，7月为16.04%，8月为15.67%，9月为16.42%，10月为20.66%，11月为13.57%。）

图1 2001年1月至2002年11月每月网上交易量占股票和基金交易量的百分比

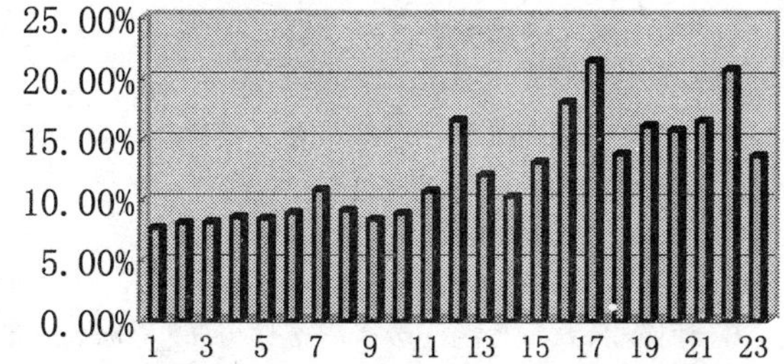

【**网上交易发展纪事**】 1998年6月，辽宁证券率先推出证券信息化管理工程。作为这一工程组成部分，辽证推出了网上股票交易系统，使公司成为东北首家开展网上股票交易的券商，在全国也处于领先地位。

2000年5月22日，公司正式推出东北大型专业证券财经交易网"中国龙投资网"www.lsss.com.cn。

2000年7月，东北首家推出"手机炒股"业务。

2000年7月8日，辽宁证券和中国金融学院联合举办"证券经纪业务发展与创新国际研讨会"。

2000年7月15日，公司成立网上交易开发部。

2000年7月28日，公司22家营业部已经全部开通网上交易。

2000年7月底，省内17家营业部已经实现了股票的通买通卖。

2000年8月7日，中国龙投资网证券交易分析系统全国首批通过了国家信息安全测评中心安全认证。

2000年11月10日，《证券时报》主办"中国优秀证券网站评选"活动中，"中国龙投资网"夺得"最佳页面设计奖"。

2001年2月5日，中国证券监督管理委员会正式首批核准公司开展网上证券委托业务资格。

2001年3月，实现了"中国龙投资网"网上交易的沪、深A、B股、国债、基金业务通买通卖。公司推出了"中国龙投资网客户服务中心"。

2001年4月19日～21日，公司协办"中国第五届证券期货交易电子技术及网站博览会"。

2001年6月27日，中国证券业协会批准公司在内的6家证券公司开展代办股份转让业务试点工作。

2001年6月28日，公司证券信息化管理工程、"中国龙投资网"以及公司的网上交易系统在由国家科委主办、辽宁省科委承办的"中国电子商务及网络博览会"上参展。

2001年底，公司承担了中国证券业协会2001年重点课题研究"网上证券交易研究"被协会收录列为重点课题之一，《网上证券经纪研究》一文获奖。

2002年4月，公司在原客户服务中心的基础上组建"客户咨询中心"。

(辽宁证券有限责任公司 徐辉)

·申银万国证券股份有限公司·

【**公司概况**】 申银万国证券股份有限公司(简称"申银万国")，由原上海申银证券公司和原上海万国证券公司于1996年7月16日合并组建而成。股东大都是国内著名的大中型企业，第一大股东是中国光大(集团)总公司。申银万国董事长由中国光大(集团)总公司党委书记、董事长、总经理王明权同志担任，冯国荣同志任党委书记、副董事长、总经理。作为一家大型综合类证券公司，申银万国业务网络遍及全国44个主要大中型城市，并在香港特别行政区设有申银万国(香港)集团有限公司，及其控股的上市公司——申银万国(香港)有限公司(0218)，是境内惟一拥有境外上市公司的券商。

申银万国在2001年实现经营利润5.8亿元，年末总资产399.21亿元，实现业务总量5708亿元。在代办股份转让、银证合作、中外基金管理技术合作等金融创新领域取得进展。申银万国注册资本为42.1576亿元，力争在三年内建成"国内领先、国际知名、成功上市"的国有控股证券公司。

【**信息化建设**】 申银万国在线(www.sywg.com.cn)是申银万国证券股份有限公司实施"大投行"战略的创新服务品牌，它以申银万国投资银行为主的各业务部门作为直接后台业务支持，通过BtoB商务运作模式的电子商务平台，为机构客户提供在线响应的专业服务。"申银万国在线"服务模式充分体现了公司投资银行业务"以客户为中心"的服务理念，丰富了投资银行为客户长期服务的手段和内容，通过网络互动为机构客户全力拓展无限的资本增值空间。

"申银万国在线"的目标是发展成为功能完善、服务完备、拥有稳定客户群和交易量的包括BtoB、BtoBtoC两种运作模式的证券电子商务平台，依靠公司的整体业务实力，形成网上网下互动、在海内外具有一定影响力的投资银行运作中心。

公司 2002 年度累计交易量：21，796，466.00 元，年度网上累计成交量：1，528，528.00 元，网上交易量占总交易量的比例：7.01%。

（《中国电子商务年鉴》编辑部搜集整理）

·光大证券有限责任公司·

【公司概况】 光大证券有限责任公司成立于 1996 年，是由中国光大集团投资控股的全国性综合类证券公司。5 年来，公司始终坚持“诚信稳健、服务客户”的经营理念，积极致力于国内、国际资本市场的拓展，从以依靠经纪业务为主，发展到涵盖证券承销、资产和基金管理、财务顾问、投资咨询、公司理财等多层次、多领域，并已形成现代投资银行的雏形。公司各项业务均在业内保持领先地位，资产质量和赢利水平每年都保持着大幅度的增长。五年间，公司累计实现营业收入 46.25 亿元，年均增长率达 95.34%；累计实现利润 19.26 亿元，年均增长率达 168%；公司资产规模从 16 亿元上升到 120 亿元，净资产从 2.19 亿元上升到 17.8 亿元，公司已跻身国内十大券商之列，并成为国内成长最快，资产质量最好，也是最具竞争力的券商之一。

中国光大集团是国务院直属大型综合性金融企业集团，拥有银行、证券、保险等经营机构与网络，在国内外拥有广泛客户关系和业务资源，具有很高知名度，强大的资源优势保障公司整体金融合力发挥。

公司“以人为本”的人才理念和科学严谨的考核与激励机制，汇聚了一批素质优良、勤奋敬业的证券专业人才和资深管理精英。公司员工平均年龄 30 岁，其中本科以上学历的占 44.21%；硕士和博士学历的占 13.67%，具有中级以上专业技术职称的占 32%。

【业务发展情况】

1. 经纪业务。公司以诚信可靠的服务态度，先进快捷的交易设施和全面准确的信息资讯，透过遍布全国的 47 家营业网点，为投资者提供综合性的理财服务，公司经纪业务交易额以年均 36.5%的速度增长，累计实现股票、基金交易总额 2，236.56 亿元，排名已位居深、沪两市第八位。

2. 投资银行业务。公司为企业资本、资产的良性运作提供全方位、持续性各类组合型金融服务，协助客户实现多元化金融需求，公司累计承销企业总数达 77 家，推荐上市企业总数达 51 家，为企业募集资金 243.14 亿元。按综合指标排名，公司已进入同业前五名，配股承销指标位居全国第一。

3. 资产管理业务。公司凭借深入透彻的市场分析和目标明确的投资策略，在有效规避市场风险的前提下，为客户获得持续且远高于同期证券市场综合收益率的丰厚回报，接受委托管理客户资产逐年增加。

【信息化建设】 公司重视信息时代 IT 技术与证券业的结合，建立了全公司联网的营业网点交易系统、实时风险监控系统、网上证券交易系统和中央财务数据库管理系统，在此基础上，公司还建成了覆盖全公司及各营业网点的广域网络，实现公司范围内的管理信息、业务数据交换和风险实时监控，以及从最前端业务处理到最高端管理决策支持的信息化管理网络。

公司 2002 年度累计交易量：9，422，467.00 元，年度网上累计成交量：979，689.00 元，网上交易量占总交易量的比例：10.40%。

（《中国电子商务年鉴》编辑部搜集整理）

·大鹏证券有限责任公司·

【公司概况】 大鹏证券有限责任公司（简称大鹏证券）成立于 1993 年 7 月，注册资本 15 亿元人民币，是全国性综合类证券公司。在公司 44 家行业、地域分布均十分广泛的股东中，不乏实力雄厚的上市公司或集团公司，高度分散化的股权结构为大鹏证券的长期稳定发展打下了坚实的基础。公司在全国各大中城市设有 30 家证券营业部。

九年来，公司规模不断壮大，总资产、净资产同步增长，截至 2001 年 12 月 31 日，公司总资产 133.5 亿元，净资产 22.58 亿元。2001 年，公司完成各项营业收入 9.41 亿元，实现利润总额 1.5 亿元，在全国百余家券商中排名第九。与此同时，公司的资产质量保持了良好状态，流动资产比重一直保持在 80%以上：1998 年，国家审计部门对全国券商进行全面审计后，认为大鹏证券资产和经营状况良好，公司亦成为第一批解决融资渠道 7 家券商之一，获准首批进入全国银行间同业拆借市场。2001 年 10 月，中国大鹏证券网获“中国优秀券商网站评选”活动最佳优秀券商网站。

大鹏证券以振兴民族经济为己任，努力学习国外投资银行成功的经营管理模式。公司致力于与中国优秀企业建立战略伙伴关系，为客户提供从发行承销、项目融资、资产管理，到收购兼并、财务顾问、企业重整、管理咨询等全方位深层次服务。九年来，大鹏证券累计完成 A 股主承销与上市推荐项目近百家，累计承销股数近 20 亿股，累计筹集资金约 200 亿元人民币。2001 年，公司完成 4 家新股和 3 家配股主承销，主承销股数 4.12 亿股，主承销金额 32.63 亿元，主承销金额和家数分别排名全国第十二和第五，主承销筹资额市场占有率为 3.12%。

研究先导、技术领先、组织变革、营销提升，是大鹏证券经纪业务稳步发展的信心所在。大鹏证券将客户资产增值作为经纪业务服务的方向。九年来，公司完成各类交易量超过1万亿元。

“创新发展、研究先行。”大鹏证券的研究水平在全国同行中名列前茅。2001年，作为公司董事会确定的三个重点改革部门之一的研究所，从传统的、包罗万象的研究模式转向以市场为导向、以创利为目的、面向客户的实证研究模式，按重点研究方向组建了金融工程、IT行业、化工行业、医药行业、房地产等小组。在研究方法上，从以往过分依赖定性研究，转向定性与定量相结合的方式，成立质量控制小组，在研究过程中的各个节点设立质量控制点，加强质量控制，为一些重大项目提供了必要的研究支持。为适应公司经纪业务转型的需要，研究所设计了资产组合、股票评级、市场趋势(中长期趋势)等新型组合产品，涉及股票、基金、保险、期货等多个品种，实现产品设计理念由传统短线投机型向理性投资型转变。

入世后的中国证券市场，受经济全球化及金融混业趋势的影响，在未来一段时期内将陷入“内外交困”的境地：一方面，依赖牌照经营的垄断格局正在被打破，银行、保险，甚至IT业都在窥视证券市场这块蛋糕；另一方面，国外著名的投资银行纷纷与国内同行寻求合作，以分享中国资本市场高速成长的收益。在此背景下，公司确定2002年工作目标是：重塑业务发展战略，调整管理框架，突出以金融销售为核心的成本领先的竞争力，全方位与国际资本融合。

为抵御市场的系统性风险和适应混业经营趋势，公司将在大鹏控股层面下调整业务重点和战略目标，做到有所为、有所不为。公司拟逐步缩减证券投资业务，经纪业务和投行业务则分别按金融销售公司和融资服务公司模拟化运作。资产管理除拟设立的证券投资基金管理公司外，其余业务逐步压缩剥离。在完成上述战略转型后，公司将形成以金融销售、融资服务和固定收益业务为主、附带权益投资的赢利模式，并尽量压缩后台与行政费用，所有资源向业务倾斜。大鹏将继续秉承“知识报国、实现自我、善待客户、回报股东、信誉、协作、勤勉、高效”的经营理念，加快“管理信息化、决策透明化、业务国际化、客户全球化、服务品牌化”的“五化”建设，为客户提供多元化、个性化、系统化的金融增值服务，努力发展成为国内一流、国际知名的大型投资银行。

【客户服务】

1. *客户服务发展概况*。2001年，中国股市陷入低迷，全年上证指数和深证指数跌幅分别达21%和30%，两市股票基金交易总量和日均交易量均比上年下降36%，上市公司总市值和流通市值缩水近10%。在两市股指大幅滑落、市场成交锐减的情况下，公司各项交易量指标均比上年大幅减少，但市场份额和排名指标则反映出了与上年相当的竞争优势。公司完成综合交易量2181.38亿元，比上年下降14.47%，市场份额1.7819%，比上年增长15.81%；市场排名第十一，比上年上升3名。完成股票基金交易量1180.86亿元，比上年下降37.1%；市场份额1.4449%，比上年下降2%；市场排名第十六，比上年下降2名。公司B股交易量巨幅增长，全年交易额236亿元，市场份额为2.3316%，在深沪两市券商中排名第十四。

2001年，公司提出经纪业务战略转型的思路，通过建设以营业部FC团队为基础的销售平台、以研究所为中心的产品平台和以大鹏网络公司为支撑的技术平台，构健全新的经纪业务营销模式；借鉴国际券商的成功经验，对营业部员工进行重新配置，划分为FC营销团队及后台支持两大部门，利用专业化的FC团队为客户提供全方位服务；同时，经纪业务总部也做出相应调整，将主要职能定位为销售与交易中心，并与研究所和网络公司协作，共同构建FC资讯平台。

为适应转型的需要，配合电脑、财务直线管理，经纪业务总部对业务实施集中管理。在这个战略中，核心环节是以客户价值为导向，通过实施客户类分策略，为客户提供个性化的投资理财服务，重新设计适应客户需要的营业部服务模式。

2001年，公司组织各营业部进行客户成本效益分析，通过对现有营业场地面积、租金、装修费用等指标的分析，将各类客户的投入产出与其贡献程度结合起来，对每个营业部提出了具体的调整方案，一方面将部分现场客户转为非现场客户，从缩减面积入手，降低了成本费用；另一方面大力拓展非现场交易业务，提高经纪业务的区域覆盖和市场占有，缩减成本，增加交易与服务的收入，最大限度满足客户需求。

在网点建设方面，广州、沈阳、乌鲁木齐、西安、郑州5家新设营业部相继在2001年初开业，加上年中完成收购的厦门3家营业部，公司营业部数量一度达到35家。但是，从经纪业务利润的地区分布来看，主要集中于深圳等经济发达城市，其他营业部普遍赢利能力不强。因此，通过评估营业部的综合赢利能力，公司对网点结构做出了重大调整，将长沙等5家营业部整体转让给湖南信托投资公司，确定将一些成本高、不赢利的营业部为首批需要调整的营业部，准备以出售、互换、异地搬迁等方式改变其经营效益不佳的状况。

2. *客户服务特色*。⑴客户至上，以客户为中心的服务理念。⑵率先推行标准化服务，使客户在全国各地27家营业部都能享受一流的基础服务与专业服务。⑶强大的贴近市场的研究、资讯力量和产品，遍布全国的资讯服务网络，为客户资产的增值提供保障。⑷一流的硬件设备，安全、高效的交易系统，为客户提供准确、快捷的交易服务。⑸全国首家基于数据库系统、客户服务系统和投资顾问的客户服务中心，先进的网上交易，使客户领先享受现代网络科技的成果，实现公司对客户一对一的个性化服务。

3. *新交易方式介绍*。大鹏证券在现代科学技术不断更新的今天，利用先进的技术手段，突破有限的营业场地的限制来发展业务，各营业部充分利用当地条件并结合自身优势，积极开拓新业务，包括保证金自动转账、可视电话委托系统、远程终端、电话银行证券交易系统、网上交易等。具体做法是：(1)客户银行存款与保证金的电话划转。该方式实现了客户保证金与对应银行活期储蓄存款之间的快速转账，客户存、取款无须专程到营业部柜台办理，使用起来灵活方便，深受客户欢迎。(2)可视电话委托。可视电话委托相对于远程终端，安装和使用费用较低，客户通过该系统查看有线电视台传送的行情，使用调制解调器通过电话及 MODEM 方式进行交易委托，方便快捷、性能也较稳定。(3)远程终端。远程终端是营业部通过 MODEM 将行情从营业部传输至远程工作站，客户通过它了解股市适时行情，并且利用它进行股票买卖。它在许多方面与可视电话有相同之处。(4)电话银行证券交易系统。电话银行证券交易系统实际上是利用银行的营业网点使银行的客户可以通过电话委托的方式参与证券交易，客户的保证金存在银行，由银行代证券营业部对客户进行开户和保证金支付。

【技术方案】 大鹏网近期作了多次性能以及架构的提升，重点体现在：(1)加强对客户的服务。大鹏网在新版网站的设计中，尽可能地将客户服务与网站建设结合起来，将客户个人情况与后台的数据仓库、FC工作平台相结合。(2)尽可能实现数据的规范化组织和处理。在新数据库设计的时候采用大型数据库设计理念，在综合考虑性能以及应用的角度，实现了大鹏网的快速建设、弹性结构、平台化设计理念。(3)软件架构的多层化设计。在技术上处理采用三层的软件设计结构为主体设计结构，而且在软件产品的选用上也采用了业界效能最高的 Weblogic 系列应用服务器产品。三层的使用上除了均采用标准的三层优化技术之外，而且还采用了软硬件同时进行负载均衡的方案来应对证券类访问网站的大动态、突发性访问量增长。(4)服务器的集群技术广泛应用。在各地的分支访问节点上，均广泛采用服务器的群集技术，并且在内容策略上也实现了区域性集中式的访问机制。(5)多项完整的网站安全策略的切实使用。大鹏网非常重视网站的安全策略，在网站的安全投入上不遗余力。处理必备的软件安全产品之外，还采用了硬件的安全产品以及策略进行组合。在网络分段以及防火墙的设置上也充分考虑了多网隔离以及逐级防护的方法。

【网上交易统计数据】

1. *总开户数*。截止到 2001 年底，总开户数为 383032 人；截止到 2002 年 6 月 30 日，总开户数为 337356 人。

2. *网上委托开户*。开始时间是 2000 年 7 月 18 日。2001 年网上交易全年开户数为 52545 人， 2002 年上半年网上交易开户数为 52189 人。

3. *网上交易量*。开始时间是 2000 年 7 月 18 日。2001 年网上委托交易量达到 64.6 亿元，占交易总量的 4.8%， 2002 年上半年网上委托交易量达到 46.7 亿元，占交易总量的 10.4%。2001 年全年网上交易 18.77 万笔，2002 年上半年网上交易 14.52 万笔。

4. *银证通*。开始时间为 2001 年 7 月。2001 年交易额为 1.2 亿元，2002 年上半年交易额为 5.2 亿元。

5. *网站*。截止到 2002 年 6 月 30 日，网站注册人数已达到 25594 人，平均日访问人数 2413 人，日点击率 64300 人，日页面访问量为 64300 人。注册网民总数量 25594 人。

6. 公司 2002 年度累计交易量：6，052，515.03 元，年度网上累计成交量：870，050.27 元，网上交易量占总交易量的比例：14.38%。

（大鹏证券有限责任公司　杨杰）

·兴业证券股份有限公司·

【公司概况】 2002 年，公司各项业务继续保持了良好的增长势头。投行方面，公司投资银行系统上半年完成股票主承销 131498 万元，其中 IPO 发行 47920 万元，增发 66066 万元，配股发行 17512 万元，成为上半年惟一一家在首发、增发和配股均跻身 10 强的券商。经纪业务方面，公司上半年实现 A 股和基金交易额 440 亿元，市场排名第 16 位，保持了 2001 年的市场地位。部均 A 股基金交易量居第 4 位，绝大多数营业部成为名副其实的“精品”营业部。在营业部布局上，形成了以主要中心城市和长江三角洲、珠江三角洲经济发达城市为主的全国性的网点布局。同时，公司还获得了 B 股经纪业务资格。此外，在证券投资、资产管理和研究发展方面均取得了不俗的成绩。

【兴网建设】

1. 网站价值定位。公司各项业务工作平台：⑴打破分割，实现信息资源与不同业务整合、协同、集成。

(2)公司各部门综合业务、营销、服务平台。(3)公司知识资源积累和共享平台。

2. 网站的设计理念。通过网站对公司业务和客户资源在空间和时间上的整合与流程再造，实现资源效用最大化和服务品质的提高。

3. 网站建设的目标。(1)使升级后硬件及网络平台满足一定时期业务容量及稳定性要求，功能和业务模式是超前和可预期的，为各项业务的转型提前构架网上平台，实现分级开放、分级管理、业务部门主导运营。(2)使应用软件设计结构化、工具化，符合今后的技术方向，以适应业务类型、栏目展现的变动和增减，灵活支持经营策略的实现。(3)支持保障原有业务正常开展基础上，通过技术支持，实现业务流程合理重组，以完成传统业务转型，实现以服务和营销为核心电子商务的可持续发展。引导、支持公司各项业务未来两年的发展。(4)保持稳重大方、突出特点首页设计，所有栏目可根据重要程度安排展现层次，并在栏目介绍中进行概要介绍。子页风格设计以蓝白为主基调，稳重简洁，业务逻辑清晰，层次简洁直观，每个重要栏目的首页都有对该栏目的简要介绍。

4. 网站的基本结构：(1)网站运行在 J2EE 体系结构之上。有以下组件构成：①企业级数据库组件，提供对大量数据高效存储与访问，具有多用户并发访问数据的能力。使用 Oracle 8i 数据库。②支持 J2EE 体系应用服务器，提供对 Java Bean、JSP、SERVLET 支持，具有自动负载平衡能力。使用 BEA Web Logic 应用服务器。③支持 www 服务 Web Server，能提供对 J2EE 体系部分支持(JSP，SERVLET)。使用 Web logic 服务器集成 Web Server。(2)四层架构 (Four Tiers Architectures)。系统采用流行 Browser——Server 架构，服务器使用 J2EE 平台三层架构，配合数据库与 WWW 服务器。构成了基于 Internet 的整体解决方案。(如图 1)(3)J2EE 平台优势。J2EE 平台提供了在分布式计算环境下开发、发布、运行应用的整体解决方案，并提供了系统级的事务管理、安全、客户连接能力和数据库访问。J2EE 架构允许开发人员将精力集中在应用的业务逻辑上，而不必关心系统的性能等问题。

J2EE 为三层结构，对应上图中后三层。三层结构设计最大好处是：优秀扩展能力和负载均衡能力。利用 J2EE 平台，可构建由小到大，可健康发展系统，减少网站初期投资，并在未来发展过程中得到持续的利用，在三层结构中的每一个层次，不论是系统还是应用软件都支持随时的设备扩容，保证每一次的扩容设备的平滑接入，同时获得更优的负载均衡效果和并发处理能力。J2EE 通过使用数据库连接缓冲池来提高数据库的效率，数据库连接是昂贵的资源。获取一个数据库连接要付出时间代价，并且连接数量可能是有限。J2EE 管理一个数据库连接缓冲池，应用层就可很快获取一个连接，连接释放后，又被重新放入缓冲池。

图 1　网站四层结构

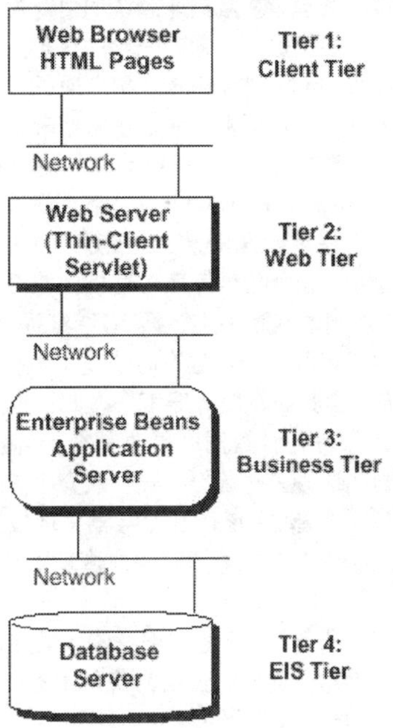

5. 网站的系统构架：(1)网络拓扑结构。目前整套网站系统主要分为三部分：ISP 托管网、托管子网及公司内部维护网。ISP 托管网由数据局提供，以共享 100MB 线路连入 Internet。托管子网为 100MB 网络，通过高速交换机将服务器分成单独的内部私有网段以提高系统安全性。ISP 处托管 2 台 SUN 服务器及 1 台 COMPAQ8500 服务器，3 台服务器均安装多硬盘，并做磁盘镜像，以提高服务器数据的安全性。内部维护网安装在券商处，主要用于信息录入、内容维护、网站监控等，由于对网站进行日常维护的数据量较小，公司网络连接中断时，可采用 MODEM 连接进行维护工作。(2)网站的性能描述。提供网站访问服务，必须保证系统的 7×24 小时不间断运行，为此特别考虑到网站系统运行的稳定性、高可用性、安全性及数据的可靠性。①网站的高可用性。网站 2 台 SUN 服务器均安装同样的系统： SOLARIS 操作系统、APACHE 服务、Web Logic 应用服务及 Oracle 数据库。在必要时，任何一台机器均可启动整套系统，单独对外提供网站访问服务。但在正常情况下，SUN280 只启动 APACHE 服务及 Web Logic 服务，以提供对网站客户的静态及动态请求响应；SUN420R 只启动 Oracle 数据库，提供对应用服务器的数据访问服务。②网站的安全性。网站部分只有一个 internet 接口，主要由防火墙承担网络安全任务。除提供网站服务的必要端口开放外，关闭其他不必要的端口及服务，有效防范黑客攻击。对系统不定期地进行升级及打补丁，以确保系统不会存在任何安全漏洞。不定期的对系统日志进行分析，发现异常及时处理。③数据库系统的可靠性。用户数据作为最为重要的数据，需要完善的保护措施。采用备用数据库(standby database)和定期进行数据备份相结合的方式。A.备用数据库。正常情况下，由运行在SUN420R机器上的ORACLE作为主数据库服务器，运行在SUN280机器上的ORACLE作为备用数据库服务器。主服务器上任何更改都会发送到备用服务器上，成为在线热备份。如主数据库服务器发生媒介损坏，可升级280上备用数据库为主数据库，继续提供网站服务，可以利用备用服务器数据及时修复主数据库。B.定期数据备份。主数据库服务器工作在归档日志(archive log)模式，所有对数据库更改都会保存在日志文件里，定期把这些文件备份到安全媒介上，把数据库恢复到最后一次备份状态，在服务器出现较严重故障时可尽量减少损失，在最短时间内恢复网站正常服务。

【兴网特色服务】 新版兴网在强大的技术服务平台支持下，推出了优质、创新的特色服务。

1. *客户的权限管理系统*。网站将通过分类建立统一客户资料库，实现客户资源在空间和时间上集中整合与服务共享。利用权限管理系统，对不同级别客户设置不同权限、提供不同级别服务。不同级别客户根据自身身份登陆到兴网网站时，网站各服务模块能“识别”客户身份，并根据其身份开放不同级别服务措施及工具。

2. *主动推送服务*。这是一个整合的、实时的、主动的信息传送系统，能对事件(新的或动态的信息)做出迅速反应。系统能在第一时间将需要传递给某些客户的最新信息主动推送到客户正在浏览的页面上，这项技术满足投资者在市场突变情况下对服务的特殊需求，更是对公司的服务质量及应变能力的考验，有助于激活公司资讯、研究等服务对事件的反应能力，促使服务维持最佳市场竞争，信息不再只是被动资源，而是智能、敏捷媒体，对与市场或服务相关的所有问题，系统能自动并及时地提示重要应变措施。

3. *多媒体展示方式*。新网站引入一套功能强大的后台采编系统，文字、图表、语音、视频等方式，都可以很好地展示在网站的页面上，可以满足不同接收方式偏好者的需求。

4. *多种服务投递方式*。利用网络平台，将网站最新的服务项目或相关信息投递给客户，除了以警告信号、网页推送外，还可以通过E——mail、手机短信、传真等的方式立刻通知客户，极大地满足了各业务部门对突发事件的及时应变与多方式处理能力的需求。

5. *综合性证券服务平台*。投行相关业务如投融资需求的收集、受理及发布，或是证券的网上路演、网上发行，还是网上投资品种的开发与推介，研发客户、资产管理客户的服务及跟踪都可以通过网络有针对性并快速地做出反应。网站将走出为交易客户(经纪客户)服务的误区与狭隘，成为一个为公司各项业务发展服务的综合类电子商务平台。如果能充分发挥这一综合服务平台的效率，各相关业务部门都将大大提高业务处理速度及对客户的影响能力。

【网上交易情况】 图2显示了公司自2000年9月至2002年11月网上交易占比的发展趋势。

公司2002年度累计交易量：7，130，341.00元，年度网上累计成交量：917，659.00元，网上交易量占总交易量的比例：12.87%。

图2 网上交易占比走势

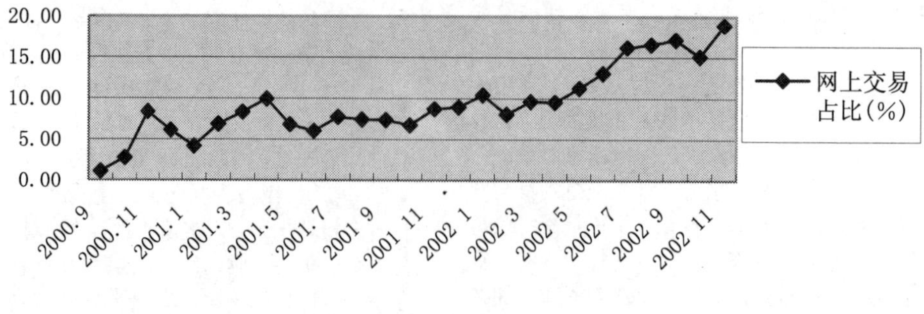

【电子商务发展纪事】

2001 年 9 月，通过竞拍购得国际域名 www.xyzq.com。

2002 年 3 月，对兴网进行全面升级改版。

2002 年 6 月，与福建兴业银行开通法人级集中式银证通。同月，兴网一期改版完成，新版兴网以优美清晰的界面、合理明晰的结构、完善的资讯以及全方位的个性化服务为投资者提供了强大的综合服务平台。

2002 年 9 月，兴网在第三届中国优秀证券网站评选中入选 10 大证券商类“中国优秀证券网站”，同时获得“最佳个性化服务网站”奖项。

（兴业证券股份有限公司　林毓鹏）

·中原证券有限责任公司·

【公司概况】　中原证券股份有限公司是一家全国性综合类的证券公司。公司总部位于河南省郑州市经三路 15 号广汇国际贸易大厦。公司业务范围包括：证券的承销和上市推荐、证券自营、代理证券买卖业务、代理证券还本付息和红利的支付、证券投资咨询、资产管理、发起设立证券投资基金和基金管理公司，中国证监会批准的其他业务。

公司在河南财政证券公司、安阳信托投资公司证券营业部合并重组的基础上，联合其他符合条件的公司增资扩股组建而成，同时重组河南证券有限责任公司，完成省内大部分证券资源的整合。公司注册地为河南省郑州市，注册资本 10.33 亿元，在全国 124 家证券公司中排名第 30 位，属中等规模券商。

公司现有 9 家股东单位，分别是：许继集团有限公司、河南省经济技术开发公司（河南财政证券公司出资人）、河南省建设投资总公司、安阳钢铁集团有限责任公司、安阳市经济技术开发公司、安阳市信托投资公司、河南神火集团有限公司、焦作市经济技术开发有限公司、鹤壁市经济发展建设投资公司。

公司拥有投资银行、经纪业务、证券投资、资产管理、信息技术、研究所等 11 个总部。证券营业部 27 家、证券服务部 12 家，分布在河南省内和上海、深圳等地，股票交易量占全国市场的 6.339‰，占河南省市场的 1/3，投资者开户数 50 万户。

【网上交易统计数据】　公司 2002 年度累计交易量：3，218，352.76 元，年度网上累计成交量：878，928.54 元，网上交易量占总交易量的比例：27.31%。

（《中国电子商务年鉴》编辑部搜集整理）

·民生证券有限责任公司·

【网上交易系统的改进和提升】

1. *数据的规范化组织和处理*。在数据库设计时除严格按照数据库范式理论组织和规范平面存储结构外，从数据基础层面上保证网站上层应用实现上的简便性和高效性、扩展性。

2. *软件的层次化设计*。网站软件设计在技术上考虑两个主要方面：系统高效性和可扩展性。新版网上交易系统采用领先的三层结构作为软件系统总体架构。第一层处理来自客户请求，并将动态页面发送至第二层（也称中间层）；中间层统一完成数据处理，中间层一方面提供高速缓存机制以减轻对后台数据库（第三层）的访问压力，另一方面提供基本数据访问单元和与之配套的业务流程定义接口，从而简化了高层应用设计过程的复杂性；在第三层数据库层，综合使用了各种数据库优化技术，使数据更加高效可靠。

3. *服务器集群技术的运用*。广泛采用了服务器集群和负载均衡技术，配合软件系统的分层化设计，消除一般网上交易系统常见性能瓶颈问题，为网上交易系统的下一步扩容和发展提供了可行的技术保障。

4. *网站安全策略的综合实施*。

5. *建设方案、规模、地点、期限*。新版网上交易系统和网站包含 WEB 服务器、委托主站服务器、E-mail 服务器、中间层服务器、数据库服务器、专用 C/S 服务器、防火墙、IDS 服务器、审计服务器及交换机、路由器等 20 台设备，整个网上交易系统、网站可支持 1 万人以上同时访问，全天 24 小时提供包括实时行情、委托交易、个性化咨询、股评、专家门诊、模拟炒股等在内的二十几项服务。⑴采用的架构方案：网站总入口、出口为 100M 全双工带宽，直接接入电信的主干网。最前端安装防火墙，其作用是提升网站整体的攻击能力。在防火墙后面安装四层交换机，对中间层服务器作硬件均衡负载。中间层服务器通过防火墙与数据库服务器相连。EMAIL 服务器和专用 C/S 服务器等也在防火墙之内。⑵采用的软件系统：WEB 服务器采用 FREEBSO+APACHE，页面用 JSP 和 HTML 混合编程。中间层服务器采用 JAVA，SERVLET 开发，并符合 J2EE 标准。

【电子商务交易平台服务内容】　开展网上证券委托，必须向投资者提供行情浏览及分析，委托交易及客户交易资料查询，财经信息查询。

1. 行情浏览及分析。大盘指数及个股分时走势显示各类排序的行情列表。日 K 线、周 K 线图的各种技术分析指标，包括量线指标、K 线指标、MACD 指标、

KD 指标、OBV 指标、RSI 指标等。同时要求照顾用户使用习惯，方便快捷，数据、指标全面，能全天候运行，保证行情的正确性、快捷性和稳定性。

2. 委托交易及客户交易资料查询。包括正确买卖委托、查询历史交易及相关资料、撤单。保证委托交易的安全性、正确性和快捷性。

3. 财经资讯查询。包括上市公司各类相关信息的查询和分析，各类财经新闻等信息。

【网上委托系统的网络结构】 网上委托系统网络涉及到客户，民生证券三个中心机房，沪、深双向卫星系统，民生证券各营业部，ISP 网络服务提供商，国内 Internet 骨干网，各种 Internet 接入方式等。其骨干系统以各营业部，总部三个中心机房，沪、深双向卫星系统为架构，以完成交易委托和资金清算为主要目的，运行柜台管理系统和统一报盘系统。这类网络目前是证券业务的主要平台，营业部采用 10M 以上的成熟 Novell 网络技术，营业部和总部中心机房采用 128KDDN 链路和数字链路互为备份，三个中心机房采用双向卫星和沪、深交易所相连，三个中心机房之间采用 2M DDN 链路，并以 128 K DDN 为备份线路，它们协同工作，以扩大中心机房的处理能力，并起到互为备份的作用。系统运行稳定，管理成熟。（见图 1）

客户一般通过当地的 ISP 拨号上 Internet 后访问民生证券交易网站。交易网站与各营业部柜台间通过总部转发平台间接连接以保证交易系统的安全性。

【网上交易统计数据】 公司 2002 年度累计交易量：2，686，890.48 元，年度网上累计成交量：575，569.11 元，网上交易量占总交易量比例：21.42%。

【电子商务发展纪事】

2000 年 4 月，网上交易系统 1.7 版全面开通，采用公司统一报盘模式。

2000年网上股票交易量占公司股票总交易量5%。

2001 年网上股票交易系统升级为 2.0 版，首家使用 UNIX+ORACLE 系统。

2001 年网上股票交易量占公司股票总交易量 14.7%。

2002 年 3 月，推出新版网上证券交易系统 3.0。

【网上交易系统的硬件】 （见表 1）

【网上交易系统的软件】 （见表 2、3）

图 1　民生证券信息系统整体结构

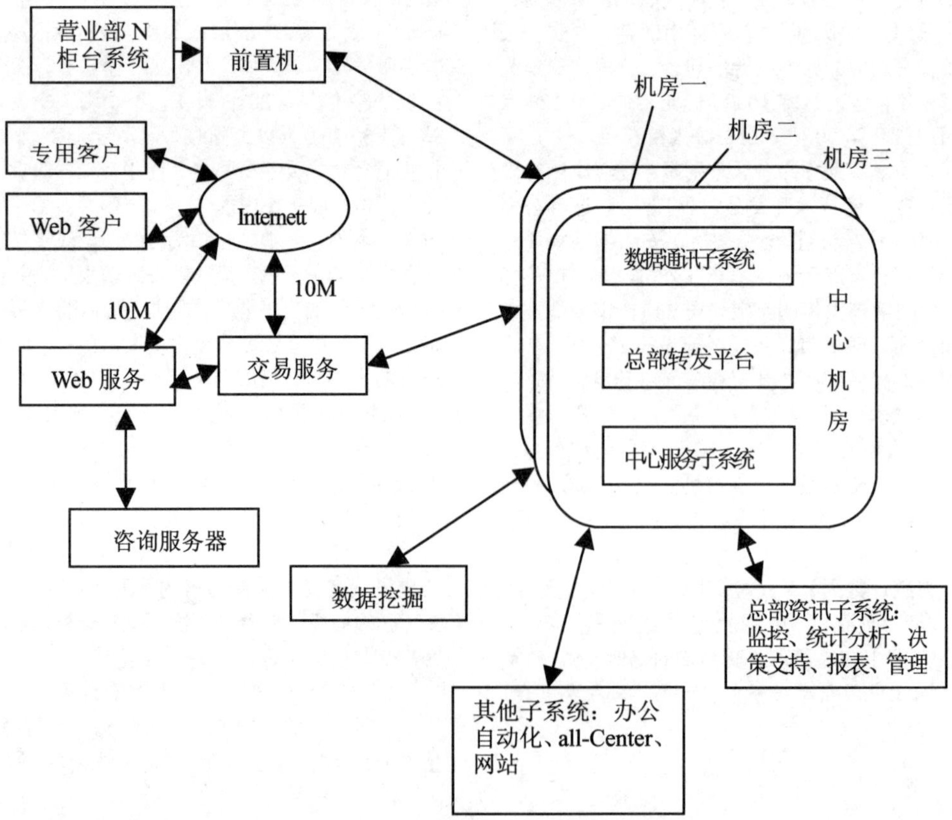

表1 网上交易系统的硬件统计

设备名称	设备型号	厂 商	数量(台)
行情服务器	ENTERPRISE 3500	SUN	2
交易服务器	ENTERPRISE 420R	SUN	2
WEB 服务器	ENTERPRISE 420R	SUN	3
通信隔离机	Pentium III 450/256M/100M	联想	16
通信线路 DTU	128K Newbrige 2601/2603	河南电信	4
路由器	1720、2601	CISCO	4
防火墙	上海华依科技发展有限公司	HY — F2000	1
交换机	3C16954	3COM	3

表2 操作系统

名 称	版 本	补丁版本	备 注
Solaris	2.7		Raid 1
ORACLE	8i		数据管理、身份认证
NT WORKSTATION	4.0		数据转发

表3 应用软件

名 称	版本及其补丁版本	操作系统平台	安全配置
创亿网上委托软件 (WEB+专用客户端)	2.0	Solaris ORACLE	加密传输 CFCA 认证
咨询业务系统	1.0	Solaris ORACLE	防火墙

(民生证券有限责任公司 电脑中心副总经理 朱晓军)

·新疆证券有限责任公司·

【公司概况】 1991年12月12日，中国人民银行总行批准设立新疆证券公司。公司注册资本金57470万元、总资产近50亿元，在全国各地拥有24家证券营业部和12家证券服务部，业务范围覆盖证券承销、财务顾问、投资咨询、证券融资和受托投资管理业务、证券自营业务等各个领域。

【信息化建设】 “以市场为导向、以客户为中心”是新疆证券一贯追求的目标，在确保网络系统安全的基础上，目前已形成“柜台委托、自助委托、手机炒股、网上交易、银证通、电话委托(人工、自动)”等形式完善的交易服务体系，特别是本公司研发设计的新的网上交易服务系统，在为客户提供方便快捷的交易手段及个性化咨询服务的同时，将为广大客户创造更大的投资服务空间；希望能够成为广大网上交易投资者的好助手、好参谋。

【网上交易统计数据】 公司2002年度累计交易量：3，663，567.77元，年度网上累计成交量：263，978.15元，网上交易量占总交易量的比例：7.21%。

(《中国电子商务年鉴》编辑部搜集整理)

·华泰证券有限责任公司·

【公司概况】 华泰证券有限责任公司(简称华泰证券)，注册资本金22亿元。有营业部34家，证券服务部14家。业务范围包括证券承销、证券经纪、证券自营、证券投资基金、证券投资咨询、企业财务顾问、资产重组与企业并购等。业务分布于江苏省内13个大中城市及北京、上海、广东、湖北、四川、辽宁、天津、福建、浙江等全国经济发达或具有地域影响力的省份。华泰证券是由一个地方性券商逐渐成长为全国性较大规模的首批综合类券商。

华泰证券始终秉承“高效、诚信、稳健、创新”

的核心价值观，坚持规范前提下的稳健发展。公司共有员工 1116 人，其中：研究生(含硕士、博士)183人，占 16.40%；本科生 367 人，占 32.89%；80%员工取得证券从业人员资格。藉由高效的管理与高素质人才的有效整合，公司为各类客户提供全方位、高附加值的服务。

2001 年，公司全年实现营业收入 8.05 亿元，实现利润总额 1.57 亿元。截至 2002 年 6 月底，公司总资产达 131.22 亿元，净资产 32.51 亿元。2001 年沪、深 A、B 股交易量为 1520.44 亿元，市场占有率稳步提高。

【网上交易的发展和推动】 1999 年华泰证券正式推出网上交易，几年来，网上交易持续发展，网上交易量连续三年居同行业前列。归结起来有以下几方面因素：

1. *先进的技术保障*。2000年，华泰证券网首批通过了国家级网络安全认证。2002年7月又推出的全新改版后的网站，技术上更加先进、安全和高效。华泰证券网共有28个行情源和33个委托源，且全部实现互联通炒，确保投资者在大行情中能顺利交易。

2. *选择适应市场需要的网上交易推广模式*。在网上交易发展初期，公司就认识到网上交易必将是中国证券经纪业务未来的发展方向。但是在短期内，网上交易的主要功能应是网点资源的补充、交易手段的扩充和传统模式的扩展。基于这样的认识，公司确定了以营业部为中心，向周边市场辐射的营销方针，综合利用营业部的资源，形成了场内与场外相互补充、相互促进的良性循环。

3. *技术创新*。华泰证券非常注重技术创新，技术创新使公司在激烈的市场竞争中赢得了先机。公司不断推出新的非现场委托方式，满足不同投资者的需要。2001年7月，与移动公司合作推出了STK卡手机证券短消息炒股业务；2002年1月与多家银行合作推出“银证通”业务系统；2002年7月，根据GPRS网络手机的发展，公司又与移动公司合作，适时推出了GPRS手机炒股业务，同时和电信合作推出固定电话“家家E”证券短消息炒股业务。和联通合作的CDMA手机炒股以及固话上网等新的委托手段也即将推出。

4. *研究支持*。网上交易是投资者证券交易的通道，更是为投资者提供服务的通道。在网上交易的信息支持方面，公司研究部门和营业部投入了很大的精力。“华泰e友”为网上交易客户提供主动推送服务；华泰证券网上的“专家门诊”栏目为客户提供实时咨询服务，每天回答提问数百条；“实时速递”栏目每20分钟就更新一次；每天上午和下午收盘后，客户就可以从“盘中解析”栏目看到专家的解盘；每天收盘半小时以内，公司的200多名研究人员就会在“个股点评”栏目对深沪两市1000多支股票作详细的点评。

5. *积极与其他行业多层次合作*。华泰证券先后与多家银行签订了合作协议，为网上交易和“银证通”业务的拓展创造了条件。在与电信的合作方面，为了降低客户的上网成本，提高上网速度，与电信合作，推行客户上网费用“包月”等制度。另外随着网上交易的进一步发展，公司将会与期货公司、保险公司、通讯产品生产厂商、咨询信息公司、投资咨询公司、门户及财经网站等开展合作。

6. *公司全体员工的重视和努力*。华泰证券营业部从总经理到一线员工都非常重视网上交易这一新的交易方式和服务通道。全体人员认真学习网上交易这一新的交易方式和技术，经过严格培训并通过考试。在网上交易的拓展方面，利用了多种有效形式。营业部员工利用节假日到乡镇设点宣传、现场演示。公司大部分营业部都设有专门的网上推广部门和网上交易培训中心，免费为投资者进行网上交易知识培训。

【技术平台特点及安全措施】 华泰证券网站于 2002 年 7 月份成功进行了第二次改版，重点在功能设置、整体布局和技术结构上做了较大的调整。

1. *新版网站的技术特点*。⑴ 规范化组织和处理数据。对网站数据的存贮和处理要求从平面化方式转变为平面与立体相结合的方式，从数据基础层面上保证了网站上层应用实现上的简便性和高效性。⑵ 层次化设计和开发应用软件。网站采用了业界领先的三层结构作为软件系统的总体架构，第一层处理来自客户的请求，并将请求发送至第二层(也称中间层)，以减轻对后台数据库(第三层)的访问压力；同时，提供了基本的数据接口，从而增加了可扩充性。⑶ 网站的访问效率和访问速度大大提高。将用户大量访问的内容静态化处理并且利用 cache 缓存技术，使页面的访问效率大大提高，同时也使数据库负载降低。⑷ 建立统一的信息平台。通过建立信息平台将来自不同渠道的信息处理后统一在一起，通过高效的内容管理模

2. *网站结构*。目前的网站包含黑洞设备、防火墙、WEB 服务器、页面委托主站前后台服务器、GPRS 前后台服务器、EMAIL 服务器、中间层服务器、数据库服务器、专用 C/S 服务器、IDS 服务器、搜索频道服务器、安全审计服务器及交换机、路由器等二十余台设备，全天 24 小时提供包括实时行情、委托交易、个性化资讯、股评、专家门诊、模拟炒股、投资学院以及网上路演等在内的二十几项服务。

3. *网站的安全措施*。针对当前国内网站普遍存在的安全性差的现状，华泰证券网站在设计、开发、安装及运行等各阶段，分别从网络、主机、软件(系统

软件和应用软件)、数据和内容等各个侧面入手，制定了全面的安全规范，实施了严格的安全策略，并聘请了专业安全公司作为网站的常年安全顾问。从技术上和体制上保证了网站系统和内容的安全性和可用性。针对网上证券交易的特点，树立了网上证券交易安全标准和规范；建立了以身份鉴别、数据保密、数据完整和防止否认为出发点的安全服务；实施了以加密机制、数字签名机制、数据完整性机制和鉴别审核机制及认证机制为基础的安全机制。在技术实现上采用或即将采用网络黑洞(抗 DOS 攻击)、防火墙、入侵检测系统、VPN、防病毒系统、安全审计系统、页面保护与恢复系统以及协议转换等。

【网上交易情况】 公司 1998 年底推出网上交易。1999 年网上交易量约 38 亿元，占公司交易总量的 5%。2000 年网上交易量 212.37 亿元，占公司交易总量的 12.55%，约占全国网上交易量的 20%(2000 年全国网上交易量约占总交易量的 2.97%)，网上交易开户数达 15 万户。2001 年，华泰证券网上交易量达 326.18 亿元，较上年增长 53.86%，网上交易量占公司总交易量的 23.08%，约占全国网上交易总量的 9.11%(2001 年全国网上交易量约占总交易量的 4.38%)；网上交易开户数达 24.18 万户，较上年增长 61.20%。网上交易量已经连续三年位居全国第一。2002 年 1～6 月份，网上交易开户数达 26.71 万户，网上交易量达 192 亿元，占公司总交易量的 30.37%左右；“银证通”开户数达 1.52 万户，实现交易量 5.26 亿元。网上交易继续保持快速的发展态势。(见图 1)

图1 华泰证券网上交易量
占公司总交易量的百分比

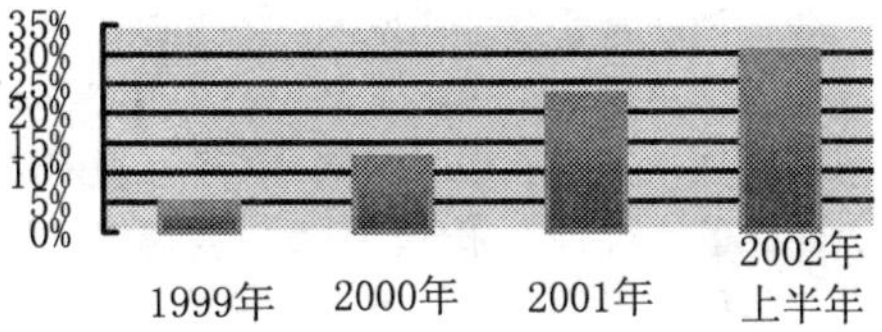

公司 2002 年度累计交易量：9，975，903.21 元，年度网上累计成交量：3，142，178.73 元，网上交易量占总交易量的比例：31.50%。

华泰证券网注册网民达30万，首页总点击数每天12万次左右，网站总点击数每天1000万次左右，“专家门诊”客户每天提问量800个以上。“个股点评”、“实时速递”、“专家门诊”、“投资者学院”、“华泰e友”等成为品牌栏目和特色服务，受投资者喜爱。华泰证券网2000年、2001年连续两届获得由《证券时报》主办最受股(网)民喜爱“中国优秀证券网站”评选第1名。2001 年获得“最佳投资顾问网站”第1名。

【电子商务发展纪事】

1997 年 1 月，全公司开通 LOTUS 办公自动化系统。

2000 年 9 月，获得《证券时报》主办首届最受股(网)民喜爱“中国优秀证券网站”评选第 1 名。

2000 年 10 月，华泰证券网第一次大规模改版，形成一批深受投资者喜爱的品牌栏目。

2001 年 5 月，公司取得中国证监会网上证券委托资格。

2001 年 7 月，公司策划并协办由中国证券业协会信息技术应用委员会主办“中国证券业电子商务国际研讨会”。

2001 年 9 月，《证券时报》主办第二届最受股(网)民喜爱“中国优秀证券网站”评选第一名。同时还获得“最佳投资顾问网站”第一名。

2001 年 11 月，华泰证券承担“中国证监会 2001 年重点课题之一——网上证券公司设立与监管研究”获得了中国证券业协会 2001 年度科研课题评选一等奖。

2001 年，华泰证券网上交易量突破 300 亿元，达到 326.18 亿元，连续三年保持全国第一。

2002 年上半年，华泰证券网上交易量 192 亿元，占公司上半年总交易量的 30.37%。

2002年7月，华泰证券网再次全面改版，同时推出网上交易系统专业版。

(华泰证券有限责任公司　朱振彬)

·华夏证券有限公司·

【公司概况】 华夏证券有限公司(简称华夏证券)的华夏证券网(www.csc108.com)自 2000 年 10 月 8 日正式开通以来，秉承“稳健发展，锐意进取”的经营理念，在新兴的网上交易领域不断开拓创新，创造了多项业内第一，网上交易已经成为推动公司整体业务发展的一支重要的新生力量。正如华夏证券电子商务部的 ISO 质量目标中所阐述的：“建立安全、高效的交易体系，提供优质、个性化的网上交易服务”，是华夏证券网为之奋斗的目标。

两年来，华夏证券的网上交易业务始终保持着高速的增长势头。2000 年网上交易量 49 亿元；2001 年网上交易量 218 亿元；2002 年 1～7 月份的网上交易量达到了 163 亿元，较上年同期增长了 95%，A 股、B 股和基金的网上交易量已占到公司同类经纪业务的 11%。2002 年 7 月，全公司网上交易累计开户数突破了 10 万户。网上交易业务的持续增长有力地推动了公司经纪业务的发展。

华夏证券网的知名度和影响力日益深入人心。到2002年7月CSC108网站的注册用户数已超过了25万人，网站平均日访问人数超过8万人，日点击率超过800万，日页面访问量达300万。2000年11月，华夏证券荣获首届最受股(网)民喜爱的中国优秀网站评选最佳页面设计奖。2001年9月，在第二届最受股(网)民喜爱的中国优秀证券网站评选中，华夏证券网被评为券商类中国优秀证券网站奖。2001年10月，在由新浪网和和讯网联合举办的2001中国优秀证券网站评选中，华夏证券网被评为最佳优秀证券网站第三名，并一举夺得最佳投资理财顾问网站奖和最佳财经资讯网站奖等多个单项桂冠。2002年9月，在由和讯网、财经时报和证券市场周刊举行的“2002年中国优秀券商网站评选”中，华夏证券网一举获得最佳券商网站奖，最佳投资理财顾问奖，最佳投资资讯奖和最佳论坛奖等多项殊荣。

【网上交易统计数据】 公司2002年度累计交易量：27，811，510.00元，年度网上累计成交量：2，437，153.00元，网上交易量占总交易量比例：8.76%。

【首创网上经纪人制度】 华夏证券的网上经纪人服务始于2000年10月8日，为配合华夏证券网的客户咨询服务和推进各分支机构网上交易业务的发展需要，从公司各分支机构中精选出来的优秀证券分析师和客户经理，共同组成了这支网上咨询服务队伍。两年来，华夏证券网特别注重网上经纪人方面的建设，着重突出华夏证券作为全国性大券商资讯全、信息快的特点，通过网站向广大用户提供高质量、全方位和个性化的“E对一”网上投资顾问服务。目前，130多位华夏网上经纪人的辛勤工作，得到了广大网友和股民的一致好评，成为业内响当当的网上服务品牌，网站也因此获得最佳投资理财顾问网站奖和最佳财经资讯网站奖等多项荣誉。

华夏证券网首创的网上经纪人制度较之传统营业部的咨询服务方式有以下成功之处：

第一，客户的需求被充分理解。“E对一”服务关系的建立，使客户的需求反馈渠道直接而通畅，网络交互式的特点使客户能够与网上经纪人进行实时的在线交流，客户足不出户就能够享受到高质量的信息咨询服务。

第二，信息咨询的集约化管理，推动了网上个性化服务质量的提高。华夏证券网将93家营业部的证券分析和服务信息聚合在一个平台上，并通过营业部子站的地域化服务，使得到丰富咨询后台支持的网上经纪人服务更趋个性化和针对性。

第三，借助互联网络，经纪人的工作效率有了质的飞跃。华夏证券网为网上经纪人提供了全新的互联网工具：个性化邮件列表、SMS短信工具、FAQ页面的设计、视频会议系统以及华夏证券网的EZ系列交流工具，使得只需鼠标轻轻一点，网站数据库自动生成答复，大大提高了网上经纪人的服务效率。在华夏网上经纪人中，服务客户最多一位达到了5000余人，这是传统营业部的客户服务人员无法做到的。

【创新网上交易产品与服务】 在开展网上交易业务的过程中，华夏证券电子商务部积极开发新的网上交易委托手段，为网上交易用户提供多样化的交易服务。如在2001年B股市场向中国境内居民开放后，电子商务部集中力量在券商中首批开通了B股网上交易业务，确保了公司B股客户的交易畅通。在2002年华夏证券首批获得开放式基金代销资格后，电子商务部又首家测试完成了开放式基金网上交易系统，使客户通过网上也可以进行开放式基金的委托，从而大大方便了基金投资者。

多样化的产品服务同样是电子商务部开发的重点。以网上行情系统为例，华夏证券网在短短两年时间里就形成了华夏亿融、华夏福星和华夏飞天3个各具特色的网上行情分析软件，系列化的行情产品有的以接入速度见长，有的以信息咨询为优势，有的则以技术分析为特点，从而很好地满足了不同类型的网上交易用户的需要。目前华夏证券网的系列网上行情软件已有超过三十万客户使用，并得到了客户的广泛好评。近期华夏证券网又在业内首家推出了专门针对老年投资者的行情软件——华夏飞天银发版，以及专门针对白领投资者的行情软件——华夏飞天白领版，以满足不同细分市场客户的要求。

业务创新是华夏证券网的基石和动力，两年来，华夏证券网立足于未来网上经纪业务的发展趋势，进行了一系列积极的探索和尝试：在券商类网站首家推出个性化的邮件列表服务，开发华夏邀您发俱乐部为网上交易用户提供高星级咨询，举行F-1网上模拟炒股大赛，开展全国性的网上交易巡展活动，首家开通证券手机短信息网上移动服务(2001年6月28日)，开发分支机构子站提供地域化服务，率先开通800网站全国免费咨询电话等。新业务的推出，得到网友的广泛欢迎，有效地提高了公司网站的知名度和影响力，很好地实现了社区真实化、知识超市化、工具实用化、服务个性化的第四代证券网站的特色服务。

【建立完善的客户服务体系】 网上交易是一项新兴交易业务，其所具备的跨地域、虚拟化的特点使得网上交易的客户服务工作显得尤其重要。为此，电子商务部在引入先进的客户服务理念基础上，制定了完善的网上交易客户服务制度和网上客户管理体系。华夏证券网在券商网站中率先开通了 8008200108 的全国免费咨询电话，为网站和网上交易的用户提供随时的在线咨询，及时通过人工服务方式为网上交易用户解答各种问题。另外，在网站配套服务方面，华夏证券网特别为网上交易用户开通了专用通道，使交易客户可以方便、快速地进行网上 WEB 委托下单。同时在华夏证券网上还开辟了网上客户服务中心和客户意见反馈通道，通过电子邮件、手机短信、网上问答等形式为客户排忧解惑，并通过语音聊天室功能与客户进行在线语音交流，使有形化网络服务不再遥远。

通过网上与网下客户服务的有机结合，使华夏证券的网上交易客户得到了更周到、更专业、更全面的服务，也有效地提高了网上交易用户的满意度和忠诚度。最近，华夏证券网又开始了网上 ECRM 客户关系管理系统和 CALLCENTER 等先进客户服务模式的计划和探索，不断提高网上客户服务体系的层次。

【提供高质量的网上信息服务】 华夏邀您发俱乐部是华夏证券网为交易用户所度身定制的专业化社区，作为俱乐部会员可以享受到俱乐部提供的专门为交易用户设计的服务，包括五星级网上经纪人的在线咨询、专业化市场分析报告、及时的参考消息、会员模拟炒股大赛和个性化的邮件列表服务，同时可以参加俱乐部丰富多彩的社区活动。它的推出充分体现了华夏证券网为网上交易用户提供差异化服务的理念。

为提升网站的整体服务质量，充分体现当地营业部的区域化服务特色，华夏证券网专门制作了分支机构子站的后台系统模块，并相继推出了十几家营业部的网站子站。分支机构子站的推出，便于各营业部根据自己的实际情况定制相关的网上服务内容，利用子站服务以及华夏证券网的综合资源优势。各营业部采用网上经纪人咨询、营业部网上专场股评和营业部网上主题咨询日等方式更好地服务当地的客户，起到了良好的区域化服务效果。

随着互联网技术的不断发展，网上服务功能必须要随之更新和提高，为此，华夏证券网在业内首家推出了语音聊天室功能，方便客户在网上进行一对一、一对多的交流。另外，华夏证券网还推出了英文版 B 股致胜专题，解决了国外一些投资者浏览网站存在语言障碍的问题。华夏证券网同时也是公司各项业务的发表平台，继推出华夏研究所栏目后，网站又先后成功举行了沈阳金山热电、振华 B 股增发和山东基建发行的网上路演项目，充分展示了华夏证券网站所具备的综合技术能力。

华夏证券网的品牌形象也吸引了众多知名网站的关注，继 2001 年与 CCTV.COM 财经频道开展合作后，2002 年华夏证券网又与 TOM.COM 的财经频道开展了合作，从而充分发挥了华夏证券服务的专业性、内容的全面性、交易的高效性和信息的精品性等综合优势。华夏证券网进入公用 IC 卡终端信息增殖服务和 GPRS 移动证券网络服务领域，对外合作与业务创新相结合为提升网站服务、拓展网上交易、打造华夏品牌注入了新的活力。

【以技术创新推动业务创新】 随着网上交易用户数量的快速增加和网上交易量的不断扩大，对网上交易系统和行情系统提出了更高的要求。为此华夏证券网两年来进行了连续的和卓有成效的系统建设和技术升级工作，包括上海主站性能优化加强、上海主站的负载均衡建设、北京交易分站建设、成都行情分站建设、济南行情分站建设和深圳行情分站等方面的技术建设，新技术的应用有效地提高了网站和网上交易系统的各项性能。

网站网络安全的防护与建设是网上交易的重要环节。华夏证券网通过防火墙加强、安全监测、主机安全加强、入侵监测系统、登录安全密钥、网络身份认证等系统和服务的建设，大大加强了网上交易的安全性。从目前的实际效果看，经过两年来的网络优化建设，华夏证券网上交易系统以及网站服务已经在业务承载能力、网络访问速度、网站服务成功率、网络安全等级等方面取得了业内领先的成果。

华夏证券电子商务部正根据综合测试评估结果和未来网上交易发展整体规划，开始建设华夏证券网的全局负载均衡，在网上交易的异地负载均衡建设完成以后，可以确保华夏证券网高速的不间断服务。采用性能强大的数据库和网站服务器群体、中间件产品建设网站技术架构，建设三层构架的应用系统，以提高网络响应速度和承载能力。建立以上海 CSC108 为主站加各地镜像的全局负载均衡网络，使各分支机构的网站作为华夏证券网分站，负责本地的个性化服务。上述技术一旦实现后，华夏证券的网上交易、网上行情和网站服务，将实现以上海主站和北京、深圳等中心为核心的全方位不间断的网络系统，系统总的承载能力可以适应未来 3～5 年内可预见的网上交易和英特网业务的发展。

【建立规范稳健的运行体系】 网上交易和网站服务的特殊性决定了只有建立高标准的安全体系和管理制度才能从根本上确保业务的高速发展。华夏证券电子商务部在业内率先通过了 ISO9001：2000 版国际质量体系认证，这是华夏证券网为适应未来证券市场的国际化竞争，从公司网上交易业务的长远发展出发所进行的一项重要举措，对于提高网上交易业务的安全性，加强部门管理建设的科学性和真正体现以客户满意度为关注焦点的现代经营理念将发挥重要作用，同时也将对整个证券行业产生积极的影响。

现阶段，各券商网上交易技术水平相差无几，在日益激烈的市场竞争中，网上交易业务之间的差距主要将反映在业务管理和服务质量上。规范运作才能制胜未来，而符合 ISO9001 标准的交易体系的建立，能够保证“以客户满意度为中心”的服务理念的实现。华夏证券网所制定符合国际规范的 ISO 质量手册、程序文件和作业指导书体系，能很好地确保网上交易和网站服务的各个过程处于受控状态。在完善质量控制体系保证下，确保网上交易用户利益得到充分保障。

【建立网上交易的营销体系】 网上交易的高速发展为经纪业务提供了新的渠道和突破口，为充分利用网上交易的方式发展非现场客户，提高网上交易量，扩大市场份额。华夏证券电子商务部制定了专门的利用网上交易发展非现场客户的营销指导意见，在有效的市场细分和市场调研的基础上，通过实施系统的产品策略、渠道策略、价格策略、促销策略、服务策略和广告策略，为营业部的网上交易营销工作提供有力的支持。同时，华夏证券网充分利用网站平台的优势进行广泛的网络营销，在产品推广、形象宣传、客户发展上收到了良好的效果。以网上预约开户为例，通过利用华夏证券网站以及与其他网站的合作，已经累计有 5 万人进行了网上预约开户，成功开通网上交易的客户有数千人，从而为营业部开发客户资源提供了新的途径。“差异化产品+个性化服务+轻型营销终端”是华夏网上交易营销模式的概括。

【创建一流的学习型组织】 在华夏证券发展网上交易背后有一支富有朝气的团队。成立不到两年的新业务部门，华夏证券电子商务部从成立之初就致力于创建一流学习型组织，充分发挥每一位成员的能动性和积极性，发挥团队作战的优势。电子商务部通过基于 NOTES 系统的电子化管理系统的建立，将部门流程管理、信息管理、人员管理和知识管理有机结合，它的应用加强了部门员工之间的交流与沟通，真正实现了部门资源的共享，极大地提高了员工的工作效率，为部门工作的持续改进创造了良好的条件。2002 年 5 月 11 日，华夏证券电子商务部被评为北京市总工会经济技术创新工程“优秀班组”奖。

（华夏证券有限公司　周昱峰）

·东吴证券有限责任公司·

【公司概况】 东吴证券有限责任公司(简称东吴证券)由原苏州证券公司变更而来，苏州证券公司于 1993 年 7 月正式开业，注册资本为 3000 万元。1997 年，公司经批准改制为有限责任公司，注册资金增至 1.04 亿元，营业部也由原先的 2 家增至 7 家。2001 年 5 月，公司网站——东吴金桥网获得中国证监会网上证券交易资格，东吴金桥网被评为江苏省优秀网站。2001 年，经中国证监会批准，开始组建东吴证券有限责任公司，年净资产收益率在上海证券交易所全国券商排名中，名列第八位，利润总额由 1993 年的 274 万元增加 2001 年末的 4186 万元，平均每年递增 40%以上。2001 年 8 月 5 日，取得 B 股外汇经营许可证。2002 年 3 月 29 日，获得国债承销资格。2002 年 4 月 16 日，东吴证券有限责任公司正式成立，注册资本金达 10 亿元，业务范围比照综合类证券公司执行，营业部数量达到 14 家。截至 2002 年 6 月底，公司资产总额 58.26 亿元，向一流证券公司方向发展。

【网上综合业务平台】

1. 网上交易平台的主要特点：⑴拥有 6 个行情源和 16 个委托源。⑵支持多市场、多币种、多品种的证券交易。⑶安全委托传输系统，保证委托被执行一次且只执行一次，有效控制交易惟一性，保证每笔委托被分发到预想网点。⑷完善系统安全性设计。有先进病毒监测和防火墙系统，保证系统内外部安全连接。⑸丰富外围模块。除交易功能外，支持自助委托系统、电话委托系统、远程终端委托查询系统等多个外围模块，支持内部网、互联网、CALL—CENTER 以及 WAP、SMS 等多种接入方式。

2. 网站建设：1999 年初推出 www.gsjq.com.cn 网站，2002 年初改名为 www.dwjq.com.cn。设有网上交易、信息中心、东吴研究、专家在线、路演中心等栏目，具有服务、研究、宣传、教育、交流等功能，其中特别有吸引力的栏目有专家在线、CALL—CENTER 等，并于 2001 年通过公安部的网络安全认证。网站的突出特点在于个性化、超市化、工具化和社区化。

最新网上交易客户端版本天网 2002，集行情分析、技术分析、财务分析、资讯信息、互动交流、个人理财于一体，具有全面的咨询信息浏览功能、筹码分布图功能、上市公司财务数据分析功能、信息地雷功能、精确的除权复权功能、区间统计功能、时空隧道功能、图像叠加对比分析功能、个人理财功能、数据下载功能、个性化分级版本管理功能等。

【网上交易推动】 公司高度重视网上交易，抢占市场制高点，做到领先一步。

1. 加快技术开发，完善网上交易的技术体系。为保证系统安全和交易安全，电脑部采取有效措施，建立防火墙、主机安全设置、漏洞修补和检测、应用系统安全设置等，为网站安全运作提供保证。提高原有网上交易技术产品基础上，建立和完善以实体营业部系统和WEB虚拟系统"三网互动"的网上交易平台。开发完成电信和广电宽带网交易系统，建设网上交易服务器群，保障行情及时性和交易手段灵活性。与网络技术供应商合作，引进先进技术，改进自身交易平台，保证数据在广域网安全传输。2001年共进行4次大规模网上交易系统升级，解决网速、数据保密性、交易安全等影响网上交易发展瓶颈问题。开发多样化交易手段推出电脑终端上网交易、WAP手机无线上网等交易手段，开发"大客户系统"网上交易服务平台，为异地发展网上交易打开通道。

2. 强大的资讯服务平台支持网站的功能发挥。公司把"东吴金桥网"打造成一流4G证券网站。对网站作全面升级改版的同时，推出专家评分系统、信息管理系统等，完善"电子邮局"功能、"新闻数据库"升级，开发"路演中心"信息传递新技术，为信息提供技术保障。经过信息资源整合，形成以"东吴金桥"网站为核心，以MAIL、短信息、网上路演、专家在线、CALL—CENTER等为手段的客户服务体系。同时具有相当规模、较强研究实力的研究队伍，为公司信息咨询提供服务。

3. 积极拓展市场，建设市内市外营销体系。细分市场、细分客户、分别营销、综合宣传，加大市内市外营销宣传力度。规范和制定以营业部网上交易营销为中心，以网上交易部为核心管理体系，采用联合、合作等方式推广，发展网上交易。利用各营业网点以点带面全营销。每季定期进行网上交易推广活动，各营业部开展网上交易竞赛月活动，进行网站新版及网上交易科普日活动等。制定以非现场交易为核心的向外拓展运作模式。在有形网点之外发展网上交易客户，延伸服务范围、服务空间，走低成本扩张之路。

【网上交易情况】 2000年7月28日，公司正式推出东吴证券网上证券交易系统。2001年公司网上股票(包括AB股、基金)交易量突破46亿元，网上交易量占公司股票交易总量的比例达到15%。受佣金自由化的影响，2002年1月至6月份实现网上委托成交金额80亿元以上，比上年同期增长10.26倍，网上交易额占公司股票代理成交金额比重达30%以上；公司网上交易客户数达3万多户，并呈稳定增长的势头。网上证券交易的发展促进了公司经纪业务的发展，公司沪深A股的市场份额从2000年的0.758%(单边)上升到2001年的1.3%，加上2001年底所有兼并的营业部以后，2002年1至6月份公司沪深A股的市场份额达到1.7%，2002年上半年在苏州市场的份额达到55%。截止到2001年底，在全国百家证券网站综合测评中，东吴金桥网排名进入全国20强。公司网上交易发展和"东吴金桥网"品牌树立，促进研究、投资咨询业务发展，使研究和投资咨询工作贴近市场、面向客户，更好地提供有特色、个性化的多种服务方式。(见图1)

公司2002年度累计交易量：3，790，608.17元，年度网上累计成交量：796，392.34元，网上交易量占总交易量的比例：21.01%。

图1 东吴证券网上股票交易量
占公司股票总交易量的比例

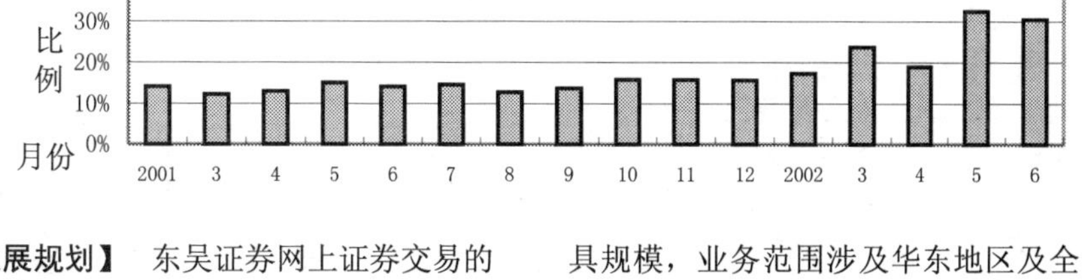

【东吴证券网发展规划】 东吴证券网上证券交易的发展目标是，成为国内最有影响力的网上交易经纪商，网上交易量和赢利水平能有较大幅度的提高。网上交易发展主要分三个阶段：

1. 基础建设阶段(时间2年)。主要任务是创立品牌，完成系统建设，扩大市场影响，搭建一个高层次的技术平台和业务平台，初步完成在组织架构、品牌形象、网点建设、营销机制、激励机制等建设上初具规模，业务范围涉及华东地区及全国少数发达地区，使公司网上交易初具规模，实现两年内赢利。

2. 业务发展阶段(时间2～3年)。大力发展网上交易业务，业务范围涉及全国发达地区中等以上的城市，技术、业务覆盖全国主要的发达地区，建设完成对外服务的多网络和多平台体系，结合网站、CALL—CENTER、CRM及多通道的发送服务体系形成公司的核心竞争力，形成以北京、深圳、上海为中心的网上交易地区总部。发展多品种的网上交易业务，形成国内、国外多业务品种的交易模式。网上交易业务及赢利水平有较大幅度的提高。

3. 规模运作阶段(时间2~3年)。网上交易经过发展后，将具备最优的人才优势，最强大的技术平台，多品种的交易模式，强大的综合服务体系，包括投资理财、信息、数据资源、CRM等。在政策允许范围内，进行股份制改造，并最终实现国内上市，成为国内最有影响力的网络证券经纪业务发展商之一。

【网上交易发展纪事】

2000年初，正式推出公司网站www.dwjq.com.cn。

2000年7月，推出东吴金桥网上证券交易系统。

2001年3月，完成WAP手机无线上网炒股系统。

2001年5月，获中国证监会网上证券交易资格。

2001年7月，推出客户服务热线88066。

2001年，网上股票交易量占公司股票总交易量比例为15%。

2002年6月底，网上股票交易量占公司股票总交易量比例达30.43%。

2002年7月，推出东吴证券新版网上交易客户端版本“天网2002”。

(东吴证券有限责任公司　沈艳)

·华安证券有限责任公司·

【公司概况】　华安证券有限责任公司是经中国证监会核准于2001年1月8日成立的综合类证券公司，注册资本金17.05亿元。公司前身是1991年1月经中国人民银行总行批准设立并于1991年5月正式成立的安徽省证券公司，初始注册资本金2150万元，隶属于中国人民银行安徽省分行，是安徽省惟一的证券专营机构，经批准先后在合肥、上海、深圳等地设有证券营业部。

公司设有投资银行总部(合肥、北京、上海)、经纪业务总部、证券投资总部、资产管理总部、债券业务总部。 业务支持部门按照业务需要而设置，目前设有信息技术总部、证券研究所。管理部门的设置主要体现精干高效的原则，目前设有公司办公室、人力资源总部、计划财务总部、行政管理总部、稽核总部。

经中国证监会批准，公司现在北京、上海、广州、深圳和安徽省内设有26家证券营业部，在安徽省内还设有43家证券服务部。公司另设有控股子公司1家，即“安徽新兴证券投资咨询有限责任公司”。

现有员工870人，其中博士、硕士占16.3%，大学本科学历占62.2%；取得证券经纪资格583人，取得证券代理发行资格186人，取得证券投资咨询资格85人。经过培养锻炼，已形成一支专业化、年轻化，并且富有凝聚力、战斗力和发展潜力的员工队伍。

【经营管理业绩】　公司在合肥、北京、上海等地设有投资银行业务部门，拥有70多名高层次的专业人才，可以实现客户多元化的金融需求。公司先后承销股票50多只，其中担任A股和B股主承销的19次，担任H股财务顾问1家。公司还努力开拓受托资产管理、网上证券经纪、基金管理等新兴业务，以增加新的利润增长点，提高公司的赢利能力和竞争能力。

持续快速发展，资产状况良好。十多年来，公司的总资产增长133倍，由1991年的0.38亿元增长到2000年的50.45亿元；净资产增长89倍，由1991年的0.22亿元增长到2000年的17.38亿元；利润总额持续大幅度增长，由1991年的0.0007亿元增长到2000年的4.17亿元。

【网上交易统计数据】　公司2002年度累计交易量：4，897，527.17元，年度网上累计成交量：559，783.60元，网上交易量占总交易量的比例：11.43%。

【经营特色】　华安证券贯彻“法制、监管、自律、规范”的方针，在长期经营管理中形成了具有特色并且合乎证券业规范的管理机制，特别是坚持财务、清算、计算机的集中统一管理等措施，成为公司持续健康发展的重要保障。公司按照“规范化、集团化、国际化”的发展战略，致力于业务创新、技术创新和管理创新。公司在全国券商中率先实现了法人集中清算；较早地获得了中国证监会核准取得网上证券委托业务资格；积极与银行、电信等机构建立广泛的业务联盟，抢占市场先机。公司坚持以效益为中心、以业务为主线来配置组织资源，充分调动了专业人才的积极性和创造性。公司着眼于未来发展，增资扩股，建立现代企业制度，并对有关业务部门实行内部市场化管理，为向集团化发展创造条件。

【公司发展纪事】

1995年5月，公司归口管理中国人民银行安徽省分行所属二级分行的证券营业部。

1997年，公司收购中国建设银行安徽省分行所属的上海、巢湖、六安等证券营业部。

1998年6月，公司正式与中国人民银行安徽省分行脱钩。

1999年9月，公司吸收合并安徽证券交易中心，并增设合肥蒙城路证券营业部。

2000年10月，公司开始增资扩股，吸收省内外

11家国有大中型企业和上市公司作为股东,改制并更名为华安有限责任公司。

2000年12月,中国证监会核准华安证券有限责任公司为综合类证券公司。

2001年1月8日,华安证券有限责任公司正式登记注册。

(《中国电子商务年鉴》编辑部搜集整理)

·天同证券有限责任公司·

【公司概况】 天同证券有限责任公司的前身是于1991年5月成立的“山东证券公司”。1997年6月,增资改制为有限责任公司,注册资本增至5.08亿元。2001年7月11日,经中国证监会核准,吸收合并厦门国际信托证券总部,注册资本金增至20.36亿元,名称变更为“天同证券有限责任公司”,2001年8月18日,天同证券正式挂牌,成为全国大型综合类证券公司之一。

天同证券在经历了11年发展历程之后,已经逐渐形成了自己的一套适合证券市场发展和要求的经营特色和管理理念。为了迎接入世后中国证券市场逐渐加剧的激烈竞争,近年来,天同证券更是不断地苦练内功,在完善基础服务和管理的同时还积极借鉴国际的先进经验,从企业结构调整、业务流程优化、人力资源管理、风险控制、市场营销等多方面不断地改革和创新,从而形成了自己的独特的核心竞争优势。

规范管理、稳健经营

成立十一年以来,天同证券本着“立足山东、面向全国”的经营思路,坚持“依法稳健经营、改革创新发展”的经营理念,倡导“允公允能、同心同德”的企业精神,抢抓机遇,深化改革,加强管理。不仅建立了完善的公司治理结构,而且还不断进行组织结构的优化和调整。在高效、科学的机制管理运作下,天同证券的员工队伍的素质也在不断地提高。目前,员工平均年龄31.5岁,本科以上学历占49.2%,硕士以上学历占8.7%,博士人数占到1%。规范的管理和稳健的经营带来了各项业务领域迅速扩大,经营范围从证券的代理买卖;证券的自营买卖;证券的承销和上市推荐;证券投资咨询;资产管理;发起设立证券投资基金和基金管理公司到中国证监会批准的其他业务都有了长足的发展。天同证券现已发展成为国内规模较大、综合实力较强、经营规范、管理严格、业绩优良的全国性证券公司。

高速发展、业绩骄人

天同证券是上海证券交易所会员理事单位和深圳证券交易所会员单位,拥有营业网点82家,形成了覆盖山东,遍布北京、上海、深圳等全国大中城市的经营网络;形成了以经纪业务及投资银行、证券投资、资产管理、网上交易、债券业务、研究开发等业务为支柱的经营体系;建立了成熟、安全、高效的经纪业务服务网络,公司的网上交易平台在全国处于领先水平,专业的投资顾问专家为客户提供个性化、深层次的服务。天同证券经纪业务交易量连续几年列全国证券行业前十名,2001年,我公司股票、基金交易总额达1566.38亿元,在全国排名第7位。2002年1~6月份,股票、基金交易总金额706.06亿元,列全国第8名。在A股发行、配股、上市推荐、财务顾问等方面成绩突出,投行业务领域已拓展到全国二十多个省、市、自治区,先后成功担任了中原油气、华泰股份、成发科技、华鲁恒升、金晶科技、银丰基金等新股、基金发行主承销,股票主承销家数连续两年进入全国前十位。公司拥有一支作风稳健、经验丰富的投资理财专家,证券投资和受托资产管理业务取得较好收益。2002年8月,以天同证券为主要发起人的天同基金管理有限公司获准正式开业,这是中国证监会实行“好人举手”制度以来,首批经中国证监会批准成立的基金管理公司之一。

截止到2002年6月份,天同证券资产总额达150亿元,综合实力已跃居全国券商第8位,天同证券已是名副其实的全国性大券商。

创新理念、优质服务

天同证券在业务不断发展的同时,十分注重经营理念的创新,在立足市场的基础上,不断提升客户服务的质量。本着“人无我有、人有我精”的原则,大胆改革、推陈出新。2001年,天同证券整合了投资咨询力量,成立了天同星投资顾问有限公司,这是全国第一家由券商设立的专业投资顾问公司,目前,已在业内树立了“天同咨询服务”品牌。不仅如此,天同证券同时十分注重非现场交易的资源整合,积极地贯彻和实施了徐总裁的“一点接入,多网合一”方针政策,整合公司现有的小网站,以“天同在线理财网”为公司的主网站,提供从资讯到咨询等多种客户服务项目,“营业部在线”栏目更是一个能给客户提供个性化服务的理想空间。多元化的服务、虚实的结合,天同证券在创新理念的基础上,正在不断地提高客户服务的质量和水平,为全方位地加强自己的核心竞争力逐步奠定坚实的基础。

展望未来、追求卓越

展望证券市场的未来,天同证券决定进行“第三次创业”,着力增强赢利能力,提高公司的核心竞争力,并制定了“集团化、国际化、多元化、科学化”的发展战略,努力拼搏,追求卓越,为促进国民经济发展,繁荣中国证券市场做出更大的贡献。

【网上交易统计数据】 2000年网上交易量只占总交易量的6%，2001年上升到10%，2002年则是天同证券网上交易发展的一年，据统计2002年1～11月网上交易总量达到了158亿元，占公司总交易量的15%。

【发展电子商务的推动措施】 天同证券经纪业务从2000年开始从网上交易系统建设、技术队伍建设、与银行开展战略性合作、投资咨询队伍和经纪代表队伍建设等方面着手，构建天同证券网上经纪业务模式，从而在时空上突破有形营业部的限制，搭健全新的综合服务体系，对既存与新拓数据进行集中与整合。

首先，天同证券网上经纪业务所采用的是以数据集中为基础的网上综合业务系统。这一系统在新业务开拓、风险控制及客户服务等方面优势明显。这一系统接入平台能提供internet、局域网、城域网、小区网、电话、营业部热键等多种方式，实现真正意义上的数据集中，易于数据挖掘，便于金融衍生品种接轨，使客户在任何时间、任何地点、以任何手段进行证券交易、接受咨询服务。2002年，天同证券网上经纪业务的技术队伍在保障系统安全、正常运行的基础上，先后对客户端软件、页面交易系统、电话委托系统、柜台系统、银证合作系统进行了大量的修改、升级、优化和完善，并对整个业务系统进行了大规模的压力测试，测试结果表明，天同证券网上综合业务系统的多项性能指标超过了系统设计，为网上经纪业务的发展提供了有力的技术保障。

其次，天同证券网上经纪业务推行全新的银证合作模式，通过商业银行遍布城乡的营业网点拓展天同证券经纪业务的触角。2001年7月，天同证券与建设银行总行签署了合作协议，天同证券网上综合业务平台将与建设银行的重要客户服务系统，实现全国范围的数据对接。2002年，这一项目陆续在上海、杭州、南京等城市上线运行。天同证券与建设银行此次开通的“银证通”，一举突破了以往券商和银行合作的地区性限制，已开通该系统的任一建行网点均可开展代理开办股民保证金账户、代理券商资金清算等业务。该业务模式实现了“一卡通用，通买通卖，集中交易，自动回款”等多项功能，真正做到了券商管股票、银行管资金，有利于券商与银行在客户资源共享、客户服务、共同提高市场占有率等方面，达到互惠与双赢的格局。

第三，天同证券网上经纪业务致力于建设一支专业化的经纪代表队伍，通过一对一的个性化服务，真正实现“以客户为中心”的服务理念。同时，天同证券为整合内部资源，培养核心竞争力，还于2001年整合了投资咨询力量，成立了天同星投资顾问有限公司，这是全国第一家由券商设立的专业投顾公司。天同星投资顾问推行“立体投资咨询工作站”的模式，为客户每天定时提供开盘提示、盘中解盘、盘后解盘和即时解盘，同时通过“个股会诊专场”、“股评报告会”和“股市沙龙”等大型互动活动，为客户提供多层次、多角度的投资咨询服务。天同证券通过经纪代表和投资顾问队伍的培养和建设，为客户提供全面的、专业的投资咨询服务。

第四，天同证券网上经纪业务以天同在线理财网(www.ttstock.com)为重要依托。天同在线理财网于2000年12月份正式开通运营，两年来，天同在线理财网依靠独具特色的设计、丰富的资讯和专业的服务，获得了投资者和业内的广泛认可。2002年3月，天同在线理财网进行了第三次改版。新版网站从版面设计、功能使用、栏目排布和资讯内容上都做了大幅度的调整，不仅栏目条理更加清晰、资讯内容更加丰富、专业报道更加深入，而且功能的使用也更加灵活方便，特别是网上交易和实时行情系统更趋完善和强大。为充分发挥网络优势，使之真正成为有形营业部拓展客户、服务客户的手段和平台，成为业务宣传和推广的窗口，天同在线理财网于2002年10月份推出了集合61家有形营业部的“营业部在线”栏目。该栏目通过“网上预约开户”、“客户服务中心”等功能，补充了有形营业部的服务手段，发挥了“网上网下，良性互补；虚实结合，相得益彰”的良好作用。

2002年，天同在线理财网在继续保持丰富资讯、专业咨询的优势基础上，进一步突出了特色化和原创性。天同在线理财网的原创性品牌栏目——“俊伟视点”，是由天同证券的投资分析师每日就政策面、行业面、上市公司面的重大新闻做出及时的点评和剖析，有利于投资者准确评估财经资讯的市场影响力，从而做出正确的投资决策。在增值服务方面，天同在线理财网向广大投资者推出了“理财中心”。“理财中心”的宗旨是给投资者提供最直观最具实战意义的投资建议，最大限度为投资者提供可增值的服务。

【2003年网上交易发展规划】 天同证券将在2002年的基础上，更进一步地全面规划、调整布局，以扩大公司的经营范围、推进和提高公司网上证券业务为目标，努力在经营模式、营销理念、技术水平、功能服务等多方面做出更大的拓展和优化。

根据证监会的政策，积极准备和筹建网上经纪公司；整合网络资源，集中公司的优质服务，将天同在线理财网建设成为以资讯、交易、服务、理财和交流等多位一体的一个公司级的中心网站；继续不断完善和优化现有的客户服务功能，在全国建立一个统一的客户服务网络平台，不仅为客户提供高效、快捷、低成本等各项服务，而且还对客户资源进行深入地分析和充分地挖掘，在对客户进行交易习惯、风险承受、交易数量等参数进行系统、具体和详细的分析的基础上，采用“对症下药、量体裁衣”的个性化服务手段，为客户提供全面的、崭新的投资理财增值服务；进一步做好现有技术的改造和完善工作，增强系统的各项性能指标，完成对天同证券现有的和新设的网点的网上交易的上挂，使客户真正实现网上交易的安全、高速、便捷和低成本；加大营销、宣传和推广的力度，使网上交易和网下传统营业部的经纪业务相互促进。利用与银行的合作关系，在全国各地内继续扩大“银证通”的覆盖范围，捕捉传统营业部无法到达的空白区域，以区域广、低成本、高效率的形式不断拓展市场和开发客户资源。

【2002 年大事记】

1996 年底，天同证券有限责任公司开始在其个别营业部采用电信托管服务器的方式，试探性地为客户提供网上证券委托服务；1998 年，天同证券的大多数营业部开通了基于营业部的网上证券委托业务。

2000 年 12 月，天同在线理财网 www.ttstock.com 正式开通运营。

2001 年 5 月，经中国证监会核准，天同证券正式获得网上证券委托业务经营资格。

2001 年 9 月，天同证券与中国建设银行在北京正式签订证券资金清算与客户证券保证金服务业务合作协议。

2001 年 9 月，在第二届最受股民喜爱的“中国优秀证券网站”评选活动中，天同在线理财网从全国近 200 家财经证券网站中脱颖而出，荣获中国优秀证券网站奖及最佳投资顾问奖。

2001 年 9 月下旬，由和讯网、新浪网、《证券市场》周刊、《财经时报》共同主办“2001 年中国优秀券商网站评选”活动中再获最佳优秀券商网站奖、最佳投资理财顾问奖、最佳行情系统奖三项殊荣。

2002 年 3 月，天同证券理财网三版改版上线。

2002 年 10 月，天同证券上海东方路营业部获准开业。

2002 年 10 月，天同证券广州营业部获准开业。

（网上经纪业务总部总经理　许雄师）

· 长城证券有限责任公司 ·

【公司概况】　长城证券成立于 1993 年，是 2000 年首批经中国证监会核准的综合类券商。公司的注册资本为 8.25 亿元人民币，截至 2001 年底的总资产约 70 亿元人民币。经过多年努力，长城证券已逐步发展成为一家以承销、经纪与自营业务为主，财务顾问、资产管理、项目融资、海外证券业务、信息研究等各项业务全面发展的全国性的综合性证券公司。公司还设有风险控制委员会和投资决策委员会，对重大经营风险和投资决策进行理性的系统的管理。公司总部位于深圳，在北京、上海、深圳、广州、武汉、重庆、成都、大连、沈阳、青岛、南昌、南宁、长沙、昆明、南京、苏州、杭州、天津、西安、海口等地设有数十家营业部，并在北京和上海设有两个地区性管理总部。公司拥有一支高素质的员工队伍，员工总数 835 人，其中 98%以上具有证券从业资格。

公司主要资质有：综合类证券公司，深沪两地证券交易所会员单位，A 股主承销商，外资股主承销商（含 B 股和 H 股），进入银行同业拆借市场 12 家证券公司之一，中国人民银行授予 A 级信誉等级和内部风险控制先进单位。

【信息化建设】　1998 年，信息技术中心完成了对公司信息系统的整体规划并开始进行信息系统的基础建设，其后的 5 年里，公司的信息化建设在数据平台建设、网络平台建设、管理信息平台的开发和建设、业务应用系统的开发和建设以及系统标准化管理等方面取得了巨大的进步。

1. 数据平台建设。公司于 1998 年底成功实施了证券业首个数据仓库项目。在随后的几年里，该系统通过收集和整理与经纪业务相关的数据，建立了公司统一的数据存储和发布平台。通过先进的数据挖掘和展现技术，实现信息定制和灵活查询。在此基础上建成了决策支持、风险监控、客户分析等主题的子系统，提供给各层次的用户使用。随着数据仓库技术的发展和业务需求的增长，该系统不断进行升级和完善。

2. 网络平台建设。1998 年至 1999 年，建成了以公司总部为中心的星型广域网系统。2000 年至 2001 年，为了支持新的业务需求，信息技术中心对网络系统进行了改造，总部和各营业部通信采用 DDN 为主，同时增加了 PSTN/ISDN 拨号备份机制。广域网系统为新的业务需求和管理、支持系统提供了可靠的网络通讯平台。经过几年的发展，公司的广域网除了保障数据传输外还集成了 IP 语音应用。通过安全可靠的 Internet 连接为公司客户提供交易和信息服务通道。

3. 管理信息平台的开发和建设。公司的办公自动化系统初步建成于 1998 年，在其后的几年里得到了进一步的完善。公司的邮件系统、财务集中化管理系统、固定资产管理系统、人事和档案管理系统成为公司日常管理和信息共享的重要工具。从 2002 年开始，信息技术中心为了公司各个业务部门、公司的客户以及对外宣传的需要，设计和建设了统一的、基于浏览器的管理和信息共享平台。

4. *业务应用系统的开发和建设*。公司于2000年完成了各营业部交易柜台系统的统一，并于2001年完成了中央清算系统、法人清算、法人托管及法人集中交易系统。2001年至2002年完成了实时交易数据采集和业务监控系统，并在此基础上进一步完善公司的决策支持系统。2001年初完成了公司的网上交易系统的建设，2001 年 3 月系统方案通过了信息安全测评认证中心的方案评审，并于 8 月份通过证监会的核准正式获得网上交易资格。

2001开始，通过多种模式积极推进银证通业务。公司客户服务中心项目一期正式投入运营，实现交易、基本话务、主动呼出、营业部电话委托系统转入的IP电话等功能。建的二期项目将实现信息通告系统、与网站和数据仓库互动的服务平台等。

5. *系统标准化管理*。为了对信息系统进行标准化的管理，公司在原有基础上进一步完善了各项制度，制定了一整套的信息技术管理制度和规范；制定了信息系统技术风险检查制度，对技术风险进行了全面检查，督促改进，防患于未然；完善考核体系，加强对技术人员的考核。公司特别强调系统安全建设，建立了安全管理体系，完善了《信息系统安全制度》。几年来，通过精心的设计和标准化的管理，长城证券信息系统已经建立了一整套从最前端的业务处理到最高端管理决策支持的信息系统和相应管理体系。高效的数据库后台和稳定畅通的广域网系统，对业务和管理提供了强大的支持。

【网上证券交易应用】

1. *网站特色*。长城证券网站起点相对较高，已成为国内专业证券网站的主力军，具体特色有：⑴突出网站的专业性、知识性和服务性，强化了网上交易的优势，以满足投资者的投资需要为目标。⑵注重自主信息和研究成果的开发，塑造自身的形象。⑶以客户为中心，注重提供差别化服务。⑷发挥英特网的技术优势，优化了传统服务的内容和质量。⑸注重网站的滚动开发，网站运行水平不断提高。目前的网站除了具有以上的特色外还是一个注重交易的网站，交易的模式主要是："网站+券商+银行" 模式，具体模式如图 1 所示。

图 1 网上交易模式

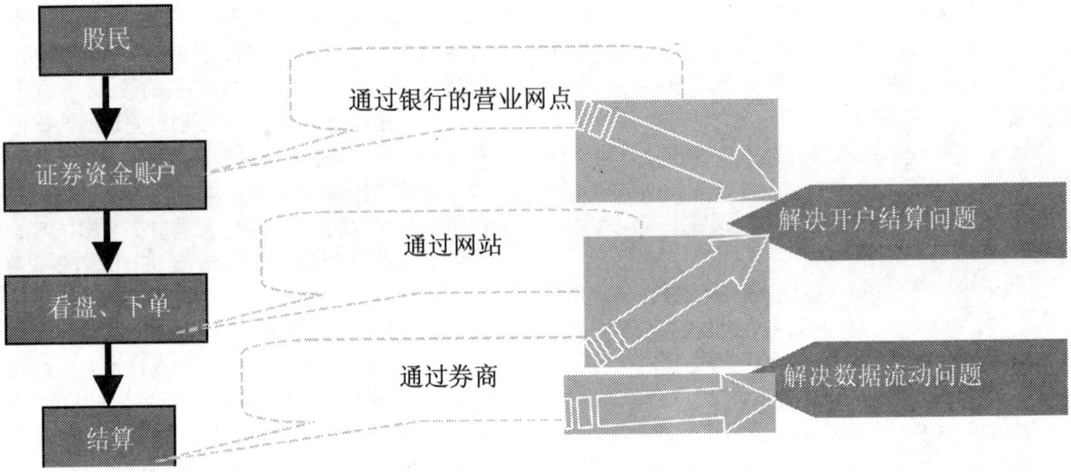

2. *网站存在的主要问题*。由于公司的网上证券开展时间不长，在很多方面需要完善，目前网站存在的主要问题是：⑴网站的运营管理模式仍需探索完善。⑵网站的个性不强，设计和运作有待继续提高，没有形成独特的品牌优势。⑶内部如何统筹规划和开发网络资源问题也要引起高度的重视。⑷网站的商业化运作力度不大。

3. *网站的发展方向*。针对存在的问题，公司的网站的发展方向为：⑴社区化。突出信息的真实性、探讨的诚恳性以及多种互动形式相结合。⑵工具化。各种工具"分工合作"，从网上到网下为广大投资者全程服务。⑶超市化。依托内部研究机构提供个性化服务、信息，跨越信息数据库阶段。⑷知识化。提供综合信息服务、力争提高投资者自身知识水平。

4. *未来的技术架构*。根据发展方向，未来的技术架构如图 2 所示。

图2　技术构架

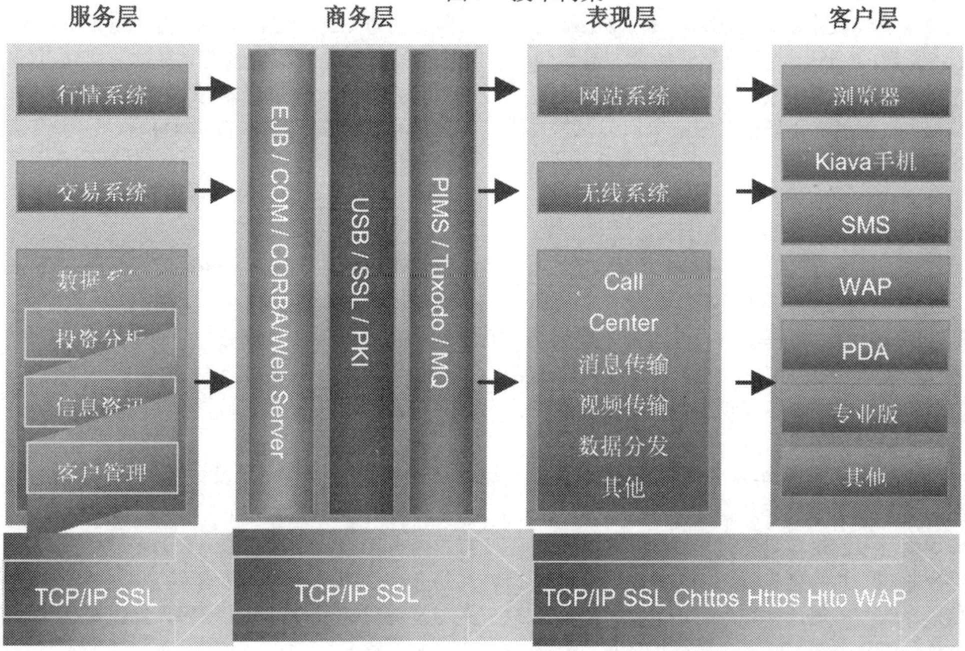

【网上交易情况】　2000年8月，网上交易系统开发。2001年1月，在公司范围内全面开通网上交易系统。2001年8月，网上交易获证监会核准。截止到2002年8月，公司的网上交易的客户数为2万左右。2001年网上交易占公司总交易量的4%，到2002年8月占公司总交易量的10.5%。(见图3)

图3 网上交易量百分比（%）

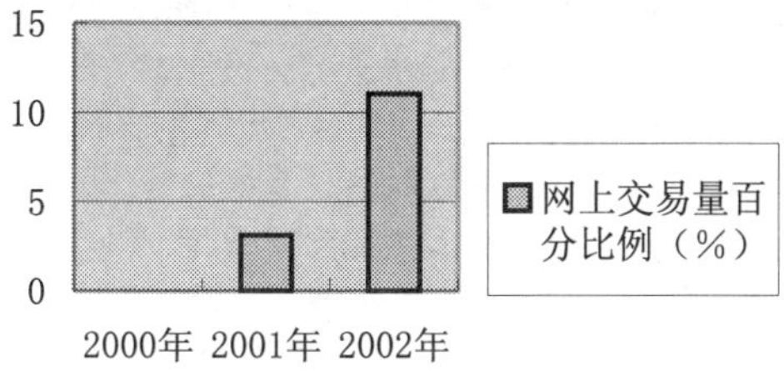

公司2002年度累计交易量：4，716，964.00元，年度网上累计成交量：535，227.00元，网上交易量占总交易量的比例：11.35%。

（长城证券有限责任公司　夏后朋）

·联合证券有限责任公司·

【公司概况】　联合证券有限责任公司成立于1997年10月，由上海宝钢集团等37家大型集团共同出资组建，注册资本10亿元。公司总部位于深圳，在全国范围内有40家营业部，营业网点遍及全国16个省、直辖市，属全国大型综合类券商。业务范围是：证券承销，证券交易代理，证券自营买卖，证券抵押融资，基金与资产管理，企业重组、收购和兼并，证券投资咨询，公司财务顾问，中国证监会批准其他业务。

*稳健经营，规范管理。*联合证券自成立以来，始终坚持稳健经营，规范管理，忠实于每一位客户，以专业品质和创新优势，为培育和塑造一流的上市公司，为客户价值的最大化做出更大贡献。伴随中国资本市场的快速发展和逐步规范，联合证券在承销、经纪、自营等传统投资银行业务和并购重组、财务顾问、资产管理、投资咨询等投资银行创新业务领域确立了独特优势，拥有了稳定的客户群体。

*科学的决策。*公司建立了比较健全的法人治理结构，形成了科学合理的决策、执行和监督机制。自成立以来，始终把防范和化解经营风险摆在经营管理工作的首位，严格遵守国家有关法律、法规、规章、政策和上级监管机关的监管要求，坚持"依法规范经营、立足稳健经营"的指导思想，在建立健全公司内部控制制度、培育和完善公司内部控制机制方面做了大量工作，取得了长足进步。

高素质的人才。"一流券商、一流人才"是联合证券始终的追求，"吸引、保留、激励"是联合证券的人才战略。公司一直坚持积极引进优秀人才，不断探索和拓展人才引进渠道；致力于建立一套能激发员工潜能开发和价值实现的全方位、多层次的激励机制，加大对优秀人才的激励力度。同时，公司不断投

入更多的人、财、物，通过内部培训提高员工基本素质和业务水平，增强员工的竞争力。公司现有员工1007人，已取得证券从业资格的占88.6%，总部硕士以上学历者占总数的41%，本科以上学历者占总数的82%。高学历、高素质、年轻化、专业化的员工队伍，是联合证券为客户提供高质量服务的根本保证。

*创新是灵魂，创新是动力，创新更是能力的标志。*联合证券坚持把创新作为公司经营发展的重要手段。联合证券网上交易系统自2000年6月推出以来，经过多次升级改造，系统的可用性、安全性和稳定性已达到了业界先进水平。公司在全国各主要城市建立了7个网上交易中心，17个行情主站，并可随时增设、确保各地客户均能快速进行网上交易。联合证券信息系统安全应用项目，已通过专家论证，成为国家863计划信息安全应用示范工程项目。公司在业内率先推出ISEE电话委托，在手段上丰富了"银证通"业务。联证投行在业内率先实行具有前瞻性的业务模式，依托投行管理委员会控制投行业务运作风险，以服务的深度提升投行业务的核心竞争能力，以专业化流程运作方式提高投行业务的规范性和效率，以科学的考评体系和激励机制引导员工职业生涯的梯度发展，最终形成一个开放式的信息传导和扁平化的业务管理平台。在精心做好传统业务的同时，联合证券积极培育新的经济增长点，在投资领域，发起设立了宝盈基金管理公司和融通基金管理公司。

*2001年经营业绩。*4年多来，各项经营业务不断拓展，收入逐年攀升，综合实力显著增强。截止2001年底，公司总资产已达108亿元，净资产11.68亿元。2001年，尽管市场环境恶劣，但公司业务规模适度增长、市场份额明显扩大，市场排名和公司实力得到有效提升。2001年8月联合证券被中国证券监督管理委员会核准取得网上证券委托业务资格。（见表1、2）

表1　2001年联合证券投资银行的业绩

募集资金	市场排名	市场份额	主承销家数	市场排名	IPO家数	市场排名
54.4亿元	7	5.1%	12	5	5	4

表2　联合证券经纪业务的交易额及市场份额

年份	股票基金交易额(亿元)	市场份额	深沪A股市场份额	深沪B股市场份额
2000	2060.45	1.64%	1.63%	1.55%
2001	1366.7	1.56%	1.68%	1.95%

*2002年的工作思路。*审时度势，围绕"队伍建设为前提，风险控制为核心，资源整合为基础，增资扩股为生机"的工作方针，全面提高联合证券核心竞争力。

集中统一管理，规范经纪业务操作流程，全面提高经纪业务客户服务水平。

*强化集中统一管理。*公司将通过强化营业部的集中统一管理，逐步优化资源、实施地区营业部的集中交易，降低营业部的经营管理成本，同时提高公司总部对营业部的风险控制能力。

颁布实施公司统一的《营业部交易业务规程》，规范经纪业务的操作。加强对营业部各项业务的检查力度，督促营业部按照稽核报告的整改意见进行整改，真正实现合法、合规经营。继续对营业部经营的风险业务进行清理，对已经发现的问题进行整改；强化实时监控的功能。

从客户服务中心(CALL CENTER)、数据仓库、客户关系管理系统(CRM)、综合信息咨询平台、网站建设等各方面提高公司经纪业务客户服务水平。

公司将大力拓展新业务、切实作好市场营销工作，力求在开放式基金代销资格、柜台交易资格的取得上获得突破，落实与保险公司合作项目，扎实稳步推进营业网点的布局调整，大力发展银证通、网上交易等非现场交易方式，建设好公司网站及银证通、网上交易等交易系统；切实作好市场营销工作，推行核心客户战略。

加强客户开发，严格控制项目质量，促使投资银行业务走出低谷。　加大客户开发力度，引入外部咨询资源，逐步将管理咨询、战略规划、行业整合、营销策略、人力资源开发及企业兼并重组财务顾问等服务纳入到客户服务体系，向为客户呈现"菜单式"服务方向努力。构建客户服务体系，拓展金融增值服务能力。

加强项目管理，保证现有项目操作质量。建立51家封闭式基金和5家开放式基金的市场信誉档案，建立40家有承销业务资格的证券公司的市场信誉档案，积极开展与基金管理公司和证券公司的合作，争取与5家基金和10家证券公司建立良好的合作关系，使公司发行项目在承销团组建和机构配售方面具有较好的市场基础，增强公司的营销能力。

*积极化解证券投资、资产管理的风险，转变投资理念。*证券投资、资产管理将探索新的、具备一定前瞻性的投资思路，加强自营投资、受托资产管理的战略性策划。加强备选投资组合研究，寻找潜在投资项目。完善股票池的建设。加强对固定收益项目、大市演变、市场行情的演变和各个反弹时机的研究。为顺应市场发展的需要和新股配售的客观要求，满足自营清算和风险监控的需要，公司将在对账户进行清理和撤并的基础上，加快运行创元投资管理系统。进一步完善清算工作，健全风险监控机制。

*贯彻规范、自律经营方针，加强内部控制。*优化财务数据网络化集中统一管理体系，启动财务数据网

络化适时监控系统，建立财务防范风险预警体系，促进财务管理从核算型向管理型模式转变，加强财务监控，防范和化解财务风险，通过财务网络管理系统，监控各核算单位财务运行状况，发现问题及时解决。

积极做好防范公司法律风险的基础性工作，从专业角度把好各类合同法律审核关、不断规范有关业务和非业务合同文本、继续做好证券法规动态性的资料收集整理编辑工作和公司成立以来的涉诉案的剖析编辑工作、继续做好对部门及各营业部的法律服务和诉讼案件的代理工作，积极维护公司合法权益。

加强总部信息系统安全管理，进行广域网防火墙建设和信息系统重要服务器病毒整体防御工作。建立上海和深圳双向卫星通讯系统作为总部交易席位通讯备份线路。完成客户服务中心、数据仓库及综合信息平台项目重点工程，全面提升客户管理服务水平。

改革激励机制，强化绩效管理，弘扬“联手联心，合力合智”的企业精神。完成公司定岗定编工作。通过整合公司的业务和资源，明确职能，精简岗位，理顺各项业务流程，提高工作效率。定期开展多层次的管理和业务培训，全面提高管理人员的管理素质和领导水平，提高员工的证券基本业务素质。拟订管理部门和业务部门薪酬方案，对薪酬方案试点实施人员进行薪酬管理培训并在公司实施。推行薪酬制度改革和绩效管理，以充分调动员工的工作积极性，这是企业管理者与员工之间的一项管理沟通活动，是 2002 年的一项重要工作。加强制度建设，制定岗位说明和评价标准，重点实施绩效考评。绩效考评的结果可以直接影响到薪酬调整、奖金发放及职务升降等诸多员工的切身利益。同时，公司将围绕讲正气、讲规范、讲大局的主流文化建设，弘扬“联手联心，合力合智”的企业精神。

【公司信息化建设】 在信息化建设中，本着不断提高公司核心竞争力的原则，围绕着经纪业务、投资银行业务以及投资咨询业务，与 IT 技术公司合作，积极超前探索先进、成熟的 IT 技术在公司业务中的应用，率先在同行中推出自己的专业网站和网上交易软件，并在公司的投资银行业务中进行过大胆的尝试，积累了宝贵的经验，尤其是在公司办公自动化(OA)系统上获得了极大的成功。在变化莫测的 IT 技术面前，公司采取稳健经营的战略，在公司的信息化建设中，严格控制各种系统工程的成本，避免掉入信息建设技术的陷阱、投资成本的误区以及业务风险的冲击。目前公司计算机硬件投资 10000 万元、通讯设备投资 5000 万元、软件投资 5000 万元、累计 IT 投入 20000 万元，占固定资产的 80%。联合证券非常重视发展证券电子商务，近年来，在发展企业电子商务的过程中做过一些尝试，2001 年，联合证券制定了公司电子商务三年发展规划。(见表 3)

表 3　联合证券计算机设备情况　　单位：台

设 备	数 量
服务器	286
工作站	9360
PC 台式机	6669
笔记本电脑	177
小计	16492
路由器	142
交换机	121

【电子商务的发展目标】 公司电子商务的三年发展目标是要实现经纪业务和投资银行业务经营模式的突破，通过电子商务向机构和个人提供全面个性化理财服务，一揽子金融增值服务，网上经纪业务的份额居券商前列，网上交易成为电子商务的收入来源之一。为了达到这个目标，设想将公司电子商务发展分为如下三个阶段：

第一阶段，完善电子商务基础设施，建立快捷、稳定、安全的网上交易系统，充分利用公司现有资源，丰富网站金融资讯，迅速增加网上交易客户和交易量，这一阶段大约需要三个月至半年的时间。

第二阶段，向市场提供全方位、个性化的服务，创立公司电子商务竞争优势，建立网上交易增值体系，完成网上交易增值体系的技术和业务准备。第二阶段约需一年至一年半的时间。

第三阶段，强化公司在电子商务系统、服务、市场营销和内容提供等方面的投入，保持网上经纪的竞争力，正式开展网上交易的增值服务业务，并力争成为网上交易的一流网站。第三阶段约需一年的时间。

【网上证券交易统计】 2000 年 5 月，联合证券网(www.lhzq.com)正式推出，经过多次升级，系统的可用性、安全性和稳定性均已达到业界先进水平。其网上交易平台除为客户提供安全、便捷、可靠的实时证券信息服务和在线交易服务外，还以丰富、完善、定制化的证券资讯及深度分析为投资者提供投资决策的强大支持。截止 2002 年 6 月 30 日，网站注册人数已达到 1.35 万人，平均日访问人数 1 万人，日点击率 100 万次，日页面访问量为 10 万。注册网民总数量 38 万人，开户股民总数量 70 万人，累积访问量 5760 万次，累积交易量 50 亿元。(不计大厅自助、传统电话委托的交易量)。(见表 4)

表4 联合证券网上交易情况

项 目	开始时间	2000年12月31日	2001年12月31日	2002年6月30日
开户股民注册用户人数	2000年7月1日	4000	18800	28000
网上委托开户人数	2000年10月1日	3000	3100	82000
网上交易额(亿元)	2000年5月	12	47	50
网上交易占总交易额的份额		0.59%	3.44%	7.95%
银证通(亿元)	2000年9月		0.19	0.89

【电子商务发展纪事】

2000年5月，联合证券网正式运行。

2000年9月，联合证券网上交易系统工程完工，所有异地服务器运行正常。

2001年8月，公司获得中国证券监督管理委员会核准取得网上证券委托业务资格。

2001年9月，联合证券网完成二期改版工程，全面建成各种信息数据库。

2001年12月，联合证券内部网上办公(OA)系统正式开通。

2002年，国家863计划信息安全应用示范工程项目由联合证券组织在深圳开工。

（联合证券有限责任公司 彭卫）

·上海证券有限责任公司·

【公司概况】 上海证券有限责任公司成立于2001年5月8日。截止到2002年6月30日，公司资产总额近100亿元；员工总数为763人，其中取得证券从业人员资格的占78%。公司现有营业部34家，覆盖上海、北京、重庆和南京等发达城市。经营范围包括证券的代理买卖、代理证券的还本付息和分红派息、证券的代保管和鉴证、代理证券登记开户、证券的自营买卖、证券的承销和上市推荐、证券投资咨询、资产管理、发起设立证券投资基金和基金管理公司以及中国证监会批准的其他业务。上海证券秉承“诚信、稳健、开拓、高效”经营理念，以稳健为原则，创新为重点；以市场为导向，效益为中心；规范经营，积极进取；立足上海，服务全国，促进证券市场繁荣稳定。

【信息化建设】 公司现有网站注册中文名为“上海证券网”，域名为www.shsec30.com，网站开通时间为2000年10月。公司现有计算机总数9897台，终端设备9155台，联网比率为92.5%，路由器79台，交换机633台，工作控制机43台，企业网节点数32个，IT年投资额为1049.98万元，其中计算机硬件投资额为980.95万元，通讯设备投资额为12.75万元，软件投资额为56.28万元。公司严格遵照《证券经营机构营业部信息系统技术管理规范》的要求，在管理体系、硬件设施、软件环境、数据管理和技术事故的防范与处理方面，进行了规范、安全、统一的信息化建设，有效地加强了公司信息技术的风险管理。投资者通过“上海证券网”的网上证券委托系统可以进行股票、基金、国债投资。

【网上证券交易应用】 2001年8月，公司网上证券委托业务资格获得了中国证监会的核准，为进一步拓展网上经纪业务奠定了基础。公司将大力发展网上交易，作为加快经纪业务转型，扩大证券市场份额，提升经纪业务品牌的一个重要手段。通过现场交易和非现场交易方式的结合，实现公司经纪业务网上和网下的互动互补，促进公司经纪业务跨时空发展。在拓展网上证券交易应用过程中，开展以下几个方面工作：

1.加强与IT公司、电信和银行等部门的合作。2001年9月，公司与上海电信签署了整体性战略合作协议，内容涵盖了营销宣传、增值服务和服务培训等方面，力求使双方现有的客户互相转换，实现资源共享。在合作期间，双方共同开展了多次营销活动，取得了一定的效果。

2.提高网上交易的便捷性、安全性。在便捷性方面，公司实行了预约开户、上门服务；开通了工、农、中、建、上海、中信、招商、浦发等银行的银证转账服务；为方便上班族，开设了网上隔夜委托业务。在安全性方面，公司网上交易采用上海CA数字安全证书认证，Internet入口防火墙。

3.开展投资者教育活动。公司在网站上开辟了“投资者教育园地”栏目，该栏目下设股市入门、投资风险、投资心得、维权与投诉等五个栏目。同时设立了专门的意见箱，指定专人定时查收，及时回复，使之成为公司和客户之间交流的桥梁。

4.加快电子商务平台建设。公司充分认识到先进、可靠、安全的证券电子商务服务平台不仅是发展网上交易的基础，更是未来经纪业务模式中的一个重要组成部分，对加强公司的资源整合，提高经纪业务的咨询能力和服务质量至关重要。因此，公司致力于电子商务平台的不断滚动开发，目前已开始电子商务平台的二期开发，力求使公司电子商务平台的可靠性、扩展性、个性化服务和互动性有一个质的飞跃。

【电子商务交易平台的特点】

1. 开放性和可扩展性。可以方便地增加新的网络服务器，从而提高系统吞吐性能；软件体系结构很好地支持软件功能的增加；客户可以使用 Web 浏览器等通用网络软件访问公司网站；系统可容易地增加各种增值服务，支持各种网络接入方式，如 PC 机、机顶盒、BP、手机等。

2. 安全可靠。为保证交易的安全，系统主要采用了如下措施：⑴Internet 接入处安装防火墙。⑵内外网隔离。⑶服务器操作系统打补丁，关闭不必要端口、服务和用户。⑷系统采用上海 CA 第三方认证，数据传输基于 PKI+CA 的机制实现。⑸应用审计工具，建立实时的监控系统。⑹通讯线路有备份，服务器和主要处理 PC 机有备机。

3. 个性化。界面采用个性化设计，简洁易用。

【网上交易统计】 公司网上交易起始于 2000 年 10 月 8 日。截止到 2000 年底，开户数为 4372 人，网上委托交易量为 3 亿元。截止到 2001 年年底，累计开户数为 10208 户，当年网上委托交易量为 26.13 亿元，网上交易量占公司交易总量的 6.01%。截止到 2002 年 6 月 30 日，累计网上交易开户数为 11449 户，当年上半年网上委托交易量为 18.66 亿元，网上交易量占公司交易总量的 8.02%，累计网上委托交易总量 49.48 亿元。从上述统计数据可以看出，无论是开户数还是交易量，都呈现出良好的稳步增长趋势。

【电子商务发展纪事】

2000 年 6 月，公司前身上海财政证券公司成立网站业务部，筹建公司网站。

2000 年 10 月，公司网站正式成立并开通网上证券委托。

2001 年 5 月，上海证券有限责任公司成立。

2001 年 8 月，公司网上证券委托业务资格获得中国证监会核准。

2001 年 9 月，公司与上海电信签署了整体性战略合作协议。

2002 年 7 月，网站业务部更名为网站管理部，网站二期开发工作正式启动。

（上海证券有限责任公司业务员　蒋骏）

·江门证券有限责任公司·

【公司概况】 江门证券有限责任公司（简称江门证券）成立于 1988 年 4 月 15 日，是中国最早设立的证券公司之一，最初注册资本 2000 万元。1996 年 10 月 23 日经中国人民银行批准，增资改制成为有限责任公司，注册资本 5600 万元。公司以“创建一流券商，繁荣一方经济”为宗旨，以“规范管理，稳健经营，优质服务”为经营目标，抓住市场机遇，积极开拓进取，不断发展壮大，形成了立足江门市区，辐射江门五邑侨乡台山市、鹤山市、开平市、新会市、恩平市的证券交易网络。目前，公司已拥有 9 个营业部和 2 个远程交易服务部，营业总面积达 28000 多平方米，在江门地区市场占有率 50%以上，成为本地区成交量最大，经营场地最广，拥有客户人数最多，经济势力最强，效益最好的证券经营机构。

1997 年公司非常有远见地看到网上证券交易必将为传统的证券交易注入新的生机与活力，于是在全国证券行业中率先开展网上交易业务，是继湛江证券（现汉唐证券的前身）之后，中国第二个开通网上交易的证券公司。2000 年 10 月为进一步推动网上交易的发展，正式成立江门证券网上交易中心，建成自己的专业化互联网站——江门证券丰联数码港 www.jmstock.com，这是五邑地区第一个专业化证券网站。公司网上交易系统已通过国家安全测评认证中心的认证，达到中国证监会的网上证券交易安全标准，并获得由中国证监会核准的网上证券委托业务资格。公司以全新的经营理念和经营模式应对竞争，通过专业化、个性化、特色化的服务，大力推进网上交易，扩大公司及公司网站的知名度和影响力，实现网上证券委托交易的跳跃式发展。

【信息化建设】 公司非常注重信息化建设，为适应证券行业信息处理和证券交易技术快速发展的要求，公司不仅不断地对原有的设备和技术进行升级和更新换代，且紧跟新技术发展的潮流，不断地推广应用新的先进技术设备，完善服务，提高效率。目前，公司拥有对深沪交易所的双向卫星小站 6 站，单向卫星小站 15 站，营业部和总部之间的数据传输和备份手段全部采用 128K—DDN 线路连接，并即将主干网升级为 100M 光纤，DDN 作为通讯备份手段；已实现双向卫星的互为备份；30 条数字中继线路提供 24 小时电话委托服务；交易数据库采用 SYBASE 大型数据库系统，达到中国证监会规定的 C2 级要求；整个计算机系统在交易速度、安全性、稳定性、可靠性等方面确保了整个系统快速、高效、安全、稳定、不间断运行。

【电子商务的特色】

1. 网上交易 + Call Center。证券客户服务中心(Call Center)是集语音、寻呼、短信、Internet 及人工服务于一身的现代科技的结合体，它采取网络和语音集成技术，将公司与客户进行接触的各个领域纳入管理体系，通过细致、优质的服务改善网上交易股民远离营业部缺乏服务的现象，使得为客户提供全面的“e 对一”的个性化服务成为可能，从而提升网上交易的服务水平和层次，帮助公司开发新的客户，稳定原有客户资源。公司通过同在国内有多年客服中心项目及联网客服中心建设经验的新太公司的合作，务求将公司客服中心建设成国内证券业最先进、最领先、最高效的客服中心，实现江门证券特色的客服业务，从而为公司开拓更广阔的市场空间，创造更大的经济收益。

2. “股神通” + 网上信息。“股神通”委托交易系统整个系统可分为三层体系：股民端、券商中心端、券商营业部。股民端通过 PSTN 电话网与券商中心端“股神通”接入平台相连，可采用数字中继或模拟中继。券商中心端与下属营业部通过内部网或 Internet 相连，实现数据通讯。“股神通”拥有超大液晶显示屏，除可实现操作的可视化外，还具备强大的信息收发功能，实现网上信息实时接收，即时交易，成为江门证券场外交易的又一新杰作。

3. 网站 + 手机短信服务。江门证券网站的定位是为客户提供投资、理财、信息增值服务与网上证券产品交易服务平台的投资理财网站，核心功能是交易服务，以客户为中心，为股民提供从行情、交易、信息、咨询等一系列新型网上服务。在交易通道服务方面，网站提供了 web 版网站下单和大福星、思八达、宏汇三套专业版行情交易软件供用户自由选择。在证券资讯方面，有实时股评、个股资料、智能选股、财经新闻、研究报告、公告信息、股民社区、专家在线、股民学校等，2002 年 6 月公司在此基础上又成功地在网站上推出了“移动秘书”服务(即手机短信服务)，为客户提供一系列诸如行情预警、成交回报、短信套餐等个性定制服务，它深受股民们的喜爱和欢迎。

4. 统一邮箱 + 证券资讯。统一邮箱是将电子邮件、语音邮件和传真邮件合为一体，实现不受网线限制的全天在线服务，是目前最全面、功能最强大的个人信息管理服务平台。公司通过利用现有的 Call Center 软硬件资源，建立统一电子邮箱系统，实现以下功能：⑴可通过普通电话、手机短信、股神通短信、传真、电子邮件客户端软件、Web 页面发送和提取电子邮件。⑵除普通邮件外，可收发传真邮件、语音邮件。⑶可用普通电话听普通电子邮件和语音邮件，当语音信箱使用。⑷可将邮箱名与手机号码绑定，自动邮件提示。⑸可为每位客户分配一个独立的虚拟传真号码，当传真机使用。功能强大的统一邮箱再配合公司丰富、全面的证券资讯，每天为客户送上方便快捷的证券投资信息，开创远程客户服务及信息交流新方式。

【电子商务的技术应用】

1. 在网络接入方面。采用 100M 的光纤连接到互联网，以宽广的带宽应付众多用户的信息流量，让用户高速、畅通地访问网站，同时能够及时迅速地浏览到股市行情和方便快捷地进行交易。在与公司各个营业部的网络连接方面，使用 100M 内部光纤连接，使总部能够及时迅速地将行情传输过来，再以优质的带宽保证用户委托交易指令及时快速地传输到电脑中心交易处理主机，同时也使得重要交易数据与互联网分隔开，确保了数据的安全。

2. 在硬件设备方面。公司不断地更新和添加技术设备，使技术硬件方面不断地适合电子商务发展的要求。采用 Compaq 8000 的高能服务器作为网站主服务器，其双 Xeon CPU，1G 的海量内存，提供了强大的数据处理、运算能力，并使用 Raid 5 冗余技术确保系统的可靠性。基于安全方面的考虑，将网站的资讯数据库和用户资料数据库从主服务器上分离出来，用两台服务器(HP 6000 和 HP 3000)分别负责上述两个数据库的功能，并放置在公司的内网上，有效地与互联网隔离，这样既减少了主服务器的数据处理方面的负担，又提高了访问的速度，还增强了网站的安全性。在交易服务器的选择方面，为大福星、思八达、宏汇行情和交易系统配备了 HP 6000 双 CPU 服务器，使其也可以应付客户的大规模访问查询和进行交易。在网络的接入上，采用性能可靠的 Cisco 交换机，为网络的连接构筑了稳固的桥梁。

3. 在软件系统方面。使用微软公司的 windows 2000 Server 和 Linux 系统为主要的操作系统平台，选择国内知名的行情交易软件生产商为公司提供优质安全可靠的软件。网上行情交易上使用的软件有杭州恒生公司的大福星行情交易系统、深圳思八达公司的思八达行情交易系统、深圳创真公司的宏汇千禧行情交易系统。以上的软件均通过国家安全测评认证，数据传输和数据的安全方面均有很好的保证。

4. 在网络安全方面。为防范网络攻击，公司配备了国内著名的天融信硬件防火墙，并严格对服务器所使用的端口进行限制，使用硬件防火墙精简的内核高速地对网络中的数据包进行过滤，防止不必要和不安全的访问，以最有效途径来防止黑客入侵。设置专门的网络动态监测系统，对网络进行全天 24 小时监控，追踪攻击来源，对网络访问的有害动作进行详细的记录(包括来源 IP、时间、调用过哪些指令等)，为遭到网络攻击时追查提供了充分的记录和有效证据。

5. *数据备份方面*。为在发生网上证券委托系统出现故障时，能尽快地做出及时、有效的应急处理，公司采用了包括硬件备份、软件备份、数据备份、通讯备份、供电备份等多种备份手段，力求将事故的损失降低到最小程度。在硬件、软件和数据备份方面，每台服务器均有相应的备份服务器，安装了一模一样的软件环境，并及时对数据进行更新，以保证故障时的数据同步性，同时在计算机机房中配备了专用的必要软件和工具，并对服务器各个软件的配置进行了详细的记录。在通讯方面，对公网使用双光纤备份的同时，还架设一条专线到电信数据局机房，在光纤线路不通的时候，可以直接应用这条可靠的备份专线，对于与各营业部相连的内网线路的备份方面，使用128KDDN 及同步 MODEM 拨号相结合，用异质通讯设备进行备份，使得保障的及时处理更加有保证。(见图 1)

【网上交易情况】 公司自 1997 年开通网上交易业务以来，网上交易量迅速增长。2000 年网上委托交易量达 35 亿元，占交易总量的 9.61%。2001 年网上委托交易量达 19 亿元，占交易总量的 10.91%；2002 年上半年，网上委托交易量达 13 亿元，占交易总量的 18.25%。从这组数据可以看出，网上经纪业务占公司经纪业务份额有了大幅度增长，并呈现稳步增长的趋势。截止到 2002 年 6 月底，开户股民注册用户数量达 1.2 万多人，行情系统日均并发人数保持在 1500 人左右。(见图 2、3)

公司 2002 年度累计交易量：1,180,568.00 元，年度网上累计成交量：198，885.00 元，网上交易量占总交易量的比例：16.85%。

图 1　基本技术结构

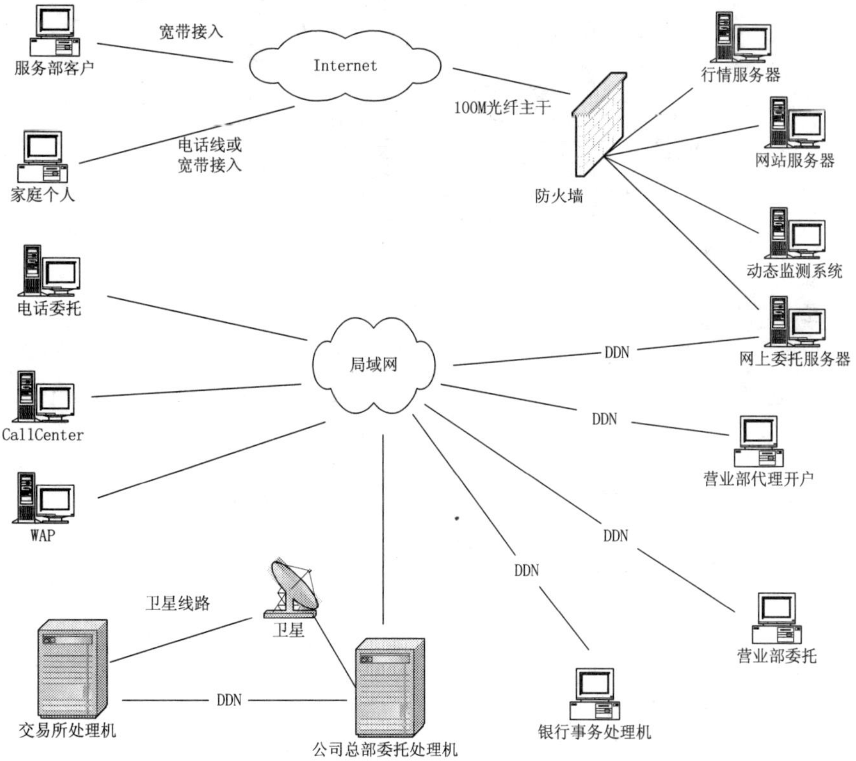

图2 江门证券网上交易A股占比

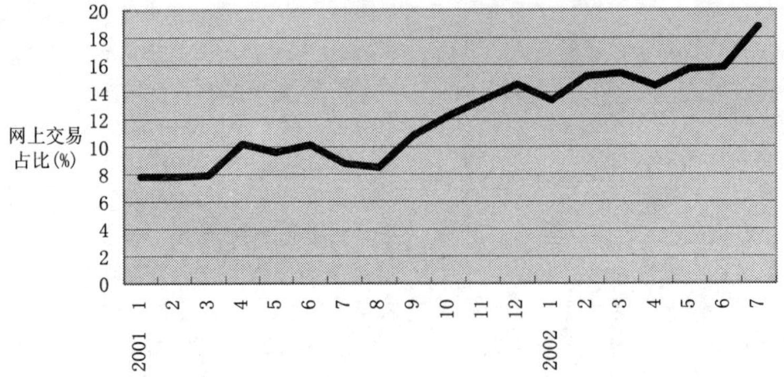

图3 江门证券网上交易B股占比

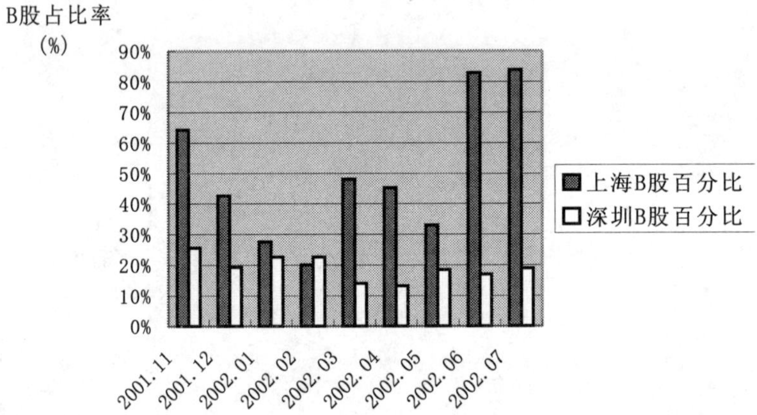

【发展电子商务的规划】

1. *以全新经营理念来管理网站*。提供专业化、智能化、个性化特色服务，完善网上平台，把网站建成客户之家，提升网站核心竞争力，扩大网站知名度。

2. *满足客户多层次的需求*。为不同类型股民提供多种交易渠道，加大营销力度，扩大网上交易成交量，扩大市场占有率，开发更多的潜在客户。

3. *整合网络资源*。推动技术和业务创新，将网站建设成为网上证券委托交易中心、客户服务中心、信息咨询中心、股民培训中心和理财顾问中心。

4. *在全国范围内全面开通"银证通"业务*。利用银行众多的营业网点开拓更广阔的市场，最大限度地吸收增量客户和增量资金，以推动公司经纪业务的迅速发展，提高公司经纪业务的市场占有率。

【电子商务发展纪事】

1997年4月，公司开通网上交易业务，是继湛江证券(现汉唐证券的前身)之后，中国第二个开通网上交易的证券公司。

2000年，开通移动手机炒股、44828数字中继电话委托，成为中国最早运用广域网对客户开通网上证券交易业务的证券公司。

2000年10月，网上交易中心正式成立，建有自己的专业化互联网站——江门证券丰联数码港。

2000年11月，网上证券委托系统通过国家信息安全测评认证，达到中国证监会网上证券交易安全标准。

2000年11月18日，"江门证券488证券专网"正式开通。

2000年11月23～26日，网站参展"2000中国国际城市信息化建设与管理技术展览会"。

2001年8月，江门证券获得由中国证监会核准的网上证券委托业务资格，成为全国获得中国证监会颁发的网上证券交易资格的45家证券公司之一。

2002年5月，正式推出“股神通”可视化委托终端，成为江门证券场外交易的又一新杰作。

2002年6月，推出多媒体平台第二代客户服务中心Call Center、移动秘书手机短信服务、统一邮箱服务。

（江门证券有限责任公司　姚秉浪）

· 湘财证券有限责任公司 ·

【公司概况】 湘财证券有限责任公司(简称湘财证券)是中国第一家增资扩股并获准成为综合类券商的证券公司，注册地在中国长沙，总部在中国上海。注册资本25.1亿元人民币。湘财证券经营稳健、管理规范，其“人本立正，承诺是金”的企业文化和独特儒商风范，成为中国证券界商誉最好、影响最大的公司之一，综合实力位居前10名。构建了一个布局合理、规模经济的分支机构网络，设有北京、华中、华南、西南、西北5个地区管理总部，在中国19个主要城市拥有26家证券营业部。拥有一批广泛、稳定的客户群，已发行承销电广传媒、创智科技、隆平高科、天一科技、华联控股、秦丰农业、天富热电、云铝股份、豫光金铅等30多家中国上市公司股票，有20余万开户投资者，为300多家企业提供过专业服务。与国际同行有广泛、深入的合作，与法国里昂证券公司合资中外合资投资银行正在申报之中。正在全力构架以网上经纪、交易代理、发行承销、基金管理、资产管理、创业投资、证券投资、期货经纪为基础的金融控股集团。

【信息系统建设】 2000年加强网络基础设施建设，建成连接上海、北京、深圳、长沙4个地区中心及遍布全国26个分支机构主干为512K的全公司广域网。2001年，对整个信息系统进行重新规划和调整，建设统一信息技术平台，平台上构建可扩展管理模块和企业级业务综合系统。2002年，在全公司各部门推行了综合办公系统，增强电子化办公程度，提高了工作效率。

网上交易开始时间为2001年5月18日。截止到2002年6月30日网上交易开户数达到31593户；网上委托交易量达到61.34亿元，占交易总量的5.32%，其中沪深交易所(A、B股、基金交易总量)为46.50亿元。

公司年度累计交易量：7，296，831.14元，年度网上累计成交量：1，164，160.07元，网上交易量占总交易量的比例：15.95%。

【网上证券交易发展规划】

1. 第一阶段目标。按未来网上经纪业务模式，使“湘财圆网”成为集信息汇集、理财会所、在线交易查询等多种功能为一体的证券专业网站。

2. 第二阶段目标。建立完善的全国网上交易服务网点，全面管理并推广网上交易。

3. 第三阶段目标。进一步扩大业务领域，在政策允许的前提下，逐步开拓金融衍生产品的投资渠道，使网上证券交易朝着更加广泛、纵深的方向发展。

【网上交易推动措施】

1. 完善服务功能，提升服务质量。湘财圆网坚持以高标准要求自己，在市场中检验自己，寻找差距、寻求创新，圆网网页一年间改版3次，客户交易端升级8次，不断地完善网站的服务功能，提升服务质量，以贴近客户需求，推动证券业电子商务的普及。

2. 收集客户意见，促进工作改进。技术人员、客户服务中心人员深入地和客户交流，收集客户对网上交易反馈意见，网站每一次内容扩充及改版工作，都是与客户沟通互动结果。湘财证券网上交易系统白金版交易端、机构版交易端推出期间，技术人员背着手提电脑跑全国20多个城市，汲取各方面客户意见，反复调试，最终经客户试用认可后，方才正式推出。

3. 了解客户需求，缔造品牌服务。在湘财圆网不论是技术人员、网站人员还是客户服务中心人员，每位员工都先到营业部一线锻炼，合格后才能上岗，员工必须明确客户需求，才能有针对性地开发出让客户满意的服务产品。在上海、湖南等地区设立推广客户中心，指导客户网上交易操作，使品牌深入人心。

【网上交易的安全保障】 公司和联想控股集团、杭州恒生电子股份公司合作建设电子商务平台。北京、上海两地分别放置2个数据中心，各采用2台IBM M80小型机，本地使用IBM HA作实时备份，两个数据中心关系是完全互为备份。数据中心负责26个营业部接入，客户交易均通过客户端或Web方式通过Internet接入各个数据中心。建立在北京和上海的4个交易主站，可在站点之间进行平滑切换。由于采用先进AIX操作系统和IBM小型机，大行情下保持快速、平稳地运行。为确保交易安全，白金版交易系统采用中科院开发ERCIST防火墙系统、128位增强型SSL、国产化QC算法加密和中国人民银行CFCA数字证书。

全网在上海设置一个门户网站，独享10M出口，托管于上海电信部门。网站作用是为客户提供财经信息、行情服务、社区服务、个性化服务、交易和查询界面等全方位的服务。

数据中心与营业部通过64K DDN连接，并使用ISDN做物理链路备份。北京和上海数据中心通过2M

DDN专线连接。数据中心到ISP的交易线路通过512K DDN专线连接。数据中心到网站托管机房交易线路通过128K DDN专线连接。(见图1)

图1 系统架构

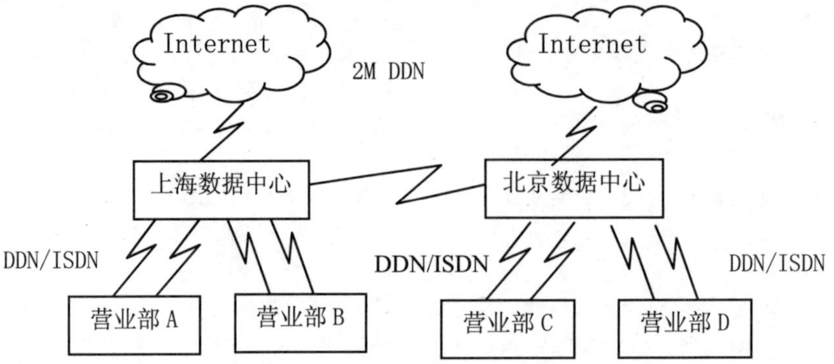

主要技术：数据中心到数据中心、网站到营业部采用VPN数据加密技术；浏览器、客户端交易采用SSL加密技术；手机交易采用端到端128位加密技术；所有密钥长度非对称不低于128位，对称不低于1024位；采用负载均衡技术；采用进口和国产2道防火墙技术；采用国家主管部门认证通过加密算法和安全产品；采用IBM Websphere中间件产品；采用Oracle数据库产品；主系统采用Java语言开发；采用EJB等分布式计算技术。(见表1)

表1 采用的软硬件型号及数量

Cisco路由器	30
防火墙	5
CiscoCatalyst交换机	5
IBM小型机设备	17
SUN小型机设备	2
Compaq服务器	17

【特色服务】 湘财圆网借鉴国际先进经营理念和营销方式，为客户提供证券资讯和投资咨询服务。利用先进网上交易及其服务平台，应用数据仓库、智能数据挖掘、呼叫中心、客户关系管理系统等技术手段，使服务从被动转向主动、从大众化信息服务转向有针对性的客户行为分析，实现主动化、个性化、全方位咨询、理财服务。

1. 全面的资讯。速递：洞悉市场热点，抢占投资先机，每日定时发送到客户的邮箱；新股定价策略分析新股价值，制定申购策略，预测新股定价。国债日评报告：把握债券走势，力图稳健中求收益。投资周刊、月刊：综合评述市场热点，展望大盘走势，分析基金组合。

2. 个性化的服务。湘财圆网免费邮箱：湘财圆网为交易用户提供免费邮箱，通过邮箱发送专业咨询机构证券分析报告以及客户定制个性化信息。个性化邮件信息定制：客户根据喜好，定制全方位、多渠道、及时、准确的资讯信息。多渠道服务方式：提供客户个性化定制页面，投资账户管理、预警服务、短消息服务等多渠道服务方式。在线咨询：多位资深专家随时为客户答疑解忧。行业专家面对面：定期邀请资深分析师，在线解盘，探讨市场热点问题。投资技巧培训：《网上交易常识100问》、“网上交易操作动态演示”，帮助客户快速入门，轻松掌握网上交易各项知识。

【电子商务发展纪事】

2000年12月13日，与联想集团控股公司签署战略合作协议，在IT技术领域和证券行业为第一合作对象。根据协议，双方将组健全新网络平台，共同开发互联网证券业务。公司与中国银行签订电子商务合作协议，形成“证券+银行+IT”网上交易模式雏形。

2001年2月26日，与联想集团控股公司共同组建湘财证券网上交易业务推广和交易专用通道。同年5月，推出湘财圆网网上交易软件和湘财圆网站点(www.eestart.com)。9月，湘财圆网即获得第二届最受网(股)民喜爱的证券网站第八名。

2001年5月18日开通网上交易。

2001年9月，组织人员赴韩国考察大宇证券、三星证券、现代证券、LG投资证券和韩国交易所。明确公司在电子商务领域的发展方向。

2002年5月，湘财圆网和杭州恒生电子股份有限公司合作对网上交易软件进行重大升级，创新推出白金版交易软件，使网上交易更加快速、安全、稳定。

(湘财证券有限责任公司
网上交易推广中心经理 晏强)

·东方证券有限责任公司·

【公司概况】 东方证券有限责任公司是由上海国有资产经营有限公司等十四家大型企业集团共同出资组建，经中国人民银行批准，于1998年3月9日在上海正式成立的。公司注册资本金为10亿元人民币(含1500万美元)，并定于2002年进行增资扩股。作为一家综合性的证券公司，现有员工800余人，下辖37家证券交易营业部，并在北京、深圳、成都、广州、长沙、杭州市及辽宁省均设有分支机构。

公司业务范围包括：证券的承销；证券的自营买卖；证券交易的代理；证券投资咨询；公司财务顾问；企业重组、收购和兼并；基金和资产管理。

公司总部位于上海，下设14个部门总部。其中，主管信息技术支持的部门为信息技术中心，负责电子商务运作的部门为电子商务业务总部。

东方证券拥有雄厚的资金实力，专业素质的员工，先进的科技手段以及便利的交易设施。自成立以来，借助公司畅通的交易通道，安全快速的数据传输，先进的信息技术，便利的资金化转，多样化的交易方式，使公司的主营业务稳定扩张，竞争优势持续加强。

资本市场充满机会，同时充满激烈的竞争。东方证券将把握每一次机会，继承和发扬务实、创新和勤奋的公司精神，以全新的形象，在中国的资本市场占有自己的一席之地。

【电子商务部2002年发展目标】 深化部门建设，继续按ISO国际标准规范进行部门管理，搭建高层次的技术平台、业务平台和服务平台，为客户提供更安全、更迅捷、更便利的交易手段；建立并规范客户关系管理系统；加快银证通业务的推广和营销团队的建设；提升对市场经纪部门的服务，为2003年及以后的业务高速发展打下坚实的基础。

【电子商务发展策略】 电子商务业务总部是与公司经纪业务部并列运行的业务部门，实行独立的事业部制，这一特殊的地位决定了电子商务部的目标定位是抢占非现场交易的市场份额。电子商务部非现场交易业务扩张以“网站+银行网点+证券经纪人”虚实结合的扩张方式进行。在这一整体模式中，市场网点的拓展、后台服务支持以及营销队伍的建设是我们工作的主导方向。

1. *加大开拓力度 抢占空白网点*。在抢占非现场交易市场份额的过程中，谁先占领市场谁就有优先权。从这点上来说，市场开拓在整个电子商务业务发展中的地位显得十分的重要。与实体营业部相比，无形网点的拓展受到开户、资金存取等一系列现实问题的制约。进行银证合作，利用银行网点资源进行营销、服务，可以有效地解决资金存取等问题；而设立无形网点，可以以低成本快速占领网点空白的地区市场。这两者从本质上解决了非现场交易推广的制约因素。

(1)银证通业务的推广。公司采取强强联合、重点突破的方式，与实力强大的商业银行建立合作关系。在已开通的银行中锁定中国工商银行、中国农业银行、华夏银行、浦发银行、招商银行作为主要的突破口，加强合作深度，安排营销人员到各银行网点，通过有偿服务的方式充分调动银行员工的积极性，使银行第一线员工成为本公司编外人员，充分挖掘银行现有资源，达到资源共享；另一方面，在银证通推广工作中，建立电子商务业务总部自己的营销队伍，以此提高本公司银证通业务的市场占有率。上海的银证通工作取得成功后，将把工作的重点转向外地，争取以前期的成功经验为基础，将业务推广到周边地区。

(2)多边合作工作。非现场交易的开展，对于品牌的依赖程度非常高，因此需要将各种优质资源充分整合，以多元化的营销手段，创立公司的品牌效应。对此，我们将采取多边合作的手段，遵循优势互补原则，提高自己的知名度。今后，将与电信部门、典当行、社区等团体之间进行实质性合作；参照国际通用客户服务特点及惯例，建立证券、银行、保险、房产、投资等一体化的客户个人化服务雏形。

2. *提倡优质服务 形成良性互动*。交易佣金的下调从一定程度上促进了非现场交易的市场推广，但是客户仅仅靠佣金下降，并不能获得多少收益，客户更多地是靠证券公司提供的服务来获得收益。公司必须以市场为导向，提倡优质服务，用服务推动市场，形成良性互动。对此，公司将借助网站、客户经纪人系统、客户服务中心(Call Center)等手段为维护客户权利，为客户提供增值服务等方面做出努力。

(1)东方证券网站(www.dfzq.com.cn)。网站建设应强化对非现场客户的技术支持、行情委托、客户服务、信息咨询等功能，并在此基础上，全面提升信息技术平台的整合度，建立经纪人工作平台与客户关系管理体系(CRM)，将网站建设成集管理、信息咨询、交易为一体的平台；加强网站内容建设，与期货公司、保险公司、咨询信息公司、投资咨询公司、门户及财经网站等开展合作，有效地开发利用多种信息资源；重点突出咨询服务，针对不同的客户群体，提供个性化的金融投资产品，并力争创出特色，拥有自己的特色栏目，形成独立的风格体系。

(2)经纪人客户管理体系建设。经纪人客户管理平台的建设将包括证券经纪人、业绩统计、奖励分配、客户信息、盈亏状况等多种功能，以实现对分散化的证券经纪人进行全面的分散与管理。从客户服务的角度而言，公司将以该管理系统为依托，对所有的客户资料进行细分，在细分的基础上，将每个客户所有的交易，包括交易习惯和这个人所处的社会地位，以及相互之间交易的敏感性，都进行细化。然后通过公司的前台对客户进行服务，这将成为基本服务手段。

(3)客户服务中心(Call Center)。建立客户服务中心，建设全国统一的电话委托交易、网上交易与咨询服务平台(目前，上海地区已开通统一的电话接入号码962506)。客户服务中心的建立是公司服务工作中的一项大事，该服务中心的建成，将大大规范服务工作，使全国范围内客户享有平等、优质服务。

3. *以市场为导向 加强营销队伍建设*。在营销队伍的建设方面，公司将积极做好营销队伍的组建工作与营销人员的开发工作。电子商务部采取全员客户经理制，对每一位员工设定定量化的业务指标；对外，将以市场网点为导向，积极招募经纪人。同时，公司还将把工作的重点落实到对营销人员的培训、管理与指导。首先，从制度上完善对经纪人的管理，通过建立有效的培训和激励机制，为经纪人创建一个公平、合理、有效的工作环境。其次，加强投资产品的研究，为经纪人提供投资组合产品，从而使他们在众多的经纪人中体现自己的优势与实力。

(东方证券有限责任公司　刘易容)

·洛阳市证券公司·

【公司概况】 洛阳市证券公司是1987年2月17日由中国人民银行河南省分行和洛阳市人民政府批准设立的，1999年4月23日经中国证券监督管理委员会重新审核批准的从事证券业务的专营机构。

经营范围：自营及代理证券买卖业务；代理证券发行业务；代理证券还本付息和红利的支付业务；经中国证监会批准的其他业务。

洛阳证券始终秉承“稳定、发展、求实、高效”的企业宗旨，随着中国证券事业的迅猛发展，公司规模日益扩大，已发展成为河南省三大券商之一。公司于1993年4月开通上海证券交易系统，于1994年4月开通深圳证券交易系统，并同时成为沪、深证券交易所会员单位。公司现今总资产6.47亿元，员工200余名，他们分别从事金融、证券、法律、企业管理、财务管理、计算机应用与开发、公关文秘等各类专业，可为客户提供高效优质的证券投资服务。现今洛阳市证券公司是拥有七家证券营业部，四家客户服务部，年证券交易额达150亿元的跨区域性券商。

【统计数据】 1999年，洛阳市证券公司积极开拓市场，扩大证券交易，取得了较好的经济效益和社会效益。全年累计交易股票144亿元，交易基金9.8亿元，交易国债1.6亿元，其他0.12万元，完成营业收入4300万元，实现利税800余万元。全年证券交易额较上年提高了11%，新增开户4万余户。

公司2002年度累计交易量：1,014,288.07元，年度网上累计成交量：90,574.45元，网上交易量占总交易量的比例：8.93%。

【信息化建设】 1999年，市证券公司投资500余万元，扩大了华山路营业部，上海、深圳两家营业部也相继搬迁新址，新增营业面积近1500平方米，新增大、中户室20个，新增联想工作站300台，电子大屏10块，完成了南昌路营业部、华山路营业部、凯旋西路营业部、中州东路营业部、胜利路营业部计算机网络改造和服务器的升级换代，使各营业部的网络速度和运行速度提到明显提高。新增电话委托、可视委托线路300条，及时为客户提供最新的证券投资信息网上证券交易筹组工作也已准备就绪，并开设四个郊县客户服务部，保证了为边远投资客户提供及时的投资服务。根据中国证监会关于计算机2000问题的指示精神，为保护投资者的利益，防范技术风险，参照〈证券经营机构营业部信息技术管理规范〉的要求，组织大量人力、财力对公司所有营业部的计算机系统平稳过渡到2000年，此项工作受到省证管办的表彰。

【服务特色】 1999年，公司开展了“创三优”、“创文明行业”的服务活动，依照创文明行业的规范和目标管理计划，把活动内容纳入目标管理中，层层展开，规范到人，进行自查、季评、年表彰，活动总共印发各类宣传材料三万余份，内容涉及〈证券法〉、交易常识和投资理论等。同时，要求各营业部、公司电脑中心和研发部做好信息服务，聘请股评家指导客户投资，调整、充实投资咨询服务人员，开通每日早、晚两次电台股市分析节目，设立咨询柜、咨询电话等。建立大户档案，进行跟踪服务，发挥专业券商的理财功能。全年公司举行股市沙龙40余次，上街咨询活动20余次。

(《中国电子商务年鉴》编辑部搜集整理)

·华西证券有限责任公司·

【公司概况】 华西证券有限责任公司(West China Securities Co.,Ltd)是由原四川省证券股份有限公司和四川省证券交易中心合并重组、增资扩股、规范组建，经中国证监会批准成立的大型证券公司，注册资本10.13亿，主要由国内知名企业投资参股。公司总部设在中国四川省成都市。公司主要从事有价证券的发行和代理发行、有价证券的自营和代理买卖、证券投资基金和资产管理、企业重组与收购兼并、证券投资咨询、财务顾问及其他证券业务；拥有员工近千名，聚集了大批高素质的证券、金融、法律、财务和计算机等各类专业人才。公司在北京、上海、深圳、杭州等地设有 28 个营业部，并将继续在其他经济发达的中心城市增设营业网点。公司具有卫星双向、互联网和 DDN 双讯等多功能网络体系，为客户提供沪、深两个交易所的各种证券交易服务。公司在全国证券行业中具有一定的实力，在西部资本市场中，其资本实力、资产质量、证券交易、营业网点以及证券服务等方面都独具优势。公司以“诚信、务实、创新、发展”为理念，为客户提供优质完善的服务，并致力于成为国内具有影响力的综合类大型证券公司。

(《中国电子商务年鉴》编辑部搜集整理)

·东北证券有限责任公司·

【公司概况】 东北证券有限责任公司是 2000 年 6 月 18 日经中国证券监督管理委员会批准，通过增资扩股和变更名称而设立的具有主承销商资格的证券公司。注册资本金为 101,022.25 万元人民币，主要经营证券的承销；证券的自营买卖；证券交易的代理；证券抵押融资；证券投资咨询；公司财务顾问；企业重组，收购和兼并；基金与受托投资管理等业务。

公司下设 16 个职能部门、2 个地区总部、23 家证券营业部和一个研究所。现有职工 623 人，其中、具有大学本科以上学历的 362 人，占员工总数的 58%；具有大专学历的 203 人，占员工总数的 33%。具有高、中级职称的 157 人，占员工总数的 25%，有博士和在读博士生 15 人。

【经营特色】 公司成立以来，按照“稳健经营、规范运作、加快发展”的工作思路，采用内涵与外延式并重的发展模式，建立和完善了现代公司管理体制，加强科学管理，切实防范风险；积极开拓市场，不断扩大业务范围，全面开展包括 A 股、B 股、基金、债券在内的证券经纪和包括收购、兼并、投资管理、理财顾问和发行承销在内的多种投资银行业务，积极稳健地扩大证券自营业务规模；同时，积极开展委托投资管理，发起设立证券投资基金管理公司和证券投资基金等业务，并大力增强公司发展研究与证券研究的力量。在培育资本市场、促进社会经济发展方面发挥了重要作用，取得了较好的经营业绩和经济效益。

(《中国电子商务年鉴》编辑部搜集整理)

·巨田证券有限责任公司·

【信息化建设】 2000 年 6 月公司网站“每日证券网”开通，公司成立“网上证券营运中心”，专职负责网上交易平台的建设和网上交易的维护和发展。2001 年 8 月经证监会核准正式开通网上交易。2001 年，公司网上证券交易客户数量已达 13000 户，成交量已达 37.3 亿元。其中在公司网上交易专门席位开户客户即达 6300 户，托管股票市值超过 1.2 亿元。此外，筹建公司互联网站、开通客户服务中心，以及推广“银证通”业务等取得长足进展。由于证券市场内外形式的变化，公司原来“网上证券营运中心”营运模式已不适应发展，2002 年以来，公司对电子商务进行改革，成立“网上交易部”，从集交易和管理为一体的网上证券交易“准实体”转变为主要担负管理、指导任务网上证券交易的职能部门，从大规模组织资金、设备投入转变为充分利用业已形成功能和潜力地开拓业务，从集中全公司精干力量独立开拓市场转变为协调各营业部因地制宜发展相关业务，争取走出一条低成本、高效益、有利于发挥各方面积极性的网上证券交易推广的道路。改革后的公司，网上交易取得可观成绩，上半年全公司网上交易成交 29.8 亿元，占经纪业务 13.14%，较上年全年的 6.19%增长 1 倍多。另外，客户服务中心正在进行二次开发，每日证券网也增加为交易客户提供个性化贴身服务的功能。为向用户提供更全面更新颖的服务，公司网站的再一次改版正在酝酿中；为配合公司推行客户经理制，充分利用公司研究力量加强对客户的服务，经纪人平台的建设也正在进行中。

【网上证券交易发展规划】 公司制定了“以网站和交易为基础，以客户服务为依托，以市场拓展为重点，大力发展网上交易”的发展规划。

1. *在市场营销方面*：加强创新，尝试设立技术服务站，通过与银行的合作，以“银证通”的方式，利用银行遍布全国的网点，加大网上交易推广力度。

2. *在客户服务方面*：引进创新理念，在积极推进 CALL－CENTER 二次开发的同时，不断增加 CRM 客户管理系统功能。

3. *在网站建设方面*：配合公司业务发展，积极推进网站特色功能建设；在网站及营业部信息方面，着手提高信息源质量及集中接收、统一分发的工作效率，为用户提供一个高质量的交易平台和信息平台。

【交易平台的特点和安全保障】 公司的网上交易系统采用的是总部转发的方式(见图 1)。

图1 巨田证券网站及网上委托系统结构

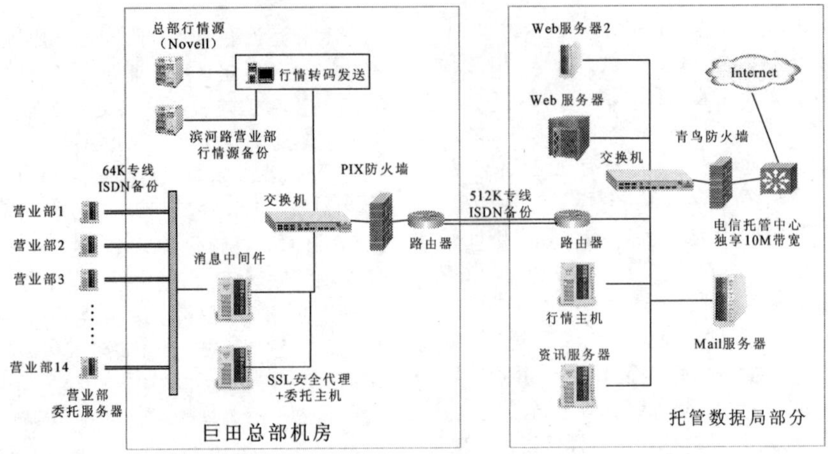

公司交易平台主要由WEB服务器、行情服务器、委托主机服务器及消息中间件服务器组成。客户的网上交易请求通过因特网经两道防火墙发往委托主机服务器，委托主机将交易请求传送给消息中间件服务器，并根据客户归属通过总部与营业部连接的专线将请求转发到各营业部中间件处理机，由各营业部委托服务器完成相应请求的处理。

公司交易平台的特点为：安全性高，可扩展性强，分布式处理速度高。

【网上交易统计数据】 2001年底，公司网上交易开户数13130人；截至2002年6月底，网上交易开户数已累计达到16808人。2001年网上委托交易量37.3亿元，占交易总量的6.19%，其中沪深交易所(AB股、基金交易总量)为37.3亿元；2002年上半年网上委托交易量达到29.8亿元，占交易总量的13.14%，其中沪深交易所(AB股、基金交易总量)为29.8亿元。2001年，银证通交易额为1.67亿元，占交易总额的0.28%；2002年，银证通交易额为5.16亿元，占交易总额的2.28%。2002年上半年银证通成交5.72亿元，占网上交易量的19.2%，较上年全年增长近4倍。

2001年至2002年6月公司网上交易开户情况和网上交易发展状况见图2、3。

公司2002年度累计交易量：3,521,642.29元，年度网上累计成交量：556,106.89元，网上交易量占总交易量的比例：15.79%。

图2 网上交易发展状况

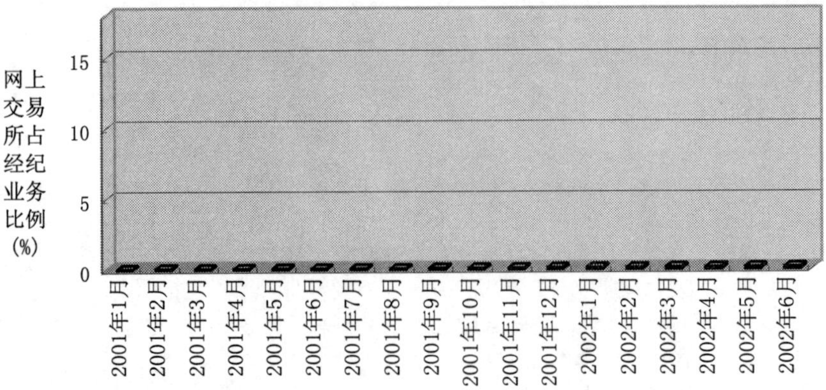

图3 公司网上交易开户情况汇总

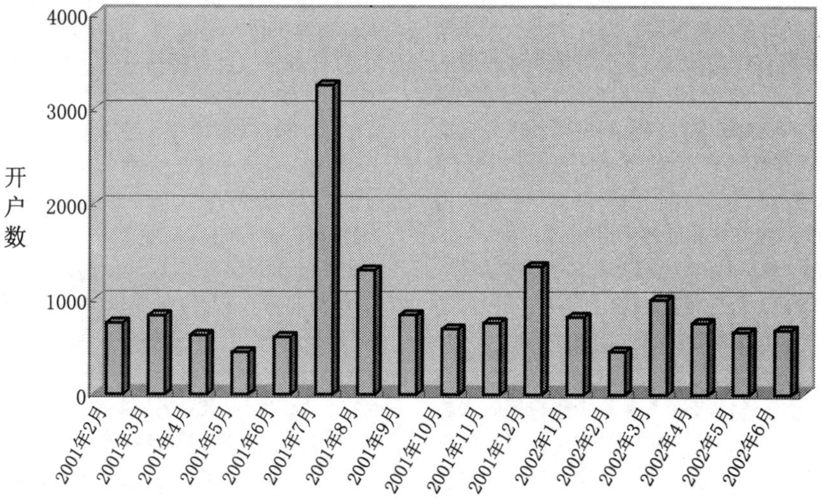

(巨田证券有限责任公司信息主管　刘丽艽)

·长江证券有限责任公司·

【公司概况】 长江证券有限责任公司(简称长江证券)是一家全国性的证券公司,创建于 1991 年 3 月 18 日,总部位于武汉。公司注册资本金为人民币 20 亿元。公司股东结构合理,包括青岛海尔投资发展有限公司、清江水电投资公司、湖北省经济开发公司、中国土畜产进出口总公司、湖北省电力公司等大型企业,以及海欣股份、新亚股份、津滨发展、葛洲坝、保定天鹅、武钢股份等上市公司。覆盖各个产业领域的股东结构成为公司稳步发展的重要支撑。

公司在全国同业首批获得 A、B 股股票主承销、外汇经营、证券投资咨询资格,是首批沪深证券交易所会员,取得网上证券委托业务资格和受托资产管理业务资格,为财政部国债一级自营商、记账式国债甲类承销商,并获准进入全国银行间同业拆借市场和债券市场。

作为中国大陆投资银行业务的开拓者之一,公司具备为客户提供从战略咨询到发行承销、融资策划以及并购重组等全方位的深层次服务,满足客户多样化金融需求的能力和经验。到目前为止,公司共担任了国内 100 多家上市公司的 A、B 股主承销商、副主承销商和上市推荐人,为 20 余家企业提供债券承销服务,担当近 30 家企业的长年财务顾问。以承销家数计,新股主承销指标连续数年居全国同业十强,企业债指标则一直保持在国内前五强之列。在长期的业务拓展中,公司所积累的项目培育能力、创新能力以及强劲的执行能力得到客户的高度评价,并因而与一大批优秀的项目企业建立起了战略伙伴关系。2002 年 3 月,公司与欧洲首屈一指的金融机构——法国巴黎银行达成了合资协议,开始共同筹建中外合资投资银行。

公司具有代理中国大陆证券市场所有证券品种的业务资格,建立起覆盖全国的经纪业务网络,包括证券营业部、服务部等有形网点以及建立在互联网技术和现代通讯技术基础上的全方位、立体化的无形服务网络。其经纪业务多年来在业内保持一定的优势,单家营业部平均交易量在国内专业券商中名列前茅。

公司还在资产管理和研究咨询等诸多业务领域取得了优良的业绩。

【电子商务发展战略】

1. 以经纪业务为先导,逐步构建综合性电子商务平台的总体发展战略。电子商务是现有业务模式的发展,将极大地促进对现有业务运行进行数字化改造,提高运行效率,降低运行成本,增进公司与客户、公司与社会的商务关系。因此,要将电子商务发展为公司的综合性业务平台和客户个性化服务的有效载体,总体战略是以经纪业务的运行为先导,积极拓展网上交易和银证通业务,并在此基础上,逐步开拓电子商务在投资银行、受托理财、债券业务、基金业务等方面的应用。

2.“以有形推无形，以无形促有形”的业务推广战略。现阶段按照低成本、高效率的原则，构建统一的业务平台，建立营销网络和客户网络，力争在短期内形成新的业务增长点。通过分布在全国各地的营业网点，主要吸引中心城区习惯于电话、网上委托的客户，以及其他地区熟悉因特网的股民使用非现场交易方式。同时，通过银证合作，拓展银证通业务，利用银行分布广泛的储蓄网点和通存通兑系统，把服务范围扩大到营业部不能直接覆盖的地区。

3. 整体营销与差别化相结合的市场营销策略。以客户需求为导向，通过整体规划、指导和运筹，建立健全非现场交易的整体运行模式，统一营销策划、统一营销政策、统一商务流程、统一技术平台、统一服务体系。 通过充分发挥电子商务的特有优势和整体功能来降低营运成本，提高营运效率，增进与客户的沟通，改善对客户的服务，推进营销的程式化，创立长江证券电子商务的品牌形象。

同时，由于各地经济发展水平差异以及公司各营业部的实际情况不尽相同，营销手段必然有所差别。因此，在电子商务的拓展中，充分考虑各地的实际，实行“地区差别化”的市场开发策略，与此同时，强化总部级的协调职能，以统一协调各营业部的营销行为，并控制风险。

4. 标准化与个性化相结合的客户服务战略。网络的价值体现在智能化的互动，电子商务的发展将有助于为客户提供个性化服务。因此，有必要充分利用网络的智能化特点，实现对中小客户以自我信息定制为基础，以智能化配送为主要手段的标准化服务，同时，辅以证券经纪人的一对一交流，实现对客户的量身定制、理财顾问的个性化服务。适时发展CALL-CENTER，为建立CRM奠定基础。根据客户需求与客户分类，分别实行一对一、一对多、多对一等不同的客户服务模式。

5. 以网站建设为核心的电子商务品牌战略。网站是公司电子商务发展的有效载体和形象窗口。要按照贴近客户的宗旨，加强网站建设，并结合适度的媒介宣传，扩大长江证券网站的影响。加强与主要传媒和门户网站的联系，融入到证券电子商务的主流圈，以网站品牌来推动电子商务的发展。

【公司电子商务运行模式】

1. 统一的营销策略与统一的客户服务体系相结合，充分实现资源共享。以个性化的服务导向个性化的营销，以特色服务促进品牌创立，以新的服务体系确立新的营销定位，如：随时随地地服务，轻轻松松地理财。在经营中充分考虑客户需要什么，而不应是我们提供什么。积极调整思维，将为客户提供全方位服务作为券商的责任和最基本的经营原则，协调和调动内部各方面的资源，形成多层次的服务网络，迎合客户多方面的需求，细分客户群，采取差异化战略，通过创造客户价值来培育客户忠诚度。

2. 积极推进整体营销和营销程式化。坚持经纪业务的整体营销理念，追求1+1>2的效应，提高市场竞争力。公司非现场交易采取整体营销、分散推广的策略。总部与营业部之间应进行专业化分工，充分利用公司总部职能，将其建成统一的营销策划中心、统一的资讯配送中心、统一的客户服务中心。这种模式的优势在于：一是降低经营成本；二是通过资源整合，提高营业部的整体竞争力和规模效益；三是形成券商的市场形象和品牌，扩大影响力。

3. 实行网上交易+银证通+专家在线三位一体，形成公司非现场交易的完整模式。提供的不仅仅是简单的交易通道服务，而是通过集中式的交易平台和集中式的客户服务平台，更好地形成以总部为支撑的现代新型交易方式。我们提供的不仅仅是优惠的佣金、快捷的通道，更有安全的资金管理、个性化咨询服务。

【网上交易情况】 2000年5月，公司正式推出网上交易服务。2000年10月，长网正式运行。2000年公司网上股票交易量累计达到14.12亿元，网上股票交易量占公司股票交易总量的0.44%。截止到2001年底，网上股票交易量累计达到30.20亿元；截止到2002年11月底，网上股票交易总量累计达到64.35亿元。2002年网上股票交易占当期交易总量的13.7%。截止到2002年11月底，网上交易开户人数达到4.1万人，占公司总开户人数的11.22%。(见图1、2)

公司2002年度累计交易量：5,258,224.46元，年度网上累计成交量：736,424.46元，网上交易量占总交易量的比例：14.01%。

图1 历年网上交易成交量对比 单位：亿元

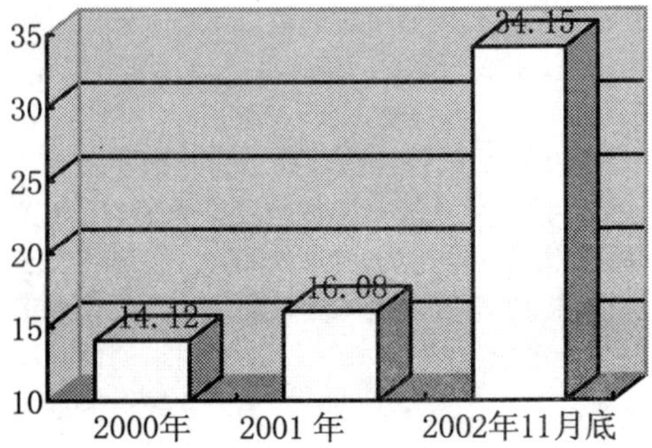

图2 历年网上交易成交量占当年交易总量比例

单位：%

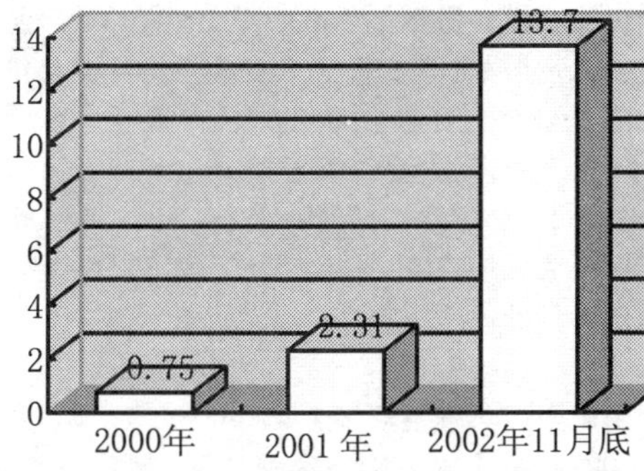

(长江证券有限责任公司 王志华)

·泰阳证券有限责任公司·

【电子商务交易平台】 电子商务交易平台是网上经纪业务持续发展的基础和核心竞争要素。经过多年的探索与实践，泰阳证券逐步建成了有自己特色的证券电子商务交易平台。

1. 坚实的技术基础。泰阳证券网上证券委托系统建设具有很高的前瞻性，采用总部模式与公司在业内享有盛誉的集中交易和清算系统有机融合，系统规划建设科学合理、稳定性高，证券委托买卖简便，数据传输速度快；遍布全国的24个行情主站和委托主站通讯系统互为备份，系统自动切换，客户浏览行情和委托交易真正做到了永不掉线。

2. 良好的安全保障。券商发展网上经纪业务必须建立在人们对其网上证券交易安全性高度认同的基础之上。为了确保网上证券委托系统的稳定、安全运行，泰阳证券一方面通过制定科学、规范的管理制度，从制度管理上杜绝安全隐患；另一方面则运用数据加密、动态密码、防火墙、防病毒软件等网络安全技术，防范可能发生的安全隐患。

3. 便捷的咨询服务。系统将泰阳资讯、泰阳证券网进行无缝联接，客户在浏览行情、分析大势与个股的过程中，能够通过泰阳证券网获取丰富的财经资讯，多层面、多角度的宏观、行业、上市公司及市场研究报告，同时能够得到专家在线咨询服务，有效地提高证券投资的胜算概率。

4. 科学的创新机制。为保证网上经纪业务的持续快速发展，泰阳证券于2002年年初进一步整合了人力技术资源，建立了技术与业务互为促进的管理机制，为技术创新和业务创新打下了良好的基础。技术部门侧重于技术模式规划、设计与完善，业务部门则紧跟业务发展需求和客户服务需求，提出相应的意见和建议，会同技术部门予以实现，一方面保证了系统开发与升级的针对性，另一方面很好地满足了业务发展需求，促进了业务的发展。

【2002～2003年电子商务发展目标及规划】 泰阳证券在加快省外有形网点建设步伐的同时，坚定不移地走有形与无形相结合的发展道路，确定公司2002～2003年证券电子商务发展目标：⑴进一步加强公司网上证券经纪综合业务平台建设，为网上经纪业务发展提供坚实的技术支持。⑵根据业务发展和客户服务需求，进一步整合公司咨询服务资源，运用网络信息技术搭建国内一流的客户服务平台。⑶进一步深化营业部改革，使之职能向服务营销中心转化，努力将网上经纪业务相对份额提高至50%。

具体规划如下：⑴整合公司的技术资源，在信息技术中心新设技术开发部，主持泰阳证券网站、网上证券委托系统和营业部技术模式的研究、开发与升级工作。同时，为公司客户服务平台的规划与建设提供技术论证与支持，确保公司证券电子商务技术平台在国内处于领先地位。⑵整合公司研究所、经纪业务总部和营业部的咨询研究资源，组建一支上规模的咨询服务队伍，并充分发挥互联网络信息容量大、交互能力强的特点，对泰阳证券网站、客户呼叫中心、客户信息系统进行扩容和升级，将之建成国内一流的客户综合服务平台。⑶对营业部部门设置进行整合，将人力资源实行前后台分离，并明确各自的职能，前台工作重点摆在客户服务营销之上，使营业部向连锁经营的营销中心转化。⑷在实现“双赢”的基础上大力发展银证合作业务，充分发挥银行在营业网点、网络布局、资金清算等方面的优势，解决异地客户的开户和清算问题，使网上交易发展更有效地突破传统时空限制，增强市场辐射力。

【证券电子商务应用经验】 泰阳证券自2000年5月8日推出泰阳证券网站(www.sunsc.com.cn)和网上证券委托系统以来，在两年多的时间里，网上经纪业务得到了持续快速发展， 截止到2002年6月30日，累计实现开户客户34.5万户和交易量374.5亿元，相对份额上升至32.15%，取得了业内瞩目的业绩，成功经验主要包括以下方面：

1. 委托多通道交易模式，保证了通道的顺畅和可选择性。泰阳证券采用网上交易、电话委托和营业部自助委托等多通道交易模式发展网上经纪业务，有效地保证了客户交易通道的顺畅和可选择性。在此基础上，通过不断的技术创新、实施差别佣金和提供更及时、便捷的资讯服务等措施鼓励和吸引客户进行非现场交易，以逐步实现经纪业务转型和有效地降低经营成本。

2. *有形与无形有机结合，提高资源利用效率*。泰阳证券发展网上经纪业务初期，就确定了有形与无形有机结合的服务营销模式，即有形营业部发挥其各方面的资源优势，大力发展非现场交易，增强市场覆盖面和辐射力，达到培育和开发市场的目的。实践证明，这种业务拓展模式是行之有效的。经统计，2002年上半年，公司网上委托交易总量达119亿元，占公司相对份额的32.15%，位居全国第一。随着省内市场的进一步挖掘，公司采取外迁或新设的方式加快营业部布局结构的调整，2002年上半年在湖南省外新设了6家营业部，使省外营业部达到了9家。在完善省外营业部布局的同时，弱化营业部交易概念，使其成为非现场交易的培训、咨询、营销中心的载体，解决了省外经纪业务拓展过程中无法以点带面的问题，使其成为公司在当地业务发展的技术支持平台和业务服务平台，有利于业务的深度挖掘与开发。

3. *多层次的资讯、咨询服务，增强了客户投资的胜算概率*。在实际的商务运作过程中，泰阳证券采取“泰阳证券网站＋行情主站资讯＋CALL CENTER”等形式为非现场交易客户提供网上委托、财经资讯、投资咨询、投资者教育、专家在线咨询等多层次的客户服务。同时与多家银行合作利用各自在网络技术、网点资源、业务拓展等方面的优势，发展“银证通”业务，很大程度上解决了部分非现场客户在资金清算和证券账户开户等方面的问题，使“银证通”客户能够通过泰阳证券网上交易系统、电话委托系统和电话银行很方便地获取证券交易、投资咨询等金融服务，实现其资本保值增值的良好愿望。

4. *科学的激励机制使业务发展由行政推动向利益驱动转化*。泰阳证券发展网上经纪业务，在很大程度上得益于管理创新，并得到了公司各级员工的高度认同和积极推动。在业务发展初期，泰阳证券网上经纪业务发展可以说还是一种简单的行政推动模式，但公司随即意识到这种模式不利于业务的持续发展，因此制定了科学、合理的激励机制，以制度约束和利益驱动促进了业务的快速发展，很多营业部在业务发展过程中也逐步认识到网上经纪业务的发展有利于公司整体经纪业务的迅速发展，有利于降低经营成本和促进效益的提高。因此，更加主动、积极地推动网上经纪业务的发展。泰阳证券创立的“网上交易＋银证通＋地区业务代表”虚拟经营新模式，实质上就是将营业部的职能实行重大改变，使其向营销中心转化，使其各项工作重点转化为客户的服务营销。因有一种强大的内在驱动力，促使各营业部之间出现了业务发展你追我赶的可喜局面，为公司提升经纪业务核心竞争力提供了可靠的保障。

【网上交易统计数据】 2002年上半年，泰阳证券网上交易开户数累计34.5万户；实现网上交易量119亿元，占公司交易总量的32.15%；银证通客户突破12万户，实现交易量9.98亿元。

公司2002年度累计交易量：6,134,302.00元，年度网上累计成交量：2,145,580.00元，网上交易量占总交易量的比例：34.98%。

【公司电子商务发展纪事】

2001年3月，泰阳证券成立网上经纪业务总部，其下辖技术开发部、网站管理部和业务推广部。

2001年6月，泰阳证券推出第三版泰阳证券网站(www.sunsc.com.cn)。

2001年，泰阳证券网上交易总量占公司总交易量的25.24%，在全国券商中排名第一。

2002年3月，经中国证监会核准，泰阳证券获得网上证券委托业务资格。

2002年4月，泰阳证券推出泰阳2002网上证券委托系统，系统分析功能大为提高。

(泰阳证券有限责任公司部门副经理　曾学波)

泰阳证券娄底营业部

【网上交易经验】 泰阳证券娄底营业部地处经济和证券市场均欠发达的娄底地区，自2000年5月公司推广网上证券交易以来，娄底营业部网上证券交易一直保持强劲发展势头。据统计，2002年前7个月，其网上交易成交量达13.4亿元，占总交易量份额54.5%。在网上交易方面的具体措施：

1. *高度重视发展网上交易*。娄底营业部全体员工一开始就认识到，发展网上交易不仅是增加了一种交易手段，而是营业部抢占市场、低成本无形扩张的一次难得的发展机遇，是发展方向，而不是辅助手段。

2. *宣传与服务双管齐下，努力挖掘客户资源*。自2000年6月开始，营业部一直在当地电视、报刊等媒体推出“泰阳证券网站”和相关内容的宣传广告，组织宣传车在各县市巡回宣传，组织员工上街设立“泰阳网站”业务宣传咨询点，将网上交易宣传发动工作做得有声有色，在娄底地区刮起了一股“泰阳”旋风，使广大投资者对网上证券交易有了全面的认识。与此同时，采取多种形式对投资者进行上网和网上交易的知识培训，同时降低了网上交易佣金收费标准，加强网上行情、委托和资讯服务，建立了自己的行情主站，使客户逐步向网上交易转化。

3. *发展乡镇市场，拓展网上交易发展空间。*娄底营业部在发展网上交易之初即认识到城区发展空间毕竟有限，因此确立了立足城区、大力拓展周边县市的发展思路。通过加强银证合作，解决投资者开户、资金存取等方面的问题，下派业务骨干在当地举行投资咨询活动，发展和服务网上交易客户。通过以上措施，营业部打开了娄底周边市场的局面，有效地发挥了网上交易突破传统时空限制的优势，为业务拓展积累了丰富的经验，打开了更广阔的农村新市场。

（泰阳证券娄底营业部）

泰阳证券昆明营业部

【网上交易经验】 为了改善证券营业网点的布局结构，增强市场覆盖面和竞争能力，泰阳证券在 2002 年加快在全国各省市的网点建设步伐。在市场交易较为低迷、网点资源价值下降的不利情况下，新设营业部确实面临严峻的生存与发展问题。泰阳证券昆明营业部的很多实践和探索的经验值得借鉴：

1. *有形与无形有机结合，大力发展非现场交易。*昆明营业部在选址筹建过程中，就确立有形与无形相结合，大力发展非现场交易的发展思路，通过严格控制场地租赁、网点装修、电信设备等方面的投入，降低经营固定性成本，使营业部盈亏平衡点降至最低限度，增强竞争优势。

2. *将品牌经营作为业务发展重中之重。*尽管泰阳证券发展网上证券交易在湖南省内及在证券业内已树立良好的品牌形象，公司新进入云南市场，泰阳证券品牌和形象有待强化和提高，让广大投资者对此有更高认识和加强。昆明营业部把树品牌、促服务融合到营业部业务发展之中，通过广告及业务合作伙伴宣传泰阳证券及网上证券交易业务，赢得客户资源。

3. *重视网上交易培训、演示、咨询和上门服务。*网上交易作为一个新兴证券交易与服务通道，昆明营业部要在云南市场将网上交易做大，必须起到一个拓荒牛的作用，将网上交易培训、演示、咨询等工作落到实处。昆明营业部一方面挖掘和宣传网上交易公共技术与服务平台的优势，另一方面以多种形式为投资者提供电脑基础知识、上网基础知识和网上交易的培训与指导，为客户提供多层次的投资咨询服务，使广大投资者对网上证券交易有全面深刻的认知。

4. *广泛合作，推动业务发展。*投资者使用网上交易率先考虑的就是交易成本和安全性问题。泰阳证券昆明营业部为了有效地降低投资者的交易成本，加强与网络运营商的合作，努力降低投资者的上网费用，同时在交易佣金上予以让利。为了使投资者对网上交易的安全性问题有正确的认识，昆明营业部则对各种交易手段的安全性进行深入对比分析，使投资者认识到网上交易的安全是有保障的。此外，大力发展银证合作业务与经纪人队伍，将证券经纪服务营销工作做到实处，有力地开拓客户资源。

半年时间里，昆明营业部经过努力，网上交易业务发展迅速，其网上交易开户数、交易量和相对份额保持逐月快速攀升。

（泰阳证券昆明营业部）

泰阳证券长沙市五一东路营业部

【网上交易经验】 自 2000 年以来，中国网上证券交易发展迅速。但各证券公司普遍感到在发达城市发展网上交易困难较大，发展速度相对较慢，原因归结为发达城市网点较多，客户交易较为方便，潜在客户资源挖掘较为充分。但是，泰阳证券五一东路营业部近两年网上交易则得到持续快速发展。据统计，五一东路营业部网上交易相对份额已达 40.8%，2002 年上半年就新增网上交易开户 753 户，累计实现网上交易开户 6883 户。

营业部成功经验就在于将投资者教育与业务发展有机结合，将优质服务做到位，培育核心竞争力。到 2002 年上半年，长沙市已设有 34 家证券营业部，相对于 150 万的城市人口来说，证券营业部无疑处于高度饱和状态，竞争自然非常激烈，很多营业部采取送电脑、降佣金和以豪华装修等手段争夺客户资源。在激烈的市场竞争中，营业部则独辟蹊径，将“股民学校”开办得丰富多彩，“客户投资理财培训班”和“网上交易指导班” 期期爆满。这种素质教育与业务发展的有机结合，得到了广大投资者的首肯。泰阳证券的优质服务与“泰阳证券网站”的服务特色更贴近了投资者，不仅使他们的证券投资水平大有提高，而且使他们更乐意接受和使用网上交易，使其投资效益与效率显著提高。

随着浮动佣金制的实施，以网上交易为代表的非现场交易正成为市场竞争的焦点。营业部员工清醒地认识到这种低成本交易手段的推广无疑为证券公司业务发展带来了新的机遇。同时，他们也认识到：市场竞争更为激烈，只有把握住机遇大力推广网上交易，才能促进业务的持续发展；只有一如既往地狠抓优质服务，使客户资产得到真正的保值增值，才是增强核心竞争力的关键所在。

（泰阳证券五一东路营业部）

·华龙证券有限责任公司·

【公司概况】 华龙证券有限责任公司(简称华龙证券)成立于2001年4月26日，是由甘肃省人民政府组织筹建，经中国证监会批准，通过合并重组甘肃省内4家信托投资公司(甘肃省信托投资公司、兰州市信托投资公司、白银市信托投资公司、天水市信托投资公司)的证券业务和证券资产并增资扩股而组建的具有综合类业务经营资格的证券经营机构，注册资本金为50589.48万元人民币。公司在北京、上海、深圳、重庆、无锡、石家庄和甘肃省设有24家证券营业部，其中17家集中在甘肃省内，业务经营涉及证券经纪、承销、自营、投资咨询、投资基金、资产委托管理等众多领域。龙是中华民族的图腾和骄傲，华龙证券以龙取名，既是一种象征，也是华龙证券孜孜以求的精神取向，牢固树立“以人为本、诚信务实、规范经营、服务第一、利润第二”的经营理念。

【经营模式】

1. *调整营业部布局，降低成本，扩大经纪业务市场覆盖面*。华龙证券的营业部71%集中在甘肃省内，营业部布局不合理制约了经纪业务的拓展。公司重视网上经纪业务的发展契机，调整营业部的布局，由地区集中向全国大中型城市推进，降低发展成本，扩大经纪业务市场覆盖面，抓住机遇走向全国。

2. *通过发展网上经纪实现经纪业务的转型，依托有形网点拓展无形市场*：⑴各营业部成立网上交易推广小组，利用网上证券交易特点开发新的客户群。⑵开展银证合作，实行强强联合、优势互补。银证通利用网上证券交易打破时空的特点，将证券业务拓展到周边地区。⑶与电信运营商就利用证券电子商务与电信平台优势，共享客户资源、开发潜在客户、交叉展业事宜达成合作。⑷设立网上证券交易咨询培训服务站，实现服务本地化。⑸开办网上证券交易投资者学校，加强投资知识普及、多业务品种介绍、投资者风险教育。

3. *全面规划，集中化管理*。公司在保证营业部系统的安全可靠前提下，采取分地域分阶段进行改造，对于传统营业部所辖地区的网上业务采用集中转发方式，逐步将传统业务过渡到集中交易模式，最终实现公司经纪业务全面集中交易。

【发展规划】 ⑴整合网络资源，进一步推动技术和业务创新，将华龙证券网建设成为网上证券委托交易中心、客户服务中心、信息咨询中心、股民培训中心和理财顾问中心。⑵建立全国统一号码的客户服务呼叫中心系统，为客户提供高效、便捷、低成本的委托、查询、咨询等服务。⑶建立CRM(客户关系管理)系统，并对客户资源进行深入分析与充分挖掘，利用先进技术手段，为客户提供个性化投资理财产品与服务。⑷建立华龙证券集中的网上证券交易平台，实现多种方式和手段的安全、高速、稳定、便捷、低成本的网上证券委托交易方式。⑸向知识管理平台的方向发展，解决投资者信息的准确获取和整理困难，让投资者能够通过这个平台决定投资方向。⑹公司将在条件具备的情况下设立网上证券经纪业务子公司。⑺ 目标：将华龙证券网建设成为行业内一流的、有特色的证券交易网站，创建成功的网上证券委托交易业务模式，网上经纪业务效益进入全国同等券商前列。

【推动措施】 ⑴公司领导高度重视，以全新的经营理念和经营模式应对竞争，大力推动网上交易。⑵加大投入，整合资源，实现网上证券委托交易的跳跃式发展。⑶成立电子商务部，据《证券公司管理办法》，进行关于适时设立网上证券经纪业务子公司前期的市场调查论证，实行公司化的运作模式，通过专业化、个性化、特色化的服务，扩大网上交易知名度和影响力。⑷营业部有专门人员负责推广网上交易。

【平台特点】 ⑴在统一公司所有营业部计算机系统平台的基础上，2002年引进了4台IBM RS/6000小型机，分别建立上海和兰州2个网上交易中心节点，采用先集中接入中心点然后再分发至各营业部的方式，使整体安全性大为提高，同时实现对公司所有客户数据的集中存储和系统异地灾难备份，为各营业部的风险防范控制和下一步针对客户关系管理的开发应用奠定基础。⑵华龙证券所有主站行情，均采用专用线路发送，而且各行情主站之间建立了良好的备份机制，当某个行情源出故障时，其对应的行情主站可以及时从其他行情主站获取行情数据。华龙证券在甘肃省内和上海、深圳、北京、重庆都设立了行情主站，并可随时增设。⑶证券行情和交易系统专业版客户端软件能够在线自动升级，与网站个性化服务无缝结合，支持所有客户A、B股、国债、投资基金网上通买通卖和开放式基金业务，能够容纳突发的大量交易请求，提供高度的可靠性和性能扩展能力，具有国家信息安全机构认可的安全加密体系和算法、支持多证书体系。⑷华龙证券网站内容及特色。交易通道服务：证券行情和交易系统由专业版、WEB版组成，提供了各种的接入渠道，包括，PSTN的委托电话接入、移动电话委托接入、双向寻呼机，并为手提式电子设备、机顶盒做了预留接口。证券资讯服务：实时股评、个股资料、智能检索、财经新闻、研究报告、公告信息。

社区服务：专家在线、股民论坛、华龙路演、投资者教育、模拟炒股、股民学校等。

【安全措施】 ⑴两级防火墙设置于公司总部及营业部入口，通过访问控制可防止非法入侵并做内部的安全代理，根据安全级别和吞吐量选择不同厂商产品。⑵通过构建公司虚拟专用网(VPN)，保证公司总部与各营业部之间信息传输的保密性，通过不同电信运营商实现通信线路的备份，在甘肃省内营业网点实现了10M光纤作为主要通信方式和DDN作为备份通信方式。⑶上海和兰州2个中心节点由入侵监测系统、定期系统漏洞扫描系统、集中网络防病毒系统、信息审计系统等构成的综合安全体系。⑷基于SSL协议的应用加密系统保证股民交易安全。⑸建立数字证书中心(CA)，向股民发放相应的数字证书。⑹交易、行情、中间件等关键服务器、设备采用多台负载均衡和容错备份。⑺严格的系统数据、应用数据、交易数据备份，采用多种介质(磁盘、磁带、光盘等)备份，根据数据的重要程度和不同要求将介质分不同的期限进行异地存放，并满足防盗、防火、防尘、防水等安全存放条件。应用系统数据和交易数据备份具有特别要求，要求定期备份，并且要保证备份数据的连续性和可恢复性。⑻制定周密的应急计划，确保对每一突发事件都事先制定有明确的应急处理方案和应急处理步骤，对应急计划进行定期演练，以确保应急措施的可用性。

【信息化建设纪事】

2001年5月5日，华龙证券初步实现以CISCO网络设备为基础、DDN电路为主要通信方式，ISDN拨号为备份通信方式的广域网连接。

2001年5月12日，华龙证券实现了甘肃省内营业部的B股集中交易。

2001年5月28日,华龙证券网上交易系统升级，实现本地ISP多点接入、多行情主站、多交易入口、负载均衡、相互备份。

2001年7月18日，开通华龙证券网(www.hlzqgs.com)。

2001年9月10日，华龙证券办公自动化系统投入使用。

2001年9月25日，华龙证券“网上证券委托系统”通过国家信息安全测评认证中心的测评认证。

2002年2月初，华龙证券相继与甘肃省农行、工行合作，推出“银证通”业务。

2002年3月15日，华龙证券开始逐步实施甘肃省内营业部的区域集中交易项目。

2002年3月20日，华龙证券开始实施网上证券经纪业务平台建设项目。

2002年3月13日，经中国证监会核准，华龙证券取得了开展网上证券委托业务资格。

【网上交易情况】 截至2001年底，华龙证券所有营业部均已开通网上交易业务，自开通以来呈现稳步增长态势。截至2002年6月30日，在公司成立的13个月时间里，累计交易量达到8.95亿元，网上交易开户5027户。2002年上半年网上交易业务量占公司经纪业务总量的4.36%，较2001年全年增长了238%。

(华龙证券有限责任公司　闵智东)

·青海证券有限责任公司·

【公司概况】 青海证券有限责任公司(简称青海证券)成立于1988年，1997年脱离人民银行重组改制，股东为青海数码网络投资(集团)股份有限公司(SZ：000578)和深圳四通投资发展有限公司，分别占股权的92.59%和7.41%。

发展目标：致力成为中国最优秀的网上券商。历史使命：将证券业务与信息技术有机结合，探索证券业务发展新方向，为证券投资者提供优质服务。

1999年底,青海证券确定了向网上交易转型的思路，随后建立了“数码证券网”，自主开发出了网上交易系统，集中交易系统，并坚持“两手抓，两手都要硬”的方针，以业务来指导技术的发展方向，以技术促进业务的快速提高，在业界树立了“优质服务、领先技术、全新商业模式”的企业形象。截止到2002年6月底，公司纯网上证券交易量和非现场交易量分别约占公司总交易量的50%和65%。

【信息化建设与电子商务发展纪事】

2000年4月，青海证券“数码证券网”建成。5月，成立了Call Center。

2000年7月,自主开发的网上证券委托系统首批通过中国国家信息认证测评中心的官方测评。

2001年2月，全国联网“数码中枢”完成，各地营业部的交易用户都可通过“数码股王”和Call-Center客户服务中心进行买卖股票与“一对一”的个性化服务。

2001年4月，与交通银行联手在深圳推出了“银证通”业务。

2001年10月，推出“股神通”服务，网上交易客户和银证通客户可通过个人主页、手机短信、电子邮件、电话人工服务等方式定制账户交易信息服务。

2001年11月，公司自主开发的集中交易系统上线切换成功。

2001 年 12 月，“新一代集中型证券综合业务系统”在“十五国家科技攻关计划”的“金融信息化关键技术及应用示范”项目中的“网络证券应用示范系统”课题中中标。

2002 年 2 月，“新一代集中型证券综合业务系统”通过中国证监会、人民银行、科技部组织的专家论证。

2002 年 3 月，中国证监会核准青海证券的“网上证券委托业务资格”。

2002 年 5 月，公司第一个基于集中交易系统的营业部建设成功。

【网上证券交易发展规划】 青海证券的发展目标是致力成为中国最优秀的网上券商，在已做努力的基础上，未来两年中加强技术创新与应用，主要规划是：

1. *整合现有系统，形成统一平台，保障集中交易*。改进、完善集中交易和管理系统：其中包括实现数码股王自动升级、Call Center 升级改造、短信服务升级等。行情容错及升级、改造，提升行情稳定性。完善统一客户端界面，将公司的服务传送到客户面前。分阶段、分步骤建设青证综合业务平台，将公司管理、业务、信息全部整合到一个统一的网络上和平台上。

2. *加强技术储备*。支持无线移动应用的技术储备和业务探索，完成 CA 及证书系统改造，开拓新的支付手段(如银联)等。

3. *着重安全管理，维护系统稳定运行*。做好网络及系统的备份、异地备灾，切实提高系统的抗病毒、电脑黑客攻击的能力。开发系统管理平台，提高系统安全性和可靠性。

4. *规范管理技术及研发，消除系统隐患*。从制度上、流程上加强系统风险的控制和管理，杜绝人为因素给系统造成内在缺陷和隐患，在快速开发和系统更新的同时做到的安全高效，防微杜渐。

【电子商务交易平台】

1. *硬件组成*：核心数据库采用 Sun E10K +Oracle 8.1.6；前端服务器采用 IBM 4526 以及 HP Lpr 1000/6000/8500 等高性能服务器。

2. *网络结构*：基于北电网络的 Alteon 多层交换机设计的冗余系统，从根本上防止了服务器及网络设备单点故障的发生，同时，利用 IDNS 体系的 Internet 线路备份系统，保障了 Internet 接入的安全、稳定、高效，并且提供了对客户的就近访问功能，在国内目前的电信环境下，极大地提高了行情、交易系统访问的速度和稳定性。

3. *软件结构*：自主开发的中间件平台(DDAS/DDAC)，基于 Oracle 的底层访问接口开发，高效、安全，DDAS 提供二次开发接口，极大地拓展了这套中间件产品的适用范围。

【特色服务】 本着“用心服务”的宗旨，青海证券追求公司理财服务的“及时、主动、个性化、专业化”，以满足在信息时代中国投资者对理财服务的需求。除了每周 7 天，每天 14 小时的电话和网上服务外，青海证券还向投资者提供以下几种特色服务产品：

1. *标准理财产品*。公司面向 VIP 交易客户(总资产存量 80 万元以上客户)推出标准理财产品，由金融证券研究所负责研究生产，由客户理财部向客户推送。其中包括前瞻性政策透视、定期财经新闻解读、异动股点评、各行业动态报告、模拟投资组合、每日市场纪要、青海证券内部参考等。客户可根据自己的需要向 VIP 客户服务人员提出申请，VIP 服务人员则会选择适合客户特点的信息和资料传送给客户。客户所需要的，正是公司努力追求的！

2. *专家咨询服务*。公司聘请资深理财专家为 VIP 客户提供投资理财咨询。VIP 客户只要拨通 82070578 专线，通过身份验证，转接 VIP 理财组，即可与公司的理财专家交流，理财专家每天 9～17 时随时恭候客户来访。专职理财顾问则在每天 8～22 时为 VIP 客户提供各种理财服务。公司的咨询服务宗旨是：通过及时、即时的交流，在能力范围内，帮助 VIP 客户寻找较佳投资机会和合理规避市场风险。客户的成功，就是公司的成功！

3. *账户管理服务*。主要是为 VIP 客户提供新股配售信息、中签提示、配股提示、持仓股公告提示、重仓股定期分析简报、电话人工下单操作等。公司将以优质、及时的服务，为客户提供周到、称心的财经秘书服务。

4. *投资交流服务*。公司为促进与核心客户之间的交流，定期举办大型投资交流活动。其中，每季度第一个星期天的“青海证券股市投资论坛”，将请出金融证券研究所的精英，邀请业内有影响力的专业人士与客户面对面进行交流、座谈，探讨本季度的投资策略和市场形势；不定期举办“短线炒手高峰会”，邀请股民中的高手、经纪人高手以及业内具有较大知名度的短线高手，交流阶段性短线炒作技巧，提高各种类型客户在不同市场条件下操作、获利的能力。

【网上交易统计数据】 公司 2002 年度累计交易量：1,079,575.74 元，年度网上累计成交量：556,886.04 元，网上交易量占总交易量的比例：51.58%。(见表 1、图 1、2)

表1　网上交易统计数据

	2000年	2001年	2002年上半年
网上交易开户总量(户)	52374	58865	72293
网上证券交易量(万元)	147000	607200	322100
网上证券交易占总量比(%)	7	37.12	49.44
银证通交易量(亿元)		1.9	4.2
银证通交易量占总量比(%)		1.2	6.4

图1　青证网上交易开户与交易统计

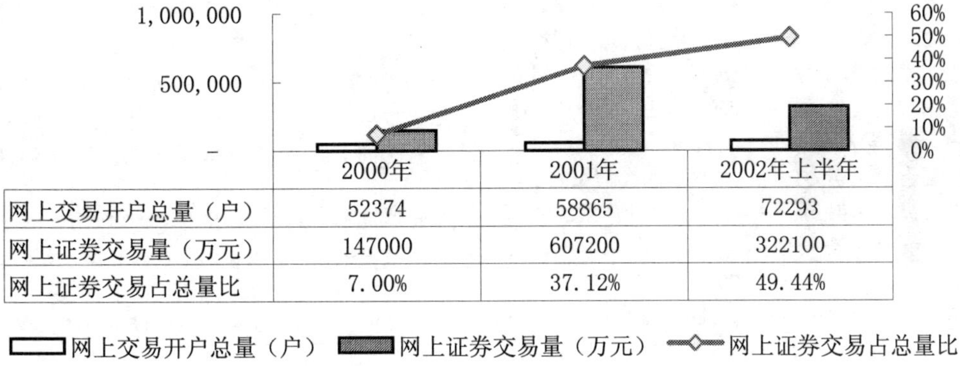

51.58

图2　青证银证通业务统计

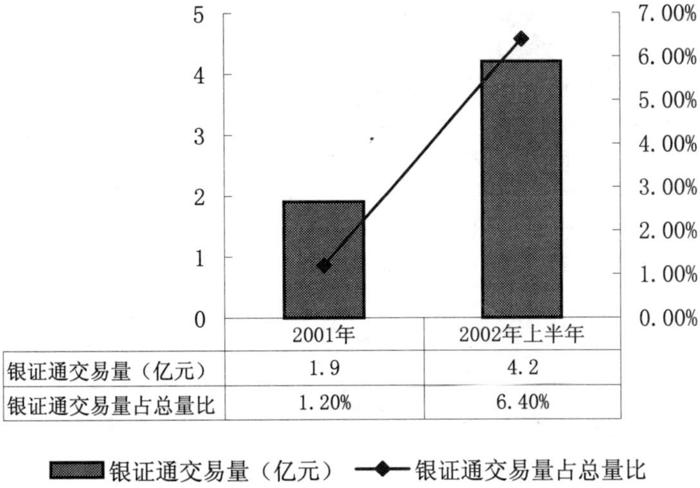

（青海证券有限责任公司　罗再宏）

·汉唐证券有限责任公司·

【公司概况】 汉唐证券有限责任公司(简称汉唐证券)，是2001年9月经中国证监会批准成立的一家综合类券商。公司总部设于深圳市华侨城汉唐大厦。注册资本90120.74万元(其中750万美元)，股东20家，分布在8个省市。公司现有员工600多人，30多个营业网点，分布在北京、上海、深圳、广州、南京、贵阳、成都、海口等全国主要城市。

秉承“盈利、求实、服务、创新”的企业精神，倡导绩效与考评的企业文化。致力拓展市场，迅速筹建中外合资基金，引进国内外优秀人才，拓展国际金融业务，建设一支在国际证券市场上有很强战斗力投资银行、经纪、资产管理的团队。并按照完全市场化经营机制与薪酬激励机制，依据科学管理原则，建立完善法人治理结构。全公司有博士后2人，博士、硕士比例占30%，具有科学的人力资源激活机制。

汉唐证券公司实力体现在其科学的经营机制中，使得公司实力迅速得到稳健增长。在资产质量优良的良好经济形态下，公司净资本在全国券商中排名前列，经纪业务市场占有率由2001年末的0.435%上升至2002年1～10月的0.699%，升幅为60.69%，其中10月份更是达到历史性的1.20%。公司股票基金成交额在深交所257家会员中排名由2001年51位升至2002年10月份21位;上交所由2001年底62位升至2002年10月份36位。在深圳17家本地券商中交易量排名由2001年12名升至2002年10月末的第6名;拥有30多家营业网点，数百名专业经纪人，在上交所深交所拥有41个交易席位;拥有先进网上经纪服务通道，网上证券交易占总交易额三成;在环保、生物科技、能源、商贸和化工等产业累积了丰富经验和雄厚的客户群及分销网络基础;汇聚由其财务、科技等不同专业背景和经验的精英组成，为国内外优秀企业提供证券承销、上市保养、购并重组、财务顾问等服务。汉唐研究所实力雄厚，《网上交易发展研究》获2001年中国证券业协会科研课题一等奖。公司严谨的风险控制体系，为客户提供稳健的投资理财服务。2002年3月13日，公司网上交易业务资格获中国证监会批准。公司还取得进入全国银行间债券市场和同业拆借市场的资格。公司主承销商资格、投资咨询资格已通过深圳证管办初审，正报中国证监会审批。汉唐证券成为首批获得中国证监会批准通过的受托投资管理业务资格的5家券商之一。

【网站与电子商务】 汉唐证券有限责任公司，网站www.ehantang.com。E汉唐网是最新的电子商务型综合网站始建于2001年。汉唐证券是“以人为本，知行合一”，不断创新发展的公司，用创新电子网络技术来支持公司的发展是网站的根本。开展网上交易，提供最新咨询服务，更好地利用信息高速通道的网络平台为广大投资者提供个性化的优质服务是E汉唐网经营的立足点。新型的电子商务网站的开通即是顺时、顺势、顺应社会发展，市场经济发展需要的结果。汉唐之舰在WTO和中国经济发展的浪潮里弄潮开航，E汉唐网是护航导航的先锋队，是让世界了解汉唐文化的窗口。

汉唐证券电子商务的开展是社会企业信息化的需要也是经济化信息时代公司发展的必然。虽然汉唐证券电子商务型综合网站建立的时间不长，电子商务的开展也还处在一个有待完善和充实的阶段，但网站是以汉唐证券“盈利、求实、服务、创新”的经营理念为经营宗旨，利用新兴的高技术网络平台为广大投资者提供安全、可靠、稳定、便捷的网上交易通道及个性化的优质服务，它有自己的特色和年轻的优势。

【电子商务进程】 公司高度重视网上交易，抢占市场制高点，汉唐证券在网上交易开展一年中就发展网上交易用户近3万人;采取“网上交易—网下客户服务”的模式。营销渠道是网上网下结合，网上提供交易平台和信息服务，网下通过设立服务网点进行客户开发、宣传和服务，形成全方位立体的模式。

1. 先进的技术保障。2001年7月，汉唐证券网正式开通，网上交易委托系统也同期开始运行，共建有18个行情和委托源，确保投资者在大行情中完成交易。推出的“E汉唐(4.0)版网上证券委托系统”功能强大，系统行情稳定、安全可靠，有批量下单功能和A、B股全国通炒通卖等国内一流的先进功能，可以更好地服务于客户。

2. 强大的咨讯服务支持。E汉唐网及时为客户提供丰富的市场证券财经信息，多层次、多角度的宏观、行业、上市公司及市场分析报告，全面的上市公司、证券市场法规资料，强大的信息检索功能。富有特色的互动性栏目“专家在线”日均回复达1000问以上，由汉唐证券专家群为客户全天候在线咨询，为客户提供最新、最快的投资咨询。

网站建设通过基于JAVA技术+中间件应用服务器+后台数据库的解决方案。该解决方案的核心工具是中间件应用服务器(Application Server)。通过Application Server可以帮助企业架构一个基于Internet的电子商务系统，而且拥有极高的稳定性、可扩展性和安全性。Application Server向企业级用户提供了设计、开发、部署、运行和管理一个Internet

电子商务应用系统的平台。(1)系统特性：与平台无关，可移植性好。使用纯JAVA技术开发，可运行在任何支持JAVA的平台和操作系统上，包括(WINDOWS,UNIX,LINUX)。(2)安全性好。采用三层结构，可以提供灵活的安全机制。根据不同级别的安全要求，可以分别在浏览器和WEB服务器之间、WEB服务器和数据库服务器之间加入防火墙，在浏览器和WEB服务器之间加入SSL安全机制。

3.网上交易系统简介。汉唐证券网上交易系统采用总部转发方式，在深圳Unihub机房建立行情服务器组(通过均衡负载实现行情服务器的热备份)，通过两条不同专线(实现线路的热备份)至总部前置机。(1)行情系统。行情分析系统采用高速服务器，客户浏览行情采用JAVA、EXE方式。(2)委托系统。采用EXE、ACTIVEX两种方式。(3)加密及身份认证。委托交易系统采用SSL 128位加密协议，采用并口隔离技术和总部SSL转发，支持第三方CA认证体系。采用CA证书认证的SSL 128加密算法。建立委托的监控系统。CA证书系统采用自建CA。

网上交易新开发出基于B/S的委托交易方式，在用户进行交易时，可以方便地浏览相关股票资讯，质询专家，享受交易客户权限范围的汉唐研究报告等；提供网上交易的快速通道，吸引更多的用户通过E汉唐网站使用网上交易系统。(见图1)

自开展网上交易以来网上股票交易量达648亿元，其中2001年下半年成交83.3亿元，占总交易量10.28%；2002年上半年成交197.7亿元，占总交易量22.04%；2002年下半年成交367亿元，占总交易量34.58%。完成公司所定的网上交易量占总成交量30%的目标。下一步争取在2003年实现网上交易量占总成交50%的新目标。(见图2)

公司2002年度累计交易量：4,118,697.13元，年度网上累计成交量：688,254.42元，网上交易量占总交易量的比例：16.71%。

图1 网上交易系统

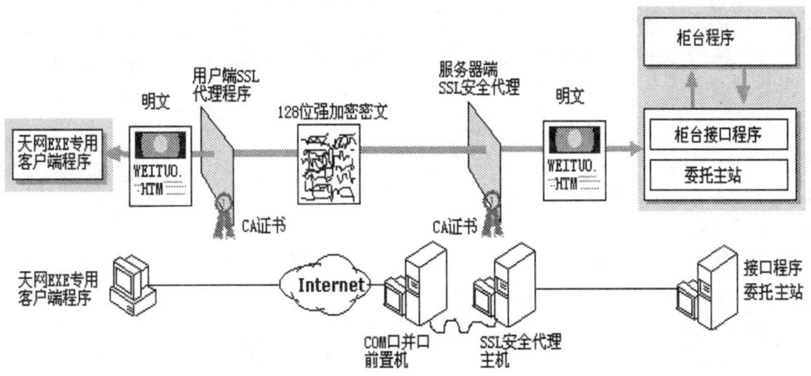

图2 网上交易月成交量

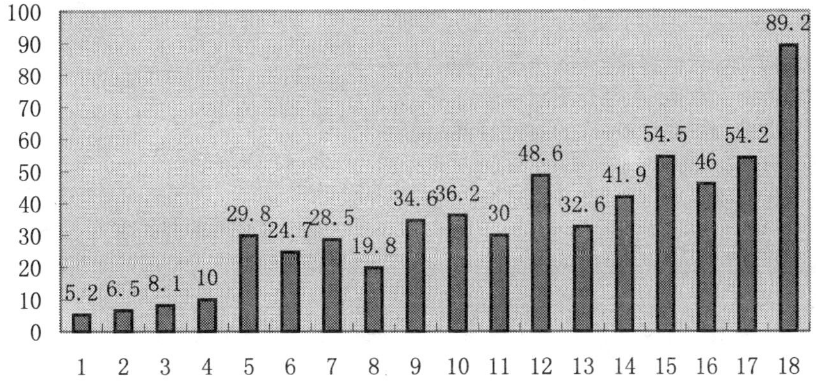

【电子商务网络技术及发展规划】 未来是以扩大公司影响，推进公司网上证券业务为目标，着重在功能、技术、分布等方面做进一步拓展和深化。发展规划首先功能完善，E汉唐网将保持和优化现有热点服务功能，大力发展具有鲜明特色的网上证券个性化服务。其次技术改进，优化现有网站技术架构，将业务定义和信息处理流程彻底分离；研究和实施客户行为分析技术、数据仓库和挖掘技术，为投资者辅助决策及个性化服务提供技术保障。最后分布情况：全国范围内发展镜像站或分站点，在全国大部分省市地区设立相应网上证券业务服务部。

(汉唐证券有限责任公司 王磊明)

·河北证券有限责任公司·

【公司概况】 河北证券有限责任公司成立于1998年6月。2000年6月由中国证监会核准公司注册资本金增至5.3亿，实收资本金53925万元，总资产47.81亿元。全国各地现有证券交易营业部32家，2000年底，在深圳设立了深圳总部，形成了覆盖河北、辐射全国主要金融中心城市的网络体系。公司本着稳健经营、踏实做事的原则，竭诚为投资者提供全方位的优质服务，在证券经纪业务、投资银行业务以及资产管理业务等方面取得骄人成绩。公司交易总额从1994年的22.4亿元迅速增加到2000年的1075亿元，连续数年占河北省交易总量的70%以上，在全国省级券商排名中始终保持第5名左右的水平。1999年在全国证券公司A股交易总额中列第19位，在新股发行、配股、增发主承销家数排名中列第18位。

公司一贯坚持“以人为本”的经营理念，始终把客户的利益放在第一位，并不断推出新的服务措施，提高服务质量，完善服务功能，多方位、多层次地为投资者提供优质服务。自公司成立以来，经纪业务量每年都呈跨式增长。

河北证券是1998年首批通过中国证监会“证券投资咨询资格”认证的证券机构之一。公司具有雄厚的研发力量，所有的骨干研究员都具有中国证监会认定的“证券投资咨询资格”，近年来，在宏观经济、行业分析、市场研究以及投资咨询等方面取得了丰硕成果。公司研发部还与国内及地方的主要新闻媒体广泛合作，并多次为中央电视台《证券之夜》栏目提供资讯服务。2000年3月公司研发部承担中国证券业协会2000年重点科研课题，其研究成果《中国证券公司管理模式研究》荣获二等奖。

【网上交易情况】 公司拥有先进的证券实时交易系统，千兆的局域网和深、沪交易所双向卫星通讯系统，保证了交易数据的安全准确的实时传输。另外，公司还积极开发和建设网上交易业务。从2000年5月开始公司和招商银行合作推出了“一卡通”证券买卖服务，通过网上交易、电话委托、手机炒股等全新方式进行委托交易，受到了广大投资者的欢迎。到2001年7月底，陆续开通了深圳、广州、西安、重庆、成都、南昌、杭州、大连、沈阳、丹东、青岛、福州、天津、济南、兰州、长沙、宁波、温州、上海等全国19个城市。

公司投资银行拥有一批年轻、高效、创新的业务骨干，其中博士6名，硕士30名，同时还拥有一批注册会计师、律师等专业人士。1996年，公司首批获得中国证监会“ 券商主承销资格证书”，投资银行业务以同年主承销和上市推荐河北华玉股票为标志获得较快发展，相继担任华联商城、东方热电、许继电器、天威宝变、保定天鹅、唐钢股份、新兴铸管、葛洲坝等近40家公司的股票发行和上市推荐工作。2000年成为中国证监会重新审核确定的首批26家具有主承销资格的证券公司，并获综合类券商待遇。

(《中国电子商务年鉴》编辑部搜集整理)

·南京证券有限责任公司·

【公司概况】 南京证券有限责任公司原名南京市证券公司，于1990年经中国人民银行批准设立，同年12月正式开业，是江苏省第一家专业证券机构。公司成立时注册资本为1000万元，1996年经批准增资改制，将资本金增至10470万元，并更名为南京证券有限责任公司。现有14个业务管理部门，17家证券营业部，4家证券服务部，员工430人，实收资本36000万元。

公司坚持稳健经营，内部管理规范，经营业绩良好，资产质量较高，证券业务量累计突破1700亿元，资产规模增长近20倍，累计实现利税5.6亿元。先后荣获“建设新南京有功单位”、“南京市文明单位”和“江苏省文明单位”等光荣称号。10家证券营业部分别获得全国、省、市“青年文明号”称号。

南京证券一直注重网上交易的发展，1999年就开始推进网上交易的委托方式，并建设了相关平台。2001年公司正式设立了网上交易中心，负责公司网上交易的运行和电子商务的运作。2002年3月公司经中国证监会核准正式获得网上证券委托业务资格。

【信息化建设】 1993年南京证券开始采用计算机交

易系统，1996年实现上海无形交易报盘，1997年12月实现南京及周边地区的企业网及集中交易系统，实现了南京及其周边地区的通买通卖，统一咨询、统一服务、统一管理、统一监督，降低了运营、管理及开发的成本。2001年实现了深沪两地的DDN地面报盘，与卫星形成了可靠的天地备份系统。2002年6月实现全公司2M宽带企业网平台及数字电话委托，启用特服号96066。

【网上交易推动措施】 网上交易以其低成本高推广度，成为公司目前重点投入开发的项目之一，力争以新、快、全的特色赢得投资者的青睐。

1. *丰富及时的新闻资讯服务*。投资者获取及时、全面、有参考价值的新闻资讯是十分必要的，因此南京证券网站为投资者精心选择和整合了大量财经新闻和金融数据，分别从宏观、微观角度对市场和上市公司进行分析和数据提供，对于股票、债券、期货等金融产品提供各个方面和角度的资料。在股民社区里面，全天候都有专家对股民的咨询和提问进行解答，同时提供大量的股评报告，为投资者提供最新、最快的咨询服务，以人性化的方式和股民进行互动交流。

2. *具有特色的新技术服务*。由于网络技术的快速发展，新的特色服务层出不穷，南京证券的技术工作人员时时关注电子商务方面的最新动态，并且积极考察新兴技术的可行性和适用性，为广大投资者提供具有个性化的资讯和理财服务，比如已经推出的email个人资讯定制和短信平台服务。

3. *网上交易的推广和指导服务*。网上交易的发展主要是通过营业部的宣传介绍来实现，南京证券的各家营业部都采取了多种方式来推介网上交易，如在大厅设置专门的网上交易演示，到社区、企业、乡镇进行网上交易的专门介绍和推广等。公司还采取了逐级培训的方式来加强员工和投资者的相关技能：公司的网上交易部门到各家营业部对员工进行全体培训，争取让每一位员工都能独立指导客户并掌握相关电脑方面的常识，营业部员工再组织对网上交易的用户进行指导，对于特殊客户员工们还积极上门服务，并作相应辅导。

【网站及交易平台特点】 交易平台采用CIS构架，行情服务器采用Linux系统，运用防火墙等内外网安全隔离措施，支持万人以上客户访问量。提供24小时行情分析、委托交易及个性化资讯。⑴网站全面采用SUN小型机构架，使用Solaris BEA国际标准商用中间件，ORACLE数据库标准三层结构，开发采用JSP技术。⑵网站由CGI，JAVA，ActiveX三套行情源组成行情部分，可实现与专用CIS客户端同样的行情分析功能，避免了客户因下载、更新不便等带来的问题。其个性化服务包含了个性化资讯定制及email信息定制，手机短信提醒服务等，同时还提供了股评、数据中心及以学习和大量测试为主的强化训练式股民学校、路演平台、企业QQ等，这些构成了主体的客户端程序。

【网上交易情况】 公司2001年网上交易量为18.25亿元，占公司股票交易总量的6.63%；2002年1～6月份网上交易的总成交额为15.92亿元，占同期公司成交总量的12.47%，在大盘走势趋软交易量低迷的情况下，比上年同期增长74.18%。截止到2002年6月底公司的网上交易开户数达到36827户，并且仍然保持了增长的势头。公司的连云港营业部在发展网上交易方面更是有骄人的成绩，2001年连云港营业部的网上交易量占到营业部总交易量的28.76%，2002年上半年网上的经验就是大力的宣传和优质妥贴的服务，提倡让客户享受“零距离”。

公司2002年度累计交易量：2,306,204.19元，年度网上累计成交量：306,443.77元，网上交易量占总交易量的比例：13.29%。

【电子商务发展纪事】

1994年全面开通电话委托。

1998年实现客户远程委托。

1999年8月，连云港营业部率先开通网上交易。

1999年12月，公司全面开通网上交易委托方式。

2000年1月，南京证券网站上线。

2002年4月新版“南京证券网站”推出，成为股民咨询交流、个性化服务、企业文化及形象宣传、员工交流的重要平台。

(南京证券有限责任公司　郝媛)

·大同证券经纪有限责任公司·

【公司概况】 大同证券经纪有限责任公司(简称大同证券)是1988年5月经中国人民银行总行批准成立的股份制非银行金融机构，是中国证券史上最早成立的34家证券公司之一。十四年来，公司秉承“诚信立业、稳健经营、规范发展、求实创新”的经营宗旨，在充满风险和激烈竞争的证券市场中，科学管理、正确决策，逐步成为一家颇具实力的中型券商。

公司现为上海证券交易所、深圳证券交易所、中国证券业协会、中国国债协会的会员，目前拥有上海证券交易所15个席位、深圳证券交易所4个席位，下辖17个外设机构，各营业部均开通深沪两地股市行情，并配备有目前最先进的电脑网络系统。内设机构12个：总裁办公室、行政管理部、财务管理中心、电脑管理中心、经纪业务管理部、营销企划部、资产管理部、零售业务部、机构业务部、稽核监察部、电子商务部、安全保卫部。证券从业人员296人，116人通过中国证监会2000年证券从业人员资格考试，取得160个证券从业人员资格证书。

公司在“法制、监管、自律、规范”的方针指导下，健全内部制度、加强风险控制、规范稳健经营，各项业务顺利发展，经营效益大幅提高。公司先后为大同市第一热电厂、同风肉制品厂、新荣区水泥厂等企业代理发行了8000余万元企业债券，筹措了大量资金。1993年就开始参与了山西汾酒、山西焦化、大同水泥、南风化工、太原刚玉等十几家公司股票的发行工作，取得了不俗的业绩。在二级市场上，公司采用最先进的交易方式，努力为客户提供完善的证券经纪及投资咨询服务，各项业务的迅猛发展，使公司取得了良好的经营业绩，为证券市场建设和地方经济发展作出了贡献。

2000年初，公司的增资扩股得到中国证监会批复，注册资本金达1亿元，名称变更为“大同证券经纪有限责任公司”，为公司加速发展奠定基础。公司还不失时机地积极开拓场外交易，大力发展网上证券委托及证券咨询业务。与中国建设银行、中国农业银行等多家商业银行签署了银证通和银证转账协议。为广大投资者提供了更方便、更快捷的证券投资服务。

【网上证券业务】 为推动网上交易的发展，公司专门成立了电子商务部，以战略的思路构建完善证券电子商务综合系统，从而有力地拓展了市场场外无形。

1．可靠的技术保障。大同证券网(www.dtsbc.com.cn)从2000年年初开始建设与试运行，2000年9月12日正式开通。大同证券网通过了国家级网络安全认证，有16个行情和委托源。公司主服务器直接联入Internet主干网，有效地解决服务器接入Internet的带宽瓶颈问题，实现了行情与交易数据的高速传输。托管服务器分为行情，资讯服务两类，为了提高响应速度，将其分别设置在不同的硬件平台上。为保证行情及交易的实时性和可靠性，在上海、深圳设立分中心，建立两个镜像站点，实现客户由最近的站点登录及站点间的备份。分中心通过公司内部网与各营业部联接，使客户登录任何一个站点即可在所开户营业部进行网上交易。推出的新版大同证券网上证券委托系统(3.05)功能更强大，系统更安全，而且有批量下单和多种查询功能。真正实现了高速的行情系统和方便快捷的证券交易。

2．丰富、专业的资讯服务。通过大同证券网站能得到即时的信息服务，让投资者足不出户便知天下事；随时掌握最新的财经资讯、市场信息。通过网站社区，让投资者之间、投资者与专家之间进行诚挚的交流，发表各自的看法。客户还可以在用户反馈中发表对公司的意见或者建议，并将得到最快的解决方案。同时，投资者教育中还提供了丰富的证券综合分析资料供投资者参考。全面的财经资讯、公司动态、证券市场法规、研究报告、综合市场分析等都为投资者的操作决策做出指导。网站中还专门设立经纪天地栏目，包括经纪券商、券业动态、传统的经纪业务以及网上经纪业务等，使投资者能够充分比较各类经纪券商的服务特色，了解它们的最新情况，并及时掌握各券商的研究成果。

3．积极推广网上交易。公司充分利用各种媒体，组织多种活动，积极宣传网上交易和银证通，使投资者对网上交易不再陌生。截止到2002年6月底，网上交易开户数较上年底增长了一倍以上，市场占有率也有一定程度的提高。公司将进一步加大场外交易的投入力度，充分挖掘潜在的新客户群，从而逐步形成统一的场外交易标准化服务。公司还加强了与各商业银行在银证通、资金结算之间的合作，解决了网上交易的资金通道，使客户能够方便、快捷地进行资金划转以及其他业务。登录大同证券网，下载网上交易系统，客户将享受到实时高效、功能齐全的行情服务。其行情系统与钱龙系统相似，具有实时行情、技术分析、信息资料和委托交易等功能。实时行情与营业部完全同步，无论何时开机上网，都能收到即时行情和历史K线图，便于投资者进行盘中、盘后的趋势分析。

【技术方案】

1．系统安全目标。网上证券委托系统在建设完成后，针对整个系统的安全来讲，公司系统安全达到了以下目标：⑴交易站点不被非法入侵和破坏。⑵各种交易数据不被非法获取和篡改。⑶确保证券营业机构交易网络与国际互联网的安全隔离，交易网络不能够被非法访问。⑷保证参与网上证券委托各方用户身份的合法与真实，得到的服务与其权限相符。⑸系统权限授权与业务操作分离，避免系统权限管理漏洞。⑹系统能稳定、高效地为投资者提供服务。

2．系统功能目标。网上证券委托系统的功能已达到以下目标：⑴满足业务的需求，能够流畅地进行网上证券委托，并实现行情、交易的查询和发布咨询信息。⑵能够可靠地开展业务，系统内各软硬件及通信线路都必须有完善的备份手段，保证系统的正常运行和故障发生后的快速恢复。⑶系统未来的扩展能够灵活地进行，包括系统处理能力、有关功能站点的扩充和增加等。⑷系统配置应安全、灵活、方便和快捷，易于操作人员进行相关系统的管理。⑸系统提供的用户端系统应具备较高的安全性、可用性和易用性，并符合业内认同的操作习惯。

3. *系统安全设计*：⑴基于站点安全的防范措施。及时将网络操作系统最新版本，修补已知的系统安全漏洞。同时删除无用用户和无用的系统默认用户，并开启操作系统的审计功能，增强系统的安全性，确保达到 C2 的安全级别。系统在国际互联网的出口处设置有通过国家级测评机构测评通过的防火墙产品，对来自国际互联网的信息包进行过滤，屏蔽非法数据包，来保护站点的安全。⑵基于数据安全的防范措施。系统通过采用基于数字证书的安全技术来保障数据在传输中的安全。系统使用数字信封技术实现数据传输中加密强度，使用数字签名的技术实现防篡改的要求。有关投资者资金账户、股票账户、身份识别等数据的处理均由证券经营机构的内部交易系统处理，与外部各子系统没有关系，安全隔离了投资者的敏感资料，保证其不被外部网络访问。⑶基于网络安全的防范措施。系统通过防火墙、基于数字证书的安全技术、通讯代理、权限控制等多种手段来保障网络安全，特别是利用 IP/IPX 协议网关形成了一道天然的防火墙。在电信端和券商端连接的路由器上进行安全性设置，并在券商网络中设置私有 IP 网段，利用路由器的防火墙特性，保证非法数据包无法绕过路由器进入券商端网络。⑷基于身份认证安全的防范措施。为了保证网上进行委托交易的安全，大同证券网上证券委托系统通过数字证书系统进行安全认证。系统通过数字证书机制保证交易双方交易信息的安全性、交易者身份的不可抵赖性以及交易信息的完整性。⑸安全日志。为了保存历史记录，以备查询，交易管理服务器在每收到客户的一条交易指令或者每收到交易转换机回送的交易回报时，都在数据库中分几个级别、索引进行记录，并且隔日该记录不允许改动。交易转换机在每收到交易管理机传来的交易指令单和从券商交易系统处得到交易回报后也作类似的电子档案记录。系统不仅监控各服务模块的运行情况、客户的访问次数和时间，各服务模块的出错信息，还记录登录到系统的企图，与服务模块交互通讯的情况，同时还记录各机房管理员所做的重大操作，如安全策略的改变、数据库的修改等，以备留档查看。⑹系统的容错措施和备份措施。大同证券网上交易系统有完善的防单点故障和主系统、设备的备份能力，所有的硬件系统、软件系统和通信线路均有备份。

【网上交易统计数据】 公司 2002 年度累计交易量：957,435.42 元，年度网上累计成交量：58,115.38 元，网上交易量占总交易量的比例：6.07%。

【网站定位及特色】 大同证券网是为客户提供证券经纪服务与网上证券产品交易服务的专业证券网站。用网站来为网上交易提供综合的后台支持，从而使客户不论身在何地，都能够了解到最新的财经资讯、市场动态、公司信息以及提供专业化的操作指导。客户还可以方便地下载网上交易软件，轻松地进行网上交易。网站中还第一次对证券经纪业务进行了全方位、多角度的报道，包括：证券法规、经纪券商、券业动态、传统经纪、网上经纪、经纪实践、券商研究、经纪展望、海外传真。通过这些具体栏目，客户不但可以掌握券商经纪业务的最新动向，而且可以通过分析券商的研究资料来武装自己的战略思路并及时更新自己的操作理念，纵观海外证券市场，展望经纪业务发展趋势。

【大同证券网发展规划】

1. *发展网上证券个性化服务*。大同证券网将在改进和优化现有特色与服务功能的基础上，进一步大力发展网上证券个性化服务，做精、做细证券经纪服务，走专业化发展的道路。

2. *充分整合资源，实施全新的网站改版方案*。通过走专业化、个性化、特色化的道路，不断扩大网站的知名度和影响力，为客户提供更完善的咨询服务平台。为网上交易的进一步拓展打好基础。

3. *以客户需求为中心，建立网上经纪人制度*。强化对分支机构网上交易业务的考核和奖惩制度，并大力宣传，逐步扩大公司网上经纪业务所占的比重，充分利用网络优势，高效率地为客户提供个性化的专业咨询服务。

4. *大力发展网上经济业务*。充分利用大同证券网，全面拓展证券电子商务的各项业务，并积极进行业务创新。通过现有基础，大力发展网上经纪业务，逐步筹备网上证券经纪公司。

（大同证券经纪有限责任公司　孙琰）

·西部证券股份有限公司·

【公司概况】 西部证券股份有限公司是经中国证监会批准设立，于 2001 年 1 月正式注册开业的证券经营机构。公司注册地陕西省西安市，注册资本金 10 亿元人民币。西部证券作为目前西北地区最大的综合类券商，是在 4 家证券经营机构重组后经增资扩股而设立的。重组各方原有的业务网络、技术装备、专业人员是公司起步的基础，而综合实力雄厚的公司股东则为西部证券的业务发展和资本迅速扩张奠定了坚实根基。公司已分别获得证券发行承销商资格、交易所国债承销资格、外资股经纪业务经营资格、证券发行主承销商资格、网上证券委托业务资格。

公司在陕西、上海、深圳共设有22家证券营业部和7家证券服务部，并在北京、上海、深圳分别设有业务管理总部。公司将以先进的交易技术设备、高水准咨询服务、方便快捷的网上交易为客户提供最快捷、最方便、最周到的服务。公司还将申请在中西部重点城市和经济发达地区增设分支机构，实现经营机构的合理布局，并推行证券经纪人制度，给客户提供全面、专业的投资指导，充分利用网上交易、网上咨询、银证转账等先进技术手段，为客户提供最大程度的便利。

公司秉承“诚信敬业，客户至上”的经营理念，追求“严谨、团结、创新、务实”的企业精神，遵循“市场化、规范化、科学化、国际化，高起点、高标准、高素质、高水平”的经营原则，以“尊重个人，和谐友善；鼓励创新，善为人先”作为企业管理理念，以股东财富的最大化为企业的发展目标。全体西部人在“和衷共济、稳中求先”的企业文化引导下不断奋进，努力使西部证券在中国资本市场超速发展的时期快速成长，在世界经济一体化的潮流中不断走向成熟。

【信息化建设】 信息技术的高速发展和在金融领域的广泛应用不仅加快了金融行业思维创新、业务创新的速率，也使金融证券行业的运行环境发生了根本性的变革。基于对信息技术给证券行业带来的这一变革，公司给予了高度重视，在信息化建设方面不遗余力，先后制定了一系列信息化建设和电子商务的整体规划，使“业务创新，技术先行”的概念贯彻于整个公司的发展之中。2001年6月，公司网上交易系统获得国家信息安全测评认证中心的安全认证；9月，公司和深圳奥尊信息技术公司签署了CRM、EIP项目合作书，为公司信息化平台的建设奠定了良好的基础；10月，公司办公自动化系统正式启动；同月，恒生企业版证券综合业务管理平台系统统一工程完工；12月，公司就网上证券系统、CRM系统、集中监控系统、OA系统等内容与深圳奥尊信息技术公司签署了合作协议，使公司电子商务平台的搭建有了更加坚实的基础。2002年初，公司和深圳奥尊信息技术公司签署了战略合作伙伴协议；5月，公司与深圳证券通信有限公司在西安正式签署了通信系统安装和维护的有关协议，全面引入“天地互备”证券通信模式，接入深圳证券地面通信网，进一步提高了证券通信系统的效率与安全性，满足拓展证券市场新型业务的通信需求，切实维护广大投资者的利益；7月，公司新网站正式推出，网站遵从个性化、资讯化、工具化、超市化、社区化、知识化的设计原则，从资讯容量、网上交易功能、个性化服务、社区交流功能等多方面提升了服务质量和服务功能。

【网上证券交易发展规划】 作为一家后期的中型券商，公司在打造经纪业务核心竞争力的时候本着以服务为中心，以机制创新为主线，以扩大场外交易为手段，以取得应有的市场规模为目标的经营理念，力争在不断变化的市场环境中取得发展。公司已在2002年7月份正式开通渭南地区银证通业务，计划在2002年底，达到非现场交易量占公司交易总量比例达到5%。

【电子商务发展的推动措施】 搭建公司电子商务系统整体架构是电子商务发展的前提，根据这个构架才能有计划有步骤地进行包括电子商务系统、企业OA系统等的集成，进而将公司电子商务系统建设成为西部证券企业金融门户。从这个着眼点看，在公司的规划中，搭建证券网上交易应用的电子商务系统已成为西部证券企业整体金融门户总项目的一个子项。

公司为了推动电子商务的发展，以科学的规划为建设蓝本，具体在项目推动措施上分为4个连续期间：

第一期——建立证券网站系统、企业门户、CRM、数据采集、数据中心、虚拟营业部。配合公司电子商务及网上交易的推广，将证券网站作为西部证券电子商务的综合信息平台。为了便于系统功能模块的扩充与升级，网站建设设置了与WAP和CALL CENTER的接口；并且根据需要，改造OA系统并使之成为企业门户的一部分，实现对内部用户的多方面服务。同时，为了真正满足对客户提供有针对性的、深层次服务，建立数据中心并形成相关的应用系统，如CRM等，从而通过对客户行为及交易活动的分析与挖掘，来实现用户的细分和个性化定制服务。在此期间，建立的虚拟营业部是开展网上证券交易经纪业务的基础，也是提供交易服务的核心业务系统。

第二期——建立CALL CENTER(客户呼叫中心)、WAP、手机短信、可视化服务、系统监控及风险管理辅助系统。根据市场的发展需求，完成WAP或其他移动交易手段，CALL CENTER与电子商务平台的整合，同时增强对系统监控能力与风险管理，建立监控与风险管理系统。

第三期——金融门户的建设。业务系统是证券公司信息系统的基本核心，互联网服务只是一种途径与方法，与业务系统的整合是发展的必然。证券公司可持续发展的电子商务模式必然从在互联网提供资讯、交易，变为整合公司整体资源，为包括公司内部和不同需求的客户的各种对象提供金融门户的窗口。在这一期中，根据业务服务的不断创新与提高，西部证券提供一系列金融服务与平台，如理性投资平台等。

第四期——集中交易系统的建设。集中公司各营业部网上交易，实现全公司集中交易，完成西部证券集中式证券信息系统建设，配合公司组织架构、业务模式调整，以电子商务模式参与国际资本市场竞争。

西部证券将以强大的先进技术为保障，以完整的电子商务项目为平台，以丰富的特色服务为支持，以银证通推广为方式推动公司整体电子商务发展。

【电子商务交易平台的特点】 西部证券采用恒生“证券新干线”网上交易系统。证券网上委托系统采用下图总部转发方案。具体方案为：证券公司下属营业部通过 Intranet 网络与总部电脑中心联网，总部通过 DDN 专线连到 Internet 公网，客户委托通过总部转发到公司各营业部。(见图 1)

图 1　电子商务交易平台的特点

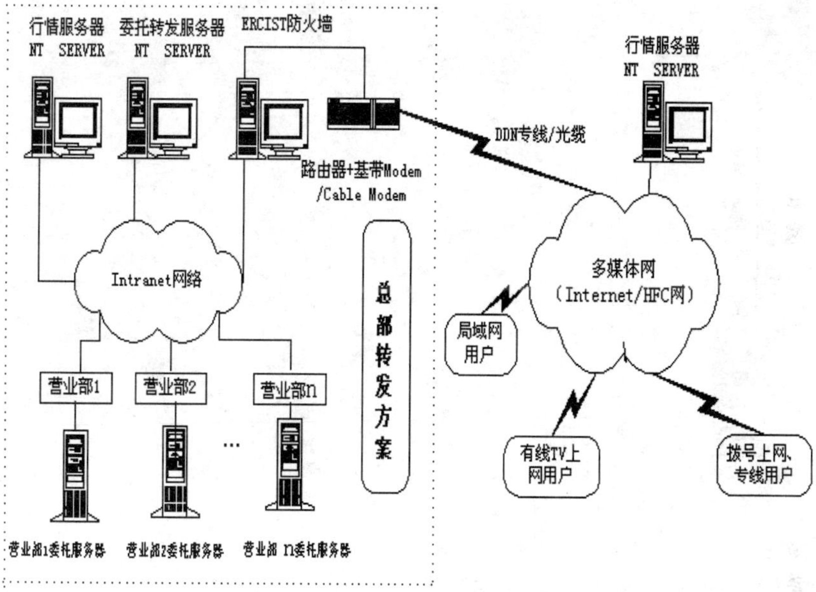

作为一种委托手段，网上交易系统不能直接访问柜台系统，只能通过转换机进行数据交换，确保了未申请网上委托的投资者资料与网上委托系统的隔离。

该系统采用独立的交易转换机，保证了网上交易系统和其他业务系统(如刷卡委托、电话委托、远程委托等)相隔离，确保网上交易的独立性。

“证券新干线”网上交易系统采用 SSL 安全代理通道进行安全的数据传输：SSL 安全通道客户端向安全通道服务器端传送 SSL 协议的版本、支持的加密算法；服务器向客户端传送 SSL 协议的版本、支持的加密算法及自己的数字证书；客户端检验服务器证书的合法性(检查证书的有效日期、以客户端根证书中的公钥解密服务器的数字证书等)；客户端随机产生一个加密密钥，以服务器端的公钥加密该密钥，传至服务器端，同时传过去的还有客户端的数字证书；服务器端检查客户端数字证书的合法性；服务器以私钥解开客户端传来的密钥(上述过程完成了服务器与客户端的安全通道的建立)；服务器及客户端之间的数据以加密密钥通过对称加密算法进行传输。这样就保证了报文的完整性、不可抵赖性和保密性，使得服务器和客户机互相信服对方的身份。(见图 2)

【特色服务】 西部证券在建设公司电子商务系统中，将通过证券网站、CALL CENTER、CRM 来体现西部证券特色服务。

西部证券网站除了为客户提供行情交易、资讯、各股资料、个性化主页、信息定制、专家交流天地等大多数同类证券网站的一般性服务外，还提供股票智能分析模块、高速 WEB 独立行情、在线经纪人一对一特色服务。

在线经纪人特色服务建立在 CRM 平台基础上，对客户结构，客户偏好，客户的交易情况，持股情况，为公司所作的贡献，所拥有客户的资产增值情况等数据进行细分挖掘，根据条件设定模型进行智能统计分析，对于不同的角色需求反馈不同层次参考信息，不仅使在线经纪人更好地对客户提供个性化服务，更有利于公司决策。并且在此系统上，还可对在线经纪人进行业绩排名，包括经纪人活跃度客户排名、经纪人客户托管股份市值排名、经纪人客户总资产排名、某段时间经纪人客户收益排名、经纪人客户数排名。

通过 CALL CENTER 和互联网网站，在线经纪人可以对客户提供多种信息交流方式，通过专业化的咨询服务使交易客户真正享受到西部证券完善的电子商务服务。客户的定制服务功能也比较突出，客户可通过电子邮件信息定制、移动信息定制、我的经纪人定制、个性化理财定制等真正成为享受电子商务服务的消费者，并且随着西部证券的创新服务孵化平台随时得到最前沿的证券服务。

图 2　网上交易系统

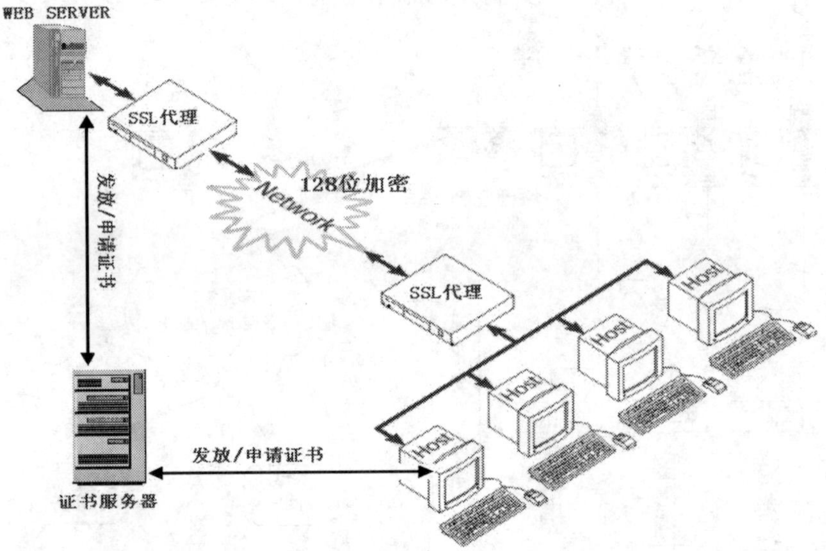

【网上交易数据】　截止到 2002 年 6 月底，公司累计完成网上交易成交量 7.6 亿元，占公司累计成交量的 3.8%；累计开户数 3036 户，占公司总开户数的 0.62%。

【电子商务发展纪事】

2001 年 4 月，西部证券网上交易系统全面开通。

2001 年 7 月，公司成立网上交易业务管理总部。

2001 年 9 月，公司与中国工商银行签署全面合作协议。

2001 年 12 月，公司与中国建设银行签订了《全面业务合作协议》。

2002 年 4 月，公司网上交易业务管理总部与经纪业务管理总部合并。

2002 年 7 月，推出“西部证券网”暨新版网上证券交易系统。

2002 年 7 月，公司在渭南地区开通银证通业务。

（西部证券股份有限公司　王娟）

· 天一证券有限责任公司 ·

【公司概况】　天一证券有限责任公司前身为宁波证券公司，成立于 1991 年 6 月，是中国成立较早的证券公司之一。1997 年 11 月改制为有限责任公司。2001 年 3 月，经中国证监会批准更为现名。公司注册资本 10.02 亿元，资产总额 53 亿元，下辖 20 家证券营业部，4 家证券服务部，员工 487 人。

公司成立 10 余年来累计实现证券交易额 4720 亿元，新股和配股主承销 6 家，副主承销、分销 40 余家。拥有交易席位 37 个，开通了沪、深 A 股、B 股、基金、国债等交易品种。目前拥有柜台委托、电话委托、磁卡委托、可视委托、热键委托、远程委托、网上交易等交易手段。宁波市区 7 家营业部已在全国率先实行集中交易，即证券可通买通卖，资金可通存通兑，并对数据实行集中管理。公司已开通手机短信（STK 卡）炒股业务，即将建立客户呼叫中心和服务中心。现开户投资者逾 37 万人，2002 年实现证券交易额555.56亿元，全国市场占有率为0.585%。2002年，公司实现利润11987万元，资本净收益率达11.96%，名列国内券商前茅。

【网上交易数据】 公司自2000年年底就积极筹备网站的建设工作，到2001年4月，建设工作正式开始。6月底，公司网站就正式上线。网站采用了三层开放架构的Unix平台，在可扩充性和安全性上做了充分的考虑。截止到2002年11月，网上交易量已占公司总交易量的21.57%。公司于2002年8月1日乔迁上海浦东后，在上海和宁波之间建设了2M光缆以满足两地之间的高容量通讯需求，并开通了IP电话系统，极大地节约了两地之间的通话费。

公司2002年度累计交易量：3,411,010.00元，年度网上累计成交量：466,329.00元，网上交易量占总交易量的比例：13.67%。

【网上交易发展规划】 公司正以网站资源为基础筹建电子商务公司，围绕大客户，形成公司核心竞争力。从高端客户服务入手，建立一个立体的、充分体现人性的、互动的、全天候的一对一服务体系。包括：一支专家顾问团队。团长由国内知名经济学家担任，核心团员由天一证券部门中层及业务骨干组成，由专家顾问团成员对VIP客户提供一对一全程跟踪服务。

一张销售服务网络。以专家顾问团为龙头，培育建设一支专职、兼职的客户经纪人队伍。与银行、电信、保险等行业合作构架立体的分销渠道、服务营销体系，为公司投行业务、资产管理、基金业务、债券业务服务。

【电子商务发展的推动措施】 通过合作与分销大力拓展网上交易等各项业务，积极推进与网通宽带小区的合作，在网通网站投入一定的宣传，并在网通架设行情和交易主站。不定期去各营业部宣传网上交易，和营业部所在地方的媒体合作搞宣传。通过网站的影响力，推动网上交易。通过网上交易实盘炒股大奖赛来提高天一证券的知名度以及用户网上交易的热情。公司于2002年5月与光大银行，2002年8月与浦发银行开通银证通业务以来，成交量日趋上升，除了在宁波推广，还积极在浙江、江苏和上海拓展该业务。

【电子商务的安全性及服务特色】

1.安全性。采用USB隔离技术，保证网上交易前台和后台柜面系统之间的隔离，采用128 Bit加密认证技术，并在行情/交易服务器前面采用高性能的防火墙，全球负载均衡技术，保证行情和交易主站的冗余，采用网通小区用户直接进入网通内网交易，大大提高行情和下单速度。为投资者提供了高可靠，高效率的委托环境。（见图1）

2.特色服务。网上交易平台和网站充分结合，利用网站强大的咨询平台来补充交易平台上咨询的不足，主要的特色栏目有：天一投资参考，新股中签号码自动查询系统，语音股评，股指竞猜，荐股擂台等。

图1　拓扑图

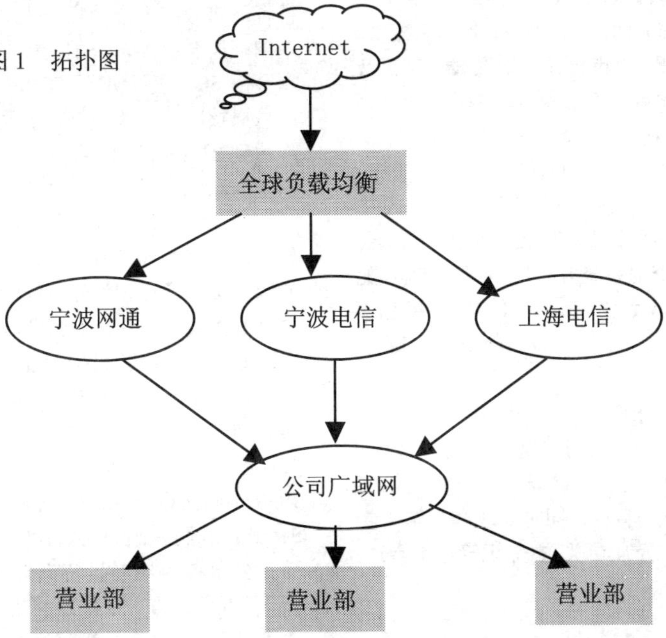

【网上证券交易应用】 在网站的建设中，天一证券网站的技术团队积累了大量的实用经验，在三层架构的各个层面上都有自己深刻的实践经验。在 Apache Web Server 上，采用了 mod_gzip 的静态页面压缩技术，使 HTML 页面的压缩率达到 80% 以上，大大提高了 Web Server 的响应能力以及缩短了客户端传输及等待时间。在中间层 Web Logic 上，在刚上线初期，根据自己的经验不断调整 Java 虚拟机参数，并最终形成了一个稳定的 Web Logic 环境。在数据库端，采用优化数据库参数，调整索引等技术，使数据库性能得到很大的提升。最可贵的是，独立建立了 WebLogic 的 MySQL 数据库 的 JDBC Pool ，解决了乱码等问题，使开发人员在部分 MySQL 数据库的应用上开拓了一片新的领域。公司独立开发了内容管理系统(CMS)，基于 Web 的可视化编辑器使信息采编易如反掌。公司采用的 MySQL 的数据库复制技术不仅提高了系统的可靠性，在 WebLogic 上采用 MultiPool，后台接多台的 MySQL Slave Server，使系统轻松支持具有五六十万行记录的文本表。同时，采用开放源码技术，迅速替换了原来集成商开发的论坛系统。自主建设了电子邮件系统(带有防病毒过滤系统)，DNS 系统。架构了 Web 方式的电子邮件系统，极大地方便了公司员工和外界的 Email 沟通。所有的这些应用都采用了 GNU 软件来实现，天一证券的网站应用平台可以说达到了投资回报的极大化。

公司在证券应用上，开发股指竞猜以及荐股擂台等切合证券实际的应用，深受投资者欢迎，公司提倡“快乐投资”的理念也深入注册用户心中。佣金下调后，面对散户服务措施方面，开发“语音股评”模块，使早间指导、盘中点评、收市日评三次在线专家语音能在各个营业部通过电脑扩音后播放给散户。独立开发邮件列表系统，架设“天一投资参考”订阅平台，使信息由“拉”变为“推”，正在个性化上采取措施，让投资参考成为投资者每天必读的刊物。

针对新股配售中签号码查询比较麻烦的问题，公司开发“中签号自动查询系统”，投资者只要输入配售起始号码以及号码个数就可核对是否中签：http://www.skyone.com.cn/label/common/html/search_zqh.htm。

公司筹划新一代电子商务平台，把交易平台，客户经理平台，集中资讯平台，知识管理平台融入其中，这个平台将充分展现天一证券“天人合一”的文化理念，以客户关怀最大化为目标，同时处理好合作伙伴关系(客户经理平台)以及雇员关系(知识管理平台)。

【电子商务发展纪事】

2001 年 1 月，网上交易系统开通。

2001 年 3 月，公司筹备自已的网站。

2001 年 6 月，公司网站发布上线，试运行。

2001 年 7 月，手机短信炒股系统开通。

2002 年 3 月，获得证监会颁布的网上交易资格。

2002 年 4 月，举办首届模拟炒股大赛。

2002 年 5 月，天一证券——中国光大银行宁波支行“银证通”开通；举办首届天一证券网上实盘炒股大赛。

2002 年 7 月，公司在宁波地区网上交易的占比超过 20%。

2002 年 8 月，天一证券——上海浦东发展银行宁波分行“银证通”开通。

2002 年 9 月，在和讯网举办的“中国优秀券商网站评选”中，公司网站荣获“最佳投资资讯奖”。

2002 年 10 月，举办第二届模拟炒股大赛。

(天一网上证券经纪公司高级项目经理　徐永久)

·万通证券有限责任公司·

【公司概况】 万通证券有限责任公司的前身青岛证券公司，诞生于中国证券市场处于萌芽时期的 1988 年，是由中国人民银行青岛市分行独家出资 1000 万元组建的，是全国首批设立的证券公司之一。1992 年进行了增资与改制工作，成为由 9 家金融机构参股，注册资本为 5000 万元的有限责任公司。1997 年，又根据国家有关“银证分离”的要求进行了股份置换，成为由青岛市财政控股 90%的证券经营机构。1998 年被青岛市政府批准为市直大型一类企业。2000 年，经中国证监会核准，公司的股东由 2 家增至 32 家，资本金由 5000 万元增至 55198 万元。同时，经国家工商总局核准，更为现名。截至 2001 年底，公司总资产达到 21.85 亿元。目前，18 家证券营业部分布在山东省内和上海、深圳、北京、天津。

十几年来，公司依靠全体员工的不懈努力与艰苦创业，朝着“有较强规模和实力，在国内有较大影响的综合类证券公司”的目标迈进，取得了长足的发展与良好的效益。公司的营业收入、利润指标数度跻身全国专业证券经营机构的前 20 名，最高时曾名列第 8 位。1996 年至 1999 年，年均证券交易额 156 亿元，实现利润 8158 万元，人均利税 21.1 万元，资本红利收益率 25.1%。2000 年实现证券交易额 340 亿元，较 1999 年同比增长 82.8%；营业收入 19075 万元，增长 81.9%；利润总额 8972 万元，增长 111.7% 。

公司积极拓展投资银行业务，曾担任“青岛国货”、“青岛东方”股票发行的主承销商和上市推荐人，“青岛啤酒”、“青岛海尔”、“海信电器”、“青岛碱业”、“澳柯玛”、“中信海洋直升机”、“重庆九龙”、“山东华泰纸业”、“福建水泥 ”等10余家上市公司的副主承销商、财务顾问和上市推荐人。目前公司正承担着国风药业、华联商厦的重组并发行上市工作，已经完成前期工作。为青岛市股份制改革、经济和社会进步和中国证券市场的发展作出了应有的贡献。

【网上交易数据】 万通证券于1998年5月在山东省内率先开通网上交易业务。 2002年3月，经中国证监会核准，万通证券获准正式开展网上交易业务。截至2002年7月，网上交易委托开户数37174户，占总开户数15%;交易量23亿元，占总交易量的13%。

公司2002年度累计交易量:2,341,673.16元，年度网上累计成交量：225,777.50元，网上交易量占总交易量的比例：9.64%。

【信息化建设】 网上交易业务通过在电信机房托管了一台行情服务器、一台网站服务器来实现。通过裕阳2000A型硬件防火墙防黑客攻击。系统通过10M FDDI光纤与公司上清路机房相联，公司网站系公司电脑中心自行设计开发，域名为www.wtzq.com.cn。

万通证券信息设施的一大特点是继承了原交易中心的券商集中报盘系统，能将多个券商的山东营业部的报盘集中通过一套双小型机热备份，天地双路由备份通讯系统报入上交所。两台小型机为HP小型机互为备份支持，地面为电信提供的128K DDN从青岛至上海，该系统目前对山东地区其他券商提供上海备份跑道。

原交易中心机房的上海报盘系统采用上交所的“SCPC”卫星大站加地面DDN线路热备份、双小型机热备份系统，可同时供300个席位报盘，DDN带宽为128K，双向卫星带宽64K作为热备份通讯系统。

【在电子商务上的推动】 万通证券网上交易平台有核新、盛润两套系统，自2001年9月份起先后与山东省中行、山东省农行、青岛市农行开通了“银证通”业务，客户可以直接利用其银行的储蓄账户的资金通过万通的席位进行证券买卖。真正做到券商管股票、银行管资金，使公司可以在实体营业部触及不到的城郊地区和较发达的农村地区拓展客户资源，吸收增量客户和增量资金，提高经纪业务的市场占有率，推动经纪业务的迅速发展。

【特色服务】 为更好地做好投资服务工作,万通证券在网站上推出最具保值增值潜力的服务模式:

1. *沪、深两市全部股票的跟踪制度。*每位咨询人员只分配30～40只股票进行全面跟踪。咨询人员对分配区间内的个股进行全面跟踪，个股走势分析和操作建议以电子文件形式提供。对于本部分个股的基本面状况和相关资料，咨询人员要注意收集并做到心中有数。对这些上市公司的经营状况、发展方向、公告内容、投资价值等两市个股的走势分析和操作建议，经纪业务部以电子文件的形式提供给各营业部，供客户和工作人员随时查阅。

2. *推荐股票走势全程跟踪制度。*经纪业务部鼓励咨询人员推荐个股，为保证准确率，对大家推荐的个股进行二次筛选和跟踪。原则上推荐个股的数量控制在30只以下。本部分推荐个股供工作人员和客户有针对性地进行使用。推荐股票实行全程跟踪制度，每只股票的推荐人都对该股一跟到底，逐日评述，直至不再推荐为止。

3. *咨询人员公开制度和投诉制度。*客户或工作人员通过公布的联系电话直接与荐股人交流，对不良服务行为向投诉电话进行投诉。

4. *网上交易客户通过公司网站享受信息服务。*(1)专家在线。(2)定向邮件服务。(3)股票跟踪服务。(4)公开信息服务。 (5)荐股服务 。

【发展电子商务规划】 整合网络资源。建立集中的委托交易柜台。进一步做好技术改造与创新，实现安全、高速、稳定、便捷、低成本的网上证券委托交易方式。加大营销力度，最大限度地提高客户服务品质。

(万通证券有限公司电脑中心副总经理　周文英)

·国元证券有限责任公司·

【公司概况】 国元证券有限责任公司(简称国元证券)是由安徽省国际信托投资公司和安徽省信托投资公司作为主发起人，在剥离出各自拥有的证券营业部及证券类经营性资产的基础上，联合其他有资格的法人单位按照现代企业制度共同发起设立的，经中国证监会批准、国家工商行政管理总局注册登记的综合类证券公司，注册资本20.3亿元人民币。国元证券经营的范围包括：证券代理买卖，证券代保管、鉴证，代理证券还本付息、分红派息，证券自营买卖，证券承销和上市推荐，证券投资咨询，资产管理，代客理财，发起设立证券投资基金和基金管理公司，财务顾问，收购兼并等业务。公司是上海证券交易所的发起人会员和深圳证券交易所的会员，是全国最早在上海、深圳设立营业部的券商之一。近两年股票和基金的代理交易额占市场总量的2.48%和2.08%，并涌现出全国优秀的证券营业部。迄今为止，国元证券先后参与了56家企业股票的发行工作，其中担任主承销商15家，上市推荐人16家，累计筹资总额60.5亿元，同时还承销了企业债券29次、国债10期，承销金额分别为7.36亿元和19亿元。公司参与设立的长盛、鹏华、君健、鼎丰等4家基金管理公司运行状况良好，使公司获得了丰厚的投资回报。公司下设3个专门委员会以及经纪业务管理总部、投资银行管理总部、投资管理部、研究发展中心等8个业务部门和财务会计部、稽核总部等9个综合管理部门，36家证券营业部覆盖安徽省及上海、深圳、广州等金融中心城市，是一个资产质量高、综合实力强、经营范围广的综合类证券公司。公司现有员工1000余人，其中90%以上具有大专以上文化程度，是一支经验丰富、技术精湛、富于创新的高素质专业队伍。

【信息化建设】 国元证券公司前身为安徽省信托投资公司和安徽省国际信托投资公司。国元证券网站筹建工作自2000年9月开始，2001年元月8日正式开通，网上交易系统也同时试开通。2001年3月16日网站第一次改版，10月17日第二次改版。并于同年9月28日 网上交易系统实现两网合并，29家营业部开通网上交易系统。在2002年2月1日 网上交易系统实现负载均衡技术，实现多交易通道，37家营业部接通网上交易系统。2002年5月1日 公司广域网完全开通。2002年5月13日 区域集中式交易系统完成。

【网上交易发展规划】 将国元证券网站建成为全国一流的证券交易网站，在2002～2003年，预计投入2100万元，进一步改进和完善网上交易系统，使网上交易更加安全、快捷、方便；建立以综合数据为核心，以网站、Call Center(呼叫中心)为媒体的综合服务平台，为客户提供专业的个性化服务。预计2002年全年完成网上交易额50亿元，占公司交易总额的8%；2003年全年完成网上交易额100亿元，占公司交易总额的11%～12%。

【发展网上交易措施】

1. 积极筹建网上经纪公司。

2. 完善网上交易平台，如Call Center(呼叫中心)等。

3. 顺应券商网站发展趋势，根据客户需求，不断完善网站内容，优化网站栏目，将于2002年8月份推出新版国元证券网。

4. 逐步建立和完善网上交易的营销网络体系。以银证通，远程技术服务站、网上交易培训中心为依托，实现网上证券交易的“服务落地”。

5. 建立客户关系管理系统。密切与客户的关系，强化全方位的个性化服务，来赢得客户、留住客户、发展客户。

【网上交易平台特点】

1. 网上交易采用总部转发模式，异地转发作为备份。

2. 以数据局的机房为中心，多证券营业部接入，多份行情数据实时备份；多个营业部上网交易；多种财经新闻综合；用户实现统一管理，统一收费。由于以数据局中心为主机房，充分地利用了电信部门的通讯带宽。

3. 整个系统模块化设计，各司其职，相互监控。在原有系统的基础上，增加一个交易点，只需增加相应的交易转换模块和行情新闻采集模块。其他模块将会自动识别所增加的站点。增强扩展性。

4. 委托交易程序与柜台系统相分离。

5. 可伸缩性强。采用SQL-Server7.0数据库，加强了数据的管理。为利用CGI、ActiveX、Java API等开发的浏览行情数据、财经新闻等信息的通用Web网页提供了一个统一的数据接口。同时在最初数据设计方案中，充分考虑了今后的金融发展，为以后的期货、外盘交易和外汇交易资讯系统留有接入点。

6. 传输数据组织紧凑，利用push技术将所有正在交易的品种数据推送到客户端，并且直接落盘。盘后分析可以离线实现，无须上网。

7. 服务端各运行模块都有日志文件记录和审计，监控整个系统的连接状况、客户登录、操作失败等信息。

8. 系统同时兼容UNIX平台，并实现平滑过渡。

9. 客户端软件操作方法简便明了，分析指标多样化，符合广大股民的习惯。

10. 同时支持JAVA APPLET 、ACTIVE-X等浏览器访问方式。

11. 提供WAP、179声讯、机顶盒和图文卡等用户接入接口。

【网上交易情况】 2001年4月，国元证券正式开通了网上交易业务。截止到2001年底，网上交易额才11亿元，占公司股票交易总量的1.9%。2002年公司网上交易发展进入了快车道，开户人数急剧增加，网上交易呈现加速增长态势。2002年1～6月，网上交易额已达22.1亿元，占公司股票交易总量的6.0%；开户数达24000户，占开户总数的7.8%。公司网上交易占公司股票交易量的比例。(见图1)

图1　网上交易占总交易量的比重（%）

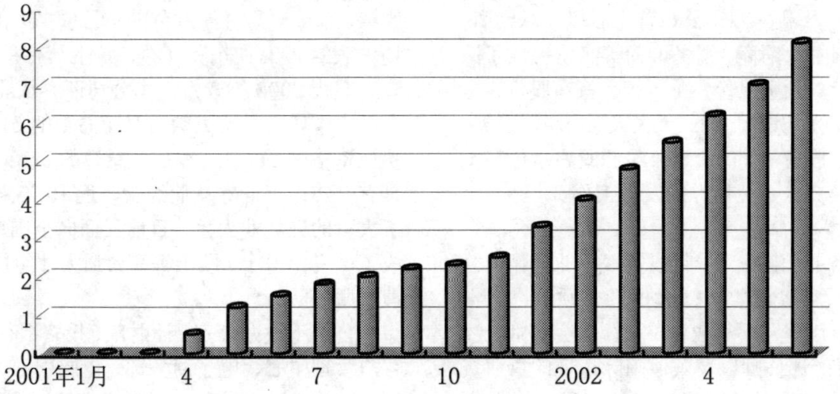

【电子商务发展纪事】

2000年9月1日，国元证券主发起人安徽信托投资公司电子商务部成立。

2001年1月8日，国元证券主发起人安徽信托投资公司网站及网上交易系统建成并开始试运行。

2001年1月15日，网上交易系统安全性通过公安部评审。

2001年2月25日，通过专家评审验收。

2001年4月1日，国元证券网上交易正式开通。

2001年9月28日，国元证券主发起人安徽信托投资公司与安徽国际信托投资公司的两公司的网站合并运行。

2001年11月19日，国元证券与中国工商银行合作在合肥地区开通了银证通业务。

2002年3月12日，国元证券获得证监会核准网上委托业务资格。

2002年3月18日，国元证券与合肥商业银行合作开通银证通业务。

2002年5月13日，国元证券的原9家国债转制营业部实现集中式交易。

2002年5月18日，国元证券与中国工商银行安徽省分行合作的集中式银证转账业务全面开通，实现安徽省内各地之间的银证转账。

（国元证券有限责任公司　王立文）

·渤海证券有限责任公司·

【公司概况】　渤海证券有限责任公司(简称渤海证券)是经中国证监会批准设立的具有股票主承销资格的全国性大型证券公司。公司注册资本金为23.17亿元人民币。

公司总部(http://www.bhzq.com)设在天津，下设北京、上海两个管理总部，以及遍布全国的28家证券营业部。公司业务范围包括：证券的承销和上市推荐；证券的代理和自营买卖；证券的代保管、鉴证和过户；代理还本付息、分红派息等权利分派业务；基金业务；资产委托管理业务；证券抵押融资业务；企业重组、收购兼并业务；投资咨询、财务顾问业务以及外币证券业务。

渤海证券是在天津市国际信托投资公司、天津信托投资公司、天津北方国际信托投资公司、天津滨海信托投资公司等四家信托机构的证券业务部门和天津证券有限责任公司合并重组的基础上，吸收国内30余家有影响、有实力的企业共同参股组建的大型证券公司。

【网上交易统计数据】　公司2002年度累计交易量：4,685,118.88元，年度网上累计成交量：387,983.92元，网上交易量占总交易量的比例：8.28%。

【经营特色】　“客户至上，服务领先”，渤海证券秉承稳健与进取有机结合的经营理念，为股东和员工创造更多价值；同时公司也坚持社会导向，不为一己之利损害社会公众的利益，积极回馈社会。通过规范经营，公司增强自身的经营实力、抗风险能力和业务拓展能力。渤海证券立足天津，面向全国，积极培育国际视野，力争在资产规模、业务开拓、管理水平、技术手段、市场占有率等方面实现跨越式发展，成为具备较强的核心竞争力与综合竞争力的国际一流证券公司。

投资银行业务为渤海证券的核心业务之一，对公司的发展至关重要。近年来，公司曾先后以主承销商、上市推荐人、副主承销商、财务顾问等身份完成了津国商、天津磁卡、天水股份、圣雪绒、特精股份、中新药业、天药股份、先锋股份、天大天财、津滨发展、清华同方、首创股份等 50 余家公司的股票承销、上市推荐工作以及 9 家企业债券的发行工作。

【投资银行业务】 渤海证券将投资银行业务作为公司业务发展的重点，吸收了一大批具有硕士以上学位，并具备证券代理发行从业资格，注册会计师、注册律师、注册资产评估师以及其他国际认证的执业资格的，具有国内和海外从业经历的投资银行专业人才，完成了知识多元化、人才多样化、员工年轻化、操守职业化的队伍建设。

渤海证券投资银行总部的主要业务包括：担任股份有限公司首次公开发行、上市公司发行新股的主承销商及上市推荐工作；为上市公司策划并承销可转换公司债券；为企业改制重组、规范运作、海外融资跨境资本运作、收购兼并等提供专业化的辅导及财务顾问工作；承销基金；承销企业债。渤海证券投资银行总部下设天津分部、北京分部、上海分部、质量控制部、综合管理部。

目前渤海证券已经建立了广泛的客户网络，而且与国内多家著名的会计师事务所、律师事务所建立了密切的合作关系。渤海证券的投资银行队伍将以全新的面貌出现在资本市场上，以良好的专业素质和严谨的敬业精神为广大客户提供优质的服务。

（《中国电子商务年鉴》编辑部搜集整理）

·东莞证券有限责任公司·

【公司概况】 东莞证券有限责任公司(DONGGUAN SECURITIES CO.LTD)。公司成立于 1988 年 6 月，前身为经中国人民银行广东省分行批准成立的东莞证券有限公司。1996 年 12 月经中国人民银行总行批准，注册资本增至 5000 万元人民币。2001 年 12 月，经中国证监会批准增资扩股，注册资本增到 5.5 亿元人民币，具备了综合类券商的条件。注册地址为东莞市篁村胜和商业大厦。

公司在东莞、上海、深圳共设有 20 家证券营业网点，具有 10 个证券营业部，9 个证券服务部及 1 个投资理财俱乐部(服务部)。以营业部为结点，服务部为基点，构筑了辐射整个东莞地区的营业网络。东莞证券有限责任公司是东莞地区成立最早的证券公司，也是东莞地区惟一一家具有独立法人资格的券商。自公司成立以来，业务规模一直稳居东莞证券市场榜首。至 2001 年底，公司开户投资者达 18 万多人，股票、基金交易量约占全国交易量 1%，占东莞证券市场份额的 2/3。在东莞证券市场上具有举足轻重地位。

截止 2002 年 3 月，本公司证券从业人员为 416 人，大学以上学历人数占员工总数的 61%；具有证券从业资格的 217 人，占员工总数的 55%；90%以上员工具有 2 年以上证券从业经验。近 10 年来，公司培养了大量的证券业人才，目前又面向全国广招英才，形成了一支由博士、硕士等高素质人才组成的专业投资理财服务队伍。

公司下设办公室、计财部、投资银行部、机构部、客户管理中心、电子商务部、电脑中心、研究发展中心、稽核部、自营部、受托资产管理部等部门。

经营范围：证券的代理买卖，代理证券还本付息、分红派息，证券代保管、鉴证，代理登记开户，证券的自营买卖，证券的承销和上市推荐，证券投资咨询和财务顾问，资产管理，发起设立证券投资基金和基金管理公司，中国证监会批准的其他业务。

【统计数据】 公司坚持以“规范经营、开拓创新”为经营宗旨，以“立足东莞、辐射全国”为主要战略目标，取得了好的经营业绩。1998 年至 2000 年，股票、基金交易量分别为 302、382、772 亿元，利润总额分别为 2570、3395、14006 万元，资产总额分别 4.88、14.85、31.23 亿元。2000 年与 1998 年相比，利润总额增长 19 倍，资产总额增长 4.5 倍。(见图 1、2)

图 1、2：

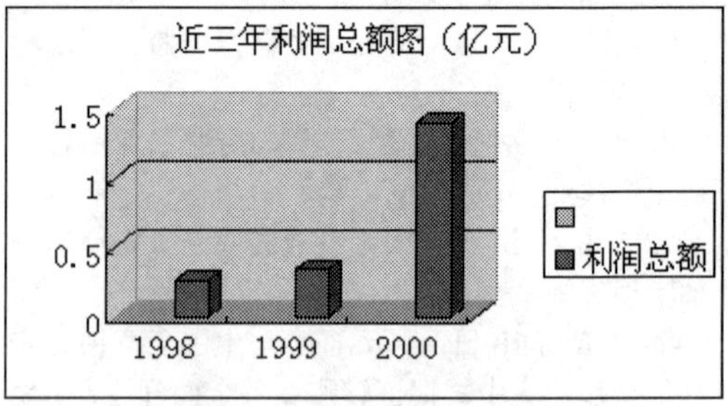

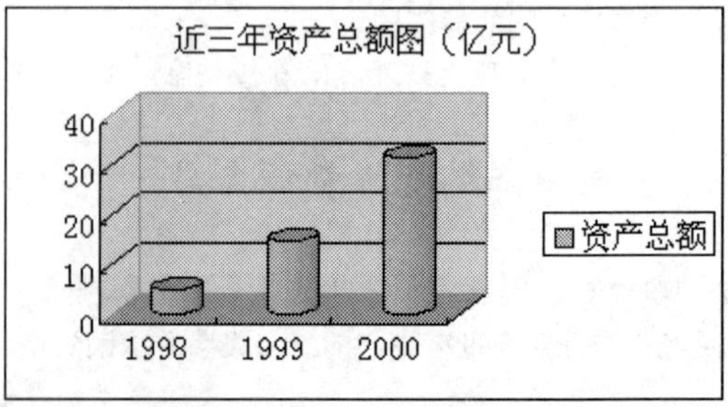

公司年度累计交易量：2,339,039.95元，年度网上累计成交量：220,217.12元，网上交易量占总交易量的比例：9.41%。

【特色服务】 东莞证券有限责任公司营业网点遍及东莞市各大镇区和深圳、上海，利用内接广州、深圳，毗邻香港的地缘优势，为本市及周边地区的投资者提供了极其方便的投资渠道。近年来，本公司在做好基础服务的同时，连续推出网上交易、呼叫中心、银证快车(存折炒股)等证券创新服务，为信息时代的投资者掀开证券交易的新纪元。东莞证券投资理财俱乐部更是首开投资先河，以星级酒店的经营方式，提倡“懂得投资，更懂得生活”的现代理财新观念。

（《中国电子商务年鉴》编辑部搜集整理）

·国海证券有限责任公司·

【公司概况】 截止到2001年底，国海证券有限责任公司(简称国海证券)资产总额为24.92亿元，创利0.228亿元。截止到2002年6月底，公司资产总额达42.29亿元。公司现有员工756名，其中博士、硕士以上人员占5.16%，73.55%以上人员具有大专以上学历，80%以上的人员具有证券从业资格。

公司下设有经纪业务部、投资银行总部、资产管理部、证券投资部、电子商务部、研发中心、电脑中心等11个职能部门，并在上海、北京设立区域管理总部。2002年，公司收购已托管的广西信托投资公司、广西国际信托投资公司2家信托投资公司下属11家证券营业部。现共有营业部24家，证券服务部25家。

面对日益激烈的市场竞争，面对新的网络经济时代，面对中国加入WTO的严峻考验，国海证券将秉承“忠诚、勤俭、专业、创新”的精神，开拓进取，优化服务，努力把公司建设成为机制灵活、管理先进、富有活力的现代投资银行。

【信息化建设】 国海证券一直致力于利用先进的计算机信息技术来进一步提升公司的核心竞争力，在信息系统的建设方面取得了良好进展，符合《中国证监会证券经营机构营业部信息系统技术管理规范》的要求，建立了安全、有效、完备的计算机信息系统。并且具有符合中国证监会和证券交易所规定的业务资料报送系统，保证了公司报送业务资料的完整性、准确性和及时性。

公司的网络平台，不但实现了整个公司的高速互连，并在此基础上，构筑了公司统一的业务开拓平台，能够便利地进行业务创新，而且还建成了先进的办公自动化等管理支持系统，实现了无纸化办公及多层次的风险控制，大大提高了公司的管理水平。

此外，公司注重有形营业网络和无形信息网络的结合，全面推出了集中式银证通等创新服务内容，大力推广网上交易等各种新型的非现场交易手段，用技术创新推动业务创新，提高了公司整体经营优势。

【网上证券交易发展规划】 国海证券十分重视网上证券交易业务的发展，并建立了国海证券网站。国海证券网站的目标是建成一个具有研究咨询、信息服务、个人理财、网上投行、资产管理等多种功能于一体的大型综合性的金融证券网站，能够为投资者及机构提供一站式的金融证券服务。国海证券网作为公司品牌建设的基本点，是公司形象宣传的前沿阵地，是展现公司实力和金融产品的重要窗口。公司将力争通过网站把投行、资产管理、财务顾问等一系列的专业服务流程进行融合，为各类投资者服务。

【电子商务发展模式】 为全力推动国海证券电子商务发展，建立统一的电子商务平台，公司于2001年11月成立了电子商务部，利用技术创新推动业务创新，致力于利用先进技术服务投资者，不断拓展网上证券委托，提供强大的网上在线咨询，逐步构建涵盖各类证券业务的全方位电子商务体系。力争通过电子商务延伸公司品牌，提升整体形象，并通过网上交易拓展经纪业务覆盖面。电子商务部一方面利用网上交易、银证通业务及其他新技术、新业务，来大力拓展公司网上经纪业务，另一方面也在不断探索公司电子商务发展道路的作用。

【电子商务交易平台特点】 国海证券电子商务平台遵循安全、高效的原则，构建以总部为中心的高效系统平台，设置了独立的行情和委托交易系统服务器，内外网采用动态均衡负载机制，根据网上交易数据的流量变化，灵活分配流量负载，加快运算处理速度，确保系统能够高效运行。

国海证券网上交易系统采用了多种密钥加密算法体系相结合的方式实现传递信息的安全加密。同时利用CA认证，使用数字证书来确保交易双方的信任问题，通过对对方数字证书的合法性检查，来确定对方身份的合法性。在SSL协议上国海证券采用了先进的增强性SSL安全代理软件，增强数字签名，保证交易的完整性和不可抵赖性。在内部网络和公网之间采用了物理隔离，防止黑客的侵入。

【国海证券数码网】 网站www.ghzq.com.cn始建于2001年8月，走过依靠开发商到自我设计、开发、制作的过程。网站现设有网上交易、银证通、国海研究、专家答疑、行情资料、信息中心等栏目，充分体现个性化、专业化的特点，具有客户服务、资讯研究、信息交流等功能。网站开通以来，页面点击率稳步提高，其中国海论坛和专家答疑成为网站独具吸引力的栏目，获得股民的好评和青睐。2003 年，国海证券将对网站进行全面升级，力争将国海证券网建成一个具有研究咨询、信息服务、个人理财、网上投行、资产管理等多种功能于一体的大型综合性的金融证券网站，能够为投资者及机构提供一站式金融证券服务。

【国海证券银证通】 国海证券银证通项目建于 2002 年 1 月，系统投产时间为 2002 年 5 月。截止到 2002 年 12 月底，已先后于广西区工商银行、农业银行、中国银行、建设银行、交通银行完成了银证通系统建设项目并开通运行。2003 年，国海证券将继续与各商业银行合作，建设全国性银证通系统。

【网上交易情况】 24 家营业部中有 12 家营业部 11 月份网上交易份额占到 10%以上。网上交易开通时间为 1998 年年底。2001 年网上交易量为 6.5 亿元，总开户数 5836 户。2002 年 5 月，国海证券正式在其所属营业部全面开通网上交易。截止到 2002 年 11 月底，网上交易开户数 19736 户。2002 年 1～11 月网上交易量 28.98 亿元，占公司交易总量的 6.23%，较上年同期增长 381%，其中 11 月份网上交易量达 4.47 亿元，占当月交易总量 14.06%，较上年同期提高 539%，较上年 12 月份相对份额提高 503%。（见图 1、2、3、4）

公司 2002 年度累计交易量：4,998,589.00 元，年度网上累计成交量：330,927.00 元，网上交易量占总交易量的比例：6.62%。

图1 2002年网上委托交易状况

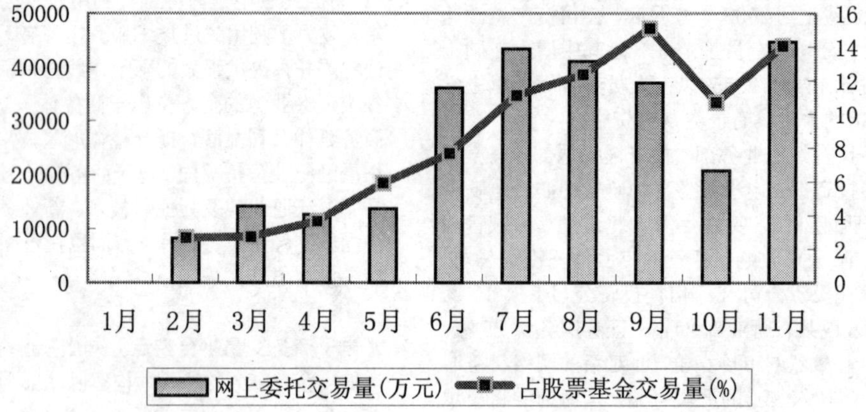

图2 2002年网上委托开户数增长情况(户)

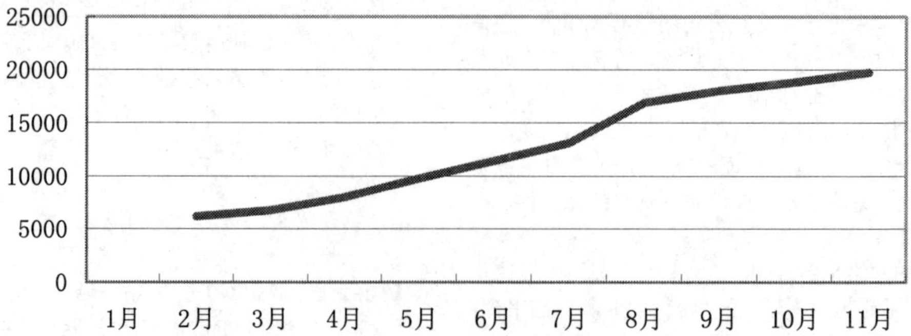

图3　2001年各种委托方式占总成交比例

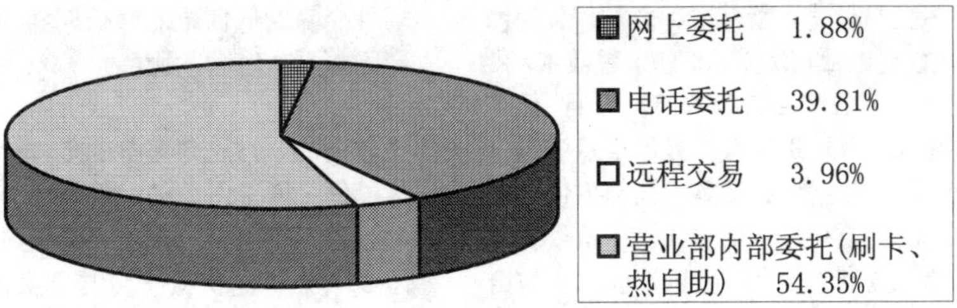

图4　2002年1-11月各种委托方式占总成交比例

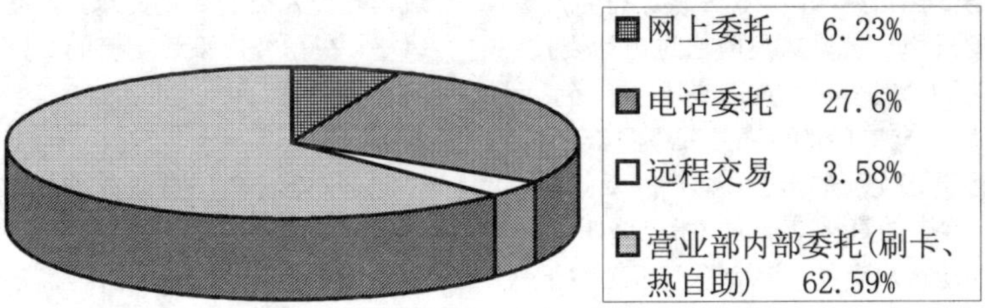

【电子商务纪事】

2001年10月，公司网上证券委托系统获国家信息安全测评中心安全认证。

2001年11月，广西证券有限责任公司正式更名为国海证券有限责任公司，广西证券网站逐步过渡到国海证券新网站。

2002年5月，国海证券网上交易在所属24家营业部正式开通运行。

2002年8月，国海证券有限责任公司经中国证监会批准获得网上证券委托业务资格。

2002年11月，国海证券网上交易成交额较2001年同期增长381%。

（广西证券有限责任公司电子商务部　逯贵峰）

·川财证券经纪有限公司·

【公司概况】　川财证券经纪有限公司的前身四川省川财证券公司是1988年经四川省人民政府批准，由四川省财政厅出资兴办的全省最大的国债中介机构。2001年公司经中国证监会批准成立，成为全国首家由财政国债中介机构整体转制而成的专业证券公司，是中国证券业协会和中国国债协会会员。公司于2002年8月获中国证监会批准开展网上证券委托业务。川财证券采用集中交易模式，采取业务整合、数据整合的方法，将公司基于营业部分散的柜台系统提升为企业集中统一的综合经纪业务平台，达到整合企业资源、提高企业核心竞争力的目的。公司以电子商务部为中心立足成都，面向全川为投资者提供网上委托与电话委托的全电子化交易模式。以快捷、全面的财经新闻，深入、准确的行情分析、个股点评，安全可靠的网上交易以及在线交流、模拟股市、汇市、个性服务、智能选股等多种功能为用户提供全方位的服务。

【商业模型】 川财证券场外交易运作模式与目前大部分券商所开展的网上交易方式有本质的不同，是由川财证券借助集中交易模式，整合内部资源，利用网络及CTI技术(电脑与电话集成)等多种先进技术，做到了有效地传送和利用所掌握的具有较高商业价值的信息，全天24小时不间断为客户提供信息咨询、个人理财、专家咨询、证券交易等多种快捷方便的服务。客户可以通过网上委托、电话委托、手机委托等多种方式进行下单、查询。并利用股乐家园这一综合软件建立投资社区，使广大投资者在利用分析工具分析的同时能够得到人性化的服务与沟通。

【面向对象的针对性】 对于传统店面式经营来讲，客户主要是集中在有充裕时间的退休人员、无业人员，及职业操盘手、机构大户。营业部的主要交易量通过散户来维持，依靠机构大户来获得突破性的提高。而场外交易模式则主要针对上班族进行宣传营销，在传统交易模式下，上班族只能通过电话委托，无法享受到个性化的个股分析、查询等增值服务，而川财证券场外交易设立专门的服务中心为客户提供了同咨询人员进行直接交流的机会，客户的疑问能够得到及时的解决，网上的直接交流方式也使客户与券商不再有距离感。使客户交易、咨询不用再奔波于营业部与工作地点之间，同时也打破了交易的地域限制，极大方便了交易时间内不方便到营业部的客户交易。

【低成本的规模化经营】 传统证券经纪模式运营成本高，主要集中在场地的租用、房屋装修、设备的配置、硬件投入方面。为了更好地满足营业部客户咨询的需要，还要配备大量的咨询人员，无形之中也增加了人员成本，但实际达到的效果并不如想像中的好。

作为场外交易来讲，交易通过网络与电话来完成，不存在大面积的场地租用与装修，在地点设置上，也不用考虑是否处于繁华地段或是居民聚居区，有效地降低了中心的经营成本，资金被更多地用来改进设备，提高系统稳定性与增加系统功能上面。在后续发展中，传统的营业部随着客户的增多，必须增添更多的设备，扩大经营面积方能满足客户交易需要。而对于电子化的交易方式来讲，平均成本将会随着客户的增多而减少。目前中心将场地租用、装修所节约的成本以低佣金方式优惠全部客户，对客户吸引力非常大，特别是一些喜欢做短线但却受制于交易成本过高的客户。券商佣金制度放开是目前证券市场发展的一大趋势，场外交易运营成本随客户增多而逐渐降低，就可以保持市场较低的佣金水平，使川财证券能够在券商场外交易竞争中打开局面，吸引更多的客户。而相应地，通过不断完善增值服务体系，让客户选择一些增值服务实现对咨询的进一步要求，也使得公司的场外交易的低佣金能够长期延续，也使得场外交易不会陷入亏本经营的困境。

【咨询的个性化与服务的多样化】 川财证券场外交易提供了网上网下的多渠道的分析通道，网络的定制化服务，使客户能够及时采集到所需的信息。股乐家园以其独特的交流平台与强大的分析功能使客户能够在独立完成分析过程的同时也能与分析师进行直接的交流，避免了单纯进行场外交易的孤独感与个人分析的片面性，也避免了过去分析人员在大厅内广播，咨询内容“打批发”，没有针对性的弊端。场外客户更能通过e-mail、传真自动接收交割单，对账单、咨询报告，信息提示等。网页上专门的BBS专版与股乐家园互动交流模式，使客户操盘心得得以及时的交流，咨询人员的专栏文章，摆脱了过去教条式的解盘风格，在与客户平等交流的基础上帮助客户树立正确的投资理念。

【服务内容】 川财证券场外交易服务体系是由利用电话、传真和互联网多种通讯手段建立起的一个统一的集成业务和客户服务平台。基于客户关系管理(CRM)概念的CCZQ证券网站及网上交易系统，股乐家园分析系统，热线电话服务系统，川财研发中心的咨询力量，股乐语言的指标编辑平台、智能选股、历史数据下载、盘中实时报警、网络寻呼，强大的上市公司信息数据库的信息系统，具体服务内容包括：

1. *向客户提供的各项服务*：⑴多渠道交易方式，包括通过互联网委托、电话委托、图文卡可视委托。⑵多方式的上网接入，包括拨号包月上网接入、ADSL宽网接入、社区宽网接入。⑶多种行情分析系统，包括核心行情动态分析系统、股乐家园分析系统。⑷资讯中心，包括咨询报告、研究报告、在线咨询、即时信息。⑸基于Web的客户关系管理系统，包括7×24小时交易/查询功能、热线电话服务中心、与分析人员即时交流个股走势、传真接收交割/对账单、网上Call Me功能、网上短消息功能。⑹全面的预约上门安装，培训服务。

2. *提供的后续服务*：⑴全面的个人理财服务。⑵体贴的个人信息定制服务。⑶传呼、手机短消息预警功能。⑷电子白板、表单共享，直观的分析与帮助服务。⑸网页导航，语音、视频信息咨询。

【技术及系统功能】 川财证券场外交易采用

Internet(TCP/IP)的技术，为客户提供方便的、灵活的交易手段，客户可以通过 Internet 来进行行情获取、委托买卖、成交查询、资讯获得、在线服务等。除了提供的增值服务外，电话委托也构成了网上交易的一种备份交易手段，系统模式。(见图 1)

图 1　系统模式

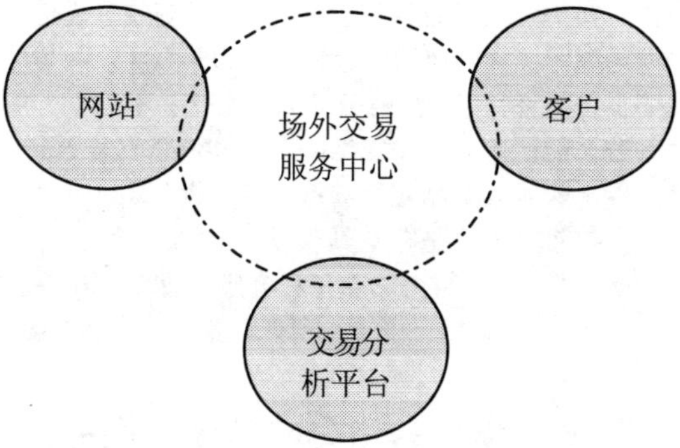

整个场外交易体系由以下部分组成：提供资讯和网上实时为客户服务的网站，提供快速的行情显示的行情服务系统，提供方便、安全、快捷的交易手段网上交易系统，提供实时交流与分析的股乐家园系统，提供电话委托、传真功能和人工服务系统。(见图 2)

网站除了提供信息，还有研发中心的专业研究人员实时解答客户提出的问题，股民之间也可以通过网站和股乐家园来相互交流。股乐家园自助式的分析系统是针对客户做出的一种贴身的服务而设的，是公司场外服务的一大特色。

行情系统采用多服务器提供行情的方式，它们之间独立运行并且能互为备份，为客户提供永不间断的行情服务。

交易系统也是采用多套系统独立运行和互为备份的方式，并且提供强加密算法，保障客户资料的保密性。同时与后台交易系统通过并口进行隔离，防止了黑客攻击后台的数据库服务器。

图 2　场外交易系统结构

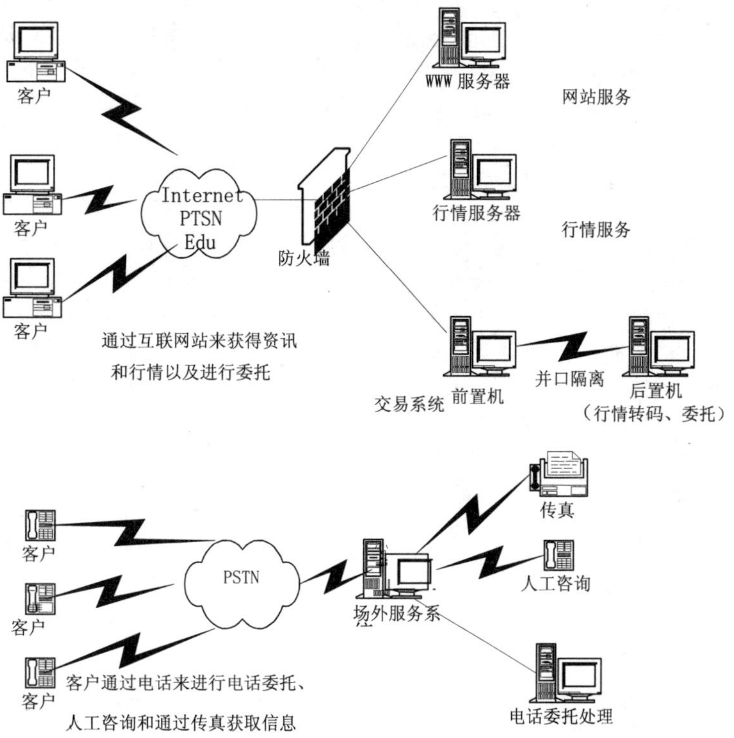

【发展推广措施】 开展场外交易的最终目的是为了在电子商务时代的券商竞争中通过低佣金扩大市场规模；通过规模化的经营方式，降低交易成本，打破传统的时空限制，扩大客户群体；通过不断完善的增值服务来增强客户稳定性，认同度，使公司在场外交易的低佣金模式下依然能够盈利。

1. 信息资源整合。凭借川财证券研发中心的咨询力量，不断强化网站与股乐家园的咨询服务功能。同时为了克服小券商咨询规模小的弊端，在网上交易中通过定制化的服务使客户能够迅速搜取到所需要的信息，并通过手机短消息等功能实现实时了解市场动态，并通过网上、网下与线与分析师的互动交流，解决操作上的难题。

2. 加强咨询力量，完善咨询系统。场外交易的竞争，核心竞争力在于咨询服务的个性化。要实现对客户需求的尽可能满足，势必会加大对客户服务系统的投入，如电话、传真服务中心及网站、股乐家园的个性化设计等都需要不断地改进完善。由于咨询本身不创造利润，这一客户服务系统将成为川财证券场外交易的“成本中心”。那么，通过对服务网络体系进行改造，使简单重复的信息与咨询通过系统集成完成，可增加客户个性化咨询的时间，满足更多客户个性化咨询需要。构筑在强大的数据库系统上的分析系统通过不断地挖掘可以为投资者提供更多更有效的市场信息，并将使投资者能够通过服务网络体系，对公司开展的新的业务进行更多的了解，通过增值服务系统获得更多的资讯、投资建议，使咨询系统由过去的“成本中心”演变为“利润中心”，使其既能为客户提供好的服务，还能做好营销的工作，创造利润。

3. 市场推广人员的营业推广路线。场外交易的推广将借助于区域销售代表，通过一定开户费用提成鼓励销售代表能够在管辖区域内配合公司做好业务推广工作。并通过严格的管理，使其成为场外交易服务中心与客户直接沟通的桥梁，并为客户提供直接的上门服务，使主动性服务进一步推进。同时随着各地宽带网络发展迅速，网络社区已成为房地产开发公司营销的核心，且现在的很多小区均向市郊拓展，金融证券的配套服务还没有跟上，加之业主在通过小区宽网接入费用固定，1 个月基本控制在 100 元左右。而川财证券场外交易所提供的 7×24 小时委托交易、咨询服务将能够完全满足小区客户的交易与咨询需要。

4. 演示点的推广与发展。在城市周边通过与相关单位合作办理场外交易演示点，可以使市场占有率与市场影响迅速扩大，使交易演示点成为川财证券场外交易服务系统与当地客户联系的纽带与推广的平台。这种模式还能解决服务部投入成本过高、管理难度较大的矛盾。

5. 银证通的试点推广。随着银证通业务在全国的开展，银行业正逐步涉足到证券领域，银行业具有网点多、业务范围广的特点。通过银行的全面合作，可以有效解决网上交易远程开户与存取款的问题。与远程的演示点结合起来，从而达到全面推广川财证券场外交易的目的。

6. 引进有实力的投资方，加大对网上交易的投入力度。网上交易属于新兴产业，券商初期投入比较大，在还未达到规模经营的情况下，投入产出还不能成正比，加之后期为了加强客户服务，对于系统会有不断的改造，也会有一定的投入。如果仅靠公司的投入是不够的。因此，借鉴网络公司的运营机制，通过吸引有实力的投资方或风险资金，可以有效解决资金投入问题，缓解公司的资金投入压力，实现投入与产出的良好循环。由于川财证券的网上交易不同于一般网络公司的运营，不是靠网络广告与信息收费盈利，客户佣金收入具有稳定性与持续增长性，故对于风险资金和投资方来讲是非常具有吸引力的。

（川财证券经纪有限公司电子商务部
客户服务主管　林燕艳）

·天津一德证券经纪有限责任公司·

【公司概况】 天津一德证券经纪有限责任公司系天津一德投资集团有限公司、北京物资总公司、上海物资(集团)总公司、天津市惠犀电子信息有限公司共同出资，经中国证监会批准设立的专业证券经营机构。

目前公司业务主要包括接受客户委托，代理进行证券买卖，代理证券还本付息、分红派息，证券代保管、鉴证，代理登记开户以及为证券投资者提供投资咨询、人员培训及相关技术服务，及中国证监会允许开设的其他业务。

公司秉承“服务创品牌、创新求发展”的经营宗旨，为投资者提供全方位、高层次的服务。

公司现设置电脑中心、远程交易部、研究发展中心、财务清算部和综合管理部等职能部室，吸纳凝聚一大批通晓经营管理、投资咨询、资本运作、工程技术的高素质专门人才，为公司未来稳健、快速的发展奠定了基础。

一德证券作为中国证券市场的新生力量，将充分发挥后发优势，稳健经营、规范运作，与广大证券投资者共创美好未来！

（《中国电子商务年鉴》编辑部搜集整理）

·中关村证券股份有限公司·

【公司概况】 中关村证券股份有限公司是经中国证监会批准(证监机构字[2001]281 号)，通过对原汕头证券股份有限公司增资扩股、更名迁址而设立的一家全国性综合类证券公司，公司注册资本 15.4 亿人民币。股东包括“中关村科技”、“清华紫光”等数十家国内知名企业。公司注册地址设在北京中关村科技园区内。中关村证券拥有 14 家证券营业部，其网络占据了全国重要的沿海城市。其中，新建的北京和广州证券营业部已于 2002 年初相继开业。

【网上交易统计数据】 公司 2002 年度累计交易量：2,149,909.63 元，年度网上累计成交量：340,159.25 元，网上交易量占总交易量的比例：15.82%。

【经营服务】 中关村证券有着完善的公司法人治理结构，拥有实力较强的中高级管理人员。作为一家科技投资银行，中关村证券的目标是通过科技和资本的融合，提供资本市场的全程全方位服务，力争专业化程度及服务水准达到业内领先地位。中关村证券的自我定位是一个永远创新的企业，公司对创新的理解是前瞻的、未来的、独特的、高效的、创造性的，并通过创新，凭借“中关村”强大的技术资源优势为高科技及高成长企业提供创新的业务产品和服务。

中关村证券将利用先进的和人性化的管理和激励机制，营造年轻健康的企业文化，建立和完善一支对科技产业和资本市场具有深刻理解的专业管理团队，在充分总结和借鉴 10 年来中国证券市场成长经验的同时，积极开展国际交流与合作，遵循国际最佳投资管理实践，致力于在全球资本市场树立中国科技投资银行的典范，打造资本市场的综合服务商品牌。

中关村证券投资银行部致力于为客户(国内企业、跨国公司和政府机构)提供高水准的证券承销、并购和金融顾问服务。公司 90%以上的员工拥有硕士以上学位，是来自国内外知名券商的投行专家，他们以丰富的经验和骄人的业绩得到同行的尊重。

客户价值最大化是中关村证券的经营服务理念，中关村证券力图深入了解客户、分析客户需求，为客户提供高水准的证券承销、并购和金融顾问服务，使我们的客户成为未来的行业领导者。

【主要业务及特色】

主要业务：企业股票发行承销；企业债券发行承销；国债承销与兑付；海外上市；资产重组、收购兼并财务顾问；风险资本筹资顾问；代理销售证券投资基金；上市辅导、战略策划、管理咨询。

业务特色：以高成长性作为甄别企业的首要准则，深度介入的企业，发掘成长潜力；特别关注成长型中小企业，与这些企业建立长期合作关系，通过提供促进企业成长的一整套专业化的顾问服务，对企业进行培育，通过服务与企业共成长，在企业不断发展壮大的同时自身得到丰厚的回报；积极调配各部门资源为企业的高成长服务，力争形成鲜明的服务特色，逐步形成“高科技及高成长性企业专业服务商”的独有品牌；服务终身制。中关村证券特别看重长期合作的战略伙伴关系，既看重上市前的业务，也认真做好上市后的业务；坚持全面全方位的服务，既承接利润丰厚的业务，也认真完成难度大、收入较低的业务；既提供一般的投资银行业务，也做战略策划、管理咨询等业务。

(《中国电子商务年鉴》编辑部搜集整理)

·齐鲁证券有限公司·

【公司概况】 齐鲁证券有限公司是根据国务院关于信、证分业经营管理的精神，经山东省人民政府确定由山东省齐鲁信托投资有限公司、山东省国际信托投资公司、淄博市信托投资公司、泰安市信托投资公司、威海市国际信托投资公司、济宁市信托投资公司、德州市信托投资公司、烟台市信托投资公司、山东省齐鲁投资管理有限公司 9 家公司所属的 24 家证券营业部联合重组并经中国证监会批准成立的一家经纪类证券公司，注册资本为 5.12 亿元。公司经营范围：证券的代理买卖，代理还本付息、分红派息，证券代保管、鉴证，代理登记开户，经中国证监会批准的其他业务。

【网上交易的开展】 作为国内知名券商，齐鲁证券虽然获得网上证券委托业务资格的时间相对较晚(2002 年 8 月 19 日)，但此前即已开展网上交易业务的前期准备工作。

软件方面。于 2000 年初建成自己的信息发布网站—齐鲁证券钻石网(www.qlzq.com.cn)，为公司开展网上经纪业务建好平台。后又根据业务发展的需要，对网站进行 2 次改版，使之真正贴切网上交易载体的功能。

硬件方面。已经拥有包括小型机、服务器、工作站以及路由器、交换机在内的各种型号的计算机 1 万余台，硬件投资额 850 万余元。

网上交易快速发展。在获得网上证券委托业务资格之后，齐鲁证券的网上交易业务便进入了快速发展的实质性阶段。目前，使用盛润公司提供的交易软件搭建系统平台，股民则以专业版客户端方式作为主要交易手段，充分利用互联网的特点和技术优势，极大地提高了公司在二级市场的占有率，为公司带来了相当可观的收益。

【引入恒生“证券新干线”】 为了进一步丰富交易手段，降低股民在使用中的复杂性和公司的维护成本，同时充分利用网站(www.qlzq.com.cn)的信息发布优势，引导股民进行更具理性的投资，进而推动齐鲁证券网上交易业务进入一个更高的阶段，公司与杭州恒生信息技术有限公司合作，引入恒生“证券新干线”网上交易系统。该系统有专用客户端版、浏览器版，是一套服务于单一营业部或券商总部，可实现投资者利用互联网进行股票委托及交易的系统。可提供Internet 接入、无线接入、远程和电话接入等多种接入方式，从整体看来，系统具有如下的几个特点：

1. *全面的解决方案*。系统具有功能齐备的投资服务，通过网站和行情发布系统能够给投资者提供全方位的资讯内容服务；系统具有完善的实时监管和管理体系，能够方便地进行系统部署和实施。

2. *系统设备先进，技术含量高*。在建设初期，整个系统的实施要采用当前行业内先进的、成熟的技术作为标准，这表现在：⑴网络带宽方面。目前系统具有2个Internet出口，同时采用两个宽带网作为Internet出口，此方式在国内其他证券公司网站是不多见的。⑵系统结构方面。为了保证公司业务网的安全性，采用了内外网隔离的网络结构。⑶为了满足大用户量的访问，系统采用了负载均衡设备对整个系统均衡负载。⑷为了避免外部的来历不明的访问和入侵攻击，系统采用了防火墙技术，并通过串口隔离进行进一步的屏蔽。

3. *统冗余措施完善，具有较高的可靠性和可用性*。系统的各项关键设备考虑到了冗余备份措施，如Internet出口方面广电和电信可以互相备份，安全设备硬件防火墙与软件防火墙互相备份，WEB服务器组(目前有2台)和行情服务器组(目前共有6台)通过负载均衡实现互相之间的备份。通过这些冗余备份措施，使系统在任何一个环节出现问题时，都能够切换到备用设备上继续工作，保证了业务处理的不间断性，大大提高系统的可靠性和可用性。

4. *灵活性强，可扩充性高*。系统在功能设计上，充分考虑了灵活性和个性化的需求，使系统在满足一般用户的基本功能要求的同时，也能够满足不同用户的个性化设置要求。同时，还开通了专家在线咨询服务，通过Internet向股民提供更及时的咨询信息。系统的设计预留业务扩展接口，便于系统升级与扩充。

5. *技术及人力资源的积累不断增强*。从系统的设计开始，公司的技术人员就全面参与到了整个项目。在设计、开发、实施及日常维护，记录并保留了大量的技术文档。在此期间，还举行了多次技术研讨和专题培训。这样就为整个系统下一步发展打下了坚实的技术基础，为公司培养了一批专业的技术人才。

6. *资金投入少，实施周期短，见效快*。截止到2002年6月，整个系统累计投资不到100万元，与同行业的其他证券公司网站相比，这个投入是微不足道的，但所达到的效果与同行业的其他证券公司网站相比却不相上下，在有些地方甚至超越了其他证券公司网站。而且该系统实施是在短短的一年半内完成。如此短的时间内完成一个像这样完善的系统并且显示出效益，在国内的同行业也是不多见的。

总之，齐鲁证券网上交易系统是在高起点、低投入、全方位、多功能的设计思想下设计实施的。系统的全面运行，给公司的网上交易业务发展打下了坚实的基础。

【转变经营模式】 “以客户为中心”是证券电子商务时代的经营核心。随着客户投资的日益理性化，客户量关心的是谁能提供高效的、低成本的、方便的投资服务，从而获得最大的投资回报。为客户提供有吸引力的个性化增值服务，是证券电子商务时代留住客户的关键。同时，公司认为要实现电子商务时代的“客户中心导向”，必须对证券公司的内部经营模式进行战略转变。

首先，必须建立一支具有很高专业水准的客户服务队伍。(这支队伍包括业务经纪员、市场分析员、市场营销员等)，能够对不同的客户群体提供具有一定广度和深度的增值的个性化服务。

其次，利用电子商务手段，不断实现技术和服务的创新。只有不断创新，才能实现对客户服务的持续高效、低成本、便捷性，同时也才能降低证券公司本身的总体服务成本，提高公司内部的竞争力。

【风险及防护】 与其他形式的电子商务一样，网上证券经纪面临的最大威胁是安全问题。

风险。网上交易主要存在以下几种风险：⑴网上攻击。包括应用系统受到入侵和破坏，严重时会导致委托或交易无法正常运行。⑵数据安全。如客户的委托指令、账户资料、资金情况被篡改，可能造成资金损失；客户的股东账号和交易密码被人知悉，可能被盗用；买卖信息被竞争对手获悉，就可能丧失商机。⑶网上欺诈。如发布假行情、假公告等虚假信息，误导投资者，甚至操纵市场，从中获利。⑷通讯质量。包括行情揭示实时性，通讯线路稳定性，如果信息滞后时间过长，或网络传输中断，会给投资者造成不利影响。

防护。为保证网上交易系统网络安全，保护内部网免受非法用户侵入，采用防火墙在互联网与内部之间建立一个安全网关。在证券公司内部网与外部因特网之间通过网关隔离，网关服务器将对来自外部网任何信息进行检查识别，过滤掉那些恶意的、有害的访问信息，并阻挡来自外界攻击。为保证信息在因特网上安全传输，采用安全认证(CA)机制，加强对交易

各方身份识别，防止假冒和抵赖现象发生。(见图1)

图1　网上交易系统网络安全图

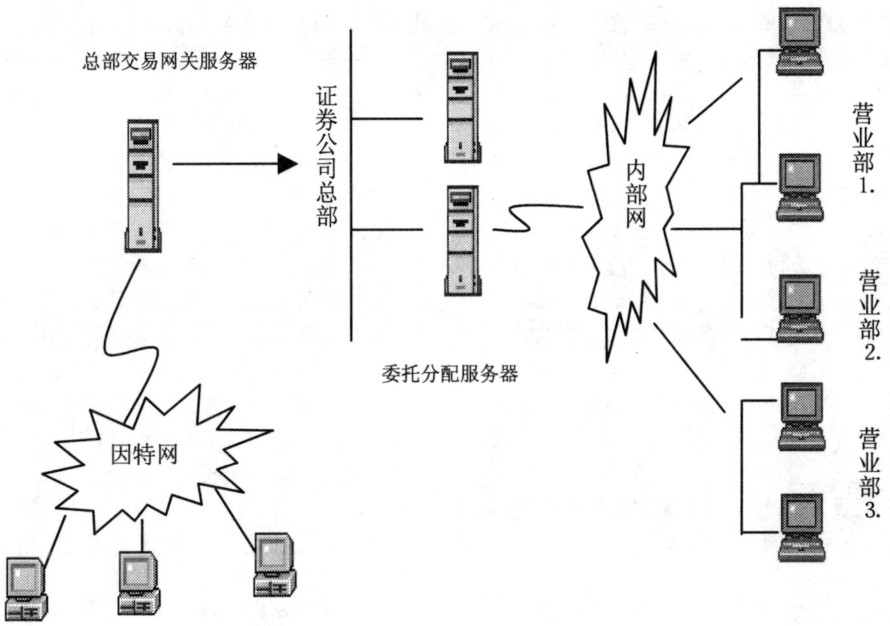

【观念致胜，文化致胜】　为了迎接证券电子商务时代的巨大挑战，对于传统的证券公司来说，企业文化的改造以适应电子商务时代的要求，是实现以上所说的“以客户为导向”和经营模式战略转变的基础。互联网与电子商务，与其说是一种技术和产品，还不如说是一种应用和服务，它需要公司内部人员观念彻底转变。观念致胜、文化致胜，实践证明是传统的证券公司实现证券电子商务的致胜之道。齐鲁证券公司一贯秉承的技术领先、优质服务的经营理念，使得公司走在证券电子商务发展的前沿。

(齐鲁证券有限公司　倪进为)

·广东民安证券经纪有限责任公司·

【公司概况】　广东民安证券经纪有限责任公司成立于2000年12月18日，注册资本金为3亿元人民币。

规范的管理：民安证券公司管理上实行董事会领导下的总裁负责制，下设总裁办公室、综合管理部、计划财务部、审计部、经纪事业部、电脑中心和研究发展中心等部门，已正式开业证券营业部十五家，营业部布局以广州、深圳、珠江三角洲为依托，辐射全国大中城市。

经营的业务：A股、B股、国债等证券代理买卖；投资咨询；代理还本付息、分红派息；证券代保管、鉴证；代理登记开户；国家证券监督管理部门批准的其他业务。

【信息化建设】　民安证券公司开业以来，遵循“服务止于至善，诚信予民以安”经营理念，在中国证券市场稳健开拓、务实进取，以“维护客户利益”为宗旨，坚持“规范经营、防范风险”，力求实现证券市场投资者资金安全、增值与公司发展壮大相统一，在中国证券市场繁荣发展中积极开拓、努力创新。公司坚持以完善营业网点布局、提高和优化证券市场经纪业务服务质量为己任，为证券市场带来全新的理念。公司开发网站www.mazq.com.cn，开通网上交易系统，获得了网上经纪业务的许可，与国有商业银行联合开发“银证通”系统，为投资者提供方便的交易方式。

(《中国电子商务年鉴》编辑部搜集整理)

·惠州证券有限责任公司·

【公司概况】　惠州证券有限责任公司的前身是惠州证券公司，成立于1988年6月，注册资本1000万元，是惠州地区第一家也是惟一一家具有独立法人资格的专业化证券公司。

1997年11月，根据中国人民银行非银行司非银证[1997]141号文，在原惠州证券公司的基础上，由15家股东单位出资，组建了现在的惠州证券有限责任公司，将资本金由原来的1000万元增加到8997万元，由此公司转变为完全遵照现代企业制度进行规范运作的经纪类证券有限责任公司。截至2001年底，资产总额5.77亿元；截至2002年6月底，资产总额5.84亿元。公司共有员工70人，其中取得证券从业人员资格的占90%。公司下辖2个证券营业部、2个证券服务部，证券经纪业务覆盖惠州地区。

增资改制后的公司，按照《公司法》的要求，组建了股东会，制定了公司章程，选举了董事会和监事会。公司主要的高级管理人员由董事会聘任，总经理下设综合业务部、财务部、业务拓展部、电脑中心、稽核部和证券交易营业部等。 经过股份制改造的惠州证券有限责任公司，表现出强大的生机活力，采用适应国际证券业务发展要求、符合国际化证券公司标准的经营管理模式，对员工建立了有效的激励机制，广泛地引进高素质人才，面对市场需求及时推出新的服务手段，为投资者、企业和有关部门提供最佳服务。

【信息化建设】 公司领导层历来重视公司信息化的建设，由副总经理专职分管这项工作。电脑中心和业务拓展部，分别作为信息主管和电子商务运作部门进行管理和运作。在财力分配方面，计算机硬件投资额1218万元，通讯设备投资额105万元，软件投资额274万元。IT累计投入额1597万元，占固定资产的68%。

到2002年6月底为止，公司已拥有计算机总数817个，其中服务器15个，PC台式机800个，笔记本电脑2个。联网比率100%、路由器10个、交换机50个、工作控制机4个、企业网节点数1300个。建有网站一个：中文名称为惠州证券网，域名是www.hzzq.com.cn。

【网上证券交易应用】 公司网上交易采用互联网络接入方式以及单向信息交流方式。网站提供的服务主要有：委托下单、交易查询、资金查询、资讯发布、实时行情、个性资讯定制、专家咨询、股民论坛和理财工具等。为方便投资者进行网上证券交易，公司在原浏览器方式上特增加客户端下载方式，力求满足不同投资者的投资需求。

公司在未取得资格前就做了大量的准备工作，包括测试和试运行网上交易技术平台、采取多种手段加强网上交易系统的安全、完善交易软件的功能。公司在2001年10月15日开始网络安全建设，截止到2002年6月30日累计投入20万元，未来一年内计划投入10万元，主要用于进一步加强网络安全和系统防病毒能力。公司网站目前采用加密技术、数字签名和认证技术，保证数据在广域网传输安全；采用异构隔离、防火墙技术，保证系统与EXTRANET和INTERNET连接的安全；内部网络采用硬三层结构，根据证监会要求，内外网分离；采用主机安全设置和应用系统安全设置，保证操作系统和应用系统的安全。本公司网络具有使用简单、方便、快捷、安全的特点。

随着公司与惠州工行银证通业务的正式开通，根本上解决了网上交易不能解决的资金存取问题，利用工行已有的完善的营销体系，通过对银证通业务的推广，极大地提高了网上交易业务的营销范围。惠州证券网已经成为惠州地区影响力最大的网站之一。

2002年8月19日，公司在获得中国证监会审核开展网上证券委托业务资格后，即时成立了网上证券业务推广小组，加大营销力度。同时对原惠州证券网(试用版)进行改进，不断充实网页内容，力争使惠州证券网成为最受广大投资者喜爱的网站之一。

【网上交易统计数据】 由于公司的网站目前没有开设用户注册功能，所以无法提供开户股民注册用户数量和网站注册用户数量等统计数据。其他的网上交易统计数据如下：

1. *网上委托开户*。开始时间为2001年7月20日。截止到2002年上半年6月30日，网上交易开户数728人。

2. *网上交易量*。开始时间为2001年7月20日。截止到2001年底，网上委托交易量0.4亿元，网上交易量占交易总量的0.8%，其中沪深交易所(AB股、基金交易总量)为0.2亿元。截止到2002年6月30日，网上委托交易量5亿元，网上交易量占交易总量的13%，其中沪深交易所(AB股、基金交易总量)为1.09亿元。2001年全年网上交易615笔，2002年上半年网上交易4895笔。

3. *银证通*。开始时间为2002年8月8日。

（惠州证券有限责任公司业务拓展部经理　邓利宏）

· 厦门证券有限公司 ·

【公司概况】 厦门证券有限公司成立于1988年7月，是厦门市惟一的专业性证券公司，注册资本金为人民币1310万元。1996年10月经中国人民银行总行批准增资扩股，注册资本金增加到人民币5000万元。公司股东变更后于1997年2月28日在厦门市工商行政管理局重新登记注册为“厦门证券有限公司”。公司成立11年来，本着“求实、创新、进取”的企业精神，立足厦门，面向全国，致力于开拓直接融资和证券交易市场，推进企业股份制改造，帮助企业完善管理体制等方面做了大量工作，公司业务日益扩大，人员素质不断提高。几年来，厦门证券共为上市公司募集资金近 20 亿元，在全国地方性券商主承销业务排名中一直比较靠前。

公司现有员工 157 名，正式职工 106 名，其中硕士研究生以上学历 8 名，大中专以上学历者占 80%，其中 80%以上职员具有三年以上从事金融证券业务经验。公司多年来一直把加强内部管理，建立健全各种规章制度作为头等大事来抓，制定了公司“三防一保”安全责任制，形成了一整套较完善的规章制度，同时严格遵守国家有关证券市场法规和政策，认真执行中国证券监督管理委员会下达的各种有关文件，在防范金融风险和保护投资者利益方面在厦门证券界有着良好的声誉，在厦门地区的股票发行和交易工作中发挥着日益重要的作用。

公司所属的交易部、厦门东明路(原槟榔)营业部、厦门湖滨西路(原鹭江)营业部、成都星辉中路营业部、上海陆家浜路营业部以其先进的技术设备，优质高效的服务赢得广大股民称赞，公司一贯以投资者交易的方便、快捷、高效和安全为己任，倾听客户意见，努力提高营业部的交易设施、技术档次和服务品质，公司的股票交易量、硬件水平和软件服务在厦门地区同行业中一直处于先进行列，连续四年被福建省企业评价中心评为“福建省最佳形象企业”称号。

【网上交易统计数据】 公司 2002 年度累计交易量：671,772.00 元，年度网上累计成交量：87,746.00 元，网上交易量占总交易量的比例：13.06%。

【公司发展纪事】

1992 年厦门特区首批股票发行中，公司承担全市股票认购申请表的财务总代理，并被推荐担任股票承销团主干事，为开拓厦门特区股票发行市场积累了宝贵的经验。公司较早加入了上海、深圳两地股票交易的行列。

1994 年增设了投资发展部，开始开展股票的发行业务。

1995 年担任“厦华电子”股票发行副主承销商，为公司以后的股票发行承销业务奠定了基础。

1996 年公司担任“厦门国贸”股票发行副主承销商，“厦华电子”配股主承销商，同年 12 月担任厦门海洋集团主承销商和上市推荐人。

1997 年 3 月公司推荐“北海招商”在深交所上市，担任“成都商场”配股主承销商，担任厦门厦新电子股份有限公司 A 股发行主承销商。

1998 年担任“厦门国贸”配股主承销商，作为“厦门建发”A 股股票发行的主承销商和上市推荐人，将其股票于同年 6 月 16 日在上交所挂牌上市。

1999 年担任“厦门大洋”新股发行的主承销商及上市推荐人，“厦新电子”配股的主承销商。

(《中国电子商务年鉴》编辑部搜集整理)

·宏源证券股份有限公司·

【公司概况】 宏源证券股份有限公司前身是新疆宏源信托投资股份有限公司，于 1994 年 2 月在深圳证券交易所上市。1997 年中国建设银行和中国信达资产管理公司入主后，建立完善法人治理结构，确立“规范管理、稳健经营、以人为本、不断创新、防范风险、提高效益”的方针和“立足新疆、走向全国、面向世界、稳步发展”战略。2000 年 9 月，中国证监会批准公司整体改组为宏源证券股份有限公司，宏源证券成为中国第一家上市证券公司。宏源证券是国债协会会员，国债主承销商，全国 36 家股票主承销商和创业板保荐人之一。宏源证券在全国 8 个省、自治区、直辖市 10 个城市拥有 20 家证券营业部。公司作为主承销商、副主承销商和分销商，先后承销企业股票发行单位达 23 家，并发起设立证券投资基金和基金管理公司。2001 年 8 月，国家外汇管理局和中国证监会批准宏源证券经营外汇业务和外币证券业务。截止到 2002 年中期，公司总资产 55.96 亿元，净资产 6.41 亿元，总股本 5.19 亿元。近 3 年连续盈利，平均净资产收益率在 10%以上。公司现有员工 499 人，其中总部员工 220 人。总部员工中 65%具有 3 年以上从业经历，本科学历占 41%，硕士、博士占 18%。并拥有一批经验丰富、高学历、高素质的投资银行从业人员。

【信息化建设】 公司在 2000 年改组完成以后，把信息系统建设列为重点工作之一，加大技术投入力度，从加强技术队伍建设、建立健全规章制度、构建公司级网络系统、促进营业部信息系统标准化改造等几个方面入手，用将近一年时间完成公司级计算机网络系统建设。网络中心设在北京，公司总部、所属全部证券营业部通过北京中元公司的中继线路与网络中心连接，网络中心以 2MPCM 接入中元金融网，公司总部、上海浦北路营业部、深圳上步中路营业部、大连延安路营业部、盐城大庆中路营业部到网络中心的线路带宽是 256K，其他各个节点到网络中心的带宽是 128K。备份通讯线路以 ISDN 为主，在部分没有 ISDN 资源的地区使用 PSTN。内部网通讯协议为 TCP/IP。

1. 颁布实施营业部网络系统标准。公司根据中国证监会《证券经营机构营业部信息系统技术管理规范》的要求，制定了《宏源证券股份有限公司证券营业部网络系统标准》，内容包括综合布线、系统集成、UPS 选型和集成、显示设备配置等方面。2001 年 3 月，公司以正式发文的形式颁布实施该标准。2001 年 11 月份前完成标准化改造。把证券营业部计算机系统是否符合公司《证券营业部网络系统标准》要求作为证券营业部 2001 年度技术考核的指标之一。

2. 加强验收管理。在营业部新建、改造过程中，公司加强统一管理，严格按照标准要求进行方案审核，另一方面为保证工程质量，强调工程验收。公司信息技术中心制定《宏源证券股份有限公司营业部系统集成项目验收报告》和《宏源证券股份有限公司营业部综合布线项目验收报告》，对公司完工每一个项目，由信息技术中心和营业部工程技术部进行联合验收，验收结果报送公司主管副总经理。

3. 公司信息系统建设分 4 个阶段进行：⑴基础设施平台建设阶段。建成全公司广域数据通信网、总部局域网、办公自动化平台等，实现业务数据传输网络化、日常办公自动化、日常管理集中化。⑵应用系统开发与实施阶段。在柜台交易系统、财务管理系统统一基础上，实现集中清算和关键业务实时监控，建设人事管理、市场研究等核心业务管理平台。⑶电子商务平台建设阶段。完成以 Internet 网上交易为代表电子商务平台建设。⑷功能完善与扩充阶段。建成数据中心和基于数据中心客户关系管理系统、决策支持系统，结合业务发展需要与新信息技术手段，完善整个信息系统功能与安全性，为公司发展提供强有力技术支持和保障。

【网上交易发展规划及措施】 公司意识到网上交易的重要性，逐步把网上交易作为经纪业务发展重要方向，在公司人、财、物上加以倾斜。2001 年，公司在电子商务投入占公司总投入 60%以上，其中在网上交易系统建设和公司网站建设上投入资金超过 1000 万元，于年底正式开通网站，2002 年初网上交易业务全面开通。网上交易月度占比水平稳步上升，2002 年 8 月网上交易月度占比水平已达到 20%以上。公司将在未来发展中仍旧持续把网上交易作为重点，在网上交易发展上实施政策倾斜。2003 年，公司计划继续斥资实施全面网上交易市场营销、客户拓展以及网上交易系统和网站形象宣传等系列活动，提高宏源网上交易系统知名度，为网上交易的发展打下基础。各个营业部在经纪业务发展策略上也围绕网上交易来开展，引导客户由传统交易方式向以网上交易为主的非现场交易转化，对网上交易等非现场交易方式实施优惠措施，促进客户使用网上交易手段。在业务拓展上，各营业部将业务范围从城市向周边城镇扩张，公司出资支持营业部在周边城市建设远程网上交易终端，方便远郊居民使用网上交易工具，取得好市场效果。

【网上交易系统总体结构】 公司在北京、上海和乌鲁木齐建立 3 个站点，提供对所属区域行情服务和委托转发，一方面起到数据备份，另一方面可实现行情和交易的“分流”，提高当地股民网上交易效率，减轻总部压力，实现各中心站点之间的漫游。（见图 1）

图 1 系统总体结构及网络

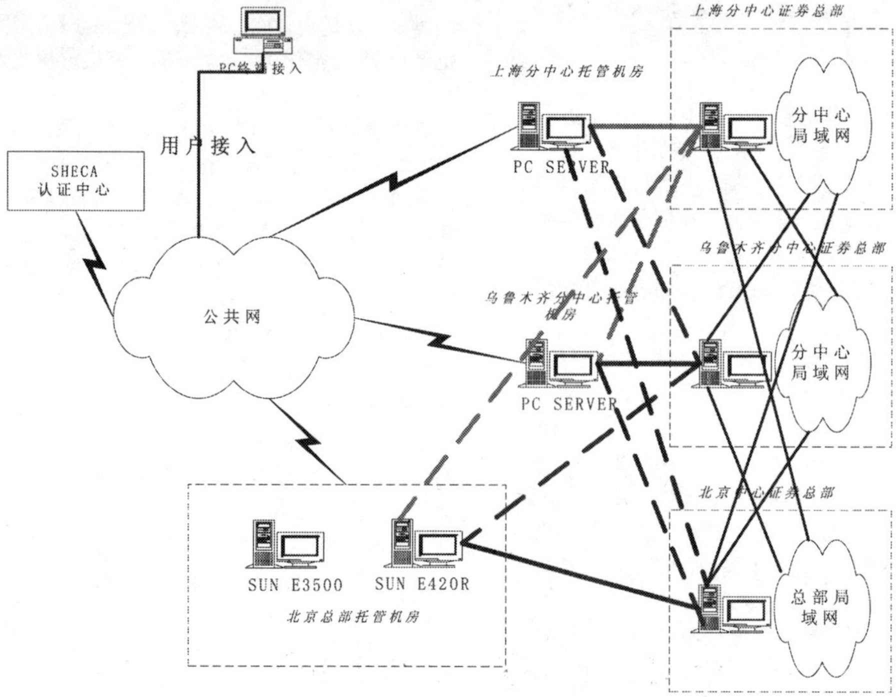

图2 SOCKS协议组成

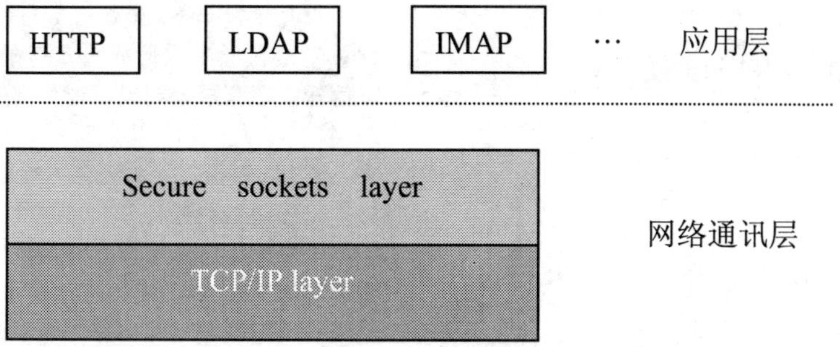

【网上委托的安全保障体系】

1. *采用128位的SSL协议保障委托数据传输过程中的安全性*。SSL是位于TCP/IP和各种应用层协议之间的一种数据安全协议。SSL协议可以有效地避免网上信息的偷听、篡改及信息的伪造。系统采用上海市电子商务安全证书管理中心有限公司(SHECA)的SSL安全代理软件(注册号CNISTEC 2000TYP049)。专业客户软件或普通浏览器加上安全代理软件后，可以无缝实现128位的SSL安全数据通信，并且同国外系统完全兼容，既支持传统的HTTP协议，还可以支持SOCKS协议。(见图2)

2. *使用CA证书和通讯密码实现身份认证和防抵赖*。现阶段本系统采用由上海认证中心提供的CA证书。利用“数字签名”技术有效地实现身份识别和防抵赖功能。在使用交易密码时，本系统将跟踪用户连续登录失败的情况，如用户交易密码连续5次出错，该用户将被锁定。被锁定的客户只能通过营业部的人员干预才能解锁。

【特色服务】

1. *任意选择交易中心*。全面开通3个互为备份交易中心，客户可选择任何一家交易中心的网上交易委托主站进行委托下单、信息查询。某个交易中心的网上交易系统出现故障时，客户端软件能自动切换到系统设定的另一个委托主站(客户可自行以手动方式选择其他分中心的委托主站)进行委托和查询操作。

2. *稳定、快速的行情源*。宏源证券目前拥有网上交易行情主站4个，网上行情与营业部同步，各行情主站之间自动互为备份，客户无行情中断之忧。客户还可自行以手动方式选择宏源证券任意一个行情源浏览行情。

3. *便捷的在线服务功能*。系统依托宏源证券网，充分挖掘网上资源，为客户提供强大的在线服务，如在线经纪人、个股点评、业内观点、宏源市场专线、邮件订阅、预约开户等。

【网上交易情况】

1. *开户数*。宏源证券网站于2001年12月1日开始正式运行。截止到2001年底，总开户数58人；截止到2002年6月30日，总开户数3558人。公司网上交易系统正式开通时间为2002年1月1日，但由于历史原因，在宏源证券曾经收购过的营业部中已经有部分早期就在使用网上交易方式，所以虽然公司2002年才开始推出网上交易，但2001年网上交易全年开户数仍达 16172 人。截止到2002年6月30日，宏源网上交易开户数达 21320 人。

2. *交易量*。公司于2002年1月1日正式开通网上交易后，将网上交易统计纳入经纪业务的日常统计工作之中，截止到2002年6月30日，网上委托交易量达 18.09 亿元，网上交易量占交易总量的9.36% ，其中沪深交易所(AB股、基金交易总量)为18.09 亿元。

3. *访问量*。公司网站自2001年底开通后，到2002年6月30日为止，网站注册人数已达到0.3万人，平均日访问人数0.1万人，日点击率0.2万次，日页面访问量为0.2万次，累积访问量为12.4万次。

4. *统计数据*。公司2002年度累计交易量：3,463,614.00元，年度网上累计成交量：484,472.00元，网上交易量占总交易量的比例：13.99%。

【电子商务发展纪事】

2000年，完成公司级的计算机网络系统建设。

2001年3月，公司颁布实施《证券营业部网络系统标准》。

2001年中期，开始电子商务平台建设。

2001年12月，宏源证券网正式开通运行。

2002年1月，公司所有营业部开通网上交易业务。

2002年6月，网上交易量达18.09亿元，占比达9.36%。

（宏源证券股份有限公司　刘元平）

·国都证券有限责任公司·

【公司概况】　国都证券有限责任公司是国内最先开展证券业务的券商之一，其发起人之一北京国际信托投资有限公司早在1990年就已开展证券业务，并于1992年开设了北京第一家证券营业部。2001年12月28日，国都证券是经中国证监会批准，由中煤信托投资有限责任公司和北京国际信托投资有限公司以经评估确认的证券类经营性净资产出资，同时吸收部分法人以现金出资，共同发起设立的综合类证券公司，注册地址在深圳市，注册资本106965.9万元。

国都证券现拥有9家证券营业部，分布在北京、上海和深圳等中心城市。为了能给更多的客户提供优质、高效的证券投资服务及多元化的投资选择，我们将在全国各大行政区域内设立营业网点和服务部，构建辐射全国的业务经营网络。

【经营管理】　国都证券始终坚持“规范管理、稳健经营、以人为本、开拓创新”的经营原则，高度重视内部管理体制、风险防范机制的建立和经营团队的建设。通过制定覆盖全公司各岗位的管理制度和业务流程，初步形成了一套规范的制度化管理体制。公司还建立了完善的用人机制，组建了一只勤勉敬业、经验丰富的优秀团队。公司总部中具备博士后、博士和硕士学历的员工比例为30%，具备本科以上学历的占公司全体员工的50%以上。

规范的经营获得了国家主管部门的肯定，国都证券成立近一年来，除传统的经纪业务外，已获准开展受托投资管理、股票的承销与发行、投资咨询和外资股经纪等业务。

【业务发展情况】

证券经纪业务。国都证券有限责任公司的经纪业务是在原中煤信托和北京国投证券总部的基础上发展起来的，是公司最基础、最重要的业务之一。

公司现为深交所、上交所会员，拥有交易席位32个。公司下设9家证券营业部，分布在北京(5家)、上海(3家)、深圳(1家)等中心城市，其中北京工体北路营业部于1992年成立，是北京市第一家开业的证券营业部。公司将在东北、西北、西南、华东和华南等地新设数家证券营业部和服务部，实现营业网点由线到面的辐射性布局；通过信息化、数字化的手段，实现营业部的集中化运作和管理。同时在经营上贯彻三性一化的指导思想，即资产安全性、业务开拓性、经营效益性、管理规范化，从而奠定公司经纪业务发展的基础。

投资银行业务。国都证券有限责任公司的投资银行总部是在原中煤信托投资有限责任公司和北京国际信托投资有限公司投资银行部的基础上发展而来。1994年3月开始从事股票承销业务，先后开展了股票、债券、基金等承销业务及企业财务顾问、企业购并重组顾问等业务。

投资银行总部下设企业融资部、资本市场部、债券承销部等业务部门，依据投资银行工作性质和业务流程构建起既分工又协作的组织框架。

研究咨询业务。作为一家专业化运作的新型证券公司，国都证券创建之初即在发起人中煤信托和北京国投原有证券分析师队伍的基础上广揽贤才，专门成立了研究中心，并通过招聘和内部培训等各种方式，组建了一支具备较强研究能力的业务队伍，同时建立了整合全公司资源的统一独立的专业研究平台。现有的证券分析师中基本上具有硕士以上学历；丰富的证券从业经验，多样化的专业背景、良好的团队精神，以及公司在机构设置、人员配备、技术支持等多方面的全方位支持，使研究中心成为国都证券实施业务创新和品牌创新战略的一支不可或缺的重要力量。

【研究中心简介】　作为国都证券的核心业务部门之一，研究中心的主要职责是：为公司制定发展战略，为各个业务部门的经营决策提供支持。根据公司实际情况和客户的需求，研究中心下设策略研究部和投资咨询部两个部门，针对国内外宏观经济形势和政策、公司发展战略、行业和上市公司动态以及各种市场投资品种等广泛开展前瞻性研究，并根据公司管理层或客户的具体要求开展各项专题调研。目前，研究中心的研究成果主要以定期或不定期报告形式发布，并通过与公司下属各证券营业部的双向交流为客户提供个性化的服务。

研究中心成立以来，始终秉承国都证券“诚信、稳健、创新”的经营宗旨，针对当前的市场热点广泛开展研究，取得了丰硕的成果，受到业界和广大投资者的普遍好评。

【信息化建设】　作为国都证券的技术支撑部门，电脑中心由一批具有多年证券从业经验的精通各项业务流程的IT专家组成。作为职能部门，电脑中心一方面致力于为投资者提供安全、高效、快捷的技术保障，提高客户满意度；另一方面致力于为公司的各项业务提供良好的技术服务，不断完善公司强大的信息系统，支持公司的发展战略，提高公司的经营效率，最终为投资者提供更好的服务。

（《中国电子商务年鉴》编辑部搜集整理）

·红塔证券股份有限公司·

【公司概况】 红塔证券股份有限公司是在云南省三家信托投资公司信、证分业，证券机构整顿重组基础上，联合国内知名企业及优势企业共13家股东共同发起、经中国证监会批准设立的比照综合类证券公司。公司注册资本138，651.04万元人民币。公司总部位于云南省昆明市北京路155号附1号红塔大厦。

公司内部设立10个部门：总裁办公室、经纪业务总部、投资银行总部、投资管理总部、资产管理总部、研究发展中心、资产经营部、信息技术中心、资金财务总部、稽核和风险管理部，公司下辖11家证券营业部。

公司以证券经纪业务、投资银行业务、证券自营业务三大传统业务为基础，以为客户提供收购、兼并、代客理财、基金管理、国际业务等服务为拓展方向，并通过服务创新、金融产品创新和管理机制创新，发展完善业务经营体系。

公司坚持“诚信—创造价值”的经营理念，稳健经营，规范管理，开拓创新。公司将以与时俱进、奋发有为的精神风貌，扎实工作，努力进取，力争在较短的时间内跻身全国一流券商行列，积极参与国际资本市场竞争。

（《中国电子商务年鉴》编辑部搜集整理）

·江南证券有限责任公司·

【公司概况】 江南证券有限责任公司是经中国证券监督管理委员会批准设立的全国性综合类证券公司，系以江西江南信托投资股份有限公司、郑州信托投资公司原有证券业务为基础，联合中国航空技术进出口深圳公司、中国航空技术进出口总公司等单位，共同发起组建。公司注册地江西省南昌市，注册资本金54.142万元人民币，法定代表人：吴光权，注册地为南昌市象山北路208号。公司在北京、上海、深圳、天津、武汉、郑州、重庆、昆明、杭州及江西省内各主要地市设有16家证券营业部。

公司经营范围：证券的承销和上市推荐；证券自营；代理证券买卖业务；代理证券还本付息和红利的支付；证券投资咨询；资产管理；发起设立证券投资基金和基金管理公司；中国证监会批准的其他业务。

【业务发展情况】

证券代理业务。公司积极加强各证券部的软、硬件设施建设，加大改革力度，及时在各证券部全面推行客户经理制，力求为客户提供多元化、深层次的个性化服务，提倡以优质的服务赢得客户的信赖和支持。投资组建江南天慧网络公司，拓展网上证券代理业务。在全国证券市场上的地位由原来的100名以外，跃升到前50名以内。

2000年代理A股交易额610亿元，在全国证券市场上排名第40位左右，是目前江西省内惟一一家代理A股进入全国50强的营业机构。

投资银行业务。公司积极推进由传统商业银行向现代投资银行全面转型，先后在南昌、深圳等地设立四个投资银行业务部门，拥有一支素质高、敬业精神强、创新意识浓的投行业务专职人员，其中80%具有硕士研究生以上学历。投资银行业务以“企业财务顾问”项目为突破，广泛地在江西省内、航空工业系统内及沪、深上市公司中联系和洽谈客户，积极开拓和培植客户群体。1997年以来，先后参与复星实业、无锡威孚、武汉电缆等35个新股或配股的发行承销，承销总金额达11.8亿元；与江西金牛企业集团、深圳飞亚达(集团)股份有限公司等46家公司签订财务顾问协议。

传统信托业务。公司投入资金在南昌注册设立“江西育科投资公司”，从事高新技术领域的策略投资和咨询业务。以培育项目，优化投资收入结构，服务投资银行业务开拓为基本出发点，广泛地在生物工程、网上教育及其他高新技术产业领域洽谈投资项目，使公司业务向现代科学前沿领域延伸，获取新的投资收益，并在新型资本运作方面发挥重要作用。

【发展规划】 公司坚持以研究为先导的经营思路，将研发工作定位为核心竞争要素，加大对研究工作的投入，培育和塑造研究工作的特色。分别与中国社会科学院宏观经济研究所、北京天则经济研究所等国内多家著名的研究机构建立长期合作关系，广泛邀请知名专家、学者定期在北京举办“宏观中国论坛”和在南昌举办“宏观经济研讨会”；与北京天则经济研究所合作，共同开展宏观经济、政策动向、产业动态和证券市场发展的研究；在北京注册设立江南天慧经济研究有限责任公司。以完善组织建设和人员建设为前提，大力开展研发工作，提高研究成果，服务于公司资产管理、投资银行、证券代理等业务的开拓和经营管理决策的需要，也对客户提供必要的咨询服务。

在抓好业务发展的同时，公司抓住“管理”这一现代企业经营的核心。制订完善了一系列规章制度，整理编印《规章制度汇编》，全面推行目标管理责任制。积极创建一流的经营管理机制，以CI设计为准则，规范公司对外形象，结合业务特点、人员特点及公司发展的需要，围绕“人和发展”这一核心，提炼出公司理念，提倡“我们关心客户、员工、社会”，“顾客的需要就是我们的承诺”，以此作为检验服务和实现发展的总体要求，作为提高员工凝聚力与向心力的重要举措，倡导独特的企业文化。

多年来，公司贯彻“信誉为本，稳健经营，规范发展”的经营思路，建立完善的公司法人治理结构，在未来的发展中，公司将充分发挥业已形成的业务优势、机制优势和人才优势，进一步优化经营机制，抓住机遇，迎接挑战，适应市场变化，开拓进取，实现新一轮创新发展。

（《中国电子商务年鉴》编辑部搜集整理）

·健桥证券股份有限公司·

【公司概况】 2002年2月10日，经中国证券监督管理委员会(证监机构字[2002]43号)批复，健桥证券股份有限公司获准筹建。

健桥证券股份有限公司注册资本金为10.5亿元人民币，其中陕西省国际信托投资股份有限公司以原有11家证券营业部净资产折股25160.5万元投入，其余79840万元由云南云电控股(集团)有限公司、云天化集团有限责任公司等国内几家实力雄厚的企业以货币形式出资。

公司下设13个部门和一个证券网站，20家营业部将分布于北京、上海、深圳、西安等大中城市。经中国证券监督管理委员会批准后，健桥证券将比照综合类券商进行运做，全面开展投资银行、资产委托管理、证券投资、研究咨询、证券经纪等业务。公司将向新型全方位金融服务提供商迈进。

业务范围：⑴发行和代理发行各种有价证券业务。⑵自营和代理买卖各种有价证券业务。⑶有价证券的代保管、鉴证和过户业务。⑷代理还本付息、分红派息等权益分派业务。⑸证券抵押融资业务。⑹基金和资产管理业务。⑺企业重组、收购与兼并业务。⑻投资咨询、财务顾问业务。⑼经国家主管机关批准的其他证券业务。

【证券经纪业务】

服务周到：以公司综合研究所和其他众多资讯资源支持资讯一体化系统将公司上下连为一体，网页信息丰富，股民随时可得各类资讯；营业部开通银证联网，提供每日解盘、邮寄对账单、配(新)股电话提醒、上门开户、随时查询等服务，让客户得到超值服务。

设施优良：采用先进的卫星接收与发射装置、高性能的计算机及通讯网络系统等硬件，行情与交易服务器分开，双机热备份，数据传输、卫星与DDN网双通道，确保行情传输及交易委托畅通无阻、数据传输快捷准确，除向客户提供柜台委托、磁卡委托、热自助委托、电话委托、可视电话委托等交易手段外，还积极探索网上交易业务。

交易安全：实行各营业部资金统一清算制度，对其财务管理、交易等进行实时稽核、监控。各营业部制定有完善的业务操作规程与内控管理制度，涵盖每个部门和岗位，每项工作都有章可循，使客户委托得到忠实履行，交易安全得以切实保证。

（《中国电子商务年鉴》编辑部搜集整理）

·金通证券股份有限公司·

【公司概况】 金通证券股份有限公司是经中国证监会、浙江省人民政府批准设立的综合类证券公司。公司注册资本8.85亿元，下设36个营业网点，目前已形成包括证券承销、证券经纪、证券自营、资产管理、财务顾问、投资咨询等在内的较完整的业务体系。是浙江省经营规模最大的证券经营机构。

前身是浙江省国际信托投资公司证券管理总部(即浙江国信证券)，1991年创立以来，规范经营稳健发展，取得好经营业绩，曾先后担任巨化股份、钱江摩托、民丰特纸等数十家上市公司承销和上市推荐工作，参与发起设立国泰基金管理公司和金泰、金鑫证券投资基金。2001年实现证券交易量1198亿元，完成利润2.0亿元，中国证券业协会公布“2001年度证券公司龙虎榜”上，利润总额排名第10位，股票基金交易总金额排名第16位，人均利润排名第4位。《证券时报》主办2002年第三届最受股(网)民喜爱网站评选中，金通公司大阳网被评为“中国优秀证券网站”和“最佳个性化服务网站”。

公司将实施“立足浙江、面向全国、走向世界”的发展战略，坚持“以人为本、效率优先、规范经营、稳健发展”的经营理念。

金通证券以客户需求为己任，以务实措施服务社会。电话委托、网上委托、手机委托、银证通业务、客户服务中心、邮寄对账服务、经纪人服务、专家咨询，一应俱全。多样化的服务产品，使不同需求的客户拥有充分选择权利；细分的个性化服务，能满足客户的不同投资需求；方便快捷的技术产品，使证券交易安全便利；高附加值的投资顾问，使投资资产增值。

【业务概况】

证券经纪业务范围：代理A股、B股、基金、债券等的买卖、代理债券的还本付息、代理上市公司办理投资者的分红派息。

投资银行业务范围：股票承销和推荐上市、企业债券承销和推荐上市、企业改制与上市辅导、企业资产重组、项目融资、管理咨询、企业兼并收购策划等。

资产管理业务范围：股票、债券等有价证券的自营、客户委托资产管理业务、股权投资业务。

证券研究业务范围：宏观研究、市场研究、行业与公司研究、金融工程研究、资产证券化研究。

【服务及特色】 金通的全方位经纪服务：6家营业网点提供全面、优质的服务、全省通买通卖、无电话委托占线的后顾之忧、www.bigsun.com.cn大阳网站网上交易方便、快捷、96598客户服务中心系统的个性化、人性化服务、已开通建行、工行“银证通”炒股、已开通工行、农行、建行、中行、浦发银行、招行、交行的银证转账、浙大校园网、电信网、有线宽带网三网联通高速交易、100兆带宽，一步到位，为客户网上交易真正提速。

特色服务：金通证券股市在线FM107.5/AM1530、免费专家在线点评及业务咨询服务热线0571-96598、24小时网上交易咨询热线0571-85995858、免费邮寄对账单、免费提供新股代理市值配售服务、免费提供新股中签通知、提供新股合作配售服务、代办上海、深圳股东账户卡、证券资产反担保按揭购车业务。

（《中国电子商务年鉴》编辑部搜集整理）

·金信证券有限责任公司·

【公司概况】 金信证券有限责任公司是经中国证监会批准的证券经营机构，由金华信托投资股份有限公司、台州市台信投资管理有限公司等7家股东单位共同出资设立。公司注册资本5.2亿元人民币，注册地在浙江杭州，可依法从事证券经纪代理、证券承销、自营、资产管理、证券投资咨询、发起设立证券投资基金和基金管理等多项业务。

公司在原金华信托投资股份有限公司证券管理总部的基础上吸收了台州市、绍兴市、衢州市、丽水市等四家信托投资公司所属的证券营业部，现有证券营业部网点36处，分布在上海、北京、天津、重庆、深圳和浙江的杭州、金华、台州、绍兴、衢州、丽水等地。员工逾500人，90%以上获得证券从业资格。

“安全、诚信、互利”是公司的经营理念，“立足浙江、服务全国、走向世界”是公司的发展战略。公司将随时为客户提供周到、专业、诚信的服务。

业务创新部是公司业务创新的研究、推广、实施和创新业务品种运作的平台，在公司的发展过程中起业务先导和连接作用。主要职责是开发新的服务品种，并在实际业务中加以试验、论证，不断完善成熟，以提升公司的核心竞争力，培育新的利润增长点。

（《中国电子商务年鉴》编辑部搜集整理）

·中国民族证券有限责任公司·

【公司概况】 中国民族证券有限责任公司是经国务院批准，由中国民族国际信托投资公司作为主发起人，联合东方集团股份有限公司、北京首都机场集团公司、新产业投资股份有限公司和北方工业集团财务有限责任公司共同出资发起设立的全国性、股份制、综合类证券经营机构，注册资本为104845.64万元人民币，注册地为北京。

经中国证监会核定的公司业务经营范围：证券的代理买卖；代理证券的还本付息，分红派息；证券代保管、鉴证；代理登记开户；证券的自营买卖；证券的承销；证券投资咨询(含财务顾问)；受托投资管理；以及经中国证监会批准的其他业务。

公司总部设有董事会办公室、总裁办公室、人力资源部、财务部、资金管理部、清算中心、信息管理部、经纪业务管理部、网上交易部、证券投资部、投资理财总部、投资银行总部、研究发展中心、电脑管理部等业务和职能部门。公司在北京、上海、天津、深圳等大中城市设有证券营业部14家，已形成规范化、专业化、规模化经营格局。

【发展规划】 中国民族证券有限责任公司的成立得益于中国民族国际信托投资公司十年来的奋斗与发展。10年来，公司稳健经营，稳步发展，培养了一支业务精湛、勇于拼搏、锐意进取的高素质专业人才队伍，形成了诚实、守信、团结、高效的企业精神，取得了良好的经济效益和社会效益，为中国民族证券有限责任公司的成立和发展打下了良好的基础。公司发展将坚持客户至上、开拓创新、诚实守信、稳健规范、团结协作的经营理念，理解客户的机会与需求，发挥员工创造性，向广大客户提供各种金融工具和个性化服务，创造出最大经济效益和社会效益，努力把公司建设成为客户、股东和员工满意的一流综合类券商。

（《中国电子商务年鉴》编辑部搜集整理）

期货企业电子商务应用

·建证期货经纪有限责任公司·

【公司概况】 建证期货经纪有限责任公司 2002 年的成交金额突破千亿大关，成为国内首家成交金额超过千亿元的期货公司。作为非地处全国性大城市的期货公司，在全国 186 家期货公司中独占魁首，公司根据发展情况，制订了“三年规划”，即从 2001 年开始 3 年内分别达到成交金额 500 亿元、800 亿元、1000 亿元的经营目标。为实施目标，公司提出“外树形象拓市场、内抓管理挖潜力、严格机制控风险”的经营理念，通过优化岗位设置、改革分配制度、培养团队精神等一系列措施，将建证期货推向了更高的发展平台。

公司采取“走出去”的方式，即走出常州，跨省市开辟新营业网点，扩大经营规模。包括常州，营业部已扩至 6 个，除三大期交所所在地的上海、大连和郑州，还在无锡和贵阳设立营业部，从原来地方性公司发展成为全国性期货公司。公司还重视技术创新，开发网上交易 http://www.qh168.com.cn/，扩大客户群。在无锡、大连、贵阳营业部安装异地交易软件，完善电子交易手段，推出银期转账业务。2001 年开始，全国期货市场恢复增长迅速，取得成交金额 735 亿元的成绩，2002 年提前 13 个月实现 1000 亿元成交金额 3 年奋斗目标。

2003 年，新的期货品种将陆续推出，新的工作方向已明确，即把“一切以客户为中心”的理念贯彻到实际工作中。公司将根据不同层次客户的需求，提供配套的服务，全面提升公司服务水平。

·永安期货经纪有限公司·

浙江省永安期货经纪有限公司一直注重技术创新，重视计算机管理人员的选拔和培养，较早采用交易所提供异地同步远程交易系统，电子化交易在公司客户中认同度较高。公司已经具备提出并实施期货电子化研究并将研究成果服务于期货投资者的条件，1998 年永安期货公司策划全面实现期货电子化交易战略构想。建成包括盘后自动结算系统、交易员交易系统、热自助交易系统、网上交易系统、营业部交易系统在内电子化交易系统 http://www.yafco.com/，其中网上交易系统包含多种行情系统，客户可根据喜好选择使用，行情系统分别安装在不同站点上互为备份；实现双向卫星、DDN 和帧中继三条通讯线路接入三所联网系统，三条线路之间互为实时备份；建成银期转账系统，系统充分利用中国工商银行浙江省分行电话银行资源，客户银期转账可以和其银证转账共用一本存折，保证金划转方便，由于受到银行异地存取款费用影响，永安公司银期转账仅限于杭州市内客户使用，银行实现通存通兑后，服务能扩展到全省甚至全国；采用工行提供网上银行系统，用于划拨公司存放于异地保证金账户中保证金和法人客户出金；建成用于结算通知 168 语音查询系统，由客户自助查询结算通知。

公司技术创新举措使公司在交易、结算中各个环节完全自动化，提高运营效率和管理水平，减少人为干预因素，方便公司营业部铺设和规范管理，扩大公司市场范围。在技术创新的同时加强计算机技术工作规范管理，把防范技术风险作为公司风险控制的首要工作。永安期货公司与期货网上交易客户在签署《期货代理合同书》的基础上再签署《网上期货交易协议书》，对网上交易风险及其他未在《期货代理合同书》中签订条款做出补充说明和补充约定。期货经纪公司技术创新也引起监管部门高度重视，中国证监会期货部给予肯定和鼓励，也表示应加强规范和引导。永安期货公司参加中国证监会期货部组织《期货经纪公司电子化交易指引》的起草和修改。以指引方式发布管理规范对于加强对期货经纪公司电子化交易管理，防范技术风险，保护投资者合法权益，保障期货经纪公司电子化交易健康发展有着十分重要的现实意义，为期货经纪公司技术创新开辟了广阔的空间。

2002 年证券网上交易占到证券市场总成交量的 20%。公司深化期货网上交易先发优势，强化技术创新工作，成立电子商务部。部门将开拓期货网上交易市场，探索网上交易客户开发、服务和风险控制体系。

·神华期货经纪有限公司·

【公司概况】 神华期货经纪有限公司是经中国证监

会批准和国家工商局核准登记注册的全国性专业化期货经纪公司，注册资本金 3000 万元；实力强劲，财务信誉卓著。拥有上海、大连、郑州三家期货交易所的直接席位和派驻机构，并全部开通异地同步交易系统，公司拥有一流信息网络，可接收国内期货交易所和伦敦金属交属交易所、纽约和芝加哥等国外期货交易所即时行情，集国际经济、商业金融、期货证券等诸多经济信息于一体，实现信息同步传输。

【推出网上交易专员制】 公司在国内率先推出网上交易专员制，网上交易量快速递增。网上交易量已占到公司总交易量 30%以上，每个月新增客户资金超过 10%。网上交易专员制的成功取决于极其有效的商业模式。全球最大的网络证券经纪公司美国嘉信公司，在短短几年之内成交量比肩于华尔街巨人美林证券，所依据的商业原理在本质上是一样的。期货公司在全国广泛设点不可能，但在家里或在任何其他交易系统进行网上交易是可能的，期货公司不需要重复证券营业部设点的老路。网上交易专员制使远离期货经纪公司的投资者，能享受到期货专业人士的服务与指导，使期货行业的从业人员靠自己的努力获得高额回报。这是难得的公司、客户、从业人员三赢的方法，也是期货经纪公司未来发展的方向。

调动网上交易专员的积极性是成功的关键。公司采用了多劳多得及其他多种奖励政策。要做到在低收入的条件下，保证高投入的网上交易有效运行，又能让网上专员们得到最理想的回报，执行长期“放水养鱼”的发展战略。公司相信，只有让在一线进行艰苦的客户开发和服务的网上交易专员们富起来，公司才有可能分享到共同富裕的成果。而坚持这种战略，让利是必需的，而且是长期的；另一方面，公司作好为创新付出代价的准备，这就是要严格控制公司各项经营成本，千方百计走出一条低收入、高投入、低成本的“两低一高”的网上交易之路。

公司购进的分析行情软件、交易系统使交易快捷方便，网上交易专员服务和网上互动等都促使交易量增长。申请成为网上交易专员人数众多，已签订合同接近百人，且交易效果较好。任何成功商业模式必定有其精髓所在，学习并实际运作是需要一定条件的。

2002 年股票市场的低迷，导致股市资金流入期货市场，对期货市场活跃起到很大作用。国家对期货行业的管理更加规范，期货行业本身的自律包括运作更加合理，内部的调整和管理为未来期货业的发展打下了很好的基础。投资者逐步成熟，确有很多投资者在市场上获取利润。神华期货公司的交易量由 2001 年全国排 150 名左右，提升到 2002 年上半年的第 40 名，而网上交易专员制的推出，促进了公司交易量增加。

【2003 年发展目标】 2003 年将推出新期货品种，有更多资金进入期货市场。将有一批管理上更加规范、经营上更加灵活、市场开发有创见的期货公司出现。神华很看重在做行情时赶上趟，帮客户赚到钱，同时把市场开发看作公司发展重点，搞好内部建设和管理。2003 年目标是交易量提高到全国前 20 名之内。

·浦发期货经纪有限公司·

【公司概况】 浦发期货经纪公司前身为中国浦发机械工业股份有限公司期货部，1995 年成立，1998 年 10 月正式成立浦发期货经纪有限公司，注册资金为 1000 万元。1999 年注册资金增至 3000 万元，并将公司注册地迁至天津，上海成立营业部。2002 年度完成 1 亿增资计划的浦发期货经纪公司，2002 年到 12 月为止成交额已超过 220 亿元，再次刷新公司成立以来的纪录，并且一直保持创利的良好势头。

控制风险方面，依靠先进的技术，将交易风险降至最低，发挥电子化优势，将人的因素缩至为零是控制风险的有效手段。1999 年开始，公司开发远程交易，2001 年又建成网上交易系统，拥有金仕达、世华、新华财经三套信息系统，能为全国各地客户提供快捷、准确、优质的信息及交易服务。2002 年同工行开展银期合作的业务。这是一项双赢工程，既为客户提供便利交易方式也为公司能有效地控制交易和管理上的风险提供保障：提高交易技术含量，为公司稳健经营。

·哈尔滨大通期货公司·

【公司概况】 大通期货公司是黑龙江省的第一家期货公司，2002 年大通期货公司增资达到 1 亿元人民币，使公司能够跻身于国内首批综合类期货公司。

2001 年大连商品交易所交易火爆，其年成交量占国内期市总成交量 2/3 强。在市场竞争中，大通期货在大商所总成交排名中名列全国第 5 位。质方面来看，2002 年大通期货公司的客户赢利水平接近 70%；上半年，大通公司的客户保证金又在年初的基础上增加了 35%，其中客户的投资赢利占主要成分。公司从成立以来，创造连续 8 年客户投资总体赢利的纪录。

公司在营业部布局上的优势。除哈尔滨总部，在牡丹江和大连设有营业部。牡丹江市是黑龙江第三大城市，是中国最大大豆生产基地，牡丹江周围的农场都有参与期货交易、进行套期保值的需求。牡丹江营业部，直接为当地大豆生产经营企业提供面对面服务，是中国最北一个期货公司营业部。大通期货北有深入大豆生产地牡丹江营业部，中有结合集团优势联合一大批大豆加工企业，南有以大连营业部为依托大豆交易运输和销售中心，沟通着大豆产销经营的整个过程。公司最新战略规划，计划在上海，设立营业部和高水平研发中心，更远期的目标还包括北京和深圳。

公司于2000年创建东北虎网站，又叫东北期货网，由大通期货公司负责市场研究的专业组织东北虎智囊团牵头。以大豆市场的信息为主，每天更新4次。每天都有即时现货信息、期市评论，以多种形式为进行网上交易的外地客户服务。

·厦门国贸期货经纪公司·

【信息化建设】 厦门国贸期货经纪公司根据其控股公司国贸集团发展战略，分析国内外期货市场发展趋势，确定公司发展策略，即提高硬件水平、练好自身内功、扩大客户网络、提供优质服务、发展期货业务。

1. 加强公司硬件建设。

公司对原有交易大厅进行改造，增加营业面积，更新客户终端机，为客户提供更为幽雅舒适的工作环境；其次，投入重金为原有电子系统进行全面更新换代，使用最新服务器充当交易硬件平台，并实现双服务器冗余，保证出现意外情况下，数秒之内恢复交易。

2. 提高公司软件水平。

公司引入先进交易结算系统，以此为软件平台向投资者提供网上交易、电话自助委托、E-MAIL和传真收账单等电子化交易手段，使投资者不受地域限制，随时可以交易。先进的通讯技术，灵活性和控制性相结合结算系统保证交易的实时进行及快速回报，为客户下单及查询提供最大程度便利。

公司网站2002年7月底全面更新，引入专业人才对其进行维护。提供最新最及时的行情咨询，提供市场分析人员对行情的评述。网站还开通期市入门，逐波论坛等专栏，帮助客户普及期货基础知识，提高投资技巧，为网上交易提供快速通畅跑道，配以先进行情分析软件，使得公司客户下单更为快速、高效。

3. 提高员工的业务素质和服务意识。

2002年公司招入多名专业人才，保持员工团体高素质和年轻化。同时作为郑州商品交易所和大连商品交易所培训基地，组织员工对期货法律、法规进行再学习和相关的各种培训。加强与客户沟通交流，每日收盘后举办期货沙龙，已成为期货论坛。

4. 积极完善和构建合理的公司组织结构。

从合理高效目的出发，对组织架构进行调整。设立国贸期货研发中心，担负多项期货课题研究工作。

·深圳鹏鑫期货经纪有限公司·

【网络建设】 公司完成交易场地扩大和装修后，开通由上海期货交易所、大连商品交易所和郑州商品交易所三家高速联网的DDN线路，客户可通过DOS、Windows操作系统，实现便捷的远程异地同步交易。鹏鑫期货公司依托大鹏证券网雄厚技术力量与资源优势，开通Internet网上行情发布和网上交易系统，连接带宽为2兆，网络方面配备CISCO PIX防火墙，以确保交易安全性。公司专用网站（www.pxqh.com）已投入使用，使客户真正享受到全方位专业服务。

同时公司对内部结构进行重新调整，建立以市场服务为中心的研究咨询部、投资理财部、市场营销部和客户服务中心。开展市场开拓和客户交易技能培训工作，帮助客户提高期货知识水平和交易技能。深入市场研究，加强交易指导，提高客户赢利，实现良性循环是公司坚定不移的经营理念。其中，最好的投资回报达到客户入市资金的5倍多。公司在全国的交易排名由去年的第103位上升为2002年的第23位，属于全国期货交易增长最快的公司之一。在基础设施建设、市场研究与开拓以及人才储备方面积极准备，争取第一批跨入全国综合类期货公司行列。

·深圳金牛期货公司·

【公司概况】 2002年金牛期货公司成交额增长了34.6%，并跻身于全国期货公司“十甲”行列。通过增资扩股，建立科学合理的公司治理结构；创新业务发展模式，完善内部管理等方式，为公司未来的发展创建一个良好的发展平台。此次增资扩股目标是引入有金融或上市商品背景的股东，使公司的注册资本金增加到1亿元，为公司未来的发展奠定良好的基础。

发展目标就是要成为第一批综合类的期货公司，在新业务拓展方面（如期货基金、代客理财等）公司已做了大量的准备工作，公司已经贮备一批既有专业素质又有操作经验的人才。

做好市场营销，尝试开拓新客户源。金牛期货已被监管部门选定为开展期货与证券合作试点公司。推广网上交易方面，在借助投资伙伴的资源开发市场的同时，与交行联合推出银期转账业务，通过银行网点进行宣传。交行已经在其宣传册中将金牛期货网上交易业务列入，在其推广太平洋卡银期转账业务同时，公司的网上交易业务也得到推广。

完善内部管理：打破铁交椅，重要业务部门负责人竞争上岗；加强内部培训，公司全体员工每月培训一次，新员工必须参加从业人员资格考试并拿到合格证书；成立稽查部，对营业部进行风险管理，除合同检查外，交易清单确认进行重点检查，把风险损失减少在一定范围内。采用这种方式以来，没有发生过客户穿仓及客户与公司的纠纷。

2002 年 1～5 月，金牛期货交易额达到 280 亿，同比增长超过 16%，客户保证金余额达到 1.5 亿。

证券咨询企业电子商务应用

·深圳新兰德证券投资咨询有限公司·

【公司概况】 深圳新兰德证券投资咨询有限公司是国内第一家专业性证券投资咨询公司，主要股东包括深圳综合开发院（中国脑库）等，成立于 1992 年 1 月 16 日。公司与深圳证管办联合编辑出版每年一度的《深圳证券市场年报》。每年还举办证券业各种人才的培训交流及顾问业务。公司还以独资和合资形式创办了上海新兰德、北京新兰德和武汉新兰德等三家在国内证券咨询业务各具特色的分公司。

【经营及服务】

1. *经营范围*：(1)为投资者提供证券咨询、理财顾问及投资方案策划等服务；(2)为各类企业机构提供公司改制设计、证券发行与上市策划、产权转让、财务顾问、资产重组及经营诊断咨询、证券事务顾问等服务；(3)股票、期货、国债、外汇等信息的收集、整理、分析、研究、传播；(4)证券市场的资料、刊物和书籍的编辑出版及发行；(5)证券业各类人才的培训与交流；(6)证券业及基金管理顾问。

经过几年的迅速发展，公司业务已深入到证券咨询行业的各个层面，同时也培养了大批证券专业人才，在业内被誉为“证券黄埔军校”。

2. *主要服务产品*：《股市动态分析》周刊、新兰德投资通讯（每天一期）、证券分析报告（不定期）、行业分析报告/公司重组分析报告（为专门客户提供）、新兰德港澳传真、《新兰德股票投资手册》（半年一期）、金杖证券分析软件、新兰德工作室、新兰德高级会员、新兰德个股会员

·和讯信息科技有限公司·

【公司概况】 和讯信息科技有限公司（以下简称和讯公司）于 1995 年 5 月创立，是国内最早从事互联网综合应用业务的高新技术企业，首批通过中国证监会认证获证券投资咨询资格专业机构，开发多领域不同系列金融电子商务产品，可提供 Internet 系统集成、局域网建设、上网综合解决方案等方面技术服务。

和讯网（www.homeway.com.cn）是国内规模最大、最有影响的财经垂直门户网站，在中国金融网络信息服务市场上拥有很高的知名度和用户群体。和讯网拥有《财经新闻》、《和讯投资》、《和讯论坛》三大王牌栏目，日访问量超过 200 万，注册会员近 50 万。和讯网连获中国优秀网站评比金融与证券类专业网站第一名和全国十佳最具潜力站点。

和讯网与中国证券市场研究设计中心（联办）创办《证券市场》周刊、《财经时报》、《财经》月刊等，结成了财经领域强大媒体组合，以每时、每日、每周、每月不同频次和各自特色全面提供国内外财经资讯。

【市场渊源及技术开发】 中国证券市场研究设计中心（联办）成立于 1989 年 3 月，参与中国资本市场创建与发展全过程并在其中扮演重要角色，中心的许多业务骨干现已加盟和讯公司，雄厚的专业背景和组合实力是和讯得天独厚的有利条件。

和讯公司的技术队伍曾设计开发出第一个全国证券交易自动报价系统（STAQ 系统）和山东、云南证券交易中心交易系统，并为中央国债登记结算公司等单位提供网站建设与运行维护服务。成功开发网上交易服务平台（TOP 系统）与网上支付计费系统(HomewayPay 系统)等先进产品。

与中国电信结成战略伙伴关系，运用自身技术力量开发“和讯 e 卡”等灵活方便的产品，用于网络接入，还可一卡多用，进行网上续费、电子商务结算等。

和讯公司投资咨询部门和研发部门拥有获得证监会认证资格资深分析家和专业研究队伍，拥有国内数十家宏观经济与金融证券研究机构专业支持。依托雄厚研究力量，和讯公司与全球最大新闻媒体路透社（Reuters）、最著名金融资讯服务机构彭博资讯(Bloomberg)、桥讯（Bridge）以及新华通讯社、中国日报等机构合作，面向全世界提供大中华区中英文财经资讯服务和电子商务等综合应用服务。

·北京世纪飞虎信息技术有限公司·

【公司概况】 北京世纪飞虎信息技术有限公司是一家提供网上证券交易服务的专业公司。公司注册资本为1.5亿元人民币，西南证券是公司的第一大股东。公司采用强强合作、资源整合、优势互补的商业模式，与西南证券、中国建设银行建立紧密合作关系。“银行+网站+券商”的网上证券交易模式得到业界认可。

公司发展目标——创建中国一流的网上证券交易服务公司。本着降低成本和提高服务两个基本原则，通过卓有成效的努力，建立独特的商业模式，开发一系列业界领先的创新产品，在业务运营模式和营销模式上实现了节约成本。在专家队伍的资源整合及功能细分化的基础上开发的电子经纪人以及一系列的个性化服务，体现西南证券飞虎网充分利用互联网技术，提高服务的特点。

公司已在北京、上海、深圳、广州、云南、湖南、山东、四川、江苏、无锡等省市开通交易服务，方便广大投资者开户，提供多种开户方式。

【网上证券交易情况】 网上证券交易服务是以其互联网平台——西南证券飞虎网（www.fayhoo.com）为依托。西南证券飞虎网2000年7月正式开通，10月18日正式开通网上证券交易，通过安全的交易体系、深入的证券分析、个性化的股票咨询、完备的客服体系、多元化的创新产品，为投资者提供专业的证券交易服务。目前业务范围已经覆盖北京、上海、深圳、广州、云南、湖南、山东、四川、江苏、无锡等十个省市。西南证券飞虎网于2000年11月当选为证券时报主办“最受股（网）民喜爱的中国十大优秀证券网站”；2001年1月，西南证券飞虎网CEO李祥生以其对网上证券的独特理解和诠释，当选《中国经济时报》评选的“21世纪不可忽视的十位企业人物”。

证券交易平台提供高速实时行情和各种查询功能，并提供网上委托和电话委托两种远程交易模式；专家在线免费为投资者提供 7×12 小时专家在线答疑咨询服务；飞虎新干线免费为投资者提供“飞虎新干线行情分析软件”，包含多达33种技术分析指标，并有强大的一屏多股同列功能；E讯通，投资者可在西南证券飞虎网根据自己的需求订制手机短信服务，订制内容包括：股市小灵通、贴身小秘书、股市分析师、交易万事通等特色服务。

开户渠道与中国建设银行合作，用户可直接通过建行营业网点办理开户手续，公司将实现网上开户。

·山东神光咨询服务有限责任公司·

【公司概况】 山东神光咨询服务有限责任公司创建于1994年11月，是中国证监会首批批准的具有证券咨询执业资格的综合类专业咨询机构。

公司下设研究部、网络信息部、业务部、财务部、品牌部、人力资源部、行政部等部门，此外在上海、北京、广州、深圳、成都等地设有分支机构。

主导产品《神光预测每日传真》、《神光预测半月报告》、《神光机构研究》、《高级会员通讯》、《工作室通讯》、《神光168声讯》、《神光3+2软件》等每年数十万股民受惠于神光的咨询服务。

1998年初，神光率先上网，www.shenguang.com网站已成为国内最重要的证券咨询类网站之一，日访问量已超过50万人次。

·深圳市珞珈投资咨询有限公司·

【公司概况】 深圳市珞珈投资咨询有限公司是经中国证监会审查批准首批获得从事证券投资咨询从业资格证券投资咨询机构，总部设在深圳，业务覆盖全国。1997年《珞珈投资分析》覆盖了全国所有开设有股评电话咨询服务的260个大中城市，168拨打率一直处于全国领先地位，珞珈投资还先后为800多家证券机构提供咨询服务。“珞珈投资”群体凝聚意识强，《珞珈投资分析》内容价值高，风格独具特色，并以推荐长线成长股见长，多年来一直是国内最具有活力、最具影响力和最受欢迎的股评之一。

·上海美宁计算机软件有限公司·

【公司概况】 证券之星(www.stockstar.com)是中国金融证券类互联网站，作为中国互联网行业的新一代企业，它以“理性、务实、创新、远见”的理念和“更快、更高、更强”的作风著称于业界。

证券之星由上海美宁计算机软件有限公司投资经营，公司主要股东包括中国电信（上海）、上海联创投资基金等。1998年11月12日，“证券之星”成为国内第一个访问人数累计突破1000万大关的专业网站。在CNNIC中国互联网络发展状况的历次调查中，证券之星都被评为中国优秀网站。

上海美宁计算机软件有限公司是国内金融证券业电子商务基础设施服务（ASP）提供商之一，拥有双千兆带宽电子商务数据服务中心（IDC)，拥有国内完全自主知识产权“电信宝”证券电子商务平台，拥有上海电子商务安全证书管理中心（CA认证中心）授予行业安全审批中心的职责。2000年4月，证券之星将相关业务拓展至无线领域（WAP）；8月，网站北京行情服务镜像正式启用。

电子商务领域，美宁公司从1997年至今已进入IBM中国区十大应用开发伙伴之列，同时还是INTEL中国区最重要独立软件开发商（ISV）。美宁公司其他的主要合作伙伴还包括：电讯领域的中国电信、中国移动、中国联通，金融证券领域的中国银行、国泰君安、广发证券、华夏证券等。同时，中国科学院、上海市政府、信息产业部、中国证监会等政府部门对发展都给予大力支持。

【证券之星】 证券之星网站1996年在上海开通。是中国国内第一家金融证券网站，提供即时行情、新闻、上市公司资料、市场及个股分析、BBS社区、智能选股、个性化服务、在线交易等内容。涵盖范围以国内股票市场为主，兼及全球其他市场和金融产品。特别是证券之星的行情数据已为国内多家门户网站使用，包括新浪、网易、东方网等大型网站，约占全国70%的市场份额。

截至2001年7月，证券之星注册用户已突破300万人。根据美国波士顿咨询公司（BCG）的调查，在这些用户中，75%集中在上海、广东和北京。男性占85%，25至45岁的占88%，大学及以上学历者占92%，证券之星用户的平均收入几乎是全国网民的两倍。

·万国股市测评咨询有限公司·

【公司概况】 万国股市测评咨询有限公司是中国最负盛名的投资咨询公司之一，是首批获得中国证监会批准的具有证券咨询资格的机构。

由万国测评在中央人民广播电台主持的“一周股市综述”节目已连续获得中央人民广播电台全国证券广播网的“听众满意度”调查第一名。万国报告以其结构严谨、内容丰富、论之有据而得到市场专业人士的高度评价，成为券商自营、上市公司考察市场、管理层了解股市的重要参考。

万国测评推出第三代证券分析系统——大智慧证券信息平台。集实时行情、图表分析、技术分析、基本分析、智能选取股、实时资讯、即时动态咨询七大功能于一体，具有采样速度快、操作使用简单、信息及时准确、指标功能强大等特点。是国内第一套可以实时发布资讯的个性化证券分析平台，让证券专家随时对众多信息进行分析判断，并发布实时股评，为投资者买卖提供可靠的参考。

技术服务企业电子商务应用

·证券信息安全系统建设历程·

【概况】 中国证券信息安全的历史，就是大小事故的历史，也是“亡羊补牢”的演义。2001年8月，由证监会牵头，对证券市场进行了证券行业信息技术安全大检查。中国证监会信息中心技术监管处处长杨书琴介绍，此次检查是依照《证券信息系统安全指标体系》（征求意见稿）进行的，而制定该体系的理论依据，成为中国证券信息安全史上的亮点；体系依据“国际信息系统安全通用准则（CC）”和“ISO17799信息安全管理标准”。在跨越硬软件层面被动反击后，中国证券信息安全正在转向战略上的主动防御。

【建立稳定的交易系统】 1991年至1995年《中国证券报》、《证券时报》，通信堵塞、无法报单、计算机损坏等硬件故障引发事故充斥其中，它撬动了最早一代证券IT人的安全意识。

证券市场的安全问题一开始就包括两方面：一是可靠性，即证券技术平台的可用性；二是安全性，即在计算机里面定义防止有意和无意的攻击。“实际上，这两个问题当初都存在，但一开始的几年，可靠性问题更突出。” 华夏证券总工程师周志钢说。在证券市场建立之初，上海证券交易所最早引入系统备份概念。1991年8月，为防止交易系统的电脑故障，上交所设置冷备份计算机，一旦主交易系统出现故障，便用手工切换到另外一台计算机上（双机热备份直到1997年以后才成为全行业的一种标准）。

当证券市场得到前所未有的发展，系统的设计能力几乎命悬一旦时，系统扩容在当时承担了双重使命：它不仅是技术平台的基本建设，也成为早期的安全手段之一。上海交易所在1992年12月对所有的系统做了第一次升级，将日处理能力从3000笔提高到了50000笔以上。

证券系统的稳定性障碍出现在券商面前，大事故接连爆发。1994年1月31日，由于电脑故障，上海交易所出现大面积死机，被迫上午临时停市。1994年7月4日，位于北京沙河、负责深圳证券交易所数据传送的主站瘫痪，中国证券市场发生历史上最长的一次停市事件，起因是一个几十块钱的插座发生短路，网管计算机的主板被烧坏。

此后，深交所开始建设双向卫星数据网，并将单向卫星网当作备份系统运行。1994年8月22日，深圳证券卫星通讯双向数据网正式开通。设计方案采用高可靠产品，中心站除天线外，全部设备均有冷热备份，主站可用度保证在99.999%以上。自从双向卫星通讯网开通之后，深圳证券交易所的通讯功能超过上海，并一直持续到1996年上海双向卫星网开通。

同时，上海证券交易所建设第二套备份系统；新的深圳证券中央结算系统也于1994年9月12日启动，用IBM AS/400取代了过去的微机。由于IBM AS/400是中型机，原来针对PC服务器的病毒和黑客攻击都失去效力，中央结算系统的稳定性、安全性也获得大幅度提高。1997年，原君安证券为解决59个营业部的非现场集中清算问题，购买IBM RS/6000 G40，光大证券购买一台IBM的深蓝，这是更稳定、更可靠的小型机进入券商的早期应用。

2000年6月30日，深交所第二交易系统启动，这是全面解决设备与系统安全问题的真正标志。此套系统的日综合处理能力达到2000万笔，可以支持2000只股票和3500个结算会员的股份结算，能适应未来5～8年证券市场发展的需要，并与第一套交易系统互为备份。

【建立交易系统的安全保障】 在硬件系统层面经历可靠性摔打的同时，中国证券市场又受到软件层面不安全性的威胁。

最初的安全概念是由病毒带来的。券商最早于1993年开始在服务器上安装防病毒软件。由于当初能在Novell中运行网络版防病毒软件只有趋势科技(www.trend.com)的PC-Cillin,它成了当时行业内的主要选择之一。

1990年深交所与上交所启动之初,两交易所都选择了Novell+DBF作为系统的软件平台。当时条件下，这是最好的选择。后来Novell公司自己的软件发展策略出现问题，致使Novell的软件长期没有升级，而DBF又不是一个安全的数据库文件格式，结果，这两个系统的搭配竟导致后来证券技术上的漏洞。

首先，操作系统本身存在一些安全漏洞，并且不能得到及时弥补。例如：用户权限控制能力弱，缺省设置漏洞大。其次，DBF文件本身存在一些问题，例如：缺乏断点保护，数据表本身没有权限管理，可用外部程序直接操作，当同一表内的记录数大于10万条之后，建立索引就会变得非常慢，给数据库管理带来极大隐患。再次，与证券相关的应用软件也有不完善的地方，例如：交易、行情、结算等软件缺乏严格的质量控制，缺少风险管理功能。软件系统的重大隐患，在开发时期就已种下。

从1992年开始，逐渐出现很多证券信息系统提供商，最多时有几百家；有比较正规的软件公司，有一两个人在几个月内的“成果”，根本没有系统设计和系统测试，更没有相关部门的认证。即使是最大的证券软件公司，由于整个中国软件行业的水平较低，由于缺乏高水平的系统设计、严格的开发管理和软件测试，那些最著名的软件中也存在问题。而证券公司和营业部，还少有人懂得评价一套软件，甚至有一个证券公司的10多个营业部所采用的柜台交易系统完全不相同的情况。

中国证券市场之所以出现这样的问题，根源在于以营业部为建制的分散管理体制，有不少人意识到分散管理的高风险性。1994年3月，当时在万国证券的周志钢，带一个小组在Sun的SPARC2000上开发一套集中交易系统，并在上海推行5套。由于当时国内网络环境并不好，同一城市内一条64K的DDN专线每个月租金就10000多元，成本让很多证券公司营业部对集中系统产生抵触情绪。项目最后也随着周志钢离开万国而不了了之。后来，浙江证券也曾在IBM RS/6000上做过类似的系统，但也没有逃过成为“先烈”的命运。

1995年的“3.27”事件爆发，才促使各方认识到，中国证券技术系统在风险监控上是多么无能。就在那前后，Windows NT 3.51正式发布，这些都促使证券全行业开始操作系统的升级换代：从Novell更换成Windows NT；将数据库从FoxBase、FoxPro更换成SQL Server或Sybase。在更换过程中，由于缺乏更换系统的经验，有的大量盲目上马，结果并不尽如人意，使得1996年、1997年的软件问题有愈发严重之势。到1996年底，全国的营业部已经达到2700家，快速推进的战线遗留了很多隐患。

1997年初，由周志钢、廖亚滨发起，Sun、微软和康柏一些国外厂商出面，召集国内300多家券商技术人员登上黄山，举办民间证券技术研讨会——“黄山会议”，很多人都认识到了问题的严重性。

在1997年，君安便推出基于Foxpro的柜台交易系统JASE1997,成为业内第一个采用三层架构设计的应用系统。系统提高了应用系统的稳定性，降低出现问题的可能性。到目前为止，金证交易系统中还有参照JASE1997体系结构的影子。

1998年11月26日,浙江绍兴信托投资公司证券营业部发生重大事件：股民王立江的账面上突然出现

123亿元资金。事后，浙江绍兴信托证券营业部与软件开发商在联系的过程中发现，从软件角度讲，这只是个很低级的毛病，但从券商与市场角度看，小毛病带来的风险极大，如果当时的股民资金没有及时冻结，上证所一清算，就全乱套了。证券软件应有权威部门作资格认定，就是在那时明确提出来的。而《证券经营机构营业部信息系统技术管理规范(试行)》（以下简称《规范》）也是在那前后出台的。

《规范》中规定，系统软件应达到C2级（或以上）安全级别。在《规范》出台期间，各大证券公司技术总监们讨论中一致认为：以DBF为文件格式的数据库不符合C2级安全标准（包括Fox，Novell）。到1999年，在各家证券公司为解决计算机2000年问题而更新柜台业务系统时，基本上把DBF数据库淘汰了。

【证券业整体安全策略】 证券市场涉及安全的案件，90%都是内部人员作案，促使证券业反思证券信息安全，并已经意识到，对软硬件系统的不断完善，并不能阻止市场异常交易行为中潜在的风险，集中报盘是风险控制与交易监管的有力手段。现任泰阳证券（原湖南证券）信息中心副总经理的汤玉龙所组织的集中报盘，是中国券商中第一次成功实践者。

1996年6月，为了加强总部对营业部的监管，当时还是湖南证券电脑部唯一员工的汤玉龙，向公司提交一份方案：计划用250万元左右资金，建设湖南证券集中报盘系统。1996年10月，方案被批准，1997年6月26日，湖南证券集中报盘系统开始正式运行。迄今为止，系统已零故障运行将近五年。然而集中报盘远不等于证券信息安全管理的全部。

美国证监会主席Levitt认为：“要减少证券经营业务的风险，投资者、券商、证监会和方案提供商应各司其职，基础是投资者的自我保护意识和责任感。同时，证券商需要更好地培训和保护投资者，证监会要加强管理力度，服务提供商则应保证一个阶段性的、具有较高安全性的整体解决方案。”这正是证券企业的整体安全策略与安全管理规划。

安全管理涉及到交易安全、交易监管、风险控制、漏洞扫描、入侵检测、防病毒、计算机防护、安全管理制度等等。证券业内对安全管理认识逐渐趋于清晰时，计算机2000年问题突然出现。证监会信息中心主任徐雅萍意识到，一次大好机会来到了。在制定解决2000年问题方案时，证监会将它精心设计成多次“大扫除”，对落实《规范》彻底进行三次大检查：

第一次：1999年6月开始，7月中旬结束，此次针对落实《规范》的情况进行检查，检查范围为全部营业部的5%（证管办检查20%)。第二次：1999年10月开始，11月中旬结束，此次为Y2K（2000年问题）检查，检查范围为5%（证管办检查100%)。第三次：2001年10月开始到11月中旬结束，检查内容为信息系统安全，检查范围为2%（证管办检查20%)。

专家们将这三次称为“飞行检查”，因为证监会采用国际奥委会“飞行药检”的方式，对证券公司营业部进行事先不通知的检查。检查团由9个小组组成；每个小组成员在3人左右，证监会信息中心1人带队，当地证管办1人，再加上非检查地区的证券公司的技术总监2人。按照证监会信息中心主任徐雅萍的说法，这叫做“让有市场智慧的人治理市场”。

在监管部门的大动作下，众多软件公司也开始在公司内部设立独立的质量保证机构与系统测试机构，对产品的设计、开发、测试、服务进行标准化的管理，同时不断提高软件的稳定性，并在软件中提供风险预警与异常监控功能。

1999年6月，杭州恒生电子股份有限公司通过ISO9001（1994标准）的评审，每半年进行一次复审，并已将须通过评审的项目从原来的20项增加到了32项，恒生进入ISO9001（2000标准）的评审工作。上海金仕达也通过了ISO9001的评审。这标志着软件企业的质量控制体系正在靠近国际标准。

与此同时，券商也开始构筑证券市场的安全监管。首要是建立企业内部采购软件的评价体系；一套新软件投入使用之前，必须经过一定的评测流程，确保没有问题之后，才能上马。其次，整个信息系统管理上的安全，已被正式列入议事日程。例如：华夏证券电子商务部已经通过ISO9000认证；而国信证券也制定了全面的信息安全方案。

2000年5月，国信证券技术总监廖亚滨到北京启明星辰信息技术有限公司的一次偶然拜访，促成证券行业内信息安全示范工程的诞生。启明星辰是由中国海归留学生创立的著名信息安全公司，拥有网络安全自主知识产权产品，可提供整体安全解决方案与服务；主要产品为防病毒产品、黑客防范与反攻击产品和网络安全管理产品。国信证券将启明星辰聘为长期信息安全顾问，向国信提供全面信息安全解决方案。

其他的证券公司也已开始通盘考虑公司级的安全策略，从而使启明星辰、金诺网安、三零卫士、普方德、绿盟等国内的信息安全公司崭露头角。而国际上的信息安全巨头，如CA、赛门铁克、安氏（中国）等也开始全面进入证券领域。

经过2000年整个行业成熟了很多，安全设备、安全软件与安全管理措施已经基本普及，负责核心业务的系统也从PC服务器向Sun、IBM、HP等Unix平台过渡；证券公司的电脑部具有相当的规模，人数从几个人发展到几十人，占地面积从几十平方米发展到现在的几百甚至上千平方米；而软件也越分越细，功能越来越强，证券、期货、债券的每一项业务都有独立的软件产品。

证券信息系统安全已经达到一定的水平，可以应付现有的各种情况。于是将注意力集中到网上交易与大集中可以提高效益、提高企业知名度的事情上来。

【证券业信息安全建设】 2001年下半年，银广夏股票盗卖盗买事件，有人归结为客户密码丢失，将病毒泛滥归因于系统不安全。于是动态口令卡获得前所未有的大商机。业内专家认为，如果早有健全的安全管理制度和风险控制体系，即使发生问题，也能通过审计确认事件责任，证券市场不至于落到如今愧对投资者的境地。

信息安全问题一直是证券信息系统的软肋，像疑难杂症，不断解决又不断发生，不断发生又不断解决，很难做到药到病除。"其实，安全问题是综合治理的管理问题，不能单单用技术药方来攻治，应该参照ISO9000质量管理体系，建立证券信息系统安全管理体系，用系统方法、持续改进方法、过程方法等手段来持续提高安全性能。"周志钢说。

证券信息系统的安全建设应该注重以下 3 个方面：一是全面提高信息安全人员的业务水平，使每一个人都有独挡一面的能力；二是建立细致、全面的安全管理制度与风险控制策略，并能将这些制度真正实施下去，确保信息系统的安全性能得到持续改进；三是选择可靠安全的设备、软件、通信系统与合作伙件，并针对安全问题建立各种防范措施与系统备份措施。

中国证券市场"安全与风险"是个老话题，没有人给出100%安全的承诺，更不会有人敢放弃对安全的追求。

（根据《IT经理世界》报道改编　2002年2月5日
作者：初英、庞瑞江）

·证券网上交易技术公司发展历程·

【概况】 1992年到2001年，中国证券柜台系统形成7雄鼎立，网上交易推出杭州的杭州核新软件技术公司、新利软件有限公司，深圳的捷意、新华威、轩冕以及上海的中天，福建的顶点，随着互联网的商业化应用将会涌现出新的技术公司，竞争还在继续。

【网上交易系统开发商核新和盛润】

杭州核新软件技术公司、深圳盛润网络系统公司与北京融汇兴业技术开发有限公司，诞生于互联网的发展时期，在证监会批准的有网上证券交易资格的券商中，核新软件的网上证券交易系统拥有超过40%的市场份额，盛润为20%多，融汇兴业不到5%；3家共占70%左右的全国网上证券交易系统市场。

1996年以来，核新和盛润一直在同一市场中，两对手正在成为网上证券交易系统的两大巨头；只不过一直宣称占有中国网上证券交易系统半壁江山的盛润，已悄悄与核新换了位置。

1995年年初，核新软件技术公司总经理易峥与三位伙伴，创立杭州核新软件技术公司。1996年，李立农与钱远光创立深圳盛润网络系统公司。业务也随之而来，核新与港澳证券愿意合作，盛润很快与闽发证券牵手，当时的核新在技术上已比盛润有些先手。

1998年前后，盛润花40万元人民币，从核新手里买下带有源代码的网上证券交易行情系统的原始雏形，盛润几易其版，与英特尔和摩托罗拉拱手合作获得几百万美元，公司开始全力开拓网上交易，并推出财经网站Stock2000，迅速将盛润的声名远播海内外，2000年盛润的市场占有率已达50%。同年盛润将Stock2000转卖给广东证券（更名为中天网）。

几年后，核新逐渐抢走盛润的客户。核新和盛润的历史作用是一体的，把互联网上的证券交易故事写成"DOS "1.0版，及时呈送到整个中国证券业面前，尽管核新与盛润各自发展都不太平，也曾牵扯不少精力，但两家的经营主线却一直都很清晰。

【融汇兴业技术公司的转型】 "康熙在线"使用的"康熙胜券"网上证券交易系统，是达因博达公司1997年底开发出来的网上证券交易系统，1998年到1999年，全国发展几千个用户。康熙从"出世"到"过世"不到两年，被打上鲜明的网络拓荒时代的烙印。

达因博达前身是传统证券 IT 系统集成商，收入有30%的毛利。博达开发的网上交易软件，因为网上证券 IT 系统集成市场小，软件市场不好，就帮助电信做增值服务运营，即与260信息台合作，开通康熙在线。

2000 年初，证监会《网上证券委托暂行管理办法》，将 IT 人集体堵在证券市场的大门之外。1999年下半年达因博达公司总经理蒲东皖，副总经理刘晓东离开康熙，康熙胜券瓦解。达因内部将"康熙"更名为东方亿融财经信息咨询服务有限公司。

蒲东皖与刘晓东1999年8月创建融汇兴业。2000年，提出要做电子商务孵化器。年初，投资成立全资子公司——融汇集诚技术开发有限公司。3月初，引入新股东将北京融汇兴业技术开发有限公司注册为融汇兴业网络技术有限公司，注册资金比最初融汇兴业的注册资金（150万元）陡增10倍。4月后，融汇兴业与中国糖业协会闪电般合资成立"融汇中糖电子商务有限公司"。随着网络出现低谷，2000年下半年，融汇兴业将融汇财富网卖给新重组的大连大通证券公司；公司向个人市场的应用软件开发；中止对融汇中糖网的后续投入。蒲东皖到TOM.COM改做投资。调整后融汇兴业2000年底推出新主打产品——证券经纪业务服务平台（ECSN），正式签约客户已有8家。在融汇兴业2001年全年实现3000万元收入中，80%来自于这个新产品。

【证券交易软件赢时通和乾通网络】 在网络中最具证券软件特色、并在业内有较大影响的还有两家：一个是被联想收购的赢时通，另一个则是同样具有海归标识的乾通网络（原名为99Stock）。

赢时通创建于1999年4月，是深圳市讯凌信息技术有限公司向互联网转型时的产品。1999年以前，公司是很纯粹的技术提供商，四五月份以后，公司开始向平台运营商方向去转，这个“平台运营商”是以多种方式（如电话、手机、寻呼以及互联网等）接入证券交易为特色，尤其是首家推出无线炒股。有分析认为，赢时通志在做证券专业的虚拟电信运营商。

赢时通当时的CEO朱在国，在1993年便进入证券营业部。1995年股市低迷时创建了讯凌。讯凌后来推出的“讯凌乾隆远程系统”，在服务器端采用Windows NT操作系统，用Equinox拨入卡配合Modem pool来取代多用户卡，并在国内最早通过TCP/IP协议实现远程访问。每个营业部可以连接的用户数量一下子由原来串口方式的8个增加到100个以上，这套系统现在依然有200多家用户。

2000年8月，联想天价收购赢时通。2001年4月，朱在国离去。赢时通建设“多通道证券电子商务平台”的方向没有变。到2001年7月，赢时通已连接全国200多家证券营业部，覆盖全国21个地区的3800多万移动电话用户（占总数的54%）。赢时通正努力争取网上券商牌照。尽管近来网上券商前途很不明朗，但朱在国认为，凭借联想的广袤资源，赢时通曲线加盟传统券商的理想或许也可以实现。

乾通网络创建于1999年，1994年就在美国硅谷建立自己的研发基地，开发出适合中国国情的证券在线交易技术服务系统，乾通生搬硬套美国的商业模式，对系统不卖只租。漠视一个事实：如果券商租用乾通的系统，就几乎是退到乾通背后，将自己的客户拱手让给乾通。在中国券商极度缺乏服务手段，几乎家家的核心竞争力都是客户资源。乾通模式在券商门前碰个头破血流，在证券技术市场中基本销声匿迹。

【传统证券软件公司金证】

1997年底，深圳市科技局在《深圳特区报》上推出一篇文章，题为《深圳软件业应该“握指成拳”》，分别引起捷意与新华威“当家人”——赵剑与杜宣的重视。“是有新政策了，还是可以上市了？”赵剑与杜宣相约到深圳科技局“听听想法”，为两家合并埋下伏笔。

捷意与新华威当时的经营状况，酷似一家公司的两个复制版。年产值分别在四五千万元左右，产品、客户也基本一致，造成两家同在南方市场“捣蒜”。其间仅仅是重合的市场推广费用和研发费用，损耗便不计其数，结果，谁都无法走向全国市场。这种局面让杜宣与赵剑很难击败对方。

证券市场内外大环境的变革，让两家公司急于突破。证券业重组、合并的趋势，在1998年前后已经露出端倪；网上交易系统分别在广东、福建等地浮出水面。券商中少数技术先驱在集中交易系统上屡战屡败，也让证券IT厂商有危机感，市场越来越认同：要改变分散式的营业部组织架构与技术架构，要在总部搭建统一技术和统一管理的平台。

券商今后势必会对技术商的规模和实力都提出更高要求。1998年8月，在另外两家公司退出的情况下，捷意与新华威宣布合并，成立注册资本3000万元的金证公司，这标志着证券技术商寡头竞争时代的开始。而退出这次合并的那两家技术商，其中一家在2000年终因实力不济退出了市场；而另一家——深圳轩冕科技公司（极目品牌的拥有者），在2000年转到上海金仕达公司的麾下，还是走了合并之路。

【金仕达】 上海复旦金仕达计算机有限公司已跻身证券IT企业5大寡头之列。金仕达1999年开进证券市场，如果把期货市场算上，它就是前辈了，金仕达在5寡头中别具特色。

1994年，政府担心大品种期货的过热发展会给中国经济带来不应有的动荡，立即叫停玉米、白糖和钢材等品种的期货交易，风险管理也摆上期货公司经理的桌面。上海百事顺的期货经纪公司，想做一套期货风险管理系统。这个偶然的机会，让复旦大学的学生乔志刚和他的同学们，进期货圈子一扎就是几年，占领60%～70%的市场，1996年期货市场淡下来。

1999年上半年，乔志刚与上海中天电脑公司、上海天翔高科技公司接触。当时，中天与天翔每家都有几百套证券柜台交易系统的装机量。1999年底，金仕达与中天和天翔的合并完成。2000年上半年，金仕达又与深圳轩冕完成合并。2001年初，轩冕的“极目”系统开始为金仕达增色不少。

拥期货软件大部河山的金仕达，进军证券市场有后发优势。乔志刚认为未来证券和期货将会走向融合，兼有期货与银行业背景的金仕达，希望在金融混业经营来临之前，抢先布好在金融IT技术的大局。

金仕达很快就在证券市场的柜台系统中变得举足轻重。这标志着证券 IT 企业 5 寡头局面的确立。按照市场占有率，排座依次为：恒生、金证、新利、金仕达、顶点。

【新兴证券软件公司金证和网擎】 2000 年，传统厂商寡头座次刚刚落定，网上交易的巨头初步形成，从集中交易平台方向，又冲出根网、网擎。

2000 年初马乐创建北京根网科技公司，最初想在无线网络有一番作为的根网，快速完成公司的转型，进入证券技术市场。公司技术副总经理李龙潭曾就职于深圳特区证券公司 IT 部门，有证券行业背景。CTO 余婉贞在 UT 斯达康对 Unix 10 多年的研究和应用，将根网研发的集中交易平台构筑于证券行业并不普遍使用的 Unix 平台之上。

公司先为一个有外资背景的投资银行搭建集中交易系统，又在各券商的集中交易系统招标中频频入围，成为新锐先驱。

根网主攻证券集中系统，而网擎则致力于支持集中系统的金融信息多协议转换。

网擎信息科技公司 1999 年成立，最初脱胎于 UT 斯达康公司的 Internet 事业部。UT 斯达康在美国上市之前将其 Internet 事业部卖给华能公司控股的比特科技。这些人成立了华友斯达康和网擎两个公司。UT 斯达康上市后，对华友斯达康进行回购时，原 UT Internet 事业部总经理周一民等 UT 旧部，并没有选择归队，后来就有了网擎。

2000 年，在网擎一气建立的 7 个网站中，“每日证券网”(24stocknet.com) 被深圳特区证券公司买走。不久，证券业广为关注的“特证模式”，使网擎有了证券业“户口”。同年，特区证券与网擎签订 IT 服务协议，几乎将 IT 部门外包给网擎，周一民也兼任特区证券 IT 部的总经理，在帮助特区证券更换旧信息系统的过程中，周一民接触不少证券技术商。这些技术商缺乏大系统经验、对新 IT 技术架构把握不够等现状，成为网擎进军证券软件业的切入点。进入证券业网擎就开始推广统一系统接口标准的 FIX 协议。网擎在专注于 FIX 的同时，还希望自身能在证券业新一代 IT 架构、数学模型上有一番作为。

【证券交易系统发展】 金证、恒生、新利、顶点、金仕达竟在前面加了前缀——传统技术商，这些公司在网上交易中失去优势，就连交易系统核心业务，也已腹背受敌。既要面对新锐的挑战，又要面对长天、东软、联想等大竞争者，传统证券厂商多年苦心积淀的行业优势，正在被要求质变的行业需求消于无形之中；旧贵与新锐，同时踏上新的起跑线。

为了维护成百上千套系统正常运转，每年付出人力、财力和物力，远大于新产品开发的投入。顶点公司技术开发人员与技术支持人员的比例大约在 1：1。尽管 IT 厂商每年能收取每套柜台系统数千元维护费用，在没有大规模系统变化时，所收维护费用只能勉强覆盖投在维护上的直接成本（如差旅费、人员成本等）。如遇到类似 2001 年深交所改系统接口的项目，收取的维护费用就连成本也难以覆盖。

在为券商与深交所的系统接口升级中，几大传统厂商分别采取不同收费策略：有的是没有单独收费，权且算在日常维护费用之中；有的则尝试着“象征性地收几千块”，用于支付差旅费，各家都是入不敷出。

核新已经推出基于 Windows 内核的无盘工作站，突破 DOS 无盘工作站无法进行多流程操作的历史局限。盛润公司也推出第一套具有中国自己版权的信息安全平台。

传统厂商最大的劣势在于，习惯营业部架构下，NT SQL server 的分散技术架构；既没有集中交易平台要求的大系统集成经验，也没有储备足够的相关技术人员。相比较而言，长天、联想等传统集成商已在银行、电信等领域拥有多年大系统集成的经验。就连新锐根网和网擎，也是一上来就选择 Unix 平台，还聘有清一色有相关技术背景的技术人员。

对自身与新锐公司的优劣长短，传统技术商有个形象说法，将自身比做“熟悉敌情与地形的士兵”，尽管知道该向什么地方发起进攻，但手中的武器不得力；而对手则好像“拿着机关枪空降下来的”，武器虽优良，却分不清进攻方向，结论是“学习用机关枪，会比他们搞清地形和敌情更快。”

2002 年，WTO 与国外证券 IT 巨头，证券市场管理体制变革与经营模式将要进行大手术，逼迫证券软件的新老巨头重摆擂台，再决雌雄。

（根据《IT 经理世界》报道改编
日期：2002 年 1 月 5 日作者：杨小薇　庞瑞江）

·杭州恒生电子股份有限公司·

【公司概况】 1995 年 3 月，50 万的注册资金，创办恒生。2002 年恒生拥有 600 多名工程师，1.5 亿的资产，成为全国最著名的证券、金融、基金以及交通、社会保险行业软件开发商、系统集成商和电子商务服务商，特别是证券行业，软件市场占有率超过 40%，居全国第一。2001 年实现销售总额 4.2 亿元，利税总额 5300 万元。

主要客户：国泰君安、海通证券、南方证券、华夏证券、华泰证券、华安证券；泰康人寿、中国人寿、新华人寿、中国太平洋保险、平安保险；中国银行总行、农业银行总行、工商银行总行、建设银行总行、交通银行总行、兴业银行总行、光大银行总行、华夏银行总行。

【产品介绍】 证券类产品：企业级客户呼叫中心系统、证券短消息主动服务系统、VDS —— WINDOWS 无盘证券应用平台、WTS——更加廉价的无盘上网方案 、动态身份认证系统、恒生银证综合业务平台、集中交易综合业务平台（SQL 版）、集中交易综合业务平台（UNIX 版）、经纪人分析决策系统、开放式证券投资基金销售系统、客户助理系统、数据仓库的应用、总部备份数据中心系统。

远程类产品：远程委托图文(家庭)版、远程委托超级大户版、远程委托局域网络版、远程委托 169 版、电话委托/远程委托混拨器、MOXA 硬件安装与设置。

呼叫中心类产品：银行客户服务中心、电话银行系统、集中式电话银行系统、声讯平台系统、主动服务中心系统、证券客户服务中心、证券电话委托系统、证券信息短消息主动服务系统、证券经纪人决策分析系统、客户服务分析记录系统、证券经纪业务分析系统、证券声讯电话委托系统、证券集中式电话委托系统。

智能交通类产品：大区域高速公路联网收费系统、收费系统机电设备、普通道路收费系统软件、交通事件社会联动辅助系统、交通事故处理辅助系统、交通事故模拟分析系统。

金融类产品：恒生中间业务平台、大前置系统、客户服务中心系统、电话银行系统、集中式电话银行系统、声讯平台系统、主动服务中心系统、银保通系统、授信台帐管理系统、银行电子报表系统、多媒体自助系统、多币种银证转账系统、银证通系统专业版、银证平台系统、银基通系统、开放式基金银行代销系统、国债柜台交易系统、个人黄金交易系统、投资平台系统、股票质押管理系统、多商户分析系统、B/S 管理台系统、理财中心系统、双机容错系统。

基金类产品：投资基金交易管理系统、投资交易管理系统、开放式基金登记过户系统、开放式基金直销系统。

期货类产品：期货交易管理系统、期货自助委托系列、期货远程营业部系列产品、期货 Internet 行情分析、期货 Internet 下单系统、期货电话查询系统、恒生银期转账系统。

【核心能力】 技术创新能力：恒生已获得多个国家级、省级重点项目：三个“国家科技创新基金项目”；两个“国家火炬计划项目”；两个“国家重点新产品”；一个“浙江省重大高新技术产业化项目”；一个“浙江省科技创新基金项目”：“多主体大区域高速公路联网收费系统”。九个软件产品通过了由浙江省科委和浙江省计经委组织的专家鉴定，技术水平均为国内领先；八个软件产品获浙江省高新技术产品称号。40 个自主版权的软件产品，通过软件著作版权登记。“恒生证券交易管理系统”喜获浙江省科技进步一等奖，这是浙江省纯软件产品首获殊荣。恒生也是国家重点火炬企业，“浙江省金融研究中心”、“杭州市企业技术中心”落户恒生。

客户经营能力：“向客户提供发展的产品和发展的服务”、“客户第一，信誉第一”。

·新太科技有限公司·

【公司概况】 新太科技是一家以软件开发和系统集成为主要业务，并在国内 A 股上市的高科技企业(股票代码为 600728)。其母公司新太集团自 1986 年创业以来，依托技术创新和稳健经营，已跻身于全国民营技、工、贸总收入百强企业第 25 名，广州民营高科技企业营业额第一名。新太科技有 600 多名员工，学士以上学位专业技术与管理人才占 80%以上，拥有完全自主的知识产权体系，已获得 3 项技术发明专利。

主要客户： 广东证券、申银万国、天同证券、联合证券。

【主要产品】 新太科技致力于与中国信息事业共同发展，提供计算机、通信、信息源为主要内容的“三位一体”的综合解决方案。其开发的主要产品：NAP2000 平台、IVSP 平台、电子商务平台、统一信息平台等多功能综合性平台，以及多媒体呼叫中心、固定电话短消息系统、“股神通”交易委托系统、城域网、个性化计费系统等，其中 200/201 系统、168/160 系统、“视聆通”、112 系统、114 系统早已走进千家万户的生活。为顺应市场迅速发展，新太科技相继成立了，收购增资深圳市新太网络通信技术有限公司，多年以来，新太科技始终以超前的技术、出色的管理和独树一帜的产品，在 CTI、INTERNET 等领域为众多的用户提供全方位的信息系统服务。

【优势】 新太科技凭借自身的科技实力和技术优势，于 1997 年通过了 ISO9001 认证， 2000 年 9 月，荣获信息产业部计算机信息系统集成一级资质证书，成为首批获此殊荣的高科技企业。2001 年 1 月荣获中国电信集团公司颁发的电子商务应用开发单位证书，2001 年 4 月取得了广东省信息产业厅颁发的“软件企业认定证书”，共有 18 种产品获得“软件产品登记证书”，2001年10月获评为AAA级信用企业，2001年12月，通过CMM2级认证，这标志着新太科技在信息科技领域的发展又上一个新台阶。

·上海复旦金仕达计算机有限公司·

【公司概况】 上海复旦金仕达计算机有限公司成立于1995年，专业从事证券、银行和期货领域的软件开发、网络集成以及技术服务等综合性服务，是国内四大证券软件开发商之一和国内最大的期货软件开发商。资产和年收入均超亿元的现代化软件企业。在金仕达的旗帜下，汇聚了400余名软件及其他诸领域的人才英华，其中本科以上学历占85%以上，硕士、博士、高级工程师占35%，是国内最具实力的金融软件开发队伍之一。

主要客户：国通证券、光大证券、蔚深证券、国泰君安证券、中国民族国际信托。

【主要产品】 复旦金仕达是证券软件开发商和证券公司企业级解决方案的开创者和领导者，已形成包括企业级业务通讯平台、证券公司总部集中管理系统、证券公司集中业务处理系统、营业部业务处理系统、网上交易和分析系统、客户服务中心系统、银证转账系统和安全保障系统等产品为核心的全面解决方案，形成“一个网络、三个中心（业务中心、服务中心和决策中心）”的证券公司电子化的新格局。尤其是和IBM合作推出的“金仕达证券公司总部集中管理系统”和“金仕达证券公司集中业务处理系统”，采用IBM AS/400、RS/6000小型机和IBM DB2平台，开创国内证券公司集中模式下企业级解决方案的先河。

·北京融汇兴业网络技术有限公司·

【公司概况】 北京融汇兴业网络技术有限公司成立于1999年8月，是一家经北京市海淀新技术开发区认定的高新技术企业，在上海和深圳设有常驻办事机构。融汇兴业汇集了大批国内证券网络化建设的顶尖人物，拥有长期从事证券行业的资深证券从业专家、高层次的应用研究与技术开发人员、经验丰富的服务队伍，专注于证券行业信息系统的建设，拥有丰富的行业经验、成熟的自有软件产品和解决方案。

【主要产品】 融汇兴业向证券行业提供从网上交易系统、电子商务系统到客户关系管理系统及经纪人业务平台等多方位企业级应用产品的重要提供商、信息化建设优秀服务商。公司开发出国内通用的证券软件并率先推向市场。公司产品深得用户信赖。其中自主开发的“ECSN 服务平台（Electronic Commercial Service Network）在证券行业得到广泛应用和好评。

·新利软件有限公司·

【公司概况】 杭州新利软件有限公司由1993年成立的杭州新利电子有限公司改组而成，是证券交易软件开发商和最著名的金融系统集成商之一。其控股公司新利软件（集团）股份有限公司于2001年9月5日以IPO方式在香港联交所创业板（GEM）上市，成为中国首家在海外上市的金融软件开发商，股票代码8076。新利软件有限公司被评为2002年浙江省高新技术软件企业十强之一，浙江省首批认证软件企业，是新利集团的骨干企业。

主要客户：申银万国、华夏证券、东吴证券、国联证券、泰阳证券、中信证券、武汉证券、亚洲证券。

新利证券交易系统广泛应用于国内近千家证券营业部，2001年，新利软件与世界著名IT公司HP、BEA、ORACLE结成联盟—SHBO，并推出新一代综合业务平台，平台以集中交易系统为基础，以客户服务为核心，以平台化、标准化、组件化为设计理念开发的一套面向证券公司企业级业务应用的信息化平台。同时建立CMM技术管理体系,CRM客户管理体系以及BKM的产品发展战略;并在2001年10月通过ISO9001(94版)国际质量认证。

新一代证券综合业务平台最新产品版本：V1.0、银行客户理财服务系统、无线POS系统、LIP-NURIT 3010、lIPMAN NURIT2055、银行短信服务系统等。

·杭州核新软件技术有限公司·

【公司概况】 核新软件是一家独立软件供应商，成立于1995年，专门致力于自主知识产权的软件产品的研究、开发和推广。员工118人，其中95%具有大学本科以上学历。

核新软件自主研究开发的产品，涵盖证券网上交易、互联网密码安全、互联网通讯等技术领域，形成自主知识产权的核心技术体系，提供证券公司网上交易和互联网电子交易的全面解决方案。是证券网上交易供应商，互联网的电子商务软件供应商，互联网的安全密码产品供应商，是国内首家提出互联网营业部概念并提出解决方案的公司。

主要客户：长江证券、大通证券、大鹏证券、富友证券、甘肃证券、港澳证券、光大证券、广发证券、国联证券、国都证券、国泰君安、国通证券、国信证券、江西证券、联合证券、辽宁证券、闽发证券、内蒙证券、南方证券、南京证券、平安证券、三峡证券、汕头证券、首创证券、东吴证券、巨田证券、天同证券、银河证券、浙江证券、中关村证券。

【主要产品】 核新天网-2002、核新理财通、核新外汇赢家、核新天网-EXE 3.0 版、核新天网-JavaApplet 版、核新天网-ActiveX 版、核新天网-CGI 版、核新 ssl 安全代理系统、核新 ca 认证中心、核新 RA 系统、核新防火墙系统、核新uni-net、核新Load-Balancer。

·信息技术在期货行业的应用·

【概况】 期货行业属于高风险、高回报的行业，高风险决定一般资金量较小的投资者不适合参与期货交易，而高回报则意味着期货公司对任何有利于管理和提高服务质量的技术均有浓厚的兴趣，分析期货行业投资群体的信息和技术需求是期货软件供应商要做的首要任务。

随着世界经济全球化和资本市场一体化进程的加快，技术创新显得尤为重要，为了制定期货信息技术标准，加强技术管理规范，提升技术竞争能力，切实控制技术风险，2002 年 6 月 28 日中国证监会决定成立期货信息系统建设工作小组。小组工作职责：一、组织草拟行业技术标准，负责组织期货交易所实施的技术标准，协助技术标准在期货公司中的推广应用。二、组织制定期货信息技术管理规范。三、研究制定期货信息建设中长期规划。四、研究解决期货市场运行中出现的有关技术性问题。

从期货公司的角度出发，对信息系统的要求首先是稳定、安全，满足对交易全过程的有效支撑，其次要对期货公司对客户交易信息的汇总和分析提供有效的支持。期货市场上市场占有率最高的《金仕达交易管理系统》5.0 版本基本可以满足期货公司的需求，在实际使用中也发现了系统中一些较为灵活的处理方式，如：可以打印任何一种结算方式的交易结算单；每种结算方式都可打印客户持仓的明细情况；交割功能也有不少的增强；增加了质押品管理，可对不同的质押品种进行质押，自动检测质押品价格是否需要调整等；根据交易所规定持仓标准，自动调整保证金率；在交易员系统和DOS嵌套等模块中增加了银期转账功能等，系统对改善期货公司日常运营起到好的作用。

【中期公司总部集中管理系统建设】 2002 年 12 月中国国际期货经纪有限公司成立 10 周年，公司开始开发中期总部集中管理系统，这是中期对于期货业务创新的一种尝试。总部管理系统包括实时数据采集、实时风险监控、经纪业务分析、并行结算、消息管理等几大功能模块，把业务平台与管理平台相分离，突破过去期货公司以柜台交易和结算为核心的运作模式，实现交易系统（柜台交易及结算系统）和管理系统（风险监控、业务分析）的双轨运行。把期货公司的风险控制、业务分析、客户服务等业务管理活动整合成一个多维的、高效的综合信息应用管理平台。利用这个平台，中期将能够实现总部对各分支机构的集中化管理，全面提高公司总部管理能力和风险防范水平。为中期开展集约化经营，最终实现公司资源的整合，加大对全国各分公司的支持力度，为提高竞争力创造有利的条件。

国内未来期货市场发展变化的趋势：最终的期货市场必然是一个高度开放的市场，从投资品种到期货业务的经营者、投资者均是全球市场的重要组成部分。近年来，期货市场得到了长足的发展，成交量持续增长。在交易品种上，不仅商品期货将陆续推出大宗品种，股指期货等金融品种也在人们的期待之中。

【金仕达期货交易系统的应用】 自 2002 年以来，金仕达期货交易管理系统又新增了近 20 家的期货公司客户，截止到 2002 年 10 月份，该系统的 V4.8 和 V5.0 已服务于超过 90 家的期货公司总部，另有超过 100 家的期货公司总部使用复旦金仕达的结算软件。尤其是复旦金仕达在 2002 年推行的“服务核心客户”的策略得到了众多期货公司的认可，2002 年上半年期货经纪业务排名前 10 位的期货公司中，有 9 家使用的是复旦金仕达提供的期货交易管理系统。

在期货公司标准软件产品之外，公司还提供个性化系统，如上海和大连两大交易所的交易系统、华通的期货和现货网上交易系统，中华粮网的栈单交易系统，金牛期货“三合一”网上交易系统、上海期货交易所系统改造工程等。

12 月 2 日，金仕达与中国最大期货公司——中国国际期货经纪有限公司签署合作开发中期总部管理系统的协议，是面向期货行业未来的发展趋势，推出的新一代期货总部管理解决方案，支持期货经纪公司业务转型和管理转型，更好地应对未来国际化竞争。

随着期货经纪公司对管理要求的提升，对部分功能作一个适度的前瞻：

1. 对满足期货投资者在交易过程中的交易信息需求的设计上，可考虑让投资者实现查询简单化，以适应更多的非专业投资者的操作水平。

2. 随着期货内部组织机构的演化，期货软件的功能划分要适度超前。如为适应期货公司加强管理的需要，有许多功能是安排在结算和风险监控等模块由不同的部门分别实现的，随着管理规范化，将以往由结算部门和风险监控部门做工作，合并设计到对业务部门使用的模块。业务部门可以自己完成许多工作。

3. 针对后台系统，应该增加能按交易所通讯的进程在约定时间自动启动的功能。

4. 考虑到网上对 WINDOWS 服务器的攻击较多，可以将 WEB 查询改到 LINUX 系统下。

5. 由于大量采用网上交易，应在期货经纪公司中开展对服务器冷、热备份产品技术应用，确保万一期货经纪公司服务器宕机时不至于影响正常交易。

·北京天威诚信电子商务服务有限公司·

【公司概况】 公司 成立于2000年9月，是经信息产业部批准的第一家开展商业性 PKI/CA 服务的试点企业，公司首期注册资金 1500 万元。天威诚信(iTruschina)致力于在中国建立能够同国际接轨的商业 PKI/CA 认证体系，为电子商务、电子政务提供安全保障。公司在开展自身业务的同时，也积极向有关部门提供有关商业PKI/CA建设方面的意见和建议，为国家制定相关行业标准和规范的建立提供可靠的依据。

天威诚信在北京建有 1000 平米的国际一流水准的数据中心。作为一个为用户提供权威的、可信赖的、公正的第三方信任服务的机构，通过 CA 托管服务、签发数字证书、为各种应用系统提供基于证书的网络安全解决方案等形式，为网上交易系统的安全以及网上交易参与各方的相互信任提供安全机制。通过天威诚信的PKI/CA服务，可实现电子业务过程中的信息保密性、信息完整性、身份验证和交易的抗抵赖。天威诚信以可信第三方的身份提供国际性、专业化的认证服务，与证书使用双方无任何利益关联关系，真正地实现了公正性与可信赖性。

相对于国内已经建立的一些认证服务机构，天威诚信采用了国际上先进的技术、商业化的运作模式，从而使用户可以顺利地与国际接轨。并且，将服务收费与客户保险赔付机制结合起来，以商业利益关系为基础建立公信度，将用户承担的风险降到最低，其可信性、公正性更容易得到大家的认可。同时，公司作为国际著名公司 VeriSign 在中国的业务合作伙伴，矢志成为中国 CA 信任服务市场的开拓者，建立起中国的信任网络，并同 VeriSign 信任网络结合，形成全球信任网络。

设立伊始，天威诚信就借鉴国外先进、科学的管理模式，在投资自主的基础上，市场运作灵活，可更好地满足各种用户的需求，从而使用户以最适宜的投入，获取最优质的服务。

（北京天威诚信电子商务服务有限公司）

·上海铭源数码股份有限公司·

【概况】 上海铭源数码股份有限公司，是经上海市人民政府审核批准成立的发起式股份公司，是致力于集项目实施、软件开发、系统集成和提供咨询与服务为一体的科技型专业公司。

注册资金：2000 万元人民币。公司网址：www.mytecdigital.com

主要股东单位：上海铭源投资管理有限公司、上海隧道工程股份有限公司、上海住宅科技投资股份有限公司、上海交大创业投资有限公司、上海天南实业有限公司以及自然人，全部以现金入股。

公司从事计算机技术及相关产品的开发，以产品的软、硬件研制开发、计算机及外部设备的销售、系统集成、提供电子商务解决方案作为主营业务，经过持续地高速发展和不懈努力，已具备了雄厚的技术实力和技术支持服务体系，提供通信系统设备、计算机和网络系统集成、楼宇住宅智能化系统解决方案、行业应用软件以及宽带网整体解决方案、金融行业系统解决方案，来最大地满足用户的需要。

公司自主开发的基于Web方式的铭源家庭数码网关、智能信息终端、家居综合布线系统等硬件产品和铭源数码社区物业管理、综合信息服务平台等软件产品，辅助以多年对社区信息化建设的全面的解决方案，为构筑中国“数码社区”做贡献。

在对外合作方面，公司同国内著名高校清华大学、同济大学、上海交大建立了技术合作关系；同国际著名企业 HP、IBM、SUN、EMC、BEA、INTERWOVEN 等全球 IT 业的领导厂商建立了牢固的伙伴关系，不仅保证了公司业务、产品与技术的领先性，使得公司具备了基于多平台、多系统的软件设计开发能力，而且能够跟踪世界技术的最新发展，综合铭源数码的本地化优势，为中国用户提供量身定做的、具备世界一流技术水平的产品与服务。

【主要产品体系】

1. 金融业产品:

交换平台系统

中间业务系统

客户服务中心解决方案

国际结算系统

商业智能

电子化报表输出系统

IC 卡应用处理系统

ATM 前置系统

POS 前置处理系统

住房公积金管理系统
银行卡系统
2. 非金融业产品:
办公自动化系统
质量管理系统
设备管理系统
电子商务便利系统
通信软交换系统
楼宇住宅弱电系统
3. 代理产品:
HP 全线产品
IBM 产品
BEA 中间件
EMC 全线产品
INTERWOVEN 全线产品
4. 可提供的项目服务:
软件系统的设计、实施与集成;
企业 IT 系统建设咨询与设计
项目管理与实施
软件项目托管
项目管理和软件工程技术咨询
软硬件采购（包括内外贸）代理
5. 完备的服务培训体系:

公司以诚信对待每一个客户，使铭源数码形成了“以客户为核心”的服务宗旨。

公司为客户项目的开展设立专门的热线技术支持电话，公司提供项目实施全过程现场支持，公司定期进行用户回访，公司和用户一起召开会议，配合用户工程师一起使系统保证在最佳运转状态。

公司可提供的培训体系：人员的培训和教育是提高计算机及通讯应用水平的关键，是衡量项目成败的重要基础。铭源数码公司设立专门的培训部门，可通过针对与用户有关的工具特性和功能对培训内容进行定制，为用户提供迅速有效的培训方法，大量节省用户时间，使用户的项目技术人员工作更富有效率。

培训分级体系：根据用户实际情况，对用户的项目人员进行初级、中级、高级不同等级的培训。由专家和资深工程师担任培训教员。根据项目实际可有现场培训、集中培训、出国考察等多种方式。公司备有各个系统产品现场演示环境，根据用户需求安排实际应用情况的参观考察，建立全面、具体应用实施方案。

【公司业绩及发展】 经过多年的技术积累，公司不仅提供单一软件产品，而且提供完整的行业解决方案，产品涉及金融、通信、房地产、保险业等行业。

公司团队队伍:

1. 铭源数码公司拥有一支年轻、富有朝气的 42 人团队，其中具有硕士以上学历者占到了 20%。公司从十分重视人才资源的管理，一向以选才、育才、用才为目的，进行相应的招聘、培训、发展、考核、薪酬、福利等各方面的举措。公司拥有一支以多名硕士生、博士生为带头羊的实力雄厚的技术队伍。

2. 公司拥有一支技术力量雄厚的软件开发和项目工程管理人员队伍，能够随时为客户进行业务系统开发与优质维护服务。公司技术人员占公司总人数的 60%，具有较高的专业水准。

3. 公司拥有一个高水平的专家顾问委员会。

4. 公司拥有一支以职业经理人为核心的出色管理队伍。

长期以来，铭源数码公司立足于丰富的项目实施管理经验和雄厚的技术开发实力，一直参与和推动中国行业信息化特别是金融电子信息化服务、住宅智能数字化信息系统及通信领域信息化建设的实施，能够提供从局域网、广域网建设至主机及网络管理的全面解决方案，用世界领先的技术和铭源数码独到的开发服务理念为用户提供高水平的产品与服务，从而协同用户创造更大的价值。

铭源数码一直保持着高速稳定的发展态势，客户领域不断拓展，产品线进一步完善，服务体系日趋健全，技术水平显著提高。更为重要的是，在发展的过程中，铭源数码打造出了一支高素质的员工团队，并形成了具有铭源特色的企业文化，这些都为铭源数码的进一步发展奠定了坚实的基础。

公司一贯以“人才、技术、服务”为本，以“清晰的产权关系、良好的法人治理结构、有效的激励机制、全新的业务发展战略”为起点，坚持以“市场为主导，客户为中心，技术为基础”的原则，以“服务创品牌、产品寻开拓、管理要效益、创新谋发展”为经营理念，遵循“自强不息、厚德载物”的为人、为商之道，倡导企业“市场竞合的经营战略”，以规范、标准的产品与服务不断赢得客户，将铭源数码建设成为一流的高新科技性企业。

铭源公司目标是：铭源数码公司和中国的行业客户一起，一如既往地坚持“以客户为根本、以市场为生命”的经营方针，根据客户的个性化需求，竭诚为客户提供长期有效的服务，力求为各界用户提供全方位、周到的技术服务支持，成为客户的最佳参谋、最佳助手、最可依赖的长期合作伙伴，构成覆盖全国的大市场平台体系。

（上海铭源数码股份有限公司）

交易所

·上海证券交易所·

【概况】 上海证券交易所成立于1990年11月26日，12月19日开业，主要职能包括：提供证券交易的场所和设施；制定证券交易所的业务规则；接受上市申请，安排证券上市；组织、监督证券交易；对会员、上市公司进行监管；管理和公布市场信息。

交易所下设上市公司部、交易运行部、监察部、会员部、国际发展部、债券基金部、电脑技术部、信息中心、信息服务小组、研究中心、法律部、财务部、办公室、内审办公室、人力资源部、行政服务中心等十六个部门，及全资子公司上海证券通信有限公司。

上海证券市场中上市公司数、上市股票数、市价总值、流通市值、证券成交总额、股票成交金额和国债成交金额等各项指标均居全国首位。至2001年12月底，上证所拥有3400多万投资者和646家上市公司，上市证券品种744个。上市股票市价总值27590.56亿元，相当于2001年中国国内生产总值的28.7%；上市公司累计筹资逾3800亿元；一大批国民经济支柱企业、重点企业、基础行业企业和高新科技企业通过上市，既筹集了发展资金，又转换了经营机制。

上海证券交易所2002年就网上证券交易发展方面做了以下课题：

网上证券交易风险防范；证券电子化交易的法律问题；上海证券交易所信息化发展战略；证券标准化与FIX。

【网上证券交易风险防范】 从网上证券交易本身的各环节看，可以从交易、资金管理、技术、业务等方面对网上证券交易可能产生的风险进行分析。交易风险问题主要涉及交易数据在远程传输过程中、交易密码在某种情形下被盗用所存在的风险以及互联网上虚假信息的传递和行情传输的延迟所可能给交易带来的风险；资金管理方面主要是在互联网环境下可能造成的资金的风险（如资金密码的泄露）以及由此引发的资金通过互联网被迅速转移的风险；技术风险主要包括目前交易系统所采用的安全措施，对系统的管理及在技术方面可能会造成的风险问题（如与合作伙伴之间的合作关系问题、系统的设计规模问题）等。

从网上证券交易活动的各主体（如证监会、交易所、证券公司、银行、IT行业）角度看，各自可能出现的风险及需要采取的措施包括：

1. *从证监会的角度看，应注意如下七点事项：*风险监管方式需要改变、有关上市公司信息披露的规定、有关证券公司网站的管理、欺诈等违规行为的防范与对策、证券业与相关行业的监管政策的一致与协调、有关风险承担的规定、各网上证券交易技术服务网站的监管。

2. *从交易所的角度看，应注意五个方面的问题。*即：技术系统应用的潜在竞争、有关信息披露的文件和有关材料的传递、网上发行股票的管理、证券交易所业务监管面临重建、有关清算问题。

3. *从证券公司角度看，应着重从技术安全性和业务的监管两个方面予以考虑。*我国广泛开展网上证券交易尚需要创造相应的社会环境和法律问题，解决我国网上证券交易过程中存在的如隐私权问题、网上版权问题、交易费用问题、电子身份认证问题等若干实际问题。

加强对网上证券交易风险的监管应从政策、业务与技术标准几个方面齐头并进，并制定相应的监管基本原则，如政策法规连续性原则、好比快重要原则、增强市场透明度原则、自律原则、兼顾行业发展目标，同时可考虑设立网上证券交易风险准备金等。

【证券电子化交易的法律问题】 证券电子化交易（下称电子交易）与传统交易相比，表现出完全不同的法律特性，如不再强调相对性、强调交易的无因性、对电子化设备的依赖性、第三方责任的限制性。电子交易带来的问题与挑战包括电子化交易系统的安全性问题、电子化交易业务的合法性问题、利用电子媒介进行信息披露的管理问题等。

国际证监会组织（IOSCO）于1998年就电子交易提出下列原则性的建议：⑴传统的证券基本管理原则仍不应改变。⑵监管机构不应阻止网络电子化在证券市场上的应用。⑶监管机构应努力强化监管，提升电子化交易环境的透明度及一致性。⑷各国监管机构应加强合作及信息交流。⑸监管机构应深入了解电子媒体及其未来发展趋势。此外，IOSCO对证券电子交易还在业务规范方面和投资者教育及提升市场透明度等方面提出许多具体监管建议。

中国证监会于2000年4月专门就网上证券交易

颁布了《网上证券委托暂行管理办法》(下称《办法》)。《办法》严格限制开展网上委托业务的主体资格。证券公司开展此业务，应制定专门的业务工作程序规范网上委托，与客户签订书面协议，并以《风险揭示书》的形式向投资者解释相关风险。证券公司应采取严格、完善的技术措施，确保网上委托系统和其他业务系统在技术上隔离，确保客户交易数据的安全、完整与准确，并对网上委托的客户信息、交易指令及其他敏感信息进行可靠的加密。在业务管理方面，证券公司除了要制定专门的管理制度和向客户说明可能出现的风险外，应当定期向客户提供书面核对账单，限制单笔委托最大金额以及单日成交量最大金额，还应当为客户提供必要的替代交易方式。在信息披露方面，必须按照要求向投资者披露信息，揭示相关风险。

几乎世界各国都承认电子交易法律效力。中国《合同法》、《民事诉讼法》等法律法规亦确认电子交易在实体法上具有与其他形式的合同同等的效力，在证据法上具有与其他形式的证据同等的效力。电子交易法律关系错综复杂，包括证券公司与客户的委托、保管和行纪合同关系，证券经纪商与证券交易所的会员合同关系，证券交易所、证券经纪商分别与电信公司的电话线路租用合同关系，证券公司与证券交易所分别与电力公司的供电合同关系，证券公司、证券交易所分别与软件硬件供应商的加工承揽或买卖合同关系，证券公司与网络服务提供商的网络租赁服务合同关系，证券交易所与卫星提供商的线路租赁合同关系等。因电子交易产生的纠纷，主要包括进入交易困难，交易指令传送失败或者延误、交易指令传送错误、撤销交易指令困难，账户记录错误或者遗漏，信息披露不充分、虚假或者误导性陈述等引发的纠纷。解决电子交易纠纷，应当遵循公平、效率两大原则。

对电子交易，未来监管政策取向：⑴实现维护市场秩序和促进金融创新之间的平衡。⑵借鉴国际先进的监管经验，做到市场更加自由、规则更加严格。⑶发挥证券交易所的一线监管职能。尽快制定电子商务法、证券电子交易管理办法等法律和修订证券交易所业务规则，不断完善相关技术手段，努力提高监管水平，促进电子交易安全、规范地发展。

【上海证券交易所信息化发展战略】 20 世纪 90 年代以来，经济全球化和市场融合的趋势对国际证券行业产生了深刻的影响，以计算机和通信技术为核心的互联网络的兴起，改变了证券行业的信息环境、运作模式和竞争格局，给包括证券服务机构、广大投资者和证券交易所在内的市场各方都带来了很大的冲击，一场前所未有的信息技术革命正极大地改变着未来证券业的发展道路。

作为中国证券市场一个重要的组成部分——市场的组织者和前线监管者，上海证券交易所确立建设世界一流交易所的战略目标。在这一目标激励下，从实际情况出发，加大技术基础设施的投入，以业务定位、技术突破的方式，确立交易所信息化发展的中期战略，通过技术的整合运用来推动业务和组织建设的前进，努力提高交易所的核心竞争力，力争在最短的时间内跻身于全球主要证券交易所之列。

1. 上海证券交易所信息化的优势和挑战。

⑴上海证券交易所拥有国内最好的技术系统。

由交易、通信、信息、监控四大系统组成的上海证券交易所技术系统具有较强的技术优势。其中：作为资本市场的后来者，上证所从一开始就设计了具有直通式交易和 T+1 交收特征的交易交收系统。交易撮合系统容量达到日委托 4000 万笔，成交 6000 万笔。系统处理速度每秒 6000 笔，峰值处理能力达到每秒 8000 多笔，居国际证券市场领先水平。

通信系统拥有超过 3100 家用户的单向卫星数据广播系统以及连接全国各主要城市的 33 条双向卫星（SCPC）系统透明干线通道和近 1800 家用户的双向 VSAT 卫星网。

信息集成系统建立了指数调整、报表统计、会员公司、上市公司、投资基金、登记结算、债券、资产管理等业务信息管理与分析系统，逐步成为各部门业务工作的重要支撑。内部网经过数次改进也已成为全所员工日常办公的好助手。

新一代实时监控系统已运行数年，在加强一线监管方面发挥了重要作用。

网络信息时代给交易所带来严峻挑战。

⑵传统证券交易所的垄断地位被打破。

在全球经济一体化、科技进步和金融深化的基础上，部分掌握资金和客户的大机构可以通过新设交易平台，直接进入原由交易所垄断的证券交易市场。在过去的 20 年中，国际上出现许多新的交易和运作模式类似证券交易所的另类交易系统，以及专用交易网络（如路透的 Instinet 系统），大型中介机构的内部对盘网络，甚至网上交易所等。例如，1999 年 7 月，全球最大的 19 家投资公司宣布建立“交叉网络”，投资者不需要通过交易所的经纪人，直接通过该网络就可买卖英国股票，据称以此可节约 80%的交易成本。在亚洲，数家新加坡证券行也于 2002 年起向该国金融管理局展开游说，希望设立股票交易电子设施，这种电子通讯网络（ECN）可迅速配对订单，成为传统证券交易所的竞争对手。

这些新的交易手段和设施的涌现预示着传统交易所垄断市场的好时光已经一去不再。为应对来自另类交易系统的挑战，世界一些主要的交易所纷纷采取措施，如采用多种交易机制、延长交易时间、推出盘后交易系统等，以满足投资者的不同投资需求，增加市场吸引力。以日本东京证券交易所为例，为满足机构投资者对大宗交易及一揽子交易的需求，东交所推出了 ToSTNeT-1 交易系统。同时，还推出了另一个专为以收盘价成交的买卖盘设计的 ToSTNeT-2 系统。

除沪深两所由于国内市场的封闭性和法规限制而暂时免受冲击外，其他交易所无一例外正通过合作、联盟、联网、购并等方式进行格局调整，区域性和跨国界的地区交易所联盟的大格局已经浮现。我国交易所如何应对这种变化，直接决定了 21 世纪我国证券市场在国际证券市场中的份额和地位。

2. 交易所面临技术进步的巨大压力。

互联网技术的应用带来证券交易方式的革命，面对信息技术的飞速发展和来自另类交易系统的竞争，传统的证券交易所不得不在技术手段和技术设备上加大投入，以保持自己的竞争地位。系统购置维护和技术更新的费用日渐成为各大交易所最重要的成本支出。数据显示，电脑系统购置和维护费用已经成为各国证券交易所的第二大成本支出。1997 年，北美地区交易所年共投入了 3.18 亿美元来购买电脑硬件和软件，欧洲地区交易所花费了 2.18 亿美元进行系统发展，占成本支出的比例为 21.7%，较 1996 年上升 4 个百分点，而亚太和南美地区交易所的系统发展费用也分别达到 1.29 亿美元和 0.23 亿美元。

⑶交易所之间的竞争激烈，形式也日趋多样化。

从技术上看，广泛采用“远程接入”系统、电子交易平台和其他交易系统，而各种低成本交易系统的不断开发也加速了全球范围内交易所的竞争。

证券交易参与者技能在提高。随着所管理资产的增加，原交易中介的操作力度向投资者转移，交易前、后台作业集中化，要求交易所改变自身提供的服务。

新兴业者的介入也加剧了交易所间的竞争。新兴业者主要有两类：一是封闭、独有的交易系统（如 Instinet 等）；二是非传统的介入者（如 IBM 等）。

相对于传统经纪人——证券商，电子通信网络（ECNs）提供具有成本优势的市场交易模式。而法规的放松将使 ECN 可以同传统、占统治地位的交易所直接竞争。

各国国内的证券交易所已经或计划合并，时区内及时区间的股票交易所正逐步结成联盟，美国、欧洲及亚洲的衍生工具交易所间也建立了大量的交易链接，这些无疑都在扩大交易的范围，加剧了各国交易所间的竞争。

投资者和中介的各种利益取向推动着行业的重组。如，机构投资者进行直接交易的需求促成了 Instinet 的产生；散户对更低成交价和更多研究信息的需求则推动了网上“折扣”经纪商的持续增长。

3. 以 Internet 战略为突破口，建立上海交易所信息化发展框架。

面对新经济、新技术时代的严峻挑战，上海证券交易所审时度势，决定首先改进交易所的基础设施，建立自己的技术优势。为此，上海证券交易所于 2000 年在国内证券行业率先引进“外脑”，通过比较筛选，最终确定由国际一流的专业咨询机构波士顿咨询公司（BCG）为我所制订 Internet 战略，以此为突破口，多角度地推进交易所的信息化建设。

“上海证券交易所 Internet 战略”，是根据中国证券市场即将发生的重大变化，从交易所整体发展的战略高度出发，结合资本市场、证券交易、电子商务的发展趋势，制定出一个以网站建设为起点切合实际、兼顾长远的交易所互联网发展规划，达到提高本所竞争力和创造价值增值的目的。具体包括对 SSE 网站现状的评估、制定远景规划（1～3 年）、制定具体实施计划（包括进度、起草网站建设招标书、寻找合作伙伴、规划资源）、配合实施计划（包括项目管理、培训本所工作人员）。

⑴从战略高度思考问题，把握不确定中的价值所在。

①通过访谈（Interview）广泛摸底，切实做到以市场为导向。

通过广泛访谈和深入调研解市场的真正需求，找出我们与国际水平的差距所在，具体包括通过对交易所内部各层面的访谈，充分了解了交易所内部对 Internet 战略的需求；通过对全国各地券商、上市公司、机构投资者、拟上市公司、信息公司以及散户投资者的市场调查，广泛听取了市场各方对交易所 Internet 战略的意见；对近 50 家交易所网站、主要国际专业财经网站以及著名中国财经网站的特点进行了仔细分析和比照研究。

通过广泛访谈和深入调研，确定能为主要的市场参与者服务、并带来收益的 32 个概念，再根据可行性、影响力和证交所、证监会的意见，整合成符合交易所未来发展的 19 个概念，从中根据本所现有资源及概念内在的联系确定了 9 个优先实施的项目，涉及了英特网交易、信息经营、门户网站、信息披露、内部支持等多个方面。

②将长期规划与短期计划相结合，使战略规划落到实处。

项目成果可归纳为 1 个远景蓝图、9 个实施规划、1 份网站招标书、一个 IT 基础平台、一套组织架构，这样既有业务和技术，又有组织和管理；既有 3～5 年的远景，又有逐月、逐周的具体进度计划；既有规划，又有具体招标文件；既有分散的 9 项业务，又有统一的基础平台，做到长短结合、虚实结合，既有前瞻性，又具可操作性。

③将技术与业务有机整合，最优化交易所现有资源。项目组分析交易所面临的组织结构上的四大挑战（品牌和声誉、决策和执行速度、人力资源管理、晋升和报酬制度），设计了涉及五个关键领域（组织结构、管理、流程、人员、领导层）的 Internet 战略实施整体结构，包括业务开发委员会、业务开发主管、业务部门/营业中心、信息与英特网能力中心等部分，做到分清业务责任、遵循英特网管理的一般原则，同时又充分利用和优化现有资源。

⑵坚持规划的针对性和操作性，实现社会效益与经济效益的统一。

①确定了把上交所建成“国际一流的网上投资信息服务商”的总体目标，“国际一流”是指上交所要应对的是国内和国外两方面的竞争；“网上”是指充分利用信息技术的潜力，不但包括英特网，还包括 VPN 等多种技术，从而增强并发挥现有资产的竞争优势；“投资信息服务商”是指不仅局限于上市、撮合和市场监管方面的服务，要为所有市场参与者提供服务，包括上市公司、中介机构、投资者和市场管理者。

②制定了九个优先业务（电子投资渠道、数据仓库、上市公司平台、第三方数据分销、大宗交易、内部网、英特网推广、市场洞察服务、安全文件递交网络）的具体实施规划，每个规划都包括十个方面的内容（项目描述、业务原理、关键成功因素、人员设置、主要技术障碍、投资和成本与营业收入、时间进度、关键路径、项目结构、合作伙伴等），同时根据项目的不同特点分别有所侧重，如有的侧重技术方案的设计，有的侧重商业计划的设计，有的侧重实施的具体步骤，有的侧重市场推介与法律环境建立等。

③明确了 Internet 项目的实施要素、所需资源、实施进度、下一步计划。其中规划的重点是分阶段实施、实施前应执行设计阶段、积极管理不同项目的交叉重叠部分、培养强有力的项目经理。组织的重点是任命全时投入的业务开发总监、建立适合的管理结构、业务开发责任与技术服务相分离、给合适的人选授权、同战略合伙人建立有效的合作关系。在实施进度上将首先从SSE网站开始，从一个英特网项目起步，以增加成功的机会，利用早期项目来获得经验、建立组织结构并聘用优秀人才，减少可能的失误。

Internet 战略项目历时 11 个月，取得了内容丰富、操作性强的成果。以此项目成果为基础，我所根据实际情况，抽调业务骨干并进一步招聘人员筹建成立了上海证券交易所信息公司（筹），具体负责项目的落实和实施。

*4.上海证券交易所信息化战略推进。*在 Internet 战略所确定的交易所网络应用规划的基础上，2001 年以来，上海证券交易所先后开始实施和推进新网站建设项目、新一代交易系统建设项目、新一代信息系统建设项目，以这三个重头项目为抓手，信息化发展步上一条不断夯实基础的道路。

（一）上海证券交易所新网站的建设及其特点

早在 1995 年，上海证券交易所就建立专门的官方网站：http://www.sse.com.cn。上海证券交易所一直致力于将交易所的网站建设成为交易所“形象宣传的窗口、市场信息服务的枢纽、未来交易所的业务平台”。在 Internet 战略项目的成果基础上，我所新网站于 2001 年 10 月开始整体规划，2002 年 5 月开始首期建设，8 月进入上线调试阶段，同年 11 月即以崭新的面貌呈现在使用者面前。

新网站项目的建设采取滚动开发、阶段推进的策略。首期着重于提升和巩固上交所品牌，体现对市场的服务理念，提高信息披露效率和市场透明度，以及推进英特网技术在业务方面的应用。新网站不仅为市场的主要参与者（投资者、上市公司、证券公司等）提供丰富权威的信息，还将具体业务搬到网上办理以提高交易所的工作效率，同时通过建立安全的网上信息交换机制，增强证券市场的效率和公正。

以用户为导向：作为一个官方网站，上海证券交易所新网站在信息披露和内容展示上具有权威性和独特的市场地位。为了在网上更合理地展现有关数据和信息，让浏览者获得更好的访问体验，新网站在设计方面以用户导向为原则，即针对不同的用户设计不同的信息通道、提供不同的应用功能。新网站将访问用户分为公众、上市公司特定用户、证券公司特定用户和上证所内部用户几类，不同用户可以快捷地通过特定导航通道进入各自专区。新网站将首页默认为公众的进入界面，一级栏目按照访客关心程度进行排列。上市公司和证券公司可以从首页上快速进入各自专区进行网上业务办理。

以业务流程为基础：新网站的一个重要理念是以英特网技术推动业务应用，从而服务于上市公司和会员公司。为此，新网站将功能和应用的设计建立在对业务流程的支持基础上。既为市场参与者提供信息，也支持证券业务的网上直通处理。

在上市公司专区，新网站提供了上市公司公告发布平台，以网络为信息通道，整合交易所上市公司管理的业务流程，为上市公司提供网上公告的发布机制。同时，上市公司专区还提供了面向监管的上市公司自主在线信息维护平台以及面向服务的上市公司交流平台。在会员公司专区，会员公司可以在网上向交易所申办会籍业务，填报基本信息，发送报表和报告，查询会员统计信息和席位信息，就席位信息、业务办理等关心的问题进行交流，发表意见和建议。两个专区均与后台的业务处理系统相连接，为网上业务办理提供入口和平台。

以信息安全为特征：目前交易所内部主要业务部门已具有一定水平的业务电子化处理能力，在信息电子化流转、处理过程中我们需要进一步建立安全机制，以便保障信息处理和传递的“不可抵赖性”。为此，新网站将建设目标定为建成一个以信息安全为主要特色的英特网基础平台。该平台将有利于交易所完成与上市公司、证券公司和相关机构的安全信息交换，促进证券市场信息的权威发布以及提高透明度，完善投资者保护和提高市场效率。

在建立新网站信息安全机制时，从国家对信息安全的宏观控制要求考虑，我们采用了具有我国自主知识产权的相关先进技术和产品，在新网站上构建一个信息安全服务平台，提供基于PKI数字证书认证机制的网上身份鉴别服务，以便能在整个上交所新网站系统范围内惟一的确定实体的真实身份，建立起全系统范围内一致的信任基准，有效解决信息安全传递所需的技术条件。在后续各期的建设中，新网站将把安全高效的信息服务概念通过网上业务应用进一步推广，以达成良好的社会效应。

（二）上海证券交易所新一代交易系统的建设及其对未来市场的影响

1.新交易系统建设的背景和目标。上海证券市场是亚太地区最早推行电脑自动撮合交易的市场之一。上证所交易系统的发展，大致可分为四个阶段。第一阶段，交易系统由网络文件服务器和无盘工作站构成，系统速度为每秒撮合3笔。第二阶段，引入小型机硬件平台，采用开放式的UNIX操作系统和客户服务器结构，系统速度达到每秒300多笔。第三阶段，引入并行处理机制，优化核心算法及数据结构。同时把原来冷备份方式主备机切换改造为热备份方式切换时间，系统峰值能力达每秒3000多笔。第四阶段，将第三阶段在32位平台上的软件移植到64位平台上，系统峰值处理能力达到每秒8000多笔，并为进一步大幅度提高交易系统的容量及性能预留了系统资源。

上交所的交易系统具有一定的技术优势，在十余年的运行实践中，也积累了丰富的经验。但是，我们应该看到，在飞速发展的信息时代，不进则退。而交易所有义务走在证券业的最前沿，充当证券业技术进步的“领头羊”。

⑴信息时代交易所面临着业务和技术双重挑战。

业务挑战：随着交易品种的增多和交易规则的健全，将会有越来越多的投资者加入到这个市场中来，包括机构投资者和个人投资者。若今后我国投资者的比例接近或达到发达国家的水平，加上证券品种的增加，对交易系统的压力将数十、上百倍的增加；随着投资者人数的增加和投资品种的拓展，投资者对风险的偏好和对交易机制的需求将日益多样化，投资者要求更多、更好、更快的服务，如多产品、多渠道进行投资，更多的投资工具来规避风险，具有交易国外股票的能力等；此外，随着我国加入WTO，证券市场将逐步开放，允许海外投资者走进来，中国投资者走出去，在时机成熟时，我国交易所的交易系统将和境外交易所、境外券商之间实现对接，必须提前做好技术准备，采用通用国际性行业标准，提供规范接口。

技术挑战：需要更高的系统性能，以满足不断增长的投资人数；缩短应用开发的周期，以满足更快推出产品的需要；必须为投资者提供多种交易途径；需要更高的系统可用性，以支持24小时的全天候交易；更安全的应用、网络和通信系统，以维护市场的稳定运行；需要具备与国外交易所相连接的能力，以使国外的投资者能更方便地对中国进行投资，同时也使得中国的投资者有机会参与国外证券市场的投资；制订行业标准，以减少成本和提高交易的效率。

⑵新一代交易系统建设目标。在网络通信技术、电子技术飞速发展，证券交易所之间已将竞争的重点和核心转向交易系统。交易系统不仅直接影响交易的成本和效率，也影响到市场的流动性、稳定性和市场公平。拥有一个世界一流的交易系统，是使我国交易所在强手如林的国际同行中立于不败之地的重要基础。开发新一代交易系统，是上海证券交易所加强市场基础设施建设、推动市场健康深入发展的一项重要举措，也是上证所适应时代要求、逐步对外开放、参与国际竞争的战略性选择。

根据规划，新一代交易系统将是一个高效、灵活、安全、可靠、高性能和可拓展的通用交易技术平台。从长远业务目标看，系统将支持：多渠道交易（经纪商系统、场内交易、网上交易、交易所联网交易、双边挂牌交易等）；多产品交易（股票和债券产品、权证、共同基金、ETF、指数产品、期货、期权等）；多机制交易（做市商、集合竞价、连续竞价、大宗交易等）；多订单交易（限价订单、市价订单、止损定单、各种时间和数量条件订单等）；多币种交易；灵活的交易时间（如延长交易时间、盘后交易等）。

从技术目标看，新系统将是一个高效率、高可靠性、高安全性、高模块化、高伸缩性、高可维护性的技术系统。

2.新交易系统的推出对未来市场的影响。上海证券交易所在新一代交易系统项目建设中，引入先进管理模式，将整个项目的进行分为项目定义与项目实施两个阶段，并建立了完善的文档制度，以提高沟通效率。在项目定义阶段，引入国际知名的咨询专家，通过对市场参与者访谈以及讨论研究，针对新一代交易系统进行范围界定和业务、功能、技术需求整合、系统切换策略等的研究，并设计系统总体体系结构，使得所有相关人员对系统的意义、需求、范围都有清楚的认识，并提供相应支持。项目实施阶段，根据项目定义研究结果，进行详细设计和具体部署。

本着以人为本的精神，上交所希望通过新一代交易系统的建设过程，提升国内证券IT业界在大型IT项目上的实施与管理能力。为此，我们从海外聘请了曾经参与全球多个交易所交易系统设计的专家与独立顾问；通过详细评估从国际IT业界挑选并组织了具有丰富交易系统设计经验的项目定义咨询顾问团队；同时抽调交易所内资深人员和引进海内外高级人才进行培训和实践，组成了一个强有力的技术队伍。这个具有国际大型交易系统开发实施经历的队伍在项目实施中，可以把大型IT项目管理方面的方法和手段、判断技术发展趋势的能力、理解业界关键业务问题的能力，向国内证券IT业界推广，为业界的电子商务建设提供一个实践参考。

新一代交易系统的项目定义于2002年9月完成，通过项目定义，进行了范围界定和业务需求整合的研究，定义功能需求和技术需求，估算及论证系统设计应能处理的交易容量和应能达到的性能水平，设计系统的总体体系结构，并制定项目实施相关的技术规范。新一代交易系统的项目实施阶段于2003年初开始，预计到2004年可完成项目的第一阶段功能，投入生产。上海证券交易所新一代交易系统的建设成功必将对未来证券市场的发展产生积极、深远的影响。

⑴先进的技术系统为市场创新提供了极大的灵活性。新一代交易系统是业务和技术最佳结合。由于该系统是吸取全球交易所的系统特长，全新设计的拥有很大灵活性、扩展性的强健系统，它支持未来更丰富的交易品种和交易手段、便捷的订单接入方式。新一代交易系统为金融创新提供了更方便的实现手段。

⑵响应证券行业技术标准的号召，促进证券IT技术升级换代。通过新一代交易系统的建设，有助于推广国家制定的一系列的行业标准，上交所利用独一无二的人才和资源优势，组织有关专家对证券技术标准化进行广泛的调研和深入的研究。新一代交易系统的完成，将导致一系列证券业务模式的变化，给证券经营机构带来更多的商业机会，从而促使他们改进自己的系统，更好地把握新的商机和争取更大的市场份额。这种应对变化的力量将促进证券电子商务技术的升级换代。

⑶交易所交易系统将与国际接轨，提升竞争力。上交所新一代交易系统的建设从设计到开发，都考虑到国内证券业的长远发展和其发展战略方向的需要，引进海内外优秀人才资源，考虑与国内外交易所的接入等等。交易所交易系统的功能提升将推动证券机构在改善系统方面展开竞争，谁拥有更强大灵活的系统谁就能为客户提供更个性化、更全面的服务。

（三）以数据仓库项目为起点构建交易所新一代信息系统

在近年来证券行业的竞争中，IT技术的应用不仅是提高效率和降低成本的手段，而且日益发展成为行业生存发展必不可少的“武器”。例如，瑞典斯德哥尔摩交易所由OM集团控股后，在技术创新上更加积极，它的最大特色在于交易技术（transaction technology），而不只是一个交易系统（trading system），它不仅自身拥有一个技术含量高的交易系统，而且全面研究交易价值链，树立交易技术服务提供商的形象，形成了自身的核心竞争力。上海证券交易所要实现国际一流交易所的战略目标，就必须首先建立一个使上交所能够提供全方位的产品和服务，代表国际领先水平的技术基础设施体系。在2000年，上海证券交易所就开始酝酿建设新一代信息系统。

在对全所的信息资源状况进行调查并对现有的业务流程全面梳理的基础上，我们通过竞争招标选定国际知名咨询设计公司完成了对我所信息化的战略咨询。经过前期的充分准备，2002年5月我所决定先期启动数据仓库建设项目。

全球市场发展的经验证明核心基础构架要以直通处理（STP）技术为基础。直通处理架构使交易所的信息处理更为有效，在优化人力资源配置的同时也降低了操作风险，此外，直通处理能加强部门之间的信息共享并支持综合的互联网策略，改善交易所对外服务的质量，从而使交易所能够更快地适应国内和国际市场、监管环境以及业务需求的变化。直通处理体系发挥效用需要有一个健全的数据管理体系做支撑。数据管理体系解决信息的储存和分析，再通过直通处理体系实现信息的流动。

数据仓库项目是新一代信息系统建设的首要环节。项目的主要任务是构建数据仓库和数据总线，在对现有业务、跨部门业务和战略需求前景进行调研的基础上，完成技术逻辑架构，实现流程再造和结构优化，同时提供分析决策支持和数据挖掘应用的功能。

数据存储一般通过企业级的数据仓库来实现。数据仓库提供一种面向主题的完整的数据集合，既为管理决策过程提供信息支持，又是企业信息资产的中心存储所在。通过集中存储来自各种相关信息源系统的详细数据，数据仓库可以支持各种用户群的临时信息搜索和深入的数据挖掘。通过信息的集中，管理人员可以得到关于整个企业运行状况的全面信息，而不必去各个部门的系统查看不完整的片段信息。在应用上，数据仓库可以帮助实现对业务趋势的经常性分析，以便及时发现潜在问题，并主动采取防御措施；数据仓库也可以用来提供新的服务。交易所目前拥有的大量信息资源分散在各处，不能方便地提供给使用者。数据仓库解决了集中存储问题，且利用通讯中间件来方便信息的取用，进而可将这些信息通过各种渠道发布给使用者，从而为交易所开辟新的收入渠道。

数据仓库项目将提供以下两个层次功能：第一，实现信息的有效存储，方便访问和分析，满足交易所各部门正常工作运行的需要，保证信息在交易所内部能得到充分的利用。数据仓库系统还要便于和其他系统通讯交换信息，并且建立日常的维护和动态更新机制。第二，数据仓库是信息产品的加工厂，还要进一步发挥对提高全所数据管理和决策水平的支持能力。同时，数据仓库作为新一代信息系统的重要组成部分，必须能够支撑新一代交易系统，其设计应做到灵活和开放，为满足交易所长远发展战略目标做准备。

目前，数据仓库项目的战略调研和方案设计已经完成，在外部专家的帮助下已经确立了上海证券交易所企业级数据仓库的架构，明确了数据仓库实施蓝图，并完成了招标书的主体内容。此外，十年交易历史数据的清洗工作已经展开，方案设计完成后，将进行滚动实施。

总之，数据仓库项目的实现将为交易所的工作流程再造提供一个基础架构，并推动交易所内部结构的调整，实现运作效率的提高和改善。

网络信息时代，对于证券交易所来说，既带来严峻的挑战，也蕴涵着发展机遇。通过与国际一流咨询公司的合作，通过 Internet 战略的制定与实施，上海证券交易所的信息化建设已经有了一个良好的发端。随着新网站的开发建设、新一代交易系统的建设和新一代信息系统建设的不断推进，我们定能积累更多的经验，使上海证券交易所的信息化建设踏上一个更高的台阶。上交所的战略行动符合国际证券市场的发展潮流。只要我们坚持正确的改革方向，上下一心，统一观念，形成合力，加快步伐，坚定不移地实施和深化这些战略规划，坚持技术创新、服务创新、产品创新和人才创新的发展方向，上海证券交易所必将构筑起核心竞争力，成为亚洲一流乃至世界一流的证券交易所，为我国国民经济的发展做出更积极的贡献。

（上海证券交易所信息中心　皮六一、吴卓）

【证券标准化与FIX】

1.FIX 协议。即金融信息交换协议（Financial Information Exchange Protocol），是国际金融市场上的数据通讯标准。1993 年底，富达(Fidelity)和所罗门(Salomon)两家公司自愿地将各自信息流做自动的联结而建立起一个协议，FIX 协议则以此为基础发展起来并得到广泛应用。

FIX 协议的发展过程经历三个阶段。第一阶段是从 2.7 版到 3.0 版，以 3.0 版作为基准，主要特征是在信息和交易上达到了自动化；第二阶段是从 4.0 到 4.1 版，以 4.1 版作为基准，在报价和交割功能方面实现提升；最新一版是 4.3 版，于 2001 年 8 月由 FIX 协议委员会发布，增强批量交易能力，包括行情功能。

FIX 在全球得到广泛应用，新加坡交易所、纽约交易所、EURONEXT、澳大利亚交易所、印尼交易所、墨西哥交易所、众多 ECN 公司（如 Instinet、Bloomberg、Archipelago、Redibook 等）都采用了 FIX 协议，应用在实际的数据交换中。

2. 国外交易所、ECNs、券商及基金管理公司的数据交换协议特点与趋势。

(1)美国的纽约交易所（NYSE）。NYSE CMS 使用的 FCS 协议属于标准编码不带标签的非结构化数据格式协议，但它的数据交换机制与 FIX 协议很相似，有利于向 FIX 协议转换。NYSE 已发布了 FCS 协议向 FIX 协议转换的技术文档，因此它已支持使用 FIX 协议与它的会员交换交易数据。

(2)欧洲的泛欧交易所（Euronext）。Euronext 的 MMTP 是一个会话层协议，它属于非标准编码、结构化数据格式协议，但它的数据交换机制与 FIX 协议很相似，在 MMTP 之上的业务数据层协议格式是根据业务规则制定的，它独立于 MMTP，因此也有利于向 FIX 协议转换。Euronext 正在利用三家交易所合并的机会采用 FIX 协议来统一数据交换协议的标准。

(3)加拿大的多伦多交易所（TSE-Toronto Stock Exchange）。TSE 的 STAMP 属于标准编码带标签的非结构化数据格式协议，它与 FIX 协议很相似，数据格式的灵活性似乎比 FIX 协议更强。它的特点为业务数据层的定义是以所有加拿大交易所采用统一的数据交换协议为目标的，目前已基本达到这一目的。

(4)亚太地区的交易所。新加坡交易所、印度尼西亚交易所及澳大利亚交易所都已提供支持FIX协议的接口，新加坡交易所已与澳大利亚交易所通过采用 FIX 协议的 ASX/SGX Link 实现跨境交易。

(5)ECNs、券商及基金管理公司。美国几家大 ECN 公司：Instinet、Bloomberg，Archipelago、RediBook 等，都已采用 FIX 协议与券商系统进行数据交换。美国基金管理公司(如 Fidelity)和大券商(如 Salomon Smith Barney，Goldman Sachs，Merrill Lynch 等)是 FIX 协议的最初倡导者，是 FIX 委员会主要成员，其系统大部分采用 FIX 协议进行证券数据交换。

【上海证券交易所】 上海证券交易所成立于1990年11月26日，同年12月19日开业，为不以营利为目的的法人，归属中国证监会直接管理。秉承“法制、监管、自律、规范”的八字方针，上海证券交易所致力于创造透明、开放、安全、高效的市场环境，切实保护投资者权益。主要职能包括：提供证券交易的场所和设施；制定证券交易所的业务规则；接受上市申请，安排证券上市；组织、监督证券交易；对会员、上市公司进行监管；管理和公布市场信息。

上证所下设上市公司部、交易运行部、监察部、会员部、国际发展部、债券基金部、电脑技术部、信息中心、信息服务小组、研究中心、法律部、财务部、办公室、内审办公室、人力资源部、行政服务中心等十六个部门，以及全资子公司--上海证券通信有限公司，通过它们的合理分工和协调运作，有效地担当起证券市场组织者的角色。

上证所市场交易采用电子竞价交易方式，所有上市交易证券的买卖均须通过电脑主机进行公开申报竞价，由主机按照价格优先、时间优先的原则自动撮合成交。目前交易主机日处理能力为委托2900万笔，成交6000万笔，每秒可完成8000笔交易。

至2001年12月底，上证所拥有3400多万投资者和646家上市公司，上市证券品种744个。上市股票市价总值27590.56亿元，相当于2001年中国国内生产总值的28.7%；上市公司累计筹资逾3800亿元。

【上海证券交易所新系统】 2002年上证所在确保市场正常运行和依法监管的基础上，制订了一系列的措施，争创技术、人才、服务、创新四方面的综合优势，积极筹划建设新一代交易系统，力争在日益激烈的市场竞争中，确立我国交易所的核心优势和竞争力。开发新一代交易系统，是把上证所建设成一流交易所的战略性需要，是我国证券市场持续健康发展的需要，也是上证所逐步对外开放、参与国际竞争的需要。

1. *背景情况。*

⑴交易所之间的竞争重点转向交易系统。交易系统不仅直接影响交易的成本和效率，也影响到市场的流动性、稳定性和市场公平。拥有一个世界一流的交易系统，是使我国交易所在强手如林的国际同行中立于不败之地的重要基础。

⑵金融产品创新的需要。我国证券市场目前只有股票、基金、债券等三大类品种，与国际主要证券交易所数十个品种、数千甚至数万只上市证券相比差距很大。随着我国经济和证券市场的发展，必将会有越来越多的新交易品种投入运行，因而交易系统面临的压力将不断增大，交易系统必须要能适应和支持，有必要为其留出发展空间。

⑶投资者人数与投资品种不断扩大的需要。随着交易品种的增多和交易规则的健全，将会有越来越多的投资者加入到这个市场中来，包括机构投资者和个人投资者。若今后我国投资者的比例接近或达到发达国家的水平，加上证券品种的增加，对交易系统的压力将数十、上百倍的增加。随着投资者人数的增加和投资品种的拓展，投资者对风险的偏好和对交易机制的需求（如对流动性、价格波动性、安全性等的需求）将日益多样化。

⑷证券市场对外开放的需要。我国加入WTO后，证券市场将逐步开放，最终必然允许海外投资者走进来，中国投资者走出去，交易所交易系统将和境外交易所、境外券商之间实现对接，所以必须提前做好技术准备，采用通用的国际性行业标准，提供规范接口。

2. *上海证券交易系统回顾。* 上海证券市场是亚太地区最早推行电脑自动撮合交易的市场之一，在十年运行实践中积累相当经验。上证所交易系统发展，可分为四个阶段。第一阶段，交易系统由网络文件服务器和无盘工作站构成，系统速度为每秒撮合3笔。第二阶段，引入小型机硬件平台，采用开放式UNIX操作系统和客户服务器结构，系统速度达到每秒300多笔。第三阶段，引入并行处理机制，优化核心算法及数据结构。同时把原来冷备份方式主备机切换改造为热备份方式切换时间，系统峰值能力达每秒3000多笔。第四阶段，将第三阶段在32位平台上的软件移植到64位平台上，系统峰值处理能力达到每秒8000多笔，为进一步提高交易系统容量及性能预留系统资源。

新一代交易系统将是一个高效、灵活、安全、可靠、高性能和可拓展的通用交易技术平台，以降低市场运行风险，支持国内日益增长的交易需求与业务创新，缩短新产品的推出周期，并适应证券市场对外开放的需要，确立上证所的技术优势。

3. *面临的挑战。*

⑴业务挑战。快速增长的投资人数；投资者要求更多、更好、更快的服务，如多产品、多渠道进行投资和交易信息，更多的投资工具来规避风险，具有交易国外股票的能力等；新的产品将更快地推向市场；中国加入WTO的5年后，将面临来自国外交易所和另类交易系统，比如ECN的竞争。

⑵技术挑战：需要更高的系统性能，满足增长的投资人数；缩短应用开发的周期，满足更快推出产品的需要；多种交易途径：必须为投资者提供多种交易途径；更高的系统可用性，以支持24小时的全天候交易；更安全的应用、网络和通信系统，以维护市场的稳定运行；国际化：具有与国外交易所相连接的能力，使国外的投资者能方便地对中国进行投资，使得

中国的投资者有机会参与国外证券市场的投资；标准化：制订行业标准，以减少成本并增加交易的效率。

4. *新一代交易系统建设目标*。从长远业务目标看，系统将支持：多渠道交易（经纪商系统、场内交易、网上交易、交易所联网交易、双边挂牌交易等）；多产品交易（股票和债券产品、权证、共同基金、ETF、指数产品、期货、期权等）；多机制交易（做市商、集合竞价、连续竞价、大宗交易等）；多订单交易（限价订单、市价订单、止损定单、各种时间和数量条件订单等）；多货币交易；灵活的交易时间（如延长交易时间、盘后报盘或交易等）。

5. *实施方法及时间*。在新一代交易系统项目建设中，引入先进管理模式，将整个项目进行分为项目定义与项目实施两个阶段，并建立完善的文档制度，以提高沟通效率。在项目定义阶段，引入国际知名的咨询专家，通过对市场参与者的访谈以及讨论研究，针对新系统进行范围界定和业务、功能、技术需求整合、系统切换策略等研究，并设计系统总体体系结构，使得所有相关人员对系统的意义、需求、范围都有清楚的认识，并提供相应的支持。在项目实施阶段，根据项目定义的研究结果，进行详细设计和具体部署。

新一代交易系统项目定义于 2002 年 9 月完成，新一代交易系统的项目实施阶段将于2003年初开始，预计 2004 年将完成项目的第一阶段功能，投入生产。

【新系统对证券电子商务的影响】

1. *保持和发挥现有优势*。上证所从一开始就设计了具有直通式交易和 T+1 交收特征的交易交收系统，这些系统特征是国外其他市场要花大量投资才能达到的。上证所现有的交易系统的每秒钟可处理 8000 多笔交易的峰值性能指标在全球交易所中名列前茅，另外集中式账户托管与指定交易结合、多种股票发行模式、多种国债发行方式、不同的股票配股、配售模式等具有中国特色的业务方式和技术体系，也在十余年的证券市场发展中积累了丰富的经验，上证所将在新一代交易系统中继续保持这些技术优势。

2. *给证券行业带来新的机会*。

⑴先进的技术系统为创新提供极大的灵活性。新一代交易系统是业务和技术的完美结合，由于该系统是吸取全球交易所的系统特长，全新设计的拥有很大灵活性、扩展性的强健系统，支持未来更丰富的交易品种和交易手段、便捷的订单接入方式，系统为金融创新提供了更方便的实现手段。

⑵促进证券 IT 技术升级换代。系统建设过程中有助于推广国家制定的一系列行业标准，上证所利用人才和资源优势，对证券技术标准化进行调研和研究。新一代交易系统的完成，导致一系列证券业务模式的变化，给券商带来更多商业机会，促使其改进系统，把握新的商机和争取更大的市场份额。这种应对变化的力量将促进证券电子商务技术的升级换代。

⑶交易所的交易系统与国际接轨，提升竞争力。交易所的交易系统提升将使得券商的竞争也转向系统的竞争。谁拥有更强大灵活的系统就能为客户提供更个性化、更全面的服务。

3. *对标准化与国际化的推动*。国内上海和深圳两大交易所技术系统分别在各自基础上独立发展，业务方式、技术水平相近，但接口、实施方案完全不同，为此国内整个证券行业相同水平重复建设与重复开发导致新技术推广成本与运行成本较高。

在新系统的建设中，在证券行业接口标准方面，支持和参与符合国际标准的中国标准的建立与推进。深入研究把现有数据交换协议升级为国际上广泛采用的数据交换协议的可行性；研究适合中国证券市场需要的数据交换协议，重点是如何根据目前交易网络的带宽限制，制定出既能满足上海及深圳市场的现有特点，又能支持未来的具有足够带宽的交易网络并且基于标准的扩展协议，以适应证券市场的不断发展。

在业务方面，除考虑支持国内目前运行的交易产品、交易方式等外，着重研究国际上成熟并流行的其他各类交易产品、交易方式和交易通道。与全球的其他交易所的互相挂牌、订单在国际交易所之间的互相路由等国际化的考虑也为国内证券业界的业务扩展和系统建设提供很好的支持。

新一代交易系统是采用电子商务技术完成证券交易业务的系统，将支持未来可能出现的更丰富的交易品种和交易手段等，给整个证券界电子商务系统普及和水平提升注入动力。

（上海证券交易所研究中心）

·深圳证券交易所·

【概况】 深圳证券交易所地处深圳，成立于 1990 年 12 月 1 日。深交所致力于创造公开、公平、公正的市场环境，保证证券市场的正常运行。主要职能包括：提供证券交易的场所和设施；制定本所业务规则；接受上市申请、安排证券上市；组织监督证券交易；对会员和上市公司进行监管；管理和公布市场信息；中国证监会许可的其他职能。

作为中国内地两大证券交易所之一，12 年来，深交所突破地域的限制和观念的束缚，在新兴城市建成辐射全国的证券交易中心，深交所累计为国民经济筹资 2500 多亿元，对建立现代企业制度、推动经济结构调整、优化资源配置、传播市场经济知识，起到了十分重要的促进作用。

·上海期货交易所·

【概况】 1995年期货市场整顿，批准上海金属交易所、上海粮油商品交易所及由石油、建材、农资、化工四家合并组建上海商品交易所为试点期货交易所；根据国务院1998年8月关于进一步整顿规范期货市场要求，上海三家交易所实行合并，组建上海期货交易所，受中国证监会集中统一监督管理，于1999年12月正式营运。

上市交易的有铜、铝、天然橡胶等三个品种的标准合约。以石油、籼米为重点，进行商品期货的开发；深化股指期货开发的同时，以国债期货为重点，推进金融期货的开发。抓紧对有开发价值品种的跟踪研究。

交易所拥有的交易规则和组织结构；有先进的交易设施和服务系统；上海期货交易所的期货价格发现功能得到了广泛认可；铜的"上海价格"已经成为中国国内铜市场的权威报价，成为全球三大铜定价中心之一、亚洲的铜价格中心。橡胶价格不仅为国内市场提供了权威价格信号，对国际市场行情产生了重大影响。规避风险、合理配置资源等积极功能得到显著发挥，市场规模稳步扩大。

上海期货交易所现有会员200多家，其中期货经纪公司会员占80%以上，已在26个省、自治区和直辖市开通远程交易终端200多个。

·郑州商品交易所·

【概况】 是我国第一家期货市场试点，由远期现货交易起步，于1993年5月28日正式推出标准化期货合约交易，实现国务院确定的由现货市场起步向期货市场发展的目标。1998年8月被国务院确定为全国三家期货交易所之一。交易所隶属于中国证券监督管理委员会，是为期货合约的集中竞价交易提供场所、设施及相关服务，并履行《期货交易管理暂行条例》和《期货交易所管理办法》规定职能。

交易所实行会员制，按照章程实行自律管理，有会员200多家，分布于全国27个省、市、自治区。

交易所采用计算机系统进行期货业务各个环节的处理。高性能的实时撮合系统，分布于全国主要城市的远程交易终端，以及功能完善的结算、交割、风险监测、信息发布和会员服务系统从技术上确保期货交易的安全运行。

交易所实行保证金制、每日涨跌停板制、每日无负债结算制，通过指定的结算银行对会员每天的交易进行集中清算。会员负责对客户清算。

交易所实行实物交割制度，未平仓合约到期须在规定的期限内履约，交易所指定交割仓库为交割双方提供相关服务。客户交割须通过会员办理。

交易所利用交易风险实时监控系统和风险预警系统，对市场资金、交易、持仓、以及价格趋势进行定量分析预测，及时控制和化解市场风险。

交易所的期货即时行情通过集诚卫星信息、路透社、世华卫星信息等10余条报价系统向国内外发布。通过郑州商品交易所英特网主页、英特网会员服务系统、电话拨号服务系统等媒介，可以快捷方便地查询交易行情及交割信息。英特网会员服务系统还可为会员提供申请客户交易编码、查询每日定单、成交、持仓、资金等网上信息服务。

《期货交易管理暂行条例》、《期货交易所管理办法》颁布实施后，郑州商品交易所修订《章程》、《交易规则》和实施细则，规章体系渐趋完善，为市场的稳步健康发展奠定了基础。

·天津联合期货交易所·

【概况】 天津联合期货交易所是经国务院同意，中国证监会审核批准，由会员出资，并在国家工商局注册，实行自律性管理的不以营利为目的的会员制法人，1996年10月8日成立。

会员大会是交易所的权利机构，理事会是会员大会的常设机构、管理执行机构，理事长是法定代表人。天交所设有六个专业委员会和九个职能部门。

经中国证监会正式批准的上市品种：天津红小豆、电解铜、重熔用铝锭，试运行品种有天津胶合板、大豆、铸造生铁、硅铁等共三大类七个品种。其中天津红和铝期货交易在国际国内产生较大影响。现有3个交易大厅，210个交易席位，会员单位158家，遍及26个省市自治区。利用计算机网络系统进行交易，有场内主干交易网及远程交易席位，通过"路透"、"新华财经"、"中广卫"、"萨德岚"、"世华"、"霸才"、"未来信息"等卫星通讯系统发布即时行情。

交易方式为集中竞价，计算机自动撮合。期货交易实行严格的保证金制度、逐日盯市、每日无负债结算制度、大户报告制度、每日价格最大幅度限制制度、交易头寸限制制度，补充和完善《风险管理办法》、《强制平仓管理办法》、《结算细则》、《实物交割细则》等一系列规章制度，完善计算机动态风险监控系统，增强风险防范能力，保障交易安全、高效、平稳运行。按照中国证监会要求，依照《交割实施细则》，《仓储管理办法》，规范组织实物交割，并设有仓单交易。设立交割仓库18个，包括北京、上海、山东、辽宁、甘肃、河北在内的异地交割仓库13个。

·银期、期证合作发展状况·

【银期合作热潮涌动】 银期合作热：早在2001年期货界就开始了公司与银行之间的合作探索。2001年11月中国工商银行与格林期货首先合作实现了保证金封闭运行，2002年3月中期公司和厦门国贸分别与中国建行签订的“银期合作协议”揭开了银期合作高潮的序幕，之后，北京、上海、浙江、深圳等地相继掀起了全国性的银期合作热潮。

原因分析：(1)国内期货行业的巨大发展前景。继1996～1999年的“规范整顿”之后，2001年确定中国期货市场“规范发展”的主基调。在政策性利好鼓舞下，期货市场巨大发展潜力和不可替代作用重新受到政府主管部门和广大投资者的重视，增资扩股之后网上交易兴起和信息设备加大是期货公司开展与银行间合作的基础性条件，而2001年5月8日，国内三家期货交易所通讯联网成功及正式运行也为银期合作热奠定了坚实技术基础。(2)银行新增业务的需求。随着中国股票市场自2001年6月份开始大幅调整以及银行传统业务增长速度放缓，银行开始寻找新的利润增长点，作为国内发展水平严重落后于国外同行及其他金融部门的期货行业成为银行业不可放弃的选择，简单的结算层面合作将为期货基金甚至于银行资金直接进入期市铺平道路，银期合作具有稳固的政策和技术基础，正处于具有广阔发展前景的开始阶段。

【银期合作前景展望】 双方主要是在不涉及自有资金的前提下，在结算、划账、电子商务以及财务管理等方面进行合作，简单地说，即期货公司在财务结算方面能得到银行更大支持，而银行则更大效率地使用自身先进的技术和网络，扩大银行结算资金的交易规模。国内银期合作水平与国外相比相差甚远，以LME为例，11家圈内交易商中，有8家具有银行集团背景，“银行买盘/卖盘”对市场的影响力巨大，真正做到引导银行资金介入到期货实际交易中，而不仅像国内一样停留在结算领域的表面合作上。

从银期合作的最终发展方向来看，远期前景最有可能演化成为以下两种主要形式：一方面，针对期货新品种(包括石油、玉米、棉花、大米、线材和金融及金融衍生品种)和新的投资模式(包括期货基金和代客理财)，银行在现金交易上将扮演不可或缺的角色，同时，在期货基金组建、发行、委托管理等多方面将为期货公司提供全方位服务，而自营业务和代客理财业务也是银行加强同期货公司合作的切入点。另一方面，银行资金流入期货市场才是银期合作的终极目标，也标志着银期合作进入到实质阶段。

【建行与正湘行期货全面合作】 湖南正湘行期货经纪公司与建行总行正式签订全面业务合作协议，这是湖南省期货公司与国有商业银行签订的第一份银期合作协议。

银行方面认为期货业是最有待发展的领域，银行在此方面态度要更为积极。银期合作有利于期货公司在业务上的规范发展，同时也有利于银行业务创新，是双方为将来多方面合作作出的重要准备。建行与正湘行期货承诺在代理期货结算业务、银期转账、客户保证金封闭运行、网上交易、融资业务等方面以及今后开展的期货基金的发行与托管、财务顾问等业务领域中进行全面的合作。

对于投资者来说，银期合作可以提高资金运行效率，客户随时可以调动资金进行期货投资。在资金的风险管理方面，如果通过银行运作，就能让客户免去资金被挪用的后顾之忧。

【中期公司和厦门国贸与建行全面合作】 自2002年3月份，以中期公司和厦门国贸分别与中国建行签订“银期合作协议”为标志，中国期货公司与银行之间长期合作关系迈出历史性的一步。据不完全统计，全国各大期货公司大部分都与银行建立了不同程度的合作关系，尤其是2001年位居全国成交量前10名的公司签约比例更高达70%。借鉴国外发达国家和地区的资本市场体系可以看出，期货公司与银行之间的合作关系是全方位、多层次的，国内期货市场与银行业的合作必将实现与世界惯例的接轨，最终构筑双赢的银期合作模式。

【国信证券与经易期货合作】 大连营业部与经易期货大连营业部的合作从2002年初开始，由于政策等方面限制合作处于探索阶段，针对部分客户投资要求，为经易期货提供场地和部分设备。经易期货在国信证券营业部设的仅是一个期货咨询服务部，让有意从事期货交易的客户，通过网上或电话方式自行下单交易。

期证合作困难较多，一是法规政策上的限制和分业经营的管理体制，限制期证业务合作。客户不能拥有两个市场的共同账户，虽然客户保证金可通过合法手续进行银证、银期间的封闭式管理和划转，但政策并不允许证券营业部直接提供期货交易服务。二是由于证券客户在做期货时，大多采取网上交易或电话下单方式，因此交易量难以快速增长。

研究探讨篇

- 国内
- 国外
- 优秀论文选摘
- 纳斯达克与上市的中国公司

2002 年中国电子商务市场规模与结构分析

·中国电子商务市场规模与增长·

2002 年是中国电子商务务实的一年，是稳健发展的一年。据统计，2002 年中国电子商务网站总量为 3804 个，比 2001 年增加 12%。其中有影响且持续运营的有 1533 个，比去年的 1326 个，增长 16%。和总量稳定增长相比，电子商务交易额则实现较大幅度提高。2002 年全年交易额共计 1809 亿人民币，和 2001 年相比较，增幅达 66%。（见表 1、图 1）

表1 中国电子商务网站总量

	总量(个)	有影响且持续运营(个)
2001年	3391	1326
2002年	3804	1533

图1 中国电子商务总交易额变化

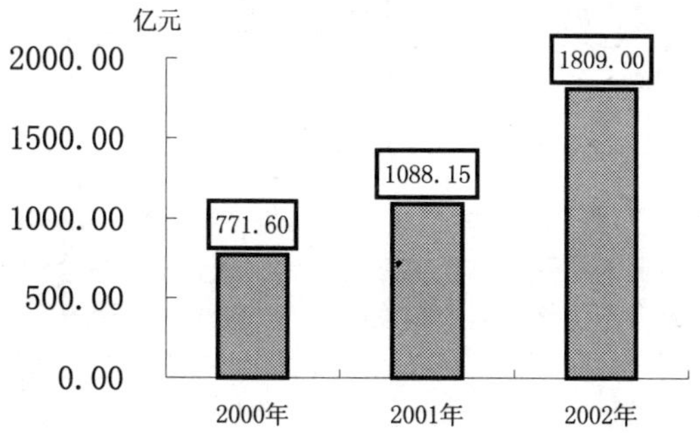

·中国电子商务市场结构分析·

1. B2B电子商务市场。

(1) 2002 年 B2B 市场总量与结构。据统计，2002 年共有 B2B 网站 1527 个，比 2001 年的 1345 个增加 13.5%，能有效、持续运营的有 796 个，比 2001 年增加 19.3%。其中综合类的网站有 189 个，比 2001 年增加 27%，有 93 个能够持续运营；专业类网站有 1338 个，比 2001 年的 1196 个增加 11.9%，有 703 个能够持续运营，约占专业类网站总数 52.5%。（见表 2）

表2 中国电子商务B2B网站总量

	总量（个）	有影响且持续运营（个）
2001年	1345	667
2002年	1527	796

在专业类网站中，内外贸类仍占很大比重，有 518 个，占总数 33.9%，其次为综合类和农林牧副渔类，分别有 166 个和 102 个。在信息化建设带动下，各行各业都加大了对信息化的投入，对电子商务重视程度也逐渐增加。其中石油、冶金、家电、信息、汽车以及图书等行业有较大增长，增长率为 20%左右，政府采购网站增长最快，2002 年有 70 个，增长 32.1%。（见表 3）

表3 中国电子商务B2B市场总量与结构变化

	2001 年(个)	2002 年(个)	增长率
综　合	149	166	11.4%
内外贸	464	518	11.6%
石　油	28	33	17.8%
化　工	47	52	10.6%
冶　金	25	30	20.0%
家　电	30	37	23.3%
信息产品	63	75	19.0%
办公用品	22	25	13.6%
汽车机械	50	62	24.0%
日用轻工	53	61	15.1%
农林牧副渔	95	102	7.4%
纺织服装	69	75	8.7%
烟酒食品	25	27	8.0%
煤炭能源	22	23	4.5%
医　药	13	14	7.7%
物流、交通运　输	35	39	11.4%
图　书	15	18	20.0%
建　材	31	35	12.9%
政府采购	53	70	32.1%
其他(二手、租赁等)	56	65	16.1%
总　计	1345	1527	

(2) 2002 年 B2B 市场交易总量。2002 年，中国 B2B 电子商务交易额为 1784 亿人民币，比 2001 年的 1075 亿元，增加 66%，增加幅度超过 2001 年的 40%。（见图 2）

图2　中国电子商务B2B市场总交易额变化

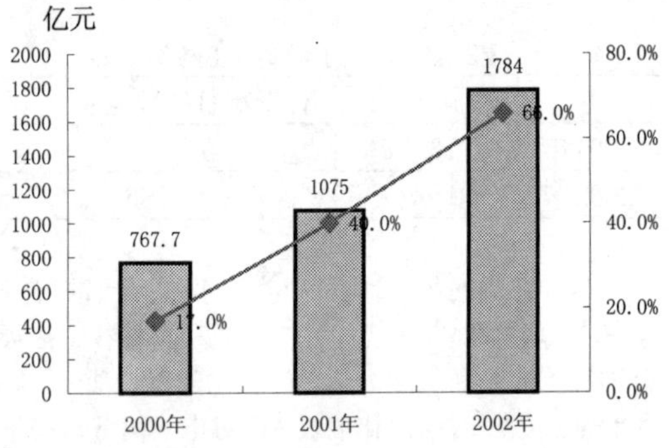

2. B2C电子商务市场。

(1) 2002 年 B2C 市场总量与结构。2002 年共有 B2C 网站 2277 个，比 2001 年增加 10.7%，能够有效运营的有 796 个，比 2001 年增加 11.8%，其中综合类网站 285 个，比 2001 年增加 15 个，有 72 个能够持续运营；专业类网站有 1992 个，比 2001 年的 1786 个增加 11.5%，有 665 个能够持续运营。（见表 4）

表4　中国电子商务B2C网站总量

	总量(个)	有影响且持续运营(个)
2001年	2056	659
2002年	2277	737

跟 B2C 网站数增加较慢相比，2002 年，中国 B2C 电子商务交易额增长幅度较大。2002 年总交易额为 25 亿人民币，比 2001 年 13.15 亿元增长 90.1%。虽然增加率小于 2001 年 237.2%，但从绝对数量来看，2002 年总交易额为 2001 年的近 2 倍，在总体环境不太理想大背景下，能取得这样的成绩已相当不易。（见图 3）

图3　中国电子商务B2C市场总交易额变化

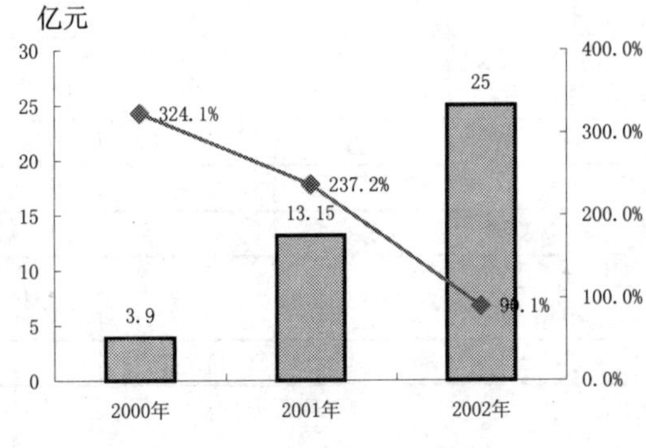

2) 2002年B2C网站分布。2002年，在书籍、音像及电脑相关(软硬件)方面的网站数量增长分别为10.3、6.6%及11%，增长较为平稳。（见表5）

表5　2002年中国电子商务B2C网站分布

种类	2001 网站数量(个)	2002 网站数量(个)	增长率
综合	270	296	9.6%
书籍	174	192	10.3%
音像	61	65	6.6%
电脑相关软硬件	173	192	11.0%
教育(网校、培训)	139	145	4.3%
票务(机票、演出票等)	122	132	8.2%
通讯器材、卡类	42	47	11.9%
礼品(工艺、花卉等)	336	351	4.5%
大小家电	58	62	6.9%
旅游休闲	281	323	14.9%
体育用品	12	15	25.0%
数码、照相器材	18	20	11.1%
信息服务	208	249	19.7%
医疗保健品	33	41	24.2%
生活家居用品	38	41	7.9%
服装鞋帽	57	67	17.5%
其他	34	39	14.7%
总计	2056	2277	

(3) B2C网站销售产品种类分布。从2002年用户网上购物倾向以及实际购物比例来分析，书籍、音像等产品仍然是网上购物的热门。2002年，用户对“书籍”的购买倾向已从2001年的51.2%扩大到2002年的87.3%，实际购买比例高达73.4%，成交金额更是达到5.36亿人民币，占B2C市场总交易额的21.4%。用户对音像的购物倾向为63.1%，实际购买比例达到57.8%，交易额也有大幅增长，为1.78亿人民币。电脑相关产品，包括软硬件，通过网络进行的交易额增长迅速，交易额有3.13亿人民币。

书籍、音像以及电脑相关产品的热销原因是用户比较认可通过网络来购买这类标准性较强的产品有关。电子商务网站竞争，突出价格优势。快捷配送，低廉甚至免费运费，使用户的购买欲望得到增强。体育用品、信息服务以及医疗保健品交易额虽然并不是很大，但增长率分别高达 231.6%、152%以及 269%，显示在网上销售的良好趋势。旅游休闲类产品及服务 2002 年交易额为 2.35 亿，比 2001 年净增 1 亿，增幅为 74.1%，也是 2002 年热点之一。（见表 6）

(4) 网民增长情况。据联合国贸易发展会议2002年11月统计报告显示：到2002年底，全球互联网用户人数将达到6.55亿人，其中，中国网民人数居世界第二，仅次于美国。据预测，截至2002年12月31日，中国上网用户人数达6486万人，比去年增加3476万人，增长92.5%。（见图4）

表6　2002年B2C网站销售产品种类分布

	购物倾向(%)	实际购物(%)	交易额(亿元)
书籍	87.3	73.4	5.36
音像	63.1	57.8	1.78
电脑相关(软硬件)	49.2	37.8	3.13
教育(网校、培训等)	45.1	19.6	1.25
票务(机票、演出票等)	31.2	10.7	1.95
通讯器材、卡类	35.6	17.5	1.21
礼品(工艺、花卉等)	31.3	16.2	0.84
大小家电	25.1	8.7	1.42
旅游休闲	35.4	15.3	2.35
体育用品	19.7	5.8	0.63
数码、照相器材	15.4	3.4	0.97
信息服务(会员服务、收费服务等)	37.6	6.7	0.63
医疗保健品	23.5	3.7	0.59
生活家居用品	27.9	9.5	1.21
服装鞋帽	19.6	6.8	0.61
其他	1.2	4.1	1.07
总计			25

图4　中国网民增长情况

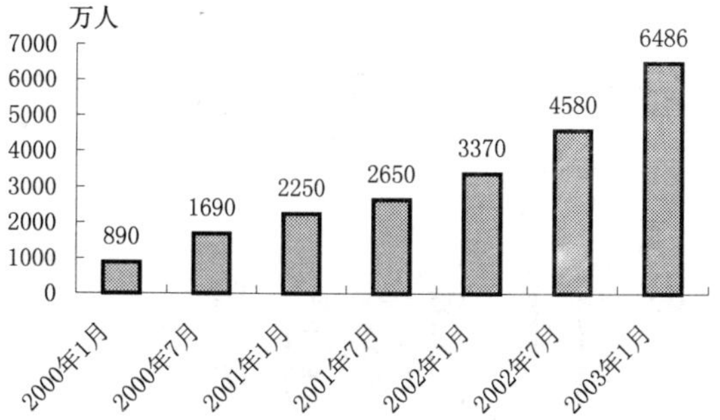

·区域市场分析·

中国电子商务网站区域分布仍以华东、华北以及华南为主。B2B 电子商务网站中，华东、华北、华南分别占了 42.1%、28.3%、24.8%，而剩余的其他地区总共才占 4.8%。而在 B2C 电子商务网站区域分布情况跟 B2B 电子商务网站分布较为类似。（见图 5、6）

图 5　中国 B2B 电子商务网站区域分布

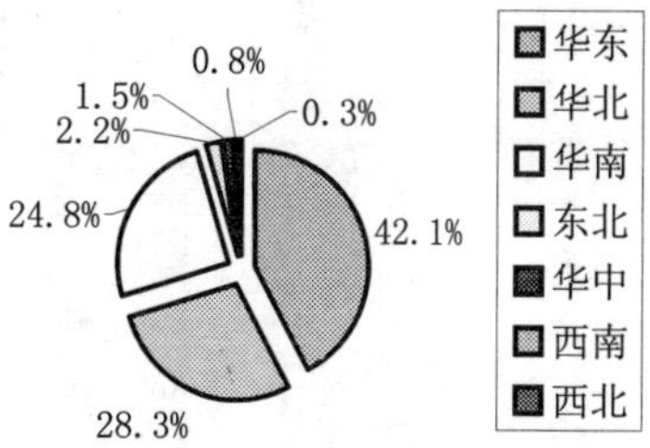

图6　中国B2C电子商务网站区域分布

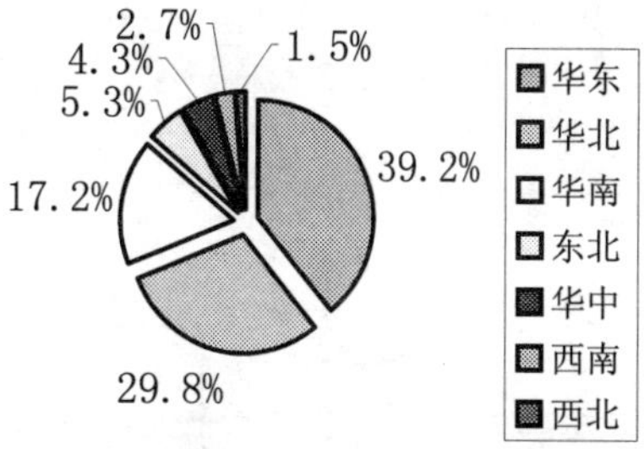

·2002 年电子商务需求分析·

1. 企业电子商务的需求分析

(1) 企业参与电子商务现状。总体来说，中国企业信息化水平仍比较低，表现为：信息化投入远远不足，IT 复合型人才相当缺乏，企业管理没有规范化。

首先，全国信息化的投入是远远不足的。投资不足严重制约企业信息化的进程和实施效果。国外，制造业是信息化主力军，例如，波音、通用、制药业的几个大公司等。国外制造业大公司一般投入营业收入的 4%～5%做信息化，即一年投入几亿美元。中国制造业信息化投入在几百个重点企业中占 0.2%～0.3%，其他中小企业则基本处于空白期。在加入 WTO 后，如果在信息化方面的投入还是按照现在的比例，那么将来中高端产品参与国际竞争将是很困难的。

其次，IT复合型人才相当缺乏。信息化在各行业应用仅有10几年，而国外却有50年经营经验，既懂业务、管理，又懂技术的复合型人才在中国十分缺乏。

再次，企业管理环节复杂而不规范。大多数企业其管理流程和内容并没有规范化。

电子商务作为信息化建设的一部分，在各企业中的实行情况还比较乐观。

2002年，中国约26.1%的企业参与电子商务。大型企业参与电子商务最积极，比例达32.1%，中、小型企业比例分别为27.8%和21.4%。(见图7)

按不同性质企业来分，外商独资企业参与电子商务比例最高，达到41.3%，其次是中外合资企业，比例为33.5%。国有和民营/私营企业比例，不到25%，和2001年比，都有不同程度提高。(见图8)

从行业看，冶金、电子、汽车、贸易行业的电子商务比例较高，都在30%以上。医药、建材、食品、石油、建筑和电力在20%以下，其他行业比例在20%到30%之间。2002年，在“西电东送”工程带动下，电力行业参与电子商务比例明显上升，比2001年的8.3%提高9.6个百分点，达到17.9%。(见图9)

图7 各类型企业参与电子商务比例

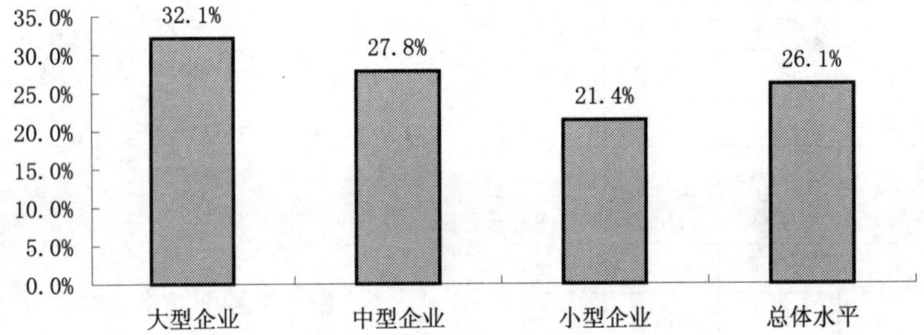

图8 不同性质企业参与电子商务比例

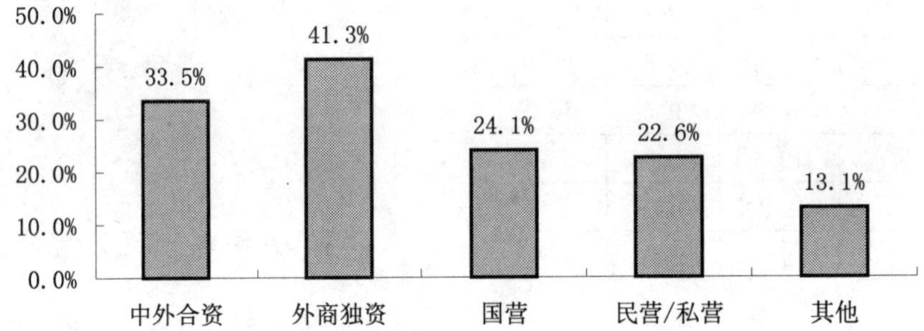

图9 各行业中参与电子商务企业比例

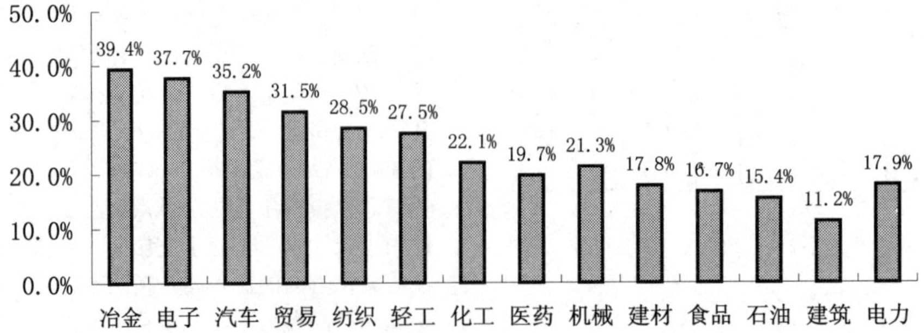

(2) 企业参与电子商务积极性提高

2002年，在政府信息化建设的推动下，以及企业自身对信息化建设重要性认识的提高，各个企业加强了对信息化投资的力度，而信息化建设中占据重要位置的电子商务，尤其得到众多企业重视。参与电子商务企业为26.1%，大型企业中比例更高，达32.1%。

企业未来参与电子商务的积极性明显提高。大型企业未来1年内参与电子商务的可能性达到35.6%，比2001年的15.8%有大幅提高。小型企业中不考虑参与电子商务的比例仍较高，比2001年下降13.4%，小型企业未来1年内参与电子商务的积极性也较2001年有很大提高。(见表7)

从行业分类来看，30%以上电力、电子和冶金行业都将在未来1年参与电子商务，而医药和石油行业中，比例不到20%，其他行业比例在20%到30%之间，总体来看，比2001年都有很大提高。(见表8)

表7 企业未来参与电子商务情况

	1年内	2-3年内	3-5年内	不考虑
大型企业	35.6%	23.7%	25.6%	15.1%
中型企业	32.7%	31.7%	25.0%	10.6%
小型企业	24.7%	27.9%	21.2%	26.2%

表8 各行业中企业未来参与电子商务情况

	1年内	2-3年内	3-5年内	不考虑
冶金	31.4%	33.1%	19.6%	15.9%
化工	29.2%	25.2%	19.7%	25.9%
机械	29.1%	31.2%	19.7%	20.0%
汽车	21.5%	25.6%	27.1%	25.8%
纺织	21.4%	27.1%	30.5%	21.0%
电子	33.3%	25.4%	21.1%	20.2%
电力	35.4%	29.6%	21.1%	13.9%
建材	25.6%	24.8%	23.7%	25.9%
建筑	24.1%	27.8%	21.2%	26.9%
轻工	23.8%	21.6%	27.8%	26.8%
石油	17.9%	14.8%	43.2%	24.1%
食品	23.7%	27.8%	23.6%	24.9%
医药	19.6%	30.7%	31.2%	18.5%
贸易	23.4%	27.6%	31.1%	17.9%

(3) 未参与电子商务原因分析

据调查，中国目前还有约73.9%的企业还未参与电子商务，原因如图10所示。

在2002年，仍有30.3%的企业认为“社会环境尚未成熟”是目前未参与电子商务的主要原因，主要涉及电子商务框架中的软环境基础。由于在软环境基础中的电子商务相关法律规范、金融支付平台、数字认证系统、信用体系、物流、税收等，都还有待完善，使得一些企业在实施电子商务的时候有所顾虑。而回答“技术力量不够”的占企业的27.1%，说明IT复合型人才仍相当缺乏。

(4) 电子商务的主要应用

从图11可看出，2002年参与电子商务企业在电子商务方面应用以“网上查询”、“网上发布信息”、“建立自己的网站”为主，比例分别为75.6%、78.2%和70.9%，说明整体水平还处于电子商务流程的初级的“信息交流阶段”。在其他的应用中，“网上销售”和“网上采购”比例比2001年有较大增长，分别达到62.3%和41.8%。

从企业类型来看，参与电子商务的大型企业在电子商务各项应用上的比例都比中小企业要高，在“网上支付”、“企业人事管理”和“建立自己的网站”等应用上的比例差距尤为突出。(见表9)

图10　企业未参与电子商务原因

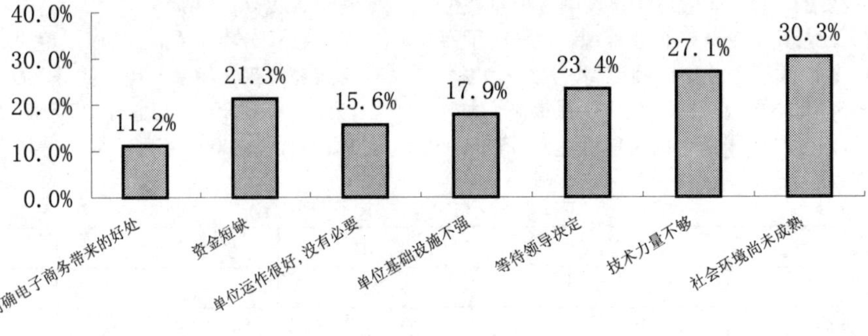

图11　企业在电子商务方面的主要应用

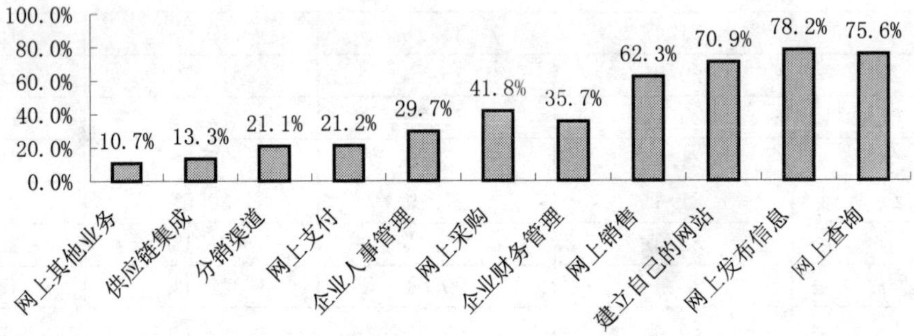

表9　各类型企业参与电子商务的应用情况

	大型企业	中型企业	小型企业
网上其他业务	11.2%	10.1%	9.1%
供应链集成	15.4%	11.7%	9.4%
分销渠道	23.3%	20.6%	19.4%
网上支付	37.1%	17.4%	12.4%
企业人事管理	43.1%	20.4%	31.2%
网上采购	43.2%	41.5%	35.8%
企业财务管理	47.5%	33.3%	34.9%
网上销售	65.7%	56.1%	54.5%
建立自己的网站	84.1%	61.4%	53.4%
网上发布信息	88.4%	75.1%	69.4%
网上查询	79.6%	74.7%	76.6%

2. 个体用户电子商务的需求分析

(1) 网民参与网上购物比例

截止到2002年底，约有33.1%的网民曾经有网上购物的经历，与2001年相比略有增加。但由于2002年中国的网民数增加较多，参加网上购物的人数比2001年增加了352万人。

(2) 购物网民的基本状况

从购物网民的年龄来看，22～30岁所占比例略有下降，而22岁以下及31～40岁年龄段的比例都有了上升；从学历分布上看，比例最大的仍是大学本科，为67.2%，比2001年稍有上升，而高中、中专学历所占比例有所增加，为25.1%；从月收入来看，购物网民整体购买力比2001年有所增强。购物的网民中，“无收入”比例从2001年13.7%下降到2002年的12.9%，1000～5000元月收入购物网民占全部比例为77.8%，构成购物网民的主体力量。(见图12、13、14)

图12　购物网民的年龄分布

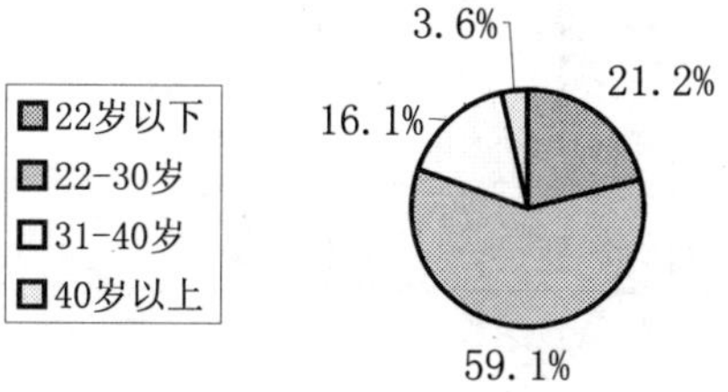

图13　购物网民的学历分布

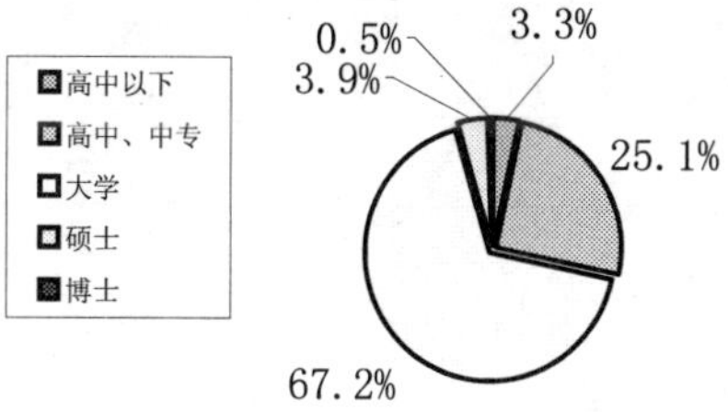

图14　购物网民的月收入分布

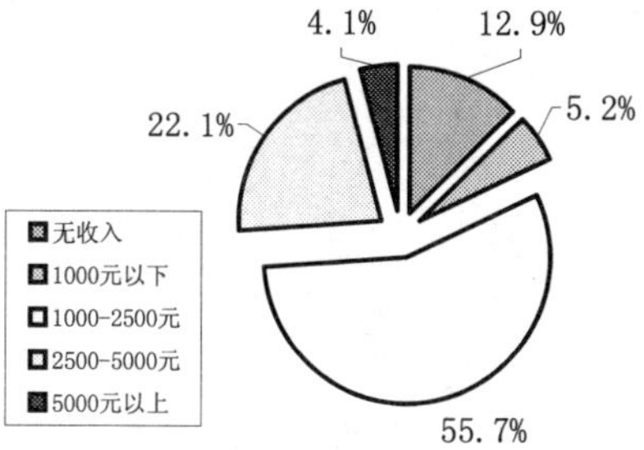

通过“熟人介绍的网站和产品”而选择网站和产品的比例较2001年有了很大的提高，达到63.4%，这和2002年几家较大的B2C的品牌深入人心，已经成为网民购物的首选有关。（见表10）

2002年，购物网民一年的网上购物花费在50元以上的比例都有不同程度的上升，而且购物网民的网上购物频率跟2001年相比，也有了提高，选择“很少”的比例已经下降到50%以下。（见图15、16）

表10　购物网民选中网站和产品的途径(多选)

购物选择途径	百分比
网上漫游,看到广告	61.2%
熟人介绍的网站和产品	63.4%
确定产品后,主动上网搜索	38.6%
其他途径	9.8%
传统媒体广告	0.3%

图15　购物网民一年的网上购物花费

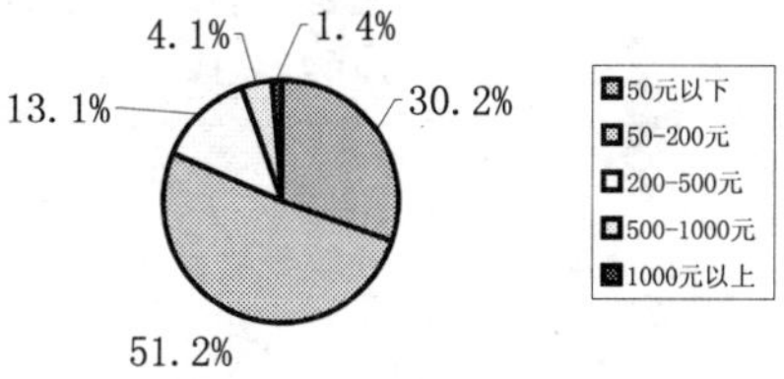

图16　购物网民上网购物频率

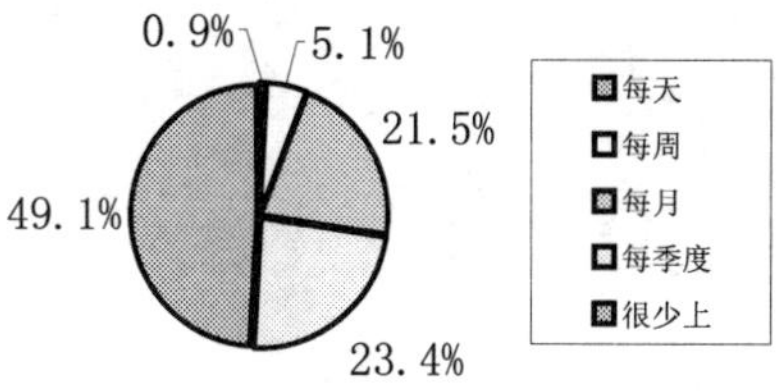

(4) 网上购物原因

在2002年B2C网站提供价格便宜的商品，尤其是书籍、音像产品，已经达到3折。提高网民的购买欲望，成为网民网上购物的主要原因。其次是“方便快捷”，随着物流配送质量的提高，人们也逐渐习惯享受在家购物的乐趣。因为“商品本身”和“好奇心理”而购物的比例也有一定的提高。(见图17)

(5) 网上购物满意程度

从网民对网上购物的满意程度来看，只有12.8%的网民不满意或非常不满意，而这一比例在2001年则是20.8%。选择“非常满意”和“满意”的比例有了较大提高，分别达到14.7%和41.2%。这说明经过2002年，中国B2C电子商务整体环境有了一定提高，B2C电子商务模式也更加普及和深入。(见图18)

(6) 网上购物主要问题

“付款不方便”、“售后服务水平低”及“产品信息不完整”是影响网上购物的主要原因。(见图19)

图17 网民选择网上购物的原因

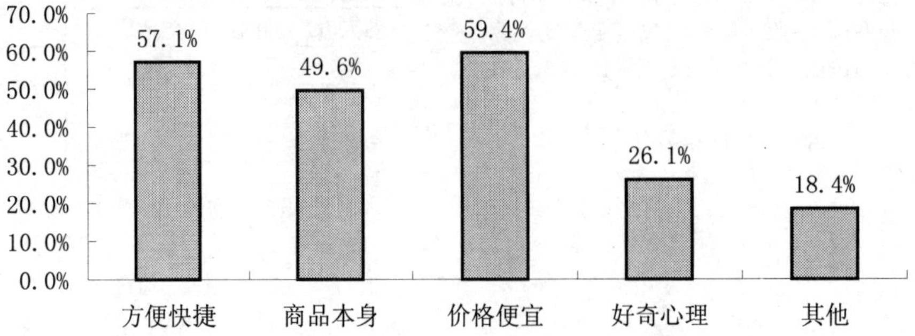

图 18 网民对网上购物的满意程度

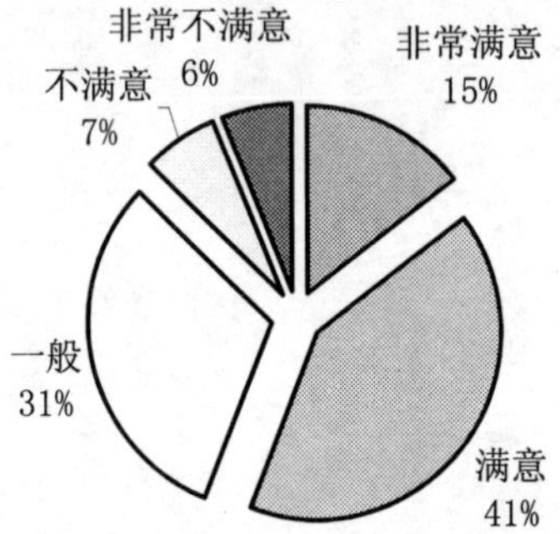

图19 网民购物的主要问题

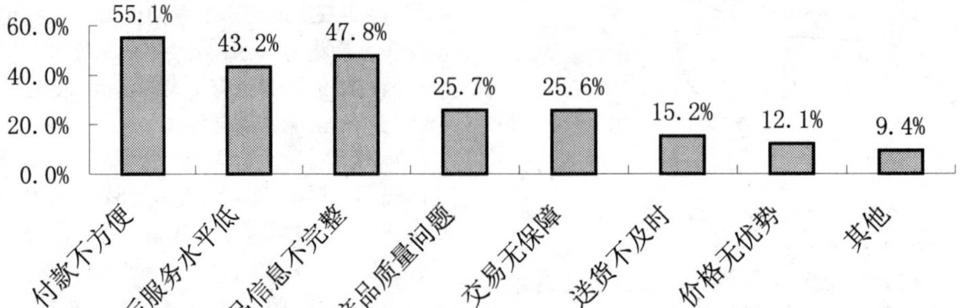

·影响电子商务市场发展因素·

1. 有利因素。

⑴中国经济持续稳定增长。未来的5年，世界经济逐步复苏将是主要趋势。而中国经济仍将在今后的几年中保持持续稳定增长。

首先，在十六大精神的指引和新一届政府的领导下，各方面干劲比较足，将建设一些新的大项目。十六大制定的新政策对解放生产力、发展生产力是非常有利的，包括国有体制的改革，允许劳动资本、技术管理等生产要素参与分配，鼓励支持和引导非国有经济的发展等。中国加入世贸组织经过一年的磨合期以后，各方面已经逐渐熟悉和进入角色，也将对进出口贸易的快速增长起到明显的良性拉动作用。

其次，中国经济自主增长能力增强，前几年投资主要依靠国债的带动，近两年民间投资的积极性也在明显提高，将对国民经济的持续增长做出较大贡献。

第三、经济增长的物质基础日益强大，人力、物力、财力的储备都在不断上升，目前中国的外汇储备已列居世界第二，整个社会需求保持较快水平提高，预计巨大的经济增长的潜力使中国未来将保持 6%～8%的增长速度。

⑵全球化对中国电子商务的促进。经济全球化时代的到来，使得经济成分有不断扩大的趋势，也使中国企业发展电子商务的机遇大大增加。中国已经加入WTO，为中国发展电子商务提供了良好的机遇，在WTO的框架内，在中国与WTO其他成员国达成的多边协议框架内，中国将享有相应的权利并承担相应的义务，大中小型企业都将有机会和可能进行对外贸易和投资，参与经济全球化竞争，为大力发展中国的电子商务创造良好的国际环境。

⑶“政府先行”，推动电子商务发展。

⑷电子商务环境正逐步改善。中国电子商务的环境(网络基础建设运行环境、法律环境、市场环境)在政府支持、网上支付、信息安全、认证中心建设等方面日趋完善，国家有关电子商务的政策、法规即将出台，为电子商务的发展提供了基本的条件。

相关法律与制度更加健全。电子商务的发展离不开制度的约束和保障，相关法律和制度的产生实际上是电子商务与社会经济逐步磨合的结果。实践的丰富和可参照案例的积累，使电子商务具有一系列行为规范和游戏规则，这将保证电子商务的良性运行。近几年，国务院、信息产业部及国务院有关部门陆续颁布了《中华人民共和国电信条例》、《鼓励软件产业和集成电路产业发展若干政策》、《互联网信息服务管理办法》、《计算机信息系统安全保护条例》、《互联网上网服务营业场所管理条例》、《互联网电子公告服务管理规定》、《计算机网络国际联网安全保护管理办法》、《网间互联管理规定》以及网上银行、网上医疗信息服务等一系列有关互联网行业生产、运行、服务、使用的政策法规和规章，既有效地促进了互联网及电子商务的发展，又维护了互联网及电子商务的秩序。

标准化的进一步发展保障了电子商务的顺利运行。统一标准的执行使得不同系统(如企业组织)间相互交流、相互兼容，从而为实现对话与合作打下了基础。互联网电子商务提供了一个统一的交易平台，这实际上就是一种平台层次上的标准化。产品信息、交易流程、结算方式等在全社会范围内存在可统一执行的标准，这对电子商务而言是交易顺利实现的必然要求。同时，软硬件的发展也将使得不同电子商务解决方案之间，存在统一的技术标准，为企业在互联网上的合作甚至兼并提供了保障。

2. 不利因素。

⑴电子商务意识有待提高。

⑵电子商务人才短缺。

⑶企业信息化水平较低。目前中国 15000 家国有大中型企业中，只有 10%基本实现了信息化，而中小企业这一比例更低。企业采用信息技术等高新技术尚缺少内在的动力、人力、财力与物力。信息技术人才特别是既懂信息技术又懂行业业务技术的复合型人才更为缺少。信息意识、信息技术知识水平较低，消费观念习惯与电子商务不相适应。部分基层领导对信息技术与电子商务应用的重要性、紧迫性认识尚需进一步提高。

⑷安全仍是影响电子商务发展的重要因素。Internet 是一个开放型的网络，它的安全问题是人们最为关心的。虽然在技术上有很多防范措施，但目前在黑客频频光顾企业的网站并进行破坏的情况下，人们将自己的银行账号和密码送到网上时，心里不免还是有几分担心。

由于网络的虚拟性，交易双方不见面，其交易完全通过网络进行，因此信息的真实可靠性受到特别的重视。而目前在信息的真实性、客户身份的合法性、支付信息的完整性、支付信息的不可否认性；整个网上交易的合法性等都无章可循、无法可依，特别是安全认证问题和网上支付的安全性还不能够完全消除人们的疑虑，仍将严重制约电子商务的正常发展。此外，电子商务相关政策法规体系不健全、物流配送及网上支付手段的有待完善、用户及企业信用建设问题等等都对中国电子商务发展产生一定的影响。

2003～2007年中国电子商务市场发展趋势分析

1. *总体市场发展趋势定性分析*。随着中国加入WTO法律文件签订，“全球电子商务”与“WTO中国”这两大机遇与挑战同时摆在面前。伴随着奥运经济的全面启动以及上海申博的成功，中国政府用于信息化建设的巨额投资必将加快中国企业国际化进程，刺激电子商务的发展，全面提升中国电子商务生态环境。“十五”计划提出了，大力推进国民经济和社会信息化，以信息化带动工业化成为既定国策。开展国际电子商务，已成为提高中国企业国际竞争力、缩短与发达国家经济发展差距的必由之路。上海结束的APEC部长级会议上，一致通过《数字APEC战略》，说明各国部长对数字化发展巨大潜力的重视。这一战略的提出，无疑是为我们描绘了电子商务的蓬勃发展前景。

今后的5年，是中国电子商务应用蓬勃发展的5年，并将给中国的经济发展带来更深刻的影响，整体表现以下几个方面：

⑴企业信息化水平进一步提高。未来5年，企业信息化有很大发展，信息技术在传统产业改造中有显著成效，计算机辅助设计，辅助制造，过程控制及辅助管理在各类企业中进一步普及，大部分大中小型企业，基本已实现初级企业信息化，而部分大型骨干企业正向中级企业信息化发展，ERP、CRM、SCM等将得到应用，部分中小型骨干企业分期实现初级信息化。

⑵物流的发展。中国经济中已初步具备了发展物流与配送的经济环境和市场条件。近期来看，物流和配送在一些产业领域中的发展机遇主要是：第一，在外国投资企业中，发展物流和配送的市场需求仍将保持快速发展的势头；第二，在市场竞争中规模逐步扩大的优势企业，发展物流和配送的市场需求萌生；第三，以中小型零售企业为服务对象的社会化物流中心和配送中心、正在快速发展的连锁商业企业内部的物流配送事业开始起步并进入规范发展阶段。

从长远看，在不断推进改革的条件下，中国物流与配送的发展将进入一个新阶段，前景十分可观。在下个五年期间，基于网络的电子物流将在中国兴起，国外大型快递公司的介入将促使中国的物流企业通过兼并与合作向集约化发展，第三方物流将为企业提供全方位的服务。信息化、自动化、智能化的技术设备将装备中国的物流企业。

⑶网络金融。电子商务为中国的金融业提出新的机遇与挑战。由于没有物流环节，电子金融业务(包括银行业、证券业、保险业、基金业等)，可以通过网络来完成整个交易过程。可以说，金融业是电子商务发展的最大受益者之一。中国的金融业可以互联网络为依托、以物理网络为基础向综合化、全球化、电子化、一体化的全能服务机构的方向发展。

互联网的发展也对传统银行的支付方式提出挑战，传统银行需要为用户提供更多的支付方式，更好更快捷的服务。在这些中国银行不足的地方也正是入世后外资银行会切入的地方。信用卡业务，网上支付业务将是外资与中资银行竞争的焦点。个人和企业信用的监督机构和监督手段将逐步确立。免服务费，免年费的信用卡将逐步风行。

⑷电子政务与政府信息化。政府网上办公将进一步普及，电子政务与政府信息化有重大进展，政府信息资源进一步共享，为广大企业人民群众提供信息服务，政府机关内部、政府部门之间、政府与企业和民众之间的信息沟通主要利用网络进行，政府工作透明度及效率也将进一步提高。政府采购与G2B、G2C的电子商务将进一步发展。

⑸信息技术与家庭数字化生活。信息技术产品将是入世后第一类实现零关税的进口商品。到2005年，中国不再对半导体、电脑、电脑产品、电信设备等信息技术产品征收关税。此外，中国将允许外资进入电信服务业。老百姓可以据此预期电子消费类产品、电话费、寻呼费、上网费会有相当幅度的下调。相反电信行业服务质量会空前提高。

智能建筑逐步推广、电话、手机、信息家电、家用电脑进一步普及，使信息技术大量进入家庭及个人生活，推动了家庭信息化的发展。

2. *细分市场发展趋势定性分析*。

⑴B2B发展趋势分析。

①大企业加速B2B电子商务的发展。大企业对B2B的推动作用较大。在国内B2B的交易中，大型企业的采购和销售起到决定性作用，如果没有采购方的强烈要求，许多企业不会主动进行电子化交易。小型企业的电子化采购需求也没有得到应有的高度重视。

大企业的采购对于它供应链上的小企业的生存来说特别重要，因此，如果大企业需要同它的供应链上小企业进行电子化交易时，小企业一般都会快速响应要求，这样就会以这个大企业为中心，形成一个电子化的供应链。如中国石化、海尔集团、联想集团、宝钢公司以及神州数码的B2B交易，就形成了一个较大的电子化供应链，带动了一大批业务伙伴企业把他们的业务搬上网，这对2002年国内的B2B发展起到了很大的推动作用。预计未来一段时间，这种推动力依然是国内B2B发展的主要动力。

②中小企业日益融入。和大企业相比，做外销的中小企业就像路边摊，而电子商务的最大好处就是能把路边摊整合成一个路边的“大市场”。这样，买家就知道在哪儿可以找到想要的东西，中小企业的客户往往也是中小买家，他们不会因为一两个货柜的生意跑一趟中国，因此，网上结识新客户就非常方便。

中国的中小型企业就有数千万家，其工业产值占全国工业产值的60%左右。他们面临着日益激烈的市场竞争。未来的几年，越来越多的企业希望能借助电子商务的实施来进一步提高自身的核心竞争力，发现新的利润增长点。

③B2B市场趋于集中。呈几何级数的收益增长特性决定了第一个达到足够规模的B2B网站规模效应足以使它占据市场的绝大份额；而后来者即便能够列居第二，在这方面的效应也会大打折扣。

⑵B2C发展趋势分析。

①综合实力决定一切：中国B2C电子商务仍然处于发展的初级阶段，但在某些产品领域的激烈的竞争却早已开始并且逐渐升级。

图书、音像等商品好像天然就是最适合B2C电子商务模式的，无论是国外还是国内，在网上卖的早的和卖的好的都是这些标准化的产品。以这些产品为主的电子商务公司占了很大的比重。也正是为此，这些公司尤其是规模较大的公司间的竞争尤其激烈。竞争已从最初的“价格战”上升到“服务战”。

当前配送服务和质量的竞争已经成为电子商务公司的兵家必争之地，谁能够提供高效优质的配送服务，谁就将在这场争夺中成为领跑者。从长远来看，竞争仍然决定于公司间综合实力的对比。无疑，低价格的商品和以降低配送费用等手段来提高服务质量在短期内是非常有力的竞争武器，但这也无疑提高了自己的运营成本，降低了自己的利润。电子商务公司只有通过全面整合自身的业务流程，提高自己的核心竞争优势，才能在未来的更加激烈的市场竞争中立于不败之地。

②网上商品展示技术提高。现在上网购物，最热销的还是图书、音像以及游戏、软件类产品。这些产品都是标准化的结构单一的产品，基本不会有质量问题，更无需试用，价格和市场上相比有很大优势，而且在网络上只需通过简单的图片并配上适当的说明，就能够很好地满足用户对产品了解的需要，因而用户也乐于通过网络购买这类产品。其他产品，如数码产品、电脑及外设等IT类产品，还有家电类、礼品类甚至服装鞋帽等生活用品，虽然在网上销售仍有一定的市场，但成功率并不高。消费者仅仅通过网上一些图片和文字说明并不能了解产品的实际功能如何，或者是不是真的能够适合自己。

未来几年，人们将可以通过网络看到三维演示的丰富多彩的商品，甚至能够身临其境地“体验”使用商品的感觉。商品将通过网络销售给千家万户，将得到网上购物乐趣，而电子商务更将得到飞速的发展。

③连锁超市电子商务的潜力无限。信息流、资金流、物流是电子商务的三大主要构成因素，连锁超市在这几方面有着得天独厚的优势。

连锁超市遍布城市的各个角落，几乎覆盖了所有的居民小区，用户可以很方便地去附近的超市购买日常物品。在自己已经有了一定的购物习惯以后，用户就有可能直接通过网络购买一些日常用品。一些超市中不提供的商品也能从网上定购。在用户下了订单，连锁超市可将大宗的货物通过自己的物流渠道发放到离用户最近的分支超市中，再通知用户就近提货，甚至可以由分支超市送货上门，直接送到用户手中。

由于连锁超市的分布广泛，能够最大限度地接近用户，在合理的改造超市的物流配送体系以后，将对没有传统企业依托的网络B2C公司有很大的冲击。

④物流发展迅速。中国物流发展的主要因素，首先在于跨国企业正在将业务转向中国，并通过外包他们广泛的物流功能来降低供应链成本；其次是中国公司面临着降低成本而增加物流外包的需求；最后是政府的激励措施也是刺激中国第三方物流市场迅速发展的重要因素。

中国物流企业在中国入世和经济全球化的背景下，纷纷转换观念和机制，优化和升级已有资源，以适应新形势对中国物流企业的要求。在未来的几年，中国的物流企业通过信息化将传统的基础物流向供应链物流转变，改变传统的作业模式，使中国的物流业得到较大的发展。而物流的发展必将对中国的电子商务起到非常大的推进作用。

2003-2007年中国电子商务市场发展规模与结构预测

【市场发展预测】

1. 整体市场规模与增长速度预测。未来几年中国B2B电子商务交易额总体保持稳定增长，年增长率都在50%以上，预计到2007年中国B2B交易额将突破2万亿人民币大关。而中国B2C电子商务交易额将在今后2年中保持200%以上的增长率，在2007年增幅则降为30.7%。到2007年，中国B2C电子商务交易额将达到1200亿人民币（见表1）。

2. 细分市场发展预测。

(1)B2B市场规模预测：未来5年，中国B2B电子商务市场总体保持较为平稳的增长速度。除了在2003年有较大的增长以外，在接着的4年增幅都在60%左右，到2007年，总交易额将达到21662亿元。(见图1)

(2)B2C市场规模预测：中国B2C电子商务市场，随着中国网民增长及中国B2C市场的逐步成熟，预测将在2003年及2004年保持200%以上高速增长。在后3年中，由于市场的不断扩大并趋向饱和，增幅将不断下降，到2007年将降到27%。到2007年，中国B2C电子商务市场交易额将达到1200亿人民币。(见图2)

表1　2003-2007年中国电子商务交易额及增长预测

年　份	B2B交易额(亿元)	B2B增长率	B2C交易额(亿元)	B2C增长率
2003	3464	94.2%	92	268.0%
2004	5785	67.0%	300	226.0%
2005	9313	61.0%	650	116.7%
2006	14327	53.8%	945	45.0%
2007	21662	51.2%	1200	27.0%

图1　2003-2007年中国B2B电子商务交易额及增长预测

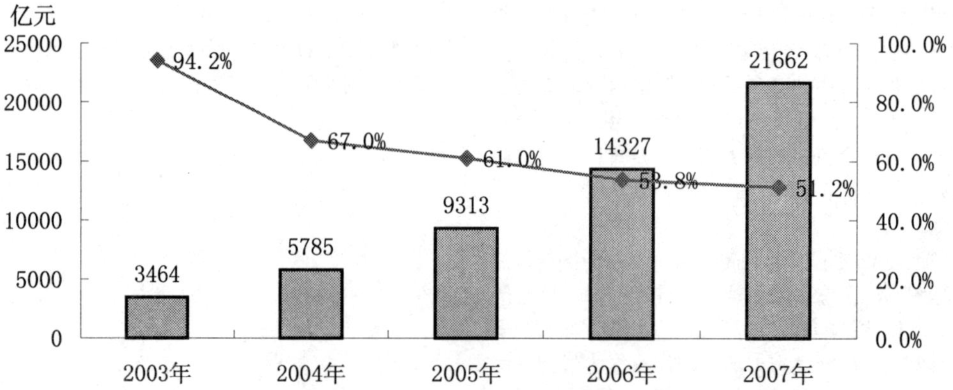

图2　2003-2007年中国B2C电子商务交易额及增长预测

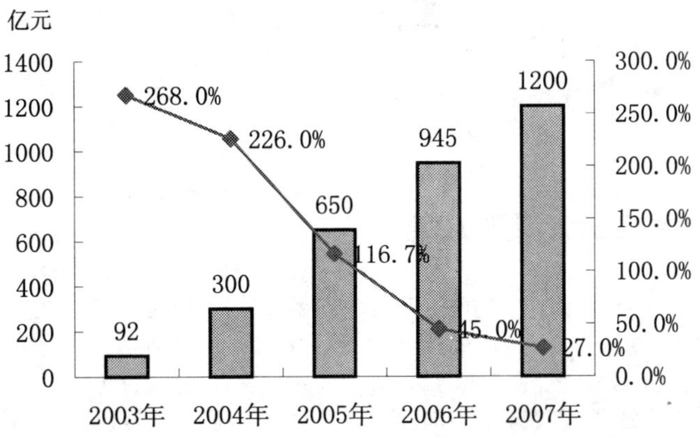

【电子商务发展建议】

1. 电子商务发展的机遇。经济全球化时代的到来，使经济成分有不断扩大趋势，中国企业发展电子商务的机遇增大。随着新经济成分的扩大，意味着世界经济结构的重大变化，新经济的产业结构、商品结构、服务构成、技术构成、劳动构成、知识构成、法律构成等，将发生深刻的变革，为发展电子商务提供空间和不可多得的机遇。

中国已经加入WTO，与其他成员国达成多边协议框架内，享有相应权利并承担相应义务，大中小型企业都有机会进行对外贸易和投资，参与经济全球化竞争，为电子商务发展创造国际环境。企业战略重组、摆脱和超越旧经济、发展高新技术。网络经济在新经济的形成和发展中，必将重新瓜分世界市场，重新制定世界经济游戏规则，形成一批具有新经济特征战略的产业，重新排定世界级企业的地位。

2. 中国电子商务市场仍将持续稳定增长。

3. 未来几年，应该以“市场主导、政府推动”为主导思想来发展中国电子商务，对发展的建议：

B2B市场：①大型企业：传统企业必须进一步扩展它的服务能力、增强它的竞争优势。在资金、人力资源和销售渠道方面都有实力的大企业，应逐步发展电子商务供需链，建立电子商务网站。有利于企业全面介绍形象和产品，又可使消费者直接在网上进行定货、付款和签订合同。这种经营模式可以利用企业现有的一切资源，节约交易成本。有条件的大型企业应进行内部网络的构造和优化，实施企业资源计划，再从内到外优化供应链的结构，并实施客户关系管理，实现信息流、物流在企业对内、对外的有效流动。②中小型企业：可承租已经设立的专业电子商务网站上的平台实现电子商务，由这些专业性网站负责技术支持和物流配送及其他配套服务。③行业B2B网站：虽缺乏电子商务的专业知识，而专业性2B网站则欠缺行业经验及客户关系，二者的联合则可跨越行业性与专业性网站之间的沟壑，实现优势互补。

B2C市场：①提高核心竞争力：B2C公司应整合电子商务信息流、资金流、物流等业务，成为有竞争力的电子商务公司。②连锁超市与电子商务结合：使连锁超市完善的物流配送体系优势与电子商务专业知识结合，产生新模式。③物流：按照现代物流的要求，整合物流组织，改变传统经营观念和进行制度创新。物流企业应利用EDI、互联网等技术，网络平台和信息技术将企业经营网点连接起来，可优化企业内部资源配置，网络与用户、制造商、供应商及相关单位联结，实现资源共享、信息共用，对物流各环节进行实时跟踪、有效控制与全程管理。加快物流与电子商务的融合，为电子商务服务；物流要运用电子商务实现电子化物流。加快先进适用技术的推广应用，采用标准化、系列化、规范化的运输、仓储、装卸、搬运、包装机具设施及条形码等技术。

发挥政府重要作用，做好电子商务发展规划和宏观指导。改善电子商务外部发展环境，拓展电信网络实现普遍服务，建立和完善现代金融支付系统、物流配送系统、解决支付和交货手段，满足电子商务方便性和及时性，建立和加强信息安全保障体系、认证体系、信用体系，提高电子商务的可靠性和安全性。加快中国信息化进度，为电子商务发展打好基础。发展电子商务、加快企业信息化、金融机构信息化和家庭信息化建设，信息化建设重点是信息网络的建设与利用。国家应做好规划，有计划地推进企业信息化、金融信息化和家庭信息化。

（赛迪顾问公司　赵树峰）

网上证券交易

网上证券交易在中国的发展与展望

1997年以来,以网上证券交易为代表的网上证券在我国取得了迅猛的发展,成为证券业的一大亮点。2002年12月份,我国网上证券委托交易量为428.06亿元,占沪、深证券交易所12月份股票(A、B股)、基金总交易量3561.30亿元(双边计算)的12.02%,网上委托的客户开户数达到508.10万户,占沪、深交易所开户总数一半(3442万户)的14.78%。2003年2月,经中国证监会核准,包括国都证券等16家券商获得了开展网上证券委托业务的资格。到目前为止,已有89家证券公司获得网上交易资格,占目前我国券商总数124家的72%。展望未来,网上证券的发展前景十分广阔,同时这一领域的竞争也将会日趋激烈。另外,随着网上证券的发展,相应的法律法规、配套的基础设施和外部环境、证券业的政策监管、证券公司的组织架构、管理体制、业务定位、经营模式、技术系统和服务手段等各方面均面临着深刻的变革。

一、网上证券交易发展回顾

20世纪90年代以来,随着互联网络的出现和广泛运用,全球的网上证券交易开始蓬勃发展起来。美国、韩国等国家和地区的网上证券交易取得了长足的发展,网上证券交易已经逐渐成为证券交易的主流方式。1997年3月,中国华融信托投资公司率先推出了"视聆通"多媒体公众信息网上交易系统,标志着中国证券网上交易的开始,随后中国内地的少数证券公司开始涉足网上证券交易,取得了一定的进展。

2000年4月,中国证监会制定并颁布了《网上证券委托暂行管理办法》,着手推进和规范网上证券的发展,网上证券交易此后在我国受到了证券界、投资者以及IT业等的广泛关注。在竞争和挑战面前、在投资者的需求和管理层的推进下,国内很多的证券公司纷纷开始涉足网上证券。到2000年底,华泰证券、湖南证券、国通证券、国泰君安证券、申银万国证券等均先后全面开通了网上证券交易业务。

2001年和2002年是我国网上证券取得大发展的两年。根据中国证监会统计,2001年网上证券交易累计成交金额为3578亿元,占沪、深证券交易所2001年股票(A、B股)、基金总交易量81715亿元(双边计算)的4.38%,网上委托客户开户数达到332万户,占沪、深交易所开户总数一半(3325万户)9.98%。2002年4月,中国证监会联合国家计委和国家税务总局制定并颁布《关于调整证券交易佣金收取标准的通知》,引发证券市场的降佣战,也进一步促进包括网上证券交易在内的各种非现场证券交易的发展。根据中国证监会统计,2002年网上证券交易累计成交金额为5230亿元,占沪、深证券交易所2002年股票(A、B股)、基金总交易量58191亿元(双边计算)的8.99%,比2001年增长1倍。表1列出2001和2002年我国网上证券交易的发展状况,图1则列示2001年和2002年我国网上交易占股票、基金总交易量的比例情况。

表1 我国网上证券交易发展状况表(2001年/2002年)

	一季度	4月	6月	8月	10月	12月
网上委托交易量(亿元)	718.70	419.00	456.19	295.00	272.3	288
	1097	462.55	750.00	431.21	246	428.06
股票、基金总交易量(亿元)	21082	11680	9834	5336	2363.82	4369.4
	16641.94	6222.74	8595.28	3891.80	4287.8	3561.30
网上交易开户数1/2(万户)	233.2	240.0	271.0	301.0	319.0	322
	408.8	414.83	451.2	477	507.6	508.10
两市总开户数(万户)	3067	3112	3202	3265	3289	3325
	3365.48	3379.97	3402	3420	3430	3442
开户数所占比例(%)	7.60	7.70	8.50	9.22	9.70	9.98
	12.15	12.27	13.26	13.95	14.8	14.78

图 1　2001 年和 2002 年我国网上交易占股票、基金总交易量的比例情况

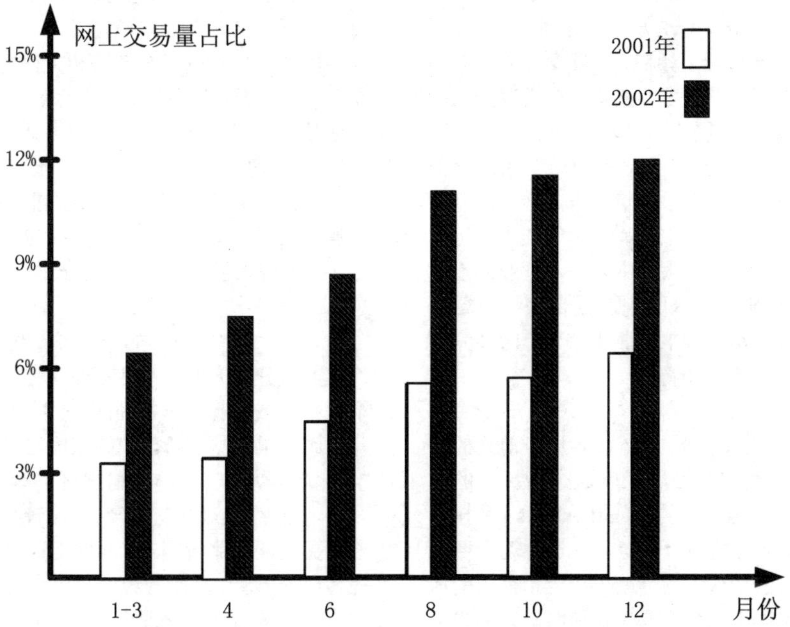

（资料来源：中国证券监督管理委员会网站）

从以上数据资料可以看出，我国网上证券通过政府指导、券商推广和 IT 公司大力研发，近两年已取得了长足进步，但相对于全国近 7000 万开户数而言，网上证券交易规模仍然偏小，普及程度仍有待提高。

网上证券交易拓展方面，中等券商率先取得比较显著成效。券商之间特色和差异逐步显现出来。另外，券商与银行、电信等之间的合作日益广泛。区域分布方面，中小城市和农村地区则比大中城市情况要好。

(一) 中等规模的券商走在了前列

华泰证券、广发证券、国通证券、泰阳证券等在网上证券交易领域走在前列的券商有一个比较共同的特点，这些券商的规模都属于中等偏上。具体原因，网上证券交易的拓展涉及技术、研究、营业部等多个层面，资源整合非常重要同时又十分的困难。而对于大券商来说，组织架构的建立和完善、技术的统一、研究力量的支持、营业部的协调等都比较困难，拓展起来难度比较大。对于小券商而言，没有足够能力来组织实施，小券商在技术开发、研究力量等方面比较薄弱，相关人才资源相对缺乏，同时电信、银行与小券商开展合作的意愿又不强。中等偏上规模的券商在网上证券交易领域先行一步，与其拥有拓展网上证券交易所需要的相关资源、同时协调起来又比较容易有很大关系。另外，中等规模券商带有一定的区域色彩，在与区内电信、银行等的合作方面比较容易取得进展和突破。通过借助自身优势，大券商在网上交易方面已经有很大的突破，发展势头直逼其他类型的券商。

(二) 对成本与收益的认识存在误区

在网上证券交易的拓展成本和收益方面，不少券商仍存在着认识上的误区。有的券商认为，网上证券交易具有边际成本趋于零的特点，因此网上证券交易的成本是很低的；还有的券商则认为，推出网上证券交易的成本是很大的，大多数券商特别是中小券商没有能力去拓展网上证券交易，从经济效益角度看得不偿失。其实，上述这两种看法都不够全面和科学。由于认识方面存在误区，券商在网上证券交易的拓展方面花钱很大方，一会儿是 Call Center(呼叫中心)，一会儿又是 CRM(客户关系管理) 系统，技术要买最好、最贵的，招聘很多的技术和研发人员；有的券商则相反，总是缩手缩脚，其结果是，花钱最多的并不是做得最好的，缩手缩脚的则被别人远远地甩在后面。

(三) 网上与网下良性互动、同步发展

在网上证券交易领域开展得比较好的一些券商，其经纪业务市场份额出现同步上升。以华泰证券为例，不到两年时间内，其经纪业务市场份额上升 1 倍，要归功于网上证券交易，主要原因如下：

1. *有着客观的必然性*。网上证券交易的开展费时费力，需要时间、耐心和不断的学习。市场竞争日趋激烈，能在网上证券交易领域取得突破，从侧面说

明这家券商本身就具有竞争力，其市场份额提升自然是不难理解。

2. *网上证券交易带来新客户和交易量。*网上证券交易为投资者提供全新交易方式的选择，使原先无法顺畅交易的客户增加交易频率，发展一些原先并不投资于股票市场的新客户，另外把以前在没有开通网上证券交易的券商处交易的客户吸引过来。

3. *老客户转移带来成效。*老客户转移为网上证券交易客户，对证券公司有很大价值。老客户离开营业部可节省营业部在午餐、报刊、人员等成本；可腾出空间接纳新客户，特别是大、中客户。营业部没有新客户进入就逐步缩小经营面积、减少房屋租赁开支；营业部人员从日常事务中解脱出来，有时间开发新客户并提供投资咨询等服务。

（四）特色与差异逐步显现

根据美国 Forrester 的调查，排名居于前列的美国网上证券经纪公司在客户满意度这个指标上的差距非常小，以至于排名第一的 TD Waterhouse 和排名最后的 E*Trade 之间的差距不到 1 分。这说明券商之间的差距很小，但正是这一点点差距决定了公司的成败。随着券商涉足网上证券交易，我国网上证券交易领域竞争日趋激烈，券商特色与差异逐步显现。如华泰证券以行情系统稳定、技术水平领先及以华泰 E 友为代表的个性化服务而赢得投资者的认同，华泰证券网已经成为知名度非常高的品牌；广发证券适时推出“E 对壹”个性化服务，受到市场高度关注；华夏证券推行网上经纪人制度，通过 ISO9001 认证，引发市场关于网上证券交易安全性的讨论；西南证券在 2001 年注资 5500 万元，成为飞虎网的第一大股东，开创“券商加 IT 加商业银行”的网上证券交易新模式；9 家证券经纪公司则宣布组成网上证券交易战略联盟，拉开小券商相互合作开展网上证券交易的序幕。

（五）券商与银行、电信等之间的合作日益广泛

券商在没有设立营业网点地区开展网上证券交易，必然遇到开户、资金流等方面的障碍，为券商与商业银行之间开展合作奠定基础。对银行而言，通过开展代理开户和资金存转等相关业务，可获得中介费和息差等收益；对券商而言，银行介入可以解决客户异地开户和资金存转等制约网上证券交易发展的“瓶颈”。以国通证券为例，已先后与 13 家银行签定合作协议，为网上证券交易和银证通业务拓展创造条件。随着网上证券交易的发展，券商与电信、资讯信息公司、投资咨询公司、门户及财经网站等之间合作越来越多。

（六）大中城市不如中小城市甚至是农村地区

区域分布方面，大中城市开展网上证券交易情况不如中小城市甚至农村地区。原因由于大中城市客户开发比较早，发展新客户的空间已经比较有限。许多中小城市以及广大的农村地区的客户尚未得到充分开发，加上这些地区有形网点比较少，客户通过传统方式买卖证券比较困难，而网上证券交易正好满足这些客户的要求。从侧面说明投资者使用网上证券交易方式主要是借助这一通道，网上证券交易还没有发展到改善服务水平和提高客户满意度等更高的层面上。

二、网上证券交易未来发展展望

未来证券电子商务发展前景广阔。表 2 列出 10 年来证券市场流通市值及成交量变化情况，随着股票市场规模扩张，基金和股票成交量持续上升。证券交易实行固定佣金制度，即按照成交量 0.35%向投资者收取交易佣金。考虑打折等因素后，将佣金收费水平确定在 0.2%。计算可知，2000 年和 2001 年证券业基金、股票交易佣金总收入约为 243.3 亿元和 143.2 亿元，其中均没有考虑 B 股交易带来的佣金收入。

表 2　中国证券市场流通市值及基金、股票成交量情况

	流通市值(亿元)	基金、A 股交易量(亿元)
1991	40.72	43.40×2
1992	217.94	681.28×2
1993	861.94	3754.37×2
1994	968.96	8127.65×2
1995	938.00	4035.87×2
1996	2866.74	21332.15×2
1997	5204.47	30721.86×2
1998	5745.45	23544.25×2
1999	8213.69	31319.53×2
2000	16087.52	60826.64×2
2001	14463.17	35798.02×2

（资料来源：根据上海证券交易所、深圳证券交易所公布的数据计算而得。）

表 3　中国内地网上证券交易的发展前景

年 份	基金、股票交易量（亿元）	佣金水平（%）	网上交易所占比例（%）	网上交易佣金收入（亿元）
2002	46000×2	0.22	7.5	15.18
2003	60000×2	0.18	10.0	21.60
2004	105000×2	0.15	15.0	47.25
2005	140000×2	0.12	18.5	62.16
2010	240000×2	0.12	22.0	126.72

我国网上证券交易未来发展前景的预测（见表3），充分考虑了证券市场发展、佣金水平下调等各方面因素，网上证券交易市场前景十分广阔。国内券商都在网上证券交易拓展方面投入大量的资金、人力等资源，同时 IT 等产业都期望能够进入这一市场，搜狐公司与国联证券设立合资公司就是一个很好的例证。

对于我国网上证券交易未来的发展，归纳出以下十一个方面的发展和变化趋势：

（一）网上证券交易成为焦点，竞争会日趋激烈。随着我国加入 WTO 以及证券市场的对内开放，外资证券公司、商业银行、IT 公司等将会逐步进入中国证券市场参与竞争。投资银行、资产管理和证券经纪业务经营风险会进一步显现，利润平均化成为必然。就证券经纪业务而言，银行、IT 公司的进入和证券交易佣金的放开，一定会促使更多的券商花更大的精力来拓展网上证券交易，以提高市场占有率，降低经营成本，更好地满足客户需求。预计未来一些小规模券商会借助网上证券交易在市场竞争中脱颖而出，从而实现超越。而中小券商崛起又会对大中券商带来更大挑战，从而推动证券业的竞争进一步升级。网上证券交易发展将会引发券商之间的兼并与收购。大中型券商有可能兼并、收购在网上证券交易方面做得比较出色的中小券商，以弥补自身在网上证券交易方面的不足，更好地拓展网上证券交易业务。那些在网上证券交易领域具有核心竞争力的中小券商将会成为青睐对象。

（二）增长将继续下去，但增长速度会逐步趋缓。IT 的进入、证券交易佣金的放开、电信等基础设施的日益完善、夜市的开辟、成功者的示范效应等，都有可能成为未来推动我国网上证券交易发展的因素。但需要指出的是，随着网上证券交易的发展，网上证券交易的增长速度会逐步趋于平缓。自 1998 年以来，我国网上证券交易所占的比例迅速上升，这与不断有券商加入网上证券交易领域有着很大的关系。随着大多数券商的进入，估计网上证券交易比例的增长速度会逐步趋缓。另外，在网上证券交易发展到一定阶段后，网上证券交易所占比例的增长会趋于停滞，由于网上证券交易只是证券交易的方式之一，不可能完全替代电话等其他交易方式。

（三）传统营业网点发生变化，“鼠标加水泥”成为趋势。世界各国和地区证券业的实践和经验表明，网上与网下相结合拓展网上证券交易的方式，要优于完全依赖互联网来拓展网上证券交易这一方式。网上证券交易虽有着多方面的优势，同时存在着不足之处。虚拟交易方式无法满足投资者面对面交流的需要，有些不可述信息又无法通过互联网来传递，同时电子签名在我国还不具有法律效力。因此，有形的营业网点仍然相当重要。当然，随着网上证券交易的发展，有形网点的形式将会出现调整，规模逐步缩小，人员趋于减少，功能发生转变。另外，券商将对传统营业网点的工作人员进行在职培训，使他们逐步熟悉网上证券交易的流程，接受网上证券交易客户的咨询，让每一个营业员都能够同时以传统与网上方式来处理业务。

（四）利益协调难度不小，传统券商面临挑战。网上证券交易突破了空间限制，因此对于传统券商来说，随着网上证券交易的发展，公司在不同地区的营业网点之间，公司设立的“虚拟营业部”与原先的营业网点之间会在同一地区展开直接的竞争。如何协调相互之间的利益，将成为传统券商所面临的一大难题。能否在这一方面取得突破，难度是不小的。另外，由于网上证券交易的拓展需要公司技术、研究等相关部门的支持和配合，没有适当的激励自然就难以在网上证券交易领域取得良好的发展。

（五）佣金浮动触发价格战，价格战终将转向服务竞争。网上证券交易发展初期，价格竞争是主要手段之一，随着网上证券交易的发展，价格竞争最终会转向服务竞争。目前我国网上证券交易处于发展初期，券商吸引客户的主要手段就是价格竞争。在实行固定佣金政策之前，由于公开的价格调整受到管制，券商往往采取变通的做法。在实行浮动佣金政策后，券商对网上交易客户普遍给予了佣金方面的优惠。不过在网上证券交易发展到一定阶段后，券商吸引客户的手段将会转向服务竞争。丰富而及时的资讯信息，贴心又周到的个性化服务，以及多元化和多功能的下单工具，成为吸引网上证券交易客户的主要手段。由于佣金下调的空间会变得越来越有限，另一方面又由于投资者从优良服务中得到的利益要高于从服务佣金下调中所得到的好处。其实，将竞争的焦点过于集中在价格上，不利于整个证券业的持续、平稳发展，同时不利于对投资者长远利益的保护。

对于券商来说，在服务方面赢得明显的优势是相当不易的。正是由一点点微小的差距决定券商的成败。拥有别人所没有的，或者是比别人做得稍好一点，券商就会在竞争中处于上风。其实，即使是同一个服务项目，券商之间依然存在着差距，比如“专家门诊”，有的券商回答客户的提问非常认真、及时，有的则是敷衍了事；在网站信息的提供方面，有的券商更新非常及时，有的则数天甚至数十天没有变化。这一点细微的差异，给投资者带来的感受却是完全不同的。

（六）注重投资者培训，争夺市场份额。在网上证券交易竞争日趋激烈的背景下，单纯以提供网上证券交易手段的业务模式难以适应券商业务发展和投资者的需求。据《证券时报》2003年3月对网上证券交易培训现状的调查表明，绝大多数投资者和券商对网上证券发展持肯定态度，88%投资者认为有必要接受或进一步接受网上交易相关知识的培训，主要关注方面包括：系统安全、效率和稳定性、使用以及信息综合运用和投资分析等，表明投资者对无形形态网上交易还缺乏相应了解和知识准备，构成对券商网上交易推广的制约。加强投资者的教育和培训，使更多投资者能够认知、认同，使用券商提供各项网上交易服务，达到开发新的客户资源，实现传统客户向网上客户的转化的目的是十分必要和迫切的。投资者培训将成为今后券商争夺市场份额的又一战场。

（七）下单、交易工具多元化，新交易方式会有大发展。自开办网上证券交易以来，一些券商就借助与赢时通等IT公司开展合作的方式，不断完善网络金融服务。在下单工具方面，将会从早期PC机下单，扩展到手机炒股、PDA下单、IC卡、固定电话上网炒股等新交易方式。仅手机炒股而言，投资者就可以有WAP手机、STK(手机短信息）、GPRS手机、CDMA手机等不同选择。中国手机用户很多，券商将会为客户提供手机下单等多元化交易工具，在安全性、稳定性、速度等方面会有更好的保障。中国内地的券商完全有可能走在美国、日本等国家以及我国香港地区同行的前面。

（八）策略联盟越来越多，共同分享市场成长。寻求策略联盟是券商在开展网上证券交易方面所普遍采取的做法。为拓展网上证券交易市场，为投资者提供便捷、安全和优良的服务，券商将会与不同领域公司开展合作，将涵盖银行、保险、电信、资讯、技术、安全控制等多个行业领域。通过组成策略联盟，券商以低成本方式为客户提供方便快捷、安全可靠的资讯服务，为业务全球化奠定良好的基础。一些试图涉足网上证券交易业务的商业网站、信息资讯服务公司、信息技术公司、商业银行、保险公司以及电信公司等希望与券商开展合作，以分享网上证券交易发展所带来的利益，预计将会出现越来越多的策略联盟。

（九）对客户加以细分，采取不同的定位和策略。不同客户有着不同偏好和需求（表4列出美国投资者分类情况）。例如短线投机的活跃交易者强调快速、方便，以及相关资讯的多少、准确和速度等，券商网络下单系统要有快速成交特点，要具备立即回报系统，不需要另外切换画面，以免延误下单时间。这些活跃交易者非常关注交易佣金水平；相对而言，长线投资者在网上证券交易方面对券商要求就与短线投资者有所不同。针对投资者的不同偏好和需求，对客户进行细分，“量身定做”采取不同的策略和定位以吸引和留住这些客户，成为越来越多券商的选择。

表4　投资者细分及商业策略

投资者细分	描　述	要　求	商业策略
活跃交易者	每月股票交易平均次数在12或12次以上 激进的投资者 从短期价格波动中获益	低成本和可靠的交易 实时数据	交易折扣 动态报价 实时提示警报
战略投资者	投资于长期收益 拥有不同的投资产品 每年交易次数平均在12次左右	研究和投资建议工具 经纪人的建议和推荐 产品多元化	进入或提供经纪人研究和分析建议 股票行情显示屏 扩展的产品
生活事件计划者	投资于未来的生活事件 投资于蓝筹股和共同基金等更为稳定的金融产品 每年交易次数平均在5次或5次以下	金融计划工具，建议 投资教育信息 产品多元化	金融计划工具，计算 退休计划信息，投资教育信息 进入长期投资产品

（十）跨境交易逐步增加，全球化孕育无限商机

证券市场的全球化为网上证券交易的发展带来了商机。随着经济的发展和科学技术的突飞猛进，证券市场的全球化趋势日益明显，跨国境、跨地区证券交易越

来越多，就为网上证券交易的发展带来无限商机。中国内地的券商可以探讨与国外同行合作的可能性，共同搭建网上证券交易平台，从而为国外投资者买卖中国内地B股提供服务。随着我国加入WTO和证券市场全面开放，跨境证券交易将会迅速发展起来，网上证券交易将会成为中国内地实力券商拓展国际市场的“利器”。

（十一）管理层支持发展，同时会加强监管

由于互联网的发展使中小投资者得以及时地获取相关的投资信息，同时网上证券交易的出现和发展又打破了垄断，推动了市场的竞争，提高了证券业的竞争能力，维护了投资者的利益，因此我国证券管理层将会继续支持网上证券交易的发展。另外，监管层将会允许 IT 公司等通过组建合资公司等方式进入网上证券交易领域。当然在支持发展的同时，管理层会加以适当的引导和监管。网上证券交易的出现和发展，在给投资者带来诸多好处的同时，也暴露出了一些不足之处。这主要表现在虚假信息的快速、广泛传播，跨境交易的出现，技术风险和安全性隐患的日益显现，客户不适应网上“自助服务”，券商误导客户进行过度频繁的证券买卖，出现恶性价格竞争等。因此，监管机构将会强化对网上信息披露的监管，加强监管方面的国际协作，规范价格竞争、技术标准和安全认证体系，提高网上证券交易的安全性，同时听取和征求投资者的建议和意见，开展相关的投资者教育，以切实保护广大投资者的合法权益。

券商如何拓展证券电子商务

对于传统的券商来说，证券电子商务是一项全新的业务。要不要介入证券电子商务，采取什么样的拓展策略、组织形式等，都是传统券商在拓展证券电子商务方面需要面临的课题。下面主要围绕组织形式来阐述券商如何拓展证券电子商务。

一、科学认识收益和成本

经济学理论，对一件事情的判断应该从收益和成本的角度来加以探讨，证券电子商务当然不会例外。作为传统券商，要不要介入证券电子商务，投入多大力量去拓展，需要对其中的成本与收益作一些比较。

证券界存在着两类代表性的看法，一类认为传统券商“不搞电子商务是等死，搞电子商务是找死”。随着我国加入WTO、互联网络发展以及银行、IT 公司等介入证券业务，券商开展经纪业务的传统方式面临很大挑战，传统券商如不进行包括证券电子商务等方面的创新，其生存必然会受到威胁，券商不搞电子商务无异于等死；电子商务拓展是“无底洞”，传统券商没有能力去拓展这方面的业务，谁率先去做谁就会很快被拖垮，传统券商搞电子商务无异于找死。

另一类则认为，与传统营业部方式相比较，拓展证券电子商务的成本是很低的，同时进入的门槛也不高，“电子商务的边际成本趋近于零”，互联网有效突破了时空限制，可以帮助传统券商进入新的地区，发展新的客户，其收益是非常诱人的。

归纳起来看，前者认为拓展证券电子商务的成本很高，是传统券商能力所不及的；后者则认为拓展证券电子商务的成本不高，收益又是很确定的。在这样的认识指导下，前者往往缩手缩脚，拒证券电子商务于千里之外；后者则不顾自身实际，盲目地一头扎了进去。其实，以上两类看法都是不正确的、片面的，是认识上存在的两个误区，指导实践非常有害。简单地主观断定证券电子商务的成本高或者是低并不科学。为了更好地说明这一点，对传统经纪方式和网上交易方式在成本方面的差异作比较。（见表5）

传统营业部方式在房租、人员以及行政办公等方面的开支是很大的；网上交易方式在系统建设、技术升级、广告开支和售后服务方面的开支要大一些，同时券商为推广网上交易新业务，往往要在佣金收取方面给予网上交易客户以一定折扣的优惠。很难说网上交易方式的成本就一定比传统经纪方式高或者是低。

表5　传统经纪方式与网上交易方式的成本比较

方　式	相对主要成本
传统经纪方式	营业网点(证券营业部) 人事(雇员) 行政开支等
网上交易方式	系统建设 技术升级 品牌行销(广告支出更大) 客户服务 折扣优惠(相对应的收益) 等

科学、全面认识证券电子商务的收益与成本

1. 对于证券电子商务，很多人认为其最大的特点就是边际成本趋近于零，随着规模的扩大，证券电子商务拓展成本就会很低。在现实经济生活中，这一点要受到其他因素的制约：(1) 规模。其实，电子商务平台的设计容量和承受能力总是有限的。若客户数量在一定限度之内变化时(如在5万人以内)，券商可能就不需要追加投入，但当客户数量突破这一限度时(5万人)，券商就需要对系统加以改造，这时成本不可避免就会上升。随着经济发展和人们收入水平提高，客户需求越来越趋于个性化，在一定程度上制约了业务发展规模，使电子商务的成本优势很难真正得以显现出来。(2) 在电子商务领域，信息技术、客户偏好等瞬息万变。在激烈市场竞争中，券商面临竞争压力很大。由于竞争对手在技术方面持续投入，逼迫其他券商采取类似做法，不然就无法扩展市场甚至无法保住原有的市场份额，成本自然就会水涨船高。

单边向下的成本曲线在现实经济生活中是不多见的。学者认为，传统经济的成本曲线是“V”形，而新经济的成本曲线是“U”形的。

证券电子商务成本曲线不是连续的，而应该是间断的、跳跃式的。证券电子商务成本曲线究竟呈什么形态，将主要取决于市场规模大小、客户偏好变化以及市场竞争激烈的程度。

2. 传统券商在拓展电子商务方面，特别是在发展初期，存在着大量的隐性成本。一些券商开始拓展电子商务时，大多抱有试试看的想法，因此在技术和信息等方面往往以自主开发来替代外购，以员工的加班加点来节省外购的费用。表面上看成本似乎没怎么增加，但实际上存在着大量的隐性成本。从动态的角度看，短时间内公司员工可以忍受，长期下去员工必然会要求增加报酬来加以补偿，同时员工的加班加点总是有极限的；另外券商是不可能什么都长期依赖自主开发的，这一方式不具备可持续性。随着时间推移，隐性成本很快就会显性化。另外，证券电子商务是一项新业务，必然会涉及券商的各个环节，在相当长的一段时间内，这方面的磨合成本不容忽视。

3. 由于传统券商原有的基础和拓展方式存在差异，不同券商有着不同收益和成本结构。有的券商属于学习型的，内部协调和沟通起来比较方便，这样的券商去拓展证券电子商务的成本就会比其他券商低得多，所获取的收益相应就会比较高。

在拓展方式上，无论是传统经济还是新经济，成本的控制都是非常必要的。

4. 互联网络的出现和发展在为投资者提供新的证券交易手段和股票认购途径的同时，也为投资者接受更多、更好的服务提供便利。券商可借助互联网络对客户投资偏好和交易习惯进行分析，根据客户情况有针对性地提供个性化服务。同时券商还可以通过互联网络开展营销活动，发展更多客户。在市场竞争中，如果竞争者借助互联网络为客户提供快捷方便的交易方式和丰富而又个性化的信息咨询服务，则券商就很难留住原有客户，不要说去发展新的客户。证券电子商务的潜在价值很大，加上市场竞争压力的存在等，都决定券商不可能对证券电子商务无动于衷，明智的选择是投入一定资金和人力等去加以拓展。

二、证券电子商务的拓展策略和步骤

证券电子商务是一项新业务，需要有策略和步骤方面的安排，介绍一下“互联网价值模板”(Internet Value Market)概念(参见图2)。概念是由美国思科公司高级副总裁兼首席信息官(CIO) Peter Solvic提出的，对认识新业务拓展策略和步骤有借鉴意义。

图2 互联网价值模块图

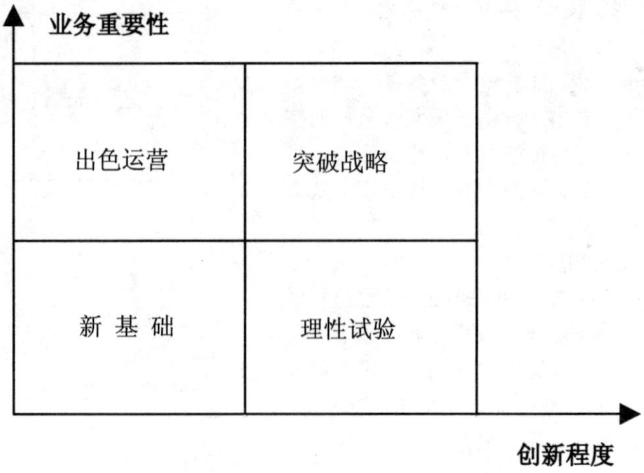

坐标系的纵坐标表示业务的重要性，横坐标表示创新程度，可将互联网价值模板划分为四个模块(2×2)。分割开的四个模块分别是“新基础”(New Fundamentals)、出色运营(Operational Excellence)、理性实验(Rational Experimentation)和突破战略(Breakthrough Strategies)。

1. “新基础”。“新基础”所讨论和涉及的是互联网络如何应用到非关键性业务中去。所谓非关键性业务是指订单的结算与报告、无纸化办公及为每个人提供访问网络的能力。其主要目的在于降低开支，同时风险也不大，最多就是你回到原路。这实际上是了解互联网最好的机会。你不能完成“新基础”中的项目，是不可能进入“突破战略”等其他领域的。公司的所有部门、员工及职能都将融入互联网策略，这也是为其他计划打基础的模块。这方面，美国波音公司(Boeing) 下属波音数字企业计划是一个很好例子。

2. “出色运营”。相对于“突破战略”领域，更多的公司可以从此领域中获益，因为很少有传统企业能够在“突破战略”领域获得成功。“出色运营”注重对关键性业务的改造或者是关键产品和服务的改进。这方面的内容包括利用互联网改善与客户的关系，提高客户的满意度，减少时间，提高决策效率，使员工更容易地掌握信息等。对于企业来说，这一领域的风险程度适中，因为它更接近你的核心业务，花销也更大，但是风险不是最大的，因为它没有影响到你现有的销售渠道或你的现有市场。在这方面，美国思科公司(Cisco) 本身就是一个很好的例子。

3. “理性试验”。每个传统企业都应该有所动作一个领域，是尝试新商业模式的“园地”。这个领域风险比较小，因为它不会影响到所有销售渠道及所有客户，同时也不会对核心业务有影响，是传统企业尝试“.com”策略领域，如美国宝洁公司(P δ G) 和戴尔拍卖公司(Dell)。

4. “突破战略”。将会影响许多人，但并不是所有的人。公司要改变目前所有商业策略，将公司作为赌注扔到一个未知的赌局上，所获得的奖赏就是互联网所带来的巨大市场。有些传统企业不得不这样做，因为有来自“.com”的竞争。在这方面嘉信理财(Schwab) 是极好的例子。

互联网价值模块这一概念对于券商拓展证券电子商务有着很好的借鉴意义。传统券商在拓展证券电子商务时，仍然需要遵循循序渐进的原则。应该从风险最小、最易于入手的地方做起，脚踏实地，不搞花架子。具体地说，就是首先从“新基础”入手，然后向“出色运营”和“理性试验”推进，最后再考虑采取“突破战略”。即使是嘉信理财这样采取“突破战略”的证券经纪商，也是一步步走过来的。在将核心业务搬上网之前，嘉信理财采取“理性试验”的做法，建立了 eSchwab 这块“试验田”并运行了两年的时间。

华泰证券情况同样是如此。公司很早就建立了资讯一体化系统，内部文件下发、员工之间的交流等都可以通过这个系统来进行，这一方面节省了行政开支，另一方面又培养了公司员工使用计算机的良好习惯。在开通网上交易前，华泰证券还自上而下开展培训，从公司高层管理人员到营业部一线员工都接受了证券电子商务方面的培训，同时通过测试等方式使公司全体员工很快地了解和熟悉了证券电子商务。这些意味着华泰证券在“新基础”方面积累了丰富的经验。

另外，华泰证券是在 1998 年介入网上证券交易的，但早在 1994 年，华泰证券就在全国率先开通远程交易终端。1997 年，公司又与上海证券交易所试点推出无形交易席位，在技术和人员等方面为华泰证券网上交易的发展打下伏笔。华泰证券之所以后来能够在网上证券交易领域取得一定业绩，与公司上下高度认同并熟悉证券电子商务，在技术方面拥有良好基础有很大关系。没有公司在“新基础”和“理性试验”方面做出成功尝试，华泰证券就不可能在网上证券交易领域取得突破。

三、拓展证券电子商务的组织形式

对于传统券商来说，如何对原有的组织结构作一些调整，建立和完善一套适应新业务发展要求的组织形式，是其能否在证券电子商务领域取得突破的关键环节之一。由于组织形式的选择与券商采取的拓展策略存在着直接的关系，因此在讨论券商拓展证券电子商务的组织形式前，分析一下与此相关的策略选择。

概括起来看，传统企业拓展新业务的策略主要有：(1)演化法。是指在不影响相关的员工在从事传统业务的同时发展新业务；(2)孵化法。是指组建独立的机构，专门从事新业务的开发；(3)收购法。是指企业通过购并其他企业，来涉足新业务；(4)联盟法。是指通过合作、合资等方式拓展新业务。

就拓展证券电子商务而言，传统券商可选择演化法，即不设立专门的电子商务部门，而主要依托传统经纪业务部门来拓展网上证券交易业务；或选择孵化法，即设立专门的电子商务部门甚至是专门的电子商务公司，来拓展证券电子商务；或者选择收购法，即收购一家 IT 公司或者是在证券电子商务方面做得比较好的券商，以此来拓展证券电子商务；当然还可以选择联盟法，通过与银行、电信、IT 公司等开展协议联盟或者组建合资企业的方式来拓展证券电子商务。

尽管证券电子商务在中国内地只有不到五年的发展历史，但中国内地券商为拓展网上证券交易方面，其组织形式已经经历了一系列的变迁。

1. 设立协调性的过渡机构。证券电子商务发展非常快，券商不可能在短时间内组建专门的常设机构，率先涉足网上证券交易的券商选择设立协调性的过渡机构。如华泰证券的“网上证券业务领导小组”，下设“网上证券业务办公室”。

2. 租借网上交易平台。网上证券交易发展初期，由于受到技术、人员、资金投入等因素制约，大多数券商很难迅速搭建自己网上交易平台。一些券商选择与财经网站的合作方式，租借网上交易平台，中信证券就曾经与和讯合作向客户提供网上交易服务，后来组建了自己网上交易平台。

3. 下属营业部各自为政。由于规模实力比较小或者是兼并重组后技术等不统一，有的券商在证券电子商务方面没有统一的规划和平台，下属营业部为应付来自同行竞争，满足客户要求只能寻求各自办法，组织形式运行成本比较高，为客户只能提供低层次交易通道的服务。

4. 设立专门的电子商务部。在证券电子商务取得一定发展后，一些券商开始考虑在公司内设立专门电子商务部门，名称有电子商务部、网上交易部、网络业务部等。

这其中又分两种形式，一种是将电子商务部设定为一级部门，与经纪业务管理部等其他业务部门并行；另外一种是将电子商务部设定为二级部门，隶属于相关一级部门(一般是经纪业务管理部) 。

对电子商务部的功能定位方面，有的券商将其定位为服务部门，公司对电子商务部没有具体业务量的考核；有的券商则将其定位为业务拓展部门，公司对电子商务部有具体业务量的考核，电子商务部类似于一个“虚拟营业部”。还有的做法是介于两者之间，券商对电子商务部评价与公司下属营业部在网上证券交易方面的拓展情况挂钩。

5. 相对独立的运行模式。典型的是西南证券飞虎网。西南证券是飞虎网第一大股东，飞虎网CEO兼任西南证券副总裁，同时对外开展业务时是挂靠在西南证券名下。飞虎网似乎是隶属于西南证券的，但实际上是相对独立于西南证券。飞虎网之所以选择挂靠在西南证券名下，主要是证券监管机构不允许 IT 公司从事网上证券交易业务，飞虎网一直致力于获得从事证券经纪业务牌照。

传统券商在组织形式选择方面的最大挑战还在于如何协调好传统证券业务与电子商务之间的关系。表6列出美国证券公司在拓展证券电子商务时，是如何在传统业务与在线业务之间做出相应组织形式安排的。

表6　传统业务与在线业务的组合方式

分立型		合并型	
完全分立	分享资源	分立到合并	发起合并
Sabre (American Airlines)	DLJ Direct PetSmart.com	Charles Schwab Toysrus.com	Merrill Lynch Gateway Computer Wells Fargo

（资料来源：（美）亚德里安·J·斯莱沃斯基等著，《数字化企业》，中信出版社2001年6月中文版。）

DLJ Direct 选择是将传统业务与在线业务分开，但相互之间可以共享信息、技术等资源；嘉信理财开始时是将传统业务与在线业务分开，两年后又将两者合并；美林证券做法则是发起合并，将传统业务与在线业务完全融合在一起，传统业务与在线业务组合方式不同，会相应地表现在公司组织形式的差异上。

中国内地的券商基本上采取传统业务与电子商务融合在一起运作的方式，也有一些券商在探索分立的运作方式。中国证监会颁布《证券公司管理办法》规定，证券公司可以申请设立专门的网上证券业务子公司，证券公司持有51%以上的股份。同时随着相关政策的放开，一些券商还会选择与 IT 公司等合资的方式组建网上证券经纪公司，国联证券已经在这方面迈出了第一步。那么，中国内地的券商在拓展证券电子商务这一新业务时，究竟应该选择将传统证券业务与电子商务放在一起运作，还是将证券电子商务独立运作呢？

对于传统券商来说，如将传统证券业务与电子商务放在一起运作，将会面临以下挑战：(1)围绕传统业务而设战略规划和资源分配方式可能会影响新业务发展，使证券电子商务拓展得不到充足“阳光”和“水分”。由于传统券商管理层和员工不太熟悉证券电子商务，会出现公司高层重视不够，相关部门和人员支持不足情况；(2)证券电子商务发展需要信息技术、证券、研究等多方面人才，IT人才能否很好地融合到券商这一传统企业文化中去，是不小的挑战。另外，传统券商能否为 IT 等其他方面人才提供平等升迁机会和足够发展空间，也会影响到对 IT 人才的吸引力；(3)作为新业务，证券电子商务拓展冒一定风险，传统券商管理层和员工不愿意主动参与证券电子商务这一不确定性比较大业务拓展；(4)由于证券电子商务开始时需要相当投入，短期内又看不到明显产出，习惯于每年得到丰厚回报的股东可能会为追求短期赢利而对管理层施加压力，影响证券电子商务的拓展。

美林证券是一家老牌的证券公司，在 E*Trade、Ameritrade 等新的竞争者面前，美林证券开始时选择了回避。其中的一个主要原因就在于，美林证券对证券经纪人的依赖很大，同时公司的管理层大多数是经纪人出身。由于经纪人担心网上证券交易的出现和发展会影响到他们自身的利益，为了不得罪这些经纪人，在迫不得已情况下才推出网上证券交易。从美林证券案例可以看出，传统券商在原有的组织框架内拓展证券电子商务，会遭遇意想不到的困难和挑战。

如果将证券电子商务分出去独立运作，传统券商又会面临新的障碍：(1)由于得不到母公司“优秀企业文化”和证券专业知识等方面的资源支持，因此证券电子商务的运行成本会居高不下，形成“小而全”的格局；(2)证券电子商务独立运作，母公司一些传统业务核心员工会有怨言，抱怨自己无法分得新业务成功与名声的“一杯羹”，会影响券商传统业务发展。

可以看出混合运作方式与独立运作方式各有利弊。混合运作方式可弥补独立运作方式的弊端，独立运作方式又可弥补混合方式存在的弊端。至于传统券商究竟采取什么样的运作方式，从中国内地券商所处环境看，多数券商只能选择混合运作方式，尽管选择并不一定是最佳，如能得到股东充分理解、管理层非常熟悉和支持，建立合理人才评估和升迁体系，传统券商就可助混合运作方式在证券电子商务方面取得突破。

四、有形和无形、网上与网下趋于融合

在网上证券交易出现和发展初期，往往将传统经纪业务与有形营业网点联系在一起，把网上证券交易业务等同于无形的互联网络。由此将证券经纪公司划分为传统证券经纪公司与纯粹的网上证券经纪公司。但随着证券电子商务的发展，发现有形与无形、网上与网下越来越趋于融合，“鼠标加水泥”成为趋势。美国佛雷斯特(Forrester)高级分析员肯尼·克雷默指出：“再谈论网上证券经纪公司和离线(即传统)证券经纪公司之间区分已没有什么意义了。”

互联网有跨越时空、方便快捷等方面优势，也存在着局限性。从信息分类看，信息可分为可述信息和不可述信息。如果信息是经过编纂、可拼写，可用语言表达或在绘画中、电脑程序中或其他作品中“加码”，称之为可述信息(explicit knowledge)，有时也指能够清楚表达、经过编辑的信息。如果信息是未加码、不能用语言表达的，称之为不可述信息，不可述信息是很难复制的。交易所依赖不可述信息不能通过加码转化成可以通过互联网传送形式时，使用互联网进行交易就会遇到障碍。就证券投资咨询而言，投资者通过互联网接受咨询时，无法体验到与专家面对面交流时的真实感和信赖感，网上无法完全取代网下。

其次，证券营业部等有形网点具永久、稳定、安全、亲切和真实等特点，投资者看到有形网点，心里就会感觉到比较踏实。在社会缺失信用基础、投资者对“证券黑市”心有余悸的情况下，网点的存在容易使人产生信赖感，所谓“跑得了和尚跑不了庙”。比较而言，如券商完全依托互联网开展网上证券交易业务，难以得到投资者的信赖，业务的拓展自然会受到影响。

从收益和成本角度看，没有有形网点证券公司与那些拥有有形网点证券公司比起来，拓展市场成本要高不少。美国E*Trade在大规模设立有形网点以前，在广告等方面投入很大，发展一个客户成本要高于嘉信理财的1/3到2/3。嘉信理财只有约5%的客户证券交易是在有形网点进行，公司70%以上的客户关系是在有形网点发展起来的，有形网点存在的价值可见一斑。

由于缺乏相关法律法规，电子签名等在中国内地还不具有法律效力，投资者在网上开户等方面还存在着不少障碍，真实身份确认、数据资料保密等难以得到切实保障。若没有有形营业网点，券商在后续服务、技术支持以及客户关系管理等方面将面临一系列挑战。券商若完全依托互联网来拓展证券电子商务，最后的效果不会理想，开展证券电子商务方面，券商应该选择有形与无形、网上与网下相结合的发展模式。

随着网上证券交易的发展，中国内地券商现有的证券营业部模式需要作相应的调整。规模逐步缩小、人员趋于分流、功能发生转变是券商有形网点未来的发展方向。中国证监会于2001年10月发布《证券营业部审批规则》(征求意见稿)已经为券商实现转变做好了“铺垫”。除证券营业部这一主要方式以外，有的券商已经设立了一些证券服务部。在技术服务站方面，由于没有明确的审批规则和审批程序，因此正式挂牌为技术服务站的还很少，但类似于技术服务站的办事处、联络处、分公司、演示厅等机构已大量出现。

《证券营业部审批规则》(征求意见稿)对技术服务站点的定义是证券公司对客户从事网上证券交易提供技术培训及相关服务的分支机构。按照中国证监会以及中国证监会派出机构的相关规定，在这里可以对技术服务站设立规则作大致的、推断性的描述。

1. 申请设立技术服务站的证券公司应具备条件。证券公司没有挪用客户交易结算资金；无违规、违法融资行为；公司的净资本等财务指标符合中国证监会规定；已经取得网上证券业务资格。

2. 技术服务站应具备的条件。有固定场所；负责人具有证券从业资格；工作人员不少于3人，且其中至少有1名计算机或相关专业技术人员；建立完善的内部控制制度和技术管理规范。

3. 技术服务站的业务范围。从事市场推广与宣传；提供网上证券交易、银证通等无形业务投资咨询、交易演示和技术指导等。

4. 技术服务站的禁止行为。为客户办理资金存取，与客户直接发生现金往来；为客户提供经营性证券交易场所，接受客户交易和交割指令；设立账簿，保存客户资料或相关数据；引发恶性价格竞争，扰乱市场秩序；超出业务范围，从事其他活动。

五、结论

从成本与收益、拓展策略与步骤、组织形式、网上与网下的融合四个方面就券商如何拓展证券电子商务作了简要分析。证券电子商务拓展是极为复杂系统工程，除围绕券商组织形式所展开的讨论之外，采取什么样的价格策略，如何利用互联网来提高服务水平，如何借助战略联盟形成竞争优势等，都是券商在拓展证券电子商务时认真研究的课题。

网上证券经纪公司的设立与监管

网上证券经纪公司设立与监管是一项系统工程，从网上证券经纪公司界定等五个方面就网上证券经纪公司设立与监管作一些分析、探讨和研究。尽管并没有涵盖所有内容，有五点至关重要需要特别关注。

一、网上证券经纪公司的界定

从美国、韩国、日本等国家和香港、台湾等地区情况看，开展网上证券交易的证券经纪公司主要分为两大类，一类是传统证券经纪公司，另一类是所谓的网上证券经纪公司。既然两者都为客户提供网上证券经纪服务，划分传统非网上证券经纪公司与网上证券经纪公司的标准和依据是什么呢？一般认为网上证券经纪公司指以电子信息交换网络为主要手段向客户提供证券经纪服务及相关业务的金融机构。“电子信息交换网络”指英特网或其他类似技术形式通用性公用网络，理解网上证券经纪公司关键是“主要手段”。

传统证券经纪公司在为客户提供电话委托、柜台委托、磁卡委托等交易方式的同时，为客户提供网上交易方式；网上证券经纪公司在为客户提供网上交易方式的同时，为客户提供电话委托等其他替代交易方式，以满足客户需求。两者区别在于，后者以电子信息交换网络为主要手段。如果一家证券经纪公司以电子交换信息网络为主要手段向客户提供证券经纪服务及相关业务，则其就归入网上证券经纪公司范畴。

网上证券经纪公司是动态概念，当电子信息交换网络方式在传统证券经纪公司所提供服务方式中上升为主要手段时，这家证券经纪公司就演变成为网上证券经纪公司；当电子信息交换网络方式在网上证券经纪公司所提供服务方式中不再占有主导地位时，网上证券经纪公司就演变成为非网上证券经纪公司。

由于发展历史等方面的原因，在美国、韩国、台湾等国外证券界，人们习惯于将一开始借助互联网络拓展市场证券经纪公司界定为网上证券经纪公司。随着时间推移，网上证券经纪公司与传统证券公司日益融合，两者之间界限趋于模糊。

台湾网上证券经纪公司与传统证券公司在网上交易所占比例方面的对比情况见表7，台湾网路证券、创新证券等网上证券经纪公司网上交易的比例(与本公司总交易量相比）接近甚至低于金华信银、华硕、数位公诚等传统证券公司。

表7　台湾证券公司网上交易量占公司自身总成交量的比例情况

（2001年6月，单位：%）

证券公司	按成交笔数计算	按成交金额计算
金华信银证券	81.54	76.94
华硕证券	49.50	91.18
数位公诚证券	66.47	69.00
网路证券	82.51	78.85
创新证券	16.03	2.16

（资料来源：台湾证券交易所）

那么，网上交易所占比例不到20%的台湾网路证券究竟应归入网上证券经纪公司还是传统证券公司范畴呢？网上交易所占比例超出60%的金华信银和数位公诚证券究竟应归入传统证券公司还是网上证券经纪公司呢？按照不同的划分方法，就会得出不同的结论，因此在分析网上证券经纪公司时需要注意这一点。采取“主要手段”这一划分方法。

因为网上证券经纪公司是一个动态概念，有观点认为，针对传统证券经纪公司管理办法只须稍作调整，完全可适用于网上证券经纪公司，并不需要专门出台针对网上证券经纪公司的管理办法。鉴于我国国情出台专门网上证券经纪公司管理办法还是必要的，制订相关的管理办法和对网上证券经纪公司实施监管过程中，需要充分认识到网上证券经纪公司是动态概念这一点。同时，在对网上证券经纪公司和非网上证券经纪公司实施监督和管理方面，如何真正实现公平、公开和公正，在两者之间求得很好平衡，促进证券业持续、快速发展，是摆在监管者面前一大挑战。

1997年，中国内地个别传统证券公司开始为客户提供网上证券交易服务方式，已经有约80家证券公司开通了网上证券交易。2001年12月，网上委托交易量占全国股票和基金交易总量的6.59%，网上交易开户数所占的比例达到 9.98%。考虑到 2000 年网上交易所占比例只有约 1%这一点，这组数据充分反映了中国内地网上证券交易发展速度之快。其中，华泰证券等少数证券公司的这一比例已经达到了 25%。当然，目前中国内地还没有一家真正意义上的纯粹网上证券经纪公司。

一段时期以来，有几个政策信号值得关注。一是中国证监会于 2001 年 12 月 28 日公布《证券公司管理办法》明确提出，可设立专门从事网上证券经纪业务的证券公司，同时证券公司可向中国证监会申请设立专门从事某一证券业务的子公司；二是 2001 年 7 月 30 日中国证监会主席周小川在“中国证券业电子商务研讨会”上指出，将允许 IT 公司发起设立网上证券经纪公司；三是《网上证券经纪公司管理办法》(征求意见稿）已经起草完毕，并多次征求业内人士意见和建议；四是 2001 年 10 月出台《证券营业部审批规则》(征求意见稿）明确提出“技术服务站点”概念，将为网上证券经纪公司的设立和发展创造有利条件，预示着中国内地将出现真正意义上的网上证券经纪公司，网上证券经纪公司的出现和发展，可以切实保护投资者的合法权益，推动和促进证券市场的竞争与发展。

需要说明的是，这里所分析和讨论的网上证券经纪公司涵盖一般意义上的网上证券经纪公司和《证券公司管理办法》中所涉及的、由证券公司控股 51%以上的网上证券经纪子公司。由于前者与后者在有些方面存在着一定差异，分析和讨论中会分别加以说明。

从业务范围看，国外一些网上证券经纪公司所涉足的领域比较宽泛，业务多元化趋势明显。如美国 E*Trade 已成为一家“金融超市”，网上证券、网上银行、网上保险无所不有。中国内地金融业实行分业经营和分业管理，既然属于证券经纪公司，网上证券经纪公司业务范围不外乎代理证券买卖、代理登记开户、代理证券还本付息和分红派息、证券代保管和鉴证、证券投资咨询等。其中，网上证券经纪公司证券投资咨询业务资格还需要单独提出申请，即只有在取得证券投资咨询业务资格后，方可开展这方面的业务。随着互联网络技术和证券业的发展，中国内地证券市场将会出现网上路演、网上直接发行(DPO）、网上客户理财、网上投资产品销售等业务，建议在适当时机考虑允许网上证券经纪公司开展这些方面的业务。如果将来中国内地金融业允许混业经营，“网上金融超市”就会来到身边。

二、网上证券经纪公司的设立

网上证券经纪公司的设立主要涉及两个方面，一是网上证券经纪公司的主要出资人或发起人的资格，二是设立网上证券经纪公司所应具备的条件。下面我们就这两点作一些探讨和分析。

（一）网上证券经纪公司的主要出资人或发起人

从国外网上证券经纪公司的情况看，公司主要出资人或发起人来自各个领域，有证券公司、IT 公司、资讯服务公司、工业类企业，还有一些是由自然人发起设立，吸引风险投资基金投资发展起来的。

从中国内地的情况看，证券公司在资金实力、证券专业人才和投资咨询等方面拥有明显的优势，IT 公司在信息技术、IT 人才等方面拥有一定的优势，因此证券公司和IT公司将成为中国内地网上证券经纪公司的主要出资人或发起人。《证券公司管理办法》规定，“设立专门从事网上证券经纪业务的证券公司，证券公司或经营规范、信誉良好的信息技术公司出资不得低于拟设立的网上证券经纪公司注册资本金的 20%”。

网上证券经纪公司的业务与商业银行、电信公司等有着一定联系。但是中国内地商业银行受分业经营和分业管理的限制，参股网上证券经纪公司存在着法律法规方面的障碍。电信公司对外投资可能也受到一定制约，中国内地证券公司的股东名单中就很少有电信公司。

可行做法是，网上证券经纪公司设立以证券公司为发起人和主要出资人，IT 公司参与发起，同时吸引其他公司和管理层参股。由于 IT 公司的资本金实力比较差，同时不太熟悉证券经纪业务方面的流程，作为网上证券经纪公司的第一大股东并不合适。图 3 列示一家典型网上证券经纪公司股权结构的情况。

图 3　网上证券经纪公司 XYZ 的股权结构

证券公司 A	35%
IT 公司 B	25%
上市公司 C	10%
非上市公司 D	10%
风险投资公司 E	10%
管理层及技术人员	10%

（二）设立网上证券经纪公司应具备的条件

网上证券经纪业是资金、技术和智力密集型产业，设立网上证券经纪公司应具备相应条件。《证券公司管理办法》对设立专门网上证券经纪业务证券公司所应具备条件做出规定。资本金实力、技术条件和人才资源是设立网上证券经纪公司的主要条件。

1. *注册资本金*。证券业对资金量要求是比较高的，网上证券经纪公司自然也不例外。技术开发投入，计算机软、硬件投入，证券从业人员和专业技术人才的吸引，服务网点的设立等，都需要大量资金投入。中国内地网上证券经纪公司今后一段时间在发展规模、客户数量和客户资金量等方面增长迅速，同时网上证券经纪公司所面对风险和责任比非网上证券经纪公司要大，发生偿付能力方面危机，影响面比较大，对社会造成一定的冲击。为确保网上证券经纪公司的偿付能力，保护投资者合法权益，维护证券市场的持续发展，需要对网上证券经纪公司注册资本金设置“门槛”限制，同时设定网上证券经纪公司财务风险监管指标。

注册资本金方面，《证券公司管理办法》没有具体规定，原先《证券公司管理办法》(征求意见稿) 要求网上证券经纪公司注册资本金不低于 5000 万元人民币。对网上证券经纪公司注册资本金要求应适当提高，可以考虑将进入“门槛”设置在 1 亿元人民币。

《证券公司管理办法》规定经纪类证券公司对外负债(不包括客户存放的交易结算资金)不得超过其净资产额的 3 倍；同时经纪类证券公司在对外负债超过其净资产 2 倍时，须在三个工作日内报告中国证监会，并说明原因和对策。这一要求同样适用于网上证券经纪公司。考虑到中国内地网上证券经纪公司的特点，财务风险监管指标要求可适当提高，即网上证券经纪公司的负债总额(不包括客户存放交易结算资金)不得超过其净资产额的 280%，其流动资产余额不得低于其流动负债余额(不包括客户存放交易结算资金)。

2. 技术条件。网上证券经纪公司对技术条件要求相当高，又是全方位的。网上证券经纪公司设立：(1)有符合要求网络交易硬件设备和软件系统；(2)网上证券经纪业务系统中有关数据传输安全、身份识别等关键技术产品必须通过权威机构安全性测评，网上证券经纪业务系统及维护管理制度必须通过权威机构安全性认证；(3)具有控制网上证券经纪业务有关风险技术、管理和业务等方面的有效措施；(4)拥有完善系统故障的应急方案，包括信息传播及委托方式转移、数据及系统恢复措施等；(5)拥有比较完善的技术服务支持体系、技术岗位管理制度、技术风险管理制度、应急管理体系和实时监控系统等。网上证券经纪公司所涉及的技术问题复杂，专业性强，评估网上证券经纪公司技术条件过程中，监管机构应听取技术专家的意见。

3. 人才资源。网上证券经纪公司设立和运作需要多方面人才，证券交易专家、投资咨询专家、技术和管理人才、法律专家、市场推广人才等都是必不可少的。中国证监会主席周小川在“中国证券业电子商务研讨会”上强调，网上证券经纪公司设立需要大量专业人才。证券公司有证券交易和投资咨询等方面专家，IT 公司有高素质的技术人才。证券公司和 IT 公司共同发起设立网上证券经纪公司，可实现在人才资源方面的优势互补。

《证券公司管理办法》规定，设立经纪类证券公司，具备证券从业资格的从业人员不少于 15 人，并有相应会计、法律、计算机专业人员；设立专门从事网上证券经纪业务的证券公司，还要有十名以上计算机专业技术人员并能确保硬件设备和软件系统安全、稳定运行，同时高级管理人员中至少有 1 名计算机专业技术人员。要求适用于所有网上证券经纪公司，同时要对技术负责人资格做出专门规定和要求。

三、开户、交易与清算

网上证券经纪公司向投资者提供证券经纪服务，涉及多个方面的环节，其中主要有：

（一）开户。与传统证券公司一样，网上证券经纪公司必须为客户分别开立资金账户和证券账户。传统证券公司主要采取直接开户方式，即客户持本人有效身份证件到证券公司下属营业部开户。网上证券经纪公司除了可以通过直接方式为客户开户外，还可以通过网络方式和代理方式为客户开户。

国外网上证券经纪公司开户很简单，程序是：(1)从网上证券经纪公司主页申请开户申请表；(2)公司送来开户申请表；(3)将填写好开户申请表发回公司；(4)公司发来交易时需用用户 ID 和密码。在办完这些手续后，只要向网上证券经纪公司汇入一定钱款，客户就可以进行交易了。网上证券经纪公司通过网络方式为客户开户，需要对客户的身份予以核实。目前，中国内地电子商务立法明显滞后，缺乏电子签名等各方面的法律规定(国外国家有关电子签名的立法情况见表 8)，网络开户方式还面临一定的挑战。需要寻求商业银行、保险公司以及 CA 认证机构等支持与协作，利用投资者在银行储蓄账户、保险单以及 CA 认证等第三方权威机构数据资料，对申请网上开户客户身份加以验证。网上证券经纪公司通过代理方式为客户开户，是较可行并推广的做法。网上证券经纪公司可委托营业网点多、信誉好的商业银行、保险公司、邮局和电信公司等机构代理开户。委托第三方代理开户，网上证券经纪公司须与被委托方签订委托代理协议，明确双方责任、权利和义务，具体操作流程。

另外，网上证券经纪公司可通过下属服务网点直接为客户办理开户手续，服务网点还可以承担与开户代理机构联络，接受开户代理机构客户资料等职能。

（二）交易。网上证券经纪公司开展证券经纪业务，须向证券交易所申请独立证券交易席位，至于证券公司控股的网上证券经纪子公司，也需要向证券交易所申请独立证券交易席位，便于监督和管理。除电子信息交换网络这个主要手段外，网上证券经纪公司还须为客户提供电话委托等其他必要的替代交易方式，以切实保护投资者合法权益。涉及长途话费等问题，需要网上证券经纪公司与电信等部门开展合作；或者是通过银证合作，利用银行网点资源，为客户提供更多选择。网上证券经纪公司还应向客户提供与证券交易相关信息的查询服务，包括委托、成交、清算、资金与股份余额等交易的相关数据查询，应定期向客户提供书面对账单。

（三）转托管、撤销指定交易及销户。根据客户指令，在确定客户有效身份后，网上证券经纪公司可通过网络方式、代理方式和直接方式为客户办理转托管、撤销指定交易及销户手续，具体做法(尤其是销户）与开户手续比较类似。

表8　世界部分国家或地区电子签名立法情况一览表

国家或地区	法律名称	通过时间
俄罗斯	数字签名法	1995.1.25
意大利	数字签名法	1997.3.15
德国	数字签名法	1997.6.13
德国	数字签名条例	1997.11
马来西亚	数字签名法	1997
新加坡	电子交易法	1998.6.29
阿根廷	总统令：国家公共机构的数字签名设施	1998.4.16
新加坡	电子交易认证机构规定	1999.2.10
澳大利亚	电子交易法	1999.3.15 生效
韩国	电子商务基本法	1999
哥伦比亚	电子商务法	1999.8.21
欧盟	电子签名共同框架指令	1999.12.13
芬兰	电子服务管理法	2000.1.1 生效
香港	电子交易条例	2000.1.7
西班牙	电子签名与记录法令	2000.2.29
日本	电子签名与认证服务法	2000.5.24
英国	电子通讯法	2000.5.25
欧盟	电子商务指令	2000.6.8
菲律宾	电子商务法	2000.6.14
加拿大	电子信息和文书法	2000.6.21
美国	全球和国家商务中的电子签名法	2000.6.30
爱尔兰	电子商务法	2000.7.10

（资料来源：赵廷超等文，“没有规矩不成方圆”，《电子商务世界》2001年第4期）

（四）清算

网上证券经纪公司应根据相关规定，在具备资格的商业银行设立客户交易结算资金专用存款账户和清算备付金账户。网上证券经纪公司应统一管理客户交易结算资金账户和清算备付金账户。网上证券经纪公司与商业银行开通客户交易结算资金自动划转系统或银证转账系统，双方应签订合作协议，明确责任、义务和有关的流程。

网上证券经纪公司与客户之间的证券交易结算资金划转可以采取网络转账、电话转账和银行汇款等方式。采取网络或电话转账方式的，客户的交易结算资金在客户交易结算资金账户与储蓄账户之间通过英特网方式或电话方式进行划拨，网上证券经纪公司应就此与商业银行、客户签订协议。

四、服务网点

对网上证券经纪公司来说，设立有形服务网点十分必要。这样可以提高网上证券经纪公司的信用度，开展与证券经纪相关的业务。国外网上证券经纪业发展表明，拥有有形服务网点网上证券经纪公司，发展一个客户平均成本远低于没有有形服务网点的网上证券经纪公司。国外很多原先没有设立服务网点的网上证券经纪公司纷纷设立相当数量的服务网点。

与传统证券公司下属证券营业部相比，网上证券经纪公司服务网点功能应有所调整，规模趋于减小，表现在服务网点不为客户办理现金存款，不办理柜台交易和交割，不为客户提供大、中户交易室和营业大厅等经营性证券交易场所，服务网点突出网上交易演示等技术方面的功能，这一定位基本符合网上证券经纪公司发展的需要。

《证券营业部审批规则》(征求意见稿) 提出证券公司可以申请设立技术服务站点，规定“技术服务站点是证券公司对客户从事网上证券交易提供技术及相关服务的分支机构”,“申请设立技术服务站点的证券公司应取得网上委托业务资格”。它同时对设立技术服务站点应具备的条件、申请时应提交的材料、可以经营的业务做出了相应的规定。

考虑到网上证券经纪业特点，监管机构应加强对网上证券经纪公司服务网点的监管。建立“防火墙”,不允许服务网点与客户直接发生现金往来，关注代理机构的资信情况，中国证监会的派出机构应定期或不定期地检查当地的网上证券经纪公司服务网点情况，特别是要防止有人假冒网上证券经纪公司服务网点的名义欺骗投资者。在条件许可的情况下，可以设立一家从属于中国证券业协会或者独立的专门机构，通过互联网站及时披露有关网上证券经纪公司服务网点的情况，同时开通电话查询，方便投资者识别服务网点的真伪，以保护投资者的合法权益。另外，监管机构要加强对投资者的教育，提高投资者的辨别能力，建立投资者举报制度。

五、安全性

通过电子信息交换网络方式买卖证券，其安全性能否得到切实有效的保障，是投资者最为关心的问题。网上证券交易风险，包括实时通信线路的稳定性，下单的可靠性和保密性等。技术上讲，相对于电话委托等其他证券交易方式，网上证券交易的安全性还是比较高的。一般人对安全性的担忧主要源于对技术的不了解和新闻媒体对网络黑客攻击的大肆渲染。

风险小不意味着没有风险，网上证券交易涉及资金量大，对可靠性和保密性的要求较高，容不得出现一点点误差。网上证券经纪公司需要完善相关技术、加强管理：(1)对网上数据实施加密；(2)利用数字签名身份认证，防止密码攻击；(3)将内部业务系统与英特网等外部网络严格隔离，并监控相互间信息交换，建立有效“防火墙”等安全防范措施；(4)建立实时监控系统，采取网络隔离等技术，防范黑客攻击和外部非法访问；(5)完善应急管理体系和故障恢复手段，采取切实有效的系统备份机制，保证网上证券交易业务通道畅通；(6)加强管理，建立严格岗位管理制度和技术风险管理制度，提高网上证券交易的安全性。

为了保护投资者及网上证券经纪公司自身的利益，在接受客户开户时，网上证券经纪公司应与客户签订“风险揭示书”,通过这一形式向客户解释相关的风险，协议书应采取《合同法》认可的书面形式签署。同时，网上证券经纪公司应通过入门网站和客户终端软件向市场充分揭示风险，包括：(1)所显示的行情信息可能出现错误和偏差；(2)客户的身份有可能被仿冒，客户的交易密码可能遗失或被他人窃取；(3)因为网络传输方面的原因，客户发出的交易指令可能会出现延迟、停顿、中断或数据出错等情况。

在与客户交流和接受客户咨询时，网上证券经纪公司工作人员应客观地向客户揭示网上证券交易方面的风险，不能回避、隐瞒相关风险，误导和欺骗客户。网上证券经纪公司还应对客户进行相关教育和培训，提高他们的风险防范意识，帮助客户及时发现和排除安全方面的隐患，教会他们正确和熟练使用网上交易方式以及电话委托等其他替代交易方式。

此外，网上证券经纪公司还可以借助商业保险来解决网上证券交易的安全性问题。美国大多数网上证券经纪公司为自己的网上交易客户提供高额的商业保险，这在很大程度上消除了客户对网上证券交易安全性的后顾之忧，推动美国网上证券经纪业的发展。

网上证券交易保险的开展涉及诸多环节，要真正实施还存在不少障碍：(1)涉及不同机构和企业。网上证券交易出现安全性问题和运行故障，责任往往在于电信部门或互联网服务供应商(ISP)方面。一律由网上证券经纪公司花钱为客户投保，既不公平，也无力承受；(2)保险费率难确定。相关历史资料和数据缺乏，安全认证体系和技术标准不完善，都为费率确定带来挑战；(3)缺乏相关的法律法规环境；(4)道德风险和道德危害。与电子商务有关的商业保险还没出现，如果只有少数几家网上证券经纪公司为客户投保，就会出现有人故意破坏网上证券交易的安全性。

网上证券交易保险开展还存在障碍，但却是今后发展的方向，符合网上证券经纪公司的长远利益。监管机构可采取扶持政策来鼓励网上证券经纪公司为客户投保，争取电信、保险公司等相关机构和企业的支持，同时出台相配套的法律法规，推动网上证券经纪业的发展。

证券电子商务中的战略联盟

一、关于战略联盟

战略联盟的概念最早是由美国 DEC 公司总裁简·霍普兰德和管理学家罗杰·奈格尔提出的。对于战略联盟的定义，学术界存在着很大的分歧。战略联盟是公司之间为了共同的战略目标而达成的长期合作安排，是一个通过各种协议而结成的优势互补、风险共担的松散型组织。从不同角度，可以对联盟的形式做出不同的分类。可分为同业联盟和上下游(相关)联盟；可分为股本合资、非控股性参股、协议联盟等；还可以分为两方、三方乃至多方联盟等。

自20世纪80年代早期以来，各行各业中战略联盟如雨后春笋般不断涌现，不同公司间的合作随之迅猛发展。《竞争的革命——企业战略联盟》一书的作者——美国本杰明·古莫斯-卡瑟尔斯的研究发现，在20世纪80年代和90年代，高科技领域里的联盟数量呈现出爆炸性的增长，给人以突飞猛进的感觉。

其实，企业在实现战略目标方面有不同的选择。一是完全依赖自身力量加以解决；二是按照市场化方式运作，需要自身无法提供资源时就向市场购买；三是内部化方式，即通过购并方式购买其他企业；四是战略联盟方式。联盟是介于企业与市场之间的一种组织形式，企业间联盟程度有深有浅，浅层次联盟主要是签订合作协议、开展合作项目等，深层次联盟有组建合资企业等。20世纪80年代以前，企业很少选择战略联盟方式，企业选择战略联盟有几方面原因：

1，*有效对付不确定性*。企业面临不确定性越来越多，特别是在高新技术产业领域市场和技术瞬息万变的现在，很难在合同中对不可预见情况做出明确规定，大部分合同或多或少存在不完善的情况，双方责任、义务、权利以及交易价格等无法在预先订立合同中得以准确界定。为应付由不确定性所导致的不完全合同，企业在市场交易关系之外寻求购并、联盟等方式，与购并相比联盟资金投入和风险都比较小，可降低企业面临不确定性的成本。

2. *建立新能力、获取新渠道、进入新地域*。(1)新能力。企业发展需要建立一系列新能力，包括产品、客户关系、技术等。通过联盟方式企业能够快速灵活地利用合作伙伴能力来发展自己；(2)新资源。如果企业希望通过新增销售渠道来扩大销售量，联盟方式是不错选择。通过联盟获得新客户，比单枪匹马战略下获得客户成本要低得多；(3)企业进入新地域需要熟悉当地情况，还要得到政府支持等，依靠企业自身力量，短期内有相当难度。联盟方式既符合“分工带来效率”原则，发挥联盟方各自优势，又使企业通过联盟寻求到合作伙伴支持，弥补企业自身局限性。

3. *联盟具有一定的感染性*。某个行业出现比较大联盟，行业内的其他企业就会纷纷仿效，建立类似战略联盟，出现这一状况的原因就在于联盟具有感染性。由于联盟可给成员带来诸多好处，竞争对手建立战略联盟，企业出于防御方面的考虑，会建立相应的联盟，以避免在竞争中处于不利的境地，谋求自身的发展空间。

4. *为进一步的一体化做好准备*。由于企业间在企业文化、管理模式等方面存在着差异，企业在购并其他企业之前，会首先选择联盟方式与购并对象建立合作伙伴关系。条件成熟后，再实施购并战略。联盟关系的建立，有利于企业更好地了解和熟悉对方，为最终购并奠定良好的基础。

二、证券电子商务领域战略联盟

战略联盟方面以证券电子商务领域为例，寻求战略联盟成为证券公司在拓展证券电子商务方面的重要策略，借助由投资方和联盟方组成战略联盟网络。美国证券业后起之秀E*Trade在证券电子商务领域取得令人瞩目业绩。从表9看出，E*Trade联盟方来自信息技术、资讯、金融、传媒等多个产业领域。雅虎已在市场上拥有极高知名度和庞大客户基础，通过建立联盟关系，双方实现“双赢”。E*Trade网上证券经纪公司提高知名度，拓宽客户来源、吸引新客户；雅虎则得到相应利益回报，为自己客户提供更多的选择和服务，提升自身市场价值。拓展国际市场方面，E*Trade同样是采取联盟方式来实现的。由于许多国家或地区对外来资本进入本国或本地区证券市场有着限制，出于风险等方面的考虑，E*Trade选择与当地金融机构等建立合资企业方式进入这些国家或地区。(见表9)

战略联盟方式被其他国家或我国台湾地区证券公司广泛采纳，以台湾地区宝来证券为例，为更好开展证券电子商务，进入其他地区开展相关业务，宝来证券建立了战略联盟网络。(见表11)由于在所处环境、资金实力等方面存在着差异，在建立联盟方式上台湾宝来证券与美国E*Trade的做法不同。宝来证券联合四家公司成立“中华通@华商专业网”，联合五家公司推出“宝来投资行动网”。拓展国际市场方面，宝来证券没有和美国E*Trade那样建立合资企业，而是选择互换信息、共享平台的合作方式。

表9 E*Trade国际化战略中的战略联盟

国家或地区	联 盟 方	年 份	备 注
澳大利亚	Sydney-based Nova	1998年4月	—
加 拿 大	VERSUS Brokerage Services	1997年2月	—
日 本	SOFTBANK CORP.	1999年10月	—
韩 国	1、SOFTBANK CORP.	2000年2月	—
丹 麦	DBS Online	2000年3月	—
挪 威	Storebrand Insurance	—	—
英 国	Electronic Share	1998年6月	后调整为全资公司
以 色 列	Kardan Technologies Jerusalem Global	1997年	—
德 国	Berliner Effektenbank AG	2000年9月	后调整为全资公司
北 欧	A Swedish company	1998年9月	—

表 10 E*Trade 的主要投资方和联盟方

公司名称	提供的产品或服务	合作关系
Archipelago	电子交易	4 个主要发起人之一
Bond Exchange	债券交易	联盟方
Bridge Information	财经新闻	联盟方
Briefing.com	研究	联盟方
Critical Path	电子邮件服务	投资方
Digital Island	电子商务交换中介服务	投资方
Ernst &Young	咨询服务	合资方
EveryPath	无线应用提供	联盟方
First USA	信用卡	联盟方
Garage.com	基于网络的风险投资公司	投资方
Instinet	延时交易	联盟方
InsWeb	保险	联盟方
LoanCity	为担保的经纪商提供在线服务	投资方
Message Media	电子信息	投资方
Morningstar, Inc.	财经新闻分析	联盟方
Oracle	无线门户服务	联盟方
Sprint PCS	无线财经服务	联盟方
State Street Global	院校储蓄解决方案	联盟方
TheStreet.com	财经新闻	联盟方
Verizon	无线通信服务	联盟方
Yahoo!	门户网站	联盟方

（资料来源：E*Trade 公司介绍手册）

表 11 台湾宝来证券的战略联盟

公 司	相互关系	联 盟 的 目 的
儒硕	关联公司	共同研究开发网络下单系统
所罗门(台湾上市公司)	联盟方	共同成立“中华通@华商专业网”，提供海峡两岸咨询、金融股市等服务
华特(台湾上市公司)	联盟方	同上
华鸿科技	联盟方	同上
讯通	联盟方	同上
荷兰银行	联盟方	推出“网上刷卡购买权证”
中华电信	联盟方	联合推出“宝来投资行动网”
台湾大哥大	联盟方	同上
远传电信	联盟方	同上
和信电信	联盟方	同上
泛亚电信	联盟方	同上
美国 RSA	联盟方	推出“宝来 E-Passport 电子护照”
宏基资讯	关联公司	拓展中国内地市场
汉宇资本	关联公司	拓展中国内地市场
汉宇财务	关联公司	同上
所罗门美邦证券	联盟方	拓展美国、加拿大地区市场
东方惠嘉证券	联盟方	拓展日本、韩国市场
GKGOH	联盟方	拓展新加坡市场

（资料来源：宝来证券网站）

三、中国内地证券电子商务领域的战略联盟现状

与国外证券公司一样，中国内地券商很好地运用了战略联盟策略来拓展证券电子商务，这正是中国内地网上证券交易在很短的时间内就取得长足发展的一个重要原因。从联盟的形式看，网上证券交易的联盟主要出现在相关企业之间。三年多来，中国内地券商与金融机构、IT 公司、资讯公司、生产厂商等开展广泛的合作，同时出现了中小券商之间的联盟。

1. *券商与银行等金融机构的联盟*。在券商与银行的合作方面，银证转账、银行代理开户、银证通等的开展，为券商在异地拓展网上证券交易业务创造了便利条件。另外，有的券商还利用银行、保险公司、期货公司等金融机构的营业网点作为网上证券交易的演示点，对客户进行网上交易方面的培训和服务。为了做好相关的业务，券商还为银行等金融机构的员工提供相应的培训。

2. *券商与电信的联盟*。证券电子商务的开展自然离不开电信部门的支持和合作。由于多方面的原因，中国内地电信用户的上网费用一直比较高，上网速度非常慢，同时还经常会掉线，这在很大程度上制约了证券电子商务的发展。为了克服这些障碍，一些券商与中国电信开展合作，共同投入一些设备改善了上网条件，同时通过"包月"等方式降低用户的上网成本。网上证券交易的发展一方面为券商带来可观的经济效益，同时发展一大批互联网用户，实现了券商与中国电信的"双赢"。在 GPRS、CDMA 手机炒股等方面，由于券商与中国移动、中国联通等有着共同利益，这方面联盟将会越来越多。

3. *券商与资讯、咨询公司等的联盟*。为了吸引客户，券商需要为投资者提供大量的资讯信息和咨询建议。券商一方面可以借助自身的研究力量整理一些资讯信息，为客户提供咨询报告；另一方面券商还可以通过与山东神光、万国股市测评等资讯、咨询公司联盟的方式，为客户提供相关的服务。由于券商自身的研究资源总是比较有限的，同时在信息、咨询方面的知名度往往没有一些专业的资讯、咨询公司大，因而无法满足不同层次、不同偏好投资者的需求。通过联盟，券商可以为客户提供丰富的资讯信息和富有特色的咨询建议，资讯、咨询公司则可以扩大其在投资者中的影响力，同时获取一定的收益。需要指出的是，券商与资讯、咨询公司之间的联盟有别于两者之间单纯的买卖关系。

4. *券商与门户、财经网站的联盟*。在网上证券交易的发展初期，由于券商很难在短时间内搭建网上交易平台，因此纷纷寻求与财经网站的合作。中信证券最初是与和讯合作向客户推出网上交易的，当然后来中信证券搭建了自己的网上交易平台来开展网上交易。目前，不少规模比较小的券商以及一些证券营业部还是借助于财经网站的平台来开展网上交易的。在移动证券电子商务方面，很多券商与赢时通公司开展合作，为客户提供移动电话的 STK 服务等移动证券交易和信息推送等服务。还有的券商则与新浪等门户网站联合推出网上经纪人、会员制等做法，以吸引更多的客户。另外，有的中小券商选择了合资公司的方式与门户、财经网站建立联盟关系，国联证券与搜狐的合资就是一个典型的例子。

5. *券商与电脑、电话机、手机等生产厂商联盟*。客户可以通过 PC 机、笔记本电脑、手机、普通电话、IC 卡电话等不同的交易终端来实现网上交易。为了拓展共同市场，为客户提供更好、更多的服务，券商与生产厂商之间的联盟出现了。通过联盟，券商可以吸引使用不同交易终端的客户，同时可以为自己的客户在购买 PC 机等产品时提供一定的优惠；生产厂商则可以增强自己所生产产品的吸引力，同时可以借助券商网络销售产品。华泰证券就曾先后与武汉精伦电子、台湾英业达、摩托罗拉等公司组成类似的联盟。

6. *多方联盟*。前面介绍的联盟基本上都是只有两方，实际上还有很多联盟所涉及的不只是两方。如西南证券与飞虎网、中国建设银行之间的联盟就涵盖了券商、IT 公司与银行等三方。在 GPRS(CDMA) 手机炒股方面，券商与中国移动(中国电信)、手机生产厂商之间的合作就是三方联盟。另外，券商与门户网站、咨询公司、资讯公司之间的合作也是比较常见的联盟方式，这一方式所涉及的联盟方有时会很多。

7. *中小券商相互之间的联盟*。网上证券交易的拓展需要人才、资金、技术等方面的资源，对于一些中小券商来说，单独建立网上交易平台及其相关服务体系是有一定难度的，这些中小券商建立战略联盟，实现资源共享和优势互补是一个明智的选择。2001 年 5 月，由全国 13 家期货交易所转制而成的金牛证券、久联证券、中富证券等 9 家证券经纪公司在上海共同组建"联合网上证券交易服务中心"，建立共同网上交易载体、共担风险、共享收益。当然，由于在业务竞争性、客户资料的管理等方面存在着一定的障碍，这一联盟所取得的进展并不大。

与国外券商相比，中国内地券商在证券电子商务方面的联盟既有一定的共性，又呈现出一定的特点。从共性的一面看，海内外券商都与 IT 公司、信息资讯公司、投资咨询公司以及财经门户网站等建立了广泛的联盟关系。从个性的一面看，由于中国内地证券市场没有完全开放，证券电子商务的发展时间还不长，金融业实行严格的分业经营和分业管理，因此尽管海内外券商都与银行、保险等其他金融机构建立了联盟关系，但中国内地券商与其他金融机构之间的联盟基本上停留在银证转账、代理开户、网点营销等相对较浅的层次上。

另外在联盟的具体方式上，中国内地券商更多地采取了协议联盟的方式，股本合资、非控股性参股等深层次的联盟方式则比较少见。

四、如何建立战略联盟

在对国外以及中国内地证券电子商务领域的战略联盟作了简要的介绍后，下面我们就中国内地券商如何建立证券电子商务领域的战略联盟作一些分析。

1. 分析利弊得失，选择合适的方式。企业在实现战略目标方面可以有不同选择。就证券电子商务而言，除联盟方式外，那些规模比较大、资金实力强的券商可以选择完全依赖自身力量来加以解决；或者是按照市场化的方式来运作，需要自身无法提供的资源时就向市场购买；还可以是内部化的方式，即通过购并一家中小券商或专业网站的方式，广东证券购并与盛润2000组建广东证券中天网就是一个范例。当然，具体采取何种方式，是自主开发？是完全市场化？是建立战略联盟？还是选择购并？这需要对相应的收益和成本作一些比较和分析。其实，券商在开展证券电子商务方面会同时采取多种方式。比如在信息资讯方面，券商可以选择自主研究的方式，可以选择向资讯公司购买的方式，可以选择购并一家资讯公司的方式，还可以选择与一些资讯公司建立联盟关系(互换信息等) 进而获取更多信息的方式。在信息技术、市场营销、客户服务等方面也是如此。

2. 联盟的具体形式。按照不同的角度可以对形式做出不同分类。券商应根据自身的需要，选择不同的联盟形式。(1)同业联盟还是上下游(相关) 联盟。目前中国内地券商在证券电子商务领域所建立的联盟主要是上下游联盟。由于存在着共同的利益基础，券商与相关企业的合作热情都比较高。加上证券市场的监管比较开放，为银行、财经门户网站等介入证券电子商务提供政策上的空间。对于券商来说，应进一步拓宽思路，与更多的相关企业开展合作。至于同业联盟，与其他领域一样，证券电子商务领域同业联盟的建立往往面临很多的障碍。对于中小券商来说，由于自身的规模小、实力弱，因此在与银行、电信、IT公司打交道时往往处于下风，享受不到优惠的条件和应有的服务。如果中小券商组建战略联盟，其谈判能力就会有所增强。(2)股本合资、非控股性参股还是协议联盟。券商应结合自身的实力情况，以及公司战略规划，决定是选择股本合资、非控股性参股还是协议联盟。总体的原则可以是由浅入深、循序渐进。开始时可以考虑协议联盟方式，在积累一些经验并对合作伙伴有一定了解后再考虑非控股性参股、股本合资等深层次联盟方式。如果券商的实力比较强，政策法规等方面又存在着一定的约束(如一定要设立合资企业才能进入一国或地区的证券市场等)，则完全可以直接采取股本合资的方式。

3. 联盟方的选择。选择什么样的合作伙伴，是一个联盟能否取得预期目标的重要一环。因此在选择联盟方时，券商一定要非常的审慎。(1)联盟方的规模。一般情况下，券商总是愿意选择与那些规模比较大、实力比较强的企业建立联盟关系。但需要指出的是，规模大、实力强的合作伙伴所提出来的价码比较高，券商在合作中往往做出一些让步，同时对联盟的忠诚度相对较差。(2)联盟方所处的行业。券商在拓展网上交易方面需要与处于不同行业的企业开展合作。如果联盟方来自垄断性行业，则券商选择的余地就比较小，因此往往会比较被动一些；如果联盟方来自竞争性行业，则对券商往往会比较有利，这就是券商更愿意选择来自竞争性行业的联盟方开展合作的原因。举例来说，券商与 IT 公司的联盟比较容易一些，与相对处于垄断的电信公司的合作就比较困难。相信随着中国内地加入WTO和社会主义市场经济的发展，券商所面临的选择会更多一些。(3)关联关系和人脉关系。从国外证券电子商务领域的战略联盟情况看，很多联盟方之间存在着股权等方面的关联关系。从中国内地的情况看，选择关联企业合作效果往往比较好。国通证券先后与 13 家商业银行签定战略联盟开展“银证通”和网上交易业务，但公司80%以上的相关业务量来自招商银行。由于两者存在着股权方面的关联关系，因此国通证券与招商银行之间利益关系等的协调比较容易，国通证券甚至可以派人直接参与招商银行相关业务的拓展。因此，在选择联盟方时，可以考虑优先与关联企业合作。另外，拥有良好的人脉关系，联盟方沟通和协调起来相对要容易一些，这一点在中国内地显得尤为明显。(4)联盟方的市场形象和商业信誉。在选择联盟方时，券商自然应该选择那些市场形象好、商业信誉高的企业合作。比如在选择金融机构合作开展市场营销方面，券商应优先考虑银行而不是人寿保险公司，因为保险公司的市场形象不佳。另外，投资者对证券电子商务的信任度不高，这就迫切要求券商选择那些商业信誉高、投资者十分信赖的企业合作，不然就会“雪上加霜”，阻碍证券电子商务的发展。(5)联盟方的经验。对于券商来说，自然是应该优先考虑与那些已经在联盟方面积累大量经验的企业合作，可以减少联盟成本，提高联盟取得成功的概率。券商与那些从未涉足证券电子商务企业开展合作，可以在竞争中赢得市场先机。

4. 担当联盟的主导者，争取掌握主动权。在证券电子商务领域联盟中，券商应担当起主导者的角色。以券商与银行合作为例，按照我国分业经营、分业管理的规定，银行是不可以从事证券业务的。在实际的经济生活中，有的银行在与券商合作开展网上交易和“银证通”业务时，明确提出分成佣金的要求，同时客户完全控制在银行手中，基本上与券商不存在任何的关系，券商沦落为纯粹的交易通道。券商在联盟中扮演了一个配角，主动权完全在银行一方。这样的合作一方面会给整个证券业带来很大的冲击，另一方面券商在其中不可能得到实实在在的利益。

5. *联盟时机的把握*。从联盟的特点看，有的联盟具有排他性，有的联盟则不具有排他性。所谓排他性是指一旦与合作伙伴建立了联盟关系，联盟方就不会再与其他企业建立类似的联盟关系。以上网费用“包月”制为例，如果一家券商与电信率先约定只有这家券商的客户可以享受最高限度的折扣优惠，电信向其他券商的客户所收取的费用不能享受同等的优惠，那么这样的联盟就具有排他性。如果联盟具有排他性，则券商应考虑及早介入。当然，“世上没有免费的午餐”，建立排他性的联盟，联盟方就会提出一定的条件，要求券商付出相应的代价。仍以上网费用“包月”制为例，券商需要在电信基础设施建设等方面给电信以适当的支持。

6. *利用联盟实现专业化与多元化的融合*。专业化和多元化是相互矛盾的，选择专业化的发展模式，企业就要放弃多元化；选择多元化的发展模式，企业就要放弃专业化。其实这一认识并不科学，联盟的出现就为企业实现专业化和多元化的融合创造了条件。美国网上证券经纪公司 E*Trade 就是一个例子，2000 年 10 月，E*Trade 将属下网上投资银行 E*Offering 出售给 Wit SoundView，同时与 Wit SoundView 组成战略联盟。根据双方达成协议，Wit SoundView 旗下 10 万名客户证券经纪业务交由 E*Trade 进行，而 Wit SoundView 将独家代理 300 多万客户有关 IPO、后续股票发行和其他投资银行方面的业务。这一次出售和联盟，E*Trade 既实现专业化，同时又分享到多元化的好处。联盟为企业在专业化与多元化之间求得平衡并实现融合创造条件。中国内地券商完全可以借鉴 E*Trade 的做法，通过建立战略联盟，一方面专注于自己有竞争优势的领域，另一方面切实分享到多元化的好处，使自身的优势得到充分的发挥，在与联盟方的共同发展中得到丰厚的回报。

网上证券交易的发展与展望

随着互联网络和证券市场的发展，网上证券交易在全球范围内迅速发展起来。作为一种全新的交易方式，网上证券交易业务发展的时间并不长，从全球来看，大概是从 90 年代中期起步的。目前不少国家在这一新的领域都进行了一些尝试和探索，也根据各自的国情制定了相关的监管规则。据估计，2001 年全球实现网上证券交易的机构已达 3000 家，拥有投资者约 1 亿户，账面资金高达 2 万亿美元左右。目前，美国和韩国是网上证券经纪业最为发达的国家，英国、法国、瑞典等欧洲地区以及日本、中国香港、中国台湾等亚太地区的网上证券交易这几年发展也相当迅猛。介绍一下国外网上证券交易的发展和监管情况。

一、美国

美国作为最早开展网上证券交易的国家，同时也是目前网上证券经纪业最为发达的国家，这里我们就对美国网上证券交易的发展现状作一个简要的介绍，同时对其未来发展趋势作一些预测和展望。

（一）美国网上证券交易的起源

1975 年 5 月 1 日，美国率先在全球取消证券交易固定佣金制度，实行佣金协商制，美国证券业内所有经纪人根据固定的模式来收取同样佣金费用的管制被解除了。从事经纪业的证券经纪人可自由收取佣金，不受政府和证券市场管制。由此产生的直接影响是证券经纪人可以比较自由地给投资者提供信息，投资者也可以放心地接受这些信息而不必担心需要支付更高佣金。固定交易佣金制度的打破导致提供佣金折扣的证券经纪商纷纷成立，同时促使传统证券公司涉足网上证券交易领域，美国投资者交易成本大幅度下降。

1977 年，苹果机二代(Apple Ⅱ) 成为第一个通过零售渠道销售的个人使用的整机。1992 年，由系统开发公司发展而来的 E*Trade 证券公司成立，并向美国在线(America Online) 和 CompuServe 的注册用户提供电子交易服务。1994 年，Nerscape Navigator 1.0 推出。1995 年，以 Discover Brokerage Direc 公司为首的数家证券经纪商率先引进网上交易系统，允许客户通过互联网发出交易指令，开辟了网上证券交易的先河。1996 年 2 月，E*Trade 开始网上证券交易。而作为折扣经纪商代表的嘉信理财在 20 世纪 90 年代中期意识到互联网络的普及和渗透将有可能成为个人投资者的一种新媒介，并在这方面加大投入，积极准备。1996 年 3 月，嘉信理财的网站开始运作。1996 年 8 月，E*Trade 公开发行上市，净筹资额达 4640 万美元。1998 年 9 月，微软(Microsoft) 的市值超过通用电气(GE) 。1998 年 11 月，美国在线被列入标准·普尔 500 指数(S&P500) 。1999 年 3 月，道·琼斯指数跨越 10000 点大关。1999 年 12 月，纳斯达克(NASDAQ) 指数达到 4000 点。

（二）美国网上证券交易的发展

美国网上证券交易的出现和发展是与互联网络以及证券市场的发展紧密相连的，在线经纪业和网上证券交易迅速崛起。自从 1995 年以 Discover Brokerage Direc 公司为首的数家证券经纪商率先推出网上证券交易以来，美国网上证券交易的账户数和网上证券交易量呈显著性增长态势。

1. 美国网上证券交易经历的三个发展阶段。自 1995 年网上证券交易出现以来，美国网上证券经纪业大致经历了起步(1995~1997 年)、大发展(1998~2000 年)、调整(2001~2002 年)等三个阶段。(1)起步阶段。美国网上证券交易的起步主要是由 E*Trade 等纯粹的网上证券经纪商推动的，同时折扣经纪商——嘉信理财等迅速跟进。在这一阶段，投资者对网上证券交易的认识实现从不了解甚至怀疑到认同和接受的转变。(2)大发展阶段。1999 年初，美林证券宣布开始为投资者提供网上交易服务，标志着美国传统证券经纪商对网上交易的看法发生根本性的转变，美国网上证券交易在这一时期取得大发展。(3)调整时期。随着新经济、网络热的消退，美国证券市场步入全面调整时期，市场交易额大幅度减少。网上证券经纪商的新客户数目急剧减少，同时交易额在逐步下降。主要的网上证券经纪商都在忙着裁员和写亏损报告，美国的网上证券交易步入调整时期。美国嘉信理财净收益的变化情况(参见表 12) 从一个侧面印证了美国网上证券交易发展所经历的三个阶段。

表 12　美国嘉信理财净收益的变化情况

单位：百万美元

年　份	1995 年	1996 年	1997 年	1998 年	1999 年	2000 年	2001 年
净收益	122	275	321	410	666	718	199

（资料来源：美国嘉信理财公司资料。）

2. 佣金收费水平的变化。网上证券交易得到投资者认同，与美国实行自由浮动的佣金制度有很大关系。随着网上证券交易量的增加，网上每笔交易的平均费用不断下降，1995 年是 73 美元，1999 年下降为 25 美元，2000 年更是只有 12 美元左右，平均费用在五年间下降了 83.6%，投资者受益颇大。当然，不同的证券公司所收取的佣金水平存在着非常大的差异。总体而言，美林证券等传统证券经纪商的收费水平最高，嘉信理财等由折扣证券经纪商转变而来的“鼠标加水泥”类证券经纪商的收费水平次之，Ameritrade 等所谓纯粹的网上证券经纪商的收费水平最低，有些纯粹的网上证券经纪商向客户收取的佣金每笔交易甚至不到 5 美元。当然，不同类证券经纪商之间的差异正趋于缩小，同时同一类证券经纪商之间的收费水平也存在一定的差异。从总体上看，收费水平与证券经纪商为客户所提供的服务量是高度相关的。

3. 网上证券交易的安全性。在网上证券交易的安全性方面，除了考虑交易手段和交易方式的多样性以及进行充分的风险揭示外，为了使经营风险控制在一定限度以内，提高公司对客户的吸引力，许多推出网上证券交易的美国证券公司为自己的网上证券交易客户提供了商业保险。在出险以后，客户可以直接从保险公司得到相应的赔偿。E*Trade 就为自己的网上证券交易客户提供了总额高达 1 亿美元的商业保险，这在一定程度上消除了客户对网上证券交易安全性的后顾之忧，推动了网上证券交易业务的发展。

4. 网上证券经纪公司评级情况。美国著名 Gomez Advisors 网站于 1997 年开始一年两次刊登其对网上证券经纪商的评级表，从“使用便捷性”、“顾客信任”、“在线资源”、“关系性服务”和“综合成本”等多个方面对网上证券经纪商做出评价。Gomez Advisors 网站还根据网上证券经纪商对各类投资者适用程度为它们评级。这些投资者包括：注重即时联系和迅捷交易“极其活跃”交易者；注重高质量调研和投资工具“严肃”交易者；专注长期增长、看重财务计划工具和稳定金融服务“生活目标计划者”；希望从一个来源轻易获取种类广泛金融产品“一次购清”投资者。2001 年的两次评级中，嘉信理财、Fidelity Investments 和 E*Trade 分别排在前三位。

（三）美国网上证券经纪公司的监管

在美国，尽管计算机和互联网络的发展给证券市场带来变化，美国证券交易委员会(SEC) 认为，这基本上还是传统证券交易方式在新信息交流下的延伸和发展，还不需要颁布专门为在线投资订制的全新的、根本的监管法规，重要的是要坚持现有监管体系的根本原则。长期以来建立法律原则，如最佳成交、适当性和监督等惯例同样适用于新的在线环境。SEC 认识到，如果在基于纸质媒体而制定法律中找不到类似规定，必须为如何适用法律提供创新性指导意见，在技术急剧变迁情况下，指导意见只能是临时性的，等监管经验积累到一定程度，才有必要制定新法律。

在 SEC 发布的建议文件——《股票在线经纪：迅

速开拓网络空间》(“On-line Brokerage:Keeping Apace of Cyberspace”)中，对适当性、最佳行为准则、市场数据、系统容量、投资者教育、在线论坛、隐私权、门户网站等问题提出了意见和建议。这些意见和建议比较集中地体现了美国证券交易委员会对互联网时代证券经纪业务、信息披露、投资者利益保护等方面的监管态度和立场。

针对网上证券经纪商，SEC 特别提出四点要求，一是在快速增长中保证服务质量；二是要按最有利于客户的方式执行交易指令；三是向客户提供内容充分而平实易懂的资讯信息；四是网上广告性宣传不要使投资者产生不现实的收益预期。全美证券商协会(NASD)规则，特别是第 2210 条，是监管证券经纪公司广告的基本依据。1999 年 21 日，全美证券商协会监管委员会(NASDR)发布了它主持的关于这一问题的圆桌会议的总结报告。报告建议“发展过程中应对可能的违法行为采取更积极的监管和调查措施”。SEC 还与证券业自律组织合作，规范网上证券投资的广告活动。另外，针对网上欺诈活动，SEC 于 1998 年建立了一支由 125 名经过专门培训的律师、会计师和分析师组成的网上执法队，专门搜寻网上的证券欺诈活动。

对于个人投资者，SEC 提醒对网上投资的特点和风险要有充分认识，并在 SEC 网站上提供相关信息服务，投资者参与网上投资活动可通过 SEC 网站查询该项投资活动发起人和经纪人是否有业务许可证，是否受到行政处分而不得营业，投资是否经过合法登记等。“投资者保护，从最根本和最有效水平来说是从投资者自身开始的。不管通过哪种方式进行投资(网上、电话或经纪人)，应该清楚买的是什么？基本规则是什么？能承受风险水平是多少？”

(四) 美国网上证券交易的发展趋势

经过六年多的发展，美国网上证券交易经历从起步、大发展到调整的三个不同阶段。为适应市场变化，嘉信理财、E*Trade 等在网上证券交易领域处于领先地位的证券经纪商正在不断调整自身的发展规划和市场策略。从这些正在发生或即将发生的变化中，我们可以感受到美国网上证券交易未来的发展趋势。

1. *重视有形服务网点建设*(physical touch points)。主要依托互联网络、有形服务网点数量很少，是原先网上证券经纪商区别于传统证券经纪商的一个主要特征。网上证券经纪商开始出现时，经纪商往往煞费苦心地以自己的有形网点少、运行成本低而刻意与传统证券经纪商区分开来。然而随着网上证券交易的发展，网上证券经纪商开始意识到有形服务网点的价值，并转而重视有形服务网点的建设。E*Trade 这家以前只提供网上服务的证券经纪商已在纽约市开设一家金融超市，并且与零售商 TARGET 组成战略联盟，TARGET 遍布全美的网点里放置了 1000 台最新全自动自助终端(ATMS)，还在 SUPER TARGET 商店中新开了 20 个销售和服务中心——“E*Trade 社区”。

2. *采取交叉销售、提供金融顾问服务等方式拓宽收入来源*。证券市场的低迷和交易佣金水平的持续下降，使证券经纪商的佣金收入出现明显下滑。证券经纪商一方面通过降低成本来谋求生存，另一方面采取交叉销售、提供金融顾问服务等方式来拓宽收入来源。证券经纪商开始选择向上、下游挺进以拓展新的空间，为客户定身量制出适合其自身的财务战略、退休金计划和税收计划等。美林证券所推出的“混合账户结构”开辟了上、下游销售的机会，E*Trade 强调与客户建立所谓的“家庭式”关系。通过致力于跨行业推介(cross-selling)和升级推介(up-selling)等销售组织的发展，E*Trade 试图与客户建立更深层次的关系，向客户提供更多有价值服务以增加每个账户资产。

3. *业务趋于多元化，并试图保持自身特色*。面对激烈市场竞争，美国证券经纪商业务多元化倾向日趋明显。从 E*Trade 公司情况看，1997 年 11 月推出首次网上新股发行(Online IPO)，1999 年 8 月通过 INSTINET 推出延时交易(INSTINET 是 E*Trade 的联盟方之一)，2000 年 4 月推出网上银行，2000 年 5 月推出跨市场交易网络，同时还推出网上保险等。目前 E*Trad 网上银行和网上保险业务已经与网上证券业务平分秋色。纽约一项最新调查显示，超过半数网上证券经纪公司表示将提供多元化金融服务作为公司今后的发展方向。专家们认为，提供网上交易服务证券经纪商确实需要为客户提供更广泛的服务。追求多元化同时，提供网上交易服务证券经纪商都在试图保持自身特色，致力于专业化和个性化，期望能够在多元化与专业化之间求得平衡，难度还是很大的。

4. *运用购并战略谋求发展*。为应对竞争，实现多元化、专业化和国际化的发展目标，E*Trade、嘉信理财等公司运用收购、兼并战略。据统计，截止到 2001 年，E*Trade 实施大规模购并活动达 12 次之多(参见表 13)，嘉信理财则有 7 次左右。通过购并 E*Trade、嘉信理财等获得客户、网点、人才等资源，改善公司财务状况，进入新地域开展业务，实现跨越式发展，证券经纪商购并战略随着证券市场变化在不断调整。

5. *改变原先做法，实施收缩战略*。对于提供网上交易证券经纪商来说，虽然还没有出现大规模倒闭，但大多数证券经纪商都改变了原先大手大脚花钱、不关注公司赢利状况的做法，开始整合自身业务。Ameritrade、嘉信理财 、Datek、E*Trade 都展开大规模裁员为降低成本。Ameritrade 和 E*Trade 等大幅度缩减广告预算。

市场分析人士认为，如果提供网上交易证券经纪商不得不继续通过削减开支来增加收入的话，就只能选择裁员、缩减广告预算，甚至在低交易量时期减小服务器容量。当然，正如波士顿咨询公司克莱恩所说，如果证券经纪商太专注于此的话，就会适得其反，即导致成本重新上升。克雷默指出，“如果你不是一家灵活的公司(便于业务转型)，那么最好挨过这段困难时期，而不是随着市场的波动而任意改变。”除了削减成本以外，一些证券经纪商开始调整自身收费模式。一向以低价格著称的 Ameritrade 开始向现有的客户收取更高费用，比如针对那些金额少于 2000 美元或者在 6 个月内交易次数少于 4 次的账户，Ameritrade 每季度向这样的客户收取 15 美元维持费。

表 13　E*Trade 的购并战略

购并时间	被购并公司	被购并公司介绍
1998 年 7 月	ShareData	主要提供股票计划软件和专门为首次公开发行前期以及公众公司服务
1999 年 4 月	ClearStation	金融媒体网站
1999 年 7 月	TIR Holdings Limited	国际金融服务企业
2000 年 1 月	Telebanc Financial Corporation	Telebank 的母公司，美国最大、发展最快的网上银行
2000 年 5 月	Card Capture Services Inc.	美国最大的 ATM(自动取款机) 提供者
2000 年 8 月	Electronic Investing Corporation	私营的金融服务企业
2000 年 8 月	VERSUS Technologies Inc.	在加拿大市场为机构和零售投资者提供电子证券交易服务的公司
2001 年 1 月	LoansDirect	美国最大的网上抵押先行者之一
2001 年 5 月	Web Street Inc.	网上证券经纪公司 Web Street Securities 的母公司
2001 年 8 月	Dempsey&Company, LLC	美国最大的私营特定经纪商和做市商之一

（资料来源：根据 E*Trade 公告信息整理。）

二、欧洲

2001 年 6 月，国际证券委员会组织(IOSCO) 公布了一份《网上证券活动Ⅱ(Report on Securities Activity on the InternetⅡ)》的研究分析报告，这是其在 1998 年 9 月公布的《网上证券活动Ⅰ(Report on Securities Activity on the Internet Ⅰ)》基础上的第二份关于网上证券交易活动的研究分析报告。这份报告的附录中对包括英国、法国、德国、意大利、瑞典等多个欧洲国家在内的全球网上证券交易的发展状况做了一些介绍。

从 IOSCO 公布报告中，可以了解到网上证券交易在欧洲地区发展情况以及所呈现出来的一些新特点。

1. *发展速度非常快*。自从网上证券交易出现以来，欧洲地区网上证券交易的账户数和所占比例不断上升。到 2001 年 1 月，欧洲有 374 万个网上证券账户，估计 2003 年网上证券账户数将达到 1050 万人。从各个国家的具体情况看，法国新开的网上证券账户数在 1999 年到 2000 年期间增长非常快。据估计，在意大利，意大利证券交易所每日总交易量的 10% ～13%来自网上交易者。据专业部门估计，2000 年底意大利网上证券交易者大约有 25 万。

2. *一些纯粹的网上金融服务机构开始出现*。在德国，除了已有一些证券经纪商提供互联网服务的范围和力度在不断加大以外，近几年还出现专门的网上银行，它专门在互联网上进行运作，没有分支机构和呼叫中心。在英国，有超过 30 家证券公司允许顾客仅通过互联网来执行买卖股份的指令，一些大银行以及传统的证券经纪商已经全面介入互联网业务，也有不少仅通过互联网来提供服务经纪商。

3. *积极开拓移动电子商务这一潜在市场*。在英国，证券公司在向顾客提供财经服务方面，正在寻求一些不同的传送渠道，这不仅包括通过个人电脑上网，同时还包括移动电话和互动数字电视等，尽管这些尚处于发展的初期。在德国，证券行业正在对一些新技术的运用，尤其是“WAP broking”等做广泛的宣传。在意大利，移动电话不断普及促使证券经纪商纷纷和电信公司建立战略联盟，共同开发包括无线应用协议(WAP) 等在内新的指令传送技术系统。

欧洲地区的网上证券交易能够在短时间内取得长足的发展，与证券监管机构的支持、监督、管理和引导，与行业自律组织的参与是分不开的。

1. *证券监管机构十分注重动态监督和管理*。法国证券交易所运作委员会(COB) 建立“互联网监察部(Internet Surveillance Unit)”，部门共由 15 名监察员组成，主要是追踪网上证券欺诈以及在财经论坛上的虚假信息传播，以维护投资者的利益。

2. *证券监管机构所设网站的投资者教育和投资者权益保护活动等方面的内容丰富多彩、详尽细致*。英国证券监管机构——金融服务权威机构(FSA) 网站上有一个专门的“消费者帮助(Consumer Help)”栏目，它的目的主要是从消费者的角度出发，为他们提供各种不同金融产品和金融服务方面的介绍，和 FSA 的信息来源以及遇到困难时应该怎么做等。它的主要内容包括金融产品、金融计划、你的权利、学校和学院等，内容非常丰富，同时又比较详细和实用。

3. *关注研究和总结*。英国证券监管机构 FSA 目前正在对由电子商务所带来的风险与机遇进行回顾和研究，其主要目的是按重要程度对“电子商务带来冲击基础之上相关风险”、“可能出现的风险”及“风险产生的可能性大小”等三者作排序，这样 FSA 就能够知晓这些风险已经被正确认知的程度，以及如没有被正确认知，应该采取哪些进一步的措施。

4. *建立专门组织共同推动当地网上证券经纪业务的发展*。在法国，一些网上经纪商于 2000 年 1 月建立一个“网上经纪商(Brokers on line)”专业组织。到 2001 年 2 月，这一专业组织已经拥有 21 名成员。组织有四个主要的目标，一是致力于推动网上证券经纪业务的发展；二是作为行业的代表协调与各方面的关系；三是在成员之间互通相关信息；四是探索和确定相关的信息技术等方面的基准或标准。

从欧洲地区网上证券交易发展看出，几年来网上证券交易业务在欧洲发展速度非常快，网上证券交易账户数和所占比例不断上升，网上金融服务机构出现，新的交易手段不断涌现。针对网上信息传播和网上证券交易行为监管不断加强，相关法律和法规正趋于完善。与经济社会和证券市场发展水平相比较，欧洲地区网上证券交易发展空间还很大。

三、韩国

谈到网上证券交易，我们就不能不提及韩国。可以毫不夸张地说，韩国是全球网上证券交易发展最快的一个国家，这一点可以从表 14 得到印证。2001 年 9 月，韩国网上交易账户数占总账户数的比例为 52.9%，网上交易额占总交易额的比例达到了 66.6%。

表 14　韩国网上证券交易发展情况

年　度	1998 年	1999 年	2000 年	2001 年 9 月
网上交易账户数所占比例(%)	6.0	24.9	44.4	52.9
网上交易额所占比例(%)	2.9	25.4	55.9	66.6

（资料来源：韩国三星证券。）

韩国网上证券交易发展始于 1997 年，能够在很短时间内取得如此长足发展，归纳原因主要有：

1. *拥有良好的基础设施条件*。韩国家庭 PC 机的普及率非常高，2001 年 8 月的普及率已经高达 70%，居世界首位；1995 年，韩国的互联网用户数为 33.6 万户，2000 年达到了 1426.2 万户，在五年时间内增长了 40 多倍；另外，ADSL 在韩国被广泛应用，客户的上网速度得到了保证。

2. *得到投资者支持*。网上交易具有便利、匿名等优点，同时投资者还可以通过互联网得到丰富而又及时的资讯信息；在交易手续费方面，1999 年 5 月网上交易的费用降低为原先的一半，此后呈持续下降态势；同时随着网上交易的发展，日间交易者迅速增加；另外，机构投资者逐步接受了网上交易，目前韩国已有一半左右的机构投资者采取了网上交易方式。

3. *证券业界踊跃参与*。在网上证券交易发展初期，传统证券公司特别是大型证券公司对于网上交易一般采取抵触的态度，但在韩国却不这样。那些传统证券公司非常踊跃，纷纷投入资金、技术、人员等资源拓展网上证券交易，为客户提供相关的服务。

4. *证券监管机构的积极支持*。韩国证券监管机构从一开始就非常支持网上证券交易的发展，批准传统证券公司开展网上证券交易业务，并制定网上证券经纪公司设立许可制度，探索成立网上证券交易所等，都对韩国网上证券交易的发展起到了很好的推动作用。

在韩国网上证券交易发展中，传统证券公司基本上占据着主导性地位，这些传统证券公司主要依托有形营业网点来拓展网上证券交易。韩国投资者开始越来越多地选择移动电话等新的网上证券交易方式。

1. *传统证券公司扮演主要角色*。自从网上证券交易在韩国出现以来，三星等传统证券公司一直引领着这一发展潮流。1998年，三星、现代、Daishin、大宇、LG Investment 等前五家传统证券公司当时占有全国网上证券交易总量的70%以上，前五家传统证券公司仍占据着一半左右的市场份额，成为韩国网上证券交易发展的主导力量。

2. 有形营业网点有增无减。伴随着网上证券交易发展，韩国证券公司设立有形营业网点非但没有减少，总体上反而是有所增加见表15。这与韩国证券市场发展有一定关系，同时又说明网上证券交易的发展并不会完全取代有形营业网点，传统证券公司正是依托这些有形营业网点来拓展网上证券交易的。

表15　韩国证券公司及营业部数量变化情况

年　度	证券公司数量			营业部数量		
	国内公司	国外公司	合计	汉城	其他地区	合计
1997年	34	24	58	457	516	973
1998年	36	22	58	557	625	1182
1999年	30	21	51	511	603	1114
2000年	36	22	58	628	808	1436
2001年9月	44	20	64	728	953	1681

（资料来源：韩国三星证券。）

3. 交易方式趋于多元化。从网上证券交易的方式看，除了普通的英特网方式，还有无线终端机、普通电话、移动电话等交易方式，这些新的交易方式发展很快。以移动电话交易方式为例，2000年8月移动电话交易方式在网上证券交易方式中所占的比例为0.8%；到2001年8月，这一比例上升到3.4%，一年时间内移动电话交易比例增长了三倍多。

四、其他亚洲国家和地区

1997年、1998年间，网上证券交易方式出现在亚太地区并迅速发展起来。概括起来看，亚太地区网上证券交易的发展主要呈现出以下几方面的特点：

1. 传统证券公司在网上证券交易方面占据着主要的市场份额。在台湾，宝来、金华信托、元大京华、元富及群益等五家传统证券公司占了台湾网上交易客户数的50%~60%。韩国、新加坡、香港等国家和地区与台湾的情况也非常的相似。

2. 网上证券经纪公司发展迅速，起到“催化剂”作用。与传统证券公司相比，尽管纯粹的网上证券经纪公司在亚太地区网上证券交易市场所占有的份额不高，但这些网上证券经纪公司的发展非常快，同时在亚太地区市场起到了很好的“催化剂”作用。1997年3月31日在香港成立的Boom.com是亚洲首家网上证券经纪商，投资者可以通过Boom.com买卖在香港、日本、菲律宾、印度尼西亚、泰国、新加坡、澳大利亚、台湾、韩国、中国内地(B股)和美国上市的证券。可以说，正是网上证券经纪公司的出现触发和推动了亚太地区网上证券交易的迅猛发展。

3. 商业银行进入网上证券交易领域。由于拥有相当数量营业网点和广大的客户基础，商业银行纷纷开始拓展网上证券交易市场，并从而为客户提供全方位、一揽子的金融服务，更好地满足了客户的需求。占据澳大利亚网上证券交易市场份额70%左右的ComSec其实是Commonwealth银行的证券部。在香港，汇丰银行和恒生银行占有了网上证券交易市场的相当份额，东亚银行已经开始涉足网上证券交易。在新加坡，新加坡发展银行正致力于拓展网上证券交易，随着其与唯高达证券的合并，合并后的公司将会在新加坡网上证券交易方面担当领导者角色。

4. 区域外网上证券经纪公司进入亚太地区市场。对区域外的网上证券经纪公司来说，亚太地区充满商机，有着巨大的吸引力。因此，美国嘉信理财、E*Trade等网上证券经纪业巨头纷纷进驻亚太地区，通过合资、设立分公司、收购和兼并等方式在亚太地区开展网上证券交易业务。在这方面，成立于1998年6月5日，由日本软库金融公司(Softbank Finance Corporation)控股58%、美国E*Trade持股42%的E*Trade日本公司(E*Trade Japan)就是一个典型的例子。这些“外来者”现在已在澳大利亚、日本和香港等国家和地区的网上证券交易市场占有一席之地。

亚太地区网上证券交易和网上证券经纪公司取得长足发展，主要得益于互联网络技术的发展、证券交易固定佣金制度的改革、证券监管机构的支持、网上证券经纪公司的示范和投资者观念的变化等。我们预计，网上证券经纪公司在亚太地区有着广阔的发展空间，前景十分看好。

台湾网上证券交易的发展及其启示

自 1997 年以来，台湾的网上证券交易得到了广大投资者的认同，取得了令人瞩目的发展。一些中小券商很好地把握了这次机遇，借助网上证券交易的发展，成功实现了超越，并从而推动了整个地区证券业的技术创新和服务竞争。台湾网上证券交易出现和发展的背景条件与中国内地十分相似，从台湾网上证券交易的发展中，中国内地的证券界可以得到许多有益的启示。

一、台湾网上证券交易的发展情况

1997 年 7 月 1 日，大信证券在台湾率先推出网上证券交易，由此拉开了台湾网上证券交易快速发展的序幕。在短短四年左右的时间里，台湾网上证券交易所占的比例、网上证券交易开户数和开办网上证券交易的券商数量都出现了显著的增长。(1)由表 16 可以看出，1997 年 12 月，台湾网上证券交易所占的比例只有 0.03%。到 2001 年 6 月，网上证券交易所占的比例就已经高达 8.73%。在不到四年的时间里，网上证券交易所占的比例增长了 290 倍。(2) 从开办网上证券交易的券商数量看，1997 年开办网上证券交易的券商只有 4 家，1998 年为 23 家，1999 年为 66 家，2000 年为 80 家，到 2001 年 7 月就达到了 98 家。(见图 4) (3)从网上证券交易的开户情况看，1997 年台湾网上证券交易开户数只有 5169 人，2001 年 3 月达到 170.3 万人，在三年多的时间里增长了 320 倍左右。同时，与证券市场的开户数 680 多万人相比，网上证券交易的开户数比率为 25%，但交易量只有 8%左右，显示出网上证券交易仍有相当的发展潜力。

台湾的网上证券交易之所以能够在短短四年左右的时间内取得长足的发展，主要归结为：(1)台湾拥有较高的电脑普及率和渗透率，手机十分普及，与互联网络相关的基础设施比较发达。(2)从 2000 年 7 月 1 日起，台湾证券公司向客户收取的证券交易手续费率调整为上限费率制，证券公司在不超过成交金额 1.425‰的上限自行订立费率。(3)台湾中小投资者所占的比例比较高，同时每年的市场周转率(即换手率)高达 400%，网上证券交易很好地满足了中小投资者和频繁交易者的需要。(4)大信证券、数位公诚证券等中小券商率先推出网上证券交易并取得突出业绩后，对其他券商带来了挑战和压力，触发台湾网上证券交易热潮的到来。(5)对于网上证券交易的发展，台湾证券监管机构采取积极介入的态度，支持和引导网上证券交易的发展。

在美国，开展网上证券交易的证券经纪商分为：(1)纯粹网上经纪商，或称专业网上经纪商(electronic deep discount broker)，包括 E*trade、Datek、Ameritrade 等。(2)深折扣经纪商(deep discount broker)，包括 Waterhouse、Lombard 等。(3)折扣经纪商(discount broker)，包括 Charles Schwab Security、Fidelity 等。(4)全方位服务经纪商，又称传统经纪商，包括 Merrill Lynch、Smith Barney Shearson 等。从美国网上证券交易发展看，率先推出网上证券交易的是网上经纪商和折扣经纪商，传统证券经纪商介入网上证券交易时间较晚。

在台湾，率先推出网上证券交易的是传统券商。台湾纯粹网上证券公司的出现比较晚，即网路证券公司(日盛证券投资设立)和创新证券公司两家，目前这两家纯粹网上证券公司的规模比较小，所占的市场份额不大，(见表 17)在网上证券交易领域扮演主角的依旧是传统的证券公司。

由表 18 可以看出，在经纪业务领域处于前 10 名的券商中有 7 家同时位居网上证券交易领域前 10 名，当然具体的名次出现了很大的变化。富邦证券在经纪业务领域排名第二，但其网上交易没有进入前 10 名。宝来证券在经纪业务领域的市场份额只有 5.08%，但在网上交易方面的市场份额达到了 15.09%，后者是前者的 3 倍。在经纪业务领域处于前 10 名的券商中，除了宝来证券和元大京华证券外，其他 8 家券商的网上交易市场份额均低于经纪业务市场份额。2001 年 6 月，金华信银证券、华硕证券、数位公诚证券等 3 家券商在经纪业务领域的市场份额分别只有 1.35%、0.71%和 0.91%，但在网上证券交易方面的市场份额高达 10.15%、6.31%和 6.15%，这 3 家券商通过互联网络完成的交易量分别占到了 76.94%、91.18%和 69.00%。这组数据表明，这 3 家券商已在一定程度上演化成为网上证券经纪公司，说明中小券商在网上证券交易领域完全可以实现超越。

产业组织理论中，市场集中度是反映市场结构即市场竞争和垄断程度的最基本指标，衡量市场集中度的方法有很多，其中较为直观和普遍的有企业集中比率和荷芬达尔(Her findahl) 指数两种，综合指数叫做集中化指数(concentration index)。企业集中比率是把产业中数个最大规模的企业市场份额加起来，荷芬达尔指数等于产业中各个企业市场份额平方之和。

根据台湾证券交易所公布的资料，我们计算得出 2000 年 12 月台湾证券经纪业务领域前 10 家券商的集中比率为 44.87%，网上证券交易领域前 10 家券商的集中比率为 71.37%。同时可以计算出 2000 年 12 月台湾证券经纪业务领域的荷芬达尔指数值约为 0.0262，网上证券交易领域的荷芬达尔指数值约为 0.0646。两组数据都说明，网上证券交易领域的市场集中度要大大高于证券经纪业务领域的市场集中度。

表 16　台湾网上证券交易发展情况

月　份	网上交易量(亿新台币)	所占比例(%)	比例增长率(%)
1997 年 12 月	—	0.03	—
1998 年 6 月	67.30	0.13	333.33
1998 年 12 月	189.71	0.60	361.54
1999 年 6 月	1094.33	1.45	141.67
1999 年 12 月	2100.79	3.61	148.97
2000 年 6 月	2611.86	6.15	70.36
2000 年 12 月	1477.26	7.73	25.69
2001 年 6 月	1635.49	8.73	12.94

（资料来源：台湾证券交易所、宝来证券公司。）

表 17　台湾网上证券公司发展情况

网上证券公司		网络证券公司	创新证券公司
设立时间		1998 年 11 月	1999 年
网上证券交易量(千新台币)	2000 年 12 月	1998770	138092
	2001 年 6 月	1462863	64220
网上证券交易量占本公司成交比例	2000 年 12 月	87.66%	5.82%
	2001 年 6 月	78.85%	2.16%
网上证券交易量所占市场份额	2000 年 12 月	1.35%	0.09%
	2001 年 6 月	0.89%	0.04%
网上证券交易量所占市场份额排名	2000 年 12 月	16	53
	2001 年 6 月	24	67

（资料来源：台湾证券交易所。）

表 18　台湾券商经纪业务与网上证券交易业务排名情况比较(2001 年 6 月)

经纪业务排名	市场份额(%)	网上交易排名	市场份额(%)
元大京华证券	8.67	宝来证券	15.09
富邦证券	7.17	元大京华证券	10.36
群益证券	5.25	金华信银证券	10.15
宝来证券	5.08	台湾中信证券	6.89
元富证券	4.97	华硕证券	6.31
建弘证券	4.74	数位公诚证券	6.15
日盛证券	4.63	建弘证券	4.51
统一证券	4.58	元富证券	4.41
台湾中信证券	4.10	群益证券	2.98
台证综合证券	3.75	日盛证券	2.18

（资料来源：台湾证券交易所。）

图 4 列出 1999 年以来台湾开办网上证券交易的券商数量和前 5 家券商集中比率的变化情况。由图 4 可以看出，在网上证券交易领域台湾前 5 家券商的集中比率 1999 年高达 57.32%，2000 年以后有所下降，但仍然非常高，大致稳定在 40%到 50%之间。开办网上证券交易的其他大多数券商所占的市场很小，从 2001 年 6 月份的情况看，在开办网上证券交易的 90 家券商中，市场份额在 1.00%以上的只有 18 家，市场

份额在 0.10%到 1.00%之间的有 49 家，市场份额在 0.10%以下有的 23 家。这组数据表明，台湾网上证券交易的市场格局基本形成，显示出“强者恒强”的明显特点。

图4　台湾网上证券交易开办券商数及前5家券商集中比率变化情况

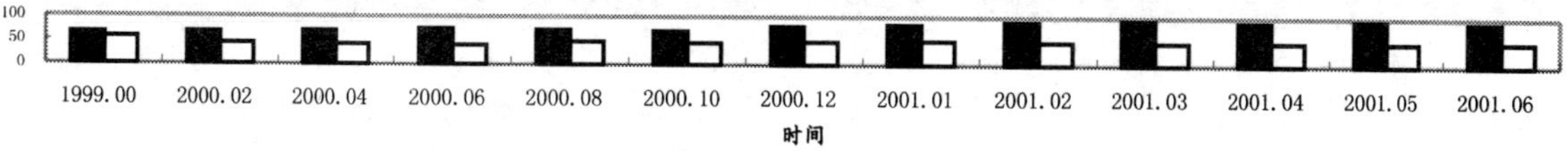

■开办网上交易券商数（家）□前5家券商集中比率（%）

说明：1999 年开办网上证券交易券商数为同年 12 月份的数据，前 5 家券商集中比率为 1999 年全年的数据。

（资料来源：台湾证券交易所、宝来证券公司。）

二、台湾网上证券交易的发展给我们的启示

台湾网上证券交易出现和发展的背景条件与中国内地十分相似，从台湾网上证券交易的发展中，中国内地券商、证券监管机构都可以得到有益的启示。下面谈一下台湾网上证券交易的发展给我们带来的启示，希望能够对中国内地证券界和业内人士有所帮助。

1. 网上证券交易比例的增长率会逐步趋于平缓。在网上证券交易发展初期，网上证券交易量的基数往往比较小，同时大多数券商没有开展这方面的业务，因此网上证券交易会呈现爆炸式增长态势。随着网上证券交易的发展和越来越多券商的加入，网上证券交易量的增长就会趋于平缓。在台湾，一些业内人士和新闻媒体原先预测台湾2001年网上证券交易所占的比例会达到20%左右，从表 18 可以看出，这一估计显然是过于乐观了。目前，台湾券商和投资者对于网上证券交易的热情已经出现明显下降。自 1998 年以来，中国内地网上证券交易所占的比例迅速上升，这与不断有券商加入网上证券交易业务行列有着很大的关系，随着大多数券商的进入，估计中国内地网上证券交易比例的增长率会逐步下降。另外需要指出的是，在网上证券交易发展到一定阶段后，网上证券交易所占比例的增长会趋于停滞，由于网上证券交易只是证券交易手段的方式之一，不可能完全替代其他交易方式。

2. 与大券商相比，中小券商往往会先行一步。在台湾，最先推出网上证券交易并取得不俗业绩的是大信证券和数位公诚证券等中小券商。那些大券商在网上证券交易业务拓展方面要么行动比较迟缓，要么推出以后效果并不理想。一方面是由于中小券商营业网点比较少，业务发展在很大程度上受到空间限制，迫使中小券商在网上证券交易方面先行一步，其动力要比大券商足一些；另一方面是由于中小券商内部资源整合相对大券商要容易一些。从中国内地情况看，网上证券交易方面领先的华泰证券、国通证券、泰阳证券、青海证券等基本上都属于中等规模券商，随着大券商加入网上证券交易，市场格局会发生相应变化。

3. 先行者并不必然具有竞争优势。大信证券是台湾最早推出网上证券交易的券商，在 1998 年 6 月份以前拥有很高的市场占有率，但是在其他券商陆续参与网上证券交易业务时，大信证券的市场占有率快速下降。其后，全力推动网上证券交易业务的数位公诚证券在网上证券交易领域一度领先，由于佣金折扣优势的丧失和营业网点的缺乏，数位公诚证券的市场份额逐渐下滑。1999 年 5 月以来，网上证券交易市场占有率最高的位次一直由宝来证券保持着，但在其他大券商加入后，其一度超过 30%的市场占有率逐渐降至 14%左右。由此可见，网上证券交易的先行者并不具有竞争优势。那些暂时落后的券商通过采取适当的策略，完全可以超越先行者。

4. 网上证券交易由价格竞争转向服务竞争。在网上证券交易发展初期，台湾券商吸引客户的主要手段就是价格竞争。台湾券商价格竞争的方式很多，一是直接下调佣金收费水平，二是赠送礼品和开展抽奖活动，三是推行累积分数等忠诚客户计划。近来，台湾券商吸引网上证券交易客户的手段开始转向服务竞争。丰富而完整的资讯信息，贴心又周到的个性化服务，以及多元化和多功能的下单工具，成为吸引网上证券交易客户的主要手段。这一方面是由于佣金下调的空间会变得越来越有限，另一方面是由于投资者从优良服务中所得到的利益要高于从服务佣金下调中得到的好处。其实，将竞争的焦点过于集中在价格上，不利于整个证券业的持续发展，同时不利于对投资者长远利益的保护。这一点对于那些热衷于打价格战的中国内地券商不无启示，同时值得中国内地证券监管机构在制定佣金政策时加以关注。

5. 正确看待和处理成本与收益的关系。在谈及券商发展网上证券交易的成本时，有人认为对于券商来说，网上证券交易具有边际成本趋于零的特点，因此网上证券交易的成本是很低的；还有人认为，推出网上证券交易成本是很大的，大多数券商没有能力去拓展网上证券交易，同时从经济效益角度看也是得不偿失的。其实，以上两种看法都不够全面和科学。传统交易方式下，证券公司有营业网点、人事、行政等方面成本；在网上证券交易方式下，证券公司花在系统建设、技术创新、品牌行销、客户服务等方面成本同样是相当可观的。因此，简单说网上证券交易成本一定就低或高都是不恰当的。另外，成本总是与收益相对应的，这其中还有导向问题，即以市场占有率为导向还是以尽快实现赢利为导向。在拓展网上证券交易方面，台湾券商有的片面追求市场占有率，不计成本地加以投入；有的则由于担心投入太大而迟迟没有推出网上证券交易。事实表明，这两种做法都是不可取的。比较可取的做法是，首先要采取积极的态度去拓展网上证券交易，同时又要精打细算，采取策略联盟、循序渐进的方式实现低成本的扩张。

6. *不同的券商可以采取不同的策略和定位*。在台湾，每日平均交易量在100万新台币以内者，约占股票投资者的70%左右，这些人就属于所谓的“散户”。台湾很多券商在拓展网上证券交易时，往往把目光落在这70%的投资者和那些经常上网的年轻人身上。华硕证券、数位公诚证券等却逆势操作，重点关注那些股龄长、交易量比较大的投资者。宝来证券客户数几乎是数位公诚证券的数十倍，但其交易量只有数位公诚证券的两倍多。就中国内地的情况而言，在网上证券交易发展初期，多数券商把目光放在了大城市的白领阶层身上，华泰证券却独辟蹊径，在农村地区发展了大量的网上证券交易客户，取得了丰厚的回报。由此看来，采取不同的策略和定位，走差异化的发展道路，才是明智之举。当然，随着时间的推移和市场的变化，券商的策略和定位需要及时做出相应的调整。

7. *网上证券交易客户的培育*。在谈及网上证券交易的拓展时，我们往往非常关注一个国家和地区互联网用户基础。美国、韩国在网上证券交易方面取得飞速的发展，在很大程度上受益于其庞大的互联网用户基础。与美国和韩国的情况有所不同的是，台湾网上证券交易发展初期互联网用户数量是很少的，许多后来接触和参与网上证券交易的投资者，多数是在券商租用、免费赠送电脑等促销活动的吸引下才加入到网上证券交易行列中来的。在券商的引导下，台湾的投资者接受了他们原先非常陌生的网上证券交易这一全新交易方式。中国内地的情况与台湾地区非常类似，目前互联网用户还比较少，但是在同等条件下，华泰证券等少数券商在网上证券交易方面取得了骄人的业绩，这充分说明网上证券交易客户的培育十分关键。即使是那些原先对互联网一无所知投资者，只要花时间去教会他上网，同时提供完善的服务，这些投资者就会成为忠实的网上证券交易客户。

8. *券商普遍采取寻求策略联盟做法*。为了拓展国外市场，为投资者提供便捷、安全和优良服务，宝来证券与多家公司开展合作，为公司网上证券交易业务发展创造很好的条件。从宝来证券部分策略联盟公司的情况看，(见表11)这些公司涵盖证券、资讯、技术、银行、电信、安控等多个行业领域。通过策略联盟，宝来证券以低成本方式为客户提供方便快捷、安全可靠、资讯信息丰富的服务，同时为公司业务全球化奠定良好的基础。

在中国内地寻求策略联盟开展网上证券交易已成为券商所采取普遍做法。与此同时，一些试图涉足网上证券交易业务的商业网站、信息资讯服务公司、信息技术公司以及商业银行、电信公司等同样希望与券商开展合作，以分享网上证券交易所带来丰厚利益。随着网上证券交易发展，预计将会出现更多策略联盟。

9. *为客户提供多元化的下单工具*。自开办网上证券交易以来，宝来证券、数位公诚证券等就纷纷借助策略联盟方式，不断完善网络金融服务，在下单工具方面，从早期的网络及语音下单，扩展到DVD电视下单、声控式下单等，现在则正在积极布局无线环境下的交易工具，包括WAP手机下单、“688专案”、STK下单等。(1) WAP手机下单。在通讯频宽、传输速度日益改善的情况下，WAP手机迅速普及，正逐步成为台湾券商发展网上证券交易的关键通路。(2)“688专案”。宝来证券于2000年3月率先推出“手机下单688”，只要是中华电信数字手机用户，在手机上按下688简码及识别密码，即可进行手机语音下单，操作的时间大约只要25 ～ 35秒。“手机下单688”同时具有一些新的功能，如24小时查询、委托状况、电脑自动K线图解盘、可设定自选股语音报价等。从中国内地的情况看，手机用户很多，因此中国内地券商可以借鉴台湾同行的做法，为客户提供多元化的下单工具。在这一点上，中国的券商完全有可能走在美国等西方发达国家和地区同行的前面。

10. *网上与网下相结合拓展网上证券交易方式，要优于完全依赖互联网来拓展网上证券交易的方式*。网上证券交易虽然有着多方面的优势，但也存在着不足之处。虚拟交易方式无法满足投资者面对面交流的需要，在台湾电子签名还不具有法律效力。因此，实际的营业网点仍然相当重要。宝来证券发展采取实体与虚拟混合策略(mixed business model)，即以传统与电子商务并重，发展网上证券交易的同时，宝来证券并没有放弃有形网点建设，同时十分注重发挥有形网点作用。自1997年底开办网上证券交易业务以来，宝来证券在证券电子商务方面投资数亿新台币，但其并没有因此而忽视传统营业网点建设，在两年多时间内营业网点数由25家增加到28家。宝来证券约有40%客户使用网络下单，占公司总成交量25%；其余60%使用传统下单方式的则多为大户，约占总成交量的75%。至于数位公诚证券，其原先只有一个位于台北市重庆南路的实体交易网点，为了进一步提高市场占有率，更好地为网上证券交易客户服务，数位公诚证券自2000年5月起在北、中、南地区同步扩充了三个交易网点，营业人员一举增加到100多人。

随着网上证券交易的发展，实体网点形式开始出现调整，规模逐步缩小，人员趋于减少，功能发生转变。宝来证券的做法是，新增的营业网点以“轻、薄、短、小”的方式出现，每个网点仅配备6名工作人员，同时强化技术咨询和服务功能，实现低成本、高绩效、灵活性等与网上证券交易相适应的运营目标。另外，台湾券商十分注重对传统营业网点工作人员的在职培训，使他们逐步熟悉网上证券交易的流程，接受网上证券交易客户的咨询，让每一个营业员都能够以传统与网上方式来处理业务。从宝来证券、数位公诚证券这些做法中，中国内地同行可以得到很多有益的启示。

11. 网上证券交易将引发券商之间的兼并与收购。数位公诚证券是台湾最早开展网上证券交易并取得一定成功的券商之一，曾一度占据台湾网上证券交易的头把交椅，公司的证券交易量有60%以上是通过互联网络实现的。不久前，数位公诚证券被永昌证券收购。永昌证券通过收购数位公诚证券，弥补了自身在网上证券交易方面的不足，为公司业务未来的发展创造了条件。这给中国内地券商带来的启示是，随着网上证券交易的发展，大中型券商完全有可能通过兼并、收购的方式来更好地拓展网上证券交易。与此同时，那些在网上证券交易领域具有核心竞争力的中小券商会成为同行青睐的对象。

12. 证券市场全球化为网上证券交易的发展带来商机。证券市场全球化趋势日益明显，跨国境、跨地区证券交易越来越多，这就为网上证券交易的发展带来了无限商机。最近，台湾宝来证券、数位公诚证券等纷纷开始着手构建跨地区网上证券交易平台，与美国、日本、新加坡等国家或地区的证券公司合作，为台湾地区投资者投资于这些国家和地区的证券市场，以及为这些国家和地区投资者投资于台湾证券市场提供服务。就目前而言，中国内地的券商可以探讨与台湾同行合作的可能，共同搭建网上证券交易平台，从而为台湾的投资者买卖中国内地B股提供服务。随着我国加入世界贸易组织(WTO)和证券市场的全面开放，跨境证券交易将会迅速发展起来，届时网上证券交易将会成为中国内地券商拓展国际市场的“利器”。

13. 证券监管机构应采取积极介入的态度监督和引导网上证券交易的发展。在网上证券交易的监管方面，台湾与其他地区所采取的“无为”做法不同。台湾证券监管机构对网上证券交易加强了监管，显示出相当积极的态度。对网上证券交易业务的申报、网站主机设置、委托记录的内容及保存期限等环节，监管机构都制定了相关的管理规定。针对可能出现的有人在互联网上使用虚假身份开户并从事违法违规交易的情况，台湾证券监管机构对通过互联网开户的交易账户做出最高交易限额的规定(客户每日网上委托金额一般不得超过500万新台币)。监管机构的这些规定很好地防范了相关的风险，切实保护了投资者的利益，从而推动和促进了台湾网上证券交易的快速发展。中国内地证券监管机构可以借鉴台湾地区的做法，采取积极介入的态度监督和引导网上证券交易的发展。

网上证券模式探讨

现有网上证券的模式主要是依托传统的经纪业务，这在网上交易刚推出时，成效显著，但随着网上证券的不断发展，这种模式由于其固有的局限性，已经很难在拓展网上证券方面取得突破。因此，探索和建立一套适应网上证券发展要求的新模式，已成为网上证券发展的关键。

(一) 拓展网上证券的策略选择

由于模式的选择与网上证券所采取的拓展策略存在着直接的关系，分析一下与之相关的策略选择。

演化法是指不影响相关的员工在从事传统业务的同时，发展新业务。对于传统券商，可以选择演化法，即不设专门的网上证券部门，而主要依托传统的经纪业务部门来拓展网上证券业务。

孵化法是指组建独立的机构，专门从事新业务的开发。对于传统券商，也可以选择该方法，即设立专门的网上证券部门甚至是专门的网上证券公司，来拓展网上证券业务。

收购法是指企业通过购并其他企业，来涉足新业务。券商可收购一家IT公司或者是网上证券方面做得较好的小券商，以此来拓展网上证券业务。

联盟法是指通过合作、合资等方式拓展新业务。券商通过与银行、电信、IT公司等开展协议联盟或者组建合资企业的方式来拓展网上证券业务。

(二) 现有网上证券模式及其变迁

尽管网上证券在中国内地只有不到5年的发展历史，但中国内地券商在拓展网上证券业务方面，其模式已经历一系列变迁。

1. 设立协调性的过渡机构。由于网上证券的发展非常快，券商不可能在短时间内组建专门常设机构，有些网上证券券商选择设立协调性过渡机构。如华泰证券当初设立“网上证券业务领导小组”，同时下设“网上证券业务办公室”。

2. *租借网上证券交易平台*。在网上证券的发展初期，由于受到技术、人员、资金投入等因素的制约，大多数券商很难迅速搭建自己的网上证券交易平台。为了尽快推出网上证券交易，一些券商选择与财经网站合作的方式，租借网上证券交易平台。中信证券一开始就曾经与和讯合作，向自己的客户提供网上证券交易方面的服务。当然，中信证券后来构建了自己的网上证券交易平台。

3. *下属营业部各自为政*。由于规模实力比较小，或者是兼并重组后技术等不太统一，因此有的券商在网上证券方面没有一个统一的规划和平台。这些券商的下属营业部为了应付来自同行的竞争，以满足客户的需要，只能是“八仙过海，各显神通”。这样的模式运行成本比较高，同时为客户提供的只能是低层次的交易通道服务。

4. *设立专门的网上证券部门*。在网上证券业务取得一定的发展之后，一些券商开始考虑在公司内部设立专门的网上证券业务部门。具体的名称很多，有电子商务部、网上交易部、网络业务部、交易渠道部等等。这其中又分为两种形式，一种是把网上证券部门设定为一级部门，与传统经纪业务管理部等其它业务部门平行。另外一种是把网上证券部门设定为二级部门，隶属于相关的一级部门(一般是经纪业务管理部)。在对网上证券部门的功能定位方面，有的定位为服务部门，公司没有具体的量化考核。有的定位为业务拓展部门，有具体的业务量考核，网上证券部门类似于一个“虚拟营业部”。当然，有的做法介于两者之间。

5. *相对独立的运行模式*。最为典型是西南证券飞虎网，西南证券是飞虎网第一大股东，但飞虎网相对独立有自己的网点，以“证券+网站+银行”飞虎模式受到媒体、业界关注，采取此模式运作公司致力于获得从事证券经纪业务的牌照。

目前多数券商基本上采取传统业务与网上证券融合的运作方式，面临的挑战：一是公司在资源分配上可能更偏向于传统业务，因而新业务无法获得充足“阳光”。二是新旧业务容易冲突，特别在拓展市场方面与传统营业部冲突较大，协调比较困难。三是网上证券在短期内很难看到明显经济效益，影响决策层进一步投入和持续发展。网上证券如果独立运作又将面临一些挑战：一是得不到母公司的资源支持，造成成本居高不下，形成“小而全”格局。二是可能会冲击母公司从事传统业务的员工，影响传统业务发展。

网上证券混合运作和独立运作的方式各有利弊。混合方式可以弥补独立方式弊端，而独立方式又可以弥补混合方式障碍，选择何种模式，取决于券商整体发展战略和对网上证券的理解程度。

（三）可以选择的网上证券模式

1. *设立网上证券经纪公司*。

(1)设立网上证券经纪公司有的有利之处。

随着市场环境的变化和竞争的加剧，设立网上证券经纪公司被提上议事日程。已经正式出台的《证券公司管理办法》明确提出，证券公司可以设立网上证券经纪子公司。归纳起来看，设立网上证券经纪公司的必要性和好处主要体现在以下几个方面：

一是拓展市场、应对竞争的需要。与以前相比，证券市场所处环境已发生很大变化。随着佣金浮动和IT公司等进入证券市场，传统证券经纪业务面临着很大挑战和竞争压力。券商如果按兵不动，那么其他证券公司、网上证券经纪公司也会进入其所在优势地区开展业务，冲击不可避免。正如“银证通”业务对券商的冲击一样。特别对于在网上证券方面拥有一定的知名度和品牌优势的券商，更加应该考虑通过设立网上证券经纪公司，在激烈的市场竞争中取得主动，扭转不利态势，占领市场先机。如果继续依托传统营业部来开展网上证券交易，可能会在布局、速度、效率等方面处于不利的境地。设立网上证券经纪公司，可更充分地发挥券商已有的资源优势和竞争优势。

二是有利于激励机制的建立，以吸引优秀的技术和证券人才。券商新设网上证券经纪公司可以在薪酬、激励方面比母公司更具优势，可以吸引更多的业务骨干上管理岗位，实现自身价值，同时可以拉开员工之间的收入差距。特别是在其能上市的情况下，就可以采取高层管理人员持股、股票期权等这些灵活有效的激励措施，以吸引和留住更多、更好的技术和证券等方面的优秀人才，从而提高券商的竞争力。

三是可能享受相关的政策扶持。管理层要促进网上证券的发展，从政策上可能也应该有意扶持网上证券经纪公司的发展。技术服务站的概念主要是针对网上证券经纪公司而言的。今后，管理层应该会出台其他一些举措来推动网上证券经纪公司的发展。设立网上证券经纪公司，就可能充分享受到相关的政策扶持。

四是为开展合作和联盟提供便利。在拓展网上证券业务方面，需要与商业银行、保险公司、电信、信息技术公司等开展多方面合作。如果以网上证券经纪公司名义与这些机构和企业开展合作，则合作方积极性会高一些，紧密程度会好一些，针对性也会强一些。

(2)设立网上证券经纪公司的障碍，主要有：

一是拓展成本比较大，短期赢利比较困难。券商目前在拓展网上证券业务方面所采取的做法主要是依托原有的证券营业部，利用现有的人员、设备等，成本的增加不明显，因此经济效益比较好。如果设立专门的网上证券经纪公司，则初始需要在人员、技术、研究等方面投入相当的资金。与此相对应的是，在短期不会有很大的收入来支撑；二是协调的难度比较大。作为下属的一家子公司，网上证券经纪公司需要在研究、技术等方面得到母公司各部门的支持。目前大多数公司的网上证券交易系统和行情系统等平台的架构已经比较成熟，从成本角度出发，网上证券经纪公司完全可以利用这些系统平台(当然这还要看是否符合管理层的监管要求)，不过在共享资源的同时，利益的分配和关系的协调就不可避免。另外，难免会出现网上证券经纪公司与公司原先的传统营业部在同一个地区展开竞争。

(3) 网上证券经纪公司的具体设立形式。

证券公司设立网上证券经纪公司，可以采取独资或合资的方式：一是设立全资的网上证券经纪子公司。这一方式的好处是比较容易协调，缺点是无法利用其他公司的资源实现优势互补；二是与 IT 公司等其他公司合资，由券商控股。这一方式的好处是可以借助 IT 公司在技术、激励机制、关系网络等方面的优势，缺点是合作双方可能会相互扯皮，磨合成本比较高，进而会影响公司的效率；三是以参股方式与其他公司合资设立网上证券经纪公司。

是否设立专门网上证券经纪公司，具体采取哪种设立形式，根据公司需要，权衡长期与短期利益之间的关系，充分比较设立与不设立之间的利弊得失。

2. 设立技术服务站模式。中国证监会 2001 年 10 月出台的《证券营业部审批规则》(征求意见稿)，首次明确提出了“技术服务站”概念，相对于传统营业部居高不下的日常开支和建立远程服务部初期就面临的巨大资金压力而言，技术服务站凭借独有的低成本优势迅速迎合市场认可，券商迅速扩大网上证券业务也就有了依托。然而有关技术服务站的地位和相应的管理细则一直未能明确，成为一只横在券商面前的拦路虎。券商实际上无法具体操作，采取何种模式拓展网上证券业务目前也几乎是停留在书面上，大部分券商还是采取“传统营业部＋银行＋经纪人”的方式在拓展网上证券业务。事实上，传统的营业部的发展形态被证明是券商机构臃肿、效率低下的主要原因，必须对其瘦身或职能转变，这样销售终端的业务形态必将向多元化发展。并且从客户的角度讲，在任何时间、任何地点都能达成交易是对券商通道服务的基本要求。由坐商向行商的全面转变离不开技术服务站的快速健康发展。因此，当务之急是管理层要使技术服务站地位明确化，其次，作为传统券商，在技术服务站合法化后，要积极争取技术服务站的经营资格。因为在获得相应的资格后，主动权就掌握在了自己的手中，拓展网上证券业务也就有了保证。

3. 内部组织机构调整，设立专门网上证券部门。大多数公司网上证券部门的主要职能还是为营业部开展网上证券交易提供保障和服务，协调在开展网上证券业务过程中与银行、中国证监会派出机构之间的关系。随着网上证券经纪公司和技术服务站的设立和出现，网上证券部门的职能需要根据公司经纪业务发展规划和网上证券拓展策略变化做出相应的调整。相关组织机构调整可有以下几个方面的选择：

(1)协调与业务拓展并举。网上证券部门在做好原有工作的同时，让其直接去拓展市场，管理公司获准设立的技术服务站，为公司开辟一片新的市场。部门的考核同时与营业部和技术服务站的业绩挂钩。

(2)完全致力于拓展市场，实行独立核算。网上证券部门全面实行职能的转变，不再承担协调、保障、支持等功能，而是借助技术服务站、“银证通”、证券经纪人等方式致力于市场拓展。公司对网上证券部门实行独立核算。在起步阶段，由公司承担相应的投入费用，在发展到一定阶段后，公司再对网上证券部门进行考核，网上证券部门自担风险、自负盈亏。

(3)发展为网上证券经纪公司。根据相关政策情况以及网上证券的发展状况，公司设立专门的网上证券经纪公司，这就意味着网上证券业务从公司分离出去，网上证券经纪公司完全按照市场化的方式开始运作管理，证券公司(母公司)以股东的身份从网上证券经纪公司获取相应的投资收益并承担有限的责任。

从前面列举的三种方式看，第一种方式的力度最小，调整的难度相对较小；第二种方式其次，力度和难度居中；第三种方式的力度最大，调整最彻底，难度当然也是最大的。券商网上证券相关组织机构究竟如何调整，这需要结合券商的发展战略来确定。不过有一点可以肯定的是，让网上证券部门探索市场化的发展模式是十分必要的，符合证券业发展的趋势。

(华泰证券有限公司　姚文平)

非现场交易的定位研究

随着证券市场的快速发展，在有形网点进行现场交易的传统交易模式下，由于其本身的局限性已无法满足市场的需要，这就为非现场交易的发展留下了广阔空间。非现场交易的应运而生并日益成熟，很大程度上依赖互联网技术的支持，同时这也是顺应了知识经济的发展趋势。

非现场交易的存在和发展依据

从世界各国的情况来看，证券网上交易最发达的国家首推美国，美国也是最早开展网上交易的国家。美国的网上交易始于90年代初，正式开始于1995年。当时，以Discover Brokerage Direc 公司为首的几家经纪商率先引进网上交易系统允许客户通过Internet 发出交易指令，开辟了证券网上交易的先河。截止到1999年底，全美已有超过140家的网上券商，通过网上交易完成的交易额占整个市场交易总量的比重为15%，约有40%的散户交易量是通过网上交易完成的，这个比例同比1998年增长幅度高达50%以上，由此可以看到网上交易近年来在美国的发展已呈现高速的特征。短短几年时间，网上交易账户数量达到970万个，其中网上交易最成功的首推美国嘉信证券，由此可以看到，网上交易的发展极为迅速，市值膨胀之快也超出市场想象。在欧洲，网上证券交易的起步虽晚，但发展速度也是飞快，2000年更是突飞猛进，客户数翻番，其中尤以德国和英国的增长速度最快。在这场证券交易技术的革命性变革中，韩国、新加坡、日本的表现也令人瞩目，特别是韩国后来居上。韩国在1998年几乎还全是营业部交易，但仅在一年之后，韩国非现场交易的比例就达到了全国股票交易总额的35%，这个数字到2001年年底又刷新为51%，并成为世界上非现场交易比例最高的国家。（见图1）

图1　中、美、韩三国非现场交易市场占有率比较

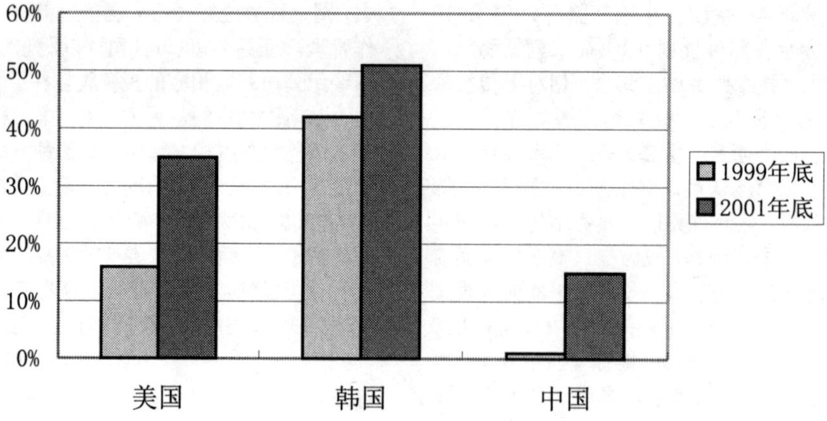

我国非现场交易发展现状，目前非现场交易形式主要可以分为三类：网上交易、电话委托、远程工作站委托。

1. 网上交易

我国的网上交易始于1997年。在我国最早开展网上交易的券商是中国华融信托投资公司湛江营业部，该部于1997年3月推出视聆通多媒体公众信息网网上交易系统，象征着中国证券网上交易的开始，1998年末该营业部网上交易开户数已达7000户，网上交易量已占该部总交易量的20%以上，可谓发展极

为迅速。从 1997 年起到目前，国内已有 200 多家券商或证券营业部设置了自己的网站，提供网上证券交易服务，通过网上委托系统完成的交易量占整个市场的 3%左右。其中推广规模较大的有国泰君安、华泰证券，大鹏证券、泰阳证券、申银万国等等。

2000 年 4 月中国证监会发布的《网上证券委托暂行管理办法》，很大程度上推动了券商网上交易的迅猛发展。目前，有将近 70%的证券公司开通了网上交易。截止到 2002 年 3 月底，中国证监会共核准了 60 家证券公司开展网上证券委托业务资格；网上委托的客户开户数达 332 万户，占证券市场总开户数 3325(沪深总开户数的一半)的 9.98%；2001 年网上交易累计成交金额为 3578 亿元，占前 12 个月证券市场股票(A、B 股)、基金总成交金额 81715 亿元(双边计算)的 4.38%。与 2000 年末相比，在沪深市场总交易金额减少约 30%的情况下，网上交易的成交金额增长了约 100%，显示出网上交易在我国的强劲发展势头。今年年初，网上交易的数量更是迈上了一大台阶。根据中国证监会网站公布的最新统计数据，今年一季度，我国证券公司网上委托交易量达 1097 亿元，占深沪证券交易所 1 至 3 月份股票(A、B 股)、基金总交易量 16641.94 亿元(双边计算)的 6.59%，比去年同期上升了 3.18%。通过对上报报表中客户数的统计，1 至 3 月份网上委托的客户开户数达 408.8 万户，占深沪交易所开户总数一半(3365.48 万户)的 12.15%，比 2001 年一季度增加了约 175.8 万户。应该说，与资本市场发达的国家相比，我国网上交易的发展状况还存在很大的差距，降佣之后我国网上交易还将有一个突破性发展。

2. 电话委托

证券市场建设之初，在交易过程中存在场地小、投资者人数多、下单速度慢、人工委托容易出差错等瓶颈问题一直困扰着证券业。其后，随着先进通讯技术和计算机网络技术在证券市场得到充分应用，证交所的无形席位推出，保证了非现场交易委托指令的即时生效性。于是，非现场交易的第一家电话委托系统在深圳诞生了。而电话中继线路费用大幅下降，降低了证券营业部通讯成本，进一步刺激了以电话委托为主的非现场交易的发展。目前，粗略估计全国每家证券营业部电话委托业务交易量占总交易量的 40%以上。电话委托是非现场交易最简单、最基础的实现形式，引发了证券经纪业务的第一次飞跃，既方便了投资者，也极大地推动了我国证券市场的发展。由于网上交易方式的发展受制于互联网技术的发展，因此在未来一、两年内电话委托仍将是最主要的非现场交易方式。

3. 远程工作站委托

出于营业网点审批、成本因素、历史原因等多方面因素考虑，证券营业部的分布不可能面面俱到，大多集中于沿海大中城市。证券营业部有辐射不到的地方，但客户资源却十分巨大，因此突破营业场所局限性的新的远程交易方式应运而生。这种远程工作站，通过租用电信专线直通证券营业部机房、接受行情、发送委托、查询等等。目前，远程工作站对营业部交易量的贡献也十分突出，并在南方一些中小发达城镇较为可行。

另外，银证通这种非现场交易方式，在近年来发展速度也比较快。银证通是指商业银行的储户以活期存款账户作为证券买卖保证金账户和清算账户，主要以电话银行系统作为股票交易委托系统，通过证券营业部的席位进入证券交易所买卖股票的业务。金融全球化和金融混业经营态势汹涌，并已成为现代金融业发展的潮流和趋势。银证通作为银证合作的一种新兴业务，有其生存和发展的意义。

非现场交易迎来发展新契机

一、非现场交易的绩效评价

我国目前的证券经纪业务经营模式大同小异，主要采取有形模式。传统的证券营业部提供 1000 至 2000 平方米的营业场地，有形的营业柜台、终端机为交易地点，10 到 20 人左右的员工队伍，客户与营业部的营业人员、咨询人员等直接接触。传统的证券营业部的初期设置，仅机房、设备就要 200 万元，卫星传输系统 70 万元，同时，考虑营业部的不同豪华程度，目前市场中营业部一次性投资在 500 至 2000 万元不等。总体上看，目前券商开设一个营业部的投资费用平均为 800 万元左右。而且，传统的营业部都独立运营，资源不能共享，管理和服务人员人数众多，建设和运营成本高昂，各营业部的成本和费用主要包括：房租、装修摊销、设备摊销、通信费用、资讯费用、席位费摊销、人员费用等几个方面，日常月营业费用在 25 万至 80 万元不等。从基本职能岗位配置来看，传统的营业部业务管理主要有各种交易服务管理的交易部，负责技术支持的电脑部，负责账务管理的财务部，负责咨询服务的咨询部以及负责各项行政事物的综合部，再加上经理、副经理两个领导岗位，人力资源上存在人员数量较多的情况，也增加了营业部的运营成本。在固定费率的支持之下，经纪业务成为券商的核心业务。据统计，在 1996～1999 的四年中，国内券商手续费收入占总收入的比重分别达到 41.2%、38.4%、36%、32.9%。在行情较好的 2000 年，该比重提高到 42.9%。如果考虑手续费以及客户保证金利差收入，一般要占到利润结构的70%左右，而小券商更是有90%的收益来自经纪业务。平均到全国各营业部的盈利能力，具体数据大致在800万元左右。

相较于传统营业部，非现场交易的绩效水平明显较高。一般来说，非现场交易初期投资费用是成本的重要组成部分，其后就是一些日常的维护开支，相对较少，整体成本仍十分低廉。营业部场地饱和的情势相当明显，远程交易比传统营业部交易节省70%左右的成本，银证通投入则在200～300万元。

目前，网上交易开展较为领先的青海证券，组建一种新型营业部模式值得借鉴。该种营业部的初期投入费用仅需220万元，不到原来的1/3。新型营业部由于服务功能转变，PC机将减少，散户厅大屏幕将取消，每个营业部只需要五六个人就能管好，每天能有500万元的交易量就能保本甚至有赢利。这种主要以网上交易为交易手段的营业部形式，在机房、设备费用方面都可以大大节省，运营费用可节约2/3，总成本均可以控制在300万元以内，而且运营成本更低。由于新技术的启用使非现场交易模式所需的人力资源、固定资产、硬件设备大大减少，从而使经营成本急剧降低，显示出非现场交易良好的成本优势。而且，非现场交易的边际成本相当低，在达到一定的经营规模之后带来的净收益非常高。要保持业务增长，通过非现场交易的方式明显比现场交易条件下扩大营业面积更显成本优势。网上交易的投资是传统营业部的二分之一至三分之一，日常月营费用是传统营业部的四分之一至五分之一，网上交易的成本优势明显。

二、制约因素分析

我国目前非现场交易所占交易比例较低，尚难形成较大规模，主要是受到一些因素的制约：

1. 投资者观念和习惯

投资者的观念、操作习惯是非现场交易发展缓慢的原因之一。在我国证券市场发展的十年间，多数投资者已经习惯现场交易的氛围和对现场服务的依赖。非现场交易体现不到一种日益浓厚的股市文化，一些投资者在通过客户之间的相互切磋、借助营业部场地的相互沟通等，寻求到一种满足。因此，多年历史原因造成的传统观念和习惯，使得相当多的客户仍热衷于现场交易的模式。

2. 互联网的非普及性

网上交易的基本条件就是熟悉电脑使用以及运用互联网络。因此，现阶段的网上交易也只能是网民的一种特权。尽管虽然近几年上网人数呈几何级的增长，1998年底我国网上用户数为200万，较1997年增长了1倍；1999年底这一数字已达890万，2001年末，我国网民数量预计已达1800万，为网上交易的开展奠定了一定的基础。但是，考虑到网民与股民之间的非等号关系，以及庞大的股民数量，因此网络的普及性在股民中体现并不充分。我国互联网的用户体现出受教育程度高、家庭人均月收入较高的特点，而且在地区分布上集中于大中城市。对于大多数文化程度不高、收入有限、劳动时间较长的社会成员，互联网的影响力还十分有限，对于他们购买机器的费用和每月200元以上的电话费、上网费仍是一件比较奢侈的消费，因此，网上交易在投资者中的普及之路还需要一段时间要走。还有，相当多的投资者尚对电脑的使用比较生疏，更不具备“上网技能”与“自助交易”。

3. 交易的费用和安全性

网上交易在我国还只是原有委托方式的一种补充，其替代作用还远远没有发挥出来，其主要原因是网上交易在交易成本、速度和安全性等多方面并不显优势。网上交易本身的优势就是降低交易成本，而现阶段遭遇的确是不降反增的尴尬局面。国内现在网上交易的费用，除了原先的交易费用外，还要承担上网费、电话费甚至会员费，从而增加了交易成本，影响了用户的参与程度。而且，网上交易的信息处理的实时性和传输速度均较差。由于目前上网大都采用拨号方式，线路拥挤带来的不便甚多，网上证券交易难免不受影响。在交易量较大的情况下，无论电话委托或网上委托，都可能发生线路阻塞现象，网上行情与信息发布速度甚至可能比实际行情慢几分钟以上，直接影响交易完成质量，客户可能因为行情阻塞或显示慢，下不了单或下单拿不到想要的价格。还有，网上交易服务内容匮乏。目前网上交易只是开辟一个交易手段，其服务方式也没有多大优势，如网上交易并没有实时行情分析、实时个股表现、评论等内容，同时也没有能提供个性化服务和互动性服务。另外，尽管网上交易安全的系数比较高，但目前并没有针对网上交易安全正式法规出台，所以网上交易风险就难以确定，时常的做法是营业部要求用户风险自担，这显然不利于推广。

4. 制度的配套和监管

去年上半年，中国证监会主席周小川发表讲话，表示中国证监会积极支持网上证券交易发展，并要求证券公司对发展网上交易应给予充分重视，这吹响了中国网上证券交易发展的号角。一段时期以来，中国证券市场已经推出规范网上证券委托交易的一系列政策，如《网上证券委托暂行管理办法》和《证券公司网上委托业务核准程序》，为网上委托的规范化发展提供了必要的法规条件。但是，从目前我国的情况看，有关网上交易的资格审查、网上交易的技术标准和技术体制、网上交易的信息资源管理、网上交易的市场监管都还缺乏明确、公开、统一且可操作性强的具体标准，也没有建立起一个适应网上证券交易特点的监管体系，制约了券商网上交易的开展。在实践中，各券商在开展网上交易也仅处在摸索阶段，还没有进行大规模展开。

三、商业价值日益凸现

网上证券交易之所以能在短时间内，在全球范围内挑战传统证券交易模式，主要是因为虚拟化的网络交易系统占据成本优势。美国网上交易的迅速发展，很大程度上得益于网上交易的成本要大大小于传统方式股票交易的成本，对投资者有很强的诱惑力。在国内原有的固定佣金制下，虽然也有明扣暗折的现象，但对客户有资金量、交易量等诸多限制，并不是所有客户都能享受的。因此对投资者而言，网上交易的吸引力并不大。但是，佣金的自由化改革，将对传统证券营业部过去旱涝保收的优越感产生严峻的考验。打破了高垄断利润后的传统营业部，将会因高成本运营的制约，经营模式不断面临挑战。从现场交易的这种高成本方式转变出来，发展低成本的非现场交易，特别是网上交易，这将是交易佣金比例大幅降低的情况下券商明智之举。

在佣金自由化的前提下，非现场交易的商业价值凸现，整个市场格局也因为这次佣金调整而发生改变。在佣金下调的大势之下，要保持利润不变或增加的前提，就要加大证券交易量。但是，加大交易量到底能带来多大的利润，很大程度上还要取决于边际成本的大小。就现场交易而言，假设通过降低佣金使交易量上升，但同时营业部的各种成本依然较大，场地、水电和其他非经营性费用开支等使得边际成本无法降低甚至更大。那么，经营者更应关心的是，在量增加的同时只有边际成本下降或不增加，才能争取到利润。因此，发展非现场交易所带来的这种明显优势，就凸现了其商业价值。比如网上交易，在一次性投入之后，在一个相当大的容量内客户的增加是不需要成本的，也就是说边际成本为零。假如客户能增加一倍，那就能弥补佣金下调的一半损失。电话委托也是如此，但电话委托的边际成本要大于网上交易，需要不断地增加设备和扩容，而且无法得到在线资讯服务，相对来说，没有网上交易方式先进。

四、非现场交易的优势分析

1. 有形网点与非现场交易的关系与协调

(1)成本优势。非现场交易可以大大降低经营成本。如果说，一般营业部一次性投资在500~2000万元不等，日常月营业费用为25～80万元，在支持同等客户的条件下，网上交易的投资是传统营业部的1/2～1/3之间，日常月营运费用是传统营业部的1/4～1/5。网上交易可大大降低交易成本。网上交易通过虚拟化的网络交易环境，改变了传统营业部完成交易所需的基本因素，从而降低了完成交易的处理费用，且客户潜力巨大。据估计，在北京维持一个容纳 1 万客户交易场所的基本费用至少在 400 万以上，应用网上交易技术，这笔费用可用于 50 万不同地区用户的交易要求。在美国，投资者通过传统方式买卖股票的成本约为每股 1 至 2 美分，而网上股票交易的成本约为 0.15 美分，非现场交易成本的优势，为提高券商营业利润提供了想象空间。

(2)打破时空限制。网上交易打破了时间、地域的界限，极大地扩大了客户资源，使得每一个有能力参加投资的人都成为潜在客户。从地域范围来说，由于互联网打破了空间限制，只要在投资者中建立起了良好的资信和品牌，客户范围就会遍布全国各地，甚至是全世界。从时间上来看，美国纽约证交所为了适应网上交易的潮流，正在积极准备尽快开通夜间网上股票交易。从我国的实际情况来看，投资者和有形网点均大多集中于大中城市，小城市或偏远的地区的人们无法开展交易。而通过互联网进行的网上交易就将使受到时间、空间制约的人们也有交易的机会。因为，网上交易技术的本质是网络技术，现时的通信技术已经可以保证了投资者可在任何时间、任何地点通过网络进行投资的一系列行为，在接通网络的环境下，这种交易行为是持续的。从这个角度来说，网上交易的根本优势是给了所有投资者一个公平的交易平台和较平等的服务。

(3)个性化服务和信息优势。网上交易是无形的交易市场，其为广大投资者提供了获取信息和参与交易的一个平等通道。互联网所提供的信息传递的低成本和便捷性已经使得网上证券信息极大地丰富，加快了证券市场信息流动速度，提高了资源配置效率。由于投资者对信息资料的需求不同，网上交易也达到一种更好地满足投资者不同的信息需求的目的，从而服务质量得以提高。券商对客户这种需求的服务也就有可能深化和加强，从而使券商的服务竞争会出现质的变化，而不仅仅是一种交易渠道的改进。未来，客户服务能力就是经纪业务的核心能力，是否能提供客户需要的个性化的服务、优质服务是券商在竞争中胜出的关键。

2. 与有形网点的关系

目前，非现场交易方式仍需要在有形网点的基础支持下才能完成交易的全过程。对于电话委托、远程服务站这类非现场交易方式来说，对有形网点高水平、大容量的技术平台的依赖程度相当大。而即使对于网上交易和银证通方式来说，由于受到现行条件的制约，开户、转托等最基础业务环节必须在证券营业部完成，这就使得有形网点在现阶段仍然处于不可替代的地位。

另外，非现场交易的业务发展仍需要有形网点的配合。目前，还处于网上交易的发展初期，很大程度上还对有形网点依赖度较大。尤其是在一些制约性因素尚未得到解决的时候，网上交易、“银证通”等非现场交易方式的推广还需要有形网点的配合。比如，在一个没有有形网点辐射的地区必然会遇到投资者的信任危机，也不利于非现场交易的推广。设立初级服务站，同时配合对非现场交易形式的推广，恐怕是解决投资者信任危机的重要方式。总之，没有中心城市或相关地区有形网点的支持，非现场交易难以有效得到推广，也难以与有相应支持的其他券商的非现场交易方式展开竞争。

还有，客户需求的多样性也要求非现场交易与有形网点共同发展。客户需求是多样化的，而非现场交易方式只满足一部分客户的需求，比如网上交易主要目标客户群是白天上班但有时间上网的中青年等。但有些客户更看重有形网点提供的服务。

因此，非现场交易方式与有形网点服务在一定程度上互为补充，共同满足同一客户不同层次的需要，特别是现阶段在相关基础设施条件不是很充分的情况下，非现场交易客户更需要有形网点提供其他交易和咨询服务方式来满足全面的需求。

3. 与有形网点的协调

新经济的时代，对证券业的发展提出了新的要求。作为国内新兴行业的证券领域也将产生巨大变革，在 INTERNET 上进行证券交易已经成为现实并向我们快步走来。尤其是加入 WTO 后，中国证券市场将变成全球证券市场的一部分，国际化的中国股市会面临国际化的竞争。这种竞争策略一定是在网上，这也将刺激我国券商提前进行网上证券业的研究并加以拓展。应该说，新的技术手段的采用，对于解决证券交易中的各种问题、疏通业务流程、改善企业管理都大有好处。特别是在佣金自由化的前提之下，非现场交易的应用与推广显然已是大势所趋。因此，当前最主要的问题就是，如何做好有形网点和非现场交易之间的关系协调，通过对传统经纪业务模式进行重塑，达到竞争中取胜的目的。

目前非现场交易的几种形式，电话委托在实践中已较为普遍，后期的重点是对网上交易的推广和应用。其实，网上交易在我国已有部分券商开始涉足。网上交易在国内开展初期，是由证券公司全权委托 IT 公司负责的，即 IT 公司(包括网上服务公司、资讯公司或软件系统开发商)负责开设网络站点，为客户提供投资资讯，而证券公司以营业部的身份在后台为客户提供网上交易的通道。其后，随着网上交易的便捷与成本优势被市场普遍认同，目前国内一些大券商开始设立自己的网站，并纷纷开通了本公司的内部网络，客户委托直接通过内部网络到营业部交易系统，不再经过 IT 公司，这种模式比较科学，也是券商开展网上交易的方向。目前 60%以上的证券公司都已建立了自己的网站，并希望借提供一个新型交易通道和服务平台之机，实现证券交易模式的转变，最终达到促进公司业务发展的目的。

也就是说，当前券商公司已基本上被分为三种类型：一类是以营业部为主体的传统券商；一类以非现场的、远程交易为主的新型券商；还有一类是现场和非现场同步发展的半传统半新型的券商。考虑到有形网点的主导地位在现阶段仍然难以改变，我们认为，现场交易和非现场同步发展的新型券商，可以有效地实现有形网点与非现场交易的协调关系，达到最佳效果。借鉴国外经验，美国多年的竞争过程及结果表明，采用实体加网络形式的交易商，无论在市场占有、资产总额和交易次数上，都较单纯的网上券商占有优势，当然也超过纯粹实体交易商。其中，发展网上交易较成功的美国嘉信理财也是同时以店面、电话、WEB 向投资者提供服务，客户可以选择需要的服务模式，满足个性化的需要。那么，根据我国实际，建立在有形网点和非现场交易两条腿走路的新型交易体系和服务体系之上的新型券商，将会凸现竞争优势，其一方面达到业务扩张能力比较强的目的，产生辐射效应，另一方面也达到了控制成本增加收益的目的。

（申银万国证券研究所有限公司 郭德培 王艳）

互联网时代技术对证券市场的影响

论文所要研究的是在互联网时代，信息和通讯技术对证券市场的影响，未来市场的可能形态、可能带来的问题及监管上可能采取的政策与策略。

1. 证券市场是技术推动型、不断创新发展的市场。证券市场的核心是资本资源的有效配置，是将资本需求者与资本供给者集中到一个“市场”或“市场关系”中，在充分信息披露的基础上，通过价格机制的作用，使两者的需求都达到满足：资本需求者获得资金，资本供给者获得了投资机会。而在这中间需要物质技术系统的支撑才能使资源配置得以有效实现；而且与物质技术系统相方面适应，有什么样物质技术系统，才能产生基于其上的交易系统(或交易平台)、结算系统、交易机制、信息披露机制，并最终影响到市场机制，证券市场是技术推动型市场。

在物质技术系统中，信息和通讯技术又是推动证券市场创新发展的主要动力。从最早期的面对面交易，到现在全球范围内的网上交易的发展过程中可以看出，越是发达的证券市场，越是依靠技术推动和技术支撑。在这些技术中，应用最多、最广泛，也是最重要的技术是信息和通讯技术。交易信息的发布、上市公司信息的发布、投资者信息的获取、委托的发出、成交(match)、交割结算等一系列过程，都需要通过这些技术来完成。

伴随着信息通讯技术的发明和应用，证券市场也经历了三个物质技术阶段：电报阶段、电话阶段和网络阶段。在电报阶段，投资者的信息获取、委托传输都需要通过电报形式。因此，在早期阶段，电报纸不断从机器中被打印出来，告诉人们发生了什么，是极为普遍的。在改革开放不久，路透社的外汇交易消息，还是通过连续的纸张打出来的，有什么情况大家拿起打印的长纸条来翻看。现在，这一切情况全都变化了。世界顶级的信息提供商路透社(Reuters)和彭博公司(Bloomberg)，都已将其信息提供建立在网络基础上了。这既是顺应时代的必然要求，也是技术发展对证券市场影响的一个缩影。信息传输尚且如此，在证券市场的整个过程中，技术的影响更是明显。到现在，全球证券交易都已经或开始趋向于无纸化过程。在无纸化过程中，证券市场应用电子手段体现在全过程：委托无纸化(在计算机上输入交易信息)、传输无纸化(委托指令自动传送至交易所主机)、匹配成交(match)无纸化(由交易所交易主机自动对盘)、资金和股票查询无纸化(由计算机自动查询确认买卖双方是否有相应可交割的资金或股票)、交割无纸化、登记无纸化(在成交完成后由交易所自动转入登记结算公司主机实现股票自动过户和股东名册自动更新)。无纸化的实质就是电子化，电子化的基础工具是电脑和网络。

2. *现代证券市场是技术创新与制度创新的高度结合*。现代经济发展的重要推动力量来自于技术创新与制度创新的强大推动力。相对于制度创新的突变性而言，技术创新的应用迅速提高了效率，通过帕累托改进来提高社会的福利作用。且技术与制度还能够实现较好对接，甚至是在不改变现行制度下，能够通过技术创新来发挥现有制度最大效能；且现代制度创新与技术运用关系也越来越密切，有时一项制度创新实际上是与技术创新结合而产生的。

以美国证券市场 ECN 机制的创建为例，来说明这一制度创新与技术创新的结合对证券市场发展的作用。美国证券交易委员会(Stock and Exchange Commission,简称 SEC)在纳斯达克证券市场(Nasdaq Securities Ex－change，简称 Nasdaq)上除了有做市商(market－maker)制和纽约股票交易所(New YorkStock ExChange，简称为 NYSE)的专家(Spe－cialist①)制的交易与价格决定机制之外，为降低投资者成本、提高价格决定效率又创立了 ECN 机制(即 Electronic Communication Netwrk 上的简称，中文直译为“电子通讯网络”，又称为“电子交易网络”或“另类交易系统”)。

ECN 是根据 SEC 的规则修改后建立的。1975 年，国会要求美国证监会负起促进全国证券市场的建立的责任(《1934 年证券交易法 1975 年修正案》)。当时，国会对因交易在分开、未联结的市场进行而导致的市场分割(market fragmentation)及客户委托执行质量差感到非常关切。1975年修正案，针对1934年证券交易法第 11A 条的设计，主要在建立一个架构，使不同的竞争市场能够联结在一起，以获得最佳的价格及有效的执行。此一架构包含了三个最起码的部分。第一，交易所及自营商应发布最佳买进、卖出的价格及股票的成交价；第二，市场间的联机应能帮助客户，使其委托能够以在所有市场中的最佳价格成交，市场间的联机应能鼓励最佳价格的出现；第三，经纪自营商应仍有义务为客户的委托寻求最佳执行。美国证监会被要求负起责任，在准许全国市场系统的设计保持最大弹性的前提下，促成这些目标的达成。全国证券市场被定义为，“使所有人投资人能够得到各该股票在所有市场的价格、成交量及买卖报价的信息，使证券买方及卖方不论在何处，都可以据以做出投资决策，且在买进时，能够与所有卖出人中最低的卖价成交；卖出时，则能够与所有买进人中的最高买价成交。”

美国证监会对 ECN 的定义是“广泛传布价格信息、自交易所做市商或店头做市商接受委托，并使这些委托全部或部分成交的任何电子化系统”。此一定义明确排除了经纪自营商内部的委托传输系统及配对系统(crossing system)。所谓的配对系统，系指以 ECN 所设定的单一价格将不同委托加以配对，且不允许其所接收的委托与系统外的参与者的委托配对。ECN 是一个电子系统，它试图消除由交易所做市商或 OTC 做市商输入的第三方委托，保证这些委托部分或完全成交。ECN 集中买方及卖方，并以电子化的方式撮合执行其委托。目前，在美国的证券市场运作的ECN有9个，包括 Instinet、Island、Bloomberg的Tradebook、Archipelago、REDI－Book、Strike 、 Attain 、 NexTrade 、 Market XT 及 GFISecurities 等。其中 Strike 最近与 BRUT 合并，Strike 沿用以前 BRUT 所使用的交易平台。而 Market XT 目前仅涉足盘后市场。

ECN 为投资人带来更大的弹性及更低的交易成本，而且为既有的交易所市场及 Nasdaq 股票市场带来了竞争压力。目前，ECN 占整个 Nasdaq 证券成交股数的 30%及成交金额的 40%。在 NYSE，ECN 的成交量值则占 3%左右。而在 1993 年时，ECN 仅占 Nasdaq 成交股数的 13%及上市股票成交股数的 1.4%。目前，大部分 ECN 系在正常交易时段内参与在 Nasdaq 挂牌股票的交易。在 1999 年，ECN 的交易股数平均有 93%是 Nas－daq 的股票，而其在 Nasdaq 全国市场系统(National Market System；NMS)中交易的股数有 96%系在上午 9 点到下午 4 点的正常交易时段内发生。在上市股票方面，ECN 在 1999 年市场占有率仍很小，而且总成交股数有 26%是在盘后市场成交的。

ECN 有不同的用户，包括散户投资者、机构投资人、市场创造者及其他的经纪自营商。ECN 提供许多市场服务给这些用户。ECN 的用户可以输入限价委托给 ECN(通常系透过特定的计算机终端机或直接拨接)。ECN 会在系统内揭示这些委托供其他用户查看。然后，ECN 会将买卖委托撮合成交。在大多数情况下，买卖双方都是保持匿名，不知道交易的对方。此外，用户亦可利用其他的系统特性，如“议约”(negotiation)或“保留单量委托”(reserve size order)。议约的特性使用户在匿名的状况下磋商合约的价格及数量；保留单量委托则是指能够仅显示欲交易数量的一部分之委托，其可使用户输入的巨额委托，可以一部分一部分揭示及执行。此外，用户也有可能看到ECN的整个委托簿(而非仅看到委托簿的最高买价及最低卖价)，进而使客户了解有关市场深度的重要实时信息。

ECN 的出现，使美国证券市场价格决定机制由报价驱动型(quote－driven system)转向报价驱动型与委托驱动型(orde－driven system)结合的新机制，而且在美国证券市场上又引进新的竞争机制，一是交易所之间竞争加剧，二是证券公司之间竞争加强。而 ECN 本身的性质由于是新生事物，其功能介乎于交易所与经纪公司之间的功能，也尚未明确。

技术创新与制度创新在现代证券市场上高度融合，成为现代证券市场的典型特征之一。在一定制度下，技术创新发挥着现有制度的潜在功能；而当任何一次重大的技术创新，尤其是底层物质技术结构发生改变时，便构成一次新的甚至是划时代的制度创新。对于如何定义物质技术结构和底层物质技术结构，我认为很难有一个准确的定义，但我们可以给其一个描述性的、功能性的说明。在本文中的“物质技术结构”是指证券市场发展的物质技术结构，包括必要的设备、必须的技术、相应的制度规则及其组合。而“底层物质技术结构”则是指在物质技术结构组合中，居于主导地位，起最基本作用的物质技术结构。在证券市场上，底层物质技术结构的核心是技术。以英特网为代表的现代信息和通讯技术(Information and Communication Technology，简称 ICT)便是这样一种技术创新。ICT 包括 IT(信息技术)，同时也包括了 CT(通讯技术)。这是 OECD(经济合作与发展组织)所采用的定义，本文认为其更能反映证券市场的技术形态，既包括 IT 技术，也体现出很强的 CT 特征。

就哲学意义而言，技术创新是原有制度中加入新的技术因素，进而提高、改进现有制度的效能，改进现有制度，从而实现一定程度上的制度创新。在证券市场上，制度是指证券市场赖以存在、发展的包括法律法规、制度规则在内的状态空间。

目前，随着 ICT 技术的运用、网上交易的迅速发展，金融全球化步伐大大加快，交易所之间的竞争也日益加剧，全球交易所处在一种不进则退的必然竞争格局中。由此形成了两种相互关联的趋势：一是交易所之间的结盟、合并、兼并、重组甚至跨国联合加剧；二是交易所为提高自身竞争能力不得不主动或被动地提高自身的决策能力、适应能力和融资能力，于是开始了全球交易所的由会员制向公司制改造。

3. 现代证券市场与现代经济在技术和资本上高度融合。现代证券市场与现代经济(又称“新经济”或“知识经济”)是相互促进和共生的。现代证券市场是基于 ICT 这一新的物质技术结构基础上的全球化下的证券市场，现代经济也是研究、开发、运用 ICT 技术并由此而引发的知识在经济中起更重要作用的经济形态，两者都是构筑在 ICT 技术基础上的。

“新经济”概念的产生与被广泛认同和采用实际上是人们对美国经济自 1991 年 3 月以来日趋明显地表现出“二高三低”现象的渐进认识的一种反映。所谓“二高三低”是指高经济增长率、高劳动生产率，低失业、低通胀和低赤字。新经济首先发端于美国，并且成为美国新的经济增长点，是因为美国有适宜其生长的制度环境。经济理论界之所以提出“新经济”概念，旨在诠释近年美国经济显露出的那些超出传统经济理论解释力的经济现象。美国经济呈现出的这种“二高三低”的良性循环是很难用传统经济学理论解释的。在20世纪最后的9年中，美国经济突破了延续百年的发展规律(由大约三年繁荣和一年衰退构成的每四年一个经济周期)，出现了美国历史上最长的经济繁荣期。

第一个明确提出这一概念的是美国《商业周刊》专栏作家曼德尔，于1996年底为该刊撰写《新经济的成就》一文提出“新经济”这一概念，并进行分析，引起各界广泛关注和持久热烈的讨论。该刊主编谢波德在分析和总结长达一年的大辩论基础上，于1997年底在《商业周刊》上发表了一篇题为《新经济到底是什么？》的文章，对持否定态度者进行了反驳，同时也指出“新经济就是信息化经济加全球化经济”。之后，有关“新经济”的研究不断升温，迅速成为全球关注的热点。瑞士达沃斯“世界经济论坛”新千年首届年会和2000年7月在日本冲绳召开的西方八国首脑会议都以“新经济”为题展开研讨活动，后者还通过了所谓“冲绳宪章”，认为“信息产业是推动新经济发展的主动力”，强调八国共同促进信息产业的发展和经济信息化进程。于2001年6月在瑞典召开的国际证监会组织(IOSCO)2001年年会，也以“互联网时代的证券市场”为主题进行探讨，认为互联网络给证券市场带来了巨大的变革。

在新经济形成和成长过程中，制度变迁起着重要作用。但是，有利的制度变迁不会自己发生(利贝卡普，1989)。在这方面，美国政府扮演重要角色，为新经济产生与发展营造了适宜的制度环境，其中最重要的制度变迁有知识产权制度创新、金融制度创新、人才激励和教育制度创新，并充分发挥政府在制度变迁中的积极作用。一旦制度创新的结果使生产关系基本适应生产力的发展要求，决定经济增长的力量将不再是制度，而是作为先进生产力的科学技术。

现代经济尤其是新经济正是资本市场与技术合作的结晶。美国是新经济最发达的国家，其三大优势，一是有世界最强大的技术研究与开发组织、企业和经费支持，二是有世界最强大的知识聚集、创新和人才聚集优势，三是有世界上最成功的为高科技企业和中小企业融资的NASDAQ证券市场(Nasdaq StockExchange)。这种资本与技术的高度融合、相互促进，使得美国新经济得以迅速发展，并为美国经济在21世纪的继续发展奠定了基础。

资本与技术的融合也进一步促进了现代证券市场的发展。以美国为例，全美证券交易商协会(National Association of Stock Dealers，简称NASD，Nasdaq的母公司)，在1971年Nasdaq创建时，它仅仅是一个将美国分散在各证券经纪商进行的柜台交易(OTC 市场)的信息集中起来，传递给各证券经纪商和投资者(尤其是机构投资者)的信息集中与传输系统。到1973年，它转变为提供交易撮合服务的交易系统，即今天的纳斯达克市场。当时，它采用了符合今天发展趋势的电脑屏幕交易系统和做市商制度(规定每只股票至少有两家做市商，从而保证了交易的连续性和可持续买进与卖出)。纳斯达克为高科技企业提供了巨大的融资支持从而促进了ICT技术、网络和新经济的迅速发展，高科技企业的发展壮大，使得纳斯达克市场1995年交易量超越纽约股票交易所，成为目前在全球与纽约证券交易所构成竞争的交易市场，尽管它目前还未被美国SEC批准为“股票交易所”。

4. *现代证券市场典型的物质技术结构是信息、通讯和网络技术。*接着证券市场由经纪商向交易所传输信息的方式划分，第一代证券市场是建立在“跑街”(streeter)的基础上的，其范围仅限于交易所周围地区，并且经纪商主要集中在交易所周围；第二代证券市场则是建立在电报基础上的，其范围是电报所能达到的范围，并且是能够用得起电话的投资者，其人数和范围也很受限制；第三代则是建立在电话基础上的，其人数和范围大大扩展，证券市场开始形成了以电话线为连接的专用网络，直到现在还一直运行；第四代即现代证券市场则是建立在信息、通讯和网络技术基础上的，以计算机和网络为载体，市场存在模式大大改变，实现了信息的全球化实时传输，交易的24小时全球化执行，其典型就是网上交易，证券市场发展到了一个全新的阶段：全球化证券市场阶段。

在这里需要指出的是，任何时期的证券市场都是与其物质技术结构相适应而存在，相制约而发展，没有脱离物质技术结构的市场。物质技术结构是服务于特定市场的物质技术结构，市场则是建立在特定物质技术结构上的市场。两者是相辅相成的关系。而且，就功能来讲，物质技术结构是市场的地基，市场则是建立在物质技术结构地基之上的。因此，物质技术结构虽然不是为证券市场本身而发展，它是经济发展和技术创新到一定阶段的产物，但其一旦产生并被运用于证券市场，便成为推动证券市场发展的巨大基础，正因为如此，我将其称为“底层物质技术结构”。底层物质技术结构的改变，将会带来证券市场的革命性变革。底层物质技术结构具有技术积淀性和相对稳定性，由技术结构进而演进为制度结构的重要组成部分，从而形成技术与制度的融合体，并成为一定时期对经济和证券市场的发展具有基础性作用的物质技术结构。

5. *网上交易是现阶段底层物质技术结构的集中*

体现

“网上交易”已经成为涵盖相当广泛的一个词，它已不仅仅表示一种技术形态，而是与 ICT 技术在证券市场应用相关的一系列技术与制度创新形态相关联的综合体，它包含了网上发行、网上证券交易、网上信息披露、网上交割清算和网上交易所等一系列内容。网上交易由便利投资者交易开始，逐渐扩大其应用和影响范围。网上交易是证券市场上资本与技术融合的典型产物。

正是由于网上交易的普及、推广及其对证券市场深入而广泛的影响，使网上交易极大地改变了证券市场的发行方式、交易方式、投资者结构、理财和资产管理方式、咨询方式、结算方式、信息披露方式、股东大会会议和决策模式、投资者与上市公司关系模式及证券监管模式。

在证券市场的发展中技术(尤其是信息和通讯技术)对证券市场从内涵到外延、从形式到内容、从行为到制度、从投资者(消费者)到监管者(政府)等方面都已经和正在产生着巨大的变化。包括网上交易、英特网在内的信息与通讯技术，彻底改变了证券市场的底层物质技术结构，使证券市场再一次经历了革命性的变革。

(资料来源:《经济学动态》日期: 2002.12.18
作者: 霍学文)

网上交易：监管亟待加强

20世纪90年代，随着信息技术迅猛发展和互联网不断普及，一种新的证券交易方式——网上证券交易应运而生。由于网上证券交易具有成本低、覆盖面广、全天候交易、信息快等特点，逐渐成为国际证券经纪业发展的一种主流趋势。目前中国网上证券交易受技术与监管水平限制，具有较高市场风险，加强针对网上交易法律监管已成为当务之急。

一、建立必要的风险披露制度

所谓风险披露，是指让投资者掌握的资料足以使他们对网上交易的风险有较为充分的认识。

券商向网上客户揭示的风险应包括市场风险及系统风险。市场风险主要是指网上交易执行的价格可能会与客户发出买卖指示时所展示的价格不同。发生这种情况的部分原因与客户买卖指示的传送及处理有关；而在其他情况中则纯粹是因为当客户的买卖指示到达市场时，股价已经改变。

券商应在网站内清楚说明所提供的网上服务或产品的种类，并发出警告信息，使客户明白其买卖指示在执行时可能会有所延误或者交易未必一定能够以所显示的价格执行。同时券商还应提供避免或减少该风险的办法，如香港证监会规定，客户可以将买卖指示指定为“限价指示”，只有当股价在指定价格或更佳价格时才可执行交易。系统风险则是由于网络系统延误或中断所带来的风险。

互联网本身并不是一个完全安全可靠的环境，所以券商的网站应以醒目的方式，向客户解释可能会遇到系统延误或中断的情况，导致有关情况的可能原因(如系统提升或更改)，这些事故对处理买卖指示的流程存在哪些影响，以及客户应该采取哪些措施令交易得以顺利执行等等。

开展网上交易的券商网站内，绝大多数只就系统风险进行简单的揭示，对于市场风险则几乎没有提及。这种缺漏亟待补救。

二、强化对券商网上证券业务的监管

券商是证券交易主要媒介，是网上交易主要推广与参与者，对券商网上业务监管颇为重要，监管措施包括：

1. 建立市场准入制度

根据网上交易安全第一的原则，必须建立相关的市场准入制度，即由监管部门对券商开展网上业务的资格进行审查认证。资格审查重点应该包括：第一，券商的网上交易平台是否能保证网络安全、通信安全和应用安全；第二，券商是否建立了规范的内部业务与信息系统管理制度。分工明确、责权利相统一的内部管理制度是券商顺利开展网上交易业务的有力保障；第三，是否组建一支高素质、高水平的技术管理队伍和业务管理队伍。管理人员的到位是顺利开展网上交易业务的前提条件。

此外，监管部门对已经取得网上交易业务资格的券商还应进行定期的事后审查。如果在审查中发现券商不再符合有关条件，应限期改正；对限期不能改正者，要取消其开展网上交易业务的资格。

2. 建立网上交易报告制度

为全面掌握证券公司开展网上交易情况，监管部门应要求券商就网上交易开展情况(交易量，投资者开户情况，发展速度)，系统平台技术性能管理制度、人员情况，在开展网上交易过程中遇到问题，定期向中国证监会报告或将这些内容纳入证监会对证券公司年检范围。当券商技术系统进行重大升级，业务管理制度作出重大修订或主要技术人员与管理人员发生重大变化时，应随时向中国证监会报告。

3. 建立有效的责任分担制度

当网上交易出现系统故障致使交易指令无法执行时，通常会引起利益纠纷，此时责任如何分担就成为非常现实的问题。在“三公”原则和保护投资者利益原则的前提下，结合中国的实际情况，可以建立如下的网上交易风险损失分担制度：

第一，对由于网络速度缓慢和券商外部网络中断可能造成的客户端行情比交易所实时行情滞后和客户交易指令不能及时发送等给客户造成的损失承担问题的处理。证监会应该对券商网上交易系统的容量制定一个技术标准，并随机进行检查，只要券商网上交易系统的各项技术指标达到了证监会的要求，就不应该承担损失赔偿责任。当然，如果系统的中断是由券商内部人员操作不当引起券商内部网络中断，则券商应对已下单客户承担一定赔偿责任。

第二，对由于券商系统受到黑客攻击而导致系统中断、由于黑客监听获得客户密码、窃取到客户的交易资料、由于黑客入侵或其他原因造成对客户交易资料的随意生产、修改或删除，冒充客户身份而进行交易等给客户造成的损失的处理。证监会同样应该根据互联网技术的发展而制定一个动态的技术标准，只要券商交易系统的安全标准达到要求，由上述一些原因造成的客户损失就不应该由券商承担，但由于券商内部人员操作不当导致客户密码泄漏而给客户造成的损失则应由券商承担。

三、加大证券网站经营与管理监管力度

证券网站是证券信息传递的基本媒介，也是投资者赖以进行证券交易、获得证券信息的惟一可视化载体，所以对证券网站的经营与管理进行监管具有十分重要的意义。具体的监管制度应当包括：

1. 披露证券信息的网站的许可证制度

券商的网站如用于网上交易的接口，审批时原则上可与对其网上交易业务资格的审批同时决定是否予以许可证；对非券商网站，应视其技术水平决定是否予以入口许可证。而不能作为网上交易入口的网站，则应根据点击率、网站内容的专业化程度等指标决定可否允许其披露证券信息。证监会应该对授予许可证的网站名单进行公开，同时告知网民，若从未有许可证的网站获取信息并据此入市而遭受损失的，后果自负。网站也必须在其主页的醒目位置向网民说明其是否具有披露证券信息的许可证。

2. 设立权威网站

不同网站所披露证券信息肯定存在差别，有时甚至可能截然相反。为使网民对网上信息具备最基本的判断，可将证券交易所网站、券商网站以及上市公司自己网站作为权威网站。当不同网站披露信息有所差异时，以权威网站为准。同时，权威网站也应该接受比一般网站更为严格的监督管理。

3. 加强对券商网页的管理

主要涉及两个方面：其一券商网站连接是否负连带责任。券商在自己网页上一般都有(网站连接)设置，入网者可以通过券商主页进入其可以连接的其他网站主页。但是当被连接的网站提供虚假信息时，券商是否应负有责任？对此监管机构有必要专门制定相关规定。其二证券业以外的第三者在网页设置上连接了券商的网页，网站经营者是否就涉足证券业务而违反有关规定呢？如果连接者直接涉及所连接券商的具体业务内容，参与投资者与所连接券商之间的交易活动，或者以直接或间接方式向所连接券商收取了费用，则可以视为涉足了证券业务而违反了规定，应该予以禁止。

4. 加强网站内容的监管

除了要求网站必须披露《网上证券委托暂行管理办法》中第二十二条，第二十三条规定的内容外，监管的重点还应包括：券商的网上投资咨询是否违背有关投资咨询的法规；网站中是否传播虚假或误导性信息等等，对于发布欺诈性信息的网站，监管机构应提醒投资者回避进入。

(资料来源：《证券时报》日期：2002.9.25 葛音)

银证合作：券商业务发展机遇与挑战

从全球金融业发展的趋势看，综合经营已经成为世界性的趋势。中国从法律上确定的中国金融业实行分业经营、分业管理的格局只是基于现实的一种阶段性的选择，分业或混业应该由市场来决定。中国已经出现混业经营的苗头，首先是全能化的金融集团的出现；另外，银行与证券业已开始开展多方位的合作，意味着中国的金融经营体制正在从传统的分业经营体制逐步转向混业经营体制。在这个转变过程中，券商的业务和发展策略将会发生较大的变化，作为市场主体的银行和券商将会积极地寻求合作，为未来的市场竞争做准备。

一、银证合作产生的原因

银证合作是中国金融业务的创新，对金融创新的需求是市场的原因。作为中国金融业的两个重要组成部分，银行业与证券业尽管分业经营，实行银证合作是目前分业经营的必然选择。对银行而言，由于存贷款利率的不断降低以及存贷利差的逐步缩小，其存贷款利润在萎缩，开拓其他业务迫在眉睫，银行发展中间业务的同时，极有可能与证券业务发生交叉。而券商在同业竞争中迫切需要开发新的业务品种，挖掘更广泛的客户资源，寻求银行的支持与合作可以使券商保持优势并寻求发展。

1. 银证合作适应全球混业经营体制的发展趋势

1999年，美国国会通过了金融改革法案，废止实施六十多年的《斯第格尔法案》，这表明金融合业经营体制已经成为全球的发展潮流。80年代以来，随着全球金融市场一体化趋势的增强，金融创新层出不穷，银行和投资银行业务在金融创新中相互渗透，银行业与证券业、传统的商业银行业务与投资银行业务之间界限逐渐模糊，分业模式正在逐步丧失其存在的现实合理性。

2. 银证合作是中国金融发展的内在要求

(1)金融业的内在本质要求。金融的实质是资金的融通，通过资金不断的循环周转，使其不断增值。根据资金周转特性，资金在多个品种运行比在单一品种运行具有更高的效率和稳定性。通过资金在银行储蓄、保险、债券、基金等各个业务领域中的灵活调度和组合，能实现风险和收益的平衡。人为地割裂资金的使用，将其划分过细不仅会降低资金的使用效率，造成社会资源的浪费，而且单一机构经营使资金运用被限制在狭小范围内，不利于资金灵活调度，系统风险相对较大。混业经营可使金融服务能够在银行、证券、保险各个领域灵活配置和组合，实现规模经营，提高经营效率，降低系统风险。

(2)市场需求的推动。随着社会财富增加，消费者的储蓄余额逐渐增长，其消费观念、消费行为和消费偏好也发生变化，消费者已不再满足于仅仅保证资金安全性，而对资金收益性有更高的要求，要求金融机构能够提供具有多种功能的金融产品，实现金融资产效益最大化，是银证合作的重要推动力。

(3)券商和商业银行业务拓展的内在要求。中国资本市场发展经验表明，证券市场持续健康发展对于中国经济发展和国有企业改革有着重要的作用。

(4)银证合作的条件逐步成熟。与八十年代末的金融状况相比，中国现行的混业环境有较大的变化。首先，证券市场已经具有相当规模，政府普遍投资饥渴症基本消失，投资、融资已基本由企业、银行自主决定；其次企业开始建立现代企业制度，形成以市场为导向、以效益为中心经营机制；最后银证监管完善，相关法规都已出台，依法管理制度基本形成，并且银证监管体制基本顺利，监管效率提高。

3. 入世后合业经营体制必然会对中国分业体制产生冲击。

目前中国加入世贸(WTO)进程大大加快，中国金融业必然面对开放的压力。外资金融机构入侵将会对国内金融机构产生强烈冲击，他们具有发达网络，规范业务操作流程，向社会提供更多服务品种，为国内客户提供更多对外业务、境外融资业务，服务手段和质量更高、更有效率、具有竞争力，在国内金融机构还处于空白领域更易占据主导地位。

二、银证合作的现状

从实践看银行与证券之间合作有三种方式：

1. 一般性业务合作。这是最表层合作方式，银行将券商视同接受贷款的普通企业与之开展信贷业务，双方只是一般的、常规的业务关系，其主要合作形式是二者之间的资金合作，如同业拆借、资金清算等。这类合作有助于打破银证之间资金流动的壁垒，对银行而言减轻存差压力，降低经营成本；证券公司获得拓展业务资金支持，解决了发展瓶颈问题。

2. 外部分工型业务合作。

(1)银证转账。即银行代收客户资料及银证通兑，通过银行传递资料到券商处，客户从开户、买卖、存取款、查询均无须到券商处，投资者可以通过券商的委托电话或券商网上交易等远程交易方式进行操作，客户资金可在银行与券商处互相划转。大部分券商均已开展此项业务，约占业务量的10%左右。

(2)网上交易。根据国家现行规定，开展网上委托业务证券公司禁止直接向客户提供计算机网络及电话形式资金转账服务，但采取网上交易委托方式的证券投资者可使用商业银行的银证转账系统，为目前银行证券之间合作的银证联网业务建立“供需通道”。部分券商委托银行办理开户手续，并对银行和券商计算机系统进行联网，完成网上交易和清算，突破时空限制，吸引更多投资者和资金入市。

(3)存折炒股。投资者只需凭有关证件到银行的任何一个网点就可以开户买卖股票，客户储蓄账户即是保证金账户，客户从开户、买卖、存取款、查询、销户均无须到券商处，客户可以通过银行的委托电话或银行的网上交易系统直接进行操作。这种方式根据账户运作形式又可分为两种：一是将投资者储蓄账户和股票账户合二为一混合式账户结构。投资者储蓄卡或存折中的储蓄就是其证券保证金，可以直接用于买卖股票；二是储蓄账户混合股票账户分立账户结构，将投资者储蓄卡或储蓄存折变成一个综合理财总账户，下设储蓄账户和个人股票账户两个子账户，两账户间资金不能自动划转，须通过投资者指令才能完成两个账户之间的资金调拨。

⑷券商委托银行网点代办开户业务。券商的网点相对比较集中，数量也较少，而银行则具有点多面广的优势，券商委托银行网点办理股票开户，目的是吸引地理位置相对不利地区的储户。

⑸银行承担资金结算和基金托管业务。资金结算是银行的传统业务，券商托管银行进行资金结算是一种经济的选择，也符合《证券投资经济管理暂行条例》的规定。

⑹投行业务中的合作。例如企业在进行购并、重组以及配股融资活动时，券商提供担保，银行提供贷款；银行代销券商承销的企业债券等等。

3. 组织与股权合作。这种方式是指券商与银行相互参股或者直接在组织结构上进行重组。近年来，国内已经形成了如中信、光大等几个能够提供综合型金融服务的超级大型金融集团，出现在组织上和股权上的银证合作方式。

三、银证合作给券商带来的机遇

银行与证券公司各有特点，银证合作是直接融资与间接融资的合作。证券公司通过银证合作可以加强资本实力、提高开拓市场能力，银证合作有利于券商分享商业银行的信息优势等，主要表现为：

⑴商业银行拥有广泛宏观的经济信息来源。券商从事投资银行业务，必须及时了解大量经济金融信息，提高业务经营和服务水平。中国商业银行特别国有独资银行不仅拥有庞大客户群，而且是国家经济金融政策手段直接的作用体，不仅掌握了解企业微观经济信息，且能及时了解国家宏观经济金融信息。

⑵实现低成本、跨越式扩张。管理部门对新设证券营业部有严格限制，开设新营业部的成本也较高。目前拥有营业部最多的银河证券也只有174家，与工行遍部全国的3万多个分支机构、农行6万多个营业网点相比，券商的规模局限是显而易见的。利用银行现有的众多营业网点直接进行资金开户、电话委托，券商的经纪业务范围将得以迅速拓展。

⑶稳定和吸引更多的客户。通过银证合作为投资者提供更为方便、快捷、安全的服务，有利于稳定券商现有的客户群，可以吸引新的投资者，提高市场份额，交易方式的便利还有可能增加投资者交易频率及交易额，增加券商的经纪收益。深圳某券商下属一营业部与工行携手开展“存折炒股”业务以后，在不到三个月时间吸引近2万名“存折炒股”的客户，交易量达到该营业部30%～40%。

⑷降低券商经营成本和经营风险。券商在偏远地区设立网点是不经济的，利用银行现有的网点服务客户，可以降低券商经营成本和经营风险，通过与银行合作，以及保证金归银行管理，也有利于管理层加强对券商经纪业务和保证金管理的监管，从而降低券商经营风险。

四、银证合作对券商的挑战

1. 保证金分流

虽然近年来利差收入一降再降，但仍不失为券商的一块稳定性收入来源，“存折炒股”使得券商的保证金大量分流，利差收入会日益稀少。

2. 手续费收入减少

大多数银行与券商合作尚未涉及手续费分成，只有少数银行与券商之间有手续费分成协议，但银行投入大量人力、物力，不仅仅是为分流保证金、稳定储户、增加存款，当客户群体发展到一定规模时，手续费分成将是大势所趋。

3. 营业网点价值及利润下降

由于银行营业网点进入、保证金分流、手续费分成等因素，券商营业部的价值及所创造利润将会大幅下降。

4. 客户分流

由于银行网点众多，投资者可选择在银行网点进行交易，会造成投资者尤其是散户的分流，今后券商的客户很可能逐步转化为大中户群体。

五、面对混业发展趋势券商的策略

1. 积极面对挑战，朝金融集团迈进。银证合作将会给券商的传统业务产生剧烈的冲动。证券公司及其管理层首先应该认识到，混业经营是中国金融体制的战略性选择，全能化金融集团出现是中国金融业参与国际竞争的必然结果。中国金融发展的历史道路决定了中国强大的银行体系，对证券公司来说即使是经过增资扩股以后资金规模仍然偏小，必将会被以商业银行为主体的金融控股公司收购；从长远来看，证券公司只有融入到全能化的金融集团中去才能得到更大的发展空间，银证合作给券商产生的挑战就可以从积极的一面去认识，券商可以主动地顺应趋势，参与到金融集团的组建当中。

2. 开展多元化经营，培养自己的核心业务。中国的证券经营机构需要壮大自己的实力，包括业务范围和抗风险的能力。国内券商经营范围狭窄，业务比较单一，主要停留在承销、经纪、自营三大传统业务上。业务的单一性，一方面使券商缺少新的利润增长点，券商盈利能力高度依赖于市场行情的好坏，另一方面导致券商在有限业务范围内进行恶性竞争，承销和经纪业务利润率逐渐下降便是证明。上述两方面的后果都将降低券商抵御风险的能力，制约券商的长远发展。60年代以后，国外大券商开始突破传统的证券业务，紧跟国际金融创新的步伐，涉足新的经营领域，实行多元化战略，构筑成“金融百货公司”。如美国大券商的经营范围非常广泛，包括证券经纪、证券承销、资产管理及投资顾问、个人理财、企业财务顾问、商品及衍生工具、外汇交易、银行业、信托基金及借贷、保险销售及承保服务等。综合类券商一方面要将投资银行业务向多元化方向发展，另一方面也注意向业务专业化方向发展，树立业务品牌，多元化经营应围绕核心业务来展开，注意加强自己的经营特色。经营多元化可以提高券商收入的稳定性，券商抗风险的能力也随之增强。

3. *扩大资金规模和市场份额*。券商积极寻求业内的联合重组，扩大资金规模和市场份额，组建航空母舰型的证券公司，在将来金融洗牌中抢占有利地位。与发达国家大券商相比，国内证券经营机构在规模上存在巨大差距，无论是资产规模、业务规模，不能与国外大券商同日而语。1999 年，排在前 10 位的综合类券商的净资产为 245 亿元人民币，美林证券为 128 亿美元，前者仅为后者的 1/4；前年，在投资银行业务和经纪业务排行榜上，国泰君安证券均位居第一，承销金额及股票基金交易额分别为 98. 7 亿元人民币和 4009 亿元人民币，手续费收入不过 14 亿元人民币，而美林证券承销金额手续费收入分别超过了 3 万亿和 60 亿美元，其差距不言而喻；至于营业网点，国内券商数量少、分布不合理，基本囿于国内，尚未走出国门，员工最多也不过几千人，而国外大券商在 70 年代就开始向外扩张，如美林证券在全球 43 个国家拥有 800 多家分支机构，员工超过 55000 人。以国内券商现有规模，无法与国外大券商相抗衡的，扩大规模成为券商发展首要任务。可以采用两种方式来扩大资本和业务规模：一是上市。从国外券商发展历程来看，通过证券市场发行股票是增加资本实力最有效途径之一。2000 年，证券监管机关明确提出鼓励金融企业上市政策，对于急需扩展资本的国内券商来说，是莫大的福音。证券公司特别是位居前列的综合类券商要抓住历史性机遇尽早上市，实现跳跃式发展。证券公司上市，除增加资本实力外，有利于完善企业内部的激励机制、优化资本结构、改善财务状况、提高知名度等。

4. *突出核心业务，找到自己的市场定位*。企业要持续发展，并在行业中保持领先地位，必须拥有核心业务，即品牌优势，而且要不断对其品牌赋予新的内容。证券公司发展壮大亦要走品牌之路。世界著名券商，尽管经营广泛，但都有一项或几项独具特色业务，在业内有非常大的影响力，靠自己的品牌赢得了客户的信赖，获得良好的经营效益。

5. *突出自身的证券专业优势和人才优势*。从国内外金融业发展的历史和现状来看，混业经营衍变表现方式将大部分表现为银行业介入证券业，为提高竞争力，券商应努力培养、造就和稳定一批在投资银行、经营管理、经纪服务及投资咨询方面的专业人才，突出自身证券专业优势和人才优势。

6. *提高服务质量*。加强内部管理，提高人员素质，树立“顾客就是上帝”的服务观念，逐步弱化简单服务，期货投资咨询服务，并逐渐形成券商服务的独有的优势，吸引和稳定客户。

(资料来源：《广东证券研究》2002.1.20 喻世友)

解密华泰证券成长

2000 年，江苏证券改名华泰证券。权威数据统计：2000 年，华泰证券股票基金、交易量 1788.40 亿元，实现网上交易额 212.37 亿元，网上交易占自身交易总额的 11.87%；网上交易约占全国网上交易总量的 20%，而当时全国网上交易仅占总交易量的 2.97%，华泰证券 20%的高比例在业内鹤立鸡群，网上交易使华泰证券一时名满全国，也招致“数据造假”的普遍怀疑。

2001 年，在国内证券市场深幅调整情况下，华泰证券在券商业务价值量累计排名中从 2000 年第 16 位上升到第 12 位，在全国券商股票、基金业务龙虎榜上跃居到第 8 位，在全国券商营业部股票、基金平均交易量排行榜上名列第 6 位。华泰证券实现网上交易量 326.18 亿元，较上年增长 53.59%，占公司总交易量的 20.70%，而 2001 年全国网上交易占总交易量的比重是 4.38%，华泰证券网上交易量占全国网上证券交易的 9.11%。交易量和市场份额全面上升，打消了关于“造假”的怀疑。

华泰证券全国营业网点只有 33 家，但 2001 年股票、基金交易市场份额高达 18.60‰，在全国排名也跃升到第 8 位。华泰证券无锡营业部去年盈利水平和交易量在全公司 33 家营业部中名居榜首，根据 2001 年交易量测算，该部盈亏平衡点为 0.72‰。同业调查，2001 年券商营业部平均保本点是 2.4‰，华泰证券全公司营业部盈亏平衡点约 1.4‰，而江阴、无锡、南京止马营、南京长江路、南京解放路、徐州等营业部的这个数据则都低于1‰。深圳地区是国内营业部盈利水平最高地区之一，但2001年深圳地区单个营业部盈利水平 876 万元，低于华泰证券的营业部平均盈利水平。

1990年12月30日经中国人民银行批准设立的一家注册资本金仅有 1000 万的小公司，1991 年 5 月26日在南京正式开业，叫做“江苏省证券公司”，并不是最早进入南京的证券公司，目前已成为江苏证券商当之无愧的龙头。

华泰证券的与众不同几乎是在更名“华泰”之后显现出来的，1999年，成为全国第一批第四家获准中国证监会综合类券商资格的证券公司，随着网上交易的扩展，华泰证券急速窜升向全国辐射，“华泰证券”成了业界有口皆碑的著名品牌。

一、组织结构稳定

从华泰证券发展历程看，组织框架的超稳定架构是显著的特点。华泰证券成立11年来，现任董事长吴万善和总裁潘剑秋一直都是公司领导班子成员，经营班子稳定的一个重要原因是股东稳定，华泰证券的大股东一直是江苏省财政金融机构。11 年来华泰证券 5 次增资扩股，股东们每次都是踊跃增资，股东结构没有大的变化。在2002年上半年市场低迷情形下，华泰证券完成从8.5亿元到22亿元的第 5 次增资，而且每股按照 1.5 元溢价增资，华泰证券因此收进19.5亿元现金，为今后加速发展奠定了良好基础。股东结构稳定缔造稳定的经营班子，稳定经营班子创造稳定的经营业绩，良好经营业绩又增加股东对经营班子的信任，使经营班子更加稳定，形成良性循环。

二、技术创新引领服务创新

华泰证券核心价值观是“高效、诚信、稳健、创新”。其创新总是从技术开始，在业务发展中得到体现，由于机会把握得当，几次大的技术创新，都为华泰证券业务发展赢得先机。

1994 年，江苏证券在全国率先开通远程交易终端，动因是当时的江苏证券营业部特别少，离营业部较远的投资者因路途遥远难以操作。远程交易开通解决了这一难题，从行情、模式、交易速度来看，远程终端除通信方式，已经具备日后网上交易的雏形。1996 年，江苏证券偏居南京，却越过上海许多全国性券商和本地券商，参与上交所无形席位试点工作，是对传统交易手段的一大改革，江苏证券的客户深受其惠，交易速度、回报成交都大大加快。

华泰证券无锡营业部1993年开业时，无锡已经有万国证券和无锡证券两家先行者。因为坚持技术创新和完善服务，该营业部如今已经在无锡 14 家营业部中排名第一，2001 年其市场占有率为 1.77‰，相当于当地平均市场份额 0.44‰的 4 倍。

1995 年，该营业部在无锡地区率先大规模推出电话委托，改变原来现场交易柜台排长队的困境，无锡地区投资者如潮水一般涌向华泰证券，营业部的客户一下就突破 10000 户；1996 年，华泰证券抓住参与无形席位试点的机遇，在全公司率先推广无形席位。无形席位与传统委托相比，交易跑道大为通畅，投资者感到交易速度提高许多，成交回报极快。无锡投资者欢欣鼓舞、奔走相告，开户客户经常把整个散户大厅挤得水泄不通。无锡营业部一些老资格的投资者谈起当时情形也眉飞色舞：无形席位推出之前，普通投资者的成交回报要第二天才知道，而无形席位推出之后，成交回报当天就知道了。1996 年下半年证券市场行情火热，每天来营业部存钱的客户排成长队。为减轻柜台压力，1996 年 12 月，无锡营业部与建设银行共同推出利用存折银证转账，解决了投资者银行取钱、营业部存钱的繁琐，给华泰证券带来大量客户，1997 年无锡营业部跃居华泰证券营业部之首。1999 年 5 月 13 日，为推广网上交易，营业部与当地电信部门共同推出“(市内电话费、信息费、上网费)百元包月”活动，抓住 1999 年的“5.19”大行情，奠定了营业部在无锡的地位，营业部客户为 6 万户，托管市值 20 亿元，2001 年全年交易量 144.60 亿元。

网上交易发展过程中，一是奉行自主开发核心系统战略，省内外所有营业部使用的都是自己开发的柜台系统，保持公司独立性，不会轻易受制于外来的技术开发商；其二保持技术与业务的紧密结合性，毕竟技术开发商很难比自己更能真正窥探经纪业务的深奥；在网上交易发展之初就设计统一网上交易系统和网上交易平台，形成一个技术、咨询业务统一而营销业务分散的模式。正是这两大有洞见性的举动，保持华泰证券网上交易系统在性能参数和功能参数上都有足够的扩展空间；也形成不可模仿的业务和技术特色，这是华泰证券能够在网上交易取得成功的重要原因。

2002 年下半年，将推出了 GPRS 手机炒股和固定电话炒股，能够让投资者像网上交易一样在手机或座机上直观实时地看到股票行情和走势图，还开发并推出具有公司特色的个性化客户服务系统。

三、携手合作共同发展

江苏省通信业务在全国发展的最快，在 1999 年，华泰证券给它的客户争取到 120 元的上网包月费。2000 年江苏网民上网的时间是 1999 年的 10 倍，其中 80%是华泰证券的客户带来的。低廉的上网费给华泰证券培养了大量的股民，华泰证券业务的拓展又给江苏电信发展了大量的网民。网上交易发展之初，为争取电信的支持，在很多城市，华泰证券主动投资电信基础设施建设，建立双方长期的合作关系。

华泰证券网上交易的营销主要依托于营业部。拓展网上交易初期的目标市场主要是在苏、锡、常等富裕城市周边的乡镇，各个营业部组织“农村市场小组”。到各乡镇去开户、培训，教育了市场、开发了市场，最后也获得了市场。

四、坚守江苏，深挖乡镇大市场

江苏南通市周边有 6 个县，其中 5 个县都没有证券营业部，仅有几个远程交易点，这些地区的经济总量不亚于一些省会中心城市。华泰证券凭借网上交易的速度、行情和咨询的优势突入这一市场。此外，苏州、无锡、常州、徐州等地的情形，也大抵如此，华泰证券网上交易的拓展填补了这些地区的网点空白。数字可以清晰地说明一切：1999 年，无锡营业部的网上交易仅占整体交易的 6%，2000 年翻了番，占到 15%，2001 年继续上升到 21%，2002 年 1～4 月这个比例已到 33%，在 2002 年 5 月 13 日到 17 日的一个交易周，网上交易的开户数就达到了 143 户。南通、徐州营业部网上交易的比例更高，几乎都接近 50%，华泰证券所有营业部的网上交易都出现加速增长的态势。地域特色并没有阻碍华泰向全国挺进的步伐，北京、沈阳、武汉等异地营业部网上交易比例也超过 20%，全公司的非现场交易(包括网上交易和电话委托)比例已经高达 55%。立足江苏战略使华泰证券获得全国性的声誉。

五、整合内部资源，推进业务转型

华泰证券率先实现对研究和经纪业务的整合

多年以来，国内券商给投资者提供的主要是通道服务，所有的改革和进步都是围绕着通道的方便、快捷、安全而来，最初的网上交易的目标也是解决通道问题，但华泰证券的实践，无意中形成中国经纪业务崭新服务模式的最初雏形。

当时面对投资者十分陌生的网上交易业务，为有效开辟市场，华泰证券明确提出了“实现市场开发、新型交易手段和网上咨询服务互动”、“研究必须为网上交易业务服务”等口号，研究人员利用华泰证券网，为网上投资者推出了专家门诊、实时解盘、个股追踪、专家投资组合、个股点评、网上互动路演等一系列自主栏目，在人员组织、管理协调和奖罚机制等方面进行大力度调整，以综合研究所为核心，各营业部咨询人员配合，实现咨询资源的整合。初期的网上咨询服务公司要求每位研究人员必须在华泰证券网的“专家解盘”栏目中轮流值班，每一个投资者的问题必须在 5 分钟内予以解答。每位研究人员一值班就是 12 个小时，每天超强度、超负荷运转，中小投资者第一次感到可以与专家们一对一交流，享受到以前大户才能享受到的服务。网上交易的客户也因为得到指导，交易兴趣和交易频率明显上升。推动华泰证券在人员和组织架构的重新安排和研究成果市场化、激励机制的联动设计等多方面探索经纪业务和研究的资源整合。

华泰证券成功实践，在业内产生资源整合的强大冲击波，券商纷纷认识到从通道服务提升到咨询服务是经纪业务的未来指向。从广发证券“e 对一服务”、海通证券“壹对一服务”、最近各券商推出的各种资讯服务套餐以及大鹏证券研究所从经纪业务的并行部门划归为经纪业务的附属部门等等，所有的都是对经纪业务和研究业务的深度整合的结果。可能现在的这种整合从形式到内容、从人员到组织架构都比华泰证券当年深入得多。华泰证券的成功是在正确的时间、用正确的方式、在正确的地区、指向正确的目标，做了一件正确的事情，达到理想的效果，其中有运气，更多的是眼光和努力。

由于市场环境改变，公司过去高速发展过程中被掩盖的深层次问题逐渐暴露出来。如经纪业务机构布局不尽合理，品牌优势还不够明显；投行业务的市场敏感性还不够，业务开拓能力还不强；资产管理业务的投资决策体系不够完善，风险控制系统仍需进一步加强；研究资源有待进一步整合，研究对公司业务发展的支持机制仍需加强；某些部门和某些业务环节的内控机制建设还存在漏洞和真空；人力资源的管理沿用传统国有企业的方法和模式较多，借鉴国际上现代化大企业的先进理念和经验较少，激励和约束机制有待进一步完善；另外在业务转型方面魄力不够、速度不快等等。华泰证券已经提出“二次创业”的口号，只有建立起核心竞争力和持续竞争优势才能让企业永远立于不败之地。

(根据《证券时报》2002 年 7 月 12 日廖晖文章改编)

西北证券大集中之路

大集中在多数人眼里属超豪华工程，几千万元投下去才能划出条底线。西北证券公司只花400万元便建立一套总部级大集中系统，并于2001年年底顺利投入运营。这款“大集中”的系统，没有采用“大型机＋Unix＋大型数据库”的模式，而是基于“PC服务器＋NT＋SQL”的小型系统，为中小券商能赶在黎明时分先行上路，就连大券商都为之一振。

一、大集中产生原由

西北证券宁夏区内16个网点的机房，每个网点都只有单向卫星接收行情系统，没有双向的下单功能。营业部装有的交易数据、资金数据、股票数据的交易服务器已经统统集中上收到公司总部的数据中心，营业部只保留传送交易行情和资讯内容的文件服务器。这种模式在宁夏区外进行复制，与总部互为备份的上海数据中心已在西北证券上海营业部落成，西北证券宁夏区外7家营业部的交易数据也将陆续统一上挂到上海数据中心。

在中国证券公司生态链中，每个营业部都是一个独立的利润中心，在交易所拥有独立报盘的席位，并可以从事自营交易。由于每个肢体的功能都如此强大，原始业务数据又是在营业部生成，迫使证券公司在交易、数据和管理三个层次上一直采用风险很大的分布式技术管理架构。这种架构营业部可以随意更改数据，使总部实际处于“空心化”的尴尬境地。分布式架构在给每个营业部带来发展空间的同时，为整个公司带来高昂的技术成本，并留下监管空洞，西北证券已扭转了总部极度被动的局面。

惟一的例外是西北证券文化东街营业部，仍保留一套双向卫星系统，并承担包括自己在内的4个营业部的下单任务，占用一套席位，但同样没有交易服务器。保留文化东街的下单通道，公司有两方面考虑：浅层考虑是用作交易分流，以免因总部通道拥堵给投资者带来更大风险；深层考虑则是将营业部的机房建成为总部中心机房的灾难备份机房。

2002年4月，西北证券获得B股交易资格，西北证券大集中“二期工程”已于2001年11月建成，仅区内外17个营业部购买深沪两交易所34个交易席位一项就节省2000万元，营业部软件升级由1个月时间缩短到半个月内完成，B股摆上了西北证券所有网点的“货架”，交易软件是早就准备好的，席位是用集中之后多余下来的A股席位更改的。

几乎所有券商的B股都采用集中交易，西北证券已经做到数据集中和账户集中。西北证券全国所有营业部的投资者，可在宁夏区内使用同一账户在16个网点中的任一网点进行A、B股的现场交易，或办理网点之间的转户手续。

西北证券集中系统的设计容量大约为30万客户。按照12万开户数(实际交易客户数不足10万)连续5年实现10%增长来计算，这个集中系统西北证券总投入约为400万元人民币，仅相当于一个新建营业部IT系统的投入，包括宁夏、上海两数据中心的小型集中系统，核心是4台PC服务器(Compaq ProLiant8500)，在体积和价格上，比大机的集中系统“袖珍”许多，在业内引起震动。

实现大集中后，营业部技术人员只负责开机关机和简单维护，系统维护和升级只需要在公司电脑中心进行，费用每年为150万元，是往年的1/4。

在宁夏自治区内，有16个营业网点(10个营业部，6个服务部)散布于宁夏区内，竞争对手只有亚洲证券(原三峡证券)的两个营业部。在宁夏区外，有7个营业部落户在北京、上海、南京、广州、深圳、杭州等东南沿海发达城市。随着营业网点的迅速扩张，1999年，西北证券决定，正式成立公司电脑部，赵兵克任总经理。

当时，西北证券共有12个营业部，电脑系统维护和升级的工作量惊人，营业部柜台系统3年一大改，2年一小改，1个营业部1年技术改造费用至少30万元，10多个网点1年下来就花费五六百万元。如果再增加新网点，每一个网点前期IT投入又是400万元。此外，像银证联网、通买通卖和网上交易等新业务品种，营业部每增加一项功能，至少要花两三万元做软件，再单拉进一根DDN专线。新项目上得越多，网络越复杂，隐患也就埋得越多，于是，西北证券在2001年启动了大集中工程上。

二、系统建设过程

2000年初，“安度千年”问题尘埃落定之后，大集中被提到西北证券的议事日程，上海复旦金仕达计算机有限公司成为西北证券大集中的启蒙者。

2001年初，西北证券瞄准的是基于“大型机＋Unix＋大型数据库”的大型系统，但在银川即使买得起大机，也养不起大机维护人员，公司决不能再容忍高成本的营业部，2001年PC服务器的性能有很大提高，加上 NT 平台在证券业的应用日趋成熟，让西北证券下决心启用小型系统，“新一代集中业务系统总体规划”以基于 PC 服务器集群+Windows NT+SQL 的平台，驱动集中交易、网上交易和 Call Centre。

2001 年 3 月金仕达开发的系统正式上线投产后，才发现提供给西北证券的这套集中系统，只类似于一个远程大户室概念，系统里并没有将营业部分开管理，6 个点在账务上相当于 1 个营业部。然而，证监会却要求营业部必须分开核算，分开提供报表。在修改系统分账时，原有软件结构被全部打乱，由金仕达承担西北证券大集中工程也从此搁浅。

2001 年 8 月，西北证券举行招标会，经过各部门的评估，最终锁定顶点 APEX2000 企业级证券交易系统。2001 年 11 月 13 日，由顶点软件承担的西北证券大集中的“二期工程”全部完成。

西北证券的经验是：只要把握住有效控制技术风险的手段，花小钱一样可以实现大集中。以 Microsoft SQL Server 数据库系统为例，它对于内存管理就不如 Unix 先进，在任务结束之后不能及时地释放系统资源，严重时会造成系统资源不足。对此，西北证券让一位技术人员在交易时段实施监控 PC 服务器的系统资源占用情况，结果发现即便是在交易高峰时期，系统占用率也没有超过 40%。

在渤海证券公司信息技术总部总经理李建忠看来，PC 服务器系统是在一个开放的标准化环境下成长起来的，而大机的 Unix 系统兼容性要差很多。例如，它和前端的系统(柜台系统)以及周边系统(如银证转账、银证通、电话委托等)一个小小的改动，都要在大机端花费较大的力气来进行调整。福建兴业证券自行开发的柜台系统，是在 PC 服务器上运行 Unix 系统，在此基础之上进一步大集中，也未尝不可。以主机大小来划分是否为“大”集中，显然使得大集中概念被混淆。

三、风险控制

当营业部都处于数据“空心”状态时，通信线路的安全度成了交易的命脉，西北证券集中工程最长的地理跨度达到 400 公里，一旦和总部之间的通信出现故障，营业部的现场交易就将彻底瘫痪。为此，西北证券决定“三条腿走路”。除正常的集中交易系统这第一条腿外，西北证券的“第二条腿”是集中的电话委托，即电话直接漫游到位于宁夏和上海的中心机房，即使本地营业部的交易系统瘫痪，只要与两中心之一的电话线畅通，交易委托可正常进行；“第三条腿”，指的是集中的网上交易。杭州核新软件公司的互联网营业部(UNI-NET)，已经在西北证券南京营业部试点成功。试验表明：即使南京营业部的交易服务器关闭，卫星行情中断，只要能启动“UNI－NET”，投资者就依然可以在现场进行网上交易，这在 DOS 无盘站上是难以实现的，西北证券将考虑在宁夏区内推广 UNI-NET。

中国电信的服务水平不能让人彻底放心，依照中国电信自己的承诺来测算，一年中有 6 天通信不能保证畅通，这对证券公司是个可怕数字，而国内其他电信公司的“最后一公里”，也是依靠中国电信来实现，在这种背景下做交易集中，确实有些冒险。

西北证券开始了灾难备份系统建设，已经在上海营业部建成第二个数据中心，并准备实现上海、广州、南京和深圳集中交易，并使上海和银川中心实现互为备份。

西北证券在大集中路上走得很执著，给同行留下一串串思索。

(根据《IT 经理世界》2002 年 7 月 5 日庞瑞江文章改编)

大鹏证券经纪业务转型

一、经纪业务转型

新世纪之初，大鹏缩减 2001 年的资产管理规模。基于对券业形势的判断，也基于金融控股集团的构想与建设，意图调整管理模式、业务模式和经营思路，应付市场压力与挑战。

3 月大鹏投资银行率先揭起大变局的一端幕角，行政线的社会化改革，作为先导性的动作已经于上半年调整到位。

2000 年 12 月赴美考察归来的经纪业务总部、营业部和信息技术部人员，带回美国证券同行在电子商务、经纪业务等方面的管理运作经验。美林证券(Merrill Lynch)经纪人(FC)模式和嘉信理财(Charles Schwab)网上交易的系统服务模式，给大鹏以新的启示和思路。

经纪业务内部先作了部门设置上的调整，设立市场部，负责市场分析、客户分析、同业包括新业务的拓展分析和营业部成本效益的分析、与网络公司合作 CRM 项目和数据仓库建设。相对于多数券商的经纪业务部还停留在管机构、处理日常交易事故的简单功能上，大鹏跨出一大步子。3 月 31 日，第一个 FC 投资顾问群团队成立， 5 月在营业部进行试点，董事长徐卫国批复了经纪业务总部提交的《经纪业务发展战略》。根据新的发展思路，经纪业务总部将采取公司化运作，集中交易管理，网点分为有形和无形两类，将营业部发展成为一个销售团队，同时拓展非现场交易，建立强大的证券销售网络。经纪业务将采取“为所有的客户提供差别化的服务”的客户策略，一方面针对零服务和半服务型客户，通过对交易服务逐渐降低价格，采取低价格大规模的策略；一方面是针对全服务型客户，以建立有力的研究力量为后台支持，由 FC 团队向客户提供服务，打造“专业服务”品牌。经纪业务转型初步形成，搭建了“销售平台”、“产品平台”和“技术平台”三大平台的雏形。

9 月 22 日，董事长徐卫国在“大鹏证券在转型期间的企业管理”培训班上作了关于“员工与客户战略”的讲话，非常深刻地阐述了转型的深层次的动因，探寻了大鹏新的战略定位，标志着大鹏高层关于业务转型的战略思路的成型与确立。明确各个营业部的重点是做销售，由总部来设计产品，不光是股票，是股票的组合；也不光是企业债券或政府债券，还要包括共同基金、保险的产品，甚至包括商业银行个性化的产品——房地产抵押贷款、个人咨询、信用卡等等。由营业部销售产品，营业部的利益就在客户资产的增值上。此次讲话可视为经纪业务转型的纲领性文件，并正式鸣响大鹏转型号角。

“爱德华·琼斯”案例，使正在雕塑新经营模式的大鹏经纪业务有了运作的具体模本。

爱德华·琼斯公司是全美金融服务业里最大、盈利最高的零售经纪商，是美国第七大综合服务零售经纪商，被誉为证券业的“沃尔玛”。其营业部面积大小 700～800 平方英尺不等，一个新营业部提前的支付费用平均是 4.8 万美元，实现赢利需要的时间是 18 个月，每个营业部的平均年办公费用是 13 万美元，琼斯的计划是到 2004 年建立 1 万个营业部。通过这种小型化、低成本、连锁化的网点铺设，琼斯实现了规模快速扩张，建立行业优势。

6 月，大鹏网络公司成立并调整到位，托起技术服务站点的蓝图，使全国网点进行连锁式经营成为一种可能性。各有关操作性方案出台，从营业部现有人员转型、FC 销售团队的孵化、营业部面积压缩、到技术服务站点的大规模兴设，转型的具体内容至此已全部界定清楚。从战略性的框架到具体的操作性方案的完成，转型的巨大冰山终于浮出水面。

二、具体措施

大鹏证券一是做销售，二是经纪业务转型，每个营业部就是一个销售部门。基于客户的数量和质量而实现规模扩大，在市场发起一场小型化、低成本、连锁化的结网运动，爱德华·琼斯案例提供另辟蹊径的可操作性思路。

“要加快压缩面积，亏损营业部坚决要砍面积，大鹏作好暂时放弃短期利益的准备。”在经纪业务转型各地区现场办公会议上，动员抛开熟悉的服务方式和经营习惯，跳出客户流失、要付出多少代价的重重顾虑，投入到重塑经营模式的事业中来。

经纪业务总部明确压缩原则，是将根据各营业部具体情况，通过成本效益分析的结果提出收缩方案，不是采取“一刀切”的方式。在转型完成之后，相对于大量的小型网点，大型营业部的存在与发展，将有可能担任一个区域的销售电动的角色。

从经纪业务总部公布《技术服务站点管理办法》看，扩张的梦想已经具体架设起来。大鹏的新网点将以一种很小的成本、很快的扩张速度，在富裕的城乡铺设开来，拥有统一标识、统一格局，将遍布各种社区，成为深入生活的金融服务之网。

考虑到经营压力、人力资源和管理效率的问题，结网行动是分步骤分层次地进行的：第一步将依托现有营业部，迅速覆盖营业部周边区域，以小型为主；第二步是建设销售网络骨干站点，将公司通讯网络和业务网络延伸到重点区域中尚未有营业部的地区，规模以大中型为主，以建立相适应的通讯中心；第三步是围绕骨干中心增加四、五个中小型的新站点，进行深入渗透；第四步是全面覆盖重点区域，在全国非重点区域建设区域性通讯中心；最后依托已建设好的骨干网点，向全国延伸，最终形成一个覆盖全国适合多种设备和通讯方式的交易平台，更确切的说是开展各项金融服务一个销售网络。

随着网点数量的增加，管理规划、资源整合、销售队伍的建设、服务与产品问题都正在浮现。

三、解决管理链

由于非现场交易业务是转型的重点工作，经纪业务总部于 9 月划分现场销售部与非现场销售部，前者体现的是对传统营业部的转型，后者体现的是建设非现场交易网点，或者说技术服务站点建设。

第一次管理链条变动是基于销售功能定位的战略考虑，将经纪业务的组织结构重心从交易管理转移到市场拓展与营销上来。

第二次的管理链条变动，改为设置零售客户服务部与机构客户服务部，则更接近重塑经营模式的本质，体现客户细分、以客户价值为导向的营销观念。

非现场交易业务，作为公司推广小型化证券服务部和技术服务站点基础性工作，由零售客户服务部归口负责，以寻求重点突破。

各地区分设零售客户经理，业务上服从总部零售客户服务部的统一安排，负责本地区新网点布局与筹建的统筹安排及相关业务的市场推广工作。各地区分设机构客户服务经理，业务上服从总部机构客户服务部的统一安排，负责本地区机构客户和重要的个人大客户服务、开发工作。

技术服务站点的设立，攸关销售网络战略布局的成败，有必要进行整体规划和管理，经纪业务总部对其建设费用归由公司统一列支，实行业务管理统一、人员调配统一、设计装修统一、技术保障统一的“四统一”管理模式。

除了突出零售客户服务部、机构客户服务部为主的两个营销部门之外，经纪业务总部另设策划协作部，负责营销的整体策划，并承担与研究所、网络公司等相关部门的协作，提出产品需求和技术需求。设立风险考评部，作为风险监控的辅线，负责组织业务检查、考核、统计、风险监控工作以及人事工作。

经纪业务总部是保留在总部与营业部、服务站点之间分权管理地区的总部，形成“杆式纵向”为主、“网式横向”为辅的管理机制，在管理变革自上而下的过程中，通过保持横向协调，达到各个环节无缝链接。

在集权管理模式之下，地区总部将相应减少管理职能，内部不再设置部门，只设岗位。负责本地区所有营业部、技术服务站点行政管理、公司制度落实、经营指标考核与监督；对所辖营业部、技术服务站点的盈利和亏损负责。地区总部成为区域管理中心和利润中心，地区总部下设零售客户服务经理、机构客户服务经理、行政主管，接受地区营运长领导，地区营运长全面负责区域市场综合业务管理，对推动本区域业务发展负责，将提高本区域盈利水平作为主要目标。

基于营业部销售功能的纯粹化，也取消了内部部门设置，划分为前后台。后台编制大幅压缩，由电脑、财务、行政人员和 2 名柜台人员组成，形成以 FC 投资顾问为主体的营销网络。取消副总经理的职位设置，分设行政总监和市场总监，总经理必须兼任其一。这意味着，既要开发客户、又要管理营业部总经理，其角色也将产生分化。“一是做非常大的销售团队的领头人，二是发展成为后台控制，对手下 FC 团队的发展进行跟踪管理的行政职能。”从营业部总经理职业生涯规划的角度看，这也是行业发展趋势的要求。

随着营业部转型、网点布局、规模扩张的具体落实，经纪业务线上现有的 800 多名员工，都将面临一个市场化的过程。如何进行人力资源的重新配置，会是管理规划中一项相当棘手的工作。

自上而下的改革本身就是一个宣传、教育到实施的过程。首先，转型是历史、市场的要求，是大鹏赖以生存与发展的脊梁；其次，此次变革在国内尚未有成型的标杆，大鹏是在进行探索，上下要调整好心态。从管理上看，上下已经对转型的认识达成一致，需要的是尽快将 800 多名员工动员起来，根据新定位，主动拆毁旧藩篱，打破重视交易量的观念，放下过去的包袱，不再各自为阵，垂直统一管理，协调步履，激发士气，为结建庞大之销售网络的共同目标而战。

四、销售精英的孵化

在准备覆盖全国的网络上，伸向市场的是大鹏的投资顾问(FC)。必须具有强大的销售能力，把大鹏的产品与服务传递给客户，并把市场与客户的信息反馈回来，带动起业务链上各个环节的变革。这是在新一轮的激烈竞争中，采用快速、高明的布网手段之外，真正做到技高一筹的战略核心。

营业部已初步组建 101 支 FC 团队，存量客户也作了初步的分组，由相应的 FC 团队提供服务，以明确责权关系，以改变流水线服务模式为个性化模式。

证券行业多年由垄断形成的超额利润，使经纪业务从业队伍足不出户便能坐享其成，轻松完成利润指标，获取高收入，结果造成业务能力相当弱化。要让这支队伍包括资讯人员、柜台人员及其他服务人员，走出门去既要有专业知识，又要具有与保险业经纪人挨家挨户地推销保险、银行业磨破嘴皮到处拉存款的精神。成为证券业销售精英，是一项复杂而艰巨工程。

为了配合这次重塑计划，同时考虑到大规模的网点扩张，人才问题等，需要拟定一项打造销售精英的培训计划，由于国内券商本身缺乏营销经验积累，FC 培训要卓有成效，尚有一个积累的过程。

各营业部所有FC团队成员要接受为期三个月的在岗培训，先是不分级别参加基础培训，完成全部基础培训课程并参加资格考试。基础培训结束后，公司培训中心将根据各成员考评成绩和本人的申请，确定每位成员的专业培训级别和课程，分批参加公司统一组织的各类专业培训。销售技巧的培训，会作为重头戏来唱。培训结束后，要参加公司统一组织 FC 资格考试和最终考评，通过者才具有 FC 初始资格认定的必要条件。获得FC资格认定人员，将加入营业部的FC团队，或者输入到技术服务网点。

11 月 16 日大鹏第一期 FC 培训开始。“这是大鹏经纪业务转型、大鹏发展史上的一个里程碑”，徐卫国董事长评价。“重要的是如何有效地激励 FC，FC 的激励一定要与客户资产增值挂钩，客户资产增加了如何奖励，减少了如何惩罚，或者基于客户对公司的贡献来考虑。”为了充分实现利益牵引作用，经纪业务部总经理梁爽承认薪酬方案几经斟酌，尤其在业绩提成部分，考核指标设计既要考虑如何鼓励新客户开户，也要考虑存量客户的有效留住，要考虑 FC 个人开发客户的情况，也要考虑团队协作的作用，同时还要鼓励 FC 长期服务于公司。最后确定的 FC 个人考核指标是为公司创造的净收入、管理的客户资产规模、客户满意度，团队指标则重在公司分配的存量客户资产变动情况和团队协作情况。

考虑到 FC 考核和奖励指标的合理性风险，经纪业务总部还将加强指标测算工作，并在实践中调整指标和权重，充分发挥激励机制的正效应。

FC 业绩提成所依据的为公司创造的净收入，在中国证券市场的现实条件下，仍然与佣金挂钩，直接地依赖于交易量。让客户资产增值而收取年费的赢利模式尚未有现实的土壤，研究产品的收费也依赖于公司金融产品的成型，经纪业务价格模式转变虽是趋势，但与国际趋同的转变仍然需要假以时日。

如何在现实与未来之间搭起一座赖之以顺利过渡的桥梁，不仅要依赖于高层的智慧，更要依赖于一线人员主动地在实践中不断地赋予其以可行性。

此次变革是在思考中国证券市场长期发展趋势的基础上作出的选择，低换手率的市场前景是券商旧经纪业务模式的死胡同的潜台词，追求客户资产增值，是开拓大鹏未来生存空间的必然性的要求。

在现实市场条件的局限下，大鹏准备正在一条没有人淌过的河流，在于探索业界更健康更符合市场化的发展之道，背负的正是使命感，这应当是利益机制之外的另一种有效的也更高层次的牵引力。

五、产品再造

高质量的投资咨询服务本应成为券商的核心竞争力，现在却成为券业营销和发展的最大的一个瓶颈性问题。而在美国这样的成熟市场里，最有权威的信息和研究报告往往来自于证券公司。

产品平台是销售的基础，如果产品和以前一模一样，就没有竞争力，变革确定“产品平台”的原则，目的就在于充分依托研究所专业咨询力量和高质量研究成果，形成公司合力，打造投资产品品牌。

经纪业务总部着手将各营业部的所有客户资料集中上来，对客户信息进行集中分析，将有利于客户细分、把握客户需求，向研究所提出产品需求，后台再根据客户的满意度来调整整个产品的策略。

研究所的产品任务，随着经纪业务转型大动作的开始。为了重塑研究队伍，为一线市场营销提供强有力产品的后台支持，亲自挂帅的董事长徐卫国，要求研究者摒除喧哗与浮躁，重新学习和思考。7 月份，香港中文大学教授朗咸平受聘担任研究所首席顾问，潜心打造研究队伍。赴美学习归来的刘家平担任执行所长，担任培训中心主任。

“产品平台”的真正含义不是集中资讯，不是由研究所集中为客户提供股票推荐、股票走势、行情趋势分析，而是以提供财务计划、金融产品组合为宗旨，为 FC 服务。研究所设计金融产品的逻辑，是基于对客户对风险意识调查分析来进行的，根据客户个性化风险的接受能力，并根据多种数据模型，设计出不同的收益方案、产品组合，与委托理财基于收益率的承诺是截然不同的，产生的投资组合，还将进行风险计算。

除了投资组合类产品之外，研究所提供的产品还包括投资价值分析报告或调研报告的研究类产品；行业研究、专题研究等专题类产品；根据基金、大户等客户需要而特制的定制产品；以及保险、债券、基金、金融衍生品的研究。考虑到目前客户投资观念与市场尚未真正趋于成熟，研究所与经纪业务总部组建 FC 顾问团，隶属研究所，以根据目前市场条件下的客户需求，提供资讯产品。选拔上来的 FC 顾问团人员正在接受为期两个月的培训，培训结束后通过系列测试，才有资格加入。

FC 顾问团人员到位之后，要负责制作市场趋势类产品和股票评级类产品。要根据市场变化，每日整合研究所及 FC 顾问团的所有成果，形成有关战略研究、重点行业研究、公司调研、市场分析、投资策略与组合的系统报告，输送给经纪业务总部。

研究所的第一批产品现已经下线，投资组合是否合理、是否有价值，需要经过一至两年的时间，经过牛市和熊市的考验之后才能确认，需要一个产品的培育和积累过程。现在经纪业务线转变了提供赚钱股票的观念，提出让客户资产增值。

美林和高盛等美国证券公司的计算机技术人员的数量就占总人数的 1/4 到 1/3。

徐卫国董事长提出“信息技术牵引金融服务”的理念，从信息技术的战略地位与重要性出发，大鹏副总裁赖机灵专职担任网络公司董事长，并招请原巨灵公司创始人王锦国担任 CEO。

只有成功得到技术平台的支持，服务站点广泛的设立、强大销售网络的建立才具有可能，将服务提升到一个互动、及时、存储性、人性化、受众面宽的高度，打破发展中的瓶颈性障碍。

FC 工作平台的建设于 2002 年元旦前后完成，包括从 FC 业绩统计、奖励分配、客户信息、盈亏状况、况、外界信息到行动管理的FC办公、培训、考核、销售支持的系统平台，以实现对分散化的FC进行全面的支持和管理。

抢占非现场交易的市场份额，是转型的一个重要内容。在建设多终端、多渠道、多方式的交易服务平台中，网络公司与经纪业务总部将重点项目选定为：电话委托、银证通、网上交易、无线移动服务等非现场交易平台系统的构建上。

大鹏网站的改版工作已完成，有助于提高网上交易比例，视频会议系统、手机、机顶盒、PDA等无线移动终端等通道方式会更加多样。客户呼叫中心已建设，全国统一电话委托及服务系统已于2002年开始建设，使用全国通用号码—95138，所有营业部的电话委托交易、咨询将集中到统一的平台中来。打破旧服务围城、提供增值服务的各项举措，一改传统营业部摆出的店面朝南开、坐等你上门的架势，力求从被动的、封闭的服务向主动的、开放式的服务模式转变。

投入巨额资金的客户关系管理系统(CRM)正在建设中，项目完成之后将取代过渡期内使用的FC工作平台。CRM系统将使公司的市场营销、销售管理、呼叫中心、服务与技术支持等经营环节的信息有序地、充分地、及时地在公司内部和客户之间流动，实现客户资源有效利用，帮助大鹏经纪业务实现“零服务”的彻底突破。

通过这项信息系统，FC可以查询到每个客户的详细资料和投资情况，将掌握的客户信息和需求加以研究和分析，了解客户喜好和消费规律，FC就可以再根据提炼的客户信息安排对客户的服务和支持。

根据20%的客户为公司贡献80%利润的大数定律，在知道有价值的客户以后，FC就可以调动一切手段来保留这80%的利润，围绕客户设计产品，满足和关注客户的需要和需求，及时提供优质的、量身定做的贴身服务和对信息的增值，新模式下的经纪业务将有宽阔的空间、众多的服务项目和内容。

大鹏为控制信息系统付出高额的成本是，投资现在的创新、赢得未来的优势，借助IT信息技术平台，大鹏经纪业务将注意力转移到对客户关系的管理和服务上来，通过对信息的收集、整理和应用，加强对客户的了解以及对信息的增值利用，形成个性化的、一对一的客户服务模式。这样的经纪业务模式，也正是国际券商通行的模式，是入世后和国际证券业务惯例接轨的根本途径。

六、现实困境与突围

转型之路并非轻而易举，一方面要陷于内部组织、体制、管理方式、人力资源的全面整合，要摆脱长期经营的惯性，要承担客户流失、人才流失、利润不增反降等种种风险。成本有多高，资源的重新整合投入是否能收到如期效果，周期有多长，公司的经营压力加大了。另一方面，券商的内部调整仍无法摆脱市场现实束缚，还将面对外部业务举步维艰的困境、政策环境的局围。

现实环境使券商陷入了不仅缺乏业务创新，更缺乏管理创新的困顿之中。券商转型是必然，但是这一转型却与市场的发展相辅相成。羡慕欧美券商雄厚实力的同时，不能忽略其背后强大的市场基础和完善的市场制度。借鉴美林或嘉信模式的教训和经验，但更多的要根据自己的实际来设计战略方案，国内市场成熟程度、投资者的投资理念、文化背景与美国存在的差异太大，例如，美国就绝对不存在客户分组的问题，因为每个客户都有经纪人，而在中国，都是投资者本人自己去炒股。这是客户基础的困境，还需要一个较长的客户培育的过程。欧美证券市场的投资理念比较成熟，投资品种比较齐全，销售产品比较成熟，证券公司可以根据投资者的个人情况做投资，甚至为他做关系其一生的财务计划。而国内证券市场，没有指数期货，没有期权，没有任何金融衍生品，也没有做空机制，只有一千支股票、十几个基金、几种债券，而且只能买入并期待上涨，这几乎使投资组合的合理性如同于巧妇为无米之炊。因此，向客户提供财务计划在目前市场环境下是比较困难的。这是产品困境，还有一个较长的市场培育的过程。

中国文化与欧美也是不同的，国内在信息收集上存在着更多更大的障碍。在美国的税收制度下，公民的收入与纳税都是公开的，爱德华·琼斯公司布一个网点能覆盖7500个客户，是可以取得这个地区居民有多少存款资料。而在中国，存款、年收入、家庭状况，多数投资者是不愿意提供的。信息收集困难，使根据客户具体情况提供个性化、量身定制的服务模式失去基础，是个性化客户服务的困境。

作为个一行业，券商本身无法超越整个市场的制度环境，制度缺陷的烙印深深地印刻在券商的身上。　中国券商走出困境，需要魄力，还需要智慧，以及政策环境的逐渐改善。

开放证券机构设置、开放准入标准、手续费下调已是国内券业的大势所趋，在可以预期的未来，特殊的价格壁垒保护将被打破，佣金模式会发生转变，券商迟早会被迫寻找和创造新的赢利模式和服务模式。大鹏毅然选择战略转移，决意突出旧模式的重围，是基于对未来市场趋势的前瞻判断所做的准备，着眼于拓展本来的生存空间。

(根据《证券业》2002年2月28日邓玉洲文章改编)

嘉信理财公司互联网的竞争战略

2002年4月5日，中国证监会、国家计委、国家税务总局联合发布了《关于调整证券交易佣金收取标准的通知》。根据这个通知，从2002年5月1日开始，券商向客户收取的佣金可以在0%～3%之间自由浮动。证券交易佣金的自由化将导致券商经纪业务竞争战略的改变和行业格局的重构。

交易技术层面上，90年代中期以来迅速发展互联网技术为证券交易的发展打造了一个全新的巨大的虚拟空间。从客户端来看，随着投资者金融资产的增加和风险收益投资理念的成熟，对证券投资服务的需求结构将逐步转向个性化服务和个性化解决方案。从服务提供商角度来看，以互联网为辅助或主要手段来提供全方位的金融服务将是大势所趋，除了高速度特性以外，互联网还具备以低成本方式拓展和集成细分服务平台，以满足客户个性化需求的能力。在交易佣金自由化时代，互联网上虚拟客户空间将成为中国券商经纪业务竞争的重要战场。

1971年，嘉信理财公司作为一个很小的传统证券经纪商而注册成立。1975年，美国证监会(SEC)开始在证券交易中实行议价佣金制，公司定位成为客户提供低价服务的折扣经纪商而获得初期的发展。1979年，计算机电子化的交易系统将成为业界主流，嘉信理财公司投资建立自动化交易和客户记录保持系统。公司的口号是成为“美国最大的折扣经纪商”。80年代初期，共同基金开始获得美国投资者的广泛认可，成为分散风险的方便工具，公司开始把和经纪业务高度技术关联的基金业务纳入主营业务。1987年，嘉信理财公司的股票在纽约证交所上市，2001年底，公司的市值为216亿美元。

90年代中期，互联网开始大规模兴起，互联网将会成为对中小零散客户进行大规模收编集成的重要平台，嘉信理财公司在业界率先对互联网在线交易系统进行重投资，把传统的经纪和基金等业务捆绑在互联网上，整个公司的业绩突飞猛进，迅速成为美国最大的在线证券交易商，公司为780万客户管理着8600多亿美元的资产。

在1990～2000年的十年中，嘉信理财公司对股东投资回报率一直高居美国“财富”500强公司的前5名。公司主要经营指标，如客户资产、主营业务收入、净利润的复合年增长率都在25%～30%之间，已成为金融服务和电子商务业界的成功典范。虽然在2000年美国互联网泡沫破灭后，公司业绩在2001年度出现了大幅下滑，裁减了25%的员工，但是公司的在线金融服务业务一直具有很强的现金流基础。面临问题是，在折扣经纪业务竞争日益激烈以及证券交易整体低迷的情况下，如何在现有规模基础上实现进一步增长。公司管理层的应对策略是在其低成本折扣经纪的基础上增加全方位的客户咨询服务，以打造其以客户为中心的服务品牌来吸引客户。

1. “细分市场集成”的战略布局

嘉信理财公司的成功之道在于其长期贯彻“细分市场集成”的公司战略，特点是主营业务集中，构成主营业务的细分业务在技术、市场和管理方面具有高度的关联性。这和多业务单元的多角化经营明显不同，因为多角化的业务单元之间一般没有关联性，或者关联度很差。在战术上，“细分市场集成”战略的贯彻主要是要不断挖掘客户的个性化需求，进行细分整理，形成一个公司的客户群结构，然后，分别按这种需求结构来设计相应的个性化产品。在这种战略下，公司规模的扩张在于有机地集成一系列高度关联的细分市场业务。“细分市场集成”战略的竞争优势在于细分市场集成力就是对标准品市场的一种细分解构力，因为标准品的特点是对客户群的个性化需求结构进行平滑化和模糊化处理。

从客户导入层面来看，互联网在线交易系统是嘉信理财公司实现业务集成的关键基础技术平台。1999年，68%的客户业务流量通过互联网在线交易系统来完成，占美国总的在线交易量的24%。互联网在线交易系统的特点是，充分个性化的细分服务平台是以低成本方式集成在一起，“品种齐全，价廉物美”，来提供给广大客户的。1994年以来，公司的每手在线交易佣金率按每年9%的幅度递减。

从服务内容来看，公司证券经纪、造市自营、基金、资产管理和咨询服务等具有高度的内在关联性。一方面，作为造市商的证券交易流量可通过自己的交易席位来完成，另一方面，旗下基金的证券交易流量可通过自己的交易席位来完成。在嘉信理财公司的主营业务收入结构中，经纪佣金收入占48%，造市价差收入占12%，基金业务收入占19%，对客户资产的资金利用产生的利差收入占18%。

上述服务内容适合于在互联网平台集成的特性在于客户端业务的高度相似性，都需要对客户账户进行动态管理，对客户的交易进行记录保持，为客户提供交易安全保障，及时的信息服务和咨询指导等。1999年底，公司的在线基金超市为316个基金家族的1900个共同基金提供上述各种客户端服务和投资管理服务，所服务的基金资产占整个市场的11%。除此之外，嘉信理财公司还为5800名独立投资管理经理提供客户中介，通过中介这些经理人管理着848，000个客户的账户，2100多亿美元资产。

2. 在基础技术平台上的细分和集成

嘉信理财公司一直在以互联网为中心的基础技术平台上增添细分业务功能，满足客户个性化需求，并对客户需求偏好的变化动态跟踪。在账户管理方面，客户能够在网上完成开设新账户，和银行账户建立连接、证券交易以及开具支票等操作。在进入账户途径方面，客户能随时通过按键交互式电话、语音交互式电话、PC机(直接上网或发电子邮件)和多种无线终端，如掌上电脑(PDA)、双向寻呼、Web手机等进入账户。在交易方式方面，客户既可在各证交所规定的营业时间内进行证券交易，也可在证交所营业时间外进行交易。后者是通过嘉信理财公司与几个大的金融服务公司组建的券商之间的电子通信网络(ECN)来进行的，只限于纳斯达克(Nasdaq)和其他证交所上市的部分股票。在信息服务方面，客户可以浏览大量的投资研究报告、新闻和各种帮助信息；可以设计自己的研究报告风格；可以使用网上投资规划和投资评估以及投资筛选工具。在系统和客户智能化交互方面，系统能够对交易及时发送确认信号，能在市场发生变动时及时地以无线或电子邮件方式向客户发出预警提示信号。

从扩张模式来看，嘉信理财公司采用了内部投资和外部并购、合营等的方式来运作，2000年2月，公司以换股的方式并购了一家名叫CyBerCorp的网上证券经纪交易商，并购金额达4.9亿美元。2000年6月，嘉信理财公司和爱立信公司结成战略联盟，共同开发利用WAP手机进行网上证券交易。

3. 在金融服务产品上的细分和集成

1999年，美国通过金融服务改革法案，混业经营逐步成为主流。在金融服务方面，嘉信理财公司已发展成美国第四大综合金融服务公司。2000年4月，嘉信理财公司宣布和在网上借贷业务方面领先的纳斯达克上市公司"电子信贷公司"(E-Loan，Inc)结成战略联盟，提供在线房地产抵押贷款解决方案。2000年6月，嘉信理财公司完成以换股的方式对美国信托公司(U.S. Trust Corporation)的并购，总金额达27亿美元。

网上交易的证券类型方面，有上市公司股票，也有非上市公司的私募股份；有各种债券，也有各种基金的受益凭证。在个性化产品方面，既有为工薪阶层设计的诸如养老金，及为教育或其他化钱较多的活动所作储蓄等等的终生理财服务，也有为富裕家族提供的资产管理服务。

在服务定价方面，普遍实行仅高于成本价的平价政策来压制竞争对手和对潜在行业进入者形成进入壁垒，在低价的基础上进一步在细分客户群中引入激励机制，对活跃交易客户提供速度更快的便捷网上通道，对大资产额和大交易量客户提供更加个性化的一揽子服务等。

4. 在地域上对客户群的细分和集成

嘉信理财公司68%的客户业务流是由互联网来完成的，从1994年至1999年，公司的国内分支机构和员工数分别按10%和23%的年增长率在增长。公司还不断在北美，欧洲和日本等地进行并购和合营，以集成更多的客户群。虽然互联网可以跨越不同国家和地域，但金融服务业是区域管制很强、区域壁垒很高，是互联网很难逾越的；另外即使处于同一管制区域内，客户越来越个性化的需求，也需人员和专家来接待。对金融服务业来说，"鼠标"增长的同时也一定伴随"水泥"的增长。

5. 打造统一品牌集成细分市场

对处于高度竞争的金融服务业来说，各细分业务也需一个强大的品牌来集成，以巩固客户的忠诚度和吸引更多新客户。1997年以来，公司每年以主营业务收入的6%投入到广告和市场营销之中。公司有形资产投入(基础设备投入和开设新营业网点等)占主营业务收入比率为7%。这两个比率非常接近说明金融服务业的竞争性，以及互联网经济中无形资产投入的重要性。

6. 激励员工的创造性

细分市场战略的竞争优势的源头活水在于持续不断的服务产品和方式的创新。嘉信理财公司在1978年就开始实行员工股票期权计划(ESOP)。在公司目前的股权结构中，管理层和员工持股比例达到公司总股份的31%。嘉信理财公司每年为管理层和员工支付的股票期权和其他福利占公司主营业务收入的42%。这种公司治理结构和激励机制有效地激发了员工的创造性。

(来源：上市公司　日期：2002年12月1日
作者：刘朝晖)

纳斯达克与上市的中国公司

纳斯达克的发展

NASDAQ(纳斯达克)，是National Association of Securties Dealers Automated Quotation的缩写，意为全国证券交易商协会自动报价系统。纳斯达克的前身是场外交易市场，也叫柜台交易市场(OTC-Over The Counter)。

1961年，美国国会在对证券行业进行全面的规划时，提请美国证券交易委员会(SEC)对全美几十家股票交易市场的特点进行研究。两年后，美国证券交易委员会公开发表研究，发现场外交易市场管理混乱，缺乏透明度，充满内幕交易。为此，美国证券交易委员会(SEC)建议解决方案——建立自动操作系统，并责成全国证券交易商协会(NASD)具体负责实施。1968年，场外交易自动化的股票报价系统开始试运作，就是现在全国证券交易商协会自动报价系统(NASDAQ)——纳斯达克。

1971年2月8日，是纳斯达克正式的交易日，自动化的股票报价系统开始运转，把分散全美的场外交易市场联系起来,显示器中对2500多个场外交易的证券报价。

1975年，纳斯达克建立新的上市标准，把上市的股票与场外交易市场的股票完全区分开来。纳斯达克也由一个自动报价系统变成了一个股票市场。

从1980年起，不断改善报价系统，率先使用电脑对盘，不断推陈出新，增加透明度，以方便投资者，并对交易股票提供实时交易报告，改善了交易状况。纳斯达克市场逐渐被人注意，其中一些挂牌公司如微软等开始崭露头角。

20世纪90年代，纳斯达克得到了迅猛发展，成为一个交易活跃、流动性强、效率高的主要美国市场。1994年纳斯达克股票市场年股票成交量超过纽约证券交易所而成为美国第一；1999年起，纳斯达克市场美元交易额超过纽约证券交易所，是世界上交易额最大的股票市场。纳斯达克综合指数由于具有广泛代表性而成为反映美国经济的晴雨表。

一、纳斯达克市场特点

1. 纳斯达克是世界上第一个电子交易的股票市场。是一个以网络为基础，连接全世界各地投资者的世界性的市场。纳斯达克的交易信息通过500000台以上计算机终端传播到全世界，为投资者提供了一个高效的、竞争的电子交易环境，使得所有市场参与者都享受同样平等的机会进行报价和交易。

纳斯达克没有交易大厅，不提供交易席位，但在纽约市中心时代广场有个巨大信息中心(market site)，向全世界传播财经新闻及交易信息，上市及开盘庆典活动都在这里举行，也没有像纽约证券交易所(NYSE)专门交易的专家经纪人(specialist)。

2. 基本市场结构是做市商(market maker)。做市商也称之为庄家，是承担某一只股票的买进和卖出的独立的交易商。买卖双方不必等到对方出现，只要由做市商出面，承担另一方的责任，交易就可以进行。也就是说，投资者卖出股票，是卖给做市商；买入股票，也是向做市商买入。另一种市场结构是电子通信网络(ECN)。电子通信网络诞生于互联网，是纳斯达克最新市场的参加者。电子通信网络系统上委托买卖的报价指令来自两类投资者：一类是交易商/经纪人，另一类是机构投资者。

纳斯达克由一个多重市场参与者构成，这些市场参与者的特点是保证股票的流动性、稳定性、透明度。

3. 纳斯达克一直是证券行业的革新者，证券投资理念的革命者。纳斯达克从设立时就认识到，高新技术经济领域中快速成长型企业应将精力集中于增长上，集中于市场占有率上，而非仅仅是利润率，纳斯达克市场允许企业在起初没有利润情况下挂牌售股，是划时代的创举，最初纳斯达克仅是高风险且常是没有赢利的技术公司寻求融资的惟一场所。虽然由于市场的高度投机造成网络股破灭，纳斯达克提供便捷的融资渠道，造就了微软、英特尔和思科系统等高科技企业，推动了美国高科技的繁荣。

二、市场现状

纳斯达克是美国成长最快的股票市场，其市场发展势头惊人，吸纳了大量资金，拥有众多数量的市场参与者。从衡量股票市场的几项主要指标来看，是世界上最成功的股票市场之一。无论是交易量、上市公司数目、以及市场的流动性、市场交易深度和交易可靠性，都超过许多传统股票市场如伦敦证券交易所、东京证券交易所及纽约证交所。它的市值超过了英国的伦敦证券交易所和日本的东京证券交易所，仅次于纽约证券交易所。

1. 纳斯达克上市公司数目多行业广。有上市公司约4000家，总市值额3万亿美元。证券市场上市公司数量世界第一，包括计算机软件、硬件、交通和电信、办公设备、生物医药、金融保险、房地产、制造业和批发零售及服务业，有微软、甲骨文、思科、英特尔、美国基因、高通等高新技术企业，也有星巴克、DHL、西北航空；即有市值几千亿美元巨无霸微软，也有成长期的中小企业。(见表1)

表1　2000年行业分类表

	服务业	计算机软件	批发零售	交通和电信	计算机硬件和办公设备	制造业	金融保险房地产	药物	其他	总计
数目	492	750	429	371	132	1236	883	287	154	4734
比例(%)	10	16	9	8	3	26	19	6	3	100

表2　　交易额(1999)

股票市场	纳斯达克	纽约证交所	伦敦证券交易所	东京证券交易所	法兰克福证券交易所	香港联交所
交易额	10466.6	8945.2	3399.3	1675.6	1551.1	230.0

(资料来源：FIPV)

2. 纳斯达克交易活跃、流动性强、市场深度深。1999年起，纳斯达克市场美元交易额超过纽约证券交易所，是世界上交易额最大的股票市场。2000年纳斯达克交易额达到了20万亿美元，平均每天的交易额达到了800亿美元。(见表2)

3. IPO数量大。纳斯达克成为首次公开发行IPO的主要上市地。从1995年到1999年，所有美国的股票市场(纳斯达克、纽约证券交易所和美国交易所)中，84%的IPO是在纳斯达克上市。1999年达到89%，485家IPO公司共筹集资金510亿美元。2000年，397家IPO公司共筹集资金470亿美元。(见表3)

纳斯达克吸纳大量非美国上市公司。2002年共有500多家非美国上市公司在纳斯达克挂牌交易，超过任何美国其他证交所，成为非美国公司首次公开发行IPO的主要上市地，筹集资金从几千万美元到几十亿美元不等，如1999年，芬兰国家电信公司(SNRA)筹集资金29亿美元。世界上一些大公司如法国人头马、日本航空、日产汽车、富士胶卷，英国的路透社，瑞典爱立信就在这里挂牌。(见表4)

表3　　美国交易所IPO对照表

IPO 数量年份	纳斯达克(NASDAQ)	纽约证交所(NYSE)	美国交易所(AMEX)
1992	442	80	6
1993	520	97	11
1994	444	82	13
1995	476	72	9
1996	680	88	18
1997	494	87	22
1998	273	68	21
1999	485	49	11
2000	397	48	6
2001	63	35	3

(资料来源：CommScan LLC)

表4　非美国公司首次公开发行IPO数量

	1995	1996	1997	1998	1999	2000
纽约证交所	35	59	63	26	29	60
纳斯达克	71	93	75	50	61	101

(资料来源:CommScan LLC)

纳斯达克市场特点

纳斯达克由两个股票市场组成：纳斯达克全国市场和纳斯达克小资本市场。

纳斯达克全国市场目前约有3000个股票上市，它们是纳斯达克市场的主要部分，占总市值的95%。这些公司都是成交活跃、市场形象好，并且符合严格的财务和公司治理标准。

纳斯达克全国市场上市公司包括世界最大的、最有名的公司在内。如：微软、雅虎、英特尔等。

纳斯达克小资本市场是为一些有发展潜力的公司准备的，约有1000个股票上市，但总市值极低只占总市值5%左右。对财务要求比较低，但公司治理标准是和全国市场同样的。小资本市场上的股票，股本少、股价低，发展壮大后就移到全国市场上市。

从1971年诞生起，纳斯达克成为美国增长最快的股票市场，已经稳步超过世界上许多其他股票市场。纳斯达克股票和其他主要美国市场之间主要的差异：除了上市标准的不同外，关键在于市场结构；纳斯达克由一个由多重市场参与者构成，纳斯达克股票市场让各种市场参与者通过复杂的计算机和通讯网络连接在一起，参与公司股票的交易。纳斯达克市场参与者由两部分组成：一是做市商，二是电子通信网络(ECN)。这些市场参与者特点保证了股票的流动性、稳定性、透明度。

一、做市商制度

做市商是纳斯达克的基本市场结构。做市商(market maker)是承担某一只股票的买进和卖出的独立的交易商。做市商提供一种独特的服务：随时准备买卖公司的股票。买卖双方不必等到对方出现，只要由做市商出面，承担另一方的责任，交易就可以进行。即投资者卖出股票，是卖给做市商；买入股票，也是向做市商买入。这种交易规则，称为做市商制度，也称之为庄家制度。

按照规定，凡是在纳斯达克市场上市的公司至少有 3 个做市商来为该公司的证券做市。通常情况下，纳斯达克证券市场的每一证券平均有 10 个做市商为其做市。对于规模甚大、流动性高的股票，多则有 60 个以上。目前，有 500 多家做市商公司在 纳斯达克市场中交易。每个做市商都是平等的交易参与者，证券市场信息同时在所有参与者之间传播。

在纳斯达克市场的做市商制度下，所有为某种证券交易做市的做市商都必须报出有效的递盘价(bid)，即做市商愿意买入的价格；同时报出发盘价(offer)，即做市商愿意卖出的价格。所有做市商报出的递盘价(bid)和报出的发盘价(offer)都显示在电脑中。现在的市价就是所有做市商中提供的最高买价和最低卖价(BBO-best bid or offer)。这就是所谓的“场内市场”或“场内报价”。因此，对投资者来说，市价委托就是以做市商最高的买价卖出，以做市商最低的卖价买进。

一般的注册代理商或交易商终端屏幕显示纳斯达克证券的最高买价和最低卖价，投资者要市价委托买股票，就要和场内市场中提供最低卖价的做市商联系购买，投资者要市价委托抛股票，就要和场内市场中提供最高买价的做市商联系卖出。

举个例子：假定投资者想买 ABCD(纳斯达克市场股票代码一般为 4 位字母)股票 200 股。由于有多个做市商在为该公司的证券做市，因此仅一位做市商的价格可能不合适，投资者的经纪—交易商要向其他做市商询价。对有关 ABCD 股票的委托， 经纪—交易商键入ABCD股票的代码即可得到该股票的所有报价(数量和价格)。这个报价既显示“价格”也显示“数量”。

Bear Stearns 公司报出买价 $10^3/_8$，卖价 $10^5/_8$，5 对 5。这表明 Bear Stearns 公司准备以 $10^3/_8$买入 5 手，以 $10^5/_8$卖出 5 手。

美林(Merrill)公司报出买价 $10^7/_{16}$，卖价 $10^5/_8$，10 对 5。这表明美林公司准备以 $10^7/_{16}$买入 10 手，以 $10^5/_8$卖出 5 手。

Paine Webber 公司报出买价 $10^1/_4$，卖价 $10^1/_2$，15 对 15。这表明 Paine Webber 公司准备以 $10^1/_4$买入 15 手，以 $10^1/_2$卖出 15 手。

从上面可以看出，ABCD 股票共有三位做市商，他们所提供报价中最高买入价是 $10^7/_{16}$，最低卖出价是 $10^1/_2$，现在的市价或“场内报价”就是 bid：$10^7/_{16}$，offer：$10^1/_2$。如果投资者想市价买 200 股，交易商就要和 Paine Webber 做市商联系向他买 200 股。如果投资者想市价抛 200 股，则他可抛给美林。

纳斯达克证券市场采用多个做市商的制度。在纳斯达克市场上市的公司都有多家相互竞争的证券商为该公司做市。在这些做市商中，许多是世界上最大和最好的投资公司，如美林、嘉信、摩根·斯但利、莱曼兄弟、高盛、史密斯巴尼以及 Bear Stearns 等。这些公司可通过纳斯达克证券市场工作台的电子终端网络，随时动用资金自行买卖各类上市公司的股票，并且由公司的交易商通过各种层次的微机工作站进行报价服务。

世界各地其他交易商、经纪人和投资者则可以从计算机终端上看到市场价格和买卖数量的确认报价。

在纳斯达克市场里，约有 500 家证券经纪公司是注册的做市商，每家公司平均有 10 个做市商，而在传统交易所中通常是一只股票一个相对应的专家。并且，纳斯达克的做市商是自愿的。正是众多的做市商相互之间的激烈竞争方式，才使之完全不同于传统的证券交易所的单一专家制。

美国联邦证券法律和美国证券交易委员会(SEC)以及全国证券交易商协会(NASD)制定的有关规章制度，所有的做市商都要求：(1)显示所做市的股票的买卖报价。接收并执行命令，随时准备有限额地买卖公司的股票。(2)按照美国证监会的指令管理规则显示股票报价。(3)及时提交交易报告，做市商必须在交易活动完成后 90 秒钟内通过场外交易市场工作站进行报告。这些报告随时被传播至市场数据收集者，并通过他们的网络加以公布。否则就会受到严厉制裁。

做市商制度的作用：做市商制度使投资者和上市公司获得了多种好处，主要是竞争性强，加强市场的深度，帮助公司提高知名度，推动了交易证券的流动性。在纳斯达克市场的做市商制度下，做市商承担做市所需的资金，以随时应付任何买卖，买卖双方不必等到对方出现，只要由做市商出面，承担另一方的责任，交易就可以进行。这种多重作用，满足投资者的需要，创造了一个迅速、连续的交易环境，活跃了市场。这对于市值较低、交易次数较少的证券尤为重要。另外，具有公平的价格发现机制，尽管场外交易证券采用的是做市商报价，但由于每只股票都有若干个做市商提供价格，价格趋向一致。如果某一做市商报价距其他竞争对手差别太大，则交易量受到影响，那么就会被淘汰出局。因而具有公平的价格发现机制。

二、电子通信网络(ECN)

电子通信网络(ECN)诞生于互联网，是纳斯达克市场中最新市场参加者。1997年当纳斯达克执行美国证券交易委员会新指令管理规则的时候，这些私人的交易系统被合并，成为纳斯达克市场结构的一部分。

通过电子通信网络交易，必须得到美国证监会核准和在全国证券交易商协会注册登记。

电子通信网络系统上委托买卖的报价指令来自两类投资者：一类是交易商/经纪人，另一类是机构投资者。当一个交易商/经纪人使用电子通信网络 来发指令时，首先通过电子通信网络系统进行撮合，然后报价给纳斯达克系统进行交易。

电子通信网络系统优点：做市商和机构投资者的交易是以匿名方式进行的，机构投资者乐意接受。

举个例子：EFGH 股票共有四位做市商。Lehman 公司报出买价 12.45，卖价 12.6；5 对 5。Morgan 公司报出买价 12.4，卖价 12.6；10 对 5。Mayer 公司报出买价 12.45，卖价 12.6；15 对 15。Salomon 公司报出买价 12.30，卖价 12.55；15 对 15。

从上面可以看出所提供报价中最高买价 12.45，最低卖出价是 12.55，现在的市价或“场内报价”是 bid：12.45，offer：12.55。

如果#ARCA(ECN)参与市场，它可以提供单向报价，买入价是 12.50，10；所提供报价比 12.45 高，是最高买价， 则现在的市价或“场内报价”更新为 bid：12.50，offer：12.55。

交易指令不断更新，买卖不断成交，场内报价也在不断变化。像纳斯达克市场参加者那样，电子通信网络促进做市商之间的高度的竞争和进一步改良市场流动性，为投资者改善价格。(表 5)

表5 显示截止到到1999年4月，经注册交易的ECN公司

ECN	市场参与身份证代码
Archipelago L.L.C	#ARCA
Attain	#ATTN
B-Trade Services L.L.C.	#BTRD
The BRASS Utility	#BRUT
Instinet Corportation	#INCA
The Island ECN	#ISLD
NexTrade	#NTRD
Spear, Leeds & Kellogg	#REDI
Strike Technologies	#STRK

电子革命正在影响证券市场本身。世界各地的交易所都深感来自网上股市的竞争压力。被称为电子电信网络(ECN)的网上交易已取得了迅猛的发展，到目前为止，这些交易在很大程度上仅局限在纳斯达克上市的 5000 多种股票。即便如此，由于网上交易费用的低廉以及操作简单，受到投资者的欢迎，并对传统的交易方式构成了极大的威胁。电子通信网络的交易量所占份额仍在不断扩大，已占纳斯达克的 1/4，而传统交易所的市场则在不断萎缩。

三、纳斯达克市场结构特点

纳斯达克不同于美国其他股票市场，首先是 纳斯达克的市场做市商参与者的结构。这种参与者结构促进纳斯达克参加者之间的健康的竞争，做市商搞活了股票的交易，维持了交易秩序。其次，通过做市商和电子通信系统(ECN)结合，增加了股票操作市场的透明度，使上市公司能更好地利用资本市场，保证了市场交易的可靠性和连续性。

1. 市场深度、价格连续性

价格连续性(price continuity)。价格连续性是指从一笔交易到下一笔交易价格变动的幅度。例如，在一笔交易中，一支价格从 30 美元变动到 $30^1/_2$的股票，就比价格从 30 美元迅速变动到 31 美元的股票有更好的连续性。纳斯达克做市商通过交易他们所负责的公司股票，能够对该公司的股票提供迅速的和连续的交易。

市场深度(market depth)。市场深度是一个反映股票交易的资本数量与市场内参与者总数之间的关系。具体指在两笔或更多笔交易之间因价格变动所伴随的成交股数变化，比如，5 笔交易中价格从 30 美元变动到 $30^1/_2$美元，成交总计 5000 股的股票就比同样条件下成交总计 1000 股的股票有更大的市场深度。纳斯达克股票市场通过多重的市场参加者的独特的结构，提供极大深度的交易市场。

纳斯达克做市商通过交易他们所负责的公司股票，能够对该公司的股票提供迅速的和连续的交易。电子通信网络通过把全世界买主和卖主连在一起，推广了纳斯达克市场的深度。

2. 透明度、流动性、有效的价格机制

纳斯达克市场由于多重市场参与者的结构特点，股票流动性特别强。同时，电子通信网络系统把全世界的指令都连在一起，增加市场流动性。

在证券交易中，和其他许多行业一样，竞争是创造价格公平最重要因素。激烈的竞争，使得纳斯达克做市商和所有市场参与者确保投资者以最合理价格进行交易。

对投资个人和机构来说，能完全看到交易和报价信息即所谓透明度是至关重要的，在纳斯达克所有做市商的买价和卖价及从电子通信网络系统来的报价指令，通过交易网络对所有投资者来说机会完全平等，纳斯达克市场是一个透明度极高的市场。

3. 交易流程

每个做市商都通过计算机屏幕上的买价、卖价来

完成报价，电子计算机屏幕交易系统使证券场外交易市场可以进行高效的即时证券交易。当投资者的指令收到后，做市商立即用他的账户交易或者寻找另外一方交易，通常在几秒钟内完成。

另外，做市商能通过电子通信网络和经纪人交换，使得成交率大大提高。和设大厅的证交所不同，纳斯达克不会因为买卖不平衡而暂停交易。纳斯达克全国市场每天成交股票数量达数亿股。

在纳斯达克市场上，当投资者发出以市价买进或卖出某一纳斯达克证券的指令后，投资者的经纪人就会按程序把这一市价指令传送到本公司的交易室。如果该公司正好就是这种证券的做市商，则在公司内部按等于或优于当时其他的做市商在纳斯达克市场上所报最佳的价格执行买入或卖出指令。如果该公司不是这种证券的做市商，它就通过另一家做市商执行投资者的指令。对一些小额指令，该公司可能会通过小额交易系统(SOES)与其一做市商完成这笔交易。

4.交易方式

一直是采用报价方式，即在屏幕显示做市商的买价和卖价及手数。在传统的市场交易中，交易活动是指令型的，即显示投资者的买价和卖价及手数。

1997年，纳斯达克 实现新的报价管理方式，要求投资者的限价委托显示在做市商和电子通信网络报价中。这样纳斯达克市场形成了一种做市商的“报价型”和投资者的“指令型”复合交易市场。

纳斯达克的交易

一、指令管理规则

纳斯达克采用做市商制，“递盘价(bid，即买方报价)”是做市商为买入一定数量股票所愿出的最高价格。“发盘价(offer，即卖方报价)”是做市商所愿售出的最低价格。卖方报价和买方报价之间的差额称为“价差(spread)”。1994年，两位大学教授就纳斯达克市场上存在的买价和卖价之间差别过大的现象写了一份研究报告，暗示有可能是交易商之间串通合谋造成的。为了维护股市交易的公正性，在1997年1月，美国证券交易委员会规定了两个新的交易指令管理规则：一个是限价委托的显示规则，另一个是报价规则。纳斯达克也实行了交易的改革，以缩小价差。虽然规则适用于全部美国证券市场，但是他们更有利于纳斯达克市场投资者，个人投资者能清楚地看到交易指令的显示和执行。

1.限价委托显示规则

“限价委托显示规则”要求做市商在投资者的限价委托报价比做市商报价更合理的时候，显示投资者的报价。即：投资者的限价委托买价比场内市场中最高买价高时，显示投资者的买价。同样当投资者限价委托卖价比场内市场中卖价低时，显示投资者卖价。

假定投资者想买ABCD 股份的 200 股票，让我们来看看投资者的限价委托过程:⑴假定现在市场中做市商报价是卖$10^{1}/_{2}$，做市商买的报价是$10^{1}/_{4}$。⑵投资者不乐于支付$10^{1}/_{2}$的做市商卖方开价而仅仅想支付$10^{3}/_{8}$。⑶投资者把200股限价委托给其经纪人，在$10^{3}/_{8}$买。⑷现在投资者的限价委托高于做市商原来买的报价$10^{1}/_{4}$，是场内最高的买价。⑸在这种规则下，做市商必须改变其出价，显示投资者的价格和指令数量(200股在$10^{3}/_{8}$买)，报价立即以投资者的价格的指令执行，或者向电子通信网络发送指令。投资者限价委托指令作为最适合的买入价格显示在交易屏上，使所有市场参与者都能看见。这一规则对中国股票参与者不难理解。目前，沪深股市大多是限价委托，但纳斯达克由于采用做市商制，以前没有这一限价委托显示规则。

2.报价规则

报价规则要求在公众系统(即供非专业投资人士使用层次1报价系统)和专用的系统(层次2报价系统)上做市商公开地显示最具竞争的报价。

以前，做市商在专用的系统上报价，比公众报价更有优惠便利。专用的系统价格仅仅给金融专业人士可以利用。做市商的专用的系统终端与一般交易商终端相比要复杂些，对于每一种证券，显示每只股票及其报价、最新成交价和成交量，以及累积成交量，并列明所有的做市商。该层次的服务允许用户报单、撤单或更新他们的证券报价。

假定投资者想买 WXYZ 股份的300股。其经纪人将给投资者报价为最合适的价格$20^{3}/_{4}$，然而专用的系统最合适的价格是$20^{5}/_{8}$。在这种规则下，投资者完全知道最合适的价格，做市商愿意在公众系统和专用的系统上进行股票交易，投资者也能以这个价格进行交易。根据这个规则，投资者能以$20^{5}/_{8}$价格成交。当投资者打电话给其经纪人时，能肯定他的报价对做市商来说愿意成交，不管是一个公众系统上还是一个专用的系统中。另外，指令管理规则对个人投资者创造了一个更加合理的竞技场所，纳斯达克新规定的管理的规则已经改善了价格和减小了价差，进一步改善了市场流动性和深度。

1997年，纳斯达克以采用1/16美元为报价单位的新规则，使买价和卖价之差缩小了40%以上，有利于快速成交。在以前，买价和卖价之间的价差最小是1/8美元，价差过大有利于做市商，因为他们赚取的差价也大。虽然他们也能得到一部分佣金，但差价收入是最主要的。以前市场成交量少，做市商专靠佣金是不行的，现在股市交易活跃，佣金增加许多。1997 年 6 月 2 日，纳斯达克执行规则新规定，减少了其最小的报价单位。对任何一个 10 美元以上价格的股票，报价基数由 1/8 降为 1/16 美元。

纳斯达克在 2000 年实现十进制的法定价格。美国证券交易委员会要求，从 2000 年 7 月 3 日开始逐步采用十进位小数股票报价方法，放弃已使用 200 年的分数报价法。按照现在的分数报价系统，股价如果是 201/2 美元，使用新的小数报价法之后，价格则转换成 20.50 美元。这一变化不仅便于投资人理解和比较价格，而且因为小数表达法比分数更准确，买价和卖价之间的差额缩小，最低可能只有 1 美分。此外，新的报价方式也有利于美国和世界其他地区的股市报价系统相互协调。

二、市价委托和限价委托

1. 市价委托

如果投资者想按现在的市价买卖股票，这种委托叫市价委托。

纳斯达克股市各种做市商不断进行股票买或卖的报价，显示他们将买、卖股票的价格。投资者市价委托指令(Market Order)就要在可得到的最好的价格下执行。买入股票的市价委托指令要求经纪商以现行最低亦即最优的卖出价买入股票。卖出股票的市价委托指令要求经纪商以现行最高亦即最优的买入价卖出股票。

“递盘价”是指做市商愿买股票的价格；“发盘价”是指做市商愿卖股票的价格。现在的市价反映的是所有做市商提供的最高买价和最低卖价。这就是所谓“场内市场”或“场内报价”。因此，对投资者来说，市价委托就是以做市商最高的买价卖出，并且，以做市商最低的卖价买进。

投资者想买 ABCD 股份 200 股，现在的市价是：做市商 $10^{1}/_{2}$美元买，$10^{3}/_{4}$美元卖，投资者只能以 $10^{3}/_{4}$美元买进，以 $10^{1}/_{2}$美元卖出。

投资者也能通过英特网进行网上交易，在这种情况下，他必须注册一个网上交易账户，指定一个网络经纪人，然后通过做市商和电子交易网络(ECN)执行交易。

2. 限价委托

如果投资者想在指定的价格买卖某一数量股票，这个委托叫限价委托。

限价委托指令(limit order)设置了投资者作为买方所愿支付的价格上限，或作为卖方所愿接受的价格下限。不能违背投资者的指令以高于指定价格买入或以低于指定价格卖出。然而，价格限定一般包含“或更好(or better)”附带条件。如果能低于限定价格买入股票或高于限定价格卖出，那么他必须立即这样做。如果经纪商未能按照投资者的意愿执行指令，他们将因错过行市而承担经济责任。

按照 1997 年美国证券交易委员会指令的管理规则，纳斯达克增强了限价委托的透明度。

当与做市商给出的报价相比，有更好价格优势的时候，现在投资者限价委托一定更新内部差价。假定投资者想买 ABCD 股份的 200 股票。场内报价是：$10^{1}/_{2}$美元买，$10^{3}/_{4}$美元卖。投资者不乐于支付 $10^{3}/_{4}$美元的卖方开价，仅仅想支付 $10^{5}/_{8}$美元。投资者决定把限价委托为 $10^{5}/_{8}$美元 200 股，交付给经纪人。在 $10^{5}/_{8}$美元买，现在投资者的限价委托是最有利的标价。正如我们前面的例子一样，在这规则下面的，做市商立即按投资者的价格报价，投资者的限价委托立即显示在所有市场参与者面前。场内报价变为：$10^{5}/_{8}$美元买，$10^{3}/_{4}$美元卖。

如果投资者的限价委托价格与做市商的价格相等时，做市商必须在他所报价的数量基础上加上投资者的委托数量，但如果数量很小时，如小于做市商 10%，则不必更新报价。限价委托显示规则要求做市商收到指令后，30 秒内更新价格。

限价委托的条件和条款：有的做市商只是对机构账户或 1 万股以上的股票委托接受限价委托。

对投资者的限价委托，有的限价委托指令能在交易商电脑显示器中显示出来；有的限价委托指令，即使投资者的报价比做市商报价更合理，也不能显示出来：显示器不能显示的交易指令：⑴零股交易。100 股以下股票的零股交易的指令在专门系统内执行。⑵足额执行指令(all or none，简写 AON)。又称整批委托单。它的意思是全部成交，否则不成交。下指令的投资者要在某一时间和某一指定价格下买入(或卖出)大量股票。显示器不显示这种指令。举例来说，若投资人下单为：100 元卖出微软(MSFT-Microsoft)共 300 股，投资人一旦在下单之时勾选了 AON 这一栏，在行情波动很大或市场交易量偏低时，经纪商必须仔细询问报价和条件，密切注意市场行情，直到可得到的价格和数量均能满足指令的要求。这时，电脑撮合系统便只会在能够同时用 100 元卖出 300 股的 MSFT 时，才会让这笔委托单成交。反之，若不勾选 AON，可能会发生：先用 101 元卖掉 MSFT100 股，再用 100 1/2 元卖 MSFT100 股，最后才用 100 元卖 MSFT100 股。基本上，虽然卖出的价格不会比你所设定的低，但是却会分笔成交，而且所有的持股不一定会完全卖出，不能在显示器中显示这种指令。

显示器显示的交易指令：⑴整手交易。100 或者 100 的整数倍股票。⑵混合手交易。多于 100 股，但不是整数倍，如 325 股。混合交易只显示其最大整数部分。⑶长期委托有效(Good Till Canceled，简写 GTC)。又称为“待执行指令(open order)”。买或卖某一证券指令长期有效，直到投资者取消或者成交。不过，一般券商系统内建的有效期限是两个月，时间一到系统就会主动发出通知，告知投资者还是得去重新下单，因为旧单子已经被系统自动取消了。⑷当日委托指令(Day Order)。此指令仅在指令发出的交易日当日有效，第二天即无效。一般地说，所有的指令都被自动地视为当日委托指令，除非特别指明。⑸委托部分执行。没有完成投资者所要求的数量。部分满足指令要求，经纪商接受并取消未满足部分报价，向投资者报告部分执行。

三、卖空交易

1.卖空交易

允许有资格的做市商进行卖空交易，投资者还不能进行卖空交易。

卖空交易是指一个做市商的交易账户里没有某种股票，但仍卖该股票给投资者或其他做市商。这种合法的交易策略允许有资格的做市商来做。他们预料到市场下降趋势，先在高位抛出股票，然后在下降市场中买进股票，赚取差价，通过卖空，做市商能保持股市的流动性和稳定性，同时，满足投资者在下降市场中抛售股票的需求。

卖空交易的股票通过 ACT 交易回报时必须作说明，此规则不适于小资本市场和 OTCBB 市场上交易。

卖空交易规则。全国证券交易商协会“卖空交易规则”是以保护投资者为前提的。当市场处于下跌时即当现在市场的买入价低于前一笔买入价时，禁止卖空。卖空规则允许有资格的做市商，在维护市场的流通与稳定的善意行为下进行卖空交易。

纳斯达克股票市场专门计算场内价格是向上还是向下，用符号显示在纳斯达克工作站Ⅱ(NWⅡ)上。如果一个符号是绿色向上的箭头，显示前一笔价格是向上，此时卖空，才不违反卖空规则。

2.纳斯达克的空仓量

每月中旬，纳斯达克市场、纽约股票交易所和其他市场公布其卖空额数字。这是指那些已被借去用于卖空的股票数量，这些投资者相信以后可以以更低的价格回购同样一批股票。

纳斯达克每只股票的空仓量是指市场上所有的经纪人或交易商卖空的股票的总量。卖空是指出售者在不拥有某种股票的情况下在市场上出售该种股票或者通过借入股票来完成交割。每月纳斯达克空仓数是指截止到到当月 13 日的当前数并且在该日之后的第 7 个交易日市场交易结束后向媒体公布。

3.美国证监会考虑撤销投资者卖空限制，如果美国证监会批准卖空，投资者可有更多途径，利用对市场走势的预测，赚取投资回报

投资者卖空是指投资者通过借贷，将股票在公开市场出售，如果投资者看得准，股票价格下跌，会以较低的价格，购回股票偿还，借此赚取利润。卖空除了是炒作外，也是机构投资者对冲风险的方法。如果美国证监会批准卖空，投资者可以有更多的途径，利用对市场的走势预测，赚取投资回报。

美国证监会正考虑放宽或完全撤销有 60 多年历史的限制卖空规定。美国证监会在 1976 年提议修改卖空规定，由于纽约证交所和上市公司反对，导致证监会不得不撤回有关建议。

现行的限制卖空的条例已过时，因市场流通量和透明度大为提高，政府监管完善，而投机家要卖空操控市场，比以前更困难。

四、小额交易系统(SOES)

1.小额交易系统介绍

1984 年以前，纳斯达克只是一个报价系统，市场参与者要想达成交易就要根据报价与对方联系，那时电话是交易的主要工具。现在除了在一些仍较重要的大型交易外，电话已逐渐退出纳斯达克市场。1984 年，纳斯达克引入小额交易系统(SOES- Small Order Execution System)对纳斯达克全国市场(NMS)股票设定小于 1000 股的专门交易系统，这是纳斯达克市场的第一个交易系统。现在凡是参与纳斯达克全国市场的证券商都必须加入 SOES。但小资本市场上的交易股票的做市商则自愿使用 SOES 报价。

小额交易系统是一个自动交易系统，对市价委托的股票提供自动执行功能。成交价格是所有做市商报价中最高的买入价或最低卖出价，即内部报价。

纳斯达克全国市场和纳斯达克小资本市场的股票都可通过小额股票交易系统进行交易，根据股票交易和股本特点不同，全国市场分为 200 股、500 股、1000 股三层，对某只股票来说，有的股票最高只能 200 股，有的最高 500 股，大多数纳斯达克全国市场股票处于 1000 股的一层；小资本市场分为 100 股和 500 股二层。超过 SOES 规定最高指令不能分解为若干小指令在 SOES 上交易，纳斯达克规定，5 分钟内提出的 SOES 指令都属于同一个投资决定，买卖股票数目之和不可超过适用的指令大小限制。

所有在纳斯达克注册经纪——交易商和做市商都有权进入 SOES，但电子通信网络(ECN)/替代交易系统(ATS)和“无挂牌交易优先权”(UTP)的参与者不能参加 SOES。经纪——交易商使用 SOES 时只能作代理业务，而不能作自营业务。

2.小额交易系统的交易

指令的形式：投资者送交小额交易系统的指令可

以两种形式，一种是优先指令，指定某一做市商，按照做市商场内报价成交；另一种是非优先指令，不指定某一做市商，而是送给所有做市商，按照场内报价成交。做市商和投资者的经纪商之间可以建立这种优先关系。二者区别：非优先的SOES指令由投资者的经纪商送给场内该股票所有做市商，以场内价格自动执行，但成数量仅以某做市商显示的数量为限；而优先SOES指令指定送给某一做市商，可以场内价格达到小额交易系统所允许该股票交易的最大数量，200股或500股或1000股，因股票不同而异，而不管该做市商显示多少数量。

在小额交易系统所有成交都被锁定，自动地通过全国证券清算公司(NSCC)进行清算，并且显示在成交公布牌上。

小额交易系统设计成为保证所有合格的指令，即使在剧烈震动的市场里，自动以当时市场里最合理的价格执行。当投资者卖出最多1000股股票的时候，小额交易系统直接将指令送给所有做市商中报价最合理的做市商，保证指令将根据最新显示价格自动执行成交。系统使小投资者直接与NASDQ做市商交易，方便小投资者，改善了交易状况。通过这一系统使小投资者时间最快、价格最优地进行交易。

例如，所举ABCD股票例子中，投资者通过小额交易系统抛出200股。

Bear Stearns公司报出$10^3/_8$买价和$10^5/_8$卖价，5对5。美林(Merrill)公司报出买价$10^7/_{16}$，卖价$10^5/_8$，10对5。Paine Webber公司报出买价$10^1/_4$，卖价$10^1/_2$，15对15。

从上面可以看出，ABCD股票共有三位做市商，他们所提供报价中最高买入价是$10^7/_{16}$，最低卖出价是$10^1/_2$，如果投资者想买市价200股，投资者的经纪—交易商就要和Paine Webber做市商联系向他买200股。如果投资者想抛200股，则经纪—交易商就要和美林联系抛给他。

在小额交易系统(SOES)，如果投资者想抛ABCD股票200股，SOES会自动把投资者指令送给做市商美林，因为他出价最高。这一系统就这样使小投资者以时间最快、价格最优地进行交易。不需查找哪一位做市商的价格可能合适。

在纳斯达克全国市场中，小额交易系统对做市商来说是强制义务必须执行。《1934年证券交易法》明确规定，对注册证券协会和全国证券交易所在发展该系统中的活动作出审查。保证个人投资者的小的指令总是收到公正的待遇，保护了投资者的信心。

五、大额交易系统和SuperMontage系统

1.大额交易系统介绍

大额交易系统(Select Net SM)是目前的主要交易系统，最大的成交都在该系统上执行。

使用大额交易系统，为做市商在执行指令的过程中提供更大柔韧性、灵活性、方便性，纳斯达克Select Net系统为大额交易指令提供效率高、电子化的交易系统。

所有UTP参与者，或ECNs/ATSs都能参加大额交易系统交易。通过大额交易系统(Select Net)，做市商能把股票指令送到另一个股票做市商，或者通过纳斯达克电子系统电子通信网络传播给所有做市商及市场参与者。

大额交易系统提供交易者谈判和自动执行的功能，通过屏幕，买卖双方能讨价、还价、接受或拒绝，市场参与者都能看到谈判和交易的信息。

与小额交易系统不同的是大额交易系统(Select Net)使用限制较小，最大数量可达6位数，即百万数量级股票；无论是自营业务还是代理业务的交易指令都可在大额交易系统(Select Net)上公布，惟一比较重要的限制是在Select Net交易中至少一方是做市商。

2.大额交易系统的交易

当一个大额交易系统指令送到某一指定的做市商，如果指令价格就是做市商当前的递盘价或发盘价，做市商应该根据固定报价规则，以做市商所报价格和数量成交。做市商要遵守关于固定报价规则。

当任一市场参与者包括做市商、UTP参与者或ECNs/ATSs，收到送到它的终端的一个指令后，它可以：⑴接受这个指令；⑵对这份指令价格进行还价；⑶拒绝这份指令，但要遵守固定报价规则；⑷接受指令一部分；⑸保留该指令直至闭市或失效。

注意：固定报价规则要求做市商以所报价格和数量执行交易，不管这份指令是谁和怎样传给做市商的；否则就违约。

当事双方同意交易后，Select Net会锁定交易细节，自动交易报告送交ACT，以利于清算和交割，同时自动产生交易报告。

2001年，纳斯达克的最新的SuperMontage交易系统，为大额交易指令提供更大透明度，更大灵活性与方便性，效率更高的电子化的交易系统。所有纳斯达克经纪商或做市商都可通过纳斯达克工作站Ⅱ(NWⅡ)参与Super Montage。

六、盘后交易

纳斯达克交易时间：纳斯达克除正常交易时间外，还开有早市(开盘前)交易和晚市(收盘后)交易。

纳斯达克国际市场交易时间(美国东部时间)：从上午3:30到上午9:00。早市交易：从上午9:00到上午9:30；正常交易时间：从上午9:30到下午4:00；盘后交易时间：从下午4:00到下午6:30。

特点：⑴盘后报价系统只是大额交易系统(Select Net)交易。⑵对外报道的收盘价仍只是下午4:01。⑶成交量稀少，价格波动大。⑷只有感兴趣的做市商和ECN参与，买卖价差大、流动性差，建议投资者使用限价委托。

七、交易报告和清算、结算

1.自动交易确认系统(ACT)

是由全国证券交易商协会开发供其会员使用，比较交易信息，向全国证券清算公司(NSCC-NationalSeeurities Clearing Corporation)递交交易后锁定的细节以便清算。纳斯达克的几个交易执行系统，如小额交易系统(SOES)、大额交易系统(Select Net)和自动交易确认系统(ACT)有自动交界面。能通过ACT自动产生交易报告。

全国证券交易商协会的会员公司必须参加自动交易确认系统。

对做市商要求在交易执行90秒后，通过ACT送交交易报告；对一般经纪商要求交易结束20分钟后使用在纳斯达克工作站Ⅱ(NWⅡ)上的ACT浏览功能递交与做市商之间交易细节。

ACT系统运行时间：上午8:00～下午6:30(ET)。

2.全国证券清算公司(NSCC)

全国证券清算公司(NSCC)由纽约证券交易所、美国股票交易所和全国证券交易商协会共同拥有。NSCC建立于1976年，负责美国大多数证券交易后的处理，对美国约99%的股票和债券交易以及大多数共同基金交易进行清算和交收。对于电脑配对市场来说，由于投资者的委托指令是通过电脑自动配对成交的，不存在明确交易对手方，因此清算系统就不可能采取逐笔交收的制度；建立连续净额交收(Continuous Net Settlement，CNS)系统，可减少或简约需交收的财务合同总量，降低市场风险等。NSCC实行(T＋3)结算交收，其结算流程大致如下：

⑴ 交易日(Trade Date-T)。清算和交收的周期为3日，由交易日(被称为“T”日)开始算起。小额交易系统(SOES)、大额交易系统(Select Net)交易活动的细节以“锁定(locked in)”交易的形式予以传输到NSCC。另有小部分交易由经纪商参与者直接传输到NSCC，再由NSCC进行比较与配对。对一般经纪商要求交易结束20分钟后使用纳斯达克工作站Ⅱ(NWⅡ)上的ACT浏览功能递交与做市商之间交易细节。

交易对盘结束后，NSCC将信息返回给参与方，并从这一日的午夜开始对结算履行保证。从这一时点以后，买卖双方将直接与NSCC而不是与买卖对手方进行结算活动，净卖出一方有义务把证券交付给NSCC，净买入一方可以从NSCC获得证券。

⑵ T+1。NSCC把称之为“T合约”的电脑报告传送给参与交易的公司，这些合约是该交易的法律文件，显示出在交易日由经纪人和市场记录的每一买入和卖出指令，并证实经对盘的交易已准备进行持续净额交收。

⑶ T+2。在T+2早上，持续净额结算系统(CNS-Continuous Net Settlement)对已在T日和(T＋1)日配对的交易清算信息进行汇总和净额轧差，然后把清算净额信息传递给参与方，显示到期或所欠的股票和支付余额。

⑷ T+3。T+3是交收日，证券交收和资金交收。通过交付证券给净买入方、支付资金给净卖出方，NSCC就完成了对一个配对交易的结算周期。

证券交收：存托信托银行(DTC)通过一个自动化簿记系统来记录所有权的转移。交收过程中，NSCC指示DTC把证券从净卖出方的账户划到NSCC在DTC开设账户下，再把它们划拨到净买入方的账户。

资金交收：由于NSCC为每一参与方算得应付(收)净额，这样使交收通过单一支付就可完成—NSCC付款给有净贷方头寸的公司，有净借方头寸的公司付款给NSCC。这一支付过程是通过参与者指定的结算银行和联邦储备系统货币支付系统(Fed wire)来完成的。

八、纳斯达克的市场监视

纳斯达克市场监视部(Market Watch)是为了及时发现纳斯达克股票市场的异常情况，以维护市场交易的公正性。1996年根据Rudman委员会的建议而建立。它只负责实时交易报告和在线监视。通过发布新闻，暂停交易，对市场中的异常情况进行处理。纳斯达克发布新闻公告，暂停该公司的股票交易，直到公司提供的另外的信息，令纳斯达克完全满意为止。

市场监视分为两个部门—股票监视部门(Stock Watch)和交易监视部门(Trade Watch)。

1.股票监视

股票监视是对纳斯达克股票市场发行人活动的实时监视。通过这种股票监视维持正常市场秩序，保护投资者和纳斯达克交易商。

股票监视怎样提供这种服务？它要求上市公司及时披露有关上市公司的信息，并对公司的价格和成交量进行监视。股票监视部门关注的焦点主要是消息对于股票交易的影响，它会不断地注视有关纳斯达克公司发布的重要消息。

按照纳斯达克股票市场规则(Marketplace Rules)4120、4310(c)(16)和4320(e)(14)要求上市公司应及时准确地公布有关信息。同时，纳斯达克规定，上市公司在发布重要消息之前必须告诉股票监视部门。所指的重要消息包括：购并、不正常的盈余与亏损、分红送股、新产品或新发现、管理层的变更、劳资矛盾等等，市场监视部根据情况做出发布消息，暂停交易等处理。暂停交易一般有以下几种情况：⑴公布消息前的暂停交易。上市公司有消息要发布，这些消息将影响股价。在消息发布之前要暂停交易。⑵公布消息的暂停交易。⑶纳斯达克要求上市公司提供更多的消息。⑷由于不遵守纳斯达克上市规则而暂停交易。⑸美国证监会(SEC)要求暂停该股票的交易。⑹由于违规，全国证券交易协会要求暂停交易。

2. 交易监视

交易监视是市场监察部另一分支，对所有交易中异常现象进行监视，比如对无差价交易和撮合交易重点监视，一般来说最大递盘价(买入价)总是小于最小发盘价(卖出价)，当市场内最大递盘价(买入价)等于最小的发盘价(卖出价)或最大递盘价(买入价)大于最小发盘价(卖出价)时，就称为市场是闭锁(Locked)或交叉(crossed)，要求做市商和 ECN/ATS 采取合理步骤。对成交量和成交价准确报告确保万无一失。对远离报价的成交价格的报告或错误的交易报告作实时的分析；解决由于错误交易报告引起的市场指数计算失误；解决与交易报告和管理有关的其他问题，如最优价格执行义务等。

纳斯达克对股票的监视是在先进的技术设备协助下进行的。“股票监视自动追踪系统(SWAT-Stock Watch Automated Tracking System)是其中最为重要的一个系统。1995 年纳斯达克调查和数据分析存储(RADAR)系统(RADARSM-The Research and Data Analysis Repository SM)开始使用。这两个系统的使用，对每只股票建立了个股档案，对每只股票的历史价格、交易量，所在产业的发展趋势、公司公布的信息作分析。分析人员会把可疑的交易活动向 NASD 规则公司报告，由它做出进一步调查。

3. 美国证券市场的断路器

当股市骤烈波动，股价大幅下落时，纳斯达克将暂停所有在纳斯达克市场上市的股票及交易所上市的证券。

1998 年 4 月 10 日，美国证券交易委员会(SEC)批准新的股票交易的断路器机制，根据新规定，股票交易在道琼斯工业平均指数分别下降 10%、20%和 30%时停止。该规定于 1998 年 4 月 15 日起生效实施。

这个新的市场交易断路器由美国各证券交易所和全国证券商协会(NASD)提出，并获得纽约证券交易所董事会通过。它建议以每季度考察指数升降幅度来进行断路功能，而不是根据固定的点数。要求只有在美国证券市场出现严重下滑的时候才启动断路器。SEC 批准了这个新的交易断路器规定，并称对断路器启动标准的修改目的是为了保证断路器仅仅是在具有“历史性的日下跌幅度”时才被启动。

根据新的规定，在每个季度的开始时，根据上个月道琼斯工业平均指数的平均收盘指数把百分比转换为具体的点数。在每一季度的第一天计算上个月的平均收盘指数，以 1998 年第四季度为例，断路器在指数下降 10%、20%和 30%即 800 点、1600 点和 2350 点时启动。(见表 6)

如果全天暂停交易，纳斯达克市场第二天的交易则是从上午 9：30 开始，早市交易允许从 8：00 开始。

表 6　断路器启动的过程

道琼斯指数	下午 1 点以前	下午 1 点到 2 点	下午 2 点到 2 点半	2 点半以后
下降 10%	暂停交易 1 小时	暂停交易 1 小时	暂停交易 2 小时	不暂停继续，下降 20%时全天关闭
下降 20%	暂停交易 2 小时	暂停交易 1 小时	全天关闭	全天关闭
下降 30%	全天关闭	全天关闭	全天关闭	全天关闭

注：所有时间都是指东部时间

纳斯达克指数和Nasdaq-100 指数股交易

一、纳斯达克指数

纳斯达克指数主要有两类：反映整个市场的综合指数(包括八个行业指数)和反映全国市场的指数。纳斯达克 100 指数(Nasdaq-100 Index)、全国市场综合指数、全国市场金融 100 指数、全国市场工业指数。

1. 纳斯达克综合指数

纳斯达克综合指数(The Nasdaq Composite Index)是反映在纳斯达克上市的所有美国公司和非美国公司普通股的市值的指标。每一家公司的股票通过其市值在综合指数中的比例来影响纳斯达克综合指数。市值等于股价与总股本乘积。在所有的交易日，股票即时市值连续计算，纳斯达克指数也随之变化。纳斯达克综合指数始创于 1971 年 2 月 8 日，指数基准是100。

纳斯达克综合指数包括4000多家公司，超过其他任何单一证券市场，纳斯达克综合指数是代表各工业门类的市场价值变化的晴雨表，代表各工业门类，从计算机到玩具以及医药器械，纳斯达克综合指数相比标准普尔500种指数、道.琼斯工业指数(它包括30个大公司)更具有综合性。因为有如此广泛基础，已成为最有影响力的证券市场指数之一。

行业指数：纳斯达克综合指数包含了次一级的八个行业指数：银行、生物技术、计算机、金融、工业、保险、电信和交通。除了生物技术指数和计算机指数从1993年12月1日创建，每个行业指数都从1971年2月8日创建。1993年12月1日还用电信指数取代了公用事业指数而且至今仅包括电信公司，所有公用事业公司都纳入到工业指数。

银行指数：超过400家金融机构，包括不从事储蓄业务的信托公司及有关银行业务，如现金存储机构、外汇交易、储蓄保险公司以及海外银行。1998年12月14日，存储公司以及银行和存储公司的控股公司也包括在银行指数公司内。

生物指数：包括100多家从事生物医药研究、新药开发、各类人类疾病诊治的公司。

计算机指数—纳斯达克最主要的一个指数，包括600多家硬件、软件、数据处理、办公设备、以及电子零部件制造公司。

金融指数：除银行之外的100多家信用机构、储蓄贷款协会、证券和商品经纪人、外汇经纪人、房产公司和投资控股公司，但不包括1940年投资公司法规范下的公司。

工业指数：最大的一类行业指数，包括2000多家农业、矿业、建筑、制造业(不包括电子制造业)、服务业、公共事业公司。

保险指数：包括几十家健康、财产、人寿、意外保险公司。

电信指数：21世纪的一个重要行业，包括100多家电信公司。

交通指数：包括100多家铁路、货运、航空以及管道运输公司(不包括天然气公司)，还包括仓储及旅游服务公司。

2.纳斯达克全国市场指数

纳斯达克全国市场综合指数：是一个纳斯达克综合指数的次级指数，包括纳斯达克综合指数包含的在全国证券市场上市的所有公司。1984年7月10日，纳斯达克全国市场综合指数开始启用，基准100。

纳斯达克全国市场金融100指数：是由100家最大的在纳斯达克全国证券市场交易的金融股组成，它创建于1985年1月31日，基准为250。

Nasdaq－100指数：是由在纳斯达克全国市场上市的最大的100家非金融性公司组成，反映纳斯达克成长最快的主要非金融性公司的情况。Nasdaq－100指数建于1985年1月2日。每一家公司的股票通过其市值在综合指数中的比例来影响NASDAQ－100指数。NASDAQ－100指数是纳斯达克指数中最具代表性的指数之一。

二、Nasdaq-100指数和Nasdaq-100指数股票

1.Nasdaq-100指数

目前在纳斯达克(NASDAQ)系统内上市的公司已经有约4000家，大多数为高科技企业，其中约10%来自美国以外。而纳斯达克100指数股则是从它们中间遴选出来的精英。Nasdaq-100指数反映了纳斯达克上市的100家最大公司市场表现的指数。它包括计算机硬件、软件、通信、零售、批发贸易和生物技术。

Nasdaq-100指数于1985年首次编制，选取了100家按市值最大和市场交易活跃的国内、国际股票，而且不断对股票及股票的权重根据市场情况进行调整。一般每年都有一定的更换率，以便保证其成员企业能够不断与时俱进，始终代表经济发展的趋势。

入选Nasdaq-100指数的股票标准为：除了按市值大小选取外，还包括最小平均交易量10万股，已经在纳斯达克上市二年以上。如果该股票市值较大，在前25名内，则在纳斯达克上市一年即可，如果是一家外国证券，则公司必须至少在全世界市场有100亿美元市值，在美国市场上必须达到40亿市值，平均每天成交量20万股，且必须适合于期权交易。

Nasdaq-100指数股票代表性使得Nasdaq-100指数成为套利交易和证券交易的有效载体。

1993年10月，纳斯达克—100指数开始在芝加哥期货交易所交易。

1994年1月1日，纳斯达克—100基准除以一个分母2重新进行设置。

1998年12月21日，纳斯达克—100指数的成分和权重进行改变。除了年度重新排序之外，还首次对指数重新调整。

2.Nasdaq-100指数股票

1999年建立在纳斯达克—100指数基础上的纳斯达克100 跟踪股票以QQQ代码在美国股票交易所交易。

随着美国国内和国外投资者的投资热情高涨，越来越多的投资新品种问世。其中，指数股票的交易就是最成功的投资新品种。指数股票提供投资者新的多样化投资选择。1999年3月10日，纳斯达克股票市场开发这个新的投资品种——Nasdaq-100指数股票，使投资者把Nasdaq-100的100只股票作为整体来投资。虽然市场波动依然存在，投资者通过投资Nasdaq-100

股票，能避免某一个公司股票波动的影响。

指数股票这个投资品种和SPDRS(标准普尔的存托凭证指数)及DIAMONDS(道·琼斯工业指数)很相似，类似于一个指数基金，但在美国证交所交易厅里却作为一个股票交易。投资者购买Nasdaq-100指数股票，实际上是在买Nasdaq-100信托基金。一个单位投资信托实际上持有一个包含Nasdaq-100指数所有股票的组合。

指数股票的投资是一个指数，但却有股票的优点：流动性、容易交易、税收优惠，甚至在某些情况下能每季度领取现金红利。

指数股票的特点：(1)多样性。Nasdaq-100指数股代表了100只股票。(2)简单化。投资者把Nasdaq-100指数的100只股票作为一个整体来投资。三是灵活性。交易单只股票一样，交易指数股票。

目前，美国证交所的交易厅把Nasdaq-100指数股(代码：QQQ)指数股票化。通过投资Nasdaq-100股票，投资者能参与那些经常在新闻和家庭主妇中耳熟能详的公司：微软、英特尔、思科、戴尔电脑、美国基因、床巴斯、LM爱立信电话公司、eBay公司、诺威尔(网络)公司、西北航空、MCI通信世界、高通公司、甲骨文公司、星吧、苹果计算机公司、赫尔曼米拉公司、亚马逊网站、雅虎等。实际上，每个100指数股公司都创造过技术奇迹，都有传奇般的成长历程，通过投资Nasdaq-100指数股，投资者能获得心理上的满足，是投资者对Nasdaq-100指数股趋之若鹜的原因。

纳斯达克上市要求及费用

不是所有股票市场都是相同的，也不是一个股票市场适合所有想上市的公司。上市要求不一样，交易规则不一样，维持继续上市标准也不一样，都是由股票市场本身结构和交易机制不同而变化的。一家公司怎样选择股票市场主要取决于市场公开性、效率性，对投资者的吸引力，以及满足公司继续发展的需要。

纳斯达克市场的上市要求、交易制度、监管准则等规则的设计考虑了处于成长期的高新技术企业的需求。因此纳斯达克市场的上市要求中，允许企业在起初没有利润的情况下挂牌售股。

纳斯达克市场有两个组成部分：全国市场(Nasdaq National Market，简称NNM)和小资本市场(Nasdaq SmallCap Market，简称NSCM)。通常规模较小的新兴公司选择在纳斯达克小资本市场上市，上市标准相对宽松；而规模较大的公司则大多选择在纳斯达克全国市场上市。两个市场的监管准则无异。

公司要在纳斯达克上市，首先要满足上市财务规定，其次要满足公司治理标准，最后要满足维持上市的条件。未达到上市标准的要摘牌。

一、纳斯达克全国市场

1.首次上市财务规定。共有三条上市标准，满足一条即可。(见表7)

上市标准一：⑴股东权益至少1500万美元；⑵税前盈利至少为100万美元；⑶公众流通股不少于110万股；⑷公众流通股市值不低于800万美元；⑸至少有400个股东(持股达100股或100股以上，下同)；⑹买方报价不低于5美元；⑺至少有3个做市商。

上市标准二：⑴股东权益至少3000万美元；⑵公众流通股不少于110万股；⑶市值不低于1800万美元；⑷买方报价不低于5美元；⑸至少有3个做市商；⑹至少有400个股东；⑺运行历史至少2年。

上市标准三：⑴总市值至少7500万美元或总资产至少7500万美元和总收入至少7500万美元；⑵公众流通股不少于110万股；⑶公众流通股市值不低于2000万美元；⑷买方报价不低于5美元；⑸至少有4个做市商；⑹至少有400个股东。

表7 纳斯达克全国市场上市标准

要　求	上市标准1	上市标准2	上市标准3
股东权益	1500万美元	3000万美元	不作要求
总市值 总资产 总产值	不作要求	不作要求	7500万美元或 7500万美元和 7500万美元
税前收入	100万美元	不作要求	不作要求
公众流通股	110万	110万	110万
经营年限	不作要求	2年	不作要求
公众流通股市值	800万美元	1800万美元	2000万美元
买方报价	5美元	5美元	5美元
股东人数	400人	400人	400人
做市商	3人	3人	4人
公司治理标准	有	有	有

公众持股量不包括“有发行公司经理或董事和拥有10%以上的收益权所有人直接或间接持有股票”。

2.继续保持其交易资格必须符合下列最低要求。

标准一：⑴股东权益不能低于 1000 万美元；⑵公众持股量不能低于 75 万股；⑶公众流通股市值不能少于 500 万美元；⑷买方报价不低于 1 美元；⑸股东不能少于 400 个；⑹做市商不少于 2 个。

继续上市标准二：⑴总市值不能小于5000万美元或总资产不能少于5000万美元且总收入不能少于5000万美元；⑵公众持股量不低于110万股；⑶公众流通股市值不能低于1500万美元；⑷买方报价不能低于3美元；⑸股东人数不能少于400个；⑹做市商人数不能少于4人。

3.证券上市收费标准。首次上市费5000美元，其中包含每一份申请费为1000美元，这笔费用不退。如果上市申请未获批准，申请人仍需支付这笔费用；如果申请成功，还将支付入市费用。入市费和年费按下面费用表收费(基于流通股数量)。从2002年9月起，纳斯达克收费标准有较大提高。(见表7)

表8 入市费和年费表(基于流通股数量)(美元)
(based on totalshares outstanding)

	入市费	年费
小于1，000，000	29，525	10，710
1，000，000～2，000，000	33，750	10，960
2，000，000～3，000，000	43，750	11，210
3，000，000～4，000，000	48，750	11，460
4，000，000～5，000，000	55，000	11，710
5，000，000～6，000，000	58，725	11，960
6，000，000~7，000，000	61，875	12，210
7，000，000～8，000，000	64，375	12，460
8，000，000～9，000，000	67，875	12，710
9，000，000~10，000，000	70，625	12，960
10，000，000～11，000，000	73，875	17，255
11，000，000~12，000，000	76，625	17，505
12，000，000~13，000，000	79，875	17，755
13，000，000～14，000，000	82，000	18，005
14，000，000~15，000，000	83，500	18，255
15，000，000～16，000，000	85，500	18，505
16，000，000～20，000，000	90，000	18，755
20，000，000～25，000，000	90，000	22，795
25，000，000~50，000，000	90，000	26，625
50，000，000～75，000，000	90，000	32，625
75，000，000～100，000，000	90，000	43，125
100，000，000以上	90，000	50，000

以上所指“股份”应该包括普通股、优先股、美国存托凭证(ADRS)、认股权证、股东股权或其他任何证券(但不包括可转换债券)。

决定收费标准的股票总数，以发行公司最近的定期报告内公布的数字为准。这些报告送发行公司的监管机构存档，并送交纳斯达克证券市场。

如果是发行新股，股票总数取自于纳斯达克证券市场收到的上市通告。

4.以美国存托凭证形式上市的费用标准。首次上市费5000美元，其中包含每一份申请的申请费为1000美元，这笔费用不退。如果上市申请未获批准，申请人仍需支付这笔费用；如果申请成功，还将支付入市费用。入市费和年费基于流通股数量收费。如果1至500万股，则每股收费0.005美元；5000001至1500万股，每股收费0.0025美元；15000001以上每股收费0.001美元。每家发行公司支付的入市费最高不得超过5万美元，包括原来的公司首次上市费5000美元。

年费：参与费2000美元，浮动费按上市每股证券收取，最低500美元或每股收取0.0001美元，以较高者为准，最高不得超过6000美元。每家发行公司支付年费最高不得超过8000美元，其中包括参与费2000美元。需要指出的是，从2002年9月起，纳斯达克的收费标准有较大提高，上面的费用仅供参考。

二、纳斯达克小资本市场

1.首次上市财务规定。在纳斯达克小资本市场上市的企业其财务规定如下：⑴股东权益不少于500万美元，或者市值达到5000万美元，或者净收入(最近一个财政年度或最近三个财政年度中的两年)达到75万美元；⑵300名以上股东(持股100股或100股以上)；⑶公众流通股数量不低于100万股；⑷公众流通股市值达到500万美元；⑸买方报价不能低于4美元；⑹有1年以上的经营历史或者公司市值5000万美元以上；⑺有3个做市商。(见表9)

表9 首次上市财务规定

要　求	标　准
股东权益 市值 净收入	500万美元或5000万美元或75万美元
公众流通股	100万
公众流通市值	500万美元
最小买方报价	4美元
做市商	3 人
股东人数	300人
经营年数 总市值	1年或 5000万美元
公司治理标准	有

注：公众持股量不包括“有发行公司的经理或董事和拥有10%以上收益权所有人直接或间接持有的股票”。

2. 继续交易资格要求。公司要继续保持其交易资格必须符合下列最低要求：⑴股东权益不低于250万美元，总市值不低于3500万美元或净收入(最近一个财政年度或最近三个财政年度中的两年)不低于50万美元；⑵股东人数不低于300人；⑶公众流通股数量不低于50万股；⑷公众流通股总市值不低于100万美元；⑸买方报价不低于1美元；⑹至少有2个做市商。

3. 证券上市收费标准。首次上市费5000美元，其中包含每一份申请的申请费为1000美元，这笔费用不退。如果上市申请未获批准，申请人仍需支付这笔费用；如果申请成功，还将支付入市费用。入市费和年费基于流通股数量收费。所有股权证券一般每股收取0.001美元，最高不超过5000美元：可兑换债券一般每百万美元面值的债券收取50美元，最高不超过5000美元。

年费：一般一级证券收取4000美元，其他各级证券收取1000美元。如果公司因为收购、合并或调整；私募；交换发行；股东优先认购和预约发行；公开发行等：需要在纳斯达克证券市场对已上市的某类证券发行额外股票，则要支付额外费用，以上行为每次费用为1000美元，或者每一额外发行股收取0.01美元，但每一次的最高收费不得超过7500美元。与纳斯达克全国市场一样，决定收费标准的流通股票总数(TSO)以发行公司最近的定期报告内公布的数字为准；这些报告送发行公司的监管机构存档，并送交纳斯达克证券市场。如果是发行新股，股票总数取自于纳斯达克证券市场收到的上市通告。

4. 以美国存托凭证形式上市的费用标准。首次上市费：一次性收取5000美元，每一份申请的申请费为1000美元，这笔费用不退；如果上市申请未获批准，申请人仍需支付这笔费用；如果申请成功，将在首次上市费中扣除这笔费用。

年费：按每种上市证券收取浮动费，最低500美元或每股收取0.0005美元，最高不得超过6000美元。

需要指出的是，从2002年9月起，纳斯达克的收费标准有较大提高，上面的费用仅供参考。

三、纳斯达克证券市场公司治理标准

1. 公司治理标准。以前主要是针对纳斯达克全国市场上市的企业，从1997年8月22日起， 纳斯达克小资本市场也必须符合纳斯达克全国市场公司治理标准。其概要如下：⑴公司的董事会必须至少有两名独立董事。“独立董事”的含义是排除公司的高级职员和雇员以及董事会认为会影响其执行董事职责时运用独立判断的人。1999年12月4日做出了新规定。⑵每家公司必须设立审计委员会。公司的审计委员会则要以多数独立董事组成。⑶在纳斯达克全国市场上市的公司必须每年举行股东大会，并通报全国证券交易商协会。所有股东大会允许股东委派代表参加，但会议代表的委任书副本必须提交全国证券交易商协会存档。公司召开普通股股东大会时，其法定人数拥有的股票不得低于已发行股的1/3，或公司章程规定的上限。⑷公司必须向股东提交年度报告、季度报告和其他临时报告。公司应该在举行股东年会前的适当时间内提供年度报告，季度报告则在向发行公司的监管当局提交存档之前或之后尽快派发。⑸委托代理要求。⑹对利益冲突进行复核。(7)股东对某些交易活动的批准。(8)投票权。如有关规则与发行公司注册国家的法律和商业管理有所抵触，全国证券交易协会可予以豁免。

2. 独立董事和审计委员会标准。为了提高公司审计委员会的审计效果，纳斯达克于 1999 年 9 月提出修订方案。1999 年 12 月 14 日，证券交易委员会批准了纳斯达克独立董事和审计委员会标准的修订方案。

进行修订目的是为加强公司审计委员会的独立性和审计效果，并加强公司独立审计委员会、外部董事、管理层的责任。修订后的规则适用于纳斯达克全国市场，并适用于小资本市场，具体修订如下：

(1)独立董事。新规则对导致在担任审计委员会委员时不具有“独立性”做出了具体规定。如果某一董事存在下列事项，将被认为不具“独立性”：A. 目前和过去三年在公司任职或公司下属机构中任职。B. 在上一财政年度中从公司或其下属机构接收了超过 60，000 美元的报酬(包括董事会服务、退休福利计划、非独立报酬)。C. 在过去三年中有直系家庭成员在公司或其下属机构中任执行官。D. 在公司建立的赢利机构中具合伙人或控股人地位；或公司在该机构中收付年度 5%以上的总收入(不包括仅由证券投资所致的)；或在过去三年任一年内，从该机构中收取 20 万美元或更多。E. 任另一单位的高层管理而公司的执行官又在该单位补偿委员会任职。

⑵审计委员会——法定要求。公司要采用正式书面文件规定审计委员会职责范围和执行这些职责的方式；外部审计员对董事会和审计委员会的责任；以及审计委员会有责任确保外部审计员的独立性。

审计委员会——组织和人员要求。新规则要求审计委员会至少有三名成员，并且只能由独立董事组成。所有的董事必须能看懂财务报表，包括公司的资产负债表、利润表和现金流量表。至少一名董事有财务会计方面的任职经历，必备的专业会计资格证书，或相应的资历和背景，包括现任或曾任首席财务执行官或其他全面负责财务的高级官员。

然而在特定或有限制的情况下，经董事会确认，新规则允许一名非独立的董事任职于审计委员会。

并且在公司下一年度委托书中披露理由：这名非独立的董事任职于审计委员会能体现公司和股东的最大利益。但公司现职员工和官员以及他们的直系家庭成员不在此特例之内，不能任职于审计委员会。

注意：根据证券交易委员会规定小公司可免于这些组织和结构变化，但要求小公司确保审计委员会的多数由独立董事组成，而且小公司也必须遵守独立董事的规则。

四、案例：预计纳斯达克整个上市费用

纳斯达克证券市场上市费用，包括证券律师费、审计师费、财务顾问费、主承销商费及其他费用(主要是印刷、申请、宣传、调查费用、SEC 费用、NSAD 费用、杂项费用等)。上市费用取决于公司规模、集资方法和集资数量。(见表 10)

这是一家公司两种筹资方案，即 2500 万美元(加 15%超额配售)和 5000 万美元(加 15%超额配售)的预计整个上市费用。

表 10　预计纳斯达克整个上市费用

集资额(美元)	2500 万	5000 万
发行股数(万股)	588	588
条　目	预计费用	预计费用
主承销商折扣和佣金(美元)	175 万	350 万
注册费用(美元)	—	—
SEC 费用(美元)	9，914	19，828
NSAD 费用(美元)	3，375	6，250
印刷费用(美元)	100，000	100，000
会计费用(美元)	160，000	160，000
法律费用(美元)	200，000	200，000
蓝天法费用(美元)	15，000	15，000
杂项费用(美元)	34，200	34，200
Nasdaq 进入费(美元)	63，725	63，725
Nasdaq 年费(美元)	11，960	11，960
过户机构及注册费(美元)	5，000	5，000
总计(美元)	2，353，174	4，115，963

注：1. 上面这些数字只是一个参考，因为，包括主承销商及注册费都是可以协商的。

2. SEC 费用为总筹资额(包括 15%的超额配售)的 1%的 1/29，即 2500×(1+15%)×1%×1/29=99142 美元或 5000×(1+15%)×1%*1/29=19828 美元

3. NASD 费用为 500 美元加上总筹资额(包括 15%的超额配售)的 0.01%，但总额不超过 3.05 万美元。
500+0.01×25，000，000×(1+15%)=3375 美元
500+901×5000×(1+15%)=6250 美元

4. 纳斯达克费用按照前面所述。一般来说，超过 500 万美元以上的筹资额的总费用成本大约 10%左右，但低于 500 万美元以下的筹资额的 IPO 可能成本太高不合算，因为有的费用跟集资额没有关系。筹资额最好在 5000 万美元以上。

中国的上市公司

1999 年至今，通过 IPO 在纳斯达克上市的中国公司共七家，除新浪、搜狐、网易、中华网四家门户网站公司外，还有亚信、UT 斯达康、侨兴三家通信及设备类公司。2002 年这几家中国上市公司得到了海外投资者的热烈追捧。其中表现最为抢眼的当数网易(代码：NTES)，当 2001 年 9 月 4 日，纳斯达克股市宣布暂停网易在纳斯达克的交易时，网易的最后收盘价为 0.6492 美元。2002 年 12 月 31 日其收盘价为 11.45 美元，涨幅高达十多倍，仅 10 月份以来的涨幅就高达 4 倍左右。其他两家门户网站的表现也非同凡响：搜狐(代码：SOHU)在 2001 年 12 月 31 日的收盘价为 1.20 美元，而 2002 年 12 月 31 日的收盘价为 6.40 美元，涨幅高达 5 倍；新浪(代码：SINA)在 2001 年 12 月 31 的股价 1.58 美元，而 2002 年 12 月 31 日的收盘价为 6.50 美元，涨幅为 4 倍左右。而同期纳斯达克指数跌幅达到 30%。分析人士指出，中国门户网站的股价连续大幅提升，正成为全球网络股泡沫破裂后的一道奇观，中国股票走红华尔街的基本背景，是海外投资者对中国经济迅速增长的关注和逐步认同。

中国门户网站在股市上的上佳表现有经营业绩为支撑，门户网站的盈利模式已趋形成，短信息服务正在成为其重要的利润来源。按约定，短信中涉及门户网站提供的信息或服务，移动电话公司就将85%的收入归网络公司所有。以网易为例，第三季度的短信收入达770万美元，已经占其收入的最大部分，而同期的广告收入只有120万美元。此外，依靠股票行情、游戏下载、手机铃声、聊天交友等丰富的信息服务，以及在线收费服务和企业服务等，门户网站的盈利模式已趋多元化，带来了可观的收入。分析人士普遍对中国门户网站2003年的全面盈利持乐观态度，这些公司经营业绩的明显改善，给海外投资者以想象空间。在中国网络股的带动下，来自中国的科技股也在华尔街迅速崛起，亚信和UT斯达康都取得可观的涨幅。这些涨势甚至刺激华尔街投资者对来自中国的大型石油、电信、工业类股票的追捧，使这些股票逆市取得不同程度的上涨，从而看出海外投资者对中国经济快速增长的关注。

1. 网易

网 易		代 码	ntes	收盘价	$11.45
流通股	30，125，000	市值	$344，931，250	52周最高	$13.74
交易所	NASDAQ-NM	发行类型	ADR	52周最低	$0.65
P/E比率	N/A	年红利	N/A	收益率	N/A

2000年6月30日，网易在纳斯达克上市，交易代码为“NTES”。发行数量450万股，价格15.50美元，筹资数额69，750，000美元。

上市当日即出师不利，受纳指狂跌影响，网易股价由发行价15.5美元跌至12.125美元，跌幅为21.77%，被业内人士戏称为“流血上市”。2001年7月19日，网易因未按规定向纳斯达克和美国证券交易委员会呈报年度报表，收到纳斯达克停牌通知，网易随即要求召开听证会。2001年7月23日，网易在纳斯达克的原股票交易代码“NTES”更改为新的股票交易代码“NTESE”，预示着有可能将其摘牌。2001年9月4日，纳斯达克股市宣布暂停网易在纳斯达克的交易。网易的最后收盘价为0.6492美元。但否极泰来，2002年1月2日，纳斯达克恢复网易的股票交易。网易复牌首日收盘于0.95美元，较停牌期间股价上涨了0.30美元，涨幅达46.33%，成交量达到170300股。

网易2002年第二季度(截止到到2002年9月30日)收入总额达3，848万人民币(465万美元)，较2001年同期的548万人民币(66万美元)增加了601.8%，较2002年第一季度的2，395万人民币(289万美元)增加了60.7%。从网易股票首次公开发行以来，公司第一次实现盈利，净利润3.8万人民币(0.5万美元)，即每股(美国存托凭证)净盈利0.01美元，相比2001年第二季度净亏损7，103万人民币(858万美元)以及2002年第一季度净亏损1，780万人民币(215万美元)有了显著的改善。

网易2002年第三季度(截止到2002年9月30日)收入总额达7，440万人民币(900万美元)，较上一季度的3，850万人民币(460万美元)增长93.3%，较2001年同期的720万人民币(90万美元)增加了6，720万人民币(810万美元)。若不计一次性支付3，600万人民币(435万美元)的赔偿金，营业利润达2，530万人民币(310万美元)。其主要贡献为电子商务及其他服务方面的收入，达到6，400万人民币(770万美元)，较上一季度的3，030万人民币(370万美元)增长111.0%，较去年同期的300万人民币(40万美元)增加了6，100万人民币(740万美元)。这主要是由于网易收费服务收入的持续增长，包括短信服务和其他在线收费服务，如：收费邮箱，交友中心和同城约会。2002年8月，在线游戏《精灵》和《大话西游2》正式收费的成功启动，也是收入增长的原因之一。

注：就公司和其他被告误报2000年收入，违反美国证券法一事，投资者自2001年10月起对公司、现任和曾任的公司主管和董事，以及公司首次发行股票的承销商提起集体诉讼，并在美国纽约州南区法院立案。网易公司在第三季度同意支付一笔非重复的一次性赔偿金，金额为3，600万人民币(435万美元)，用于赔偿该集体诉讼起诉人提出的全部索赔。

图 1　网易股票交易情况（2001-2002）

2. 搜狐

搜　狐		代　码	sohu	收盘价 2/31/02	$6.4
流通股	34,558,000	市值	$221,171,200	52 周最高	$6.94
交易所	NASDAQ-NM	发行类型	普通股	52 周最低	$0.87
P/E 比率	N/A	年红利	N/A	收益率	N/A

图 2　　搜狐股票交易情况（2001-2002）

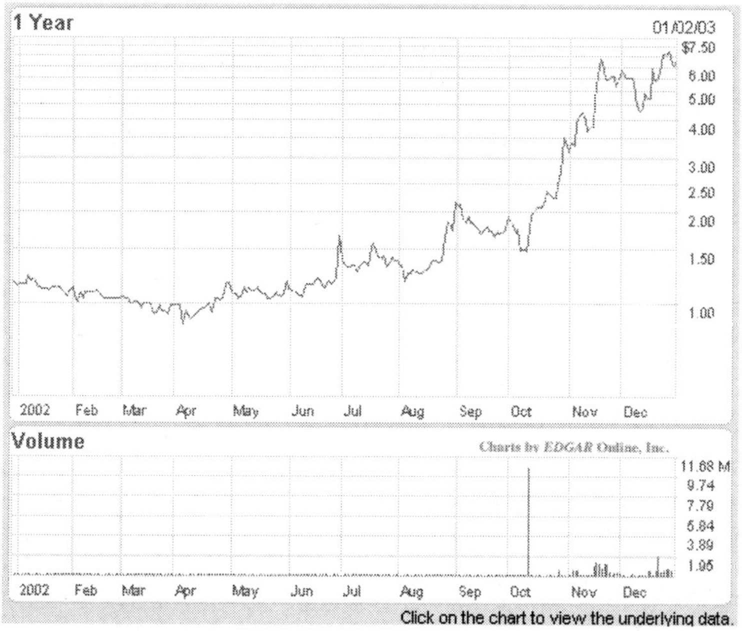

2000 年 7 月 11 日，搜狐在纳斯达克上市，交易代码为“SOHU”。发行数量 460 万股，价格 13 美元，筹资数额 59,800,000 美元。

搜狐没有网易那么多磨难，其经营情况大体和网易相似。2002 年第二季度业绩(截止 2002 年 6 月 30 日)：成功实现运营现金流盈利。成功实现 EBITDA 盈利，比预计提前了两个季度。收入高达613万美元，比上一季度激增35%，比去年同期增加113%，高于公司预期的510万美元。毛利率从上季度的36%大幅提升至本季度的49%。按照US GAAP（美国通用会计准则）净损失从第一季度的220万美元减少到87万美元，比上季度改善61%，比去年同期改善89%。广告收入占总收入的55%，比上季度增加34%，达到336万美元，比去年同期增长51%。非广告收入达到276万美元，比上季度增长37%，比去年同期增长324%，这归功于公司一直致力于将其庞大的用户群转换为消费者。

2002年10月22日，搜狐公布了截止2002年9月30日的第三季度财务报告。提前于公司预期实现了US GAAP（美国通用会计准则）盈利112,000美元2002年前九个月营运现金流为正，总收入达到750万美元，同比增长111%，高于公司预期的670万美元，连续9个季度实现双位数季度收入增长。本季度非广告收入和广告收入分别占总收入的51%和49%，提前于公司预期实现了多元化且均衡的收入构成，广告收入同比增长52%，达到370万美元，反映出日益壮大的国内客户群在将个人用户转变为消费者的可持续战略下，本季度非广告收入同比激增237%，达到380万美元，毛利率水平创历史新高，达到55%，公司保持对2002年第四季度及2003年全年全面盈利的预期。

3. 新浪

新　浪		代　码	sina	收盘价 12/31/02	$6.50
流通股	45,927,000	市值	$298,525,500	52周最高	$7.34
交易所	纳斯达克-NM	发行类型	普通股	52周最低	$1.40
P/E比率	N/A	年红利	N/A	收益率	N/A

图3　新浪股票交易情况（2001-2002）

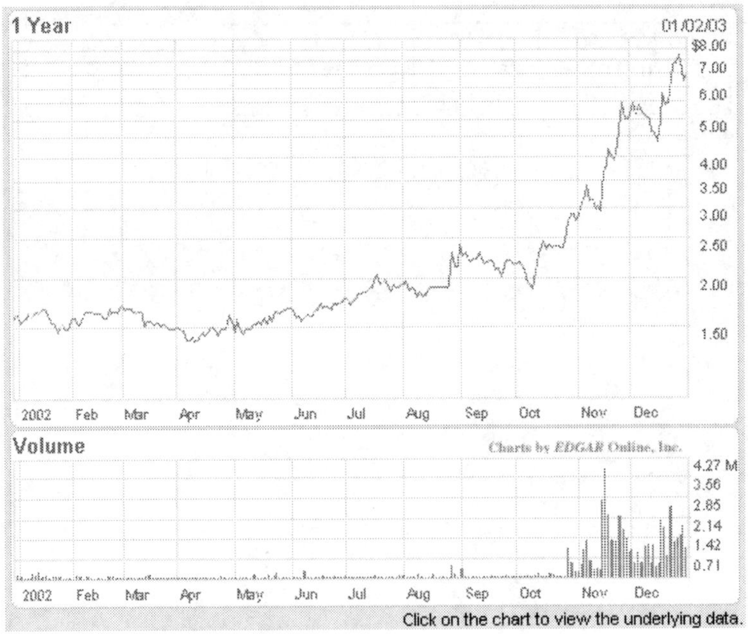

2000年4月13日，新浪在纳斯达克上市，交易代码为“SINA”。发行数量400万股，价格$17.00，筹资数额68,000,000美元。在中国三大门户网站中，新浪的股价一直在1美元以上，其经营情况大体和网易、搜狐相似。

新浪在2002财年第四季度(2002年4月-6月)，净营收额总计860万美元，较上一季度增长了20%，较去年同一时期则增长了48%。本季度毛利率达到59%，创下历史最高值，也高于上一季度的52%。按照美国通用会计准则(US GAAP)计算，本季度净亏损总额为190万美元，较上一季度的400万美元减少了52%，相较于上一财年同一时期的820万美元则减少了77%。本季度每股净亏损为0.04美元，较上一季度的0.09美元，以及上一财年同一时期的0.20美元均有减少。本季度净营收较去年同期增长 48%，实现正运营现金流。

2002 年 11 月 4 日：新浪公布 2003 财年第一季度(2002 年 7～9 月)财务报告。本季度净营收额较去年同期增长 71%，达 1030 万美元，为历史最高值。本季度非广告营收较去年同期增长 320%，达 386 万美元，占营收总额的 37%。本季度广告营收较去年同期增长 26%，达 649 万美元。本季度净盈利试算额为 24 万 1 千美元，去年同期的净亏损试算额为 290 万美元。按照美国通用会计准则(US GAAP)计算，本季度净亏损额为 55 万 9 千美元，较上季度下降 70%，较去年同期下降 89%。本季度运营现金流为正 310 万美元，总体现金流达到正 250 万美元。毛利率得到进一步改善，创下 61%历史新高。

4. 中华网

中华网		代码	china	收盘价 12/31/02	$2.83
流通股	101,200,100	市值	$286,396,000	52 周最高	$3.46
交易所	纳斯达克-NM	发行类型	普通股	52 周最低	$1.81
P/E 比率	N/A	年红利	N/A	收益率	N/A

1999 年 7 月 14 日，中华网国际网络传讯有限公司（CHINADOTCOM），简称“中华网公司”，在美国纳斯达克股票市场成功上市。交易代码为“CHINA”本次发行 420 万股，超额配售 63 万股，成功筹集资金 9,660 万美元。与第一次融资相隔半年，中华网公司又进行第二次融资，公开发行 4,975,500 股，每股发行价高达 85 美元，融资 4.2 亿美元，超额认购倍数达 10 倍。两次融资共超过 5 亿美元。

按照 GAAP 美国通用会计原则，中华网公司第三季度收入比上一季度增长 6%，达到了 1610 万美元。净亏损为 330 万美元，比去年同期的 2480 万美元减少了 87%。第三季度的每股亏损为 3 美分。为 9 个季度以来的最佳。中华网的现金和现金等价物连续两个季度增长，本季度增加了 2%。

值得注意的是，由于增收乏力，业绩表现不佳，股价一度领先的中华网仍然徘徊在 2 美元多的水平，跌至中国网络股的末尾。

图 4　中华网股票交易情况（2001-2002）

5. 亚信

亚 信		代 码	asia	收盘价 12/31/02	$6.34
流通股	44,187,000	市值	$280,180,450	52 周最高	$24.25
交易所	NASDAQ-NM	发行类型	普通股	52 周最低	$2.04
P/E 比率	30.19	年红利	N/A	收益率	N/A

2000 年 3 月 3 日，亚信在纳斯达克上市，交易代码为“ASIA”。发行数量 500 万股，价格 24 美元，筹资数额 120,000,000 美元。

亚信科技（中国）有限公司（纳斯达克：ASIA）是面向电信全业务提供软件产品、全面解决方案及服务的供应商。先后承建和参建中国电信 ChinaNet、中国联通 UniNet、中国网通 CNCNet、中国移动 CMNet 和中国吉通 GBNet 五大全国性 IP 骨干网，完成了数百项大规模网络建设工程。亚信公司 2001 财年全年净收入为 7140 万美元，比 2000 年增长了 60.2%，全年净利润为 1170 万美元，每股净收入为 0.28 美元。2002 年伊始，亚信耗资 5000 多万美元的邦讯收购，成为亚信进入全电信领域的标志性事件。

7 月 23 日，亚信公布了第二财季报告。亚信公司第二财季的运营利润（Operating Profit）达到 380 万美元，或者每股净收益 8 美分，同比增长 118%，而较今年一季度则增长了 252%。

由于国内电信业重组没有完成，预期中的投资计划拖后，直到 5 月 16 日新电信和新网通才正式挂牌成立，致使前 5 个月的电信投资减少了 32%，影响了亚信的销售业绩。亚信认为下半年市场前景不容乐观，所以此次亚信公司也调低了对 2002 全年的盈利目标。调整后的年度净收入为 6000～6500 万美元，运营利润为 400～600 万美元，净收益为 500～700 万美元，或者每股盈利 0.11～0.15 美元。在公布第二季财报的同时，亚信亦宣布了一些增效节支措施，以应对收入增长的减缓。其中的主要措施之一是在和邦讯公司的整合过程中，将减少 10%的职位以避免重复。

市场的困难对第三财季的业绩影响很大。亚信公司第三财季的净收入为 1470 万美元，公司第三财季的净收益（net income）仅为 46.8 万美元，即每股净收益 1 美分。软件解决方案和增值服务在公司收入中占据重要成分，软件解决方案的收入达到了 910 万美元，比去年同期增长 18%，比第二财季增长 3%。邦讯科技，作为亚信在 2002 年初并购的移动运营支撑系统（BOSS）提供商，为第三财季的净收入贡献 34%，占软件收入的 40%。

图 5　亚信股票交易情况（2001-2002）

6. UT 斯达康

UT 斯达康		代　码	utsi	收盘价 12/31/02	$19.83
流通股	106,458,000	市值	$2,111,062,140	52 周最高	$35.66
交易所	纳斯达克-NM	发行类型	普通股	52 周最低	$12.21
P/E 比率	25.42	年红利	N/A	收益率	N/A

2000 年 3 月 3 日，UT 斯达康和亚信同一天在纳斯达克上市，交易代码为“UTSI”。发行数量为 1，000 万股，价格 18 美元，筹资数额 180,000，000 美元。

公司是专门从事现代通信领域前沿产品研究、开发、生产及销售的高科技通信公司。总部位于美国硅谷，共有七个研发中心分布在美国、中国和印度，业务范围遍布全球。产品包括有线和无线接入产品(无线市话小灵通)、宽带综合解决方案、IP 软交换产品和第三代移动通信系统。UT 斯达康已成为世界上无线、宽带、IP 软交换和第三代移动通信领域的佼佼者。据世界权威市场分析机构及有关统计显示：在无线领域，UT 斯达康作为 PAS 无线市话的发明者是全球目前最大的无线接入设备供应商；在宽带领域，UT 斯达康享有全球 DSLAM 产品的第二大市场份额；在软交换领域，UT 斯达康作为国际软交换组织的发起人，已将软交换技术成熟推向市场，积极构建面向下一代的网络，在全球软交换市场中名列前茅；在 3G 领域，UT 斯达康首家将 IP 软交换技术引入核心网络，并成为世界上少数已能实现端到端解决方案的第三代移动系统供应商。UT 斯达康也是国内最早建立 W-CDMA 移动通信系统试验网的公司之一。

2000 年，UT 斯达康的年营业额 3.68 亿美元，每股净收益达到 34 美分。被美国著名财经杂志《福布斯》评为全球最成功的前 20 名小企业（以年营业额 5 亿美元以下计）之一。UT 斯达康在全球经济普遍不景气的情况下，依然保持高速成长势头，2001 年实现全球营业额 6.27 亿美元，每股净收益达到 72 美分。至 2002 年 6 月，连续 10 个季度实现并超过华尔街对公司的财务预期，被 FinanceAsia 杂志评为中国管理最佳的十大企业之一。2002 年 6 月，美国权威杂志《商业周刊》评选出 2002 年度全球 IT 企业 100 强，并被《财富》杂志评为中国上市公司 100 强。

图 6　UT 斯达康股票交易情况（2001-2002）

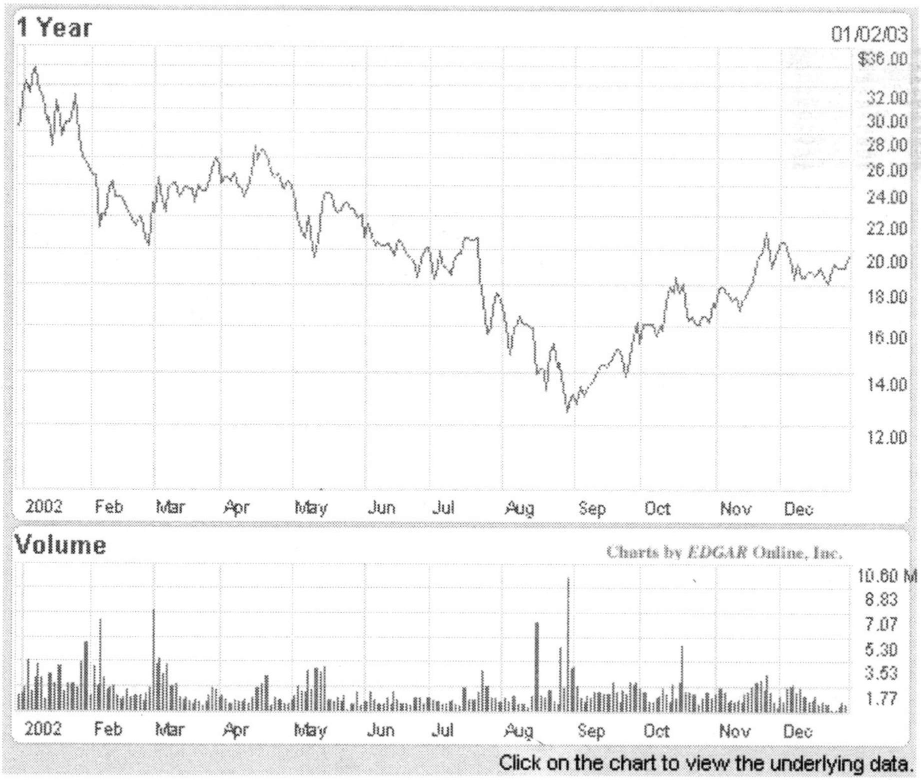

7. 侨兴

侨兴电讯		代　码	xing	收盘价 12/31/02	$2.411
流通股	15,282,300	市值	$36,844,902	52 周最高	$5.89
交易所	纳斯达克-NM	发行类型	普通股	52 周最低	$0.74
P/E 比率	N/A	年红利	N/A	收益率	N/A

1999 年 2 月 12 日，侨兴电讯在纳斯达克上市，交易代码为“XING”。发行数量 160 万股，价格 5.50 美元，筹资数额 8，900,000 美元。

侨兴电讯工业有限公司成立于 1992 年 4 月，主要从事通信终端产品的研究、开发、生产与销售，是国家级火炬计划重点高新技术企业、中国民营百强企业、广东省高新技术企业。产品主要有各种电话机及其配套产品、CDMA 手机、聋人助听电话、纳米抗菌电话、超薄型高清晰度语言复读机、办公和家用传真机、对讲机、程控交换机、路由器、车载电话系统等，是国内最大的电话机生产基地。1999 年 2 月股票（代码 XING）在美国纳斯达克上市。

图 7　侨兴电讯股票交易情况（2001-2002）

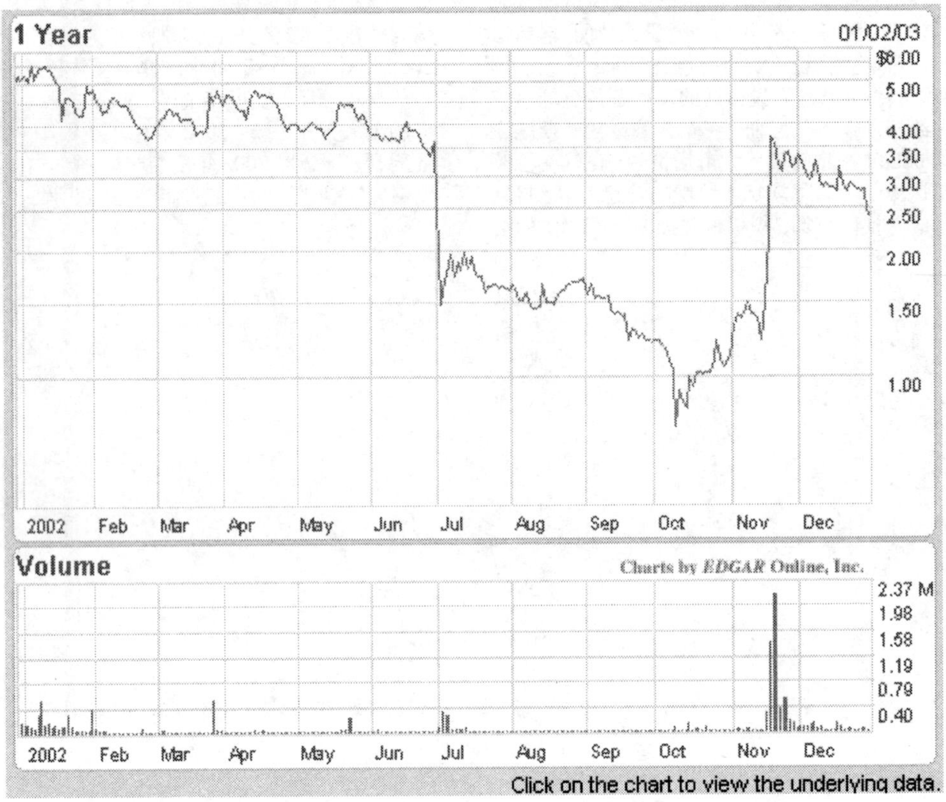

（上海远东证卷有限公司（筹） 卢圣宏）

统计篇

◈证券概况统计

◈股票交易市场

表1 1992-2001年证券市场概况统计

	1992	1993
境内上市公司数(A、B股) (家) Number of Listed Companies (A、B share)	53	182
境内上市外资股(B股) (家) Number of Listed Companies (B share)	18	41
境外上市公司数(H股) (家) Number of Listed Companies (H share)		6
股票总发行股本(亿股) Total Issued Capital	68.87	387.73
其中：流通股本(亿股) Negotiable Shares	21.18	107.88
股票市价总值(亿元) Total Market	1048.13	3531.01
其中：股票流通市值(亿元) Negotiable Market Capitalization		861.62
股票成交量(百万股) Trading Volume	3795.39	23422.17
股票成交金额(亿元) Total Turnover	681.25	3667.02
上证综合指数(收盘) Shanghai Stock Exchange Composite index	780.39	833.80
深证综合指数(收盘) Shenzhen Stock Exchange Composite index	241.2	238.27
平均市盈率 PE Ratio		
上海 Shanghai		42.48
深圳 Shenzhen		42.69
平均换手率 (%) Turnover Ratio		
上海 Shanghai		
深圳 Shenzhen		
投资者开户数(万户) Number of Investors (10000)	216.65	777.66
国债发行额(亿元) Amount Issued of T-Bonds(100000000)	460.78	381.31
企业债发行额(亿元) Amount Issued of Enterprise Bond(100000000)	683.71	235.84
债券成交量(万手) Bonds Transaction Volume(10000)		
债券成交额(亿元) Bonds Turnover (100000000)		
国债现货成交金额(亿元)Cash T-Bonds Turnover(100000000)	7.1276	61.02
国债回购成交金额(亿元) Repurchase T-bonds Turnover(100000000)	0.00	0.42
证券投资基金只数(只) Number of Securities Investment Funds		
证券投资基金规模(亿元) Amount Issued of Securities Investment Funds(100000000)		
证券投资基金成交金额(亿元) Turnover of Securities Investment Funds(1000000000)		
期货总成交量(万手) Futures Transaction Volume(10000)		890.69
期货总成交额量(亿元) Futures Turnover (100000000)		5521.99

Summary for Securities Market

1994	1995	1996	1997	1998	1999	2000	2001
291	323	530	745	851	949	1088	1160
58	70	85	101	106	108	114	112
15	18	25	42	43	46	52	60
684.54	848.42	1219.54	1942.67	2526.79	3088.95	3791.71	5218.01
226.04	301.46	429.85	671.44	861.94	1079.65	1354.26	2410.61
3690.61	3474.28	9842.38	17529.24	19505.64	26471.17	48090.94	43522.20
968.89	938.22	2867.03	5204.42	5745.59	8213.97	16087.52	14463.17
201333.91	70547.06	253314.06	256079.12	215411.00	293238.88	475840.00	315228.76
8127.63	4036.47	21332.16	30721.84	23544.25	31319.60	60826.65	38305.18
647.87	555.29	917.01	1194.10	1146.70	1366.58	2073.48	1645.97
140.63	113.24	327.45	381.29	343.85	402.18	635.73	475.94
23.45	15.70	31.32	39.86	34.38	38.13	58.22	37.71
10.28	9.46	35.42	41.24	32.31	37.56	56.03	39.79
1134.65	528.72	913.43	701.81	453.63	471.46	492.87	449.06
583.83	254.52	1350.35	817.43	406.56	424.52	509.10	483.44
1058.98	1242.47	2307.23	3333.33	3911.13	4481.19	5801.14	6650.42
1137.55	1510.86	1847.77	2411.79	3808.77	4015.00	4657.00	4884.00
161.75	300.80	268.92	255.23	147.89	158.2	83	147
	100660.50	174297.17	161732.38	203161.4	170716.33	197979	204707.68
	59367.61	18039.35	16476.89	21661.777	18284.122	19119.158	2041776.3
468.37	775.20	5029.24	3582.75	6059.95	5300.87	4157.49	4815.59
75.78	1248.52	13008.64	12876.06	15540.84	12890.53	14733.68	15487.63
				6	22	34	51
				120	510	562	804.23
				555.33	1623.12	2465.79	2561.88
12110.72	63612.07	34256.77	15876.32	10445.57	7363.91	5461.07	12046.35
31601.41	100565.30	84119.16	61170.66	36967.24	22343.01	16082.29	30144.98

换手率=全年成交金额/((本年末流通市值+上年末流通市值)/2)*%

表 2 股票市场概况统计表（A 股）

		1992	1993	1994
境内上市公司数(A、B 股) (家) Number of Listed Companies (A、B share)		53	183	291
境内上市外资股(B 股) (家)Number of Listed Companies (B share)		18	41	58
发行股数（百万股）Amount Issued (1000000)		7350.80	35759.50	63947.08
市价总值（百万元）Market Capitalization(1000000)		104814.90	354152.07	369061.68
流通总值（百万元）Negotiable Market Capitalization(1000000)			86162.97	96890.11
成交量（百万股）	合计 Sum	3689.78	22656.47	101333.91
Transcation Volume(1000000)	日平均 Daily Average	14.41	87.92	402.12
成交金额（百万元）	合计 Sum	68303.73	362720.32	812762.89
Turnover (1000000)	日平均 Daily Average	266.53	1407.49	3225.25
平均换手率（%）				
Turnover Rate (%)	上海 Shanghai			1134.65
	深圳 Shenahen			583.83
上证指数	最高 Highest	1429.01	1558.95	1052.94
Shanghai Stock Exchange	月日 Data	19920526	19930216	19940913
Composite Index	最低 Lowest	292.76	750.46	325.89
	月日 Data	19920102	19931220	19940729
	平均 Average	668.52	1013.39	674.1
深证指数	最高 Highest	312.21	359.44	242.06
Shenzhen Stock Exchange	月日 Data	19920526	19930222	19940107
Composite Index	最低 Lowest	107.08	203.91	96.56
	月日 Data	19920116	19930721	19940729
	平均 Average	215.76	277.51	165.86

交金额/((本年末流通市值+上年末流通市值)/2)*%

上海、深圳证券交易所 Sanghai Shenzhen Stock Exchange

Summary for Stocks Market

1995	1996	1997	1998	1999	2000	2001
323	530	745	851	949	1088	1160
70.00	85	101	106	108	114	112
76563.11	111036.04	177123.19	234535.35	290885.19	361339.05	483835.68
347427.64	984238.66	1752923.70	1952181.21	2647117.52	4809094.43	4352220.39
93821.91	286704.01	520442.39	574537.94	821396.38	1608751.96	1446317.01
70530.78	253314.43	256001.89	215246.10	293238.88	475838.21	315228.76
283.19	1025.57	1053.51	888.39	1226.94	1990.96	1313.45
403645.27	2133217.43	3072183.20	2352731.48	3131960.25	6082664.99	3830518.00
1618.56	8636.51	12642.73	9710.80	13104.44	25450.48	15960.00
528.72	913.43	701.81	453.63	471.46	492.87	449.06
254.52	1350.35	817.43	406.56	424.52	509.10	483.44
926.41	1258.69	1510.18	1422.98	1756.18	2125.72	2245
19950522.00	19961211	19970512	19980604	19990630	20001123	20010613
524.43	512.83	870.18	1043.02	1047.83	1361.21	1515
19950207.00	19960119	19970220	19980818	19990517	20000104	20011022
657.80	764.65	1175.59	1261.04	1377.33	1882	1956
169.66	473.02	517.91	441.04	525.14	654.37	664.85
19950522.00	19961211	19970512	19980603	19990629	20001123	20010613
112.63	105.34	305.81	317.1	310.65	414.69	439.36
19951228.00	19960122	19970106	19980818	19990518	20000104	20011022
131.00	224.67	388.16	384.7	407.62	579.61	580.9

表3　股票市场概况统计表（B股）

		1992	1993	1994
境内上市外资股 Number of Listed Companies (B share)		9	19	24
发行B股数（百万股） Amount Issued (1000000)		1221	2882.4	4683.81
市价总值（百万元）Market Capitalization(1000000)		7005.92	21385.58	17458.22
流通市值（百万元）Negotiable Market Capitalization(1000000)		5123.35	17860.26	15502.16
成交量（百万股） Transcation Volume(1000000)	合计 Sum	402.02	1739.97	2531.51
	日平均 Daily Average	1.86	6.86	10.09
成交金额（百万元） Turnover (1000000)	合计 Sum	3122.71	10465.62	12454.97
	日平均 Daily Average	14.53	41.3	49.69
平均换手率（%） Turnover Rate (%)	上海 Shanghai			88.04
	深圳 Shenahen			37.04
上证B股指数 Shanghai Stock Exchange Composite Index of B share	最高 Highest	140.85	105.78	104.71
	月日 Data	19920525	19931231	19940106
	最低 Lowest	0	51.01	59.81
	月日 Data	19920102	19930727	19941215
	平均 Average	78.19	75.32	73.98
深证 B股指数 Shenzhen Stock Exchange Composite Index B share	最高 Highest	142.03	185.45	142.85
	月日 Data	19921006	19930208	19940106
	最低 Lowest	105.72	80.63	85.07
	月日 Data	19921224	19930806	19941229
	平均 Average	117.34	120.6	112.32

换手率=全年成交金额/((本年末流通市值+上年末流通市值)/2)*%

数据来源：上海、深圳证券交易所

Summary for Stocks Market

1995	1996	1997	1998	1999	2000	2001
34	43	51	54	108	114	112
6155.37	8534.11	12509.74	14138.44	15096.91	17378.67	18790.20
16370.09	39383.13	37504.41	20635.62	30354.62	63519.48	127664.86
14727.94	35302.19	34834.21	19558.43	27650.06	56331.22	111827.92
2424.20	6821.52	8872.02	6160.48	12264.18	20036.13	68888.02
9.79	28.24	37.06	25.30	51.95	84.89	294.39
7786.54	27987.82	42661.92	12653.13	27004.93	54797.34	506313.30
31.48	116.15	178.55	52.05	114.64	232.23	2163.73
58.34	74.57	122.62	57.23	116.19	145.13	452.26
36.33	150.25	120.71	34.64	112.56	111.52	423.47
64	87.12	99.31	59.58	62.56	89.9	241.61
19950829	19961211	19970506	19980302	19990629	20001226	20010601
47	44.8	51.93	26.17	21.25	35.47	77.62
19951225	19961111	19971224	19980812	19990310	20000316	20010212
55	51.67	73.43	40.63	37.08	56.85	165.09
87	198.14	184.19	98.97	125.42	137.69	435.57
19950105	19961209	19970506	19980210	19990629	20001229	20010525
59	58.97	92.79	49.88	41.56	75.92	124.6
19951222	19960102	19971223	19980813	19990310	20000316	20010213
71	84.82	139.61	75.49	75.28	106	282.61

表4 1993—2001年全国股票交易统计表

	1993	1994	1995
交易所会员总数 Number of Members	907	1046	1085
其中:异地会员 Nonlocal Members	836	967	1002
上市公司数(个) Number of Listed Companies	183	291	323
上市股票数(只) Number of Listed Stocks	218	345	381
其中 A股 A Shares	177	287	311
B股 B Shares	41	58	70
发行总股本(亿股) Total Issued Capital	328.67	639.65	765.63
其中 A股 A Shares	300.18	592.63	704.08
B股 B Shares	28.49	47.01	61.55
流通股本(亿股) Negotiable Shares	81.61	185.63	234.98
A股 A Shares	57.13	144.40	178.98
B股 B Shares	24.48	41.22	45.99
流通市值(亿元) Nego. Market Capitalization	861.62	968.89	938.22
A股 A Shares	683.03	813.87	790.94
B股 B Shares	178.59	155.01	147.28
市价总值(亿元) Total Market Capitalization	3531.01	3690.61	3474.28
其中 A股 A Shares	3318.67	3516.03	3310.57
B股 B Shares	212.35	174.57	163.70
成交金额(亿元) Total Turnover	3627.20	8127.62	4036.45
其中 A股 A Shares	3522.55	8003.08	3958.58
B股 B Shares	104.65	124.55	77.86
成交量(百万股) Trading Volume	22656.47	101333.91	70530.78
其中 A股 A Shares	20916.50	98802.40	68106.57
B股 B Shares	1739.97	2531.51	2424.20
最高上证综合股价指数 High Shanghai Composite Index	1558.95	1052.94	926.41
其中 A股 A Shares	1640.71	1092.85	972.03
B股 B Shares	105.78	104.71	63.81
最低上证综合股价指数 Low Shanghai Composite Index	750.46	325.89	524.43
其中 A股 A Shares	765.58	321.20	539.86
B股 B Shares	51.01	59.81	47.03
最高深证综合股价指数 High Shenzhen Composite Index	359.44	242.06	169.66
其中 A股 A Shares	379.07	249.71	176.77
B股 B Shares	185.45	142.85	86.59
最低深证综合股价指数 Low Shenzhen Composite Index	203.91	96.56	112.63
其中 A股 A Shares	214.89	95.26	116.32
B股 B Shares	80.63	85.07	59.40

Trading Summary for Stocks (1993-2001)

1996	1997	1998	1999	2000	2001
1066	840	659	628	631	547
986	773	632	603	603	521
530	745	851	949	1088.00	1154
599	821	931	1029	1174	1240
514	720	825	921	1060	1130
85	101	106	108	114	110
1110.73	1771.42	2345.35	2908.85	3613.39	4838.35
1025.23	1646.13	2203.96	2757.88	3439.60	4650.45
85.49	125.29	141.37	150.96	173.79	187.90
345.56	560.82	740.94	952.34	1233.32	1480.88
267.14	443.24	607.01	810.45	1078.33	1315.21
78.41	117.57	133.91	141.88	154.99	165.67
2867.03	5204.42	5745.59	8213.96	16087.52	14463.17
2514.01	4856.08	5550.02	7937.46	15524.21	13344.90
353.01	348.33	195.57	276.49	563.31	1118.28
9842.38	17529.24	19505.64	26471.17	48090.94	43522.20
9448.55	17154.19	19299.29	26167.62	47455.75	42245.56
394.02	375.04	206.34	303.54	635.19	1276.65
21332.17	30721.83	23544.25	31319.60	60826.65	38305.18
21052.29	30295.21	23417.72	31049.55	60278.67	33242.04
279.87	426.62	126.52	270.04	547.97	5063.13
253314.43	256001.89	215410.56	293238.88	475838.21	315228.76
246492.91	247129.88	209250.08	280974.70	455802.07	246340.74
6821.52	8872.02	6160.48	12264.18	20036.13	68888.02
1258.69	1510.18	1422.98	1756.18	2125.72	2910.29
1313.92	1578.61	1508.41	1860.86	2251.89	3039.12
87.12	99.31	59.58	62.56	89.90	677.18
512.83	870.18	1043.02	1047.83	1361.21	1954.22
527.85	905.50	1108.91	1113.16	1446.12	2041.58
44.80	51.93	26.17	21.25	35.47	202.22
473.02	517.91	441.04	525.14	654.37	664.85
498.45	546.02	471.99	561.56	703.97	698.10
198.14	184.19	98.97	125.42	137.69	435.57
105.34	305.81	317.10	310.65	414.69	439.36
107.93	319.25	341.00	333.77	445.32	461.95
58.97	92.79	49.88	41.56	75.92	124.60

（数据来源：上海、深圳证券交易所 Source: Shanghai Shenzhen Stock Exchange）

表5　2001年全国股票每日成交量、成交额

	1月		2月		3月		4月		5月		6月	
	成交额	成交量	成交额	成交量	成交额	成交量	成交额	成交量	成交额	成交量	成交额	成交量
1					122.73	807627186.76						
2	218.70	940149157.45			139.78	642716631.39	288.35	1210121790.68				
3	294.68	1199174069.95					229.87	1067936903.83			301.33	1333030870.53
4	246.38	1034000062.91					249.97	1224033041.28			280.29	1205748574.05
5	249.15	1024624904.28	133.88	570384749.68	126.43	643214367.18	197.16	905656643.95			288.26	1168911427.01
6			133.29	625393605.44	204.89	1768931101.09	198.36	836908944.79			251.36	1000268412.21
7			89.72	426112088.02	216.46	1182103647.82					233.37	885893383.91
8	274.34	1166213505.51	127.05	535088518.03	177.96	931439390.16			144.25	669337385.47		
9	194.58	883796749.57	128.56	612199253.35	238.02	1367033325.61	205.42	965658309.86	176.80	789794813.49		
10	226.86	959144997.38					203.18	892224364.88	182.26	832292194.54	233.87	1005064076.97
11	258.22	1034071030.22					204.28	970526465.57	179.83	839663728.41	238.88	1023957999.50
12	208.14	804712984.26	113.43	497211108.17	204.88	1104875380.07	297.87	1346334767.05			270.17	1078455473.54
13			93.13	397984344.04	202.29	1193049741.63	234.53	1040390047.50			301.26	1234203171.82
14			73.26	325274244.81	176.68	864535859.59			261.68	1170419118.96	242.78	1002448956.67
15	231.94	957844937.87	75.26	341788888.19	220.61	1068220141.58			279.38	1302726064.23		
16	178.62	848865681.23	101.41	503341017.74	207.20	892749828.79	346.13	1431893192.60	270.48	1204244165.35		
17	128.18	516994276.28					347.34	1548300729.29	267.22	1175159920.20	257.53	1040363563.70
18	147.20	613396166.24					312.42	1431760789.20	278.85	1052403489.63	173.87	695057011.90
19	156.66	654548336.51	91.23	409041469.89	230.06	1004591580.00	312.71	1514126472.88			148.66	588618625.27
20			112.41	454073984.85	236.39	1069134396.54	362.57	1632834842.07			141.63	562032471.28
21			136.27	559478646.97	257.98	1158203076.19			335.73	1334768821.31	174.93	787380028.41
22			96.51	385442765.33	328.66	1654090030.11			260.24	1057056980.00		
23			100.85	426643350.08	373.77	1882675521.81	298.89	1412143437.80	296.75	1314679132.48		
24							247.32	1082282053.55	265.31	1069736096.92	243.94	1158178495.49
25							293.82	1378595405.68	241.21	990535093.00	261.46	1201310783.28
26			122.28	527653610.89	278.83	1304881514.85	217.96	1005609994.92			219.76	973810997.67
27			116.14	498717800.13	313.68	1366091787.14	178.87	854267696.59			210.42	938586079.14
28			105.37	465449033.84	305.36	1265530346.22			265.25	1116851102.43	155.89	663603601.26
29					278.57	1243782756.36			223.92	1013500816.52		
30					253.91	1075454684.14	168.85	768763314.60	244.75	1099900089.93		
31									278.26	1270956383.83		

Daily Trading of Stock 2001

	7月		8月		9月		10月		11月		12月	
	成交额	成交量	成交额	成交量	成交额	成交量	成交额	成交量	成交额	成交量	成交额	成交量
1			146.22	748629680.45					105.5	635645572.55		
2	153.87	642114096.28	128.90	653659415.93					71.58	428016404.45		
3	135.05	571785103.58	88.09	435932000.26	70.62	378025048.65					157.1	870155269.87
4	118.63	495888718.91			113.9	581440893.66					135.7	742847737.26
5	148.33	623445926.23			118.8	580641398.74			59.81	349739938.31	175.3	972092005.20
6	135.70	620739736.38	130.33	674829481.50	81.03	403432058.01			57.22	384663433.59	135.8	784021656.24
7			132.47	790231901.29	106.1	531639777.12			97.93	598321915.42	117.4	652810169.41
8			110.92	1132276600.35			52.14	273959112.98	78.27	526712978.56		
9	123.23	514378456.02	121.24	803388973.84			53.39	274423586.49	90.19	578088461.80		
10	132.01	536695066.44	166.39	1013531536.16	116.6	617108332.63	74.44	395765155.52			94.30	594132800.71
11	123.01	493494353.90			101.2	521739032.50	82.03	440212245.10			99.70	581737574.97
12	120.63	479331564.55			162.1	965352841.74	127.66	722707314.29	61.39	405787895.24	100.4	567716628.95
13	120.82	503755763.26	119.03	664342205.24	76.88	391081421.90			55.16	346196104.12	100.0	608114538.54
14			113.07	568544871.84	94.16	498345034.99			45.59	279017135.87	83.12	472237828.53
15			82.64	409594659.71			82.91	461999651.30	41.68	253292677.79		
16	176.46	715952904.02	90.22	454741756.18			61.61	340508293.15	187.2	1105410053.48		
17	134.83	584261937.73	76.28	421294810.02	100.9	533197420.07	51.28	276371623.82			66.59	364722398.82
18	99.73	392632807.17			75.00	410316688.57	59.75	332136105.39			82.67	513668163.85
19	117.75	549793707.40			80.38	399083813.97	97.58	590418166.89	76.67	460133831.65	81.82	464919179.27
20	191.16	818890927.38	92.85	601819154.88	91.48	488804224.53			150.6	923108417.97	96.39	581510005.88
21			92.97	506261679.97	65.38	356411931.53			121.4	681185939.86	66.77	374531046.11
22			118.17	670424529.01			70.90	426186623.64	123.1	699913819.89		
23	176.97	717772433.00	109.64	545735632.83			245.92	1431426892.02	111.8	636405509.62		
24	169.19	742430033.79	101.11	531090997.50	53.61	276401311.15	368.16	2047699792.76			72.86	425515314.65
25	138.19	626111561.01			58.75	291421991.98	176.28	978085231.14			69.22	453174448.96
26	132.71	574031310.17			68.20	280351038.28	109.99	646764959.76	82.94	472400726.80	76.13	481954429.69
27	140.44	591154225.05	132.03	646649946.64	66.59	320058693.70			87.47	502400302.58	88.87	559853969.88
28			111.02	582925590.87	64.62	338604811.72			138.7	759143561.63	88.71	506923806.89
29			102.41	504144570.72			94.48	551984024.72	123.9	680064842.80		
30	166.98	765208603.22	64.61	335850886.60			71.72	402284020.45	123.8	729508091.93		
31	144.99	717381998.29	60.27	312074093.26			71.25	407811853.11			90.06	520093242.56

（数据来源：上海、深圳证券交易所 Source: Shanghai Shenzhen Stock Exchange）

表6　2001年全国股票分行业成交量、成交额

行业 Industry	成交数量 Transaction Volume(10000)		成交金额 Turnover(10000)	
	数量（万股）Volume	(%)	金额（万元）	(%)
合计 Total	31522875.84	100.00	383051772.26	100.00
其中：15000万股以上	26102547.91	82.81	309427786.40	80.78
5000万股—15000万股	5253455.49	16.67	71928513.71	18.78
5000万股以下	166872.44	0.53	1695472.16	0.44
农、林、牧、渔业 Agriculture, Forestry, Fishing and Hunting	608870.77	1.93	8759977.41	2.29
采掘业 Mining	879855.86	2.79	8141966.61	2.13
制造业小计 Manufacturing	18339599.94	58.18	214383094.9	55.97
食品、饮料 Food ,Beverage	1124638.54	3.57	16658066.01	4.35
纺织、服装、皮毛 Textile, Apparel, Leather	1329557.07	4.22	18035032.11	4.71
木材、家具 Wood Product	17858	0.06	298046.93	0.08
造纸、印刷 paper, Printing	529582.76	1.68	6653143.9	1.74
石油、化学、塑料、橡胶 Petroleum,Chemical Product, Plastics Rubber	3259160.51	10.34	37743598.51	9.85
橡胶、塑料 Plastics,Rubber	1145866.16	3.64	14523236.06	3.79
金属、非金属 Metal,Nonmetallic Mineral Product	3658243.45	11.61	36298914.23	9.48
机械、设备、仪表 Machinery,Equipment,Meter	5657737.05	17.95	59922494.03	15.64
通信、电子 Communication and Electrical Equipment	1261886.45	4.00	19541830.21	5.10
其他制造业 Other Manufacuring	355069.94	1.13	4708732.87	1.23
电力、煤气及水的生产和供应业 Eletricity,Gas,Water Supply	1514728.98	4.81	16935088.18	4.42
建筑业 Construction	623048.99	1.98	7902810.82	2.06
交通运输、仓储业 Transprot,Storage	1667952	5.29	18177012.23	4.75
批发和零售贸易 Wholesale and Retail Trade	1248317.77	3.96	22725052.6	5.93
金融、保险业 Finance,Insurance	1880698.3	5.97	24023723.79	6.27
房地产业 Real Estate	417606.45	1.32	5950229.8	1.55
社会服务业 Social Services	1289940.96	4.09	15915738.2	4.15
信息与文化产业 Information, Culture	976898.26	3.10	12153638.47	3.17
综合类 Conglomerat	1089069.62	3.45	14308123.17	3.74

（数据来源：上海、深圳证券交易所 Source: Shanghai Shenzhen Stock Exchange）

表 7 2001 年证券公司增资扩股情况

序号 No	公司名称 Companies	增资后注册资本 Capital After Expanding（亿元）(100000000)	序号 No	公司名称 Companies	增资后注册资本 Capital After Expanding（亿元）(100000000)
1	湘财证券有限责任公司	28.27	13	西南证券有限责任公司	30
2	苏州证券有限责任公司	10	14	无锡证券有限责任公司	10
3	东莞证券有限责任公司	5.5	15	平安证券有限责任公司	10
4	内蒙古证券有限责任公司	8	16	长江证券有限责任公司	20
5	汉唐证券有限责任公司	9.6	17	黄河证券有限责任公司	14.5
6	新疆证券有限责任公司	5.7	18	申银万国证券有限责任公司	42
7	中关村证券股份有限公司	15.4	19	世纪证券有限责任公司	15
8	广西证券有限责任公司	8	20	恒信证券有限责任公司	5.8
9	泰阳证券有限责任公司	12	21	天同证券有限责任公司	20
10	武汉证券有限责任公司	10.1	22	渤海证券有限责任公司	23
11	广州证券有限责任公司	8.17	23	重庆证券经纪有限责任公司	7.6
12	深圳经济特区有限责任公司	6	24	大通证券有限责任公司	11

数据来源：中国证监会　Source: CSRC

表 8 1993～2001 年历年投资者开户情况

单位：万户　Unit: 10000

	1993	1994	1995	1996	1997	1998	1999	2000	2001
全国 Total									
开户总数 Investors	777.67	1058.99	1242.47	2306.81	3333.34	3911.13	4481.97	5801.13	6650.41
新增开户数 New Investors	561.02	281.32	183.48	1064.34	1026.53	577.75	570.84	1319.16	840.13
比例 Rate	72.14	26.56	14.77	46.14	30.80	14.77	12.74	22.74	12.63
上海 Shanghai									
开户总数 Investors	423.51	574.89	685.20	1207.87	1713.31	1999.41	2281.12	2957.84	3429.60
新增开户数 New Investors	312.28	151.38	110.31	522.67	505.44	286.06	281.71	676.72	462.61
比例 rate	73.74	26.33	16.10	43.27	29.50	14.31	12.35	22.88	13.51
深圳 Shenzhen									
开户总数 Investors	354.16	484.10	557.27	1098.94	1620.03	1911.72	2200.85	2843.29	3220.81
新增开户数 New Investors	248.74	129.94	73.17	541.67	521.09	291.69	289.13	642.44	377.52
比例 rate	70.23	26.84	13.13	49.29	32.17	15.26	13.14	29.19	13.28

(数据来源：上海、深圳证券交易所 Source: Shanghai Shenzhen Stock Exchange)

表9 1990～2001年历年上市公司数量变化

单位：家

年份（Year）	1990	1991	1992	1993	1994	1995	1996	1997	1998	1999	2000	2001
全国（National）	10	14	53	183	171	188	293	383	4	484	572	1160
上交所 Shanghai Stock Exchange	8	8	29	106	171	188	293	383	438	484	572	646
深交所 Shenzhen Stock Exchange	2	6	24	77	120	135	237	362	413	465	516	514

表10 历年全国债券交易情况汇总表

	1995	1996	1997	1998	1999	2000	2001
年末上市数目 Listed Numbers	62	43	42	39	43	46	54
金融债 Financial Bonds	4	2	0	0	0	0	0
企业债 Enterprise Bonds	14	6	7	8	14	15	16
国债 T-Bonds	44	35	35	31	29	31	38
现货 T-Bond Cash	12	18	18	14	12	14	21
期货 T-Bond Futures	12	0	0	0	0	0	0
回购 T-Bond Repurchase	20	17	17	17	17	17	17
成交数量(万) Transaction Volume	100660.50	174297.17	161732.38	203161.40	170716.33	197979.00	204707.68
企业债 Enterprise Bonds	70934.35	38.00	356.12	1779.84	3604.66	12623.63	4356.68
国债 T-Bond	29726.15	174259.17	161376.26	201381.56	167111.67	185355.37	200351.00
现货（万手）T-Bond Cash	6105.57	44172.76	32615.20	45973.57	38206.39	38018.57	45474.64
期货（万口）T-Bond Future	21151.63	0.00	0.00	0.00	0.00	0.00	0.00
回购（万手）T-Bond Repurchase	2468.95	130086.41	128761.06	155407.99	128905.28	147336.80	154876.36
成交金额（百万元）Transaction Turnover	5936760.69	1803934.55	1647689.03	2166177.72	1828412.24	1911915.83	2041776.34
金融债 Financial Bonds	0.03	0.05	0.00	0.00	0.00	0.00	0.00
企业债 Enterprise Bonds	760.95	146.09	1808.10	6098.74	9272.83	22798.95	11452.35
国债 T-Bond	5935999.71	1803788.41	1645880.93	2160078.98	1819139.41	1889116.88	2030323.99
现货 T-Bond Cash	77520.01	502924.30	358274.52	605994.78	530086.53	415748.83	481560.35
期货 T-Bond Future	5733628.12	0.00	0.00	0.00	0.00	0.00	0.00
回购 T-Bond Repurchase	124851.58	1300864.12	1287606.41	1554084.00	1289052.88	1473368.05	1548763.64
成交笔数 Transaction Turnover	3941177.00	2546422.00	1535030.00	1700434.00	1586663.00	1937637.00	1161774.00
金融债 Financial Bonds	2.00	4.00	2.00	0.00	0.00	0.00	0.00
企业债 Enterprise Bonds	43009.00	13400.00	51350.00	483070.00	747469.00	1261643.00	382097.00
国债 T-Bond	3898166.00	2533018.00	1483678.00	1217364.00	839194.00	675994.00	779677.00
现货 T-Bond Cash	629531.00	1832141.00	1118563.00	796406.00	536532.00	385348.00	476656.00
期货 T-Bond Future	3185378.00	0.00	0.00	0.00	0.00	0.00	0.00
回购 T-Bond Repurchase	83257.00	700877.00	365115.00	420958.00	302662.00	290646.00	303021.00

（数据来源：上海、深圳证券交易所 Source: Shanghai Shenzhen Stock Exchange）

表 11　历年全国债券发行情况汇总表(1990-2001)

单位：亿元 Unit: 100000000

时期 Year	国债 T-Bonds			金融债 Financial Bonds			企业债 Enterprise Bonds		
	发行额 Amounts Issued	兑付额 Amounts Repayed	期末余额 Balance	发行额 Amounts Issued	兑付额 Amounts Repayed	期末余额 Balance	发行额 Amounts Issued	兑付额 Amounts Repayed	期末余额 Balance
1990	197.23	76.22	890.34	64.40	50.07	84.88	126.37	77.29	195.44
1991	281.25	111.60	1059.99	66.91	33.67	118.12	249.96	114.31	331.09
1992	460.78	238.05	1282.72	55.00	30.00	143.12	683.71	192.76	822.04
1993	381.31	123.29	1540.74		34.29	108.83	235.84	255.48	802.40
1994	1137.55	391.89	2286.40		13.54	95.29	161.75	282.04	682.11
1995	1510.86	496.96	3300.30			1708.49	300.80	336.30	646.61
1996	1847.77	786.64	4361.43	1055.60	254.50	2509.59	268.92	317.80	597.73
1997	2411.79	1264.29	5508.93	1431.50	312.30	3628.80	255.23	219.81	521.02
1998	3808.77	2060.86	7765.70	1950.23	320.40	5121.13	147.89	105.25	676.93
1999	4015.00	1238.70	10542.00	1800.89	473.20	6447.48	158.20	56.50	778.63
2000	4657.00	2179.00	13020.00	1645.00	709.20	7383.28	83.00	0.00	861.63
2001	4884.00	2286.00	15618.00	2590.00	1438.80	8534.48	147.00	0.00	1008.63
1月			13020.00		0.50	7382.78			
2月			13020.00	80.00		7462.78			
3月	500.00	654.00	12866.00	270.00	220.00	7512.78			
4月	820.00	45.00	13641.00	175.00		7687.78			
5月			13641.00	260.00	170.00	7777.78			
6月	600.00	357.00	13884.00	100.00	80.00	7797.78			
7月	200.00	161.00	13923.00	150.00	60.00	7887.78			
8月	440.00	40.00	14323.00	230.00	20.00	8097.78			
9月	600.00		14923.00	300.00	228.50	8169.28			
10月	660.00	190.00	15393.00	450.00	248.50	8370.78			
11月	200.00		15593.00	250.00	215.50	8405.28			
12月	864.00	839.00	15618.00	325.00	195.80	8534.48			

注：2000年发行的企业债都是跨月份发行，不宜记入各月。

(数据来源：中国人民银行　Source:The People's Bank of China)

表 12 1986-2001 年国内有价证券分类发行情况

		1981-1985	1986	1987	1988	1989	1990
一 国债 Treasury Bond	发行额 Amount Issued	237.21	62.51	116.87	188.77	223.91	197.23
	兑付额 Amount Repayed		6.65	18.41	21.66	13.22	76.22
	期末余额 Balance	237.21	293.07	391.53	558.64	769.33	890.34
	发行额 Amount Issued	237.21	62.51	62.87	92.16	56.07	93.46
1.国库券 Treasury Bill	兑付额 Amount Repayed		6.65	18.41	21.66	13.22	49.59
	期末余额 Balance	237.21	293.07	337.53	408.03	450.88	494.75
	发行额 Amount Issued				66.07		71.09
2.财政证券 Financial Bond	兑付额 Amount Repayed						
	期末余额 Balance				66.07	66.07	137.16
3.国家建设债券 State Construction Bond	发行额 Amount Issued				30.54		
	兑付额 Amount Repayed						21.58
	期末余额 Balance				30.54	30.54	8.96
4.国家重点建设债券 State Key construction Bond	发行额 Amount Issued			54.00			
	兑付额 Amount Repayed						5.05
	期末余额 Balance			54.00	54.00	54.00	48.95
	发行额 Amount Issued					42.84	32.68
5.特种国债 Special Bond	兑付额 Amount Repayed						
	期末余额 Balance					42.84	75.52
	发行额 Amount Issued					125.00	
6.保值公债 Price Index Bond	兑付额 Amount Repayed						
	期末余额 Balance					125.00	125.00
7.定向债券 Special Purchase Bond	发行额 Amount Issued						
	兑付额 Amount Repayed						
	期末余额 Balance						
二 政策性金融债 Policy Financial	发行额 Amount Issued						
	兑付额 Amount Repayed						
三 其他金融债券 Other Financial Bond	发行额 Amount Issued		30.00	60.00	65.00	60.66	64.40
	兑付额 Amount Repayed		5.00	30.00	40.00	70.11	50.07
	期末余额 Balance		25.00	55.00	80.00	70.55	84.88

Issuing Summary of Domestic Securities by Category

续表

1991	1992	1993	1994	1995	1996	1997	1998	1999	2000	2001
281.25	460.78	381.31	1137.55	1510.86	1847.77	2411.79	3808.77	4015.00	4657.00	4884.00
111.60	238.05	123.29	391.89	496.96	786.64	1264.29	1550.84	1238.70	2179.00	2286.00
1059.99	1282.72	1540.74	2286.40	3300.30	4361.43	5508.88	7765.70	10542.00	13020.00	15618.00
199.41	395.64	314.77	1117.93	1486.76	1813.27	2382.44				
106.65	120.41	105.75	349.76	297.99	700.30	1192.23				
587.51	862.74	1071.76	1839.93	3028.70	4141.67	5331.88				
64.63	65.14	66.54								
	0.02	9.38	0.42	126.66	65.05	65.40				
201.79	266.91	324.07	323.65	196.99	131.94	66.54				
4.95	2.25	0.90	0.29	0.45	0.09	0.03				
4.01	1.76	0.86	0.57	0.12	0.03	0.00				
				41.13	3.92	3.63				
48.95	48.95	48.95	48.95	7.82	3.90	0.27				
17.21										
			39.81	30.02	17.23	3.00				
92.73	92.73	92.73	52.92	22.90	5.67	2.67				
	115.37	7.26	1.61	0.71	0.05					
125.00	9.63	2.37	0.76	0.05	0.00	0.00				
			19.62	24.10	34.50	29.35				
			19.62	43.72	78.22	107.57				
					1055.60	1431.50	1950.23	1800.89	1645.00	2590.00
					254.50	312.30	320.40	473.20	709.20	1438.80
				1613.20	2399.70	3486.90	5121.13	6447.48	7383.28	8534.48
66.91	55.00				14.60	32.00				
33.67	30.00	34.29	13.54							
118.12	143.12	108.83	95.29	95.29	109.89	141.90				

续表

		1981-1985年	1986年	1987年	1988	1989年	1990年
四 企业债	发行额 Amount Issued		100.00	30.00	75.41	75.26	126.37
Enterprise Bond	兑付额 Amount Repayed		16.23	27.42	46.72	43.94	77.29
	期末余额 Balance		83.77	86.35	115.04	146.36	195.44
1.中央企业债券	发行额 Amount Issued						
Central Entreprise Bond	兑付额 Amount Repayed						
	期末余额 Balance						
2.地方企业债券	发行额 Amount Issued		100.00	30.00	30.00	14.83	49.33
Local Enterprise Bond	兑付额 Amount Repayed		16.23	27.42	46.72	15.32	22.05
	期末余额 Balance		83.77	86.35	69.63	69.14	96.42
3.短期融资券	发行额 Amount Issued				11.72	29.72	50.15
Enterprise Short-term	兑付额 Amount Repayed					14.74	32.73
	期末余额 Balance				11.72	26.70	44.12
4.内部债券	发行额 Amount Issued				33.69	30.71	26.89
Internal Bond	兑付额 Amount Repayed					13.88	22.51
	期末余额 Balance				33.69	50.52	54.90
5.住宅建设债券	发行额 Amount Issued						
House Construction Bond	兑付额 Amount Repayed						
	期末余额 Balance						
6.地方投资公司债券	发行额 Amount Issued						
Local Investment	兑付额 Amount Repayed						
Company Bond	期末余额 Balance						
五 国家投资债券	发行额 Amount Issued						
State Investment Bond	兑付额 Amount Repayed						
	期末余额 Balance						
六 国家投资公司债券	发行额 Amount Issued			30.00	90.00	22.53	6.15
State Investment	兑付额 Amount Repayed						
Company Bond	期末余额 Balance			30.00	120.00	142.53	148.68
	发行额 Amount Issued	237.21	192.51	236.87	419.18	382.36	394.15
债券合计	兑付额 Amount Repayed	0.00	27.88	75.83	108.38	127.27	203.58
Total of Bond	期末余额 Balance	237.21	401.84	562.88	873.68	1128.77	1319.34
七 股票(A股)	发行额 Amount Issued			10.00	25.00	6.62	4.28
A Shares	筹资额 Raised Capital			10.00	25.00	6.62	4.28

注：1.国债数据由财政部提供,国家投资债券和国家投资公司债券的数据由国家计委提供,企业债券和金融债券的数据由中国人民银行提供,股票数据由中国证监会提供； 2.兑付额指还本金额； 3.1992年以前的股票按面值发行,1992年以后为溢价发行,其中1992年的筹资额为按照5倍溢价估算值. 4.股票发行为新发。

Continued

1991年	1992年	1993年	1994年	1995年	1996年	1997年	1998年	1999年	2000年	2001年
249.96	683.71	235.84	161.75	300.80	268.92	255.23	147.89	158.00	83.00	147.00
114.31	192.76	255.48	282.04	336.30	317.80	219.81	105.25	56.50	0.00	0.00
331.09	822.04	802.40	682.11	646.61	597.73	521.02	676.93	778.63	861.63	1008.63
	74.10			77.50	86.15	86.15				
						0.00				
	74.10	74.10	74.10	151.60	237.75	238.00				
115.25	258.77	20.06	38.43	52.50	62.15	99.66				
25.34	37.26	79.45	91.19	152.50	43.41	101.28				
186.33	407.84	348.45	295.69	195.69	214.43	213.61				
104.44	228.53	215.78	123.32	170.80	120.62	69.42				
60.03	111.27	176.03	190.85	173.00	150.88	118.53				
88.53	205.79	245.54	178.01	175.81	145.55	69.41				
30.27	111.51									
28.94	44.23				123.51					
56.23	123.51	123.51	123.51	123.51	0.00					
	6.43									
				6.43						
	6.43	6.43	6.43	0.00	0.00					
	4.37			4.37						
	4.37	4.37	4.37	0.00	0.00					
95.00	60.00									
		1.50	14.11							
95.00	155.00	153.50	139.39	139.39	139.39					
2.29	8.01									
0.83	2.04	2.38	1.92	32.70						
150.14	156.11	153.73	151.81	119.11	119.11					
695.41	1267.50	617.15	1299.30	1811.66	3172.29					
260.41	462.85	416.94	703.50	865.96	1358.94					
1754.34	2558.99	2759.20	3355.00	4300.70	6114.05					
5.00	10.00	42.59	10.97	5.09	38.29	105.65	82.80	83.11	117.18	77.62
5.00	50.00	194.83	49.62	22.68	224.45	655.06	412.59	512.88	840.87	473.55

表 13 证券市场境外筹资在引进外资中的比重
Role of Security Market in Utilization of Foreign Capital

Unit：100000000 yuan 单位：亿元

	Foreign Raised Capital	Total Amount of Foreign Investment	%	Foreign Raised Capital	Issuing Amount of Foreign Bond	%
1992	44.09	1104.16	3.99%	44.09	17.54	251.37%
1993	99.06	2289.68	4.33%	99.06	176.42	56.15%
1994	227	3655.82	6.21%	227	28.28	802.69%
1995	64.81	3995.04	1.62%	64.81	78.06	83.03%
1996	130.74	4548.73	2.87%	130.74	143.39	91.18%
1997	469.53	5345.86	8.78%	469.53	35.37	1327.48%
1998	63.5	4860.23	1.31%	63.5	83.00	76.51%
1999	47.17	3338.33	1.41%	47.17	0	
2000	576.21	3376.17	17.07%	576.21	66.16	870.93%
2001	70.13	1393.50	5.03%	70.13	_	

注：境外筹资包括在香港、美国等地发行的 H 股和 B 股筹资。

表 14 境内股票筹资和银行贷款增加额的比率
Ratio of Domestic Raised Capital in Stock Market to Amount of Loan of Bank

Unit：100000000 yuan 单位：亿元

	境内筹资额 Domestic Raised Capital	贷款增加额 Amount of Loan of Bank	%	境内筹资额 Domestic Raised Capital	国家银行贷款增加 Amount of Loan of State-owned Bank	%
1993	276.41	6335.4	4.36%	276.41	4845.61	5.70%
1994	99.78	7216.62	1.38%	99.78	5161	1.93%
1995	85.51	9339.82	0.92%	85.51	6915.45	1.24%
1996	294.34	10683.33	2.76%	294.34	7937.75	3.71%
1997	856.06	10712.47	7.99%	856.06	8149.96	10.50%
1998	778.02	11490.94	6.77%	778.02	9100.39	8.55%
1999	896.83	10846.36	8.27%	896.83	8742.71	10.26%
2000	1498.52	13346.61	11.23%	1498.52	10074.02	14.88%
2001	1182.15	12912.9	9.15%	1182.15	6412.91	18.43%

注：境内筹资额是由 A 股筹资额和 A、B 股配股筹资额构成的。用这一百分比来反映证券市场的筹资情况，反映了直接融资与间接融资比率。

附 录

◈证券公司名录

◈机构名单

证券公司名录

中国银河证券有限责任公司
电话：010-66568888
传真：010-66568532
网址：www.chinastock.com.cn
邮编：100032
地址：北京西城区金融大街35号国企大厦C座

国信证券有限责任公司
电话：0755-82130833
传真：0755-82133302
网址：www.guosen.com.cn
邮编：518001
地址：深圳市红岭中路1012号国信证券大厦

南方证券股份有限公司
电话：0755-82138138
传真：0755-82138049
网址：www.sostock.com.cn
邮编：518001
地址：深圳市嘉宾路4028号太平洋商厦20-28

国泰君安证券股份有限公司
电话：0755-2296666
传真：0755-2185720
邮编：518002
地址：深圳市春风路2008号

平安证券有限责任公司
电话：0755-2262888
邮编：518029
地址：深圳市八卦岭八卦三路平安大厦三层

招商证券有限责任公司
电话：0755-3796300
传真：0755-3677407
邮编：518031
地址：深圳南中路34号华强佳和大厦A座19楼

海通证券有限公司
电话：021-53858552
传真：021-53858549
邮编：200082
地址：上海市唐山路218号

首创证券经纪有限责任公司
电话：010-64181155
邮编：100027
地址：北京东城区东中街29号东环广场B座4层

中信证券股份有限公司
电话：010-84864814
邮编：100004
地址：北京市朝阳区新源南路6号京城大厦

华福证券有限责任公司
电话：0591-7841464
邮编：350001
地址：福建省福州市五四路国际大厦15楼

广州证券有限责任公司
电话：020-87322668
邮编：510090
地址：广东省广州市先烈中路69号东山广场

山西证券有限责任公司
电话：0351-4034342
邮编：030001
地址：山西省太原市迎泽大街282号

广东证券股份有限公司
电话：020-87617971
地址：广州市解放南路123号

广发证券有限责任公司
电话：020-87386999
邮编：510600
地址：广州新马路111-115号五羊新城广场22楼

闽发证券有限责任公司
电话：0591-7804499
邮编：350003
地址：福建省福州市五四路158号

西南证券有限责任公司
电话：023-63786633
传真：023-63786001
地址：重庆临江支路2号合景国际大厦A幢

北京证券有限责任公司
电话：010-68431166
邮编：100044
地址：北京车公庄西路乙19号华通大厦1303号

辽宁证券有限责任公司
电话：024-22942235
邮编：110013
地址：辽宁省沈阳市沈河区中山路395号

开封证券公司
电话：0378-2934700
邮编：475000
地址：河南省开封市中山路中段89号

申银万国证券有限责任公司
电话：021-58707777
邮编：200125
地址：上海市浦三路11号4楼

蔚深证券有限责任公司
电话：0755-3236188
邮编：518048
地址：深圳市振华路飞亚达大厦8层

光大证券有限责任公司
电话：021-68816000
地址：上海浦东南路528号上海证券大厦南塔

大鹏证券有限责任公司
电话：0755-3296058
传真：0755-3283565
邮编：518031
地址：深圳深南中路30号电子科技大厦C座8楼

兴业证券股份有限公司
电话：0591-7609790
邮编：350001
地址：福建省福州市湖东路99号标力大厦18楼

河南证券有限责任公司
电话：0371-5904710
邮编：450003
地址：河南省郑州市经六路9号附三号

民生证券有限责任公司
电话：0371-3819977
邮编：450003
地址：河南郑州市经七路37号和众商务中心五楼

新疆证券有限责任公司
电话：0991-2847587
邮编：830002
地址：新疆乌鲁木齐解放北路1号通宝大厦5楼

华泰证券有限责任公司
电话：025-4579948
传真：025-4579865
邮编：210002
地址：江苏省南京市中山东路90号华泰证券大厦

华夏证券有限公司
电话：021-54905169
传真：021-54905180
邮编：200025
地址：上海市徐家汇路550号宝鼎大厦803室

东吴证券有限责任公司
电话：0512-5153203
传真：0512-5153205
邮编：215006
地址：江苏省苏州市十梓街298号

华安证券有限责任公司
电话：0551-2819827
传真：0551-2819827
地址：安徽省合肥市长江路357号证券大厦

中富证券经纪有限责任公司
电话：0898-66721127
传真：0898-66763808
邮编：570102
地址：海南省海口市大同路36号华能大厦3楼

山东证券有限责任公司
电话：0531-6122789
网址：www.ttstock.com.cn

长城证券有限责任公司
电话：0755-3516222
邮编：518034
地址：深圳深南大道6008号深圳特区报业大厦16楼

联合证券有限责任公司
电话：0755-2493815
邮编：518001
地址：深圳深南东路5047号发展银行大厦24层

上海证券有限责任公司
电话：021-65087009
邮编：200086
地址：上海市临平北路19号504室

江门证券有限责任公司
电话：0750-3288001
邮编：529000
地址：广东省江门市环市一路电信大楼2楼

湘财证券有限责任公司
电话：021-68634518
邮编：200120
地址：上海浦东银城东路139号华能联合大厦

东方证券有限责任公司
电话：021-62568800
邮编：200040
地址：上海市浦东东方路1025号

洛阳市证券公司
电话：0379-4326940
邮编：471003
地址：河南省洛阳市涧西区南昌路98号

华西证券有限责任公司
电话：028-6150209
邮编：610041
地址：四川省成都市陕西街239号

东北证券有限责任公司
电话：0431-5687888
邮编：130041
地址：吉林省长春市长春大街142号

巨田证券公司
电话：0755-3379333
邮编：518026
地址：深圳市福田区彩田南路证券大厦23楼

武汉证券有限责任公司
电话：027-82772170
邮编：430014
地址：湖北省武汉市沿江大道130号

长江证券有限责任公司
电话：027-65799692
邮编：430015
地址：湖北省武汉市江汉区新华下路特八号

泰阳证券有限责任公司
电话：0731-4172112
传真：0731-4172080
网址：www.sunsc.com.cn
邮编：410007
地址：湖南省长沙市新建西路1号

华龙证券有限责任公司
电话：0931-4890523
网址：www.hlzqgs.com

青海证券有限责任公司
电话：0755-2125701
网址：www.my0578.com

汉唐证券有限责任公司
电话：0755-26928925
网址：www.ehantang.com

大通证券股份有限公司
电话：010-82657455
网址：www.estock.com.cn

河北证券有限责任公司
电话：0311-6973345
网站：www.hbzq.com.cn

南京证券有限责任公司
电话：025-3367888
网站：www.njzq.com.cn

大同证券经纪有限责任公司
电话：0352-2066442
网址：www.dtsbc.com.cn

西部证券有限责任公司
电话：029-7406132
网址：www.westsecu.com

天一证券有限责任公司
电话：0574-87282101
网址：www.skyone.com.cn

无锡证券有限责任公司
电话：0510-2733830
网址：www.wxzq.com.cn

青岛万通证券有限责任公司
电话：0532-5022272
网址：www.wtzq.com.cn

国元证券有限责任公司
电话：0551-2650510
网址：www.gyzq.com.cn

内蒙古证券有限责任公司
电话：0471-6289711
网址：www.nmzq.com.cn

渤海证券有限责任公司
电话：022-28451676
邮编：3000061
地址：天津河西区宾水道3号

东莞证券有限责任公司
电话：0769-2414033
网址：www.dgzq.com.cn

国海证券有限责任公司
电话：0771-5321290
网址：www.ghzq.com.cn

川财证券经纪有限公司
电话：0288-6670092
网址：www.cczq.com

天津一德证券经纪有限责任公司
电话：022-23112303
网址：www.gutong.com.cn

中关村证券股份有限责任公司
电话：010-82029888
网址：www.centergates.com.cn

山东省齐鲁证券经纪有限公司
电话：0531-8021243
网址：www.qlzq.com.cn

广东民安证券经纪有限责任公司
电话：020-83827307
网址：www.mazq.com.cn

恒信证券有限责任公司
电话：0731-4144547
网址：www.hengx.com.

惠州证券有限责任公司
电话：0752-2119390
网址：www.hzzq.com.cn

厦门证券有限公司
电话：0592-5161816
网址：www.xmzq.com.cn

第一创业证券经纪有限责任公司
电话：010-85285010
传真：010-85285004
网址：http://www.fss.com.cn
地址：深圳笋岗路12号中民时代广场B座25、26层

北方证券有限责任公司
电话：021-58407596
邮编：200120
地址：上海浦东新区浦南路500号

宏源证券股份有限公司
电话：010-62267799
网址：www.ehongyuan.com
邮编：100044
地址：北京海淀区西直门北大街甲 43 号

国都证券有限责任公司
电话：010-64482077
传真：010-64482080
网址： www.guodu.com
邮编：100009
地址：北京市安定门外大街 2 号安贞大厦 6 层

河北证券财达经纪公司
电话：0311-7013218
网址：www.s10000.com
地址：石家庄市裕华西路 158 号燕山大酒店 24 层

华创证券经纪公司
网址：www.hczq.com
地址：贵州省贵阳市中华北路 216 号华创大厦

红塔证券有限责任公司
电话：0871-3577888
网址：www.hongtastock.com
地址：昆明市北京路 155 号附 1 号红塔大厦

江南证券有限责任公司
电话：010-0791-6794443
网址：www.scstock.com
地址：深圳市深南中路 68 号航空大厦 30 楼

成都证券有限责任公司
电话：028-86690079
网址：www.china598.com
邮编：610015
地址：成都市东城根上街 95 号成都证券大厦 13 楼

健桥证券股份有限公司
网址：www.chinacbs.com
地址：西安市西高新高新二路 12 号协同大厦

金通证券有限责任公司
电话：0571-85995858
网址：www.bigsun.com.cn
邮编：310006
地址：浙江省杭州市延安路 515 号四楼

金信证券有限责任公司
电话：0571-87901976
网址： www.stocke.com
地址：浙江省杭州市杭大路 18 号 A 座

深圳市金牛证券经纪公司
电话：0755-3217439
网址：www.kingbull.com.cn
邮编：518031
地址：深圳市华富路海外装饰大厦 B 座

天元证券经纪公司
电话：0451-2357166
传真：0451-2357054
网址： www.tysc.com.cn
地址：黑龙江省哈尔滨市珠江道 50 号

万联证券有限责任公司
电话：020-87692563
传真：020-87692563
网址：www.wlzq.@com
邮编：510080
地址：广州市东风东路 836 号东峻广场

中国民族证券有限责任公司
电话：010-66070716
网址：www.e5618.com
邮编：100038
地址：北京西城区复内大街 49 号民族文化宫 3 层

众成证券经纪公司
电话：0755-3619500
传真：0755-3619531
网址：www.zczq.com
邮编：518028
地址：深圳市福田区百花四路长怡花园 A 座二楼

亚洲证券有限责任公司
电话：021-58521113
传真：021-58521119
网址：www.asiastock.com.cn
地址：上海市浦东新区源深路 279 号

西北证券有限责任公司
电话：0591-6027219
传真：0591-6030195
网址：www.nws.com.cn
地址：宁夏银川市民族北街 15 号

上海证券交易所
电话：021-68808888
传真：021-68804868
网址：www.sse.com.cn
邮编：200120
地址：上海市浦东南路 528 号证券大厦

深圳证券交易所
电话：0755-82083333
电子邮件：cis@sse.org.cn
邮编：518010
地址：深圳市深南东路 5045 号

上海铭源数码股份有限公司
电话：021-64667025　62129087
传真：021-54654920
网址：www.mytecdigital.com
邮编：200031
地址：上海市华山路 899 号

2001年获得证券投资咨询业务资格的机构名单

序号	机构名称	通信地址	邮编	电话	传真
1	安徽新兴证券投资咨询有限责任公司	合肥市长江中路357号证券大厦	230061	0551-2810801	0551-2810007
2	合肥皖建投资咨询有限责任公司	合肥屯溪路306号14层（金安大厦）	230001	0551-4666990	0551-4673843
3	北京东方高圣投资顾问有限公司	北京中关村南路32号科技发展大厦C座	100081	62147788-150	010-62140788
4	北京海融资讯系统有限公司	北京9799信箱30分箱	100101	13801203806	010-64967554
5	北京东方趋势投资顾问有限责任公司	北京市西城区赵登禹路277号先锋商务写字数五层506室	100086	010-66138534	010-66138519
6	北京和讯信息科技有限公司	北京朝外大街22号泛利大厦10层	100020	65881166-6779	010-65885011
7	北京汇正财经顾问有限公司	北京亚运村汇宾大厦B-518室	100101	010-64939642	010-64939942
8	北京京放投资管理顾问有限责任公司	北京市朝阳区北辰东路8号京放办公楼	100101	010-64916233	010-64916169
9	北京清华紫光投资顾问有限责任公司	北京阜外大街甲28号京润大厦13层西	100037	010-68042152	010-68042153
10	北京君之创证券投资咨询有限公司	北京建外大街19号国际大厦26-01室	100004	010-85262723	010-85262726
11	北京中鼎信理财顾问有限公司	北京市朝阳区光华路7号汉威大厦11B1	100004	010-65612527	010-65612350
12	北京首证投资顾问有限公司	北京旧鼓楼大街小石桥胡同庆丰大厦216室	100009	010-64038974	010-64038974
13	北京中和应泰管理顾问有限公司	北京白石桥路3号友谊宾馆会议楼4层	100873	010-68728578	010-68728575
14	北京中兴发投资咨询有限公司	北京市朝阳区亚运村汇园公寓N座207	100101	010-62510799	010-62510684
15	北京融正投资顾问有限公司	北京海淀区白石桥路海淀科技大厦1503	100081	010-68945387	010-68945389
16	华夏证券有限公司	北京市东城区新中街68号	100027	010-65515588	010-65516465
17	北京证券有限责任公司	北京西城区阜外大街2号万通广场B12层	100037	010-68581166	010-68587730
18	中国科技国际信托投资公司	北京北辰路8号国际会议中心四层	100101	010-64933334	010-64933385
19	北京新兰德证券投资咨询有限责任公司	北京市西城区灵境胡同42号	100032	010-66060736	010-66072659
20	北京市海问投资咨询有限责任公司	北京海淀车公庄西路华通大厦820室　北京东城区东中街29号东环广场B座6层6A-B	100027	010-64183338	010-64182230
21	北京中方信富投资管理咨询有限公司	北京东三环北路甲2号京信大厦0956室	100027	64663366-3958	010-64660646
22	北京中咨北方投资顾问有限公司	北京西城区阜外大街1号四川大厦东楼17层	100037	010-68364898	010-68364903
23	中国银河证券有限责任公司	北京市西城区复兴门内大街158号	100031	010-66413891	010-66421591
24	北京和君创业咨询有限公司	北京市朝阳区慧忠路5号远大中心B座10F		010-84891078	010-84891055
25	北京金美林投资咨询有限公司	北京市朝阳区白家庄6号527	100080	010-68460085	010-68460064
26	北京世华国际金融信息有限公司	北京市海淀区学院南路12号	100029	010-64441825	010-64441822
27	北京天相投资顾问有限公司	北京市朝阳区幸福村中路锦绣园D座	100027	010-84533152	010-84533162
28	中信证券股份有限公司	北京市朝阳区新源南路6号3层	100004	010-64661492	010-64661493
29	北京中鼎信理财顾问有限公司	北京市朝阳区光华路汉威大厦11B1	100004	010-65612527	010-65612350
30	天津证券投资咨询有限公司	天津和平区西康路72-74号云翔大厦20GH	300070	022-83850152	022-83850702
31	天津市中融投资咨询有限公司	天津市南开区白堤路70号	300193	022-27476668	022-27490902
32	天津市万科投资咨询有限公司	天津市河西区围堤道100号宝钢北方大厦	300200	022-28314444	022-28314465
33	天津证券有限责任公司	天津市和平区赤峰道132号	300041	022-27112021	022-27119890
34	重庆正友证券投资咨询有限公司	重庆市渝中区沧白路19号	400011	023-63786422	023-63786416
35	山西广瑞投资财务顾问有限公司	山西省太原市迎泽大街381号		0351-4071224	0351-4071224
36	山西信鼎证券期货投资咨询有限公司	山西太原市府西街268号力鸿大厦1009室		0351-3531942	0351-4937017
37	山西证券有限责任公司	太原迎泽大街282号		0351-4062188	0351-4062188
38	内蒙古证券有限责任公司	呼和浩特市东风路111号		0471-4965261	0471-4935340
39	内蒙古方达证券咨询有限责任公司	呼和浩特新城区昭乌达路85号建发大厦		0471-4991464	0471-4916307
40	沈阳汇融投资咨询服务有限公司	沈阳市和平区太原北街1号金城宾馆	110001	024-23402566	024-22714599
41	鞍山市金龙投资咨询有限公司	鞍山市铁东区前进路8号		0412-23960659	0412-2233722
42	沈阳渤海投资咨询顾问有限公司	沈阳市和平区13纬路70号	110002	024-22857433	024-22857433

序号	机构名称	通信地址	邮编	电话	传真
43	大连宝鼎咨询有限公司	大连市西岗区市场街201号	116011	0411-3626588	0411-2539690
44	深圳中证投资资讯有限公司	深圳深南中路3007号国际科技大厦1608室	518033	0755-3760415	0755-3760419
45	长城证券有限责任公司	深南大道6008号特区报业大厦16\17楼	518034	0755-3516222	0755-3516200
46	吉林省上证吉龙投资咨询有限公司	吉林省长春市青云街新8号	130061	0431-8946097	0431-8928567
47	东北证券有限责任公司	吉林省长春市长春大街142号	130041	0431-8910424	0431-8910424
48	黑龙江省容维投资顾问有限责任公司	哈尔滨市道里区上游街3号天通大厦3楼	150010	0451-4649701	0451-4649704
49	国泰君安证券股份有限公司	上海市浦东新区商城路618号	200042	021-62674110	021-62531068
50	申银万国证券股份有限公司	上海市常熟路171号	200031	021-64158888	021-64152614
51	海通证券有限公司	上海市唐山路218号	200080	021-65845291	021-65842892
52	上海亚洲商务投资咨询有限公司	上海市延安西路2558号8号楼	201103	021-62959001	021-62958060
53	上海世基投资顾问有限公司	上海市瑞金路65号	200023	021-56371511	021-63036843
54	上海中广信息传播咨询有限公司	上海市昌平路556弄206室	200040	02-63861243	021-62530304
55	上海证联投资咨询服务有限责任公司	上海市金陵中路72号2楼	200021	021-58703410	021-63861243
56	上海万国股市测评咨询有限公司	上海市122--007信箱	200122	021-58358128	021-58350154
57	上海点津投资顾问有限公司	上海市浦东南路528号证券大厦北塔15层	200120	6881111-268	021-68818777
58	上海新兰德证券投资咨询顾问有限公司	上海市浦东大道2000号阳光世界15楼	200135	021-58525969	021-58604430
59	上海证券综合研究有限公司	上海浦东新区银城东路139号华能大厦	200120	68863288-666	021-68811136
60	上海京华投资顾问公司	上海市黄兴路2050号301室	200433	021-65489694	021-65332785
61	东方证券有限责任公司	上海市浦东东方路1025号	200040	021-62569213	021-62569220
62	光大证券有限责任公司	上海浦东南路528号证券大厦南塔15楼	200120	68816000	68818550
63	上海赛德投资咨询有限公司	上海市茂名南路265号1001-1003室	200020	021-64678880	021-64150338
64	上海金信证券研究所有限责任公司	上海长乐路1219号长鑫大厦17楼	200031	021-64716524	021-64714093
65	上海金汇信息系统有限公司	上海市南京西路1168号中信泰富广场17楼	200041	021-52984455	
66	上海万盛投资资讯有限公司	上海吴淞路357号	200080	021-63575253	021-63259281
67	上海新世纪投资服务有限公司	上海四平路953号美鑫大楼楼401室	200092	021-65363892	021-65366595
68	上海市涌金理财顾问有限公司	上海市云台路80号301室	200120	021-68865126	021-6886690
69	上海中智富投投资研究有限公司	上海市淮海东路85号15楼	200021	021-63555888	021-63557788
70	上海君创财经顾问有限公司	上海市东方路985号20楼E座	200122	021-50818602	021-50818602
71	上海益邦投资咨询有限公司	上海市甘河路8号明道大厦三楼	200437	021-62446568	021-65608008
72	上海新资源投资咨询有限公司	上海浦东桃林路18号	200135	021-58213312	021-58213313
73	上海证券有限责任公司	上海市九江路111号		021-63237899	021-63236119
74	华泰证券有限责任公司	江苏省南京市中山东路90号华泰证券大厦	210002	025-4579777	025-4579778
75	江苏现代资产管理顾问有限公司	南京中山北路84号4楼	210009	025-3212451	025-3212492
76	江苏天鼎投资咨询有限公司	南京市北京东路31号楼四楼	210029	025-4716225	025-4716225
77	太仓证券投资咨询有限公司	太仓市城厢镇上海路2号	215400	0520-3593282	0520-3593002
78	宁波海顺投资咨询有限公司	浙江省宁波市望京路燎原桥2号帝力大厦	315010	0574-7345707	0574-7344187
79	浙江证券有限责任公司	浙江省杭州市延安路400号	310006	0571-7084931	0571-7085102
80	杭州新希望证券投资顾问有限公司	杭州下城区朝晖五区华东设计院招待所内	310006	0571-5069013	0571-5069512
81	杭州三元证券投资顾问有限公司	杭州市上城区涌金路起171号-15	310003	0571-7068018	0571-7915545
82	安徽新兴证券投资咨询有限责任公司	安徽省合肥市长江路357号证券大厦	230061	0551-7037488	0551-2810007
83	合肥皖建投资咨询有限责任公司	安徽合肥市屯溪路306号金安大厦1405室	230001	0551-4666990	0551-4666990
84	福建省闽发证券有限公司	福建福州市五四路158号环球广场28-29层	350003	0591-7804468	0591-7804329
85	福建省企业顾问有限公司	福建省福州市湖东路天骛大厦6层	350003	0591-7567384	0591-7817641
86	兴业证券股份有限公司	福建省福州市湖东路99号标力大厦	350001	0591-7543143	0591-7545324
87	福州天力投资顾问有限公司	福州鼓楼区井观外观巷中华大厦415室	350003	0591-7851045	0591-7851045
88	福建儒林信息技术发展有限公司	福州市五一路32号元洪花园水仙阁2-C	350005	0591-3323649	0591-3361651
89	福建天信投资咨询顾问有限公司	福州市五一北路1号力宝天马广场14层E/F	350001	3372508-207	0591-3373944
90	厦门鑫鼎盛证券投资咨询服务有限公司	福建厦门市湖滨南路鸿翔大厦12楼C/D座	361004	0592-5185714	0592-5185714

序号	机构名称	通信地址	邮编	电话	传真
91	厦门新汇通投资咨询有限公司	福建省厦门市长青路惠元大厦14层	361012	0592-2043363	0592-2042961
92	山东证券有限责任公司	山东省济南市泉城路180号五层	250011	0531-2959970	0531-2969855
93	山东神光咨询服务有限责任公司	山东省济南市佛山街51-A	250011	6032100-811	6032100-0
94	山东国发投资顾问有限公司	济南解放路165号8楼810室	250013	0531-6994404	0531-6062100
95	山东百益顾问咨询有限责任公司	济南市经四路267号	250001	0531-2910242	0531-6993532
96	济南英大证券投资咨询有限责任公司	济南市馆驿街318号	250001	0531-6035544	0531-6029898
97	青岛安信投资顾问有限责任公司	青岛南区宁夏路120号裕丰大厦601室	266071	0532-5753392	0532-5722257
98	青岛市大摩投资咨询有限责任公司	青岛瞿塘峡路47号海富楼702户	266002	13806398287	0532-8525518
99	万通证券有限责任公司	青岛市延吉路42号	266023	0532-5829452	0532-5829314
100	河南省金博投资咨询有限公司	河南省郑州市纬四路东段19号12层	450003	0371-5614901	0371-5614427
101	河南万国咨询开发有限公司	河南省郑州市政二街3号	450003	0371-5951334	0371-5951977
102	河南华证金融投资咨询有限公司	河南省郑州市纬五路9号	450003	0371-5905304	0371-5977447
103	河南博星投资咨询有限公司	郑州纬二路31号附19号	450003	0371-5741018	0371-5922368
104	武汉证券有限责任公司	湖北省武汉市江岸区沿江大道130号	430014	027-82847643	027-82814462
105	武汉新兰德投资顾问有限公司	湖北省武汉市汉口竹叶山黄河路特1#	430019	1397166113	027-82615674
106	三峡证券有限责任公司	湖北省武汉市武胜路泰合广场30楼	430033	027-85712077	027-85712076
107	长江证券有限责任公司	湖北省武汉市汉口新华下路特8号	430061	027-85481722	027-65799549
108	湘财证券有限责任公司	长沙市黄兴中路63号中山国际大厦12楼	410005	0731-4451488	0731-4413288
109	湖南金证投资咨询顾问有限公司	湖南省长沙市芙蓉中路心安里52号5楼	410005	0731-4429882	0731-4429882
110	湖南运达投资管理顾问有限公司	湖南省长沙市芙蓉中路148号	410005	0731-4306192	0731-4306192
111	湖南证券投资咨询公司	湖南省长沙市芙蓉中路458号明源大厦5楼	410005	0731-4172015	0731-5161077
112	湖南君士国际投资有限公司	湖南省长沙市芙蓉中路29号金属大厦8楼	410005	0731-2564537	0731-2564470
113	广东科德投资顾问有限公司	广东省广州1232信箱	510630	020-87539978	020-87539979
114	广东金手指投资顾问有限公司	广东省广州市天河南天荣路1号天虹阁201	510620	020-85594195	020-85594185
115	广州市万隆证券咨询顾问有限公司	广州中山一路21号天兴大厦东塔20楼E	510600	020-87770333	020-87750764
116	广州越声理财咨询有限公司	广东省广州市人民北路686号	510012	020-8668961	
117	广发证券有限责任公司	广东省广州市天河北路183号大都会广场	510075	020-87555953	020-87553546
118	广州证券有限责任公司	广州市先烈中路69号东山广场5楼	510095	020-87322668	020-87325032
119	广东证券股份有限公司	广东省广州市东风东路703号	510080	020-87305710	
120	广州新升咨询顾问有限公司	广东省广州市文明路178号	519001	020-87750973	020-87667116
121	珠海博众证券投资咨询有限公司	珠海市吉大海滨南路光大国贸中心2602房	519001	0756-2273851	0756-2273539
122	广州市运财行投资理财顾问有限公司	广州环市中北较场路19号金鹰大厦西9楼	510050	020-83801958	020-83508195
123	广东百灵信投资顾问有限公司	广州市海珠北路228号4楼	510180	020-83484091	020-83484002
124	广州博信投资咨询有限公司	广州市五羊新城寺右南一街一巷9号	510600	020-87386078	020-87386060
125	南方证券有限公司	深圳罗湖区嘉宾路4028号太平洋商贸大厦	518001	0755-2138364	0755-2138064
126	重庆市成长财经顾问有限公司	重庆市渝中区中山四路1号22层	400015	023-63738131	023-63738131
127	联合证券有限责任公司	北京市朝阳区新源南路6号京城大厦3层	518010	0755-2492037	0755-2075637
128	深圳市尊悦证券投资顾问有限公司	深圳市华强北路新世纪酒店9楼924室	518028	0755-3264567	0755-2491632
129	深圳周明海询商务投资顾问有限公司	深圳市八卦一路鹏盛村一栋2212室	518029	0755-2491632	0755-2401633
130	深圳新兰德证券投资咨询有限公司	深圳华强北路4002号长兴大厦B座21层	518028	0755-3253821	0755-3253825
131	深圳市怀新企业投资顾问有限	深圳市红荔西路上步工业区201栋4A02	518010	0755-2083077	0755-2083074
132	深圳华鼎财经资讯股份有限公司	深圳市深南东路5045号深业中心3104	518001	0755-2220394	0755-2233233
133	深圳市珞珈投资咨询有限公司	深圳市建设路23号国际金融大厦27层	518035	0755-3791802	0755-3791802
134	国信证券有限责任公司	深圳市红岭中路1012号	518001	0755-2130652	055-2130655
135	国通证券有限责任公司	深南中路34号华强佳和大厦A座8-11楼	518035	0755-3796300	
136	大鹏证券有限责任公司	深南东路5002号信兴广场地王商业大厦8层	518008	0755-2463388	
137	新疆证券有限责任公司	乌鲁木齐市解放北路1号通宝大厦4层	830002	0991-2302164	0991-2308663

（数据来源：中国证监会）